国家社科基金后期资助项目

全球西班牙语史

卢晓为 等编著

商务印书馆
创于1897 The Commercial Press

图书在版编目(CIP)数据

全球西班牙语史/卢晓为等编著.—北京:商务印书馆,2024
ISBN 978-7-100-23322-4

Ⅰ.①全… Ⅱ.①卢… Ⅲ.①西班牙语—语言史 Ⅳ.①H340.9

中国国家版本馆CIP数据核字(2024)第009699号

权利保留,侵权必究。

全球西班牙语史
卢晓为 等编著

商务印书馆出版
(北京王府井大街36号 邮政编码100710)
商务印书馆发行
北京市白帆印务有限公司印刷
ISBN 978-7-100-23322-4

2024年9月第1版　　　　开本710×1000　1/16
2024年9月北京第1次印刷　印张30¼
定价:135.00元

国家社科基金后期资助项目
出版说明

　　后期资助项目是国家社科基金设立的一类重要项目,旨在鼓励广大社科研究者潜心治学,支持基础研究多出优秀成果。它是经过严格评审,从接近完成的科研成果中遴选立项的。为扩大后期资助项目的影响,更好地推动学术发展,促进成果转化,全国哲学社会科学工作办公室按照"统一设计、统一标识、统一版式、形成系列"的总体要求,组织出版国家社科基金后期资助项目成果。

全国哲学社会科学工作办公室

参编人员：曾诗瑶　陈怡如　钟懿　廖运　邓可

前　　言

　　西班牙语，因其诞生于中世纪的卡斯蒂利亚王国，也被称为卡斯蒂利亚语。从语言谱系来讲，西班牙语属于印欧语系拉丁语族，也称罗曼斯语族或意大利语族。其源头还得从罗马帝国讲起。

　　公元前201年，罗马人在第二次布匿战争中大败迦太基人，夺得伊比利亚半岛和巴利阿里群岛的统治权。随着罗马军团在伊比利亚半岛的不断挺进，罗马帝国当时民间使用的通俗拉丁语也来到该地区。这种通俗拉丁语成为后来罗曼斯语族各种语言的祖先。

　　公元5世纪，随着罗马帝国逐步走向衰亡，日耳曼诸部落开始进犯帝国疆域。410年，西哥特人在阿拉里克的率领下，突袭并洗劫了罗马城，建立了罗马帝国境内的第一个日耳曼王国——西哥特王国。至此，西班牙进入西哥特王国统治时期。日耳曼诸部落入侵后，在各地建立独立王国，它们使用的拉丁语方言差异也逐渐加大，加之罗马帝国疆域辽阔，拉丁语日常用语在各自地区朝着不同方向发展，各地通俗拉丁语便逐渐演变成多达六种且差异显著的后继语言，即罗曼斯诸语。

　　公元711年，来自中东及北非的穆斯林在瓜达雷特战役中大败西哥特王国，开始了阿拉伯人对伊比利亚半岛长达八个世纪的统治。大约公元8世纪后半叶，伊比利亚半岛上存在着多个势力相当的天主教王国，卡斯蒂利亚只是北方的一个伯爵领地。1037年费尔南多一世继位后，卡斯蒂利亚才成为真正独立的王国。继位后的费尔南多一世，通过联姻，不断扩大所属王国范围，同时号召半岛各天主教王国及民众联合起来进行光复运动，驱逐穆斯林。在光复运动进展得如火如荼之际，由于多个王国并存，伊比利亚半岛上同时存在多个方言，它们均源于通俗拉丁语，带有罗曼斯语成分。卡斯蒂利亚由于地处偏僻的内陆山区，交通不便，与外界交流甚少，并未受太多罗马及西哥特文化影响，因此，卡斯蒂利亚语也较其他方言更具有鲜明的特性。

　　卡斯蒂利亚语蓬勃发展之际，也不可避免地受到来自其他语言的影响。

前　言

一方面，在光复运动的驱使下，莫萨拉贝人不断向北逃亡，在不知不觉中他们把阿拉伯语中的某些成分带到了卡斯蒂利亚。穆斯林占领西班牙南部长达八个世纪之久，因此阿拉伯语在卡斯蒂利亚语的形成过程中留下了深刻的印记，尤其是带去了大量阿拉伯语词汇。另一方面，巴斯克语也对该时期的卡斯蒂利亚语产生了重大影响，集中体现在卡斯蒂利亚语的发音和语法构成上。

1474年，伊莎贝尔继承卡斯蒂利亚王国王位，其夫费尔南多于1479年登上了阿拉贡王国的王位，从此，国王夫妇两人对两个王国实行联合统治，二人也被后人称为"天主教双王"。1492年1月2日，格拉纳达城投降，长达七个世纪的收复失地运动宣告结束，西班牙实现了统一，并建立起统一的王国。至此，卡斯蒂利亚语从一个地区性语言摇身变为西班牙的国语，即西班牙语。

随着西班牙王国在世界范围内的领土扩张，西班牙语也被带到了西班牙以外的诸多地区，并与当地语言不断融合、相互影响，逐渐发展成为了今天的西班牙语。

塞万提斯学院2022年发布的报告《西班牙语：鲜活的语言》显示，2021年，全球已有超过五亿九千五百万人在使用西班牙语，占世界总人口的7.5%，其中以西班牙语为母语的人口已超过四亿九千六百万，仅次于汉语；同时，这四亿九千多万的人口贡献了全球经济总量的6.9%。报告还显示，2022年全球共有111个国家总计两千四百人万把西班牙语作为外语学习，中国在各学习阶段、各种教育中心学习西班牙语的学生人数为54,326人，大专学生人数为34,823人，学习西班牙语的人数在全世界仅排第23位。在中国大陆，学习西班牙语日渐盛行，截至2020年，全国有100所大专院校开设西班牙语专业，据不完全统计，在校生大致为20,000～22,000人，而这一数字还在稳步增长。

吉奥乔·阿甘本在《幼年与历史》中说：了解语文学的本质和历史应该成为一切文学教育的前提。所以，我们在学习西班牙语这门语言之前，了解西班牙语的历史也是十分必要的。

本书运用词汇学、社会语言学、历史语言学等语言学研究成果，通过西班牙历史这根主线，梳理了西班牙语从诞生、成熟、壮大、扩张到如今日臻完善，并成为全球通用语的整个历史演变过程。同时，本书对西班牙语分国别进行研究，对十九个美洲西语国家的语言特点进行分析：在这些美洲国家中，西班牙语作为强势语言，不断从当地美洲土著语言中获得养分，从而形成了有别于其他西语国家且独具特色的词汇、发音和句法；以地区为轴，梳理西班牙卡斯蒂利亚语语区以及四个地方官方语——加泰罗尼亚语、巴斯克语、加利西亚语和瓦伦西亚语与西班牙语的相互交流和影响以及各语种文学在不同历史时期的发展；此外，分析唯一一个以西班牙语为官方语言的非洲国家赤道几内亚的西班牙语状况。作为一本力图让西班牙语学生全面了解自己所学语言的专业书籍，本书还以美国、巴西、菲律宾、摩洛哥和犹太人这几个具有代表性的非西语国家和族群为研究对象，分析西班牙语在这些国家和族群的使用状况；最后分析西班牙语在全球的教学情况，并且总结世界各地西班牙语的多样性和统一性，进一步认证西班牙语在其历史发展和传播过程中，得益于与多个弱势或强势语言的接触与融合，在全球一体化的新时代，将以崭新的面目迎接新挑战。

本书在编写过程中，得到西班牙语界前辈郑书九老师、徐瑞华老师、陈泉老师和陆经生老师的悉心指点和热心指导，在此表示衷心感谢。

编者
2024 年 3 月

目　录

第一编　西班牙语的历史

第一章　西班牙语的诞生（公元前3世纪至1492年）……………… 3
　第一节　罗马人到达伊比利亚半岛前的语言状况 ………………… 3
　第二节　罗马帝国时期的语言状况 ………………………………… 8
　第三节　穆斯林统治伊比利亚 ……………………………………… 11
　第四节　卡斯蒂利亚王国的崛起 …………………………………… 14

第二章　西班牙语的成熟与壮大（1492年前后）…………………… 18
　第一节　1492年大事件 ……………………………………………… 18
　第二节　15世纪后西班牙宗教法庭及其影响 ……………………… 21
　第三节　美洲殖民初期的西班牙语 ………………………………… 25
　第四节　内夫里哈和《卡斯蒂利亚语语法》 ……………………… 31

第三章　西班牙语的扩张（16～17世纪）…………………………… 35
　第一节　哈布斯堡王朝时期的西班牙语 …………………………… 35
　第二节　美洲的殖民及西班牙语化 ………………………………… 42
　第三节　黄金世纪的西班牙文学 …………………………………… 44
　第四节　黄金世纪的语言发展 ……………………………………… 46

第四章　西班牙语的日臻完善（18世纪）…………………………… 49
　第一节　18世纪的西班牙语 ………………………………………… 49
　第二节　启蒙时期的西班牙文学 …………………………………… 53
　第三节　西班牙皇家语言学院 ……………………………………… 54
　第四节　美洲独立运动及贝略的《语法》 ………………………… 56

第五章　西班牙语的文学成就（19～20世纪）……………………… 62
　第一节　19～20世纪的西班牙文学 ………………………………… 62
　第二节　19～20世纪的拉美文学 …………………………………… 64
　第三节　西班牙语中的英语词汇 …………………………………… 68

第二编　西班牙语的现状

第六章　西班牙语的现状 ······ 83
第一节　西班牙语现状概述 ······ 83
第二节　各西语国家的西班牙语小结 ······ 85

第七章　西班牙和西班牙语 ······ 94
第一节　西班牙各地的西班牙语 ······ 94
第二节　加泰罗尼亚语与西班牙语 ······ 97
第三节　加利西亚语与西班牙语 ······ 104
第四节　巴斯克语与西班牙语 ······ 109
第五节　瓦伦西亚语与西班牙语 ······ 116

第八章　墨西哥的西班牙语 ······ 122
第一节　墨西哥概况及历史 ······ 122
第二节　墨西哥西语与其他语言的接触 ······ 127
第三节　墨西哥西语特点 ······ 130

第九章　哥伦比亚的西班牙语 ······ 135
第一节　哥伦比亚概况及历史 ······ 135
第二节　哥伦比亚西语与其他语言的接触 ······ 139
第三节　哥伦比亚西语特点 ······ 142

第十章　阿根廷的西班牙语 ······ 146
第一节　阿根廷概况及历史 ······ 146
第二节　阿根廷西语与其他语言的接触 ······ 149
第三节　阿根廷西语特点 ······ 154

第十一章　秘鲁的西班牙语 ······ 159
第一节　秘鲁概况及历史 ······ 159
第二节　秘鲁西语与其他语言的接触 ······ 162
第三节　秘鲁西语特点 ······ 165

第十二章　委内瑞拉的西班牙语 ······ 170
第一节　委内瑞拉概况与历史 ······ 170
第二节　委内瑞拉西语与其他语言的接触 ······ 173
第三节　委内瑞拉西语特点 ······ 175

第十三章　智利的西班牙语 ······ 180
第一节　智利概况与历史 ······ 180
第二节　智利西语与其他语言的接触 ······ 182

第三节　智利西语特点 …………………………………………… 186
第十四章　危地马拉的西班牙语 …………………………………… 191
第一节　危地马拉概况及历史 …………………………………… 191
第二节　危地马拉西语与其他语言的接触 ……………………… 193
第三节　危地马拉西语特点 ……………………………………… 198

第十五章　厄瓜多尔的西班牙语 …………………………………… 204
第一节　厄瓜多尔概况及历史 …………………………………… 204
第二节　厄瓜多尔西语与其他语言的接触 ……………………… 206
第三节　厄瓜多尔西语特点 ……………………………………… 209

第十六章　玻利维亚的西班牙语 …………………………………… 212
第一节　玻利维亚概况及历史 …………………………………… 212
第二节　玻利维亚西语与其他语言的接触 ……………………… 216
第三节　玻利维亚西语特点 ……………………………………… 221

第十七章　古巴的西班牙语 ………………………………………… 228
第一节　古巴概况及历史 ………………………………………… 228
第二节　古巴西语与其他语言的接触 …………………………… 232
第三节　古巴西语特点 …………………………………………… 237

第十八章　多米尼加的西班牙语 …………………………………… 241
第一节　多米尼加概况及历史 …………………………………… 241
第二节　多米尼加西语与其他语言的接触 ……………………… 244
第三节　多米尼加西语特点 ……………………………………… 249

第十九章　洪都拉斯的西班牙语 …………………………………… 252
第一节　洪都拉斯概况及历史 …………………………………… 252
第二节　洪都拉斯西语与其他语言的接触 ……………………… 255
第三节　洪都拉斯西语特点 ……………………………………… 259

第二十章　巴拉圭的西班牙语 ……………………………………… 266
第一节　巴拉圭概况及历史 ……………………………………… 266
第二节　巴拉圭西语与其他语言的接触 ………………………… 269
第三节　巴拉圭西语特点 ………………………………………… 272

第二十一章　萨尔瓦多的西班牙语 ………………………………… 276
第一节　萨尔瓦多概况及历史 …………………………………… 276
第二节　萨尔瓦多西语与其他语言的接触 ……………………… 280
第三节　萨尔瓦多西语特点 ……………………………………… 284

第二十二章　尼加拉瓜的西班牙语 ………………………………… 290

第一节　尼加拉瓜概况及历史 …………………………… 290
　　第二节　尼加拉瓜西语与其他语言的接触 ……………… 293
　　第三节　尼加拉瓜西语特点 ……………………………… 297
第二十三章　哥斯达黎加的西班牙语 ……………………………… 303
　　第一节　哥斯达黎加概况及历史 ………………………… 303
　　第二节　哥斯达黎加西语与其他语言的接触 …………… 305
　　第三节　哥斯达黎加西语特点 …………………………… 309
第二十四章　巴拿马的西班牙语 …………………………………… 312
　　第一节　巴拿马概况及历史 ……………………………… 312
　　第二节　巴拿马西语与其他语言的接触 ………………… 315
　　第三节　巴拿马西语特点 ………………………………… 319
第二十五章　乌拉圭的西班牙语 …………………………………… 323
　　第一节　乌拉圭概况及历史 ……………………………… 323
　　第二节　乌拉圭西语与其他语言的接触 ………………… 326
　　第三节　乌拉圭西语特点 ………………………………… 330
第二十六章　波多黎各的西班牙语 ………………………………… 338
　　第一节　波多黎各概况及历史 …………………………… 338
　　第二节　波多黎各西语与其他语言的接触 ……………… 343
　　第三节　波多黎各西语特点 ……………………………… 350
第二十七章　赤道几内亚的西班牙语 ……………………………… 355
　　第一节　赤道几内亚概况与历史 ………………………… 355
　　第二节　赤道几内亚的语言情况总览 …………………… 356
　　第三节　赤道几内亚西语特点 …………………………… 358

第三编　世界其他地区的西班牙语

第二十八章　美国的西班牙语 ……………………………………… 369
　　第一节　北美殖民和领土扩张 …………………………… 369
　　第二节　美国和西式英语（英式西语） ………………… 373
　　第三节　美国拉丁裔人口变化及西班牙语的使用情况 … 381
第二十九章　巴西与西班牙语 ……………………………………… 383
　　第一节　巴西概况与历史 ………………………………… 383
　　第二节　巴西的西班牙人和西班牙语 …………………… 386
　　第三节　西班牙语和葡萄牙语的杂交 …………………… 389
第三十章　历史和现在的西班牙语 ………………………………… 394

  第一节　犹太人和西班牙语 ………………………………… 394
  第二节　菲律宾和西班牙语 ………………………………… 405
  第三节　摩洛哥和西班牙语 ………………………………… 417
第三十一章　全球西班牙语传播、教学及使用 ……………………… 425
第三十二章　西班牙语的多样性与统一性 …………………………… 431
  第一节　西班牙语的多样性 ………………………………… 431
  第二节　西班牙语的统一性 ………………………………… 438

附录：西属美洲殖民区域划分 …………………………………………… 442

参考书目 …………………………………………………………………… 444

第一编
西班牙语的历史

第一章 西班牙语的诞生
（公元前 3 世纪至 1492 年）

第一节 罗马人到达伊比利亚半岛前的语言状况

西班牙语源自拉丁语，但它还有其他来源。自罗马帝国起，今天西班牙所在之处广泛使用拉丁语。那么拉丁语到来之前，人们又说什么语言呢？

公元前 218 年，罗马人抵达伊比利亚半岛，发现那里的人们说着不同的语言。这就是今天所说的前罗马语言（lenguas prerromanas），包括赛尔梯贝里亚语（celtíbero）、巴斯克语（vasco）、利古里亚语（ligur）、古伊比利亚语（íbero）以及塔尔特苏斯语（tartesio）等。

新石器时代，来自非洲北部的伊比利亚人（los íberos）抵达伊比利亚半岛，他们主要集中在安达卢西亚（Andalucía）东部，整个莱万特（Levante）①地区以及埃布罗河谷（Valle de Ebro）的东部，后来希腊人用伊比利亚人的名字，把西班牙所在的半岛命名为伊比利亚半岛（Iberia/Península Ibérica）。伊比利亚人铸有钱币，钱币上铸刻古伊比利亚语铭文，成为后人研究伊比利亚语及一些城市名称的重要信息来源。古伊比利亚语存在于公元前 5 世纪至公元 1 世纪期间。

公元前 1000 年，来自欧洲中部的凯尔特人（los celtas）开始向西南迁移，公元前 6 世纪来到葡萄牙和下安达卢西亚（Baja Andalucía）地区定居。凯尔特人建立起的许多城市，其名称与战事有关。比如凯尔特语（celta）的词汇中经常有 -briga 和 -sego，前者的意思是"要塞或小山"，而后者则是"胜利"的意思，因此，西班牙一些地名带这两个词：Mirobriga，今天

---

① 莱万特，瓦伦西亚和穆尔西亚一带沿海地区。

的罗德里戈市（Rodrigo）；Brigaerium，今天的贝纳文特市（Benavente）；在比利牛斯山（los Pirineos）中部和东部，也同样可以找到凯尔特语的痕迹：萨拉戈萨（Zaragoza，源自 Navardún），赫罗纳省（Gerona/Girona，源自 Besalú）；-dún 这个后缀，其实就是 briga 的同义词，也源自凯尔特语。其他词缀有 -acu：萨亚戈（Sayago），卢萨加（Luzaga），布伊特拉戈（Buitrago）；前缀 bedus- 的意思是"小溪，沟渠"：Begoña，今天的比斯开省（Vizcaya）；Bedoña，今天的古普斯夸省（Guipúzcoa）；Bedoya，即桑坦德省（Santander）。此外，凯尔特人还给西班牙语留下了众多词汇，如：gancho（钩子）、greña（披头散发）、losa（石板，铺路石板）、álamo（杨树）、berro（水田芥）、bota（靴子）、brezo（欧石南）等。

公元前 6 世纪，伊比利亚半岛上早期原住民——伊比利亚人开始和凯尔特人融合，他们汇合成赛尔梯贝里亚民族，他们的语言赛尔梯贝里亚语，其实就是一种古凯尔特语（lengua céltica con rasgos arcaicos）。很多流通于公元前 2 世纪至公元前 1 世纪的古铸币或铭文上都可以看到其踪迹。

在下安达卢西亚地区和葡萄牙南部居住着古老的图尔德塔尼人（los turdetanos）和塔尔特苏斯人（los tartesos），他们与腓尼基人（los fenicios）和希腊人有着密切的商贸往来，因此深受东方文化的影响。塔尔特苏斯人的繁荣持续了很长一段时间，公元前 6 世纪，希腊在与迦太基人（los cartaginés）的阿拉利亚战争（Batalla de Alalia）中惜败，塔尔特苏斯文明就此灭亡。塔尔特苏斯人有自己的语言——塔尔特苏斯语，与伊比利亚语全然不同，但却与巴斯克语在某些方面有相似之处。当然，并不能就此认定它们源自同一种语言，但能表明这两个民族间的交往带来了彼此语言上的相互影响。

腓尼基人早在公元前 1100 年就在地中海沿岸建立了加的斯市（Cádiz，古称 Gádir），随后又建立了阿西多市（Asido，现称梅迪纳西多尼亚 Medinasidonia）、马拉加（Málaga，古称 Málaka）和阿伯德拉（Abdera，现称阿德拉 Adra）。随后，迦太基人继承腓尼基人的衣钵，建成了迦太基城（Cartago，现称卡塔赫纳 Cartagena）、马翁尼斯（Portus Magonis，即今天的马翁 Mahón）。不难看出，这几个城市的名称都源于古罗马前的腓尼基语和迦太基语。值得一提的是，西班牙在罗马时期的名称 Hispania 也源于腓尼基语，意为"兔子之地"。

利古里亚族（los ligures）是欧洲一个原史民族，源于法国东南部及意大利西北部，一部分利古里亚人迁移到伊比利亚半岛中部及西北部，他们有自己的语言——利古里亚语，西班牙的一些地方也有了源于利古里亚语的名称，比如托莱多（Toledo）、巴塞罗那（Barcelona）和塔拉索纳（Tarazona）。而源于利古里亚语的后缀 -asco, -osca, -usco 也大量出现在地名中，如：阿穆斯科（Amusco）、奥鲁斯科（Orusco）、比奥斯卡（Biosca）……这些地名中有很多与法国地中海沿海城市及意大利北部的一些地名重合或相似。带有 -ona 后缀的城市名，除了经常出现在西班牙外，也出现在法国南部和意大利北部以及巴尔干半岛的伊利里亚。

希腊文明发祥于爱琴海（Mar Égeo）的克里特文明和迈锡尼文明，公元前 7 世纪，希腊人在地中海沿岸的加泰罗尼亚（Cataluña/Catalunya）一带建立居民点，后来又渐渐扩展到莱万特地区。希腊语对西班牙语词汇的影响深远，早期希腊语直接为西班牙语提供词源的情况很少，它主要通过欧洲、西方的科学专业词汇来间接影响，主要表现在医学、数学、哲学、语言学分析、文学和经验科学这几个方面。这个时期的直接影响主要是体现在城市、河流或山川等的命名上，但为数不多，如安普利亚斯（Ampurias，古称 Emporion）、罗萨斯（Rosas，古称 Rhode）、阿里坎特（Alicante，古称 Lucentum）等。罗马帝国时期，希腊语为拉丁语提供了关于思想方面的概念：idea（观念）、fantasía（幻想，拉丁语 phantasia）、filosofía（哲学，拉丁语 philosophia）、música（音乐，拉丁语 musica）、poesía（诗歌，拉丁语 poesis）、matemáticas（数学，拉丁语 mathematica）；文学方面：tragedia（悲剧，拉丁语 tragoedia）、comedia（喜剧，拉丁语 comoedia）；音乐和体育：coro（合唱，拉丁语 chorus）、alteta（田径运动员，拉丁语 athleta）；教育：pedagogo（教师，拉丁语 paedagogus）；贸易：talento（塔伦托，古希腊重量级货币单位，talanton>talentum>talento）；航海：gobernar（操纵，kubernaw>gubernare>gobernar）；军事：catapulta（弩炮，katapelth>catapulta）；日常器具：lámpara/lámpada（灯，ac. λαμπάδα>ac. lampada>lámpara/lámpada）；服饰：sábana（披风，ac. pl. σάβανα>sabăna>sábana）；城市建设：plaza（广场，πλατεῖα>lat. vulg. plattěa>plaza）。同时，希腊语也为通俗拉丁语（latín vulgar）提供了众多词汇：用在拉丁语表示"每两个"和"每三个"的 kataduo 以及 katatreis 中的前缀 -katá 便是西语中 cada 的源头。同时，希腊语还是罗马帝国东部使用最广泛的语言，也是最初布道传教用语，几乎所有的《新约》（*Nuevo Testamento*）都是用希腊语写成的。因此，基督教（cristianismo）当中充满了希腊语要素：evangelización（传教，拉丁语 evangelium）、ángel（天使，拉丁语 angelus）、apóstol（使徒，拉丁语 apostolus）、diablo（魔鬼，拉丁语 diabolus）、obispo（主教，拉丁语 episcopus）……

希腊语第三次对于西班牙语的影响发生在中世纪（Edad Media）。这个时期的希腊语主要是通过对于阿拉伯语（árabe）的影响来间接影响西班牙语。比如：arroz（米，米饭）、atún（金枪鱼）、acelga（甜菜）等，此外，意大利语和法语中的希腊语词汇也间接影响到西班牙语。

即便是中世纪后，西班牙语依然源源不断地接受来自希腊语的词汇，如17世纪引入的 ántrax（炭疽）、cráneo（头盖骨）、metáfora（隐喻，暗喻）、idioma（语言）、problema（问题）、símbolo（象征）、sinónimo（同义词）、enciclopedia（百科全书）等；18世纪引入的 asfixia（窒息）、autopsia（解剖）、hemorragia（出血）、miope（近视）、antología（文选，选集）、sinfonía（交响乐）、antunomía（自治）、crisis（危机）等；19和20世纪西班牙语主要通过法语和英语引入希腊语词汇，如 biografía（传记）、antógrafo（手稿；亲笔签名）、anemia（贫血）、anestesia（麻醉）、psiquiatría（精神病学）、asteroide（小行星）、cosmos（宇宙）、cráter（由炸弹爆炸或巨物撞击形成的坑；火山口）、sismo（地震）、arcaico（古语的；古风的）、arqueología（考古学）、teléfono（电话）、taquígrafo（速记员），等等。除此以外，希腊语还给西班牙语提供了大量的前缀、后缀和其他构词元素，帮助西班牙语构成诸多意思复杂的单词，如 hemiciclo（半圆）、ortoedro（正六面体）、psicología（心理学）等。

比利牛斯山西部两侧的人们说着同一种语言，这是罗马人到来前众多语言中唯一保存至今的语言——巴斯克语（vasco/vascuence/euskera）。巴斯克语不仅仅出现在罗马帝国统治伊比利亚半岛之前，而且根据研究，它甚至在印欧语（lenguas indoeuropeas）出现之前就已经存在了。关于巴斯克语的起源，众说纷纭，莫衷一是。第一种说法是巴斯克语起源于非洲，于是这种语言与卡米塔语（lenguas camíticas）①有很多相似之处；第二种观点认为巴斯克语起源于高加索（Cáucaso）；第三种观点则认为巴斯克语实际上是一种混合语言：起源于高加索语系，后来又融合了很多重要的卡米塔语元素，同时又受到伊比利亚语和凯尔特语影响，最后又吸收了大量的拉丁语和罗马语，这种观点认为巴斯克语在古代并不存在于西班牙这片土地上，而是后来在罗马时期和中世纪前期被移民首次引入。总之，对于古巴斯克语的确切来源，至今学术界仍无法给出一个确切的答案。

受巴斯克语影响，现今的很多西班牙地名都源于这种语言，尤其是沿比

---

① 卡米塔语，传统意义上所说的卡米塔—闪米特语中一个分支，卡米塔语包括科普特语、库希特语、苏丹语等。

利牛斯山延伸的地区，从纳瓦拉（Navarra）到莱里达省（Lérida/Lleida）的诺格拉帕利亚雷萨河。例如：Lumbierre 源于 irumberri（在巴斯克语中意为 ciudad nueva，新城市），Ligüerre 和 Lascuarre 分别源于 deirigorri（ciudad roja，红色城市）和 latscorri（arroyo rojo，红色小溪流），Esterri（lugar cercado，被围之地），Valle de Arán 是一个重复的命名，因为 Arán 本身在巴斯克语中即为"山谷"之意。这些地名早在罗马统治前就已经出现了。

随着罗马人入侵西班牙，除了巴斯克语地区（País Vasco/Euskadi）之外的其他地区都接受了拉丁语而逐渐放弃了自己的原史语言，但巴斯克语区并没有因此而被罗马文化边缘化，相反，它很大程度上吸收了拉丁语，并把这些拉丁词汇转变为适合自己语言结构的新词汇。比如，源于巴斯克语 ezker 的 izquierdo（左边的）便被加上了源于拉丁语的 siniestro（左边的；阴险的；不详的）的意思。

即便在罗马统治时期，巴斯克语依然源源不断地向西班牙语输入词语，中世纪使用巴斯克语的区域要比今天的广泛得多，纳瓦拉王国的崛起也大大增加了巴斯克语的影响。10 世纪时，古抄本经文注解（*Glosas emilianenses*）中把巴斯克语和其他罗曼斯语（lenguas romances）[①] 融合起来；13 世纪时，《熙德之歌》（*Cantar de Mio Cid*）中的传奇勇士阿尔瓦·法涅兹（Minaya Alvar Fáñez）名字前的 Minaya 便是受巴斯克语中 annaina 影响，后者意为"兄弟"。

在如今巴斯克语区的西南面，即里奥哈省（Rioja）西北部和布尔戈斯省（Burgos）东部，有很多源于巴斯克语的地名：奥钱杜里（Ochánduri）、埃拉梅柳里（Herrraélluri）、西乌里（Cihuri）……-uri 和 -urri 在巴斯克语中，即"城市，重镇"之意。在索里亚省（Soria），地名如 Iruecha, Zayas 都是源自巴斯克语。西班牙语中源于巴斯克语的姓名也有不少，如 García（Garseaa），Jimeno（Xemeno）等。但是，关于巴斯克语蔓延至今天的里奥哈省、布尔戈斯省和索里亚省，是否发生在原史时期，就无从考究了，很有可能在公元 9 至 11 世纪间就已蔓延至这些地区。

同样，很多西班牙语人名也不可避免地受到巴斯克语的影响。比如巴斯克语中 -en（及其变体 -ena 或 -enea）这个词素常常用在人名当中，如米格尔（Miguel，巴斯克语 Michelena）、西蒙（Simón，巴斯克语 Simonena）、费尔南多（Fernando，巴斯克语 Errandoena）等。此外，西班

[①] 罗曼斯语，包括卡斯蒂利亚语、加泰罗尼亚语、加利西亚语、意大利语、法语、葡萄牙语、罗马尼亚语、罗曼什语、摩尔达维亚语等。

牙语中源于巴斯克语的词汇有的与炉灶有关，如 socarrar（使微焦）；有的与矿物、植物和动物有关，如 pizarra（页岩）、chaparro（栎树林）；有的与服饰有关，如 boina（贝雷帽）、zamarra（羊皮坎肩）；或者与农业、畜牧业有关，如 laya（铁铲）、cencerro（家畜的颈铃）；与航海有关，如 gabarra（平底货船）；甚至还有与冶金、游戏等有关的词，如 chatarra（铁矿渣）、órdago（押上全部赌注）；等等。

此外，西班牙语在形成之初，还引入来自其他语言的词汇，但究其准确源头，现在已无人知晓，如 alud（冰雪，石块等崩落）、arroyo（小溪）、gusano（虫，蛆）、madroño（杨梅）、manteca（黄油，奶油；猪油）、páramo（荒地）、becerro（不满两岁的牛犊）、bruja（女巫）、cama（床）、charco（水坑）、garrapata（牲畜身上长的虱子）等。

第二节 罗马帝国时期的语言状况

一、罗马帝国统治下的伊比利亚半岛

（一）伊比利亚半岛的罗马化进程

公元前218年，大西庇阿①带领两个军团及一万五千名士兵登陆恩波里翁②，从此伊比利亚半岛开始漫长的罗马化（romanización）进程，直到公元前19年奥古斯都总督阿格里帕（Agrippa）平息坎塔布里亚人（los cántabros）的叛乱，整个半岛的战火才完全平息下来。

在拉丁语扎根伊比利亚半岛之前，半岛上曾经历了一段多语共存期，这些土著语言属于不同的语系：北部和西部的凯尔特语，南部的伊比利亚语、希腊语和腓尼基语，西部的卢济塔尼亚语（lusitano），西南部的塔尔特苏斯语和北部地区的巴斯克语。拉丁语在半岛普及后，逐渐取代了上述土著语言。除巴斯克语外，其他土著语言自公元1世纪起便不再使用。

（二）拉丁语的普及

拉丁语在伊比利亚半岛普及的过程就是半岛在语言上罗马化的过程。拉丁语（latín）属印欧语系意大利语族（lenguas itálicas），原本是意大利

---

① 大西庇阿（Publio Cornelio Escipión Africano Mayor，前235～前183），古罗马统帅和政治家。

② 即今天西班牙的赫罗纳省安普利亚斯。

亚平宁半岛（Península Itálica/Península Apenina）中西部、台伯河下游拉丁姆（Lazio）地区一个拉丁人部落的方言。公元前3世纪，随着罗马军团在伊比利亚半岛的不断挺进，罗马帝国（Imperio Romano）民间使用的通俗拉丁语也随之来到此地。这种通俗拉丁语就是后来罗曼斯语族各种语言的祖先。

拉丁语在半岛的推行并不是侵略性或强制性的，随着半岛被罗马人征服，殖民者、士兵、行政官员、佃户甚至下层百姓来到伊比利亚半岛，罗马在半岛设立了一系列完整的社会行政机构，随之而来的就是拉丁语在生活中方方面面的使用，这一举措导致岛上原有土著语言几乎完全消失。在政治和文化上，罗马也更为先进，为了尽快适应宗主国颁布的新法令，融入新文化，原住民很快意识到与罗马人使用同一种语言可能带来的便利。这一时期，各行各业的罗马商人也来到伊比利亚半岛，为了便于贸易往来，沿海居民首先接受了拉丁语，在同罗马人的交往中开始广泛使用这门新语言，当地的土著语言则只限于同家人交流；内陆人则较多地保留了自己的语言，或者土著语夹杂着拉丁语。半岛居民一致认为，与他们的本土语言相比，拉丁语更加丰富、更加高贵，而且还极其简洁明确。于是拉丁语成了半岛上最早的通用语言（lengua franca/*lingua franca*），在不同地区和不同社会阶层中存在过的或长或短的双语并存期，最终被拉丁语的普及所终结。这使得西班牙语成为拉丁语系（lenguas neolatinas）的一员，也为现代西班牙语的形成奠定了基础。

尽管拉丁语已经死亡，但它是欧洲诸多语言的直接源头，除了拉丁语系的语言外，它对欧洲其他语言，以及在其他领域，如医学等的影响一直持续至今，现在西班牙语保留了大量来自拉丁语的文雅词汇，如相对 aurícula（耳朵）的通俗词汇是 oreja，相对 plúmbeo（铅的）的通俗词汇是 plomizo，相对 odoroso（芬芳的）的通俗词汇是 oloroso，等等。同时，拉丁语也是欧洲诸语产生思想、科技、医学等领域新词和术语的重要来源。

二、西哥特王国时期的西班牙语

（一）西哥特王国建立及西罗马帝国灭亡

匈奴人375年征服东哥特人，西哥特人（los visigodos）在渡过多瑙河（Río Danubio）后，376年进入西罗马帝国境内，406年，汪达尔人（los vándalos）、苏维汇人（los suevos）、阿拉诺人（los alanos）三支蛮族（los bárbaros）汇集起来，409年进入西班牙，410年西哥特人攻占并洗劫罗城，随后在高卢①西南和西班牙建立了以土鲁斯为中心的，罗马帝国境内第一个日耳曼王国——西哥特王国②。此后，西哥特王国在比利牛斯山以南的伊比利亚半岛地区继续扩张，占领了西班牙和高卢南部广大地区。507年，法兰克人南进，西哥特王国版图不断萎缩，最后仅限于西班牙境内。711年西哥特王国被阿拉伯人征服。汪达尔人409年占领伊比利亚半岛西部和南部广大地区，411年建立的汪达尔王国于534年为拜占庭帝国③皇帝查士丁尼派出的远征军所灭，西罗马帝国随之分崩离析，高卢、西班牙及北非等广大区域为来自北方的日耳曼蛮族王国所瓜分。

（二）通俗拉丁语向罗曼斯语过渡

许多拉丁学者认为伊比利亚半岛的拉丁语和意大利半岛的拉丁语非常相近，但又不尽相同，它受到当地下层语言的强烈影响。拉丁语在伊比利亚半岛普及之前，半岛上曾经历过相当长一段时间的多语共存期，加上各地拉丁语普及速度和程度都存在差异，拉丁语在各个地区受当地方言影响的程度也十分迥异，随着社会的剧变，语言也迅速发生变化。日耳曼诸部落入侵后，各地建立独立王国，所使用的拉丁语方言差异逐渐加大，口语与书面语的差异也越来越大。罗马帝国疆域辽阔，拉丁语日常用语在不同地域朝着不同方向发展，各地通俗拉丁语之后逐渐演变成多于六种差异显著的后继语言，即罗曼斯语。

（三）西哥特人对西班牙语的影响

西哥特人使用的日耳曼语（germánico）对西班牙罗曼斯语产生过一定的影响，尤其是其常用词丰富了罗曼斯语词汇。但总的来说，日耳曼语影响有限，因为西哥特人很快被罗马同化，并于公元7世纪抛弃了自己的语言。日耳曼语对西班牙语的贡献更多体现在词汇方面，日耳曼人骁勇善战，军事词汇丰富，因此西班牙语中很多与军事活动有关的词源自日耳曼语，如 albergue（旅馆；庇护）、banda（绶带；帮，伙，群）、bandera（旗）、bandido（强盗）、barón（男爵）、campeón（冠军）、escarnecer（讥讽）、espuela（踢马刺）、estribo（马镫）、galardón（奖赏）、ganar（获胜）、guardar（看管；保留）、guerra（战争）、guiar（指引）、guisa（方式）、heraldo（使节，信使）、marca（标记）、rico（富有的）、robar（偷窃）、tregua（停战，

---

① 高卢（Galia），即今法国。
② 西哥特王国（Reino Visigodo, 419～711），亡于阿拉伯人之手。
③ 拜占庭帝国（Imperio Bizantino），即东罗马帝国，是罗马帝国自东、西分治后，帝国东部罗马政权的延续（相对于帝国西部的西罗马帝国而言）。

休战）、espía（间谍）、yelmo（头盔）等；西哥特人与西班牙人不得通婚的禁令被取消后，这两个民族开始融合，因此有些和日常生活有关的词源于日耳曼语，如 banco（板凳；银行）、blanco（白色；靶心）、brotar（发芽；冒出）、buscar（寻找）、falda（裙子）、fango（淤泥；耻辱）、fieltro（毡）、gris（灰色）、jabón（肥皂）、regalo（礼物）、ropa（衣服）、sala（厅堂）、sopa（汤）、tapa（盖子；下酒菜）等；很多西班牙人的名字和姓氏也都是当年西哥特人喜欢用的名字，如 Abelardo, Adolfo, Alberto, Alfonso, Alfredo, Amelia, Armando, Álvaro, Bernardo, Bermudo, Blanca, Carlos, Carolina, Federico, Fernando, Galindo, Gerardo, Griselda, Guzmán, Orlando, Ramón, Ramiro, Ricardo, Roberto, Rodrigo, Gómez, González, Gutiérrez, Guzmán, Manrique, Ramírez 等；西班牙很多地名也可以找到西哥特的痕迹，如一些村镇、庄园就以它们当年的主人名字命名，如 Guitiriz, Mondariz, Gomariz, Rairiz, Allariz, Gomesende, Hermisende, Aldán, Gondomar, Sendim 等。

第三节　穆斯林统治伊比利亚

一、历史起源

公元 711 年，来自中东及北非的穆斯林，包括阿拉伯人（los árabes）、柏柏尔人（los bereberes）等，大败西哥特国王，开始对伊比利亚半岛长达八个世纪的统治，直至 1492 年，末代摩尔国王波阿布狄尔（Boabdil）向天主教双王（Reyes Católicos）交出格拉纳达（Granada），方告结束。

阿拉伯人对伊比利亚的征服十分迅猛，仅用了八年时间就由南到北，几乎把整个半岛收归麾下，只剩北部一些山区尚有持续不断的抵抗。阿拉伯人对此不以为意，却不想正是在那里，这些零星的抵抗渐渐形成了多个天主教王国，并慢慢蚕食穆斯林的地盘，最终揭竿而起。阿拉伯人征服伊比利亚半岛后，开始对西班牙伊斯兰化（islamización），并将其命名为安达卢斯（Al-Andalus）。

二、语言状况

跟随穆斯林征服者到来的，是一种与罗曼斯语截然不同的语言——阿拉伯语。它在发音和书写上都有着奇特的表现形式，并被征服者指定为官方语言。但许多基督教徒依然坚守自己的信仰，他们被称作莫莎拉贝人

（los mozárabes）①。莫莎拉贝人坚持使用原来的语言，即罗曼斯语的一种变体——莫莎拉贝语，但仅限于在家中、朋友间或他们自己的小圈子内使用，在公共、商业或文化场合，他们则不得不使用阿拉伯语。当时在基督教徒区出现了阿拉伯语和莫莎拉贝语双语并存的现象，这种情况至少持续到11或12世纪。12世纪中叶，另外一些非洲民族也来到了安达卢斯，莫莎拉贝人或北迁，或被驱逐出境。天主教王国进行光复运动后，莫莎拉贝人放弃自己的语言，拥护天主教王国使用的罗曼斯语。14世纪左右莫莎拉贝语逐步消亡。

那些未被阿拉伯人征服的地区继续使用罗曼斯语，但在阿拉伯文化强势影响下，拉丁字母书写方式逐渐被遗忘，出现了一种新的文字语言——阿尔哈米亚（aljamía），阿拉伯语中的意思是"外国人的语言"，也被称作拉丁尼（latiní）。实际上，这是一种用阿拉伯文字书写的罗曼斯语，从8世纪起开始在整个安达卢斯地区普及开来。尽管穆斯林统治者指定阿拉伯语为官方语言，但为了方便与当地居民日常进行交流，尤其是与当地基督徒及犹太人进行商业活动时，他们也开始使用阿尔哈米亚。

三、阿拉伯语对西班牙语的影响

虽然有过阿拉伯语和罗曼斯语双语并存时期，但这两种语言的差异实在太大，基督徒们更多时候坚持使用自己的语言，因此，阿拉伯语对西班牙语的影响更多地停留在外部，主要是在词汇上。

（一）词的形态

在这个方面，阿拉伯语对西语的影响不大，但依然有几个十分明显的特征，其中之一就是在许多名词前加上的阿拉伯语定冠词 al。而这些词汇传到西班牙语时，人们将阿拉伯语定冠词与名词合起来当成了一个单词，所以在使用时会带上西班牙语自己的冠词，如 la almohada（枕头）、el alhelí（桂竹香）、el albarán（收据）等。很多名词是以阿拉伯语冠词加上源于拉丁语词根构成的，如 almeja（蛤蜊）是阿拉伯语冠词 al + 拉丁语 mitulu, alpiste（鸟食）则是 al + 拉丁语 pistu，这类的词尚有：aldea（村庄）、almacén（仓库）、alquiler（出租）、albaricoque（杏）、aceituna（橄榄）等。

在派生词方面，阿拉伯语留下来后缀 -í，用于组成表示某些国家、地区及民族的名词或形容词，如 ceutí（休达人）、marroquí（摩洛哥人）、yemení（也门人）、israelí（以色列人），或用于组成其他名词或形容词，如 jabalí

---

① 莫莎拉贝人，阿拉伯人统治西班牙时期混居在摩尔人中间的西班牙基督教徒。

（野猪）、maravedí（西班牙古币名）、baladí（微不足道的）。而 alfonsí（阿方索国王的）则在 13 世纪时出现，专门用来指代与阿方索十世有关的事物。

在介词方面，hasta（直到）就源于阿拉伯语 hatta 及其变体 adta, ata, hata, fasta。

而某些表示不确指何人的词，也源于阿拉伯语，如 fulano（某人，阿拉伯语 fulan）、mengano（某某人，阿拉伯语 man kana）、perengano（某某人，西语姓氏 Pere 或 Pérez 和 mengano 的组合）。

感叹词方面，hala（哈啦）、ojalá（但愿）、guay（冷静）以及古时用的 ya（噢），都源自阿拉伯语。

（二）仿词

仿词指的是那些无论来源还是形式都是西班牙语，但其含义却模仿了阿拉伯语的词或句子。比如 infante，西班牙语中本意只是指"小孩子"，后来演变成"贵族的儿子"和"王子"，这就是模仿了阿拉伯语中的对应词 walad（孩子；王子），类似的词还有 hidalgo, fidalgo, hijodalgo（贵族）等。

除了这些仿词外，西班牙语还直译了一些现成的阿拉伯语句子，直至今日人们依然在使用，如 si Dios quiere（如果上帝愿意）、Dios te guarde（愿上帝保佑你）、Dios te ampare（愿上帝庇护你）等。

（三）词汇

如果阿拉伯语对西班牙语以上方面的影响不那么明显的话，那么其在词汇上的影响则是巨大的。西语词汇当中大约有 8%，也就是大约 4000 单词来自阿拉伯语，用西班牙著名语法家拉贝萨[①]的话来说，至少到 16 世纪，阿拉伯语是继拉丁语之后西班牙语最重要的词汇来源，它们涵盖了几乎所有的人类活动领域。

比如在农业方面，我们常接触到的有 aceituna（油橄榄）、alcachofa（洋蓟）、alfalfa（紫花苜蓿）、azúcar（蔗糖）、algodón（棉花）等。

在战争方面，有 adalid（胜利者，冠军）、atalaya（瞭望塔）、alcazaba（堡垒）、adarga（盾牌）、alférez（少尉）等。

在行政管理上，有 alcalde（市长）、arancel（关税）、aduana（海关）、tarifa（利率）、almoneda（竞拍）等。

在建筑工程方面，诸如 albañil（泥瓦匠）、azotea（屋顶）、alcoba（壁龛）、azulejo（瓷砖）等。

---

① 拉法埃尔·拉贝萨（Rafael Lapesa, 1908～2001），西班牙语哲学家，西班牙皇家语言学院成员，其代表作为《西班牙语语言史》(Historia de la lengua española)。

而在衣着方面则有 jubón（紧身坎肩）、zaragüelles（马裤）、babucha（拖鞋）等。

（四）地名

阿拉伯语留下的另一个显著影响体现在地名上。在伊比利亚半岛上，无论是穆斯林当初统治的地区，还是西北部及高原地区，都有数不胜数的地名源于阿拉伯语，而且大部分的命名是对这些地方的描述，如 Algarbe（西部的，阿语 algarb）、La Mancha（高地，阿语 mandza）、Alcalá（城堡，阿语 alqalat）、Medina（城市，阿语 madinat）、Rápita（军事修道院，阿语 ribat）、Iznajar（堡垒之地，阿语 hisn）。

还有一些地名是合成词，如阿拉伯语中的 wadi 是西班牙语中 río（河流）之意，于是有了合成地名 Guadalquivir（大河，río grande）、Guadalén（河源，río de la fuente）、Guadalajara（石头之河，río de las piedras）等。

以人名来命名的情况也非常之多，如 Medinaceli（塞林的城市，ciudad de Selim）、Calatayud（阿玉伯的城堡，castillo de Ayub），还可以见到很多含 Beni- 的地名，源于阿拉伯语中的 ibn，意思是某某人之子，如 Benicasim（卡西姆之子，hijo de Casim）。

还有一些是阿拉伯语和西班牙语的混合搭配，如 Guadalcanal（水渠之河，río del canal）、Guadalupe（狼之河，río del lobo）。有时则是在西班牙语词根上加了阿拉伯语的冠词 al-，比如 Almonaster 就是阿拉伯语定冠词加上拉丁语词 monasterium，而 Alpuente 亦是阿拉伯语定冠词加上拉丁语词 portellum 的结果。

另一个现象是一些阿拉伯语方言所特有的，尤其在格拉纳达地区常见：元音 a 先过渡为 e，之后再进一步演变成 i，例如以下几个地名的演变：

Mārida > Mērida > Mérida

Bayyāsa > Bayyēsa > Baeza

Ŷayyān > Ŷayyēn > Jaén

第四节　卡斯蒂利亚王国的崛起

一、卡斯蒂利亚语的雏形

说到卡斯蒂利亚语（castellano）的形成和发展，免不得要提到卡斯蒂利亚王国的历史。然而，卡斯蒂利亚王国的诞生，在不少历史学家、科学家和语言学家看来,都带着神秘的传奇色彩。关于其起源,不仅没人能给出确凿证据,而且通常还带有猜测和假设成分。卡斯蒂利亚从一块内陆伯爵领地,逐步发展壮大,并主导光复运动(Reconquista):驱逐摩尔人(los moros),实现海外扩张,最终成长为雄霸世界的卡斯蒂利亚王国。这段民族抗争史也使得卡斯蒂利亚语——这种充满活力和生机的罗曼斯语——得以从伊比利亚半岛众多方言当中脱颖而出,传播到欧洲、非洲和美洲广阔地区,展示出顽强的发展势头及源源不断的生命力。

公元 8 世纪后半叶,伊比利亚半岛上存在着多个势力相当的基督教王国,比如阿斯图里亚斯(Asturias)、莱昂(León)、阿拉贡(Aragón)等,同时也存在多个方言,它们均源于通俗拉丁语,带有罗曼斯语成分,主要有加利西亚—葡萄牙语(gallego-portugués)、阿斯图尔—莱昂语(astur-leonés)、纳瓦拉—阿拉贡语(navarro-aragonés)、加泰罗尼亚语(catalán)、卡斯蒂利亚语等。其中,卡斯蒂利亚语是半岛东北部布尔戈斯的方言,公元 10 世纪卡斯蒂利亚依附于莱昂王国。卡斯蒂利亚地处偏僻内陆山区,交通不便,与外界交流甚少,并未太多受罗马及西哥特文化影响,因此在政治、风俗和语言等方面,都体现出了强烈的革新意识,卡斯蒂利亚语也较其他方言更具有鲜明的特性。

卡斯蒂利亚语蓬勃发展之际,也不可避免地受到其他语言的影响。一方面,在光复运动的驱使下,莫莎拉贝人不断北逃,他们把阿拉伯语的某些成分带到了卡斯蒂利亚;穆斯林占领西班牙南部长达八个世纪,阿拉伯语在卡斯蒂利亚语的形成过程中留下了深刻的印记,尤其是带去了大量阿拉伯语词汇。另一方面,巴斯克语也对该时期的卡斯蒂利亚语产生了重大影响,并集中体现在卡斯蒂利亚语的发音和语法构成上,原因有二:其一,卡斯蒂利亚本身处于巴斯克语影响范围,再加上随着卡斯蒂利亚领地的不断扩张,逐渐进入巴斯克地区,自然而然接受了巴斯克语的一些语言习惯;其二,以 f 开头的单词发音困难,很多由 f 开头的拉丁语词汇被送气音取代,在书写上变为以 h 开头,但送气音随着时间的推移,却渐渐变成了不发音。

总而言之,卡斯蒂利亚语在形成初期体现了两方面的特征:第一,具备许多独特之处和革新能力,与其他同时期的罗曼斯语分离开来,自成一家;第二,从其他语言中积极吸收词汇和其他语言成分。

二、走向成熟的卡斯蒂利亚语

(一)最早的书面形式——经文注解

随着卡斯蒂利亚的不断壮大以及光复运动的顺利推进,卡斯蒂利亚语的发展也开启了新篇章。公元 10 世纪，卡斯蒂利亚语从简单的方言成长为真正具有书写形式的语言。在圣米扬修道院（San Millán de la Cogolla）发现的经文注解（*Glosas emilianenses*）以及在圣多明戈修道院（Santo Domingo de Silos）发现的经文注解（*Glosas silenses*），标注在书页的边缘处，为方便修道士们查阅拉丁文经书时，参照对应的卡斯蒂利亚语，从而更好地理解经书内容。这种用早期卡斯蒂利亚语写成的经文注解在一千年后被人们当作卡斯蒂利亚语起源的证据和标志。

（二）记功诗《熙德之歌》

《熙德之歌》是一部伟大的记功史诗，在卡斯蒂利亚语的发展史上有着里程碑式的重大意义。讲述的是在卡斯蒂利亚领袖罗德里戈的带领下，人民英勇抗击摩尔人的振奋人心的历史。诗中体现了卡斯蒂利亚地区强烈的民族意识和民族特性。下面对比一下第一部分原文节选及对应的现代西班牙语，这部分描写了罗德里戈从自己的故土维瓦尔被驱逐时的痛心和悲愤：

原文：	现代西班牙语：
De los sos ojos tan fuertemente llorando	Los ojos de Mío Cid mucho llanto van llorando
tornaba la cabeça i estábalos cantando,	hacia atrás vuelve la vista y se quedaba mirándolos,
Vio puertas abiertas e uços sin cañados,	Vio como estaban las puertas abiertas y sin candados,
alcándaras vazias sin pielles e sin mantos	vacías quedan las perchas ni con pieles ni con mantos
E sin falcones e sin adtores mudados.	sin halcones de cazar ni azores mudados.
Sospiró mío Cid, ca mucho habié grandes cuidados.	Mío Cid suspiró, pues tenía grandes tristezas.
Fabló mío Cid bien e tan mesurado:	Y habló, como siempre habla, tan justo tan mesurado:
"¡Grado a ti, Señor Padre, que estás en alto!	"¡Bendito seas, Dios mío, Padre que estás en lo alto!
Esto me han vuelto mios enemigos malos."	Contra mí tramaron esto mis enemigos malvados."

（三）学士诗代表人物冈萨罗·德·贝尔赛奥

冈萨罗·德·贝尔赛奥（Gonzalo de Berceo, 1198～1264）是西班牙历史上第一位署名诗人。他将卡斯蒂利亚语从里奥哈方言中提纯出来，为此还从拉丁语中引入部分词汇，并借助传统的口头文学及游唱诗表现出来。他的《圣母的奇迹》内容取自欧洲中世纪广为流传的有关圣母玛利亚奇迹的拉丁文集，但是作者注入了鲜明的个人色彩，其风格简朴、明快、亲切，已经完全卡斯蒂利亚本土化。

三、卡斯蒂利亚语的繁荣时期

在卡斯蒂利亚语的发展历程中，首屈一指的功臣当属国王"智者"阿方索十世（Alfonso X, el sabio, 1221～1284）。他不仅在历史、天文、诗歌等方面颇有建树，留下了以卡斯蒂利亚语书写的经典著作，而且还对规范卡斯蒂利亚语做出大量努力，另外，他还积极组织翻译工作。他在诸多方面所取得的成就，大大推动了卡斯蒂利亚语的发展，并且使其脱胎换骨,焕然一新。在阿方索十世监督之下,两部历史巨著《通史》(General estoria,取材自《圣经》和其他希腊罗马神话故事)和《西班牙历史》(Estoria de España),均用卡斯蒂利亚语写成。

《西班牙语的历时分析和语法历史》的作者在书中说道:

> 在阿方索十世进行一系列举措后,卡斯蒂利亚语开始有了规范的书写系统,有了可以满足任何需要的有效的句法规则,以及在各个层面上都适用的一整套词汇。①

阿方索十世给卡斯蒂利亚语制定了一系列标准和规范,语音方面,他把拉丁语中的十个元音缩减为五个元音,并对罗曼斯语中的二重元音和后缀进行修改,但对辅音则没有进行过多更改;语法方面,针对新出现的语音,阿方索十世也尽量做到精简和规范。

通过阿方索十世的语言规则改革,卡斯蒂利亚语的句法更加精细和有序,词汇也更丰富,因为改革后的词汇表建立在几种语言之上,除了卡斯蒂利亚语,还有阿拉伯语和拉丁语。但遗憾的是,他未能编写出一本完整且具体的正字法图书。

阿方索十世所做的工作大大提升了卡斯蒂利亚语的重要性及语言地位,并对后世子孙继承前人文化遗产有着不可忽略的影响。卡斯蒂利亚语之所以得以不断发展及完善,与阿方索十世的种种贡献密不可分。他将其王宫变成了西班牙的文化中心,使13世纪的西班牙成为了当时欧洲文化最发达的国家之一,对后世西班牙社会、经济的繁荣发展产生深远的影响。

---

① Echenique Elizondo, M. T. y Martínez Alcalde, M. J., 2011: *Diacronía y gramática histórica de la lengua española*, Valencia: Tirant Humanidades, p. 66.

第二章 西班牙语的成熟与壮大
（1492年前后）

第一节 1492年大事件

一、天主教王国

阿拉伯人入侵伊比利亚半岛时，部分地区顽强不屈，而阿拉伯人亦掉以轻心，这些地区后来渐渐形成了零星的天主教（catolicismo）王国，例如阿斯图里亚斯、加利西亚、卡斯蒂利亚、莱昂、纳瓦拉、阿拉贡等等。这些天主教王国与阿拉伯人进行了长达八个世纪的拉锯战，期盼收复伊比利亚半岛，但因其内部不时争权夺势，数百年间都没能形成详细、明确的计划。非洲的柏柏尔人则因不满阿拉伯人统治，时有动乱发生，不断削减阿拉伯人的势力。

卡斯蒂利亚王国1037年由费尔南多一世开创，他自称"西班牙国王"，并通过联姻，扩大所属王国范围，接着，他号召半岛天主教王国及民众联合起来，进行光复运动，驱逐穆斯林。1085年，其子阿方索六世成功收复了重镇托莱多。13世纪初，在教皇的斡旋下，半岛各天主教王国结成同盟，在卡斯蒂利亚国王阿方索八世统一指挥下，取得了托洛萨之战（Batalla de Las Navas de Tolosa）的胜利，这是在伊比利亚半岛上，天主教王国对伊斯兰教王国取得的除后来的格拉纳达战役外最重要的历史性胜利，由此，天主教重新在伊比利亚半岛获得了支配权。随后的光复运动进行得如火如荼，至1265年，除格拉纳达的摩尔王国以及向西一直延伸到加的斯的连串港口外，半岛其余地区已悉数为天主教收回。此后，光复再度陷入停顿，其间，卡斯蒂利亚王国忙于整顿内政，并不时陷入内战，阿拉贡王国关心的是其海外利益，而葡萄牙人的兴趣根本不在半岛上，他们已经把目光投向了大西洋。

二、光复运动

天主教的光复运动终于在15世纪中叶看到了胜利的曙光，1474年伊莎贝尔（Isabel）继承卡斯蒂利亚王国王位，其夫费尔南多（Fernando）也在1479年登上阿拉贡王国的王位（二人于1469年结婚），从此，国王夫妇对两个王国实行联合统治，二人也被后人称为"天主教双王"，合并后的国力大增，统一西班牙的事业被提到了日程上来。

1485年，费尔南多率兵亲征，他首先占领马尔贝拉（Marbella），作为海军舰队活动和补给的基地。1487年马拉加的阿拉伯守军开城投降。1489年，费尔南多攻下巴查，费尔南多面临的最后一着棋，便是夺取格拉纳达。

1491年，费尔南多率领八万将士来到格拉纳达护城墙下，扎营结寨，决心长期围困，实现攻下格拉纳达城的最终目的。10月5日，双方达成协议，休战七十天，并开始谈判。11月25日，双方达成第二个协议，内容是：格拉纳达城六十天后自动投降，交出全部武装及要塞；费尔南多承诺保留其财产、法律、宗教及风俗习惯，并由格拉纳达现有官吏统治该城，但这些官吏需接受西班牙国王委派的总督的管制。1492年1月2日，格拉纳达开城投降，基督教的光复运动至此宣告完成，从而结束穆斯林在西欧的统治，长达七个世纪的收复失地运动也宣告结束。西班牙终于实现了统一，建立起了统一的天主教王国，也为其日后建立世界霸权奠定基础。

三、哥伦布发现新大陆

光复运动后，天主教双王希望尽快从长年战争中恢复过来，并不断增强国力，因此他们想到了从东方引进更多资源和财富。哥伦布的适时出现让他们看到了希望。

克里斯托弗·哥伦布（Cristóbal Colón, 1451～1506），1451年出生于意大利热那亚（Génova），他读过《马可·波罗游记》，十分向往印度和中国。彼时，阿拉伯半岛上逐渐强大的奥斯曼帝国，截断了从东方的中国和印度前往西方的丝绸之路和香料之路，欧洲国家急需获得来自东方的商品，尤其是他们烹饪不可或缺的香料；与此同时，地圆说在欧洲已十分盛行，哥伦布自己对此深信不疑，他认为，经大西洋一路西行，就一定能到达东方，重新恢复与东方的联系和贸易。他先后向葡萄牙、西班牙、英国、法国等国国王请求资助，实现他向西航行到达东方国家的计划，但均被拒。

1485年他首次见到了天主教双王费尔南多和伊莎贝尔，六年后，哥伦布终于从天主教双王处获得支持，开启其梦寐以求的东方之旅。

1492年4月，哥伦布与西班牙天主教双王签订协议。协议中约定：哥伦布将成为其发现的新大陆的上将及总督，且为其后人世袭；海军部亦将给予他对船只及船员的调遣权；另外，他还会分到从东方获得财产的十分之一；哥伦布需要履行的职责是使新大陆上的居民屈服于西班牙的统治，传播天主教，等等。

1492年的8月3日，哥伦布带着87名水手，驾驶着"平特"号（la Pinta）、"宁雅"号（la Niña）以及"圣玛利亚"号（Santa María）三艘大帆船（carabela），离开了西班牙的巴罗斯港（Palos de la Frontera），向西航行。这是人类航海史上的一次壮举，在这之前，尚无人横渡过大西洋，人们也无法预知前方是何处。10月11日，哥伦布看见海上漂来一根芦苇，高兴得跳了起来！11日夜里十点多，哥伦布发现前面隐隐约约的火光。12日，天刚拂晓，一声喊叫"是大陆！"叫醒了所有船员，大家兴奋不已，集体欢呼。哥伦布认为这是亚洲的一个岛屿，而实际上他们来到的是如今美洲的巴哈马群岛（archipiélago de Las Bahamas），哥伦布将它命名为圣·萨尔瓦多（San Salvador），意思是"救世主"。

事实上，哥伦布并不是第一个发现美洲的人，在他之前，印第安人早已遍布南北美洲，是美洲大陆真正的主人。哥伦布也不是首个到达美洲的欧洲人，早在10~14世纪间，就有许多勇敢的斯堪的纳维亚人到过美洲。但是，他们的航行既没有促使美洲与世界其他地方的经常往来，也没有形成新的地理概念，所以都不能算是"发现"。只有哥伦布的美洲航行打破了西半球的隔离状况，发现了新大陆，因此其航行被认为是创举也就不足为奇。

哥伦布是从热带、亚热带海域横渡并往返大西洋两岸的第一人，是第一个航抵和发现美洲加勒比海主要岛屿的人。哥伦布首先发现了南美大陆北部和中美地峡，为发现西半球的两个大陆，即北美洲（Norteamérica）和南美洲（Sudamérica）奠定了基础。

哥伦布的航行与发现，向欧洲殖民者与探险家们吹响了第一声号角，他们随后纷纷加入新大陆之旅的浪潮，从而开启了人类全球化的进程，西班牙、葡萄牙、意大利、德国、英国以及荷兰等欧洲多国探险家的足迹很快踏遍整个新大陆。追随哥伦布足迹的麦哲伦（Fernando de Magallanes，1480~1521）及其同伴也于1522年9月7日完成绕地球一周的航行，证明了地球是圆的，美洲是另一个大陆。

哥伦布这一具有划时代意义的创举带给人类社会和文明的影响，在人类历史上占有举足轻重的地位，尽管其身后的不同历史时代对他的评价都有所不同，但他开创新时代的影响是不容置疑的。哥伦布的远航开启了人类历史的大航海时代：其生前身后开辟的新航路，改变了世界历史的进程，海外贸易的路线也由地中海转移到大西洋沿岸，从此，西方走出了中世纪的黑暗，开始以不可阻挡之势崛起于世界，并在后来的数百年间，成就海上霸业。

就语言来说，哥伦布发现新大陆，让西班牙语传播到了美洲并成为其使用最广泛的语言，在今天的拉丁美洲（Latinoamérica/América Latina）大陆上，十九个国家和地区以西班牙语为官方语言。

哥伦布一行发现美洲的10月12日被定为西班牙国庆日（día nacional）以及西班牙语国家的共同节日——西班牙语世界日（día de la Hispanidad）。

第二节　15世纪后西班牙宗教法庭及其影响

一、宗教法庭的起源与在西班牙的发展

（一）宗教法庭的起源

宗教法庭（Inquisición），又称"宗教裁判所"，是天主教会为镇压异端分子而设立的侦查和审判机构。阿拉贡王国1249年建起了宗教法庭，后来随着与卡斯蒂利亚王国的合并，该法庭更名为西班牙宗教法庭（Inquisición española），直接听命于天主教双王。宗教法庭对国内犹太人（los judíos）和摩尔人进行了长达四个世纪的审讯和迫害。这场旷日持久的大规模宗教清洗行动，改变了成千上万人的命运，同时也促使西班牙一步步成为强劲的基督教大国。

（二）西班牙宗教法庭的成立与发展

15世纪后半叶西班牙大部分领土仍然被阿拉伯人占领，南部大片地区更是居住着为数众多的穆斯林。在一些大城市，如塞维利亚、巴亚多利德（Valladolid）和巴塞罗那以及卡斯蒂利亚地区则有相当数量的犹太人，他们大多集中居住在犹太人区（judería）。中世纪很长一段时期，基督教徒、犹太人和穆斯林和平共处，相安无事。

然而，15世纪末开始掀起了仇视犹太人的浪潮，犹太区被捣毁，很多犹太人被杀害，或者被强制皈依基督教。自15世纪起，皈依基督教的犹太人（los judeoconversos）作为新兴社会团体，开始登上历史舞台。他们借

助与生俱来的非凡智慧,在西班牙社会赢得一席之地,比如,银行家桑塔赫尔(Luis de Santágel)和加布列尔·桑切斯(Gabriel Sánchez)资助了哥伦布的新大陆之旅,这些新兴的新基督教徒被旧基督徒视作眼中钉,欲除之而后快。

关于天主教双王为何要引进宗教法庭,研究者看法不一,但大部分人认同以下几种观点:宗教大一统,天主教双王急于建立一套行之有效的国家机器,而宗教法庭为国王直接接管宗教提供了便利,从此国王不再需要依赖教皇,就可直接管理本国宗教事务;削弱地方政治势力,阿拉贡地区甚至援引地方法律,反对西班牙宗教法庭;消灭皈依基督教的犹太人;费尔南多国王的宫廷里有不少皈依基督教的犹太人,他们甚至担任重职;没收犹太人的巨额财富。

为了发现并铲除假意皈依基督教的犹太人,天主教双王向教皇提出了把宗教法庭引入卡斯蒂利亚的请求。1478年教皇颁布训喻,设立西班牙宗教法庭,旨在维护西班牙基督教正统地位。宗教法庭由双王直接管辖,审判官也由其直接任命。宗教法庭主要迫害皈依基督教的犹太人、莫里斯科人(los moriscos)、巫师和女巫以及新教徒(los protestantes)。

二、西班牙犹太人的风雨历程

居住在西班牙的犹太人历史悠久,一枚公元前7世纪的腓尼基戒指上篆刻有古希伯来文(hebreo),足以证明那时犹太人已经居住在伊比利亚半岛。罗马人统治期间,犹太人口大幅增长。犹太人自古便以精明著称,尤其在经商上更拥有超凡智慧,正因如此,西班牙犹太人一度获得王室重用,担任重职。然而好景不长,他们在1492年遭到天主教双王驱逐后,流散到世界各地。

(一)1492年前西班牙的犹太人

早在西哥特人占领西班牙之时,犹太人就已经遭遇了第一次迫害。他们被主流社会孤立和隔离,于是渐渐形成独立的犹太居住区。从711年起,整个伊比利亚半岛的犹太居住区在数量和区域上都有很大程度的增长,这与当时统治伊比利亚半岛穆斯林施行的政策有很大关系。穆斯林在宗教问题上很包容,犹太人得以在半岛上平静度日,那时,安达卢斯的犹太人规模最大、最有组织且在文化上最领先。伊斯兰教和基督教都禁止教徒参与和金钱有关的活动,认为这是不敬神的表现,因此犹太人几乎包揽了经济方面的全部工作职位。有了强大的经济基础作后盾,犹太人在文化领域取得了半岛上有史以来最辉煌的成就。

然而，犹太人卓越的经济头脑，灿烂的文化成果以及在宫廷中受到的礼遇，遭到了来自四面八方的嫉妒和敌视，尤其是基督教徒。为了保证宗教的大一统，天主教双王登基后便设立了宗教法庭，其第一任总裁判长托克玛达（Tomás de Torquemada）极度仇恨犹太人，多次向天主教双王提出把犹太人驱除出境。让·德科拉①在《西班牙史》一书提到这一段历史：

> 斐迪南和伊莎贝尔②忘不了在阿拉伯人入侵时，犹太人所起的灾害性作用。他们无视犹太人对西班牙文明所做的无与伦比的贡献，有多少医生、科学家、哲学家是犹太人呀！现在只把犹太人看作摩尔人先前的盟友。由托克玛达补充的天主教徒国王的敕令，给予犹太人三个月宽限，离开西班牙。他们在马马虎虎清理好事务之后，以小提琴手为先导，由犹太教教士伴随，最后一次走在西班牙的大路上，向南方海港进发。他们的后裔就是塞法尔迪人。③

（二）流散各地的塞法尔迪人

从西班牙离开的犹太人及其后人被称为塞法尔迪人（los sefardíes），具体人数不详。胡里奥·巴尔德恩·巴鲁克④根据最新的研究调查，认为当年流亡的塞法尔迪人数量约在七至十万人之间。他们大多逃到葡萄牙和摩洛哥，后来又跑到荷兰、北非、奥斯曼帝国⑤等地。有一部分流亡到北非和奥斯曼帝国的塞法尔迪人运气好些，尤其是在奥斯曼帝国落脚的塞法尔迪人受到了其君主的礼遇。在奥斯曼帝国他们甚少与当地人交流，因而更好地保留了古西班牙语。塞法尔迪人与奥斯曼帝国民众和平共处了四百年。

除了上述国家和地区外，塞法尔迪人还流亡去了美国，大多数历史学家把1654年作为犹太人定居美国的开端，此后一百多年里，大概有数千名犹太人从南美和欧洲移居美国。塞法尔迪人移居美国的潮流到19世纪初，因欧洲大陆的拿破仑战争而止步。"二战"后，美国犹太人数量持续增长，

---

① 让·德科拉（Jean Descola, 1909～1981），法国历史学家、记者、西班牙语言文学学者。
② 斐迪南和伊莎贝尔，即天主教双王费尔南多和伊莎贝尔。
③ 〔法〕让·德科拉：《西班牙史》，管震湖译，北京：商务印书馆，2003年，第228页。
④ 胡里奥·巴尔德恩·巴鲁克（Julio Valdeón Baruque, 1936～2009），西班牙历史学家。
⑤ 奥斯曼帝国（Imperio Otomano）是1299年土耳其人建立的一个帝国，极盛时横跨欧亚非三大洲。消灭东罗马帝国后，定都君士坦丁堡，并改名伊斯坦布尔。因无法抵挡近代化欧洲国家的冲击，于19世纪初趋向没落，后经历第一次世界大战的失败和凯末尔起义，奥斯曼帝国最终于1922年覆灭。

战后欧洲再没有爆发历史上那种反犹狂潮。到20世纪90年代，美国犹太人总数已经超过了600万。[①]

以色列立国是犹太人历史上的划时代事件。近两千年来一直流亡他乡的犹太人终于又成为了国家的主人。以色列是一个移民国，也是多民族聚居国。那里的犹太人大多是来自西亚及北非的塞法尔迪人，也有来自欧美的阿兹肯纳齐犹太人，还有埃塞俄比亚犹太人、也门犹太人和来自苏联的俄国犹太人。由于历史、传统、语言、宗教、习俗各不相同，各民族、宗教群体间不断发生碰撞和冲突，这需要通过主流文化的发展促进不同群体之间互相融合。

三、犹太西班牙语

被天主教双王驱逐的大部分犹太人最终在奥斯曼帝国安定下来。凭借出色的商业头脑，他们迅速站稳脚跟，并形成了数个犹太人核心聚居点。无论是定居在奥斯曼帝国，还是流亡至他国，犹太人都趋向于保留传统。从他们口中仍可以听到伊比利亚半岛当年的罗曼斯语及古代的其他口语表达。西班牙语在塞法尔迪社区中依旧活跃，在新大陆的一些社区甚至都有西班牙语的痕迹。起初，来自西班牙不同地区的塞法尔迪人会分开活动，他们也保持着各自的语言在发音和词汇方面的差异，但是他们的语言还是可以被大家理解的。

中世纪时期的犹太西班牙语（judeo-español）由于宗教原因及希伯来传统，其所属的团体具有限制性特点。犹太人居住区留下的文献显示，在一些基督教卷宗里，发现源自闪米特语的用法，还有在卡斯蒂利亚语中夹杂希伯来语的语态。此外，1920年亚美利科·卡斯特罗[②]曾听塞法尔迪人说"雪"（nieve）这个词为nief，而这种说法是阿方索十世在位期间或者说是伊塔大司铎[③]时代的卡斯蒂利亚语。

此外，犹太西班牙语在《圣经》（La Biblia）中的用语措辞和口语大相径庭，在《圣经》中使用的是一种杂交语。为了使原文不失希伯来语的韵味，书中所选用的西班牙语单词都尽量模仿希伯来语的语义、句式及句法，以至于那些没有接触过希伯来语但会说西班牙语的人都看不懂。这不是一

---

① 潘光，陈超南，余建华：《犹太文明》，福州：福建教育出版社，2008年，第230～236页。

② 亚美利科·卡斯特罗（Américo Castro，1885～1972），西班牙语言学家、文化历史学家、著名的塞万提斯研究者。

③ 伊塔大司铎（Arcipreste de Hita，约1283～1350），本名为胡安·鲁伊斯（Juan Ruiz），一生放荡不羁，安于享乐，代表作为狱中所作的《真爱之书》。

种粗陋的翻译,而是尽最大可能忠于原文的神圣。

除此之外,犹太西班牙语还有一个显著的特点就是古词语的使用。有人指出,导致这一现象的原因是,在天主教双王下驱逐令的前一个世纪,犹太人就因遭到屠杀而开始流亡。在犹太西班牙语的语法中还有一些古用法,比如把命令式和代词连写时进行换位,构成另一个词:将 quitadle 写成 quitalde。逃去葡萄牙的犹太人在当地定居后,又不可避免地受到葡萄牙语的影响。

除了继承古语传统外,犹太西班牙语也在不断创新,这在发音上尤为明显。在其漫长的流亡岁月里,兼收并蓄其他多个语言,如土耳其语、希腊语、罗马尼亚语、阿拉伯语等等。在今天的犹太西班牙语中还可以发现丰富的法语及意大利语词汇。

第三节 美洲殖民初期的西班牙语

一、殖民前社会状况

(一)殖民前的美洲社会状况

在西班牙人到达美洲前,即 15 世纪末,美洲生活着几百万土著居民,其社会结构有游牧族(nómada)、部落(tribu)、领地(señorío)、城邦国(estado)以及军事帝国(imperio militarista)。

从地理及文化角度来看,当时的美洲分为三大块:其一,部落美洲(América Tribal),北美三分之一的土地及南美南部三分之一的土地属于部落美洲;其二,核心美洲(América Nuclear),这部分美洲主要集中在美洲两大文明的集聚点,即中美洲(Centroamérica/América Central)及安第斯山(los Andes)中部地区;其三,中美洲及环加勒比海(Circuncaribe)地区,主要指安第斯山北部地区,下中美洲及加勒比海(el Caribe)地区。

(二)三大文明:玛雅文明、阿兹特克文明和印加文明

玛雅文明形成于公元前 1000 年至公元前 400 年,覆盖中美洲东南部,即墨西哥的尤卡坦(Yucatán)半岛、恰帕斯州、塔巴斯科州及伯利兹和危地马拉大部分地区。直到今天,这里还居住着玛雅人(los mayas)的分支如尤卡坦族(los yucatecos)、伊察族(los itzás)、基切族(los quichés)、卡智盖尔族(los cakchiqueles)及其他中美洲民族。这些讲玛雅族语言的民族显示出了其语言在数千年风雨中强大的适应性和韧劲。玛雅文明晚期,

即公元 1200～1500 年，在其文明中心的尤卡坦半岛上出现了数个城邦国，它们为争夺势力范围连年混战，一直持续至西班牙人到来之时。1500 年前后，玛雅文明归于沉寂。

墨西哥及中美洲部分地区，古代是阿兹特克人（los aztecas）活动的区域。好战的阿兹特克人 12 世纪中期来到此地，在与其他民族交战取胜后，于公元 1430 年占领了该地区。西班牙人征服美洲之始，阿兹特克的首府设在特诺奇蒂特兰（Tenochtitlán），即今天的墨西哥城（Ciudad de México）。特洛奇蒂特兰的社会结构类似一个军事联盟，盟主是由部落议事选举产生的大酋长。它是个多民族融合之城，社会等级森严，由贵族与平民组成，贵族是统治者，平民阶层由农民、商人等组成。阿兹特克人信仰万物为灵的多神教。阿兹特克人尚武，征战连年，阿兹特克人虽然好战，但同时也十分重视文化发展。他们在国土内广设学校，传授知识，普及法律观念，并用道德规范来约束人们的行为举止。在天文历法、植物、药学方面也颇有成就。西班牙人到来之时，尚处在发展阶段的特诺奇蒂特兰遭受灭顶之灾，1521 年，灿烂的阿兹特克文明毁于一旦。

1438 年在安第斯山中部形成了一个历史上最伟大的帝国之一——印加帝国（Imperio Incaico），在克丘亚语中的名称是 Tawantinsuyu，"四方之地"或"四地之盟"之意，首府是库斯科（Cuzco）。印加帝国在短短一个世纪里，便从今天的哥伦比亚南部扩张到今天的智利中部，其疆土整整扩大了 4000 平方公里，势力范围从秘鲁沿海及山区一直延伸至整个安第斯山中部，即今天的厄瓜多尔以及玻利维亚部分地区、阿根廷北部和智利北部。

这是一个真正的帝国：有印加王，经济、行政区域受国家中央集权控制，有官方语言——克丘亚语。印加帝国的政治制度严密完善，其中央集权制保证了全国的政治、经济、军事、社会生活和宗教活动都由印加王和中央政府掌控。此外，帝国的行政建制划分明确，整个国家分为四个苏约（suyo），每个苏约下设若干瓦马尼（wamani），底下再细分若干级，直到最基层的建制——村落。印加人（los incas）喜欢逢山开路、遇水搭桥，以保证中央政权的政令畅通，军队出征顺达，同时也确保经济流通，信息无阻，以保证国家统一。

然而，帝国辽阔的疆域也给管理和交流以及文化语言上的统一带来了巨大困难，王室内部斗争也一直持续不断，西班牙征服者弗朗西斯科·皮萨罗[①]到来之际，印加王瓦伊纳·卡帕克（Huayna Capac）的两个儿子瓦斯

---

① 弗朗西斯科·皮萨罗（Francisco Pizarro，1475～1541），西班牙贵族、冒险家、秘鲁印加帝国的征服者。他开启了西班牙征服南美洲的时代，也是秘鲁首都利马的建立者。

卡尔（Huascar）和阿塔瓦尔帕（Atahualpa）之间爆发了一场争斗。印加文明仅存一百来年，是众印第安文明中寿命最短的，1533年印加王阿塔瓦尔帕遇害，帝国灭亡，印加文明结束。

西班牙人来到新大陆后，最先征服的是阿兹特克人和印加人。在这两个帝国的国民看来，西班牙人的到来，不过跟往常一样，是又一次统治者更替罢了。然而随着时间的推移，他们发现，西班牙人的统治似乎与往常的不一样，此时他们才幡然醒悟，这一更替似乎是个悲剧，他们整个种族都成了被统治和奴役的对象，并永远失去了主宰自己命运的权利。这种没落一直持续至今，直至将来。

二、美洲土著语言的过去与现在

（一）美洲主要土著语言

哥伦布到达美洲前，美洲的语言种类之繁多让人叹为观止。迄今为止，无论从语法还是从语音来看，美洲依然是世界上语言分布最多、最分散的地区。

阿兹特克人说的是纳瓦特尔语（nahuátl），在西班牙人到来之前，主要流行于特诺奇蒂特兰城。如今使用这门语言的人口光在墨西哥就有170万，其他人口分布在危地马拉和圣萨尔瓦多。

基切语（quiché）是玛雅人的语言。如今分布在墨西哥南部、危地马拉和洪都拉斯。危地马拉约有7%的人口（约100万人）会说基切语，为该国仅次于西班牙语使用族群最广泛的语言。

说到美洲南部，如今仍广为人知的语言有克丘亚语、艾玛拉语（aimara）、瓜拉尼语（guaraní）和阿劳科语（araucano）。

克丘亚语（que chua）是印加帝国的官方语言。哥伦布到来前的克丘亚语主要流行于哥伦比亚南部、厄瓜多尔、秘鲁、玻利维亚、阿根廷西北部，直至智利中部。如今，克丘亚语的使用者从哥伦比亚南部，延伸至厄瓜多尔、秘鲁、玻利维亚。以各种克丘亚语为第一语言的人口总计有960万，使用各种克丘亚语的人口总计有1400万。克丘亚语是厄瓜多尔、秘鲁和玻利维亚的官方语言。

艾玛拉语主要集中在玻利维亚和秘鲁，使用人口300万。

哥伦布到来前的阿劳科人（los araucanos）主要聚居在智利中部及沿海地区，以及阿根廷中部和西部。在克丘亚语中，阿劳科人又称为马普切人（los mapuches），即"大地之人"，他们讲阿劳科语。如今，阿劳科语流行于南美南部，在拉潘帕草原（la Pampa）和巴塔哥尼亚高原（Patagonia）

地区以及智利。马普切语使用者的人数，因研究方式不同而有所差异，且不同群体认可不同的研究成果。2008年发表的某些文章认为马普切语有70万的使用者。其他报告则认为马普切语有约240万名使用者，其中约20万人生活在智利中部谷地，而有约4万人生活在阿根廷数个省份，这些人中，有约15万人经常使用马普切语。

哥伦布到来前的瓜拉尼语流行于阿根廷东部和东北部、巴拉圭、巴西和玻利维亚部分地区，如今，这些地区尚有很多人讲这门语言。瓜拉尼语是巴拉圭和玻利维亚的官方语言，有专门研究瓜拉尼语的语言学院，瓜拉尼人称自己的语言为珍贵的语言或男人的语言，此外，瓜拉尼语又衍生出多个方言。据1995年的统计，瓜拉尼语的使用人口约485万。

（二）美洲土著语言的文学

在欧洲人到达美洲之前，美洲早已存在口头或文字形式的文学作品，这些印第安文学，主要流传于玛雅、阿兹特克和印加三大文明区域。除了口头流传的神话故事、诗歌外，还有玛雅人用象形文字记述的史诗和类似编年史的记载。西班牙人的到来摧毁了很多印第安典籍，流传至今的只剩下玛雅－基切人的《波波尔·乌》（*Popol Vuh*）和《契兰·巴兰之书》（*Libros de Chilam Balam*）。

三、西班牙语在美洲的演变

西班牙语被殖民者带到美洲后，在不同地区由于受不同土著语言的影响，发生了不同的演变。同样，这些演变也受到各地文化水平的影响。因此，拉普拉塔河（Río de la Plata）流域西班牙语的发展是不能与高度文明的玛雅人、阿兹特克人以及印加人所在区域西班牙语的发展相比的。

同样，西班牙语在美洲的演变，也与来自西班牙不同地区的征服者有着密切关系。美洲西班牙语与伊比利亚半岛的卡斯蒂利亚语并无巨大区别，其主要特点在西班牙的四个自治区都可以找到：加那利群岛（Islas Canarias）、安达卢西亚、加利西亚（Galicia）以及埃斯特雷马杜拉（Extremadura）。这是因为早期的征服者主要来自这些地区，如贡萨洛·希梅内斯（Gonzalo Jiménez）和阿尔瓦·努涅斯（Álvar Núñez）来自安达卢西亚，弗朗西斯科·皮萨罗、埃尔南·科尔特斯（Hernán Cortés）、法兰西斯科·德·奥雷亚纳（Francisco de Orellana）及埃尔南多·德·索托（Hernando de Soto）均来自埃斯特雷马杜拉。

征服美洲后最初的居民主要来自安达卢西亚和加那利群岛，因此这两个地方的西班牙语与美洲的西班牙语，尤其与安第斯地区的西班牙语有很多相似之处。此外，19世纪和20世纪加利西亚人大量移民至安第斯地区、墨西哥和阿根廷，意大利人移民至委内瑞拉和阿根廷，都不可避免地给这些地区的西班牙语注入了加利西亚语及意大利语元素。

比如在美洲西班牙语中经常会出现重读位移：国家"país"会发成/páis/，玉米"maíz"会发成/máiz/，这一现象在安达卢西亚方言中尤为普遍，于是该特征随安达卢西亚人进入美洲后，出现在美洲的西班牙语中。1519年前后，安达卢西亚人占所有进入美洲的西班牙人及葡萄牙人总数的60%。此外，很多美洲人将c和z发成/s/音（seseo），把ll发成/y/（yeísmo），r和l发音不分等，这些现象在15世纪末的安达卢西亚及加那利群岛十分普遍。

四、土著语言对于西班牙语的影响

哥伦布在其发现新大陆的旅行中带有翻译，他本人也懂得地中海语言，翻译懂亚洲各地语言。但当他们到达萨尔瓦多岛时，却发现当地印第安人根本不懂翻译讲的任何一种语言。两周后，一些随船来到古巴的海地印第安人掌握了一些西班牙语词汇。他们发现，古巴人的语言与他们海地的语言有相通之处，后来他们进一步发现，萨尔瓦多的语言和古巴及海地的语言都比较相似，这便是泰诺语（taíno）。尽管如今泰诺语没有留下任何踪迹，但是它对美洲西班牙语影响之大，超过墨西哥的纳瓦特尔语和秘鲁的克丘亚语。泰诺语是西班牙人来美洲后掌握的第一种土著语言，西班牙人将泰诺语中一些指称西班牙没有的物体名称引入了西班牙语，于是，在西班牙语中第一次出现了美洲土著词汇，如maíz（玉米）、canoa（独木舟）、tabaco（烟草）等。泰诺语不过是美洲众多土著语言中微不足道的一个，因此，如果细数西班牙语中源自美洲语言的词汇，我们便会发现，其远比源自阿拉伯语的词汇要多。

土著语言对于西班牙语最初的影响仅限于征服者不认识的植物、动物或物品的名称，因此今天，我们在美洲西班牙语中看到很多常用词汇，在西班牙却不太使用，如guajira（古巴乡村民歌；男衬衣）、chacra（农庄）、choclo（嫩玉米穗）等。值得一提的是，西班牙语中相当一部分动植物名称源自墨西哥的纳瓦特尔语。

此外，特别要指出的是西班牙语在美洲生成了克里奥约语（criollo）。克里奥约语混合了多种语言词汇，有时也掺杂一些其他语言文法，也称为混成语或混合语。克里奥约语由皮钦语（pidjin）演变而来，在讲不同语言的人混居的地方，因人们讲不同语言，为了方便彼此间的沟通，进而发展出一种称为"洋泾浜"式的交流方式。"洋泾浜"本无文法可循,但如果这些讲不同语言的人们因种种原因长期定居下来,其子女在缺乏可循文法的情况下,进行语言石化①,自行在皮钦语基础上加上文法,产生克里奥约语。在美洲西语国家,尤其是加勒比地区,有很多说克里奥约语的移民,其语言源于欧洲和非洲语言的交互影响。这些移民大多是美洲黑奴的后代,讲欧洲语言(主要有英语、法语和葡萄牙语)与非洲语言混杂的语言,产生于这些欧洲国家对非洲进行殖民统治的时期。

在美洲,西班牙语影响下产生的克里奥约语主要有:

哥伦比亚的帕伦克语(palenquero):1989年统计有近2500名使用者,他们主要分布在逃亡非洲黑奴和部分印第安人居住的地方,他们说的语言实际上由西班牙语和非洲语言混杂而成。

巴拉圭及阿根廷北部的霍巴拉语(jopará):这是一门西班牙语与瓜拉尼语相混杂的语言。1992年,巴拉圭教育部规定要教授正规的瓜拉尼语,以示与霍巴拉语区别。

帕皮亚门托语(papiamento):使用这门语言的人口达到35.9万人,主要集中在靠近委内瑞拉的库拉索岛、博内尔岛、阿鲁巴岛以及荷兰部分地区。这门语言在书写上类似西班牙语,主要是因为上述这些地区与委内瑞拉联系频繁。但是归根到底,这是一门由葡萄牙语衍生的克里奥约语,实际上它受到葡萄牙语、荷兰语和犹太西班牙语的影响。犹太人在光复运动后被逐出西班牙,逃亡到荷兰,再流亡到库拉索岛,因此西班牙语便不可避免地对帕皮亚门托语产生影响。

与葡萄牙语、英语、法语或荷兰语相比,西班牙语所产生的克里奥约语要少得多,这主要是因为16世纪初葡萄牙、英国、法国和荷兰在非洲西海岸建立了许多工厂或进行殖民统治,相比较而言,西班牙到了19世纪末才进驻非洲,而彼时,欧非混杂的克里奥约语早已形成。

另一个观点认为西班牙语的克里奥约语较少,是因为西班牙语使用者一直保持尽量讲规范化语言的传统。例如,同样位于加勒比海伊斯帕尼奥拉岛(Isla Española)的前法属殖民地——海地和前西班牙殖民地——多米尼加共和国,前者讲的是克里奥约语而非法语,后者讲的是西班牙语。这要归功于美洲各地民众努力讲正确西班牙语的习惯,这大大促进了美洲西班牙语的统一。在西班牙,努力讲正确的西班牙语,成为人们性格中的

---

① 语言石化,是在第二语言和外语教学中经常会出现的过程。在这个过程中,不正确的语言特征成为了学习者说或写中的一成不变的方式。

一部分。讲正确西班牙语也是美洲殖民时期领主们的必修课，如果没把单词的发音发正确，不但会招来他人的嘲笑，说话者本人也倍感羞愧。

西班牙是一个多样化的国家，然而它却是欧洲方言种类最少的国家，相比之下，法国、葡萄牙和意大利有更多的方言。讲正确的语言一直是西班牙文化不可或缺的一部分，在美洲对语言正确的关注和追求又更为显著。人们对不正确语言的敏感度几乎达到了病态的程度，因此，讲不好西班牙语往往会成为别人嘲笑的对象。西班牙语在传入美洲的过程中，本身正经历着其最关键的发展变化——经历音韵上的变化并逐步蜕变为现代西班牙语。

此外，如今美洲各国间的西班牙语甚至比西班牙本土的要更统一，这要归功于19世纪独立的美洲各国推行的政治建设、扫盲运动以及教育普及，这些举措不但推动美洲西班牙语的统一，而且使其书面西班牙语一直与西班牙本土保持高度一致。

第四节　内夫里哈和《卡斯蒂利亚语语法》

一、安东尼奥·德·内夫里哈

安东尼奥·德·内夫里哈（Antonio de Nebrija, 1441～1522），西班牙语言学家、历史学家、教育家、语法学家、天文学家和诗人，同时也是西班牙文艺复兴时期最伟大的人文主义学者。1492年，内夫里哈出版了第一部西班牙语语法书——《卡斯蒂利亚语语法》，同年编纂了《拉丁语－西班牙语词典》，1494年左右，又编纂了《西班牙语－拉丁语词汇》。因此，内夫里哈在西班牙语语言史上占有非常重要的地位。内夫里哈的主要著作有：

《拉丁语导论》（1481）

《卡斯蒂利亚语语法》（*Gramática castellana*[①], 1492）

《拉丁语－西班牙语词典》（*Diccionario español-latino*, 1492）

《西班牙语－拉丁语词汇》（*Vocabulario español-latino*, 1494）

《西班牙语正字法规则》（*Reglas de ortografía española*, 1517）

《卡斯蒂利亚语正字法规则》（*Reglas de ortografía en la lengua castellana*, 1523）

---

① 又称 *Gramática de la lengua castellana* 或 *Gramática sobre la lengua castellana*。

二、《卡斯蒂利亚语语法》——首部西班牙语语法著作

卡斯蒂利亚王国在收复失地的过程中不断壮大，随着疆域向南推进，语言也在新收复的土地上推广。但各地社会、文化条件不尽相同，因此卡斯蒂利亚语在各地传播的情况不平衡，存在不同的发音、词法和句法；在已经确立的语法规则中，有的相互交叉，有的甚至前后矛盾，语法的功能和形式不够明确；句子结构排列和词序方面各地的用法不一致；书面语缺乏稳定性，口语也没有统一的章法；当人们使用卡斯蒂利亚语进行交流或翻译时，都会遇到不少的语法难题。然而正是这些困难和问题激励了学者去创造更加科学的新规则，以便尽快稳定不断变化中的语言，因此卡斯蒂利亚语成了众人关注及研究的对象。

1485年，西班牙阿维拉城主教阿隆索·德·塔拉威拉（Alonso de Talavera）在陪同伊莎贝尔女王参观内夫里哈任教的萨拉曼卡大学时，向内夫里哈提出了撰写卡斯蒂利亚语语法的建议。于是，内夫里哈将分散的语言现象总结归纳成系统的语法规则，撰写出第一部西班牙语语法书《卡斯蒂利亚语语法》。在书中，内夫里哈明确指出，卡斯蒂利亚语在词法形态和句法结构上已具有自己的体系，因此不应再与拉丁语语法混为一谈。[1] 1492年8月18日，内夫里哈的《卡斯蒂利亚语语法》问世。

内夫里哈呈在呈献给伊莎贝尔女王的样本序言中，详细地道出他撰写该语法书的目的：

首先，他希望借该本书把卡斯蒂利亚语的语言规则系统地确定下来，维护语言的统一与稳定，使其像希腊语和拉丁语一样，任岁月流逝、时代变迁，仍能传承千秋万代。由此可见，内夫里哈热衷传承，渴望永恒，是纯粹的具有文艺复兴（Renacimiento）思想的学者。

其次，掌握卡斯蒂利亚语的语法规则有助于人们学习拉丁语。卡斯蒂利亚语属于罗曼斯语族，由通俗拉丁语演变而来。拉丁语在罗马帝国时期已经发展为语法严谨的语言，而卡斯蒂利亚语在词法和句法上都继承自拉丁语，因此，如果掌握了卡斯蒂利亚语的语法，再进一步学习拉丁语将变得更加容易。

最后，内夫里哈坚信"语言一向是帝国的伴侣"（Siempre la lengua fue compañera del imperio.）[2]，注定将陪伴帝国一起成长、壮大、繁荣乃至消

---

[1] Alvar, M., 1996: *Manual de dialectología hispánica: el español de España*, Barcelona: Ariel, p. 83.

[2] 引自《卡斯蒂利亚语语法》序言。

亡。卡斯蒂利亚王国的不断壮大使内夫里哈看到卡斯蒂利亚语的重要性，因此，他在《卡斯蒂利亚语语法》的序言中补充道：

> 当我在萨拉曼卡把此书样本呈给女王陛下，陛下问我此书何用时，尊敬的主教大人抢先回答说：自陛下将无数操离奇古怪语言的蛮人降服后，他们就得接受胜利者为他们制定的法律，与这些法律一起的还有我们的语言。而我这本语法就是让蛮人认识我们语言的最好教材，就像我们现在学习拉丁语语法是为了掌握拉丁语一样。这也是我编著此书的第三个目的。①

内夫里哈的这些预言不久后都成为了现实：《卡斯蒂利亚语语法》问世后不到两个月，即 1492 年 10 月 12 日，哥伦布到达美洲，新大陆的发现为卡斯蒂利亚语的传播开启了一片全新的广阔天地。

内夫里哈的这部语法具有重大的历史意义。首先，作为卡斯蒂利亚语的首部完整语法，是西班牙全民共同语的语法标准，《卡斯蒂利亚语语法》不仅对卡斯蒂利亚语的稳定与统一起到积极作用，同时标志着西班牙语进入成熟期，为文学繁荣奠定了坚实基础，而且伴随发现新大陆到来的国力强盛，为人才辈出积累了丰厚的沃土，接下来西班牙进入了辉煌百余年的文学"黄金世纪"（Siglo de Oro）。

此外，内夫里哈的《卡斯蒂利亚语语法》是 16 世纪后美洲学校里印第安人和印欧混血人种学习西班牙语的最佳语法教材，因此，不少人把此书的问世誉为 1492 年西班牙王国第三件具有划时代意义的大事件。

《卡斯蒂利亚语语法》是内夫里哈最重要的著作，是第一部强调一门地区语言重要性的书籍，也是第一本预见了这门偏隅于西班牙北部一角的地区语言，在未来帝国壮大过程中将扮演重要角色的经典著作。在此书之前，还没有人专门为当时的语言撰写语法书，因为对中世纪的人们而言，只有

---

① 引自《卡斯蒂利亚语语法》序言，原文为：El tercero provecho deste mi trabajo puede ser aquel que, cuando en Salamanca di la muestra de aquesta obra a vuestra real Majestad e me preguntó que para qué podía aprovechar, el mui reverendo padre Obispo de Ávila me arrebató la respuesta; e respondiendo por mí, dixo que después que vuestra Alteça metiesse debaxo de su iugo muchos pueblos bárbaros e naciones de peregrinas lenguas, e con el vencimiento aquéllos ternían necessidad de reçebir las leies quel vencedor pone al vencido, e con ellas nuestra lengua, entonces por esta mi Arte podrían venir en el conocimiento della, como agora nosotros deprendemos el arte de la gramática latina para deprender el latín.

伟大的拉丁语和希腊语才值得学习和研究，那些地方语言只为交流而设，无须刻意学习，更无须为其制定语法规则。

《卡斯蒂利亚语语法》的问世，确立了卡斯蒂利亚语语法规范，统一了书写形式。在拉丁语一统欧洲的局面消失后，开启了欧洲诸国研究本民族语言的先例，在此之前，还没有哪个欧洲民族的语言有自己的语法。继内夫里哈的《卡斯蒂利亚语语法》之后，一系列语法书如雨后春笋般在欧洲不断涌现，欧洲大陆各民族语言逐一觉醒，并进一步获得与拉丁语同样尊崇的地位。

第三章 西班牙语的扩张（16～17世纪）

第一节 哈布斯堡王朝时期的西班牙语

一、西班牙在欧洲的扩张

（一）哈布斯堡王朝的建立

1492年天主教双王攻下格拉纳达，宣告阿拉伯末代王朝的灭亡，天主教的光复运动以胜利告终，1512年，纳瓦拉王国的西班牙部分为卡斯蒂利亚合并，最终形成现代的、统一的西班牙的雏形。

1516年1月，费尔南多二世去世，其外孙、哈布斯堡王室（Casa de Habsburgo）的卡洛斯前往卡斯蒂利亚继承王位，是为卡洛斯一世；随后其母"疯女"胡安娜（Juana la loca）把莱昂-卡斯蒂利亚、纳瓦拉、格拉纳达、北非等领地交给了他；同年5月，阿拉贡王国承认卡洛斯一世，卡洛斯一世又成了阿拉贡王国君主，管辖加泰罗尼亚、瓦伦西亚、巴利阿里群岛、撒丁（Cerdeña）、那不勒斯（Nápoles）和西西里（Sicilia）。自此，卡斯蒂利亚王国和阿拉贡王国首次由同一个君主统治，卡洛斯一世的即位标志着西班牙进入哈布斯堡王朝统治时期。

1519年，卡洛斯一世祖父、神圣罗马帝国（Sagrado Imperio Romano）皇帝马克西米利安一世去世，第二年，卡洛斯一世正式加冕神圣罗马帝国皇帝，又称为查理五世（Carlos V）。1521～1544年，卡洛斯一世在意大利战争中打败法国，夺得米兰及其他地区。16世纪中，中、南美洲均划归卡洛斯一世王朝版图。为了确保西班牙在地中海的航行不受土耳其海盗的威胁，卡洛斯一世御驾亲征，征服了突尼斯及北非地中海沿岸。[①] 这样，卡

---

① 1574年土耳其占领突尼斯，西班牙在北非的势力范围基本消失。

洛斯一世统治的西班牙成为一个地跨欧非美三洲的庞大帝国，号称"日不落帝国"（el imperio donde nunca se pone el sol）。

哈布斯堡王朝统治的近两个世纪是西班牙的全盛时期，其版图之大、实力之强在欧洲，乃至全世界首屈一指。

（二）葡萄牙归属哈布斯堡王朝

1578年，费利佩二世①的外甥、葡萄牙国王塞巴斯蒂安在非洲作战身亡，塞巴斯蒂安国王无嗣，其叔父、红衣主教恩里克登基，不久后于1580年初驾崩，作为其王位继承人之一的西班牙国王费利佩二世，夺取葡萄牙王位的决心更加坚定。1580年西班牙攻下里斯本（Lisboa），次年兼并葡萄牙及其在非洲、亚洲、太平洋及大西洋的所有殖民地。费利佩二世使西班牙帝国的版图达到了空前的广阔。葡萄牙虽然归属哈布斯堡王朝，失去了独立，但国家机构没有发生变化，仍享有自治权。费利佩二世仅要求葡萄牙对外服从哈布斯堡外交政策，内政由葡萄牙议会独自处理。

二、西班牙语在欧洲的拓展

（一）卡斯蒂利亚语升级成为西班牙国语

卡斯蒂利亚王国在向外扩张的过程中，每征服一片土地，便通过传教士和士兵把西班牙语带到那里，使这种语言在新的环境里深深扎根。西班牙王室和教会认为，西班牙语必须成为被征服土地上的唯一语言，就像当年罗马人把拉丁语变成其所到之处的共同语言一样。

随着光复运动的胜利，天主教双王在欧洲建立了第一个民族国家。从此，卡斯蒂利亚语从一个地区性语言摇身变为西班牙的国语（lengua nacional），即西班牙语（español），语言地位发生了本质的变化。正如胡安·德·巴尔德斯在其《语言的对话》一书中所说：

> 卡斯蒂利亚语不仅在整个卡斯蒂利亚地区使用，而且在阿拉贡王国、在拥有安达卢西亚的穆尔西亚王国、加利西亚、阿斯图里亚斯和纳瓦拉等地也都讲这种语言，甚至平民也都使用它，西班牙各地的贵族早就得心应手地掌握了卡斯蒂利亚语。②

---

① 费利佩二世（Felipe II, 1527～1598），又称"腓力二世"，卡洛斯一世之子。费利佩二世一生结婚四次，1570年与其侄女，即神圣罗马皇帝马克西米安二世的女儿安娜公主结婚，生费利佩三世。费利佩二世执政42年（1556～1598），在对外扩张中战功赫赫，但在内政上却碌碌无为。

② de Valdés, J. 1978: *Diálogo de la lengua*, ed. de J. M. Lope Blanch, Madrid: Castalia, p.148.

（二）西班牙语在宫廷的流行

对西班牙语推崇备至的，当属卡洛斯一世本人。初到西班牙之时，卡洛斯一世带去了一批弗兰德斯谋士，但他对即将统治的臣民所使用的语言却一窍不通。西班牙为卡洛斯一世提供了最好的军队及无私的支持，国王本人当然也懂得感恩图报，于是，他开始学习西班牙语。

卡洛斯一世到西班牙之前已经掌握了多种语言，他可用意大利语和教皇交谈，与姑妈说话时则改成英语，同朋友在一起时有时讲德语，有时讲法语。当时有人请他对各种语言进行评价，他想了想说道：

> 德语适合与马交谈，与女士们讲话最好讲意大利语，法语适用于外交场合，西班牙语则是一种与上帝沟通的语言。①

卡洛斯把西班牙语称为与上帝沟通的语言，是因为他觉得这种语言让人感到庄重肃穆，西班牙语的巨大魅力使卡洛斯一世深爱这种语言，在很多正式场合他既不说拉丁语也不讲法语，而是用西班牙语演说和交谈。

（一）西班牙语对欧洲其他国家的影响

随着西班牙海外殖民地的建立，西班牙语的地位不断提高。卡洛斯一世继承的不仅仅是西班牙王位，而是一个跨越三大洲、幅员辽阔的帝国。随着海外殖民帝国的建立，西班牙语跨出国界，以崭新的姿态走向世界，语言地位从西班牙的国语又迅速上升为国际语言。

西班牙成为当时欧洲最强大的国家，西班牙语也成了最热门、最时髦的语言，人们争相学习和使用。在意大利、法国或弗兰德斯，贵族及上流社会的先生、女士纷纷聘请家庭教师学习西班牙语。人们视讲西班牙语的人为高雅、潇洒及风度翩翩之士，甚至模仿西班牙人的生活方式和文化习惯，一时间，西班牙骑士风度、礼仪及价值观在意大利和法国迅速传播开来。

西班牙学者马努埃尔·穆尼奥斯认为，西班牙语具有下列几个优点，为其向外拓展创造了有利条件：②

1. 语音和音位系统比罗马语族的其他语言更简单，法语有 32 个音素，意大利语和葡萄牙语都是 25 个，而西班牙语只有 18 个；元音和辅音的出现比例为 2∶3，元音发音准确，不存在模棱两可的现象；音标简单，发音规

---

① 原文：El francés lo uso para la diplomacia, el italiano, para tratar con las mujeres, el alemán, para dirigirme al caballo y, para hablar con Dios sólo uso el español.

② Muñoz Cortés, M., 1996: "El español lengua internacional", F. Gutiérrez Díez, *El español, lengua internacional (1492～1992)*, Granada: AESLA, p. 22.

则容易掌握；语调富有变化，韵律优美，是一种生动美妙的语言；

2. 音和字具有高度的适切性；

3. 具有规则的、符合逻辑的词汇派生系统；

4. 词汇简单，词法及句法规则不太复杂，容易掌握。

（二）西班牙语对欧洲其他国家语言的影响

西班牙对欧洲其他国家的影响存在于社会生活的方方面面，西班牙语也以文字的方式进入到其他国家的语言中，当时欧洲许多国家印刷、出版了不少西班牙语词典和语法书。

反映西班牙民俗风情的词语首先进入欧洲各国语言中，意大利语、法语、英语、葡萄牙语和德语都引入了西班牙语的表达方式：

意大利语：disinvoltura（惬意）、sarabanda（萨拉班德舞）、morione（黑晶，烟晶）、gorra（帽子）、manteca（奶油）。

法语：fanfaron（爱吹牛的人）、sieste（午睡）、sarabande（萨拉班德舞）、morion（黑晶，烟晶）、basquine（巴斯克裙）、camarade（同志，同事）。

德语：siesta（午睡）、karavelle（三桅帆船）、alkoven（壁橱）。

还有一些美洲词语（americanismo），即美洲印第安土著居民使用的词，先被西班牙语吸收，然后进入欧洲其他各国语言中。传入西班牙语的大多是具有美洲特色的动植物及自然现象的词，如 batata（番薯）、caimán（凯门鳄）、canoa（独木舟）、hamaca（吊床）、huracán（飓风）、maíz（玉米）、patata（马铃薯）、tabaco（烟草）等，这些词后来又分别被欧洲主要语言吸收。如：

法语：patate, caïman, canot, hamac, ouragan, maïs, patate, tabac

意大利：batata, caimano, canoa, amaca, furacano/uragano, mais, patata, tabacco

英语：potato, cayman, canoe, hammock, hurricane, maize, potato, tobacco

1580年，西班牙史学家卡布雷拉·德·科尔多瓦说：

> 凡是太阳照到的地方，我们的语言人人皆知，是战无不胜的西班牙战旗把我们的语言指引到那里，未能如此拓展疆域的希腊人和罗马人应该对我们称羡不已。

三、16～17世纪对卡斯蒂利亚语的研究

自内夫里哈出版《卡斯蒂利亚语语法》之后，对卡斯蒂利亚语的进一步研究也激起了许多人文主义学者的兴趣。这一时期，为满足各国人民学

习西班牙语的需求，出版了许多针对外国人教学的教材及双语词典。也有一些学者曾试图通过摆脱拉丁语语法的影响，来找出真正属于卡斯蒂利亚语的语法规则，有些学者也确实在这一过程中，发现一些真实存在的语法现象，但系统的语法规则却始终未被归纳成型。

然而，这并不妨碍这一时期语言研究的蓬勃发展，正如洛佩·布兰切所说：

> 在黄金世纪，不仅文学闪耀着光芒，语言方面的研究也硕果累累，成绩斐然，甚至可以说，这个时期的语言研究是西班牙语言史上最重要、最生气勃勃、最富创造性的时期。[①]

的确如此，这个时期的许多杰出人文主义学者都在语言研究与应用上做出过重要贡献。

（一）语法研究

内夫里哈《卡斯蒂利亚语语法》的出版无疑是西班牙语史上最重要、最有价值的研究成果之一。

1558年，克里斯托瓦尔·德·比利亚隆（Cristóbal de Villalón，16世纪初～1588前）的《卡斯蒂利亚语语法：卡斯蒂利亚语说写技巧概要》(*Gramática castellana: arte breve y compendiosa para saber hablar y escribir en la lengua castellana*)出版，人们称此作是内夫里哈《卡斯蒂利亚语语法》的延续，作者所确立的规则为16～17世纪语法学家普遍接受。

1614年，巴托洛梅·希梅内斯·帕东（Bartolomé Jiménez Patón，1569～1640）的《西班牙语语法规则》(*Instituciones de la gramática española*)出版，该书深入浅出，在句子及句子成分分类上颇有特色。

值得一提的是贡萨洛·科雷阿斯（Gonzalo Correas，1571～1631）的长篇巨著《西班牙卡斯蒂利亚语的艺术》(*Arte de la lengua española castellana*)。作者指出：

> 句子应作为语法研究的出发点、主体及归宿；语言有许多变化类型，除方言外，还与年龄、性格、性别等许多社会因素有关。[②]

这些观点颇有新意，使人联想到当今的社会语言学理论。

---

①② Lope Blanch, J., 1990: *Estudios de historia lingüística hispánica*, Madrid: Arcos/ Libros, S. A., p. 6.

1651年，胡安·德·比利亚尔（Juan de Villar, 1590～1650左右）的《西班牙语艺术》（*Arte de la lengua española*）问世，作者提出西班牙语应当具备纯洁和规范两大原则，要知道，这正是一个世纪后设立的西班牙皇家语言学院所确定的三个目标中的其中两个。

（二）词典编纂

1．拉丁语研究

1490年，阿方索·德·帕伦西亚（Alfonso de Palencia, 1423～1492）的《拉丁语—罗曼斯语通用词典》（*Universal vocabulario en latín y en romance*）出版。

2．阿拉伯语研究

1505年，佩德罗·德·阿尔卡拉修士（Fray Pedro de Alcalá, 1455～？）的《阿拉伯语词汇》（*Vocabulario arávigo*）问世，书中收集了中世纪西班牙使用的阿拉伯语词汇，当时正值光复运动结束后不久，阿拉伯语词汇仍经常出现在西班牙语中。

3．古词语研究

1575年，贡萨洛·阿尔戈特·德·莫利纳（Gonzalo Argote de Molina, 1548～1596）的《卢卡诺尔伯爵的书》（*Libro de los enxiemplos del conde Lucanor et de Patronio*）问世。

4．航海词典

1587年，迭戈·加西亚·德尔·帕拉西奥（Diego García de Palacio, 1540～1595）的《水手用语》（*Vocabulario de los nombres que usa la gente de la mar*）出版问世，比1664年在伦敦出版的第一部英语航海词典早了半个多世纪。

5．词源研究

1611年，塞巴斯蒂安·德·科瓦鲁维亚·奥罗斯科（Sebastián de Covarrubias Orozco, 1539～1613）的《卡斯蒂利亚语或西班牙语集锦》（*Tesoro de la lengua castellana o española*）问世。

6．谚语的搜集与整理

1549年佩德罗·德·巴列斯（Pedro de Vallés, 1544～1615）的《谚语集》（*Libro de refranes*）和1555年埃尔南·努涅斯（Hernán Núñez, 1475～1553）的《罗曼斯语谚语格言集》（*Refranes o proverbios en romance*）相继问世。

1609年，克里斯托瓦尔·德·查维斯（Cristóbal de Chaves, 1569～1625）编纂《隐语词典》（*Vocabulario de germanía*）。

这个时期编纂的词典大多为语文词典。编纂历史性语文词典离不开对语言史的研究，而编纂规范性语文词典则取决于全民共同语规范标准的确立,可见,当时这两方面的研究已颇有成效。

(三)西班牙语教学

西班牙海外殖民地的建立,意味着西班牙语将要在比本土面积大数十倍的土地上广泛使用,因此大规模进行西班牙语教学势在必行,且刻不容缓;另一方面,西班牙是当时的欧洲头号强国,其语言是一种强势语言,为了扩大与西班牙的交往,欧洲各国掀起了学习西班牙语的热潮。为适应新形势的需要,西班牙学者和教士先后编纂了数十种双语词典,其中大多数供法国人、意大利人、德国人和英国人学习使用;同时,在对语言教学进行研究的基础上,西班牙还编写出一大批语言教材与参考书。

1. 1520 年的《法语、西班牙语和佛兰芒语学习词典》(*Vocabulario para aprender francés, español y flamini*),作者姓名不详。
2. 同时期出现了《西班牙语民间口语语法》(*Gramática de la lengua vulgar de España*),作者及出版年代佚失。
3. 1558 年出版了比利亚隆的《卡斯蒂利亚语语法》(*Gramática castellana*),对语言教学有很大帮助。

(四)语音与正字法研究

现代西班牙语的正字法没有偏离语音正字的合理性和准确性太远,在很大程度上应当归功于黄金世纪学者们的努力,在这方面的重要人物应当首推内夫里哈,他于 1523 年出版了《卡斯蒂利亚语正字规则》,书中强调必须使用合理的音位系统正字法,使书写与发音更加接近。在此期间,还出版了多部正字法著作。

贝尔纳多·阿尔德雷特(Bernardo Aldrete, 1560~1641)在 1606 年出版的《卡斯蒂利亚语的由来与起源》(*Origen y principio de la lengua castellana*)一书中,窥探到了拉丁语在向罗曼斯语过渡的过程中语音转化的许多规则,这一发现后来也得到了现代语言学的验证。

对卡斯蒂利亚语起源的研究:在当时这是最热门的研究课题,许多著名学者均涉足这个领域。此项研究始于 15 世纪上半叶,在黄金世纪取得了长足进步。

最后还需一提的是胡安·德·巴尔德斯(Juan de Valdés, 1490?~1551),他著有《语言的对话》(*Diálogo de la lengua*)一书。该书是西班牙语历史上一部十分珍贵的文献。作为语言史的见证人,作者就卡斯蒂利亚语的演变及西班牙文艺复兴时期语言状况做了忠实的记录,并对各种语言问题进行了深刻评述,有力地捍卫了卡斯蒂利亚语的高贵、纯洁与尊严。

第二节 美洲的殖民及西班牙语化

一、美洲殖民的开始

哥伦布探险队于1492年12月到达今海地和多米尼加共和国（República Dominicana）所在的伊斯帕尼奥拉岛，并在那里建立起第一个欧洲殖民地，自此，西班牙人开始航海来到美洲，开发和建立小殖民地，一开始在安的列斯群岛（las Antillas），渐渐发展到美洲大陆。

但很快西班牙与葡萄牙之间就出现了争议，葡萄牙提出要与西班牙讨论关于两国向新大陆扩张的权力问题。虽然西班牙抢先一步，宣布了对新大陆的开发权，但在教皇的仲裁下，1494年西班牙与葡萄牙签署了《托尔德西里亚斯条约》（*Tratado de Tordesillas*），根据条约规定，双方在新大陆的版图上划分了各自的势力范围，位于佛得角群岛（archipiélago de Cabo Verde）以西三百里瓜①内的所有土地将由卡斯蒂利亚征服，而此划分线东侧由葡萄牙殖民和开发，这个条约奠定了葡萄牙对巴西殖民的基础。

二、西班牙语化

为了更有效地对美洲进行殖民统治，传播西班牙语及统一语言是一项必不可少的任务。西班牙人到来之前，美洲是由许许多多形形色色的村落组成的大陆，各个村落都有自己的方言。许多学者认为这是最具有语言多样性的一片大陆，拥有着大约123个语族，而许多语族又分为数十上百种方言。其中有些土著语，从其使用人数及后来对西班牙语的影响而言，相对更重要些，如纳瓦特尔语、泰诺语、玛雅语、克丘亚语、艾马拉语、瓜拉尼语和马普切语等。

西班牙语通过哥伦布的数次航行以及殖民者对美洲的征服传播到美洲。为了使两种如此不同的文化相融合，西班牙人借助各种方式尝试与印第安人沟通，比如使用手势和肢体语言，求助欧洲译员或曾经被作为俘虏带回欧洲的土著人。正因为美洲大陆上的语言如此不同而又多种多样，殖民者们最初计划的"西班牙语化"（hispanización）遇到了很多挑战，直到天主教会的介入，给这项计划带来了希望。天主教会在西班牙语的扩张中扮演了十分重要的角色，尤其是耶稣会（jesuita）和方济各会（San Franciscano

---

① 里瓜（legua），西班牙里程单位，合5572.7米。

de Asís），它们在拉美建立学校，用西班牙语向小孩子传播天主教，随着孩子的长大，西班牙语的使用越来越广泛。

然而值得一提的是，尽管卡洛斯一世时颁布了法令，将西班牙语作为传教语言，以免宗教文本在翻译成土著语时一些神学内容被更改或遗漏。但很快人们就发现，这种操之过急的文化入侵，引起了印第安人的强烈抗拒，西班牙统治者不得不承认，采用土著语才是使他们接受天主教基本教义和概念的上策，于是西班牙决定设立"共同语言"[①]的教学制度，为其设立讲坛，并规定传教士必须学习土著语，否则就扣减工资或免除教职。

一开始，传教士只需掌握少许基本语句，就可以在译员的陪伴下前去传教，但渐渐人们发现了不妥，因为译员有时会将一些信息隐去不提，传到印第安人那里已失去了很多精髓和含义，于是，传教士们开始亲自学习土著语以便更好地完成传教任务。正因如此，尽管西班牙语的传播制度仍然有效，但是一直到17世纪都未能实现让全体印第安人掌握西班牙语的初衷。

然而，从今天来看，这种当时在美洲大陆上土著语和西班牙语共存的现象，极大程度上保存了印第安语言文化，这也是为什么在经历了长时间殖民统治后，现如今的拉美依然存在着逾千种土著语，并且在一些地区还是人们倾向使用的日常交流语言，比如我们熟知的克丘亚语，在秘鲁的库斯科省几乎人人会说。另一方面，土著语与西班牙语的共存，也为西班牙语贡献了许许多多的新词汇，客观上促进了西语的发展和繁荣。

回到主题，既然政策要求和传教都未成功让美洲通用西班牙语，那么对美洲的"西班牙语化"做出最大贡献的是什么呢？答案是西班牙人与当地人的共居生活，尤其是通婚和混血。西班牙殖民区别于其他欧洲各国殖民的很大的一个特点是通婚。西班牙人与美洲印第安人的结合，其后代被称为梅斯蒂索人（los mestizos），或与从非洲而来的奴隶们的结合，其后代则被称为穆拉托人（los mulatos）。在经过了数个世纪阿拉伯人、犹太人、天主教徒们共居伊比利亚半岛的生活后，西班牙人的种族歧视明显减弱很多，而当时去往美洲的西班牙女性少之又少，这也是殖民者们与当地女性结合的一个重要原因。尽管如此，白人种族在殖民地依然处于社会的最高等级。

不仅美洲大陆上的人种十分混杂，来到这片大陆的西班牙人也是如此，他们分别来自不同地区，但以安达卢西亚地区的居多，这些在殖民早期主要定居在加勒比海地区及安的列斯群岛的安达卢西亚人，渐渐赋予了美洲

[①] 共同语言（lenguas generales），指那些使用人数和村落众多，也最为大众所接受为共同沟通方式的语言，如在墨西哥使用的纳瓦特尔语和在秘鲁使用的克丘亚语。

西班牙语独一无二的特点，尤其体现在语音方面。这段时期——学者们通常认定为 1492～1519 年间——被称作"安的列斯时期"，正是在这段时间里奠定了美洲西班牙语的特征基础，并在日后逐渐传播到整个美洲大陆。几个明显的语音特点有：元音之间和词尾的 d 不发音，例如 /aburrío/ 取代了 aburrido，/usté/ 取代 usted；l 和 r 的发音混淆，例如 /mardito/ 取代 maldito；将位于音节后的 s 发成送气音，例如 /pahtoh/ 取代 pastos；将 x, y, g 和 j 发成 h 音，尤其在安的列斯地区、中美洲、哥伦比亚、委内瑞拉、巴拿马、美国的新墨西哥州乃至厄瓜多尔和秘鲁的北海岸地区。

第三节 黄金世纪的西班牙文学

16～17 世纪是西班牙文学史上的巅峰时期，被称为"黄金世纪"。黄金世纪又分为两个阶段：文艺复兴（renacimiento）时期（1550 年～17 世纪初）和巴洛克（barroco）时期（17 世纪 30 年代～17 世纪末）。

一、黄金世纪的文艺复兴

西班牙的文艺复兴始于 15 世纪中期，当时西班牙和意大利间的政治、战争、宗教及文学联系日益频繁。同时意大利也出版或者翻译西班牙著名文学作品，如《阿马迪斯·德·高拉》（*Amadís de Gaula*）、《塞莱斯蒂娜》（*La Celestina*）、《爱的监狱》（*Cárcel de amor*）以及豪尔赫·曼里克（Jorge Manrique, 1440～1479）的诗歌，还有西班牙民谣（villancico）及歌谣（romance）。同样，在西班牙也经常出现一些意大利的作品，如托尔夸托·塔索（Torcuato Tasso, 1544～1595）的《被解放的耶路撒冷》（*Jerusalén liberada*）等。总之，西班牙和意大利之间的这种联系至关重要，并推动了伊比利亚半岛上的西班牙文艺复兴。

（一）流浪汉小说

流浪汉小说（novela picaresca）出现于 16 世纪中，是西班牙特有的文学题材，大多描写流浪汉的种种生存遭遇，反映当时社会上为数众多的贫民的生活、心理状态以及人际关系，这些贫民包括流入城市的农民、破产手艺者、伤残士兵以及其他沦为社会底层的人们。主角基本都以反英雄的形象出现，身上集中了泼皮无赖和流氓无产者的特点。作者通过对此类人物的描写与刻画，入木三分地抨击社会的不公平和种种弊端。《托尔梅斯河的小拉撒路》（*Lazarrillo de Tormes*）是第一部流浪汉小说，出版于 1554 年，作者不详。小说讲述的是一个名叫拉撒路的男孩,从出生到最后与一个大祭司的女仆结婚的经历。在此期间,他服侍过不同主人,备受欺凌,尝尽疾苦甚至有过吃不上饭的悲惨经历。西班牙浪漫主义时代由流浪汉小说开启。

(二)神秘主义文学

这一时期,西班牙出现了神秘主义(misticismo)文学作品,主要为散文和诗歌。这些作品主要体现宗教精神,宣扬宗教思想,渴望灵魂与上帝交感,主张禁欲、苦行;在作品中通常有大量对精神世界和静修生活的描述以及对宗教感情的神秘化描写。神秘主义代表作家有修女圣特蕾莎·德·赫苏斯(Santa Teresa de Jesús, 1515~1582)和圣胡安·德拉·克鲁斯(San Juan de la Cruz, 1542~1591)。

(三)诗歌

西班牙文艺复兴时期的诗歌主要分为两个流派:萨拉曼卡学派(escuela salamantina),代表人物为修士路易斯·德·莱昂(Fray Luis de León, 1527~1591);塞维利亚学派(escuela sevillana),代表人物为费尔南多·德·埃雷拉(Fernando de Herrera, 1534?~1597)。

(四)骑士小说

骑士小说(novela caballeresca)15~16世纪盛行于西班牙。光复运动中骑士贵族势力逐渐强大,并且在战争中扮演重要角色,哥伦布新大陆的发现更催化了人们对冒险的狂热。于是,这种为上帝、爱情和荣誉,甘愿冒生命危险的精神,成了骑士小说宣扬的最高生活理想。这类小说的主人公一般都是见义勇为、骁勇善战、风流倜傥、多情多义的青年男子。故事情节比较模式化:年轻的骑士爱上了美貌的贵妇,为博取佳人芳心,骑士历经各种艰难险阻,功成名就、衣锦还乡后,与心上人缔结良缘。骑士小说代表作有《阿马迪斯·德·高拉》,它甚至得到了塞万提斯的高度嘉许。

(五)塞万提斯与《堂吉诃德》

米格尔·德·塞万提斯·萨维德拉(Miguel de Cervantes Saavedra, 1547~1616)被誉为现代小说之父。1605年,《堂吉诃德》上卷出版,书名全称为《奇情异想的绅士堂吉诃德·德·拉曼却》(*El ingenioso hidalgo don Quijote de la Mancha*,简称 *el Quijote*)。1615年,《堂吉诃德》下卷出版。书中描写了深受骑士小说"毒害"的堂吉诃德先生(Don Quijote),深陷骑士小说情节无法自拔,幻想自己是一名游侠骑士。堂吉诃德第二次出游时,带上了一位名叫桑丘·潘萨(Sancho Panza)的农民当侍从,途中主仆二人经历了许多稀奇古怪的事儿,干了一桩又一桩荒诞不经的事情。《堂吉诃德》被认为是历史上第一部现代小说,塞万提斯笔下的堂吉诃德和桑丘在世界文学史上占据非常重要的位置。《堂吉诃德》自诞生以来，几乎被翻译成世界上所有文字，迄今为止，其在西方的发行量仅次于《圣经》。

（六）洛佩·德·维加及其戏剧

中世纪前后，西班牙戏剧一般在教堂演出，多为宗教剧。直到洛佩·德·维加（Lope de Vega, 1562～1635）的出现，才为西班牙戏剧的发展指明了方向。《羊泉村》（*Fuenteovejuna*）是维加作品中最具代表性，也是至今盛誉不衰的作品。剧中对话均为诗体，生动而机智，情节简洁，冲突有力，悬念扣人心弦，体现了西班牙黄金世纪戏剧文化的最高水平。

二、黄金世纪的巴洛克文学

巴洛克是一种艺术风格，主要兴盛于16世纪中期到17世纪末，在美术、建筑、音乐、文学等方面均有体现。它一方面带有文艺复兴时期的人文主义色彩，但同时背离其崇古倾向，是介于文艺复兴和启蒙运动之间一个十分复杂的流派。巴洛克文学在西班牙一度达到鼎盛，16世纪的神秘主义可以看成是西班牙巴洛克文学的重要源头，17世纪则毫无疑问是巴洛克文学的全盛时期。西班牙的不少文学体裁都受到巴洛克的影响，首先是诗歌，其次是喜剧，最后是小说。概括来讲，西班牙巴洛克文学主要表现为贡戈拉（Luis de Góngora y Argote, 1561～1627）的夸饰主义（culteranismo）、克维多（Francisco de Quevedo y Villegas, 1580～1645）的警句主义（conceptismo）和洛佩·德·维加、卡尔德隆（Pedro Calderón de la Barca, 1600～1681）等人的艺术思想和铺张情节。巴洛克作品中的隐喻（metáfora）受到了很多诗人的青睐，被反复使用以达到追求艺术之美的目的。西班牙的巴洛克文学能够如此兴盛，与其文化多元及混杂密不可分，这种多元文化为新美学观点和创作形式提供了广袤的土壤。

第四节 黄金世纪的语言发展

一、语法

16世纪上半叶，西班牙语动词变位尚显示出很大的不稳定性。例如，动词 amar（爱）、tener（有）和 ser（是）的第二人称复数变位，既有 amáis, tenéis, sois，又有 amás, tenés, sos，但后一种变位方式渐渐被弃用，直至最后消失。这种现象不仅出现在西班牙，而且也出现在美洲一些地区。另外，还有类似在 cayo, trayo 和 caigo, traigo 之间摇摆不定的情形。17 世纪初，动词变位的最终形式基本得到确立。

古词语一直存在于书面语中，直到戏剧家卡尔德隆生活的时代还能找到其踪迹。重音在倒数第三个音节上的单词，如 amávades, sentíades, diéxeredes 等，这些词最终得以简化，词中的 d 被去除，变成了 amavais, sentíais, diexereis。

不少作家忽略了一些以 -és 结尾的表示国家、民族和地区的词的阴性词尾，例如 provincia cartaginés, la leonés potencia, 连卡尔德隆也写下了 las andaluces riberas 这样的词组。指小词后缀 -illo 和 -uelo 在当时很受欢迎，尤其是在诗歌当中，但是 -ico 和 -ito 是否流行却存在较大争议。

二、句法

从很早之前开始，aver[①] 和 tener 的用法就有了一定之规。两者都是及物动词，并且都有"拥有，占有"之意。aver 指的更多的是"得到，获得"，而 tener 是指"较长一段时间的拥有"。黄金世纪初，这两个动词几乎是同义词，有近似的用法。到后来，aver 让位给 tener，扮演辅助的角色。

Ser 和 estar 在用法上一直有较明确的界定，如拉贝萨在《西班牙语语言史》中所言：

> 如果说一个人疯了，那我们用 está loco，此人有可能某一天会恢复正常；如果说一个人是无知而狂妄的，那我们会说 es recio，在这种情况下此人会一直保持这个状态，几乎一生都是如此。[②]

即便如此，和现代西班牙语相比，两者的区分依然不那么清晰。除了谣曲和传统的歌谣，cantara 已经完全失去了作为过去完成时的作用，最终，在条件句中 cantara 的作用发生了重大改变。一开始，对将来情况的假设，使用一般现在时或者将来虚拟式。如果对将来的情况十分不确定或者真实性很低，那么便会在条件从句当中使用 cantase，在结果句中使用 cantase 或 cantaría。13 ～ 16 世纪间，这些规则被过去完成时的复合形式 hubiese cantado 和 hubiera cantado 所干扰。

[①] aver，即现在的 haber。

[②] Lapesa, R., 1981: *Historia de la lengua española*, Madrid: Editorial Gredos, S. A., p. 338.

三、词汇

随着与意大利文化和政治往来日益频繁，西班牙引入了大量意大利语新词。战争方面包括 escopeta（猎枪）、parapeto（胸墙，掩体）、centinel（哨兵）、escolta（护航舰）、bisoño（新兵）；航海和贸易方面包括 fragata（三桅战舰）、galeaza（大型三桅杆帆船）、mesana（三桅船的后桅）、piloto（领航员）、banca（独木船）；文学和艺术方面包括 esbozo（素描）、diseño（设计）、modelo（范本）、balcón（阳台）、cornisa（檐口）、fachada（建筑物的正面）、cuarteto（四行诗）、terceto（三行诗）、estanza/estancia（诗节）、madrigal（抒情短诗）、novela（小说）等。

这个时期，西班牙语还引入了一系列法语词汇，如在时装方面的 chapeo（帽子）、manteo（前开衩呢裙）、ponleví（细高跟鞋）；家庭方面的 servieta，后来演变成 servilleta（餐巾）；社交方面的 madama（夫人，太太）、damisela（小姐，姑娘）、rendibú（客气，礼貌）等；战争方面的 trinchea（后来演变成 trinchera 战壕）、batallón（营）、batería（炮兵连）、bayoneta（刺刀）、coronel（陆军上校）、piquete（小分队）等。

此外，葡萄牙语、美洲印第安土著语言以及西班牙本土的加泰罗尼亚语等都向西班牙语输入了新词，这在一定程度上丰富了西班牙语词汇，让西班牙语朝着更多元的方向发展。

第四章 西班牙语的日臻完善（18世纪）

第一节 18世纪的西班牙语

一、18世纪的西班牙

（一）波旁王朝入主和统治西班牙

经过几代王室近亲联婚后，西班牙哈布斯堡末代君主卡洛斯二世，自幼多病，发育不全，智力及身体均缺陷明显，且无生育能力，膝下无子。法国太阳王路易十四的妻子是卡洛斯二世的姐姐玛利亚·特蕾莎，其次孙费利佩·德·安茹公爵是血缘最近的西班牙王位继承者。1700年卡洛斯二世病逝，西班牙哈布斯堡王朝统治宣告结束，1701年安茹公爵费利佩来到马德里即位，称费利佩五世，西班牙从此开始波旁王朝（Casa de los Borbones）统治时期。

波旁王朝取代奥地利哈布斯堡家族入主西班牙，引发欧洲列强的不满，各国兵戎相见，导致长达13年的"西班牙王位继承战争"（Guerra de Sucesión Española，1701～1714），当时西欧的主要大国，如法国、奥地利、英国、荷兰和德国都卷入了这场战争。1713年交战各国媾和，签订条约，承认费利佩五世为西班牙唯一合法君主。而作为交换条件，西班牙割让其在欧洲除本土外的全部领地，英国成为了参战国中的最大赢家，攫取了直布罗陀要塞、梅诺尔卡岛（Menorca）、北美哈得逊湾一带及美洲贸易权。

整个18世纪，西班牙的王权都掌握在波旁家族手中。费利佩五世给西班牙带来了欧洲战争，同时也带来了法兰西文明，他试图通过一系列施政纲领和政策，消除西班牙在过去几个世纪与欧洲几近隔绝的状态。在其倡导下，法兰西之风从宫廷吹遍整个社会，这是一场自上而下的变革。其子卡洛斯三世则努力谋求西班牙中立和平的战略利益，提出西班牙立足于欧洲之外的外交政策，避免战争，保证西班牙有足够时间和环境加速发展；他还推行始于路易十四、谋求发展经济的"开明专制主义"（despotismo ilustrado），在加泰罗尼亚建立棉纺业等工业，开放美洲贸易及全国口岸，鼓励西班牙与欧洲及世界各国间的贸易往来，这些举措大大促进了西班牙语经济贸易的繁荣和发展。

（二）启蒙时期的西班牙

18世纪，西欧各国开展了一场"启蒙运动"（Ilustración）。该运动起源于17世纪英国经验主义（empirismo）哲学家，后来欧洲资产阶级革命的中心转移到了法国。当时新兴的自然科学证明自然是受理性支配的，所以启蒙人士主张以人的理性为一切的基础，来"启"迪芸芸众生，脱离"蒙"昧，因此开展启蒙运动的18世纪也被称为"理性时代"（Siglo de Razón）。启蒙人士（los ilustrados）着眼于教育大众，盖因他们认为人民的贫困是无知、迷信所致。

作为法国的邻国，西班牙受到法国启蒙运动的影响更为直接。伏尔泰、狄德罗等许多著名启蒙思想家的著作被带入西班牙，在赢得了众多读者的同时，也把启蒙思想带入了西班牙。在西班牙一些社会团体的书架上，可以公开找到伏尔泰、卢梭、达朗贝、孟德斯鸠、霍布斯、洛克、休谟等人的著作。然而，西班牙封建势力强大，资本主义发展缓慢，与西欧国家相比，西班牙的启蒙运动在声势和成效上还是较小。

以启蒙思想和理性主义教化民众是18世纪西班牙文化的主要特点。西班牙的教育制度始于中世纪，墨守成规，毫无生气，启蒙派主张改革教育。然而，教改从一开始便遭到贵族及教会的抵制和阻挠，他们规定在大学里必须以拉丁语为自然科学的教学语言。启蒙学者大声疾呼改拉丁语为西班牙语，但是他们的良好愿望直到西班牙独立战争（Guerra de la Independencia Española, 1808～1814）后方得以实现。

然而，18世纪毕竟是理性的时代，现代科学研究在西班牙同样取得了长足进步。1713年成立的西班牙皇家语言学院（Real Academia Española de la Lengua, RAE）是西班牙历史最悠久的研究院。

二、18世纪起法语对西班牙语的影响

18世纪，受法国启蒙运动的影响，法国文化迅速在欧洲盛行起来，作为法国文化载体的法语，也得到了欧洲各国的推崇。人们视操一口流利法语为高雅、体面的事儿，法语词汇也自18世纪起大规模进入到欧洲其他国

家语言中去。

　　法语词汇最早进入西班牙语词汇发生在中世纪。11 世纪的圣地亚哥朝圣之路[①]是法语进入西班牙语的一个非常重要的途径。沿途不断有法国朝圣者在西班牙定居下来，他们给伊比利亚半岛的西班牙语贡献了大量的普罗旺斯语[②]词汇和法语词汇，如 homenaje（敬意）、mensaje（口信，信件）、vergel（花果园）、fraire（修道士，现为 fraile）、mesón（餐馆）、manjar（美食）、viandas（食物；珍馐）、vinagre（醋）、alemán（德国人；德语）、batalla（战役）、barón（男爵）、ciprés（柏）、coraje（胆量，勇气）、hereje（异教徒）、pincel（画笔）、escote（袒胸领）、jamón（火腿）、joya（首饰）、mantel（桌布）等。

　　18 世纪，西班牙在波旁王朝的统治下又吸收了一批法语词汇，如 bayoneta（刺刀）、bufanda（围巾）、brigada（旅；队）、gabinete（小房间；内阁）、espectro（幽灵）、cadete（士官生）、funcionario（官员）、espectador（观众）等。

　　启蒙运动推动了西班牙在政治和经济领域的变革，社会生活发生了重大变化，社会的变化同时导致语言上的变化。在这一期间，西班牙语从法语及其他语言中引进了大量新词语，如 criterio（标准）、crítica（批评）、materialismo（唯物主义）、phenómeno（现象，现为 fenómeno）、sistema（体系）等。由于对自然科学的极大兴趣和新技术的推广应用，人们需要使用更多有关实证主义的新词，因此如 electricidad（电）、mechánica（力学，现为 mecánica）、microscopio（显微镜）、termómetro（温度计）、vacuna（疫苗）等相继出现。

　　文化生活方面的词汇也发生了重大更新，而这类词主要来自比利牛斯山以北的法国。此外，西班牙语还从法语引进了大量关于现代社会生活的词语，如 petimetre（赶时髦的人）、coqueta（卖弄风情）、gran mundo（上流社会）、hombre de mundo（见多识广的人）、ambigú（自助餐）等；时尚方面的词语，如 miriñaque（硬衬布裙）、polisón（裙撑）、chaqueta（短

---

　　① 圣地亚哥朝圣之路（Camino de Santiago），即基督教徒越过比利牛斯山前往西班牙圣地亚哥城（Santiago de Compostela）的朝圣之路，起源于 900 多年前。传说耶稣十二门徒之一的圣雅各（西班牙语为 Santiago，译为圣地亚哥）在西班牙传布布道七年之后，回到了耶路撒冷并在那里殉教，门徒们将其遗骨运回其生前心爱的西班牙埋葬，灵柩安放于圣地亚哥城。圣地亚哥朝圣之路 1985 年被正式确定为联合国世界文化遗产，随后又被欧洲议会定为第一条欧洲文化旅行路线。

　　② 普罗旺斯语（provenzal），法国南部普罗旺斯地区使用的一种奥克语方言。

上衣）、pantalón（长裤）、satén（缎子）、tisú（金银线薄纱）、corsé（紧身胸衣）等；家具和生活用具词汇，如 buró（办公桌）、secreter（写字台）、sofá（沙发）、neceser（化妆包）等；住宅和住宿方面的词汇，如 chalet（别墅）、hotel（旅馆）；烹饪、美食词语，如 croqueta（炸丸子）、merengue（奶油夹心烤蛋白）等；军事活动词汇，如 brigadier（准将）、retreta（撤退号）、batirse（战斗）、pillaje（掠夺）、zigzag（之字形）等；口语方面还有 avalancha（雪崩）、revancha（报仇）、control（控制）、hacerse ilusiones（抱有幻想）、hacer las delicias（使开心）等词汇。

18～19世纪，随着商业活动和银行业务的开展，以及资本主义制度在西班牙的发展，其相关术语从法语得到启发或引入，如 explotar（开发）、financiero（金融家）、bolsa（证券交易所）、cotizar（报价）、efectos públicos（公共财产）、letra de cambio（汇票）、garantía（担保物）、endosar（签字转让）、aval（担保）；政治领域则引入了 parlamento（王公贵族会议）、departamento ministerial（政府部门）、comité（委员会）、debate（讨论）等；由于效仿法国模式，西班牙行政机构也变得更为复杂，其相关的法语表达方式随之照搬过来，如 burocracia（官僚）、personal（人员）、tomar acta（做记录）、consultar los precedentes（查询先例）等。

此外，还有大量的法语单词直接作为外来词被西班牙语收录，如 toilette（发音 /tualé/，卫生间）、trousseau（发音 /trusó/ 或 /truso/，嫁妆）、soirée（晚会，夜场）、buffet（自助餐）、bibelot（小玩意儿）、renard（狐皮领）、petit-gris（松鼠）、beige（发音 /beis/，米黄色的）。

原法语单词 élite（精英）中 e 上的重音符号仅表示 e 发闭音，而西班牙语把该词照搬过来，连一些受过教育，甚至很有学问的西班牙语人都误以为相当于西班牙语中的重音符号，把重音读在第一个 e 上，实际上正确的拼写应为 elite。

法语是西班牙人在 20 世纪 80 年代前的第一外语，现代许多英语外来词，先经由法语改头换面后传入西班牙，如 *footing*（步行运动；英语原意"立场；基础"）、autostop（搭顺风车；法语原词 auto-stop：auto，构词元素，意"机动车"；stop，英语词义"停"），等等。

法语的句法对西班牙语的破坏更显而易见。在当时许多新闻及官方文书中，随处可见乱用副动词作形容词的现象，这正是模仿法语中现在分词导致的结果，如："orden *disponiendo* la concesión de un crédito"（借贷令）；"ha entrado en este puerto un barco *conduciendo* a numerosos pasajeros"（一艘载有许多乘客的船驶入港口）；"se ha recibido una caja *conteniendo* libros"（刚收到了一个装有书本的盒子）。如果当时的西班牙语教学能够及时纠正类似句法错误的话，那么，一些流传至今并被误用的语法结构可能就不存在了，如：táctica *a* seguir（要采取的战术）、motores *a* aceite pesado（重油发动机）、timbre *a* metálico（金属音色）等。

第二节　启蒙时期的西班牙文学

一、18 世纪西班牙文学概述

在这样的社会大环境下，西班牙文学的发展面临着重重阻碍。前一个世纪曾风靡一时的巴洛克文学已然失去了昔日的风采，并逐渐走向衰落。和黄金世纪不同的是，18 世纪的文学创作以理性思考为特色，一些优秀作家在维护语言纯正方面既有所创新，又有所保留。启蒙时期的作家们使用的西班牙语和如今通用的西班牙语已经相差无几，大体说来，18 世纪的西班牙文坛主要受到三种文化思潮的影响，分别是后巴洛克主义（posbarroquismo）、新古典主义（neoclasicismo）和前浪漫主义（prerromanticismo）。随着波旁王朝的设立，新古典主义文学与启蒙运动几乎同时进入西班牙，这是 18 世纪最主要的文学思潮，几乎涵盖了整个 18 世纪，是该时期文学最突出的特点。新古典主义思潮表现在以下三个方面：戏剧、诗歌和散文。散文更是被启蒙改革家们很好地利用来达到说教目的，当时盛行的理性主义、作家面对现实所持的批判态度和求知欲以及其教化和引导大众的目的，使散文的内容得以丰富并具有鲜明的时代意义。

二、西班牙文坛的争论

由于受法国启蒙运动的影响，18 世纪西班牙引进了大量法国词语，而一些极端的纯正派作家认为，西班牙文化界以及整个社会过于崇尚法国风气，导致法国借词大量涌入，这在一定程度上影响了西班牙语的独立和纯正，应当排斥法语词汇的进入。然而，另外一些有识之士则建议选择性地吸收，因此，应该引进必要的新概念及新词语。最终，后者的观点得到了更多人的采纳，西班牙语词汇也得到了丰富和发展。

另一方面，拉丁语在西班牙的地位依然很坚固，很多人认为应该继续用拉丁语写作，可是以费霍（Benito Jerónimo Feijoo, 1676～1764）和霍维亚诺斯（Gaspar Melchor de Jovellanos, 1744～1811）为代表的作家们则严厉反对，直到 19 世纪，在作家金塔纳①一再坚持下，才最终确立了西班牙语的统一局面。

第三节　西班牙皇家语言学院

一、西班牙皇家语言学院

西班牙皇家语言学院 1713 年在比列纳侯爵（marqués de Villena）胡安·马努埃尔·费尔南德斯·帕切科（Juan Manuel Fernández Pacheco, 1599～1653）的提倡下成立于马德里，帕切科侯爵也顺理成章地成为其第一任院长。1715 年确定了皇家语言学院的口号：净化、定型并增添光彩（Limpia, fija y da esplendor）。阿隆索·维森特②在《西班牙皇家语言学院史》中曾提到皇家语言学院的徽章：

它是一个烈焰中的熔炉，上面刻着：净化、定型并增添光彩。

同年，语言学院的 25 个成员一致通过了最初的学院章程。《正字法》（*Orthographía castellana/Ortografía de la lengua castellana*）于 1741 年出版，1771 年出版了第一部《语法书》（*Gramática de la lengua castellana*）。

皇家语言学院 300 年的历史里，总共有 29 个院长，其中拉蒙·梅嫩德斯·皮达尔③和何塞·玛利亚·裴曼④担任过两届院长。皇家语言学院成立时的主要目的是为西班牙语服务，保证卡斯蒂利亚语语音与词汇的正确、优雅与纯粹，这在其最初的学院章程中也有所体现。随着时代的变迁，皇家学院也在不断调整其职能。其章程第一条规定，学院的主要使命是时刻关注语言变化，因为西班牙语必须要不断调整以适应其使用者的多样性，

---

①　金塔纳（Manuel José Quintana, 1772～1857），深受法国启蒙运动影响，其诗作充满爱国主义和自由主义思想，获"民族诗人"称号。拿破仑军队入侵时，在加的斯小朝廷担任语言解释秘书。1812 年入选皇家语言学院。

②　Zamora Vicente, A., 1999: *Historia de la Real Academia Española*, Madrid: Espasa.

③　拉蒙·梅嫩德斯·皮达尔（Ramón Menéndez Pidal, 1869～1968），西班牙语言学家、历史学家、民间研究学家及中世纪史学家，"九八年一代"成员，创建了西班牙语言学校。

④　何塞·玛利亚·裴曼（José María Pemán, 1897～1981），西班牙保守主义作家，支持独裁者米格尔·普里莫·德·里维拉（Miguel Primo de Rivera），反对西班牙第二共和国。

从而保证这门语言在西语世界范围内的根本统一性。1993 年通过并沿用至今的章程中规定，语言学院的主要任务是捍卫"西班牙语在其不断适应使用者需要的过程中不丢失其基本的统一性"。这一承诺在《泛西班牙语言政策》(*Política lingüística panhispánica*) 中也得到充分体现，《泛西班牙语言政策》除了适用于西班牙皇家语言学院，也适用于组成西班牙语语言学院协会（Asociación de Academias de la Lengua Española, ASALE）分布于美洲、亚洲和非洲的二十二个西班牙语语言学院。皇家语言学院通过各种活动和出版物，致力于保护西班牙语在持续发展和扩张中，其词汇、语法、正字法的统一性及使用的正确性。

皇家语言学院通过一系列的活动、作品和出版物，确保西班牙语的正确使用。它由全体会议及后来陆续成立的一些委员会组成。全体会议由所有院士组成，其职责是管理与学术活动及作品及方案有关的一切事务。在完成任务的过程中，全体会议享有政府和有关委员会的帮助与支持。词典编撰学院为皇家语言学院在全体会议和其他委员会展开的工作提供服务。词典编撰学院由语言学家和词典编撰学家组成，其主要任务是为学术作品的编著提供帮助。编外院士有三名中国人，他们是大陆的陆经生、陈众议以及台湾的张淑英。

二、西班牙语语言学院协会

1951 年，在墨西哥总统米格尔·阿莱曼·瓦尔德斯（Miguel Alemán Valdés, 1900～1983）的提议下，第一届学院代表大会召开，目的是共同保护西班牙语的完整和成长。在这次大会上成立了西班牙语语言学院协会及常委会。西班牙语语言学院协会共有包括西班牙、十九个美洲西语国家、赤道几内亚、美国和菲律宾在内的二十三个成员国学院。从其成立时至今共举办过十四次代表大会，协会总部坐落于马德里，隶属西班牙皇家语言学院，其组织和运作遵循章程规定。其现行章程 2007 年在哥伦比亚麦德林确立，口号是"同种、同文、共命运"（Una estirpe, una lengua y un destino）。

皇家语言学院和其他学院之间共同致力于学术著作的制作。2001 年出版的第二十二版《西班牙皇家语言学院词典》，1999～2000 年间的《正字法》数个版本以及 2005 年的《泛西语国家答疑词典》(*Diccionario panhispánico de dudas*) 都是它们共同合作的成果。

三、皇家语言学院及西班牙语语言学院协会的贡献

皇家语言学院为维护正确的西班牙语而努力，因此反对在文学作品中不假思索而滥用的新词汇。自 1713 年成立起，最初几十年出版的语言书籍

（尤其是1741年的第一部词典以及1771年的第一部语法书）均对规范现代西班牙语起到了里程碑式的作用。在其坚持不懈及不断努力下，西班牙语在启蒙时期最终成为了我们今天所说的西班牙语。而1870年后，陆续在其他西语国家成立的语言学院也为在全球范围内规范西班牙语起到了积极作用。这些学院之间一直保持极为密切的联系，其首要的共同目标是防止各国间都在使用的西班牙语的分裂。

第四节　美洲独立运动及贝略的《语法》

一、拉美独立运动

18世纪中西班牙放宽贸易垄断政策，殖民地经济遂得以发展显著，资本主义也随之开始萌芽。但这种不彻底的改革没能解除西班牙殖民统治的危机，反而加剧了殖民地与宗主国之间的矛盾。美国独立运动、法国大革命、1804年海地革命[①]成功以及1808年西班牙王室被法国拿破仑推翻，大大地激发了拉美民众反对西班牙殖民统治、争取民族独立解放的革命热情。1810年，西属美洲殖民地人民掀起了反对殖民统治、争取民族解放的资产阶级革命战争，1826年 美洲独立战争宣告结束，美洲的西班牙殖民地，除古巴和波多黎各外，悉数获得了政治上的独立，同时也基本形成了今天拉丁美洲各国的政治格局。

独立战争结束初期，新生各国也曾为是否继续使用西班牙语而争论不休。催生新国度诞生的土生白人精英阶层和拉美知识界人士，出于对其西班牙出身的忠诚，面对近二十个国家分裂的强大离心力，在语言、种族和历史上坚持不懈地维护和扩大这种纽带，确保了这些有西班牙传统的各个国家间的团结。西班牙语使用人数众多，又是团结拉美各国的纽带，因此自然而然地为各独立运动领导人及民众接受为官方语言。委内瑞拉语言学家佩雷斯强调说，

> 尽管在殖民地西班牙语这个称法上，西班牙排在第二位，但西班

[①] 海地革命（Revolución haitiana, 1790～1804），发生在海地的黑人奴隶和黑白混血人反对法国及西班牙殖民统治和奴隶制度的革命，是西半球第一个成功的奴隶反抗运动，最终在海地建立起第一个以黑人为主的自由的共和国。

牙却是确立殖民地西班牙语特征最重要的因素，也是其最重要的身份象征。[1]

作为拉美各国身份象征及官方语言的西班牙语，其使用首先在公共事务上制度化，并逐步推广到民众的日常生活中。

二、贝略简介

安德烈斯·贝略（Andrés Bello, 1781～1865），生于委内瑞拉首都加拉加斯，是杰出的语文学家、诗人、翻译家、哲学家、散文家、教育家、政治家、委内瑞拉都督辖区前共和时期的法学家，并被认为是美洲最重要的人文主义者之一，他在众多知识领域里均做出了卓越的贡献。他是一位传统的学者，博闻强记，思维敏捷，逻辑严密，长于分析。

贝略曾是著名解放运动领袖西蒙·玻利瓦尔[2]的老师，并参与了引领委内瑞拉走向独立的进程。在委内瑞拉独立运动爆发后，贝略以炽热的爱国激情投笔从戎，积极投身到其学生及好友玻利瓦尔领导的伟大斗争中。

三、《语法》的制订

1829年贝略应新生智利共和国的邀请，携眷举家迁往智利，并在智利度过了三十六年。智利政府对贝略高度重视，委派他参与人权和人道主义领域的重大项目，作为对其在人道主义方面做出卓越贡献的认可，1832年智利国会授予他智利公民身份。因此贝略既是委内瑞拉人，也是智利人。

在其支持和推动下，智利大学于1842年建成，贝略担任首任校长逾二十年之久。也正是在圣地亚哥居住期间，贝略完成了一生中的绝大部分著作，其中包括著名的《拉丁美洲用西班牙语语法》（*Gramática de la lengua castellana destinada al uso de los americanos*，以下简称《语法》）。

毫无疑问，在贝略一生所有的成就中，《语法》是最著名且最具影响力的著作之一。与同时代的很多人一样，贝略所受的教育使他不能仅满足于个人成就，而是更渴望帮助他人成为有知识的人，整个社会的共同进步才是其追求的目标。与此同时，他拥有一腔作为美洲人的爱国热情，拉丁

---

[1] Pérez, F. J., 2010: "Léxico del español e independencia americana: la continuidad de una ruptura", *V Congreso Internacional de la lengua española «América en la lengua española»* cit.

[2] 西蒙·玻利瓦尔（Simón Bolívar, 1783～1830），生于委内瑞拉的加拉加斯，拉美著名革命家和军事家，他领导的独立运动把委内瑞拉、秘鲁、哥伦比亚、厄瓜多尔、玻利维亚和巴拿马六个拉美国家，从西班牙殖民统治中解放出来，获得各自的国家独立。

美洲是其渴望的共同家园,因此贝略梦想着年轻的共和国们脱离殖民统治,独立承担起建设国家的重任。这个新形势需要美洲采取新的社会行为,更好地参与到世界大家庭中,这就要求其行动不仅在法律上,而且在语言上加以规范。

于是,将西班牙语作为美洲人民沟通的手段完好地保存下来,成为了贝略关心的重中之重。贝略在《语法》前言中写道:

> 我认为尽可能地延续我们父辈使用的纯正语言是十分重要的。分布欧洲及美洲两大洲,同源自西班牙的各国,均使用同一语言进行沟通和维护手足之情,这本身就是上天的恩赐。①

正是对语言这种社会和政治功能的认知,让贝略把语言统一看作民族统一的先决条件,他担心,把西班牙语分成不同的方言或语言,或许能加快美洲民族从殖民统治中解放出来的步伐,但却会对法律执行、国家管理以及国家统一造成障碍。和当时其他人想法不一样的是,贝略并不认为这种情况是不可避免且必然发生的,他认为这是一个历史和文化现象,是可以得到解决的,而这解决办法便是语法。

在贝略看来,语言的统一是美洲国家与西班牙的共同义务,双方都有义务维护其共同语言的持久发展与创新,因此西班牙语不仅是本国的同时也是跨国家的,拉美国家与西班牙政治上的分割并不意味着语言上也要决裂。这便是促使贝略下决心撰写《语法》的主要原因。

贝略的《语法》乃是针对美洲西语民众,其目的在于保持语言的统一性,但并不把伊比利亚半岛语法规则视作唯一标准。今天欧洲和美洲两大洲的西班牙语协调、统一的局面,应该有贝略不少的功劳。贝略已离去150年,但直至今天对其《语法》的研究依然长盛不衰,研究者从不同角度对其进行研究和探索,《语法》甚至对西班牙语作为外语的教学也同样意义深远。

除了语言统一这一观点,语言多样性的合法化是贝略语法著作中另一个突出要点。贝略清楚地意识到,美洲西语和西班牙西语在某些使用上存在差异,而这种差异也应当是合法的。

---

① Bello, A. y Cuervo, R., 1954 [1847]: "Prólogo", *Gramática de la Lengua Castellana*, Ed. de Niceto Alcalá de Zamora, Buenos Aires: Sopena.

四、《语法》简介

贝略在《语法》就其著书原则、计划以及目的等问题进行简短说明后,分五十章探讨西班牙语语法的传统问题,此外,还提出了一些在语法学上尚未得到充分探讨的问题。

《语法》,从书名就可以看到其鲜明的规范性,贝略的确试图用文雅的、文学的语言(当然也可以是口语),来向美洲人民灌输规范的表达方式。贝略的语法观有很强的现实意义,就是教授"每个词形的各种含义和用法,把卡斯蒂利亚语当作这世上唯一的语言"。

贝略《语法》原创性的伟大在于:依照当时盛行的语法分析法,对西班牙语基本语法进行了清晰的描述,比如对动词时态、冠词使用的描述。

《语法》自问世以来,一直是语法学基本的参考书目,原因就在于其深入细致的分析与见解,同时它对西班牙语作为外语的教学也具有重大意义。西班牙语教师不仅把其作为阅读材料,同时也用作教学参考,因为《语法》中有许多关于西班牙语奇特用法的见解,比如对动词时态的分类,贝略突破传统命名法,以时间对其进行分类,这种分类今天依然应用在外语教学中,对于外国学生来说,以时间分类动词时态,更浅显易懂。再比如,《语法》对定冠词的描述与今天的认知语法学概念一致,是基于对话者对事物的认知过程的,用贝略的话来说,就是,定冠词的使用表明该物是对话者已知的,因此在提到该物时,对话者脑海中已经形成既定目标。

许多语法学家认为,贝略的《语法》不仅是西班牙语最好的语法书,也是所有语言最好的语法书之一。

五、贝略提出的拼写法则

值得一提的是,贝略对语言学所做的贡献远不止《语法》一书。语言的使用不仅是遣词造句、语法规范,还包括正确的拼写。尽管贝略十分重视拼写,但却没有把其纳入《语法》中。其实很早以前贝略便开始反思西班牙语,比如1810年他就编写了《卡斯蒂利亚语时态变位的意识形态分析》,这是他最具原创性和深度的著作之一。自1823年起,他开始深入关注语言的书写,尤其是拼写,并著有多篇文章,比如1823年发表的《美洲文字拼写的简化和统一指南》,1827年发表的《卡斯蒂利亚语的拼写》,1844年的《拼写》,1849年的《拼写的革新》等。

1822年贝略提出了那句关于西班牙语拼写的著名口号——"你怎么发音,就怎么写"(Escribe como pronuncias.),被当作美洲西语拼写改革的基本准则。其拼写原则是一个字母对应且只对应一个发音，反之亦然，即一种发音只对应一个字母。1823年贝略推出了一篇题为《美洲文字拼写的简化和统一指南》的拼写改革文章，其推行的改革为两个阶段进行：

第一阶段：

1. 当字母 x 和 g 发 /x/（即字母 j 的音）时，全部改为字母 j，比如 xarabe → **j**arabe, general → **j**eneral；

2. 字母 y 作元音时，全部改成字母 i，比如 le**y** → le**i**, agua **y** vino → agua **i** vino；

3. 将单独使用、不发音的 h 去掉，比如 **h**ombre → ombre；

4. 多重颤音总是用 rr 表示，比如 **r**osa → **rr**osa, en**r**edar → en**rr**edar, al**r**ededor → al**rr**ededor, Is**r**ael → Is**rr**ael；

5. 当字母 c 发 /θ/ 的音时，改为字母 z，比如 **c**edro → **z**edro；

6. 组合 qu 简化成 q，比如 **qu**e → **q**e。

第二阶段：

7. 字母 c 发 /k/ 音时，改成字母 q，比如 **c**ariño → **q**ariño；

8. 将字母组合 gue, gui 中的 u 去掉，比如 **gu**erra → gerra, **gu**inda → ginda。

1844年贝略提出的拼写规则正式为智利官方采纳，智利在1844～1927年间，完全采用了贝略提出的这个拼写法则。同年西班牙女王伊莎贝尔二世根据皇家法令，将西班牙皇家语言学院的拼写法则定为强制性准则。

贝略拼写法在智利通过后，他又继续提出了以下一些新规则：

1. 始终朝着字母表的完美化努力，使每一个基本发音只对应一个字母；
2. 删除所有不发音或不助于发音的字母；
3. 暂时不要给任何一个字母或字母组合以不同于当今西语国家在书写上普遍给予的含义；
4. 不要一次性引入太多改革。

为了对贝略拼写改革有更直观的了解，以下节选一段根据其拼写法则改写的智利政治家、革命家何塞·维克多利诺·拉斯塔里亚（José Victorino Lastarria, 1811～1888）的演讲词，该演讲词在贝略拼写改革的同一年，即1844年发表在报刊上：

> Yo e tenido la onrra de ser designado para llenar aora uno de los mas importantes deberes qe la lei impone a esta ilustre corporacion, tal como el de presentar una memoria sobre alguno de los echos

notables de la istoria de Chile, apoyando los pormenores istóricos en documentos auténticos i desenvolviendo su carácter i consecuencias con imparcialidad i verdad [...] La istoria es para los pueblos lo qe es para el ombre su esperiencia particular: tal como este prosigue su carrera de perfeccion, apelando siempre a sus recuerdos, a las verdades qe le a echo concebir su propia sensibilidad, a las observaciones qe le sujieren los echos qe le rodean desde su infancia, la sociedad debe igualmente en las diversas épocas de su vida, acudir a la istoria, en qe se alla consignada la esperiencia de todo el jénero umano, a ese gran espejo de los tiempos, para iluminarse en sus reflejos.

需要指出的是，贝略拼写改革取得的成就不大。实际上，随着使用西班牙皇家语言学院拼写规则所写文章的不断发表，贝略的革新渐渐被忽略并废止。1927年，智利政府最终决定重新使用西班牙皇家语言学院的拼写规则，以维护西语国家西班牙语拼写的统一。

第五章　西班牙语的文学成就（19～20世纪）

第一节　19～20世纪的西班牙文学

一、19世纪的西班牙

综观整个19世纪，西班牙的局面一直处于无休止的动荡之中，无论是政治、经济，还是文化，其历史演变都围绕同一个主题：维护根深蒂固的传统思想与渴望改革的新思想之间的较量。18世纪末国外政治斗争导致19世纪初西班牙国内政局陷入混乱。1808年拿破仑军队入侵西班牙，1809年其兄约瑟夫·波拿巴登基为西班牙国王。1833年费尔南多七世去世后，伊莎贝尔二世即位，但先由其母玛利亚·克里斯蒂娜以摄政王身份管理朝政，第一次卡洛斯战争[①]由此爆发，专制主义和自由主义之间的战争演变为温和派与进步派之间的较量。伊莎贝尔二世被推翻，制宪会议决定请意大利王子阿马戴乌斯继承王位，由此引发了第二次卡洛斯战争。接着西班牙迎来了第一共和国统治时期，随后伊莎贝尔之子阿方索十二世登基，西班牙又回到了原来的君主立宪制（monarquía constitucional）政体。1898年美西战争爆发，持续四个月后，以西班牙失败告终。古老的日不落帝国失去了古巴、菲律宾和波多黎各这最后的三块殖民地。这一时期，统治者腐败无能，国内社会动荡不安，民怨四起，聚众闹事不断。

二、浪漫主义文学

作为一种文学运动，浪漫主义可以和一种整体性的感觉联系起来，而

[①]　第一次卡洛斯战争（Guerra Carlista, 1833～1840），即波旁王朝内部爆发的王位继承战，双方分别是支持卡洛斯王子的绝对专制主义与支持伊莎贝尔二世的自由主义，以后者胜利告终。

这种感觉可以解读为在生活或是政治当中渴望摆脱束缚。浪漫主义思潮对于文学发展而言，就如同社会生活和政治中迎来了革命一般。这种文学思潮赞扬了个人主义和内心情感的抒发，是对传统戒律和新古典主义道德规范的强烈抗议。作家的人格自由在所有既定的道德准则面前展露无遗。

虽然浪漫主义受到德国、法国和英国文学的影响，但是在西班牙也有着深厚的传统基础。1833年费尔南多七世死后，一批流亡国外的自由派作家返回国内，受到欧洲浪漫主义影响，他们的回归为西班牙浪漫主义文学带来了希望。

三、现实主义文学

1860年前后西班牙出现了现实主义文学流派。1868年的"光荣革命"使得资产阶级开始占据统治地位，在1868年之前是前现实主义时期，从1868年开始，特别是从加尔多斯（Benito Pérez Galdós, 1843～1920）发表《金泉》（*La fontana de oro*）之日起，叙述体文学的现实主义新手法迅速发展。19世纪的西班牙现实主义作家从"黄金世纪"文学——尤其是塞万提斯的作品和流浪汉小说——中汲取营养。此外，外国优秀的现实主义作品也被大量介绍到西班牙。现实主义小说中的人物虽然形形色色，但作品展示的都是城镇环境，因而大部分人物是来自大资产阶级、小资产阶级、没落贵族和表现各异的宗教界人士，这些人物分为两种类型，两种思想对立的人物，一方面是维护愚昧、保守落后的旧体制的人物，另一方面是实证主义者。

四、"白银时代"文学

不少评论家对"白银时代"的结束时间没有异议，但对其起始时间却难以达成一致。一般认为1936年西班牙内战开始标志"白银时代"文学的辉煌告一段落。至于起始时间，有些人认为可能是1868年或1875年，也可能是20世纪初，还有少部分人则将"白银时代"的起讫时间与阿方索十三世在位时间相对应，即1902～1936年。

毫无疑问，在西班牙文学史上曾经扮演重要角色的当属"九八年一代"。这一代作家的出现与1898年西班牙失去最后几块海外殖民地息息相关。1898年，西班牙在美西战争中败北，从此一蹶不振。西班牙君主制的弊端也暴露无遗，一大批爱国的作家站出来为国家的未来出谋划策，其中代表人物有巴列－因克兰（Ramón María del Valle-Inclán, 1866～1936）、阿索林（Azorín, 原名José Martínez Ruiz, 1873～1967）、皮奥·巴罗哈（Pío Baroja, 1872～1956）、米格尔·德·乌纳穆诺（Miguel de Unamuno,

1864～1936）、安东尼奥·马查多（Antonio Machado, 1875～1939）等。受到欧洲其他国家文艺思潮的影响，他们在动荡的社会大环境中逐渐形成了一个客观存在的文学流派，即"九八年一代"。在此之后，"二七年一代"的诗人集团也对西班牙诗坛的繁荣兴盛做出了巨大贡献。1927年，一批作家在塞维利亚的"阿特纳奥"集会，纪念黄金世纪夸饰主义诗人贡戈拉逝世三百周年，会上，他们将贡戈拉的诗作奉为诗歌创作上的美学准绳，"二七年一代"由此诞生。"二七年一代"的作家主要以诗人为主，并以当时活跃在诗坛上的十名诗人为主力，如加西亚·洛尔卡（Federico García Lorca, 1898～1936）、阿尔贝蒂（Rafael Alberti, 1902～1999）、阿隆索（Dámaso Alonso, 1898～1990）等。

第二节　19～20世纪的拉美文学

一、独立运动及各国建国初期文学

19世纪的到来意味着西班牙在美洲的统治体系的瓦解以及美洲国家独立进程的开始。法国大革命所宣扬的百科全书派和启蒙思想以及美国独立运动的胜利，深刻地影响了美洲人民的独立思想。长期饱受西班牙、葡萄牙殖民统治的拉美人民纷纷揭竿而起，开启了推翻宗主国殖民统治、争取民族独立的运动。这场声势浩大的革命运动激发了美洲范围内的民族情绪和文学创作。"祖国是新的缪斯，得其灵感犹如天助"，修道士卡耶塔诺·罗德里格斯（Cayetano Rodríguez）1814年如是说。于是这场革命运动造就出一批优秀的文学家，他们以文学为武器，宣传"自由、平等、博爱"（libertad, igualdad y fraternidad），抨击和揭露西班牙殖民统治的暴政。这个时期的文学家常常又是思想家、政治家、科学家和军事家。

1800～1830年，欧洲古典主义经由法国和西班牙传入拉美，以此为基础注入新内容，因此被称为"美洲新古典主义"。与欧洲古典主义不同，拉美作家在崇尚古希腊、罗马文学之余，十分重视古印第安文学，同时还极力讴歌自己祖国的壮丽山河和风土人情。此外，在当时美洲独立运动的时代背景下，新古典主义文学更主张维护和倡导科学与进步、独立和自由。

二、浪漫主义文学

19世纪上半叶浪漫主义传入美洲，在美洲其产生和发展与西班牙浪漫主义同步。当时独立大业已经完成,美洲新生的共和国正经历不稳定与动荡,国内军阀间为争夺统治权导致战乱不断,内战胜利的一方有权在国家政治和社会生活中采取"铁"一般的政策。美洲浪漫主义便在这种社会环境下诞生了,它宣扬自由,反对一切形式的压迫。浪漫主义文学强调一种理想化、革命的态度,强调感性高于理性,激情高于秩序。美洲浪漫主义大体分为两个时期:前期是社会浪漫主义(romanticismo social),后期是感伤浪漫主义(romanticismo sentimental)。社会浪漫主义的作家们宣扬自由、平等、博爱,主张社会政治变革,努力宣传进步思想,他们强调美洲人民的民族感情,以振兴国家为己任。19世纪60年代拉美各共和国进入稳定发展阶段,这时期的感伤浪漫主义作家多以个人情感、悲欢离合、风俗传统、人生哲理为主,不再强调文学的社会功能,文学作品讲究以情感人,运用唯美形式和技巧。

三、高乔文学

西班牙人到来之前,在广袤的潘帕斯草原上生活着潘帕族印第安人和高乔人。辽阔无垠的荒原上,荆棘丛生、杂草遍地,在一望无边的草原上,他们信马由缰,过着自由自在的生活。这样的生活环境形成了高乔勇敢、豪放、高傲、鲁莽和桀骜不羁的性格。高乔诗歌(poesía gauchesca)属于拉美浪漫主义文学的一部分,其产生与发展和新古典主义及浪漫主义同时进行。其实高乔诗歌的作者不都是高乔人出身,他们是一些向民间文学学习的作家们,模仿高乔人的语言进行艺术创造。其诗句由八个音节组成,通俗易懂,适于吟唱。1810~1880年,高乔诗歌的发展持续了70年。在题材上,高乔诗歌一般反映高乔人的英雄业绩,印第安人和西班牙人的争斗,罗萨斯统治时期的轶事,法昆多·基罗加[①]之死以及高乔人日常生活中的行为、经历和见闻。后来这些叙述诗逐渐发展壮大而成为高乔史诗,从此高乔诗歌的发展获得了更高的价值。

四、现代主义(1882~1916)

19世纪末浪漫主义渐渐失去了市场,现代主义(modernismo/parnasianismo)崛起。这是一种"躲在象牙塔里"逃离社会现实的文学形式。它脱离群众,讲究形式,注重技巧,追求纯粹的艺术。现代主义诗人们往往

[①] 胡安·法昆多·基罗加(Juan Facundo Quiroga, 1788~1835),19世纪上半叶阿根廷军阀,在阿根廷内战(1814~1880)期间支持联邦政府。

醉心新奇，喜欢使用典雅的语言及优美的形象，追求韵律的自由与和谐。同时，他们喜欢通过追求异国情趣，来憧憬虚幻的世界，抒发忧伤的情怀，这些都意味着现代主义同传统文学价值的决裂。值得一提的是，现代主义是拉美第一个脱离欧洲文学形式而自己形成的一个文学现象。

而说到其起源，拉美现代主义其实吸收了法国巴纳斯派（parnasianismo）和象征主义（simbolismo）的某些特点。巴那斯派追求语言上的可塑性，在美学上则执着于对美的追求，也就是所谓的"为了艺术而艺术"。象征主义强调文学词汇的韵律和感官效果。与传统的"逻辑－句法"关系不同的是，现代主义创造了一种新的关系，即建立在新的韵律和感官图像基础上的"抒情－音乐"关系。

五、现实主义文学与先锋派文学（1916～1959年）

在诗歌方面，随着现代主义的消逝，出现了后现代主义（postmodernismo）和先锋派（vanguardismo）两个倾向。在小说方面，以1910年墨西哥革命为题材的作品为20世纪小说拉开了序幕，关注农村和印第安人生活的地域小说（regionalismo）则紧随其后。这些作品采用现实主义手法，揭露社会矛盾，特别是大庄园制的腐朽没落，同时歌颂人们的反抗精神。这些作品以农村生活为题材，或讴歌印第安农民不堪庄园主侮辱与压迫，奋起反抗的斗争精神，或揭露大庄园主的野蛮暴行，或描写人与大自然的搏斗。

这一时期的文学创作以现实主义为表现手法。20世纪30～50年代末资本主义世界爆发的经济危机、西班牙内战、第二次世界大战、社会主义运动的兴起和马克思主义的广泛传播无疑都对拉美文学发展产生巨大影响。欧洲先锋派的作家们，如普鲁斯特、乔伊斯、卡夫卡等成了拉美一部分作家的榜样，同时，仍有不少作家坚持现实主义。

作家们的聚焦点转移到了城市，把普通人甚至是最底层民众的生活和心理状态作为作品的重点，同时揭露了拉美社会一贯存在的顽疾，贫穷、落后和剥削等。值得一提的是，他们在表现手法上发生了翻天覆地的变化，受超现实主义（surrealismo）、表现主义（expresionismo）、立体派（cubismo）等流派的影响，他们的作品在结构、叙述、时空和语言上颠覆了传统模式，发展成更为复杂的多样化模式，比如，在叙述上用复线结构，时空交错，用潜意识、梦呓和内心独白来代替逻辑性强的常规语言，引导读者参与到作品当中去。

六、文学爆炸时期（60～70年代中期）

"二战"尤其是1959年古巴革命胜利后，拉美民众进一步觉醒，拉美小说家写出了一大批思想内容深刻隽永、写作技巧奇特高超的作品，成就空前繁荣的文学局面，引来世界文坛的瞩目，这就是"拉美新小说"时期，也就是所谓的"文学爆炸"（El "boom"）时期。这些文学作品大胆揭露和抨击社会黑暗，反对帝国主义侵略，反对军事独裁和寡头政治。艺术上博采众长，大胆创新，形成独树一帜的风格。"爆炸"时期的拉美小说家们坚持反映社会，用文学反抗社会不公和陋习，特别针对军事独裁政权以及外国资本的剥削和压榨。在表现手法上，他们采用多种文学理念，如魔幻现实主义（realismo mágico）、心理现实主义（realismo psicológico）、社会现实主义（realismo social）、结构现实主义（realismo cubista）等，使其作品展现出丰富多彩、如真似幻的艺术效果。拉美文学第一次走上世界文坛，成为了世界文学的导师。

七、魔幻现实主义

魔幻现实主义是一种特别的叙事手法，其故事中的前后因果往往不合乎现实状况。魔幻现实主义不是一种运动或学派，而是一种写作风格。第一次使用"魔幻现实主义"这个词的人是德国艺术评论家法兰克·罗（Frank Roh），用来描述一些美国画家作画时运用的一种不寻常的现实主义手法。这些1920年代的画家，如依凡·阿尔布莱特、保罗·凯德马斯、乔治·图克等人，在传统的现实主义中加入些许超现实和幻想意涵。"魔幻现实主义"一词逐渐风行起来，并随着像恩尼斯·荣格尔（Ernest Jünger）以及许多拉美作家的文学实践和创作而风生水起。首先把魔幻现实主义用在文学上的是委内瑞拉评论家阿尔图洛·乌斯拉尔—皮耶特里（Arturo Uslar-Pietri, 1906～2001），不过这个词受到更多注目则是在1967年诺贝尔文学奖得主米格尔·阿斯图里亚斯（Miguel Ángel Asturias, 1899～1974）将自己的小说风格界定为魔幻现实主义之后。魔幻现实主义倾向把现实描述为一种处于不断流动的状况，并且作品人物会把这种流动的现实视为理所当然，同时魔幻现实主义也超越了种种社会限制，将其世界描写得荒诞古怪、反复无常。

八、80年代以来的拉美文学

新时期的作家不满足于上个时期的成就，他们要求突破与创新，但有些作家则希望回归现实主义。新作家中的代表人物有阿根廷小说家马努埃尔·普伊格（Manuel Puig, 1932～1990），其代表作有《蜘蛛女之吻》（*El beso de la mujer araña*），智利女小说家伊莎贝尔·阿连德（Isabel Allende, 1942～　），其代表作有《幽灵之家》（*La casa de los espíritus*）。

拉美优秀作家自20世纪中起，登上世界文坛顶峰的人数不胜枚举。许多好莱坞电影人把这些经典作品搬上大银幕，并获得了很大成功，如普伊格的《蜘蛛女之吻》后来被改编成电影，并在1985年荣获四项奥斯卡提名；1989年，劳拉·埃斯基维尔（Laura Esquivel, 1950～　）出版魔幻现实主义小说《恰似水之于巧克力》（*Como agua para chocolate*），该书于1992年被改编成电影，并在墨西哥电影艺术节（Academia Mexicana de Artes y Ciencias Cinematográficas）上获得十项大奖项；再如加西亚·马尔克斯就有三十余部作品先后被日本、中国、墨西哥、法国、西班牙、意大利、美国等国导演改编成电影。

九、获得诺贝尔文学奖的西班牙语国家作家

西班牙语国家先后有十一名作家获得诺贝尔文学奖，其中包括五名西班牙作家和六名拉美作家。按获奖时间先后的西班牙作家有：剧作家何塞·埃切加赖（José Echegaray, 1832～1916，1904年获奖），剧作家哈辛托·贝纳文特（Jacinto Benavente y Martínet, 1866～1954，1922年获奖），诗人和散文家胡安·拉蒙·希梅内斯（Juan Ramón Jiménez, 1881～1958，1956年获奖），诗人维森特·阿莱克桑德雷（Vicente Aleixandre, 1898～1984，1977年获奖）以及小说家卡米洛·何塞·塞拉（Camilo José Cela, 1916～2001，1989年获奖）；按获奖时间先后的拉美作家有：智利女诗人加夫列拉·米斯特拉尔（Gabriela Mistral, 1889～1957，1945年获奖），危地马拉小说家米格尔·安赫尔·阿斯图里亚斯（Miguel Ángel Asturias, 1899～1974，1967年获奖），智利诗人巴勃罗·聂鲁达（Pablo Neruda, 1904～1973，1971年获奖），哥伦比亚小说家加夫列尔·加西亚·马尔克斯（Gabriel García Márquez, 1927～2014，1982年获奖），墨西哥诗人奥克塔维奥·帕斯（Octavio Paz, 1914～1998，1990年获奖）以及秘鲁小说家马里奥·巴尔加斯·略萨（Mario Vargas Llosa, 1936～　，2010年获奖）。

第三节　西班牙语中的英语词汇

英式西语单词（anglicismo）在西班牙皇家语言学院出版的《西班牙语

词典》中解释为"在其他语言中使用的英语词汇或表达方式"。

在两种或以上语言接触的过程中,强势语言总是向弱势语言输出大量词语,时至今日,由于文化上的交融,未受其他语言影响过的纯净语言微乎其微。今天的西班牙语历史上就曾被诸如拉丁语、阿拉伯语、法语、意大利语和英语等外来语言影响,而英语在时间上出现得最晚,但却是影响西班牙语最大的语言之一。

作为国际通用语,英语对西班牙语的影响不仅仅局限于西班牙,甚至蔓延至整个拉丁美洲。19 世纪不列颠殖民帝国初期,英语就已经开始扮演强势语言的角色,然而,英语对其他语言更进一步的影响则发生在第二次世界大战之后,并延续至今。

一、西语中出现英语词汇的原因

(一)英国的崛起

1588 年英国击败西班牙无敌舰队(la Armada Invencible)后,逐渐取代西班牙成为新兴海上霸权,开始不断扩张海外殖民地。之后,英国相继在英荷战争和七年战争中,打败最强对手荷兰和法国,最终确立其海上霸主地位。

1815 年英国在拿破仑战争中的胜利,又进一步巩固了它在国际政治、军事上的强权地位。18 世纪 60 年代至 19 世纪中,英国在欧洲率先开始并最早完成了工业革命(Revolución Industrial),工业革命更让英国取得无可争辩的经济强权。

维多利亚女王统治时期[①]的大英帝国步入鼎盛,当时,全世界大约 4~5 亿人口,也就是当时全球总人口的约四分之一,都是大英帝国的子民,其领土面积则有约 3367 万平方公里,是世界陆地总面积的四分之一[②],从英伦三岛[③] 到冈比亚、纽芬兰、加拿大、新西兰、澳大利亚、马来西亚、新加坡、缅甸、印度、乌干达、肯尼亚、南非、尼日利亚、马耳他以及无数岛屿,地球上的 24 个时区均有大英帝国的领土。英国出版的大英帝国全球地图,通常用红色把帝国的领土标出,可以清晰地了解到这个庞大帝国

[①] 维多利亚时期(1837~1901),即维多利亚女王的统治时期。前接乔治时代,后启爱德华时代,被认为是英国工业革命和大英帝国的巅峰时期。

[②] 付荣辉、李丞北、刘永刚、秦玲玲:《保险原理与实务》(第 2 版),北京:清华大学出版社,2014 年。

[③] 英伦三岛,英国或大不列颠的别称,包括英格兰、苏格兰、威尔士以及北爱尔兰等,一般用于非正式场合或文学艺术作品。

在全球的影响力。

英国经济学家杰文斯[①]在 1865 年曾这样描述：

> 北美和俄国的平原是我们的玉米地，加拿大和波罗的海是我们的林区，澳大利亚是我们的牧场，秘鲁是我们的银矿，南非和澳大利亚是我们的金矿，印度和中国是我们的茶叶种植园，东印度群岛是我们的甘蔗、咖啡、香料种植园，美国南部是我们的棉花种植园。

任何一个国家语言以及文化的流行都离不开母国强大的国际地位，随着英国国力增强、国际地位提升，英国文化也开始在世界范围内广泛流行。

18 世纪到 19 世纪中叶，英国文学和社会文化给西班牙的有识之士带来了极大的冲击，英语也开始成为这一时期西班牙学校中的重要学科。在此期间，卡达尔索（José de Cadalso y Vázquez, 1741～1782）、霍维亚诺斯和莫拉丁（Leandro Fernández de Moratín, 1760～1828）翻译并在西班牙出版了第一批英语词典和语法书。1814 年后，在费尔南多七世统治期间，许多移居海外的学者促进了国家间不同语言的交流，如布兰科·怀特（Blanco White, 1775～1841）、埃斯普龙塞达（José de Espronceda, 1808～1842）和里瓦斯公爵（Duque de Rivas, 即 Ángel de Saavedra, 1791～1865），都在这一时期出版了非常重要的作品，对促进英语和西班牙语的交流起到了不可磨灭的作用。

"anglicismo" 一词最早出现在出版物上是在 1848 年，然而，在此一百年前的 1748 年，这个单词就已经为人们所使用了。通过英国历史小说和新闻媒体的传播，许多英语术语进入到西班牙语词汇当中。西班牙上流社会人士也习惯使用英语词汇以显示其尊贵的社会地位。

英国的文化通过音乐、舞蹈、服饰、汽车以及体育运动等形式传到其他国家。而西班牙在内战爆发前对这种文化影响几乎全盘接收，于是大量新词涌入西班牙语中，如 rugby（橄榄球）、lacrosse（长曲棍球）、golf（高尔夫球）、polo（马球）、tenis（网球）等。

（二）美国国际地位的上升

"二战"结束后，美国取代英国一跃成为世界超级大国。与此同时，美国源源不断地向其他国家输出自己的价值观，它的流行音乐、时尚服

---

① 威廉·斯坦利·杰文斯（William Stanley Jevons, 1835～1882），英国著名经济学家和逻辑学家，边际效用学派的创始人之一，数理经济学派早期代表人物。

饰、饮食、电影、电视甚至毒品都渗透到世界各地。这种影响最直接的体现便是语言输出，大量与之相关的英语外来词涌入西语当中，如 blues（布鲁斯）、soul（灵魂乐）、R&B（节奏布鲁斯）、rock（摇滚）、pub（酒吧）、nightclub（夜总会）等。

流行文化对年轻人的吸引力毋庸置疑，于是这些英语外来词便开始在报纸杂志上慢慢流行开来，成了人们口语中出现频率很高的词汇。有些外来词被西班牙皇家语言学院接受，正式收入词典当中，如 club（俱乐部），但是更多的单词并不能被官方接纳，只能在非官方范围内流行和使用。

（三）新事物的涌现，要找到新的词汇来定义

以信息技术领域为例，随着当今社会科学技术的进步，特别是计算机信息技术的飞跃发展，许多科技词汇越来越为人们普遍使用。比如电脑的 chip（芯片）、internet（互联网），还有一些专业词汇如 IP, RAM, CPU 等。由于美国在科学技术，特别是电脑网络技术方面的绝对优势地位，英语成了这个领域的通用语言，大量英语词汇充斥着计算机和网络领域。另一方面，西班牙语中本来没有与之相对应的单词，但是科学技术的发展让西班牙语不得不借入这些专业词汇，以弥补西语本身的不足。

（四）传媒的作用

20 世纪传媒业得到迅速发展，媒体形式也得到极大的丰富，并深深影响着人们的生活方式。英国和美国的通讯社在全世界范围内公开发行报纸，因其信息量巨大，译员们无法将所有的英语词句都准确地译成西语。因此，他们在新闻翻译过程中大量使用英语词汇以及表达方式。这样，英语词汇及表达方式开始大量涌入西班牙语当中。

电影和电视节目是英语进入西班牙语的另一个重要途径。有数据显示，2007 年，西班牙引进的电影中有 97% 都来自美国，西班牙 80% 的电视节目都是英语译制片，而其中大量的翻译质量不高，常常在特定情境下出现英语名词和表达方式，观众也就逐渐接受这些频繁出现的英语名词、短语。如果人们仔细观察译自英语的西班牙儿童节目，如《芝麻街》，或者任何一个系列译制动画片，都会发现里面许多的拟声词、口头禅都保留了英语的原貌，未作任何适应西班牙语的改变，如 boom、bingo、ring、ok 等等。

（五）皇家语言学院没有起到绝对的抑制作用

皇家语言学院的词典在过去 234 年间（1780～2014）共出版了二十三版，短则三年更新一版，长则十六年一版，因此很难及时反映语言，尤其是词汇的变化，而且皇家语言学院更致力于维护西班牙语的纯净，因此面对时代的发展和新事物的涌现，人们急需找到新词汇与新事物相对应之际，

皇家语言学院也只能选择默许外来词汇进入西班牙语当中，来填补本国语言在这方面的空白。许多外来词虽然没有得到皇家语言学院的认可，也没有被官方词典收录，但已经在民间口语中广泛使用。

二、英语影响西班牙语的方式

（一）词汇

英语对西语的影响最主要表现在词汇上，英语在词汇上主要通过以下几种方式进入到西语当中：

1. 直接借用

所谓直接借用，就是原封不动地把英语单词搬到西班牙语中。

比如：CD-ROM（光盘只读存储器）、e-mail（电子邮件）、club（俱乐部）、pub（酒吧）、chance（机会）、hardware（硬件）、internet（因特网）、software（软件）、surf（冲浪）、striptease（脱衣舞），等等。

然而，有些英语单词在原封不动地进入西语词汇后，词义却发生了改变，如：crack（英语原意"裂缝"，西语意为"运动好手；毒品"），footing（也写作 fúting，英语原意"立场；基础"，西语从法语引进，意为"慢跑"）。

还有些英语词保持原貌进入西语词汇并且逐渐流行，进而取代西语中原有的表达该含义的词，如 sándwich 取代 emparedado（三明治）；puzle（发音变为 /puzle/）取代 rompecabezas（拼图游戏）；再如，受英语影响，"重病"用"enfermedades severas"（英语用 severe）而不用"enfermedades graves"；"严厉的措施"用"medidas dramáticas"（英语用 dramatic）而弃用"medidas drásticas"；"El tabaco perjudica seriamente la salud."（吸烟严重损害健康。）的标准表达方式应为"El tabaco perjudica gravemente la salud."。

科技领域是西班牙语直接拿来英语词汇的"重灾区"，大量英语术语和表述随着美国人的新发明和新创造长驱直入，如入无人之境，西班牙语一时间无招架之力，如 chip（微芯片）取代 microprocesador, airbag（安全气囊）取代 bolsa de aire, escáner（扫描仪）取代 explorador, finger（登机桥）取代 pasarela，等等。由此，西班牙皇家语言学院院士拉法埃尔·拉贝萨（Rafael Lapesa, 1908～2001）早在 1985 年就提醒人们注意大量英语科技术语进入西班牙语的潜在风险，他呼吁西班牙语要及时更新词汇，否则科技书籍上大量不同的外来词（英语）指同一个事物，结果就可能使其他地区的西班牙语读者无法理解。

在这里，还有一个需要特殊指出的英语单词是 gay。西班牙语中表达"男同性恋者"的单词有"maricón"和"homosexual"，然而前者含有轻蔑的意味，后者仅限于正式场合使用，不如 gay 听起来自然且含蓄。尽管西语中还有一个词也可以较含蓄地表达同一意思，即"invertido"，但听起来并不自然，因此，英语词 gay 就被用来填补西语在表达上的空白。

2. 音译

指根据英语原词的发音，按照西班牙语发音规则，重新编造一个发音与之相似的西班牙语单词。比如表5-1：

表 5-1 根据英语"音译"的西语

英语原词	西语单词	释义
meeting	mitin	政治集会①
corner	córner	角球
cocktail	coctel/ cóctel	鸡尾酒
football	fútbol	足球
baseball	beisbol	棒球
boycott	boicot	抵制
poster	póster	广告，海报
whisky	güisqui②	威士忌
lunch	lonch	午餐

3. 按西班牙语正字法规则进行部分或全面改写

很多英语单词如果按照西班牙语发音规则是很难读出来的，所以在引进时，往往会通过改写的方式，使其符合西班牙语的发音习惯与书写规则，如 clown → clon（克隆，无性繁殖），football → fútbol（足球），puzzle → puzle（拼图游戏），striptease → estriptis（脱衣舞），travelling → trávelin（镜头推拉）等。

比如词首为 s 的英语词汇进入西班牙语后一般都会在前面添加 e，如 slogan → eslogan（口号），snob → esnob（势利眼），standar → estándar（标准），stereo → estéreo（立体声），scanner → escáner（扫描器）等。

4. 直译

将英语词中的每个组成部分翻译成西班牙语。如 best seller → superventa（畅销书），drug addict → drogadicto（瘾君子），self-service → autoservicio

---

① mitin 和原英语单词 meeting 在词义上有所不同。

② 词典中，whisky 和 güisqui 都有收录。

73

（无人售货；自助），skycraper → rascacielos（摩天大楼），等等。

还有个例子就是英语中的足球 football，引入到西班牙语之后，除了上述的 fútbol 之外，西语中还存在一个英语仿词 balompié，这里的 balom（即 balón 的变体）对应 ball，pie 对应 foot。

5. 旧词添新义

以 agresivo 为例，西班牙语的 agresivo 和英语的 aggressive 属同源词，都来源于拉丁语 aggressus。起初，agresivo 并不具备英语单词 aggressive "有进取心的"这一含义，在英语的影响下，这一释义逐渐被西班牙语吸收，赋予了 agresivo "有进取心的"的新含义。

再如，"我会联系你的。"标准的西语说法为 "Estaré en contacto contigo." 或 "Me pondré en contacto contigo."。受英语动词 "contact" 用法的影响，西语根据正字法创造了本不存在的动词形式 "contactar"，并出现了 "Te contactaré."（英语为 I will contact you.）这种说法。

6. 改变西语词义及搭配

受英语 honesty 的影响，西班牙语 honesto 和 honrado 如今已基本成为同义词，而传统上这两个词是有区别的，用通俗的话来说，honesto 事关裤腰带以上的忠诚，而 honrado 事关裤腰带以下的忠贞。名词和动词搭配受到英语的影响，出现了诸如 "hacer una decisión"，"(un trabajo) toma mucho tiempo"，"(un ciego) gana la vista"，"encontrar culpable a un supuesto asesino"，而规范西语应该是 "tomar una decisión"，"(un trabajo) requiere mucho tiempo"，"(un ciego) obtiene/recobra la vista"，"declarar culpable a un supuesto asesino"。

7. 特立独行的 *puenting*

初见西班牙语单词 *puenting*，相信很多人的第一直觉为"这是个英语词汇"，实则不然，人们都被其后缀 -ing 迷惑了。其实，*puenting* 是一个西英合成词，由西班牙语单词 puente（桥）加上英语后缀 -ing 构成。在英语中，-ing 这一后缀可以用来表示运动或是该项运动的结果，比如，rafting（皮划艇运动）、camping（露营）、jogging（慢跑）等，因此，*puenting* 表达的含义是"桥梁蹦极"。

显然，西班牙皇家语言学院是难以认同这种构词方法的，因此在其出版的《泛西语国家答疑词典》中建议用 puentismo 来代替 *puenting*。

（二）句法

许多人认为，一旦外来语开始改变接收语的语法结构，对接收语而言是致命的伤害。长期以来，英语不仅在很多方面填补了西班牙语词汇的空白，在句法结构上也对西班牙语产生了很深的影响，本文仅以下几个典型方面为例，稍作说明：

1. 乱用被动结构

西班牙语在表达被动含义时，自负被动句出现的频率要远高于被动句，西班牙语的被动句通常是在不知或不关心施动者是何许人的情况下使用。然而受英语影响，越来越多的人开始喜欢使用 ser + 过去分词的结构来表达被动含义：

如：Se vendió la casa.（规范西班牙语）

La casa fue vendida.（受英语影响，使用频率越来越高。）

房子卖了。

西班牙传统语法学权威莱昂纳多·戈麦斯·托雷戈（Leonardo Gómez Torrego, 1942 ～　）在其《规范西班牙语手册》(Manual del español correcto) 中指出：

西班牙语中"estar siendo + participio pasivo"这一表达被动含义的短语是受英语句法（be + being + 过去分词）的影响而后出现的，也许人们是想用它来填补"estar + 副动词"在表达被动含义上的空白。但无论如何，应当避免使用这一短语。

如：　　　　*[①]El proyecto está siendo discutido en las Cortes.

规范说法应为：El proyecto se está discutiendo en las Cortes.

国会正在讨论议案。

如：　　　　*El plan de que te hablé está siendo elaborado por los profesores.

规范说法应为：Los profesores están elaborando el plan de que te hablé.

老师们正在制定我跟你说过的计划。

如：　　　　*La célula está siendo analizada.

英语为：　　The cell is being analysed / analyzed.

规范说法应为：Se está analizando la célula. 或 Están analizando la célula.

正在分析细胞。

2. 某些口语表达

西班牙语在表达"我看到很多人"这一含义时，正确的说法应为"Veo

---

① 本书以 * 引导的例句为不规范用法，下同。

mucha gente."或"Estoy viendo mucha gente.",然而,受英语句法结构("我看到很多人"译成英语为"I can see a lot of people.")的影响,现在很多人会下意识地说出"Puedo ver mucha gente."。

又如,西语在表达"有什么可以帮您的吗?"时,地道的表达方式应为"¿Qué desea usted?"或"¿En qué puedo servirle/ayudarle?",在英语的"How can I help you?"的影响,现在口语中出现了"¿Cómo puedo ayudarle?"这样的句式。

3. 误用冠词

（1）省略定冠词

西班牙语中,通常名词做主语是要加冠词的,然而,受英语相关语法的影响,西班牙语中名词做主语省略冠词的现象越发频繁:如:表达"扑热息痛是高效止痛药",英语会说"Acetaminophen is highly effective as a painkiller.",西班牙语为"El acetaminofeno es muy eficaz como analgésico."。然而,许多医生由于长期阅读相关英语文献,会很自然而然地说出"Acetaminofeno es muy eficaz como analgésico."。再如,"Zanahoria es muy buena para la salud."其正确的表达方法为:"La zanahoria es muy buena para la salud."（胡萝卜有益健康。）

除科学领域外,在纸质及电子媒体当中,也都常能发现许多新闻中的句子直接以名词开头、不加定冠词。起初,这一用法仅用在新闻标题中,渐渐地在新闻正文中间也开始出现这种用法,如"Ingenieros españoles reciben un importante galardón internacional."（西班牙工程师获得一项重要国际大奖。）按照规范的西班牙语写法,应为"Tres ingenieros españoles reciben un importante galardón internacional."（若知晓具体数量:三名西班牙工程师获得一项重要国际大奖。）或"Un grupo de ingenieros españoles recibe un importante galardón internacional."（若具体数量未知或者由于某种原因不想提及具体数字:几个西班牙工程师获得了一项重要的国际大奖。）

（2）误添冠词

英语和西班牙语中对冠词用法的规定不尽相同,然而受英语的影响,有些在规范西班牙语中不能添加冠词的句子中也开始出现了冠词。如西班牙语语法规定:名词作表语,如仅说明主语的身份、特征时,就具有形容词的性质,不加冠词。例如:"佩佩是老师"即"Pepe es profesor."。受英语表达方式"Pepe is a teacher."的影响,"Pepe es un profesor."这种表达出现的频率越来越高。

4. 名词形容词化

西班牙语中，名词若要发挥形容词的作用，多要借用介词与其搭配，如"un escritor de fama"（一位著名作家），然而受英语影响，西班牙语中出现越来越多的名词修饰名词的情况，将第二个名词形容词化，如："infección VIH"（正确说法："infección por el VIH"，感染 HIV 病毒）；"vacuna anti-hepatitis"（正确说法："vacuna antihepatítica"或"vacuna contra la hepatitis"，肝炎疫苗）；"año Dalí"（正确说法："año de Dalí"，达利年）；"sector servicios"（正确说法："sector de servicios"，服务业）；"ciencia ficción"（正确说法："ciencia de ficción"，科幻小说、科幻电影）。

（三）正字法

1. 标点符号

在英语的影响下，西班牙语标点符号的用法也发生了变化。比如，破折号的使用英语化，英语中的一对破折号中的内容是临时插入部分，而西班牙语传统使用一对逗号，比如：

El Plan Nacional de Estabilización Económica, en 1959, es la puerta de cierre de una época— la de la autarquía de los vencedores de la guerra civil— y el umbral de otra— la integración de España en la CEE—.

按照传统西班牙语应为：

El Plan Nacional de Estabilización Económica, en 1959, es la puerta de cierre de una época, la de la autarquía de los vencedores de la guerra civil, y el umbral de otra, la integración de España en la CEE.

破折号在西语的用法是表示分而不是合，比如："un enfrentamiento Barça—Real Madrid"（巴萨和皇马间的对抗）；"el sabor de la victoria—un buen vino"应为"el sabor de la victoria, un buen vino."，但是这种英式标点的使用人们已经习以为常了。

2. 大小写字母

西班牙语书名大小写的书写标准为：第一个单词的首字母大写，后面除专有名词外的所有单词都小写，如 *Manual del español correcto*。然而，受英语相关书写标准的影响，许多译著的书名以及章节名称的每一个单词的首字母都出现大写的现象。显然，这种用法是欠妥当的。

3. 名词复数和阴阳性

直接引入西语中的英语名词外来词，会面临复数和阴阳性的问题。以辅音结尾的名词，如 club，其复数形式是沿用英语的 clubs 还是依照西语规则加 -es，成为 clubes？《皇家语言学院词典》（2019 电子版）同时收录了 clubs 和 clubes 两个形式，似乎默认这两种复数形式；以 y 结尾的英语名词，因其独特性，西语一度直接使用英语的复数形式，如"gay-gays"，现在依照西语规则，把 y 改成 i，这样既符合西语复数规则，又保留英语原来的发音："gais"。英语名词没有阴阳性之分，直接引入西语中必须明确其词性，以往的做法倾向于默认为阳性词，现在给出阴性和阳性两个选择，比如"internet"，原来是开头字母大写的专有名词"Internet"，后改成普通名词 internet，就必须要确定其阴阳性。改头换面的英语名词外来词，如仿词"secador/secadora"，或西语化的英语名词"calculador/calculadora"，"computador/computadora"，同时存在阴阳两种形式，根据不同国家，使用其中一种或两种形式并用。新科技"自拍"的出现，在《皇家语言学院词典》收录之前，西语媒体和民众从最开始直接拿来英语单词 selfie，到后来借用西语现成单词"autorretrato"（自画像），临时添加"自拍"含义，最后《皇家语言学院词典》（2021 电子版）除了根据英语"selfie"的发音改写成"selfi"，还合成创造出另一个新词"autofoto"：auto（构词元素：自动）+ foto（相片）。"autofoto"的词性好办：词根"foto"是阴性，"autofoto"自然也是阴性；《皇家语言学院词典》给"selfi"的定性是阳性，但是也加上该词可以做阴性词的说明。

三、西班牙英语词汇发音的变化

西班牙人的英语通常都很糟糕，甚至有时他们讲的英语完全无法被人理解。他们在读任何一个外来词的时候，都会尽可能使它的发音靠近西班牙语。其中一个原因，很可能就在于西班牙人难以发好某些辅音连缀，因此他们用西班牙语中相似的音将其取代，结果导致以英语为母语的人无法理解。下面我们以三个典型的事例来进一步说明：

1. 最常见的就是英语中以 h 开头的单词的发音问题。西班牙语中的 h 是不发音的，因此，西班牙人会用西语中相似的 j 发音来替代，如：*hall*（/jol/ 大厅）、*handicap*（/jandicap/ 让分赛）、*hippy*（/jipi/ 嬉皮士）、*hit*（/jit/ 风靡一时的事物）、*hockey*（/jokei/ 曲棍球，冰球）等。

2. 另一个现象是：他们通常会在以"s + 辅音"开头的单词前加上一个

元音"e",将发音变为 /es/,如:skin head(/eskinjed/ 光头)、smog(/esmog/ 烟雾)、smoking(/esmokin/ 吸烟)、*spanglish*(/espanglis/ 西式英语)、spaniel(/espaniel/ 西班牙猎狗)、speed(/espid/ 速度)、star(/estar/ 星;明星)、stress(/estrés/ 焦虑)、strech(/estrech/ 弹性的,可拉伸的)等。

3. 最有代表性的现象就是字母 w 的发音变化,这个字母在不同的单词中有不同的发音。当它位于某些单词的词首时,发音为 /b/,如 váter(源自英语 water,/báter/ 抽水马桶)、waterpolo(源自英语 water polo,/baterpolo/ 水球)、vatio(源自英语 watt,/batio/ 瓦特);在某些单词中,其发音又类似复合元音 /ui/,如 week-end(周末)、wéstern(源自英语 western,美国的西部片)、*windsurfing*(帆板运动);还有一些单词中的 w 发音被省略了,如:crawl(/krol/ 爬泳)、tomahawk(/tomajok/ 北美土著的战斧)。

四、西班牙外来词和拉美外来词的区别

相对于西班牙的西班牙语,拉美西班牙语更多的是直接从英语借用原词,不进行任何翻译或正字法上的加工以使其适应西语规则。最典型的一个例子就是"电子邮箱",拉丁美洲更多地直接使用"email"或者"e-mail",西班牙则使用"correo electrónico"这种更文学性的直译词;还有"牛仔裤",拉美地区多用"bluyíns, blue jeans, yin, jeans"等英语原词或改写词,西班牙则用"(pantalón) vaquero, tejano"。这种差别在技术词语或新借词中表现尤为明显,如在拉美,"电脑"人们更常用"computadora"或"computador",而西班牙使用"ordenador",无论是哪个词,在使用另一个词的人看来,都是外来词。

五、百家争鸣

如今西班牙语中英语词汇的使用频率越来越高。1997 年,西班牙格雷多斯出版社还为此出版了一本《新英式西语词汇词典》(*Nuevo diccionario de anglicismos*)。皇家语言学院的《西班牙语词典》中也收录了 iceberg(冰山)和 clon(clown)(克隆,无性繁殖)两个单词,并对其进行了定义。尽管如此,对于进入西班牙语中的英语词汇,学者们的争论从未有停息过。

西班牙皇家语言学院有的院士就不希望《西班牙语词典》收录这类词汇。例如,西班牙皇家语言学院翻译委员会主席霍华金·赛古拉(Joaquín Segura)就反对把类似 braun(brown,棕色,咖啡色)的外来词收录到《西

班牙语词典》中，他认为西班牙语中已经有很多词可以表达同一意思，如café, carmelita 和 castaño。

西班牙翻译家拉法埃尔·约皮斯（Rafael Llopis）曾表示，原封不动地使用外来语在很多情况下并无必要，但翻译们使用的频率太高了。另一些学者认为，既然翻译们保留了原语言词汇的风貌，我们就应该不加改变地使用这些外来语，以示对翻译的尊重。还有学者认为，面对英语外来词，与其大西洋两岸各国各自为政，还不如就直接采纳英语原词，以避免共同语言——西班牙语的分裂。

美西战争后一直到卡斯特罗（Fidel Castro, 1926～2016）革命胜利前，古巴人讲的是英语化的西班牙语；革命胜利后，古巴通过法令取缔英语词汇，人们发现没有那些英语词汇，他们依然活得好好的，以前用英语命名的人和事物，完全可以用西班牙语来代替。今天古巴被认为是语言最纯正的西语国家。

西班牙语将如何发展，它又将怎样应对外来语的"入侵"，许多人对此兴趣颇浓。在百家争鸣的同时，也有很多人表示，语言的变化本身就是一件自然而然的事，让我们静观其变吧。

第二编
西班牙语的现状

第六章 西班牙语的现状

第一节 西班牙语现状概述

1492 年发生在伊比利亚半岛上的几件大事,改变了西班牙和西班牙语的历史和命运,同时也影响了世界的走向。"天主教双王"主导的光复运动,结束了穆斯林在伊比利亚半岛的统治,建立起统一的天主教王国,为其日后建立世界霸权奠定了基础;内夫里哈《卡斯蒂利亚语语法》的问世,不仅对卡斯蒂利亚语的稳定与统一起到积极作用,同时标志着西班牙语进入成熟期,16 世纪后,《卡斯蒂利亚语语法》是美洲学校里印第安人和印欧混血人种学习西班牙语的最佳语法教材;《卡斯蒂利亚语语法》问世后不到两个月,哥伦布发现了美洲新大陆,为西班牙语的传播开启了全新的广阔天地。

尽管西班牙语在黄金时代已经固定下来,但是语法规则的约束力还不强大。18 世纪启蒙时期,有识之人对待语言的态度更理性,他们呼吁取缔那些可疑的用法,认为语言的美要以语法正确为先要条件,同时,自阿方索十世开始的稳定卡斯蒂利亚语的步伐也在加快:这个时期的社会变迁加速了口语的变化,权威机构保守的态度显然跟不上这个变化节奏。

18 世纪初波旁王朝的费利佩五世(1700～1746 在位)把西班牙语定为国家公共教育、司法和政府领域的正式用语,1713 年西班牙皇家语言学院成立,其主要任务是捍卫"西班牙语在不断适应使用者需要的过程中不丢失其基本的统一性"。成立后的三个世纪,西班牙皇家语言学院通过各种活动和出版物,致力于保护西班牙语在持续发展和扩张中,词汇、语法、正字法的统一性及使用的正确性。

18 世纪对语言的规范主要体现在两个方面:
一些文雅词语的辅音连写,是遵循拉丁语的读法,还是根据西班牙语读音规则进行简化。对此西班牙皇家语言学院有时推崇原拉丁语的写法，如 concepto, efecto, digno, solemne, excelente，同时摒弃简写方式 conceto, efeto, dino, solene, ecelente；有时作为对实际使用的默认，接受了许多个例，如 fruto, respeto, afición, sino，其对应的拉丁语形式 fructífero, respecto, afección, signo 则被赋予了不同的词性、用法和含义；三个辅音连用的原拉丁语词汇，如 prompto, sumptuoso 简化为 pronto, suntuoso，有些如 oscuro, sustancia, sustrato 因其发音普遍性，在书写上占了上风，但 obscuro, substancia, substrato 的形式也依然存在。

  书写上的问题更多、更复杂。16 和 17 世纪基本上沿用阿方索十世的书写方式，但是进入 18 世纪，其书写与发音已经不相符，如 ç, c 和 z；u 和 v；i 和 y 既可以是元音，也可以是辅音，如 vno, cauallo, ymagen, ayre, soys；h 不发音，在书写上造成混乱，如 hazera, azera 和 acera 的并存；此外雅词保留原拉丁文的写法，如 philosphía, theatro, monarchía, quando, qual, frequente。为此，1726 年出版的《权威词典》(*Diccionario de autoridades*) 一锤定音，做出两项重大决定：u 是元音，v 是辅音，取缔 vno, vltimo, lauar, saluado 的书写方式；取缔 ç，重新分配 c 和 z 与元音的搭配，c 放在 e 和 i 前，z 放在 a, o 和 u 前以及音节末尾，因此 luzir, hazer, vezino, coraçón, çumo 的书写形式不复存在。1815 年《正字法》第八版完成西班牙语的现代化过程：在 cuatro, cuanto, cuando, cual, frecuente 以及类似词的书写中以 c 代替 q；规定 i 和 y 在 aire, peine, ley, rey, muy 中是半辅音；发音为 /ks/ 和 /gs/ 的文雅词语保留原拉丁语的 x 字母，如 examen, exención，普通词语由 j 代替，如 caja, queja, lejos, dejar。1815 年修订的正字法一直沿用至今，之后进行的改革仅限于重音和某些特例。可以说，现在的西班牙语就是启蒙运动时期使用的西班牙语。

  18～19 世纪初，西班牙在美洲的殖民地，除古巴和波多黎各外，均获得独立，初步形成了今天拉美各国政治格局。新生的拉美各国土生白人精英阶层和拉美知识界人士，出于对其西班牙出身的忠诚，面对近二十个国家分裂的强大离心力，在语言、种族和历史上坚持不懈地维护和加强这种纽带，从而确保了这些有西班牙传统的美洲国家间的团结。西班牙语使用人数众多，又是团结拉美各国的纽带，因此独立运动领导人及民众都自觉、自愿、自发地接受其为官方语言。此外，独立后的拉美西语国家陆续成立了各自的语言学院，为规范西班牙语起到了积极作用，这些学院之间一直保持极为密切的联系，其首要的共同目标是防止各国通用语——西班牙语的分裂。1951 年成立的西班牙语语言学院协会更进一步强调西语国家的"同种、同文、共命运"。

西班牙语覆盖区域辽阔,且由于历史、政治、经济等诸多原因,尤其在和不同语言接触过程中受到的影响,各地西班牙语发生了分化和变异,并逐渐形成各地区语言相对独立发展的局面。其多样性体现在语言的各个层面,语法相对而言变异不大,其次是语音,词汇的差异最为明显,2010年在各国西班牙语语言学院的通力合作下,《美洲词汇词典》(*Diccionario de Americanismo*)面世,该词典收录所有美洲西班牙语特有的词汇,并详细说明每个含义的地理、社会及文化信息。尽管美洲西班牙语有如此众多富有特色的词汇,但对各西语国家人民之间用西班牙语进行交流和沟通影响有限,毕竟相同词汇和释义占了绝大部分,在大多数情况下,人们用同一词汇来表达同样意思。据多项调查表明,各西语国家通用词汇占85%—90%,各国网络媒体的这一数字更高达98.8%。[1]

西班牙语在发展过程中,与各个语言和方言进行密切接触,兼收并蓄了许多外来词,并形成了一些过渡语、杂交语,如美洲殖民早期生成的多个克里奥约语,西班牙加泰罗尼亚和阿拉贡交界的加式西语(西式加语),巴西与周边西语国家交界处的西式葡语(葡式西语),美国南部拉丁裔中间流行的西式英语(英式西语),但都没有从根本上动摇其基础,除人数优势外,其语言优势也不容小觑。

第二节 各西语国家的西班牙语小结

目前,全世界以西班牙语为官方语言的国家和地区总共二十一个,除西班牙和赤道几内亚外,其他十九个均为美洲国家。塞万提斯学院2022年发布的报告《西班牙语:鲜活的语言》显示,全球以西班牙语为母语的人口大约为4.96亿,西语国家总人口为477,518,842,其中超过94%以西班牙语为母语,人数是451,456,698。西语国家以人口众寡排名分别为墨西哥、哥伦比亚、西班牙、阿根廷、秘鲁、委内瑞拉、智利、危地马拉、厄瓜多尔、玻利维亚、古巴、多米尼加、洪都拉斯、巴拉圭、尼加拉瓜、萨尔瓦多、哥斯达黎加、巴拿马、乌拉圭、波多黎各和赤道几内亚。

---

[1] López Morales, H., 2013: "Tendencias del léxico hispanoamericano actual", *Estudios sobre el español de América*, Valencia: Aduana Vieja Editorial.

一、西班牙的西班牙语概况

塞万提斯学院2022年发布的报告《西班牙语：鲜活的语言》显示，西班牙人口为47,344,649，其中91.4%以西班牙语为母语，人数是43,273,009，其总人口次于墨西哥和哥伦比亚，在西语国家中排第三，其西语母语人口则位列第四，排在墨西哥、哥伦比亚和阿根廷之后。卡斯蒂利亚语，即西班牙语，是西班牙整个国家的官方语言，除此之外，西班牙有几个自治区拥有各自的地区官方语言，它们分别是加泰罗尼亚大区和巴利阿里群岛的加泰罗尼亚语，瓦伦西亚大区的瓦伦西亚语，加利西亚大区的加利西亚语以及巴斯克地区的巴斯克语，它们和卡斯蒂利亚语同为各自地区的官方语言，它们对区内西班牙语无论在词汇、发音以及句法上都造成一定的影响，此外，单语区的西班牙语也带有各自明显的历史和地域差异，尤其在发音上。

二、墨西哥西班牙语概况

墨西哥是西班牙语人口第一大国，塞万提斯学院2022年发布的报告《西班牙语：鲜活的语言》显示，墨西哥人口为130,118,356，其中96.8%以西班牙语为母语，人数是125,954,569。西班牙殖民者到达前，美洲三大文明中的玛雅文明和阿兹特克文明的中心就位于今墨西哥境内，土著语言或流传至今，如玛雅语及其他语言，或给西班牙语产生重大影响，如纳瓦特尔语；墨西哥也是非洲奴隶最先到达的地方，非洲语言对其西班牙语也产生过一定影响；北边强大邻国——美国的存在，其英语对墨西哥西语的影响毋庸置疑。因其悠久的古代文明、强大的殖民统治和特殊的地理位置，墨西哥西语在语音、句法、用词、词汇上有着鲜明的特色，墨西哥日常西语既保留了传统，又不断创新，但其正式用语与标准西语保持高度一致。

三、哥伦比亚西班牙语概况

哥伦比亚是西班牙语人口第二大国，仅次于墨西哥，排在西班牙前面。塞万提斯学院2022年发布的报告《西班牙语：鲜活的语言》显示，哥伦比亚人口为51,609,474，其中99.2%以西班牙语为母语，人数是51,196,598。西班牙殖民者到达前，居住在哥伦比亚的土著印第安人，如奇布查人、泰罗纳人、阿尔瓦克人等，创造出自己的文化，有的甚至有自己的语言和文字，然而，土著语言对哥伦比亚西语的影响甚微；非洲语言在非洲人口聚集区有一定的影响；以波哥大为首的高原地区的西班牙语和大西洋-加勒比沿海地区各方言的差异显著，波哥大文雅西语在整个西语美洲备受尊崇，被称为"最纯正的西班牙语"，哥伦比亚各地区西语最突出的区别，一方面是第二人称代词的选用，另一方面是某些发音上的迥异。

四、阿根廷西班牙语概况

阿根廷是国土面积最大的西语国家，也是西语美洲最发达国家之一。塞万提斯学院2022年发布的报告《西班牙语：鲜活的语言》显示，阿根廷人口为46,234,830，其中98.1%以西班牙语为母语，人数是45,356,368。西班牙殖民者到达前，今阿根廷所在地没有形成统一的文化或部落，然而土著语言依然或多或少给阿根廷留下了印记，包括瓜拉尼语和曾是印加帝国的阿根廷西北部的克丘亚语；历史上，阿根廷口语和文学作品使用的语言是潘帕斯牧民讲的高乔语，如今已难觅其踪迹；移民时期，大量意大利人的到来深深地影响了阿根廷人的语言，意大利语和西班牙语结合，创造出接触语——可可利切语，此外，其对阿根廷西语的影响，不但体现在词汇上，产生了一系列黑话，在语音、语调上也赋予了阿根廷西语的与众不同。

五、秘鲁西班牙语概况

秘鲁是南美洲安第斯山国，塞万提斯学院2022年发布的报告《西班牙语：鲜活的语言》显示，秘鲁人口为33,470,569，其中86.6%以西班牙语为母语，人数是28,985,513。西班牙殖民者到达时，美洲三大文明中的印加文明正发生在今秘鲁境内。西班牙征服印加帝国后，其官方语克丘亚语被西班牙语取代，但因其一度作为西班牙人传教的工具，与西班牙语接触长达四个世纪，对秘鲁西班牙语影响至深，留下了许多词汇；秘鲁总督区的矿藏开采在西班牙美洲殖民统治占有重要地位，非洲奴隶的引入在语言上留下了些许印迹，19世纪中叶中国劳工的到来，给秘鲁西语增添了与"吃饭"有关的词汇；秘鲁西语受印第安语言影响，在语音、词汇和句法上的一些用法，被标准西班牙语视作不规范，但这却是秘鲁西语的特色。

六、委内瑞拉西班牙语概况

委内瑞拉是位于南美洲的西班牙语国家，塞万提斯学院2022年发布的报告《西班牙语：鲜活的语言》显示，委内瑞拉人口为33,360,238，其中97.3%以西班牙语为母语，人数是32,459,512。西班牙人到达时，委内瑞拉有许多印第安种族部落，他们讲的加勒比语、阿拉瓦克语、奇布查语和图皮瓜拉尼语，其对委内瑞拉西语的影响主要体现在词汇上；殖民者和移民带来的外语，如意大利语、法语、英语以及非洲语言，都在委内瑞拉西语形成过程中起到一定的作用；委内瑞拉西语按地区分为平原西语、卡罗拉西语、马拉开波西语、加拉加斯西语、东部西语等，按照地形则分为高地西语和低地西语；在语音，句法和词汇上既和他国西语相似，又有自己的特点。

七、智利西班牙语概况

智利是南美洲最发达的国家之一，以人类发展指数为标准，智利可进入世界发达国家行列，且被世界银行评为高收入经济体。根据塞万提斯学院2022年发布的报告《西班牙语：鲜活的语言》显示，智利人口为19,828,563，其中95.9%以西班牙语为母语，人数为19,015,592。哥伦布到达前，智利的土著印第安人尚处于从母系氏族向父系社会过渡的阶段，但其语言却流传至今，如安第斯方言（包括克丘亚语和艾马拉语）和马普切语，而且对智利西语产生一定的影响，尤其在词汇上；英语不但向智利西语输送大量词汇，其句型也影响到智利西语；和标准西班牙语或其他地区西班牙语相比，智利西语无论在语音、语调，还是在语法、词汇上，都带有极其鲜明的特色。

八、危地马拉西班牙语概况

危地马拉是典型的多语国家，是土著语言最多的西语国家之一。塞万提斯学院2022年发布的报告《西班牙语：鲜活的语言》显示，危地马拉人口为17,357,886，其中78.3%以西班牙语为母语，人数是13,591,225。西班牙殖民者到达前，美洲三大文明中的玛雅文明最早的中心，就位于今危地马拉境内，玛雅文明后期，危地马拉各土著民族建立起各自的城邦，其语言，主要是玛雅语族的方言流传至今的有二十一种；危地马拉的另一重要语言——加里夫纳语，是一种由多个土著语和欧洲语言混合而成的语言；除了土著语言外，殖民者和移民带来的欧洲多国语言，也对危地马拉西班牙语，尤其在词汇方面产生或多或少的影响。危地马拉西班牙语特色分明，不仅在语音、语法、用词习惯上与其他西语国家存在一定的差异，还包含了数量众多的来自当地土著语言的词汇。

九、厄瓜多尔西班牙语概况

厄瓜多尔是一个多文化多语言国家，塞万提斯学院2022年发布的报告

《西班牙语：鲜活的语言》显示，厄瓜多尔人口为 16,149,014，其中 95.8% 以西班牙语为母语，人数是 15,470,755。西班牙殖民者到来之时，厄瓜多尔是印加帝国的一部分，克丘亚语是使用最广的流传至今的土著语，对厄瓜多尔西语发音、句法和词汇造成一定影响；英语是对厄瓜多尔西语影响最大的外语；厄瓜多尔西语变异特性明显，根据地区不同，分为赤道西语、安第斯西语和亚马孙西语，在语音、词汇和句法等方面，与标准西语存在一定差异，是其地理、种族、文化等众多因素交织的结果，彰显厄瓜多尔独特的民族个性。

十、玻利维亚西班牙语概况

玻利维亚是一个多文化多语言国家，塞万提斯学院 2022 年发布的报告《西班牙语：鲜活的语言》显示，玻利维亚人口为 12,006,031，其中 83.0% 以西班牙语为母语，人数是 9,965,006。西班牙殖民者到来前，玻利维亚孕育了多个文化，土著民族、文化及语言种类繁多且源远流长，从殖民时期起，其对西语的影响持续了五个多世纪，并随着今天土著居民社会及文化地位的提高而得到进一步加强。对玻利维亚西语影响最大的是克丘亚语和艾马拉语，其对西语的贡献主要集中在具有浓厚安第斯特色的词汇上。受民族和地域的影响，玻利维亚西语在语音、句法和用词上有许多十分显著的特点，迥异于标准西班牙语。

十一、古巴西班牙语概况

哥伦布在第一次新大陆航行中就发现了古巴，但古巴却是最后获得独立的西语美洲国家之一，一度长期依附美国，之后又遭美国经济封锁五十年。塞万提斯学院 2022 年发布的报告《西班牙语：鲜活的语言》显示，古巴人口为 11,305,652，其中 99.8% 以西班牙语为母语，人数是 11,283,041。哥伦布到来前，古巴岛土著居民的文明处在非常低的发展水平，没有超出石器时代，然而古巴西语中仍保留许多阿拉瓦克语系语言的词汇，后来从美洲其他地方引入印第安人补充岛上劳力，古巴西语中又加上了非阿拉瓦克语系语言的词汇；古巴和美国历史上关系密切，英语对古巴西语在词汇、语义和语法上均产生重大影响；殖民时期引入大量黑奴，古巴西语中又加入大量源自撒哈拉以南非洲语言的词汇；19 世纪中和 20 世纪上半叶，分别有两批中国劳力来到古巴，古巴西语也能看到些许汉语痕迹；古巴西语与加勒比西语在语音上有很多相似之处，在词法、语法，尤其词汇上带有鲜明的古巴特色。

十二、多米尼加西班牙语概况

塞万提斯学院2022年发布的报告《西班牙语：鲜活的语言》显示，多米尼加人口为10,621,938，其中97.6%以西班牙语为母语，人数为10,367,011。哥伦布到来前，伊斯帕尼奥拉岛一直是泰诺人世代栖息地，残酷的殖民统治使泰诺人几近灭绝。泰诺人的语言虽然未能保留下来，但在多米尼加人的日常交流中，还能发现泰诺语的印迹，它给多米尼加西语，甚至西班牙语贡献了一定数量的词汇。非洲黑奴和欧洲海员的到来，带来了他们的文化和语言，因此非洲语言和航海术语也对多米尼加西语产生一定的影响。此外，海地曾统治过多米尼加一段时间，海地语虽未能对多米尼加西语造成重大影响，但也在一定程度上丰富了其西语词汇。与此同时，美国也曾统治过多米尼加，英语对其西语的影响也毋庸置疑。多米尼加历史悠久，殖民统治强大，地理位置特殊，其西语虽与加勒比地区其他国家的西语大体上相似，但在语音、句法、用词和词汇上又有其鲜明的特色，辨识度较高。

十三、洪都拉斯西班牙语概况

塞万提斯学院2022年发布的报告《西班牙语：鲜活的语言》显示，洪都拉斯人口为9,523,621，其中98.7%以西班牙语为母语，人数为9,399,814。哥伦布到来前，洪都拉斯曾是玛雅文明的中心之一，殖民时期，混血人种、土著民众和黑人后代相互交融，后英美曾一度染指洪都拉斯，因此其民族、语言状况复杂，1994年洪都拉斯宣布为"多民族，多语言"国家，洪都拉斯西语今天的特点，是其地理和历史以及各种语言交织影响的结果。英语的影响毋庸置疑，各国西语对英语的不同模仿方式甚至成为其区分特征；土著语言的影响微乎其微，且大部分已濒临灭亡。洪都拉斯是西语国家中西语研究最匮乏的地区，仅有的研究表明：洪都拉斯西语在语音、句法、用词和词汇上有其独到之处，尤其在口语和非正式用语上。

十四、巴拉圭西班牙语概况

巴拉圭是双语国家，宪法确立西班牙语和瓜拉尼语同为官方语言，后者约有87%居民在使用。塞万提斯学院2022年发布的报告《西班牙语：鲜活的语言》显示，巴拉圭人口为7,453,695，其中68.2%以西班牙语为母语，人数是5,083,420，其西语母语人口比例是所有西语国家中最低的。西班牙殖民者到来时，居住在巴拉圭的印第安部落中，以瓜拉尼族最为强大。

殖民时期，西班牙人和瓜拉尼人结盟，共同对付其他印第安部落，西班牙传教士用瓜拉尼语传教，西班牙移民与瓜拉尼人的通婚产生双语使用者，这些都是形成巴拉圭双语国家的基础。今天，双语不仅是巴拉圭人的语言模式，同时这两种官方语言互相影响，互相渗透。受瓜拉尼语影响，巴拉圭西语在句法、词汇和语音上有别于标准西班牙语。

十五、萨尔瓦多西班牙语概况

塞万提斯学院 2022 年发布的报告《西班牙语：鲜活的语言》显示，萨尔瓦多人口为 6,550,389，其中 99.7% 以西班牙语为母语，人数是 6,530,738。西班牙人到来前的土著民众，因征服战争的残酷以及疾病的传播，人口急剧减少，幸存的印第安人接受教化，信奉天主教，学习西班牙语。萨尔瓦多西语是中美洲西语的一支，除了一些美洲西语的共同特性外，在演变过程中，土著语纳瓦特尔语以及英语、阿拉伯语等外来语的影响，在其发音、句法、词汇、用词习惯上体现出来，自是自成一派，特点鲜明。

十六、尼加拉瓜西班牙语概况

塞万提斯学院 2022 年发布的报告《西班牙语：鲜活的语言》显示，尼加拉瓜人口为 6,779,100，其中 97.1% 以西班牙语为母语，人数是 6,528,506。16 世纪，西班牙征服者将半岛西班牙语带到尼加拉瓜。因尼加拉瓜地理环境、历史人文的迥异，其西语具有很强的本国特色。尼加拉瓜西语，属于中美洲西班牙语大家庭的一员，主要是指尼加拉瓜太平洋沿岸和中部地区的西班牙语，而加勒比海沿岸地区的语言情况因多个土著族群聚居、英国统治等历史原因而变得较为复杂；尼加拉瓜西语在演变过程中，受到土著语纳瓦特尔语的影响，以及和其他西方语种相互影响、互相借鉴，尤其是英语；经过几个世纪的发展，尼加拉瓜西语的语音、形态句法、词汇有自己的特点，甚至词汇的语义也发生了改变。

十七、哥斯达黎加西班牙语概况

哥斯达黎加是中美洲小国，塞万提斯学院 2022 年发布的报告《西班牙语：鲜活的语言》显示，哥斯达黎加人口为 5,213,347，其中 99.3% 以西班牙语为母语，人数是 5,176,880。哥伦布到达前，印第安土著在哥斯达黎加创造过古老的文明；殖民时期随着西语的普及，一些土著语已灭绝，流传下来的土著语中，卡贝卡尔语使用最广；移民带来的语言，如中文、英语、法语、德语、意大利语、克里奥约语等，或多或少都对哥斯达黎加西语产生了影响；哥斯达黎加西语在发音上与他国略有不同，受土著语和外来语影响，其词汇量相当丰富，语法方面，第二人称代词单数更有其独特用法。

十八、巴拿马西班牙语概况

塞万提斯学院 2022 年发布的报告《西班牙语：鲜活的语言》显示，巴拿马人口为 4,446,964，其中 91.9% 以西班牙语为母语，人数是 4,086,760。当哥伦布踏足巴拿马时，就注意到这里的土著居民与相距遥远的其他部落之间有频繁的贸易往来，其优越的地缘条件也给不同文化和语言的交流和融合提供了优良的土壤，这些文化或多或少都构成了今天的巴拿马。巴拿马西语有从土著语、非洲语言、英语、法语中吸收而来的语言元素；英语对其影响尤为突出，特别在年轻人中，英语词汇和句法的使用相当频繁；土著语言的影响，无法与英语相提并论，这与巴拿马对待土著文化的态度不无关系，直到 2010 年土著居民才被允许自由使用自己的语言。

十九、乌拉圭西班牙语概况

塞万提斯学院 2022 年发布的报告《西班牙语：鲜活的语言》显示，乌拉圭人口为 3,496,016，其中 98.4% 以西班牙语为母语，人数为 3,440,080。西班牙殖民者到来前，乌拉圭生活着多个印第安游牧民族，随着殖民的推进，其语言未能保留下来，只有些许词汇仍在使用。此外，非洲黑奴被贩卖到乌拉圭，其语言与当地语言相互交融，并对乌拉圭西语产生一定影响；再者，葡西两国领土之争，巴西和乌拉圭接壤，葡萄牙语对乌拉圭西语影响颇大，在两国交界处产生名为西式葡语/葡式西语（portuñol）的杂交语言；法语、意大利语、英语等外来语也在该国西语留下了或深或浅的印迹；乌拉圭西语属拉普拉塔河西班牙语范畴，且在多种语言影响下，其语音、句法和词汇自有独特之处。

二十、波多黎各西班牙语概况

波多黎各曾是西班牙殖民地，1898 年美西战争后被美国接管，现为美国自由邦。塞万提斯学院 2022 年发布的报告《西班牙语：鲜活的语言》显示，波多黎各人口为 3,193,694，其中 99.0% 以西班牙语为母语，人数是 3,161,757。西班牙殖民者到达前，波多黎各的主要土著居民是泰诺人，尽管泰诺人及其文化已不复存在，波多黎各西语中仍然保留大量源自泰诺语的词汇；殖民时期美洲甘蔗种植发展，大量非洲奴隶被带到波多黎各，来自刚果的部落向岛上西语输入词汇；波多黎各被美国接管后，英语对其西语的影响巨大，口语中英式西语/西式英语（spanglish）盛行，英语在词汇、句法上对波多黎各西语造成很大冲击；此外，早期西班牙移民大多来自南部安达卢西亚和加那利群岛，因此波多黎各西语和这两个地区的西语极为相似，尤其在发音上。最后值得一提的是，西班牙语是波多黎各的第一官方语言，是学校授课使用的语言，因此，尽管现在归属美国，西班牙语依然是波多黎各人的母语。

二十一、赤道几内亚西班牙语概况

赤道几内亚是唯一一个位于非洲的西班牙语国家，塞万提斯学院2022年发布的报告《西班牙语：鲜活的语言》显示，赤道几内亚人口为1,454,789，其中74.0%以西班牙语为母语，人数是1,076,544。赤道几内亚西语深受他国多种语言的影响。赤道几内亚使用的语言种类繁多，可分为作为官方语的西班牙语等的欧洲语言、欧洲语言本土化产生的克里奥约语和非洲土著语三大类。作为西班牙前殖民地，西语是其最早确立的官方语，目前也是学校授课用语。赤道几内亚通用土著语，西语教育基础差，国民的西语使用率和掌握水平都明显低于其他西语国家。土著语在语音、语调和语法上对赤道几内亚西语影响颇深；在词汇上，赤道几内亚西语则受到美洲西语、土著语、混合语及欧洲其他语言多方面影响。

第七章　西班牙和西班牙语

西班牙王国（Reino de España），简称西班牙（España），位于欧洲西南部的伊比利亚半岛，处在欧洲与非洲的交界，盘踞大西洋和地中海的咽喉位置，西边是同处伊比利亚半岛的葡萄牙，东北部与法国及安道尔接壤，南隔直布罗陀海峡与非洲摩洛哥相望，领土还包括地中海中的巴利阿里群岛，大西洋的加那利群岛及非洲的休达和梅利利亚。首都是马德里（Madrid）。

第一节　西班牙各地的西班牙语

一、西班牙的双语区

西班牙地区官方语区（加泰罗尼亚，巴斯克，加利西亚和瓦伦西亚）的西班牙语，带有地区官方语明显的特征，尤其表现在语音和语调上，如加利西亚人发元音 e 和 o 时，口型过大或过小，加泰罗尼亚人和瓦伦西亚人的情况也类似；s 在词尾且紧接着的单词开头是元音时，如 los otros，加泰罗尼亚人和瓦伦西亚人习惯把这个 s 发成浊音；当 l 和 a 连用时，会过分强调 l 的发音；而当 d 位于词尾时，重读且发成类似 /t/ 的清音。加泰罗尼亚人发位于词尾的 a 时，嘴型不到位；seseo 现象在加泰罗尼亚、巴斯克以及加利西亚沿海地区都甚为普遍。双语区西班牙语的语法也有其特别之处，如加利西亚人依然沿用古西班牙语的"vine"和"viniera"来代替现在完成时"he venido"和过去完成时"había venido"；用"tener"代替助动词"haber"（Tengo ido a Santiago muchas veces.）；加利西亚人日常使用西班牙语时，经常混淆"sacar"和"quitar"；加泰罗尼亚人使用将来时的不规范用法（cuando podrás），混淆"ir"和"venir"，"traer"和"llevar"以及介词乱用；巴斯克地区村民在使用西班牙语时，经常会犯阴阳词性错误，或者其词序和句法受到巴斯克语的影响。此外，双语区西班牙语词汇受到地区官方语的影响尤为明显。

二、西班牙北部的西班牙语

相对于西班牙北部西班牙语书面语的统一，该地区某些农村依然保留古卡斯蒂利亚语的用法，莱昂、里奥哈、纳瓦拉卡斯蒂利亚语区以及索里亚山区还残余些许方言特征，此外，中部山区以北讲的卡斯蒂利亚语，一方面保留了托莱多以及西班牙南部已不再使用的古语，另一方面，其语言的革新用法，有的普及到整个西班牙，有的仅限于地区使用。北部西班牙语发音的共同特点是 d 发成 /z/，如 Valladolid-/valladoliz/，salud-/saluz/，bondad-/bondaz/，advertir-/azvertir/；/z/ 代替 /k/，如 aspecto-/aspezto/，carácter-/carázter/；/j/ 代替 /g/ 的发音，如 digno-/dijno/，magno-/majno/。这三个发音现象也出现在马德里。重读物主形容词放在名词前面，如 "mí casa" "tú madre" 是西班牙北部某些地区特有的，其他西班牙语区没有这种用法。

（一）阿斯图里亚斯和莱昂的方言

中世纪末期，阿斯图里亚斯和莱昂开始使用卡斯蒂利亚语作为文学语言，随着卡斯蒂利亚语的不断推进，这两个地区的方言使用区域不断萎缩。如今受莱昂方言影响的地区的西班牙语发音特点包括词尾元音普遍发成闭合音 /i/ 和 /u/，如 medio-/mediu/，otros-/otrus/，este-/esti/，montes-/montis/；词末尾音节元音前加 /i/，如 muro-/muriu/，matanza-/matancia/，meta-/metía/；保留 /mb/，如 paloma-/palombu/，lamer-/lamber/；音节内末尾的 b 和 d 过渡为 /l/，如 mayoradgo-/mayoralgu/，recabdar-/recaldar/，cobdicia-/coldicia/；代词前的原形动词一律省略掉 /r/，如 matarlo-/matálu/，matarte-/matáte/，matarme-/matáme/；冠词和重读物主形容词连用，如 "la mía casa" "la tú madre"；指小词后缀 -ín，-ino 和 -uco，如 hombrín，paredina，piquino，tierruca，pañueluco；等等。受阿斯图里亚斯方言影响的地区的西班牙语也有其独特之处，如物主形容词 mío，mió，tó 和 só 最早是阳性词，现在也作阴性词用，如 "mió madre" "tó casa"；阿斯图里亚斯中部，词尾元音通常发成 /u/，如 perra 和 perros 发成 /pirru/，santa 和 santos 发成 /santu/，puesta 和 puestos 发成 /puistu/；动词变位结尾发成 /i/，如 abre-/ebri/，come-/cumi/；某些地区元音 a 发成 /o/；阿斯图里亚斯中部的另一个特色是 a 结尾的词的复数发成 /e/，如 las casas-/les cases/，guapas-/guapes/，cantas-/cantes/，cantaban-/cantaben/，等等。

（二）阿拉贡方言

阿拉贡方言区的萎缩情况比莱昂更甚，作为该地区曾经使用过的方言最顽强的体现是保留某些元音间清闭塞音，如 jugo-/suco/，red-/rete/，horadar-/foratar/，nabo-/napo/，marido-/marito/；人称代词 yo 和 tú 前加介词，如 "pa yo""a tú"；其他西班牙地区已不再使用的指小词后缀 -ico，在阿拉贡方言区依然有强大的生命力，如 **rato-ratico**, **gallo-gallico**；阿拉贡方言区的西班牙语的另一个特点是，重音本应该落在倒数第三音节上，变成落在倒数第二音节上，如 **árboles**-/arbóles/，**pájaros**-/pajáros/，**católico**-/catolíco/。

三、西班牙南部的西班牙语

南部的西班牙语大致可分为安达卢西亚方言、埃斯特雷马杜拉方言和穆尔西亚方言和加那利方言三大类，其中安达卢西亚方言和加那利方言的发音类似，埃斯特雷马杜拉方言兼有南部、莱昂方言和古语特色，穆尔西亚方言则明显受到阿拉贡方言和东部方言的影响。yeísmo 现象是南部西班牙语最明显的特征；s 发送气音，如 **mascar**-/ma**h**kar/，**los hombres**-/lo**h** ómbre**h**/，s 和 z 发送气音或都发成 /s/ 在南部非常普遍；元音在某些情况下口型更大，发音拉长；西班牙语中的五个元音在南部方言中有八到十个发音；不区分 r 和 l 的发音；某些辅音的发音有别于标准西班牙语，如元音中的 d 发音省略，**vestido**-/vestío/，**quedar**-/quear/，**dedo**-/deo/，r 前的 d 发音省略，**padre**-/pare/，**madre**-/mare/；h 在南部某些地区保留拉丁语的送气音。

（一）安达卢西亚方言

安达卢西亚方言体现了南部西班牙语所有特征，此外，与标准西班牙语发音相比，其语调变化大且轻巧，语速生动欢快，送气音弱化，连音放松，发音音位更靠近嘴部，其硬腭音和重音发音含糊，有别于标准西班牙语的发音下沉。安达卢西亚南部没有第二人称复数 vosotros/vosotras 的形式，一律用 ustedes，某些动词保留古西班牙语的变位形式。此外，安达卢西亚方言除了保留大量古语，包括源自莫莎拉贝语，阿拉伯语以及中世纪西班牙语的词汇，其用词还活泼俏皮，表现力强，富于感染力。

（二）埃斯特雷马杜拉方言和穆尔西亚方言

莱昂和卡斯蒂利亚在光复运动中，先后于 12 世纪和 13 世纪收复埃斯特雷马杜拉，因此该地区的西班牙语混了莱昂方言和南部方言的特点。位于词尾的 e 和 o，其发音分别为 /i/ 和 /u/；i 保留半辅音的发音；pl, kl, bl 和 fl 中的 l 发成 /r/；指小词后缀 -ino；等等。南部的 yeísmo 和 seseo 现象也普遍存在于埃斯特雷马杜拉方言中。此外，古语的用法在该地区也有所保留，如 v 的唇齿音，**vecino**-/vedinu/，**hierbecita**-/yervadina/，等等。地中海沿海的穆尔西亚历史上曾被摩尔人、加泰罗尼亚人、阿拉贡人以及卡斯蒂利亚人占领，此外又靠近瓦伦西亚，注定了其语言受到来自多方面的影响，比如词首的 l 发成 /ll/，**lengua**-/llengua/，**letra**-/lletra/ 就是加泰罗尼亚语的特点；指小词

后缀 -ico 和 -iquio 源自阿拉贡方言。穆尔西亚方言中有大量阿拉贡方言和瓦伦西亚语的词汇，如 "adivinanza"（谜语）穆尔西亚方言中是 "divinalla"，"mendrugo"（硬面包块）是 "rosigón"，"judía verde"（四季豆）是 "bajoca" 或者 "bachoca"，"rociar"（浇水，洒水）是 "rojiar"，"aplastar/romperse la cáscara de un huevo"（打鸡蛋）是 "esclafarse"，等等。

（三）加那利方言

加那利群岛在天主教双王统治期间并入卡斯蒂利亚，之后又是开往美洲大陆的船只的经停站，因此加那利方言受到大部分为安达卢西亚人的殖民者和开拓者的语言影响，c, s 和 z 发音不分，或者 c 和 z 发成 /s/，即 seseo 现象，s 反而发成 /c/，即 ceceo 现象；h 发送气音；l 发成 /r/；yeísmo 盛行。和安达卢西亚方言以及美洲西班牙语一样，保留 le 和 lo 不同用法；物主形容词 su 和 suyo 等于 de usted，vuestro 等于 de ustedes，而其他第三人称只能用 de 和人称代词的相加，如 de él, de ella, de ellos 和 de ellas；此外，与美洲西班牙语一样，惯用过去式代替现在完成时，无人称动词 haber 人称化。加那利方言有源自土著贯切语（guanche）的词汇，如 vasija de barro（陶罐）是 gofio 或 gánigo, cabrito（小山羊）是 baifo, piedra del hogar（炉灶里的石块）是 chénique；源自古卡斯蒂利亚语的词汇如 anónito（惊呆的）是 asmado, labios（双唇）是 besos, adular（奉承，巴结）是 apopar；源自加利西亚语或葡萄牙语的词汇，如 cerrar（关闭，包围）是 fechar, herrumbre（铁锈）是 ferruje, desconsuelo（悲伤）是 magua, llovizna（细雨）是 garuja, pipa（烟斗）是 cachimba；此外，大西洋两岸的往来，给加那利方言带来了来自彼岸的词汇，如 camión（卡车）或 autobús（公交车）是 guagua, vagar/holgazanear（懒散，游手好闲）是 atorrarse, tenducho（小店）或 /taberna（酒肆）是 buchinche, bromista（诙谐的人）是 machango, ofendido（受欺辱的）是 rascado, 等等。

第二节　加泰罗尼亚语与西班牙语

一、加泰罗尼亚语历史及概况

加泰罗尼亚语（catalán）属印欧语系罗曼语族，由通俗拉丁语演变而来。其使用人口主要分布在西班牙、法国、安道尔（Andorra）和意大利，但大部分使用者还是在西班牙的加泰罗尼亚。以加泰罗尼亚语为唯一官方语言的国家是安道尔，加泰罗尼亚语同时也是西班牙加泰罗尼亚、瓦伦西亚和巴利阿里群岛的官方语言。

据2012年统计数据，以加泰罗尼亚语为母语的人数是410万，2018年的统计数据则显示，全世界有超过1000万的人讲这门语言。

（一）加泰罗尼亚的起源

公元前1000年至公元前218年间，在今加泰罗尼亚、瓦伦西亚和巴利阿里群岛生活着索罗塔普陀人（los sorotaptos）、凯尔特人、腓尼基人、希腊人和伊比利亚人，这些土著人的语言自然成为了日后影响加泰罗尼亚语的下层语言①。

加泰罗尼亚地区的罗马化进程公元前1世纪才开始，当时的中心是塔拉戈纳（Tarragona）。罗马化进程开始后，其文化、立法、风俗习惯以及帝国使用的拉丁语也开始在加泰罗尼亚地区流行开来。476年末代罗马皇帝罗慕路被废黜，西罗马帝国从此灭亡，拉丁语也从一个统一的语言逐渐分崩离析成差异显著的多个罗曼斯语，其中就有加泰罗尼亚语。

（二）加泰罗尼亚语口语形式的出现以及与拉丁语的分离

公元475年，西哥特人在高卢西南和西班牙建立了罗马帝国境内首个日耳曼王国－西哥特王国，把加泰罗尼亚并入其版图，此后，西哥特王国统治加泰罗尼亚长达两个半世纪。日耳曼人入主伊比利亚半岛后的这段时期，加泰罗尼亚语逐渐形成口语形式，从拉丁语结构中分离出来，并不断从日耳曼诸语及阿拉伯语中吸收词汇。

公元711年，穆斯林教徒在瓜达雷特战役中大败西哥特王国，自此，阿拉伯人开始了对伊比利亚半岛长达八个世纪的统治。公元718年，北非穆斯林势力占据加泰罗尼亚地区，使其成为倭马亚王朝②中安达卢斯的一部分。

占领了绝大部分伊比利亚半岛的摩尔人跨过比利牛斯山，继续向法国挺进。公元732年，法国军队在图尔战役中击败了穆斯林军队，公元795年，查理大帝③在加泰罗尼亚设立了多个封地，成立西班牙边区（Marca hispánica），作为法兰克王国与摩尔人的倭马亚王朝之间的缓冲区。公元

---

① 下层语言（sustrato），指对同一地区稍后出现的语言产生影响的语言。

② 倭马亚王朝（Califato Omeya），阿拉伯和北非穆斯林（西方称摩尔人）统治下的伊比利亚半岛和塞蒂马尼亚。

③ 查理大帝（Carlosmagno，742～814），又作查理一世，法兰克加洛林王朝国王（768～814年在位），德意志神圣罗马帝国的奠基人，公元800年，由罗马教皇立奥三世加冕为"罗马人的皇帝"。他引入欧洲文明，将文化重新从地中海希腊一带转移至欧洲莱茵河附近，被后世尊称为"欧洲之父"。

801年，路易一世①率领军队征服了巴塞罗那，驱逐了那里的穆斯林，巴塞罗那就此成为法兰克王国的一部分。

公元8世纪晚期至9世纪，查理大帝及其后继者在欧洲推行卡洛林文艺复兴运动（Renacimiento carolingio），企图通过重新推广古典拉丁语使当时的欧洲摆脱蒙昧状态。在此期间，生活在西班牙边区的加泰罗尼亚人开始意识到他们所讲的"拉丁语"已经发生了巨大的变化，甚至完全变成了另一种语言。

公元813年，查理大帝在法国图尔市召集各教区主教举办图尔教士会，会上做出了一项非常重要的决定，即为确保所有的教民都能够听懂布道，要把布道词翻译成通俗罗曼斯语，而不再使用拉丁语进行布道。这也是历史上第一次明确罗曼斯语的存在。

（三）加泰罗尼亚语书面语的出现

加泰罗尼亚语书面语要比口语晚几个世纪出现。9和10世纪，在用拉丁语撰写的文章中已经出现古加泰罗尼亚语词汇和句子结构。到了11世纪，加泰罗尼亚语元素越来越多地出现在采邑文献中——尤其是誓词和咒语中，现存的第一批完全用加泰罗尼亚语书写的采邑文献在11世纪末出现，到了12世纪，加泰罗尼亚语已经不再局限于用来撰写采邑文献了，第一批用加泰罗尼亚语书写的法律文件的译文或改编就出自这一时期。13世纪加泰罗尼亚语书面语的使用更加广泛，现今已知最早的巴塞罗那《习惯法》译文出现在13世纪初。此外，《奥尔加尼亚的颂歌》②也在12世纪末、13世纪初问世，它被认为是第一篇用加泰罗尼亚语书写的具有文学性质的文章。

（四）加泰罗尼亚语文学

12世纪末、13世纪初，《奥尔加尼亚的颂歌》的问世标志着加泰罗尼亚语文学的开端。中世纪使用加泰罗尼亚语创作的文学作品多是一些游吟诗人所作的游吟诗。而这一切都在拉蒙·尤以出现后得到改变。13世纪出生于巴利阿里群岛的拉蒙·尤以（Ramón Llull, 1232～1315）被认为是中世纪加泰罗尼亚文学最杰出的人物之一，他为加泰罗尼亚语文学奠定了基础，使刚刚作为书面语出现的加泰罗尼亚语拥有了属于自己，同时具有哲学和科学价值的巨作，他还创造了大量的词汇，丰富了加泰罗尼亚语，使

---

① 路易一世（Luis I, 778～840），法兰克国王及皇帝（814～840年在位），查理大帝之子及继承人。

② 《奥尔加尼亚的颂歌》（Homilías de Organyà），是用加泰罗尼亚语写成的对拉丁语版《福音书》中几个篇章的评论。

加泰罗尼亚语同奥克语区分开来。15世纪的加泰罗尼亚语文学，因一位作家及一部作品的出现达到了繁荣鼎盛的时期。这位诗人就是瓦伦西亚诗人奥斯阿斯·马奇（Ausiàs March, 1397～1459）。他摒弃了游吟诗的创作传统，加入了其他文学形式。另一位瓦伦西亚作家朱安诺·马尔托雷尔（Joanot Martorell, 1410?～14655）所著《白朗骑士》（*Tirant lo Blanc/Tirante el Blanco*）则为流浪汉小说带来了一场革命。这部小说有别于传统的写作方式，描绘出一幅现世的画面：主人公都是些有血有肉的饮食男女，充分反映了新兴资产阶级的价值观和思想。

1412年，根据《卡斯佩协议》①，费尔南多一世（Fernando I, 1380～1416）被选为阿拉贡国王，成为了阿拉贡、巴塞罗那、德索夫拉韦、里瓦戈萨、马略卡、蒙彼利埃、西西里和撒丁岛的共同君主，加泰罗尼亚开启了特拉斯塔马拉王朝（Casa de Trastámara）时代，宫廷语言也被卡斯蒂利亚语所取代。15世纪末，卡斯蒂利亚语文学迎来了其黄金时期，大部分加泰罗尼亚语作家也都用卡斯蒂利亚语写作，人们甚至达成一种共识，认为加泰罗尼亚语并不适合文学创作，加泰罗尼亚语文学也因此经历了长达三个世纪的没落期。

19世纪上半叶，西班牙兴起了一场加泰罗尼亚重生（Renaixença）运动，旨在复兴加泰罗尼亚语言、文学以及加泰罗尼亚文化。

19世纪末、20世纪初的加泰罗尼亚文学的繁荣伴随着两个重要的文学运动，现代主义运动②以及九百年代派运动③，这两项运动有一个共同的目标，即加快加泰罗尼亚文化的现代化步伐，使其尽快融入当时的欧洲文化中。

30年代末，西班牙内战爆发，弗朗西斯科·佛朗哥（Francisco Franco, 1892～1975）在西班牙内战中胜利后取消加泰罗尼亚的自治，并禁用加泰罗尼亚语，打压加泰罗尼亚民族主义。在佛朗哥的独裁统治下，一些作家艰难地坚持了下来，一批新生代作家的涌现，为加泰罗尼亚语文学做出了

---

① 1410年阿拉贡巴塞罗那世系的马丁二世去世，无嗣。为了选举新国王，阿拉贡联合王国、瓦伦西亚王国及加泰罗尼亚公国代表于1412年签署《卡斯佩协议》，选举马丁二世的外孙——卡斯蒂利亚国王胡安一世的儿子费尔南多一世为国王。

② 关于现代主义（modernismo），《西班牙语词典》（1899）的定义为："对于现代的过分热爱和对于古代的过分轻视，尤其是在文学和艺术方面。"西班牙现代主义文学运动开展于1890～1910年间，主要成就在诗歌领域。

③ 九百年代派运动（novecentismo）是加泰罗尼亚20世纪初最重要的社会运动，内容涉及政治、文化、艺术等方方面面。

贡献。梅尔塞·罗多雷达（Mercè Rodoreda, 1908～1983）被誉为20世纪最重要的文学家之一，也是加泰罗尼亚语文学界最具国际知名度的女作家。

二、加泰罗尼亚语的现状

（一）政治

1. 佛朗哥统治时期的加泰罗尼亚语

佛朗哥内战获胜上台后，加泰罗尼亚自治章程、加泰罗尼亚议会以及加泰罗尼亚自治政府均被废除。此外，加泰罗尼亚语在佛朗哥政权管辖地区的官方语言地位也被取消，人们只能在家中和家人使用加泰罗尼亚语。

根据当时国家教育部的规定，巴塞罗那自治大学（Universidad Autónoma de Barcelona）被关闭，与加泰罗尼亚文化相关的如加泰罗尼亚语语言文学、加泰罗尼亚现代史、加泰罗尼亚地理、加泰罗尼亚民法及加泰罗尼亚中世纪艺术史等课程均亦被取消，卡斯蒂利亚语继而成为教育、行政及传媒机构可使用的唯一语言。

2. 现代加泰罗尼亚语

1975年佛朗哥去世后，胡安·卡洛斯一世[①]登上王位，实行君主立宪制并展开民主改革，西班牙迎来了民主过渡期（Transición）。1977年加泰罗尼亚自治政府（Generalitat de Catalunya/Generalidad de Cataluña）重建，1979年瓦伦西亚自治政府重建，1983年巴利阿里群岛议会重建，加泰罗尼亚语开始走上复苏和重生之路。1978年的西班牙宪法（Constitución española）规定，卡斯蒂利亚语为国家官方语言，全体国民有义务掌握它、有权利使用它；根据各自治区的规定，西班牙的其他语言亦为各自治区的官方语言。同年加泰罗尼亚颁布了加泰罗尼亚语法令（Decreto del catalán），将加泰罗尼亚语作为一门课程引入学校中。

1979年加泰罗尼亚自治章程（Estatuto de Autonomía de Cataluña）宣布，加泰罗尼亚语同卡斯蒂利亚语同为加泰罗尼亚地区的官方语言。1983年《语言正常化法》（Ley de normalización lingüística）颁布，该法案规定加泰罗尼亚语为教学语言，除其他语言的授课外，所有课程均使用加泰罗尼亚语授课。2006年加泰罗尼亚自治章程规定，加泰罗尼亚的语言是加泰罗尼亚语；加泰罗尼亚语是加泰罗尼亚政府部门及公共传媒的常规语言，也是教学使用的工具语，学校应讲授加泰罗尼亚语。该章程再一次从法律

---

① 胡安·卡洛斯一世（Juan Carlos I），西班牙退位国王，佛朗哥时代结束后的首任国王，1975年登基，2014年宣布退位。

上巩固加泰罗尼亚语的地位。

现如今，加泰罗尼亚语的普及遇到了一系列的障碍：西班牙大部分媒体，包括电视台、电台、日报及杂志等，均用卡斯蒂利亚语作为工作语言，而科学技术领域则以使用英语为主；在街头，尤其在城区及年轻人群体中，卡斯蒂利亚语的使用频率要比加泰罗尼亚语高；在加泰罗尼亚，卡斯蒂利亚语、法语以及意大利语的大量使用也拖慢了加泰罗尼亚语社会普及的进程，甚至影响到加泰罗尼亚语词汇及语法的纯粹性。

（二）教育

民主过渡时期，加泰罗尼亚教育领域恢复使用加泰罗尼亚语。然而，各地区将加泰罗尼亚语引入课堂的模式不尽相同。在瓦伦西亚，卡斯蒂利亚语和瓦伦西亚语并列为教学语言，父母可以选择孩子用何种语言接受教育；然而在加泰罗尼亚以及巴利阿里群岛，加泰罗尼亚语是教学的主要工具语言，尤其在加泰罗尼亚，孩子9岁前完全用加泰罗尼亚语接受教育，9岁后，学校里会增设"卡斯蒂利亚语语言文学"课程，每周2学时，也就是说，从9岁起，卡斯蒂利亚语才转为加泰罗尼亚人的常用语。

在高等教育阶段，以卡斯蒂利亚语作为教学语言的课程无法获得加泰罗尼亚自治政府的补助金。例如，加泰罗尼亚开放大学（Universidad Abierta de Cataluña）只对以加泰罗尼亚语作为教学语言的本科及硕士学位提供补助金，因此，在这所大学如果修读同样的课程，选择卡斯蒂利亚语授课的费用就会高出两至三倍。

（三）社会

2013年加泰罗尼亚统计局（Instituto de Estadística de Cataluña）和语言政策总署（Dirección General de Política Lingüística）以加泰罗尼亚15岁以上人口为调查对象，对卡斯蒂利亚语和加泰罗尼亚语的使用情况做了一项调查，主要目的是了解加泰罗尼亚语的使用现状，包括人们对于加泰罗尼亚语的态度及意见。报告显示，50.7%的加泰罗尼亚人将卡斯蒂利亚语作为常用语言，而经常使用加泰罗尼亚语的人数仅为36.3%，此外6.8%的加泰罗尼亚人为双语使用者。[1]

（四）加泰罗尼亚语对卡斯蒂利亚语词汇的影响

据不完全统计，西班牙皇家语言学院的词典中共收录约700个仍在使用的源自加泰罗尼亚语的词语，此外还有很多词语已弃用。

---

[1] 数据来源：西班牙国家统计局 http://www.ine.es/jaxi/menu.do?type=pcaxis&file=pcaxis&path=%2Ft12%2Fp401%2F%2Fa2013

12世纪至中世纪末期，加泰罗尼亚的海上贸易在地中海处于绝对优势，大量与航海、地理、商贸及捕鱼方面的词语被卡斯蒂利亚语吸收。

船舶：buque（大船，舰）、bajel（船舶）、bergantín（双桅帆）、galera（大帆船；战船）、nao（船）、esquife（小船，轻舟）；

船体：antena（帆桁）、cofa（桅楼）、andarivel（渡船缆绳）、balso（吊索）、serviola（锚杆）；

海上作业：viaje（航行）、bojar（周长）、aferrar（卷收）、calafatear（填塞船缝）、amainar（收起船帆）、encallar（搁浅）、zozobrar（遇难，沉没）；

船员：capitán（船长）、timonel（舵手）、maestre（大副）、contramaestre（水手长）、bogavante（第一桨手）；

大气：tramontana（北风）、jaloque（东南风）、viento maestral（寒冷西北风）；

地形、地貌：golfo（海湾）、freo（海峡）；

人工建筑：muelle（码头）；

商贸：bala（捆，包）、mercería（小百货）、mercader（商人）、oferta（供应）、granel（散装的）、balance（结算账目）、peaje（过路费）、pujar（竞价）、cotejar（核对）、lonja（商场）、avería（破损）；

海上捕鱼及海洋生物：palangre（曳绳钩）、calamar（枪乌贼，鱿鱼）、anguila（欧洲鳗鲡）、jurel（鲹）、rape（安康鱼）。

16世纪之前，加泰罗尼亚的手工业非常繁荣；19世纪起，加泰罗尼亚的工业也日渐蓬勃，这都有利于加泰罗尼亚词语融入卡斯蒂利亚语中。

手工业：artesano（手工业工人）、obrador（工场，作坊）；

服装、纺织：falda（裙子）、faja（腰带）、sastre（裁缝）、calceta（长袜）、cortapisa（饰边）、brocado（锦缎）、guante（手套）、quijote（护腿甲）；

金银铁器业：metal（金属）、molde（针）、crisol（炉膛）、ferretero（钢铁厂主）、buril（雕刀）；

建筑：capitel（柱头）、escayola（石膏）、nivel（水平面）、formalete（半圆拱）；

印刷艺术：imprenta（印刷）、prensa（印刷机）、lardón（原稿上的增补）、papel（纸）、cartel（广告）；

运输：carreta（大车）、volquete（翻斗车）、carruaje（车）；

休闲娱乐：festejar（庆祝；纪念）、sardana（萨尔达纳舞）、gresca（喧哗，喧闹）、naipe（纸牌）、justa（马上比武）、cohete（升空烟火，信号火箭）；

自然界：bosque（树林）、follaje（枝叶）、palmera（椰枣树）、boj（锦

熟黄杨)、trébol(三叶草)、clavel(康乃馨)、escarola(苣荬菜)、borraja(琉璃苣)、coliflor(菜花)、caracol(蜗牛);

饮食：convite(宴会，筵席)、paella(海鲜饭)、confite(糖果)、chuleta(排骨)、ensaimada(鸡蛋卷)、butifarra(灌肠)、anís(八角)、dátil(椰枣)、manjar(食品，美食)、alioli(蒜油);

房屋、家居：barraca(简陋小屋)、escabel(脚凳)、frazada(毛毯，绒毯)、picaporte(碰锁)、reloj(钟，表)、retrete(马桶)。

令人惊讶的是，加泰罗尼亚语中有大量形容品行不端之人的词语进入到卡斯蒂利亚语中，如：bandolero(强盗，土匪)、gandaya(游手好闲)、forajido(在逃犯；流亡者)、orate(疯子)、esquirol(工贼)、panoli(笨蛋)、forastero(异乡人；外国人)也可归为此类，因有时其使用含些许贬义。

或许，过去几百年间西班牙人使用频率最高的源自加泰罗尼亚语的词就当属 peseta① 了。

第三节 加利西亚语与西班牙语

一、加利西亚语历史及其概况

加利西亚语(gallego)是罗曼斯方言的一种，由通俗拉丁语发展而来，现今主要分布在西班牙加利西亚自治区一带，在阿斯图里亚斯西部以及卡斯蒂利亚和莱昂(Castilla y León)西北部地区也能觅得其踪迹。自中世纪起，加利西亚语和葡萄牙语就有着密不可分的关系，早先加利西亚语和葡萄牙语为同一种语言，即加利西亚葡萄牙语(galaicoportugués)，后由于历史原因分裂为两种极为相似的语言。

(一)加利西亚语的历史起源

公元411年，苏维汇人在古罗马的卢西塔尼亚省落脚。585年，西哥特人入侵卢西塔尼亚省，到公元8世纪被阿拉伯人占领之前，该地区的统治权在西哥特人手中。在对抗阿拉伯人的光复运动中，大大小小的战役为众多基督教王国的出现和建立提供了契机，位于伊比利亚半岛西部的加利西亚，便是这林林总总的小王国中的一个。

公元8世纪末，这片土地上出现了这样一个独特的语言现象：拉丁语

---

① Peseta, 译为"比塞塔"，是西班牙进入欧元区前使用的货币名称。

作为社会上层语言，而加利西亚语，以下层语言的姿态活跃在伊比利亚半岛西北地区。虽然拉丁语是毋庸置疑的官方语言，无论是宫廷文件还是文学作品均是以拉丁语写成，但神奇的是，上至王公贵族，下至平民百姓，似乎都对加利西亚语情有独钟，整个地区几乎人人都操着一口加利西亚语。毫不夸张地说，加利西亚语是宫廷王室的口头用语，且长期保持通用语地位，难以撼动。从奥尔多诺二世起，阿斯图里亚斯的历代国王均承认加利西亚的独立性，阿方索二世时期，在孔波斯特拉（Compostela）发现了耶稣十二门徒之一圣地亚哥的墓地，加利西亚得到了莱昂和阿斯图里亚斯国王的高度关注，在其推动下，光复了不少由阿拉伯穆斯林统治的城镇，这些城镇就是后来的加利西亚地区和葡萄牙。加利西亚语不但是加利西亚的语言，同时也受到莱昂王国和阿斯图里亚斯王国民众的喜爱，加利西亚语如日中天之际，却被卡斯蒂利亚语抢得先机，彻底失去原本的统治地位。其原因一方面是由于卡斯蒂利亚语的迅速发展，另一方面，葡萄牙王国的独立和壮大也是加利西亚语丧失统治地位的重要因素之一。

葡萄牙的崛起与壮大，使加利西亚地区面临前所未有的失落，加利西亚语的前景也不再明朗。加利西亚上层贵族在选举中的错误决定，也深刻影响了加利西亚的命运。他们选出的国王将卡斯蒂利亚贵族和教士带到加利西亚，这些人在加利西亚地区开始强制推行卡斯蒂利亚语。接下来形势对加利西亚语更为不利，卡斯蒂利亚语逐步取得统治地位，不但成为加利西亚宫廷用语，同时也受到加利西亚贵族们的热捧。另一边的葡萄牙国内发展渐趋成熟，开始向巴西、非洲和亚洲国家扩张。而加利西亚地区则不断受到卡斯蒂利亚王国的影响，其地区法院开始隶属于巴利亚多利德。此外，从1480年起，加利西亚的公众抄写员也开始受到托莱多皇家委员会的监督，并被强制修改他们原本使用的书面语言。更有甚者，葡萄牙不但不帮助加利西亚，还将加利西亚语视作乡下人才说的语言而加以排斥，至此，加利西亚语和葡萄牙语彻底决裂，分道扬镳，时至今日，这两者之间依然存在难以逾越的鸿沟。

（二）加利西亚语文学与复兴之路

加利西亚语最早出现文学形式要追溯到中世纪，那时候葡萄牙语和加利西亚语仍属同一种语言。早期的加利西亚语文学从12世纪末期至14世纪中叶，有将近153位诗人进行创作。历史证明，这种语言极具魅力，诗歌中讲述的故事哀婉动人，整个伊比利亚半岛的人们都为加利西亚语这门诱人、睿智且讨人喜欢的语言深深地迷住了，就连卡斯蒂利亚国王智者阿方索十世这样一位伟大的卡斯蒂利亚语学者，也推出了加利西亚语作品

《圣母玛利亚之歌》(*Cantigas de Santa María*)。葡萄牙第六任国王唐迪奥尼斯也用加利西亚语写成了个人作品，他在作品中讲述了其人生中一段光辉岁月。

15 世纪的加利西亚语文学同样涌现出了一批优秀的行吟诗人，比如帕伦西亚诗人戈麦斯·曼里克（Gómez Manrique, 1412～1490），直到今天，用加利西亚语书写的这些诗歌作为西班牙文学史上一颗颗璀璨的明珠，仍然受到专家学者的热烈追捧。

然而好景不长，由于加利西亚语文学作品大部分是口口相传，很多诗歌是口头即兴创作，未曾留下书稿，于是在大量书写成文的卡斯蒂利亚语面前，明显处于劣势。15 世纪，加利西亚语只能依附于其他王国才得以勉强站稳脚跟，昔日加利西亚语文学的光辉也随着加利西亚语的没落而不复存在。加利西亚语文学不得不迎来它的"黑暗世纪"[①]。在长达三个多世纪的沉默以后，加利西亚语文学再一次被圣地亚哥的光芒照亮。自 1649 年起，圣地亚哥·德·孔波斯特拉大学的师生们开始组织多种多样的文学活动，其中有一项活动就是收集 16 和 17 世纪的加利西亚语文学作品，于是曾经淡出人们视野的加利西亚语诗歌又重新回到了历史的舞台。

1808 年拿破仑入侵西班牙，恰逢加利西亚语文学复兴（rexurdimiento）初露锋芒。欧洲的文学浪潮拍打着加利西亚人的民族意识，加利西亚语也迎来了重生的曙光。从 1840 年起，很多知识分子把加利西亚视作落后地区，认为有必要为其注入新的发展动力。1863 年，罗萨莉亚·德·卡斯特罗[②]出版了《加利西亚民歌》(*Cantares gallegos*)，加利西亚语文学复兴运动才浩浩荡荡地开始。

（三）加利西亚语的规范化进程

19 世纪后期是加利西亚语文学重获新生的时期，但是并没有扩大加利西亚语口语的使用范围。可以说，加利西亚语在社会生活中的各个领域依然遇到了种种阻碍，这一情形在城市尤为明显，这很大程度上是因为在教育中仅使用卡斯蒂利亚语。

1906 年，皇家加利西亚语言学院（Real Academia Gallega）的成立改善了这一情况，其宗旨是推动加利西亚语的规范化。此外，得益于 19 世

[①] 黑暗世纪（Sécuros Escuros），指 16～18 世纪期间加利西亚语在文化和科学上暗淡无光的一段历史。

[②] 罗萨莉亚·德·卡斯特罗（Rosalía de Castro, 1837～1885），著名的加利西亚语作家、诗人，在加利西亚语文学中的地位举足轻重，被视为整个加利西亚民族的象征和代表人物。

纪的文学复兴运动，加利西亚语的声望不断提高，原本不受重视的那些社会阶层在经济活动中也更游刃有余，加利西亚民族意识重新得到审视，不少机构对加利西亚语的态度也有所改善，这都大大促进了加利西亚语在社会交流方面的发展。知识分子提倡取消语言中的民俗成分，将其用法向艺术潮流靠拢。1931年，加利西亚语首次被定为加利西亚官方语之一，但是1936年内战的爆发给重获新生的加利西亚语以沉重打击。

二、加利西亚语现状

（一）内战后的加利西亚语

佛朗哥独裁时期，加利西亚语几乎在所有官方及公共场合上销声匿迹。在高压政治下，加利西亚语从所有领域中被隔离开来，而卡斯蒂利亚语则逐渐成为小康阶层和城市居民的首选语言，多亏了有加利西亚银河出版社（Editorial Galaxia）这样的文化机构，加利西亚语才得以保留一丝星星之火，不至于完全退出历史舞台。

这一时期，加利西亚语被驱逐出文化和研究领域，并不得用于撰写书籍。尽管当时政府并未明令禁止使用加利西亚语，但在政府部门及正式场合公开使用加利西亚语，被视作是对佛朗哥政府的大不敬。从1950年起加利西亚语出现了一线生机，这很大程度上归功于加利西亚出版社，70年代佛朗哥在政策上放宽对语言的限制，这也使得加利西亚语在教育和媒体中开始占有一席之地。

1936年颁布的《加利西亚自治章程》（*Estatuto de Autonomía de Galicia*）已经将加利西亚语列为西班牙官方语言，与加泰罗尼亚语等一同纳入西班牙四大官方语言之列，1978年《西班牙宪法》承认加利西亚语为其官方语言之一，1981年《加利西亚区域自治法》也对此予以承认。

如今，在加利西亚，绝大部分的加利西亚语使用者居住在乡村，城市鲜有人使用，很大一部分原因是城市居民普遍使用卡斯蒂利亚语。2001年的一项调查也显示，91.04%的加利西亚人口会讲加利西亚语。加利西亚语在一些传统的民族主义者中间更受欢迎。从中世纪开始，加利西亚语就被视作是农民和社会底层人士的语言，尽管如此，和其他拥有地区方言的地区相比，加利西亚语并未受到大规模外来移民浪潮的冲击，因此在幸运地保存其语言核心和架构的同时，加利西亚语也从卡斯蒂利亚语中吸收了词汇、发音等方面的特点。不过今天不少加利西亚城市居民操的是一口夹杂卡斯蒂利亚语的加利西亚语。

（二）加利西亚语的法律现状

1981年，《加利西亚区域自治法》宣布加利西亚语为加利西亚地区的语言，与卡斯蒂利亚语同为该地区的官方语言。该自治区法规定，所有加利西亚人均有权掌握并使用加利西亚语。该法还同时规定，所有公共权力机构都应积极推动加利西亚语在各领域的规范化。两年后，即1983年，加利西亚区议会出台《语言规范法》（*Ley de normalización lingüística*），保证并规定了所有公民的语言权利，尤其是那些管理、教育及媒体传播的从业人员。语言规范法颁布后的20多年间，加利西亚语的规范化取得了突破性进展，要想入职政府部门的人员必须掌握加利西亚语。

（三）加利西亚语教育

加利西亚自治区颁发的《加利西亚语正常化法》（*Ley de normalización del gallego*），预测到加利西亚社会有推进加利西亚语的必要，这不仅在公共部门，而且在教育方面也同样如此。在教育领域，加利西亚语和瓦伦西亚语的推展模式更相似，而与加泰罗尼亚语和巴斯克语大相径庭。与后两者不同的是，加利西亚自治区教育系统规定所有中小学学生必须使用卡斯蒂利亚语和加利西亚语作为学习工具，当然与卡斯蒂利亚语相比，加利西亚语占的分量要轻些，而且根据学习阶段不同，其比例在教学大纲上也做相应调整。

在幼儿及小学低年级，法律规定学生要接受母语教育，但到了小学高年级和中学教育阶段，虽然加利西亚语还是授课语言，但是不再频繁使用了，法律规定必须有两门课程强制使用加利西亚语作为授课语言，而其他课程也可根据需要，选择使用加利西亚语。

加利西亚的一些教育部门更愿意遵从和谐而纯粹的双语教育模式，但也考虑到政治和意识因素，尽量避免人为的矛盾和纷争。但相反，相当一部分加利西亚籍作家表示不认同这一做法，认为这样的授课模式将使加利西亚语长期受到卡斯蒂利亚语的压制。

（四）来源于加利西亚语的西班牙语词汇荟萃

albariño（白葡萄酒），arrebatiña（争夺，抢夺），broa（小饼干，源自加利西亚语"borona"），cachear（搜查），chaira（钢刀器），chantar（刺入，插入），chopa（一种鱼，源自加利西亚语"choupa"），choza（茅屋），costa（海岸），embicar（使帆倾斜以致哀），grelo（云苔叶子），jeito（沙丁鱼网，源自加利西亚语"xeito"），mantelo（围裙），muñeira（穆涅伊拉舞，加利西亚地区一种民间舞蹈，源自加利西亚语"muiñeira"）。

第四节　巴斯克语与西班牙语

一、巴斯克语历史概况

（一）巴斯克语的起源

巴斯克语（vasco/vascuence/eusquera）是西班牙西北部巴斯克自治区（País Vasco/Euskadi）以及纳瓦拉巴斯克语区所使用的地区官方语的名称。巴斯克语是一门孤立的黏着语言，它与世界上现存的任何一种语言都没有共同起源，因此关于其起源，一直存在诸多理论和猜测，但大都缺乏足够依据。唯一被证实的是，巴斯克语与法国阿基坦大区（Aquitania）和古代巴斯克地区有着千丝万缕的联系，不过也就仅留下了400条简短的墓碑铭文，散布在如今的法国阿基坦大区、西班牙语阿拉贡、拉里奥哈、纳瓦拉和巴斯克地区等地方。正因如此，关于巴斯克语的亲缘关系中唯一被认为已得到证实的，是其与阿基坦语的亲缘关系，后经专家进一步研究得出的结论是，现在的阿基坦语就是古巴斯克语。

其他的主要语言史学理论尚有：

1. 巴斯克语与伊比利亚语亲缘关系论

几乎整个20世纪该理论都坚持巴斯克语和罗马人到达伊比利亚半岛前的伊比利亚语有着密不可分的关系，但能作为依据的仅有一些刻在钱币或青铜板上的文字。该理论最著名的捍卫者是现代语言学之父威廉·冯·洪堡[①]。他认为伊比利亚语实际上就是巴斯克语的前身。

2. 高加索语

20世纪下半期，另一种假设开始初具规模，即巴斯克语是公元前8世纪随着印欧入侵者的到来而覆灭的某个语族里的唯一幸存者，其前身很可能就是高加索语。巴斯克语与格鲁吉亚语之间的相似之处尽管不多，但却支持了这个理论。这个猜测甚至得到了政治上的支持，为此巴斯克地区比斯开首府毕尔巴鄂与格鲁吉亚首都第比利斯缔结友好城市。

3. 柏柏尔语

20世纪出现了巴斯克语和非洲西北部柏柏尔语亲缘关系的说法。通过对两者词汇的统计，学者们找到其相似之处，尽管在句法、语法等其他方

---

① 威廉·冯·洪堡（Wilhelm von Humboldt, 1767～1835），德国学者，柏林洪堡大学创始者，现代语言学之父。

面，两者大相径庭。

除了纯粹的语言学上的研究，人类学和历史学也试图解答巴斯克语起源，主要有以下三种看法：

1. 神学起源

这是古代就有的关于巴斯克语起源的假设之一，与威廉·冯·洪堡的巴斯克伊比利亚语亲缘论和拉腊门蒂[①]的巴斯克坎塔布里亚语亲缘论都有关系。该假设认为世界上所有的语言都源自巴别塔（Torre Babel）[②]。巴斯克语也许是最原始的语言，出现于所有语言混淆之前。18～19世纪初的一些支持者甚至坚称，一种如此完美的语言只能是由上帝本人创造的，这些人当中包括阿斯塔尔劳阿[③]和拉腊门蒂。有趣的是，阿拉克斯河（Araxes）沐浴着阿腊尔山[④]，此处是比利牛斯山脉中石墓最集中的地方。而在阿勒山[⑤]，诺亚方舟登陆之处，有一条河也叫阿拉克斯河。也就难怪有这么一个巴斯克语起源的猜想。

2. 前印欧语

多个假设均认为巴斯克语与多个欧洲语言有亲缘关系，在欧洲的许多地区都有巴斯克语地名。俄罗斯学者卡尔·保德（Karl Bouda）认为巴斯克语和西伯利亚的数种语言有亲缘关系；而阿根廷学者甘地阿（Enrique de Gandía）则认为巴斯克人是欧洲最古老的民族，在旧石器和新石器时代，其语言从高加索延伸至大西洋，从非洲北部延伸至欧洲北部，雅利安人（los arios）或印欧人（los indoeuropeos）、伊特鲁里亚人（los etruscos）、伊比利亚以及欧洲其他古老的民族均为古巴斯克人的后代。

3. 古欧洲语

德国语言学家提奥·文内曼（Theo Vennemann）所作的巴斯克语起源研究表明，现在的巴斯克语和欧洲史前居民，即印欧民族到来前的居民有密切关系。这些研究也支持了19世纪初巴斯克语言学家莫戈尔（Juan Antonio Moguel）提出的在整个伊比利亚半岛上使用的共同语言，也就是

---

① 马努埃尔·德·拉腊门蒂（Manuel de Larramendi，1690～1766），吉普斯夸人，牧师、作家、语言学家，启蒙运动时期巴斯克语言和文学的传播者，巴斯克语规范化、合法化的推动者。

② 《旧约·创世记》称，当时人类联合修建一座通往天堂的塔，为阻止其计划，上帝让人类讲不同的语言，他们之间无法沟通，巴别塔最终也没能建成，人类也自此各奔东西，四散而居。

③ 巴勃罗·佩德罗·阿斯塔尔劳阿（Pablo Pedro Astarloa，1752～1806），比斯开人，牧师、巴斯克语言学家，著有《巴斯克语词典》（*Diccionario del euskera*）。

④ 阿腊尔山（Monte Aralar），西班牙北部山峰，属于比利牛斯山脉。

⑤ 阿勒山（Monte Ararat），土耳其最高峰，《圣经·创世记》记载，此处为诺亚方舟最后停泊处。

说同语系的众多语言,都与巴斯克语有亲缘关系。《科学美国人》杂志2002年发表了一份由文内曼和彼得·福斯特编写的报告,该报告称原始巴斯克语可能是欧洲最早居民使用的语言。

(二)巴斯克语文学

尽管有关公元3~5世纪间是否存在真正的巴斯克语文字的争论从未停止过,但一般认为保存至今最早的巴斯克文字是在法国阿基坦地区发现的一些公元2世纪的墓志铭。在莱尔加①人们也发现了一座写着古老宗教内容的西班牙罗马人的墓碑,研究人员比较莱尔加发现的文字、阿基坦的墓志铭以及后来发现的一些巴斯克文字后,发现它们之间存在某种承继关系,因此,他们认定今天的阿基坦语就是古代的巴斯克语。

现存的关于中世纪巴斯克文字的信息十分有限且不完整,有关研究都集中在对于地名和人名的研究上,以及纳瓦拉王国法典出现的少数文字和某些俗语。拉丁语和罗曼斯语是当时少数精英阶层,政府以及教会的官方语言,但是他们也应该懂得底层人民的语言。尽管当时的书写员用罗曼斯语来书写,但日常用语却是巴斯克语。公元11世纪,在拉里奥哈的圣米扬修道院(这里也发现了最早的书写罗曼斯语),出现了最早的巴斯克文翻译。

公元10世纪后的数百年间,比利牛斯地区巴斯克语的文字记录开始多了起来。公元11世纪吉普斯夸(Guipúzcoa)地区欧拉萨巴修道院(Monasterio de Olazábal)的一份手稿中,除了有拉丁文,还出现了用巴斯克语书写的当时领土地界信息。在12世纪一个圣地亚哥朝圣指南中,也出现了巴斯克语的踪迹,作者在指南中使用了一些巴斯克语的词汇。1349年韦斯卡城(Huesca)发布了一项法令,规定如在集市使用阿拉伯语、希伯来语或巴斯克语,将被处以罚款。

中世纪之后一直到15~16世纪,有关巴斯克语的信息越来越丰富,尽管尚未出现长篇大论之作。在这一时期,巴斯克语偶尔在史书中以歌谣或民谣的形式出现。巴斯克语也出现在同一时期在潘普洛纳出版的《格言与警句》(Refranes y sentencias)。此外,一些私人信件、手稿和法庭证据等,都十分有研究价值。在这些私人信件中,最值得一提的是苏玛拉贾(Juan de Zumárraga,1468~1548)手稿。苏玛拉贾是墨西哥首任主教,1537年他分别以比斯开地区的巴斯克方言和卡斯蒂利亚语,给家人修了封家书。这封信十分有价值,皇家巴斯克语言学院把它印在了官方杂志《巴斯克语》(Euskera)上。这很可能是巴斯克语在真正用于出版之前,字数

---

① 莱尔加(Lerga),西班牙北部城市,位于纳瓦拉省。

最多的通俗巴斯克语文献了。

第一本公认的巴斯克语书籍出版于1545年，标题为《巴斯克语言的初实》（*Linguae vasconum primitiae*），作者是下纳瓦拉地区牧师德切巴勒（Bernat Dechepare, 1480～1545）。这是一本兼有自传、宗教以及色情诗篇的诗集，其中一段诗歌是为专为巴斯克语撰写的，表明作者深知自己是世界上第一个用巴斯克语出版书籍的人。此外，2004年发现了一份1564～1567年间巴斯克阿拉瓦人拉萨腊贾（Juan Pérez de Lazarraga, 1548～1605）用巴斯克语写的手稿，共有106页，上面收录了文艺复兴艺术家创作的田园诗以及小说。

17世纪，法国巴斯克地区有一群作家，今天人们称之为"萨拉学院"。他们在拉波地区[①]语言的基础上，发展出了规范的巴斯克文学文字。西班牙巴斯克地区17世纪起也开始出现巴斯克语的书籍，并逐步把比斯开和吉普斯夸地区的方言规范化和官方化。刚开始这些书籍只是把一些宗教文章简单地翻译成巴斯克语。

第一部真正意义上的巴斯克语文学作品《后来》（*Gero/Después*），作者是牧师阿格雷·阿兹皮里库尔塔，收集在《古典拉波特语》（*Labortano clásico*）一书中，并于1643年首次在法国坡市[②]出版，被当时巴斯克语区的作家们奉为文学典范。

18世纪重要的巴斯克文化奠基者是拉腊门蒂神父。他编写了一部巴斯克语法以及巴斯克语词典。以他为分水岭，巴斯克文学分为前后两个阶段。他花费大量时间和精力，帮助当时的巴斯克作家在作品出版前修改手稿，是当时巴斯克语文学的领路人

19世纪后半叶，内战结束以及一系列社会变革，使巴斯克人开始担心其语言的命运，于是相继成立了一些语言机构，例如纳瓦拉巴斯克语协会，人们开始举办巴斯克语文学讨论会以及办报纸杂志等。欧洲语言学研究者也开始对巴斯克语产生了兴趣，并运用科学手段研究这门语言。巴斯克语文学蓬勃发展，民俗学家和音乐学家也加入了拯救这门传统语言的行列。1918年巴斯克语研究院成立，一年后西班牙国王阿方索十三世成立了皇家巴斯克语言学院。

另一方面，当时的一些巴斯克学者，如米格尔·德·乌纳穆诺则呼吁

---

① 拉波地区（Labort），指法国西南部地区，与西班牙接壤，是法国巴斯克地区的重要组成部分。
② 坡市（Pau），法国南部城市，属阿基坦地区。

接受巴斯克语消亡的现实。他认为巴斯克语无法表达抽象概念，他甚至认为巴斯克人要融入当代西班牙社会，就应该放弃巴斯克语及其传统。

当时绝大部分左派或自由主义学者都对巴斯克语持这种态度，只有少数民族主义者、民粹主义者以及传统地区的民众支持巴斯克语的保留和发展。

1848～1936年间兴起了巴斯克语复兴运动，当时涌现出大批象征主义诗人，然而内战使这场声势浩大的文学语言运动戛然而止。

巴斯克语所特有的田园气息以及理想主义色彩，在20世纪50～60年代吸引了众多巴斯克人，从那时起，巴斯克社会中开始酝酿一股巴斯克文化和政治风潮，巴斯克语也开始在城市以及一些大学生中间流行开来。工业时代前夕巴斯克地区北部仍然通行巴斯克语。数据显示，如今巴斯克语区28.4%的民众讲巴斯克语，西班牙境内占其中的93.2%，法国巴斯克语区仅占其余的6.8%。

（三）巴斯克语方言

1998年巴斯克语言学家库尔多·苏阿佐（Koldo Zuaco）根据新规则对巴斯克方言的分布进行了调整。这个现代分类把巴斯克语分成了六个方言：西部方言、中部方言、纳瓦拉语、东部纳瓦拉语、纳瓦拉－拉波特语和南部方言。

现在巴斯克地区学校教育中使用规范化的"标准巴斯克语"（euskara batua）是以吉普斯夸省的方言为基础，尽管如此，大部分巴斯克人或多或少都会受到其本地语言的影响。尽管有标准巴斯克语的存在，各地方言依然在电台、报刊等媒体上大量使用，主要是为了更贴近当地民众的日常交流语言。西部巴斯克语和南部方言则在各自地区的学校使用，并有自己的一套书写规范。

由于巴斯克文学在历史发展上的特殊性，学者们并没有制定一个统一的书写规范，而是发展出了好几种，并且互不妥协。巴斯克语规范运动从16世纪便开始。在巴斯克文学发展历史上，记录了一些"书写方言"，吉普斯夸语、比斯开语和南部方言是文学创作中流传最广的三种书写方式。规范的吉普斯夸语在比利牛斯山以南使用，而南部方言则在比利牛斯山以北统一规范，并相当具有影响力。20世纪60年代在统一巴斯克语书写时，把这两种规范作为重要的参考依据。

"Euskera"这种叫法，在西班牙吉普斯夸、比斯开和纳瓦拉的巴斯克人中间比"vascuence"更为流行，"euskera"也被正式收录在《皇家西班牙语言学院词典》21世纪的新版本中。然而，在官方巴斯克语中，一般称为"euskara"，尤其是中部巴斯克地区，同时，在其他地方，根据当地习惯，也会称为 euskala, eskuara, eskuera, eskara, eskera, eskoara, euskiera, auskera, oskara, uskera, uskaa, uska oüskara，等等。

二、巴斯克语的现状

（一）佛朗哥独裁时期的巴斯克语

佛朗哥独裁时期的巴斯克和纳瓦拉的政治基础是亲佛朗哥。占该地区大部分人口的天主教徒及当地民众在内战中帮助佛朗得夺得胜利，但他们却无法阻止佛朗哥政权在其后的统治中，对巴斯克语实施边缘化、禁止推广巴斯克语言文化及文学作品等。佛朗哥的统治思想的极端民族主义，崇尚"西班牙统一、强大、自由"，推崇卡斯蒂利亚语的唯一地位，以及佛朗哥本人对巴斯克人的偏见，巴斯克语在教育、文化等方面备受排挤和忽视。尽管官方没有完全禁止巴斯克语的政策，但是在公众场合讲巴斯克语基本成为不可能。

然而，佛朗哥政府强行推广的卡斯蒂利亚语教育，导致了很多巴斯克人的反抗、极端巴斯克民族主义的抬头并对其他西班牙人的仇视。极端巴斯克民族主义组织"艾塔"（ETA/Euskadi Ta Askatasuna）1958年成立，1961年首次进行暗杀活动，并在佛朗哥独裁结束后变成一个彻底的恐怖组织。

佛朗哥的独裁在70年代中期已是强弩之末，政府开始允许出现巴斯克语的出版物、新闻、音乐等，但其后又因劳工问题以及对"艾塔"的关注，收紧了这些政策。

（二）现行教育体制中的巴斯克语状况

1. 巴斯克自治区

早在1983年巴斯克政府教育文化厅出台法令，把巴斯克语纳入教育体系。该法令明确巴斯克语和卡斯蒂利亚语同为授课语言，其相关语言课程也列入了非大学教育范畴。作为当地居民，家长可以在以下几种模式中，选一种作为子女义务教育阶段的语言教育模式：

A模式：除了巴斯克语言文学外，其余课程均采用卡斯蒂利亚语为授课语言；

B模式：部分课程采用卡斯蒂利亚语（主要是阅读、写作、数学等），其余的则为巴斯克语（主要是实验操作类的课程，如艺术、物理等）；

D模式：巴斯克语为所有课程的授课语言，课程读物为卡斯蒂利亚语。

在大学和职业教育阶段，同样设置相似的模式以供选择，但只有选项A和选项D。此外，在比斯开省的部分地区，还允许学生有第四个选项（模式X），在此模式下，全部课程均采用卡斯蒂利亚语授课，巴斯克语言文学课程为选修课，学生可自行选择修或不修。

2. 纳瓦拉自治区

在纳瓦拉自治区，巴斯克语的教育根据巴斯克语法令来制定，即划分三个不同的语言区：

（1）巴斯克语区

由占纳瓦拉 1/3 的北部山区组成，人口占纳瓦拉的 9%，该区的主要语言为巴斯克语，巴斯克语和卡斯蒂利亚语同为官方语言。

（2）混合语言区

包括了潘普罗那（Pamplona）省的大部分地区、比利牛斯山东部以及埃斯特拉（Merindad de Estella）的部分城镇，该区的主要语言为卡斯蒂利亚语，唯一官方语亦是卡斯蒂利亚语。但由于近现代历史中，该区的传统语言为巴斯克语，因此法令特别承认巴斯克语在此地的合法性。这一地区人口占纳瓦拉的 53%。

（3）非巴斯克语地区

由纳瓦拉超过一半的面积组成，包括埃布罗河（Ebro）谷地区以及埃斯特拉和奥丽特（Olite）的大部分地区。该区历史上及现代均通用卡斯蒂利亚语，因此卡斯蒂利亚语是其唯一官方语言。该区人口占 36%。

因此，1988 年纳瓦拉颁布法令，制定了四种义务教育阶段的语言模式：

模式 A：除了巴斯克语言课程外，其余全部课程用卡斯蒂利亚语授课。

模式 B：双语教学（部分课程用巴斯克语，部分课程用卡斯蒂利亚语）。

模式 D：除了卡斯蒂利亚语和英语课程外，其他课程用巴斯克语授课。

模式 G：全卡斯蒂利亚语授课，无巴斯克语课程。

由于此法令同时规定了在巴斯克语区，巴斯克语课程为义务教育必修课程，因此在该区，可选的语言模式只有 A，B 和 D；非巴斯克语区只允许选择模式 G 和 A；混合语言地区则 4 种模式都可选择。

（三）巴斯克语对卡斯蒂利亚语词汇的影响

1. 普通词汇

中世纪巴斯克语即对卡斯蒂利亚语产生重要影响，但从 15 世纪开始，这一影响逐渐减少直至消失。现代卡斯蒂利亚语仍在使用的来自巴斯克语的词汇甚少，而且使用频率也不高，最常用的有：chabola（茅屋，贫民区）、chaparro（矮胖的人）、chatarra（废铁）、gabarra（驳船）、izquierda（左边）、laya（铁锹）、socarrar（烧糊）、zamarra（羊皮）、kiosco（亭子；报亭）、cachorro（小狗；哺乳动物的幼崽）、pizarra（板岩；黑板）、zurdo（左撇子）、urraca（喜鹊），等等。

2. 姓氏和人名

除了那些常见的明显是巴斯克语的姓氏外，如 Mendizábal，巴斯克语对现代卡斯蒂利亚语姓名最大的贡献是人名 Javier，来源于纳瓦拉的一个地名 Javier。使用最多的来源于巴斯克语的姓氏是 García，原本是用作名字的，后来慢慢地演变成了姓氏。另外一些比较常见的来源于巴斯克语的姓氏有：Aznar, Barrios, Bolívar, Mendoza, Ochoa 以及 Ortiz 等。

第五节　瓦伦西亚语与西班牙语

一、瓦伦西亚语历史及概况

瓦伦西亚语（valenciano）是瓦伦西亚自治区（Comunidad Valenciana）使用的官方语言的正式名称，由拉丁语演变而来。有语言学家认为，瓦伦西亚语是瓦伦西亚自治区所说的加泰罗尼亚语的名称，在此意义上，它被认为是由加泰罗尼亚语变异而来的方言。

（一）起源

关于瓦伦西亚语的起源，1908 年开始出现了意见相左的争论。这场争论也称为瓦伦西亚语之争或瓦伦西亚语言冲突。主要有两派：

1. 瓦伦西亚语派（Teoría valencianista）

其主要观点是，瓦伦西亚语是一门独立的语言，有自己发展和进化轨迹：摩尔人入侵瓦伦西亚地区后，一部分西班牙罗马人留守当地，他们保留了自己的语言，即通俗拉丁语，他们被称为莫莎拉贝人，其语言便是如今的瓦伦西亚语的起源。

瓦伦西亚文化皇家研究学院（Real Academia de Cultura Valenciana）支持这一观点，提倡把瓦伦西亚语视作一门独立的语言，并声援与右翼政党有关的瓦伦西亚少数派人士，支持他们将瓦伦西亚语及加泰罗尼亚语的书写标准分开的主张。但是这个主张并没有得到大学或罗曼语族专家的广泛支持。

2. 泛加泰罗尼亚语语派（Teoría pancatalanista）

这派坚持认为瓦伦西亚语是加泰罗尼亚语的一个变体。他们认为今天的瓦伦西亚语来源于光复运动时期，进入瓦伦西亚的加泰罗尼亚人所说的加泰罗尼亚语。在他们看来，光复运动时期，瓦伦西亚地区已经没有还讲着瓦伦西亚罗曼斯语的罗马人了，而参与光复运动的大部分人是加泰罗尼亚人。此外他们还认为，瓦伦西亚地区的语言并不能被称为瓦伦西亚语，而应该被称为加泰罗尼亚语，也就是说，瓦伦西亚语其实是瓦伦西亚自治区所说加泰罗尼亚语的名称，于是被称为瓦伦西亚语，是为了将其与整个加泰罗尼亚语或"巴塞罗那的加泰罗尼亚语"加以区分，因此，它应该是由西加泰罗尼亚语演变而来的方言。西加泰罗尼亚语还包括加泰罗尼亚西部、佛朗哈地区[①]、安道尔、莱里达省、塔拉戈纳省西部以及马略卡岛的方言。支持这一派观点的包括瓦伦西亚语学院（Academia Valenciana de la Lengua）和加泰罗尼亚语研究院（Instituto de Estudios Catalanes）。

（二）历史

瓦伦西亚于公元前 138 年由罗马人建立，当时的名称是 Valentia Edetanorum，是罗马在伊比利亚半岛上最早建立的几个殖民地之一，因此瓦伦西亚语中有四分之三词汇的词根源自通俗拉丁语和书面拉丁语。

阿拉伯穆斯林自公元 8 世纪起统治伊比利亚半岛，当时有很多伊比利亚罗马人（los iberorromanos）依然留在阿拉伯人统治的土地上。被阿拉伯人征服的莫莎拉贝人，即当地的伊比利亚罗马人还讲着通俗拉丁语。随着时间的流逝，通俗拉丁语渐渐失去了统一性，进而在不同地区演变成了不同的语言。当时瓦伦西亚大部分地区所讲的莫莎拉贝语，和今天的瓦伦西亚语已经有些许相似之处了。

尽管有一定数量的伊比利亚罗马人，无论出于无奈还是自愿，放弃自己的基督教转而信奉伊斯兰教，但这并不意味着他们就丢弃了自己源自通俗拉丁语的语言，只说阿拉伯语，更何况穆斯林和莫莎拉贝人之间并非完全能够和谐相处，而是各有各的生活圈，恪守各自的风俗习惯。

在阿拉贡国王征服者海梅一世带领基督教军队收复瓦伦西亚地区之时，就曾统计过瓦伦西亚地区的莫莎拉贝人数量。于是，在设立瓦伦西亚法典时，考虑到讲罗曼斯语的人数以及为方便其理解并遵守法典，海梅一世下令将法典翻译成瓦伦西亚人都说的罗曼斯语。

（三）瓦伦西亚语文学的黄金时期

15 世纪瓦伦西亚的文学繁荣标志着瓦伦西亚民族走向成熟，当时与阿拉贡王朝联系密切的地中海地区流行的多个语言中，没有一个能与成熟的瓦伦西亚语相提并论。当时瓦伦西亚王国发展到鼎盛时期，瓦伦西亚文学也迎来了自身的繁荣，它甚至深深影响了西班牙 18 世纪的文学以及 19 世纪的浪漫主义文学。瓦伦西亚语文学的繁荣几乎贯穿了整个 16 世纪。

---

① 佛朗哈地区（La Franja/Franja de Aragón），指阿拉贡东部与加泰罗尼亚交界处。

朱安诺·马尔托雷尔（Joanot Martorell, 1413～1468）的小说《白朗骑士》被塞万提斯称为"世界上最好的作品"，被19世纪末、20世纪初西班牙作家、政治家梅嫩德斯·佩拉约（Marcelino Menéndez Pelayo, 1856～1912）认为是"世界上最好的骑士小说之一"。跟同时代的大部分作品一样，这部小说的语言采用了瓦伦西亚地区使用的通俗语言，所谓通俗语言指的是通俗拉丁语，而民众中间使用的属于罗曼斯语的土著瓦伦西亚语。

二、瓦伦西亚语的现状

（一）概况

瓦伦西亚语自治区（Generalitat Valenciana/Generalidad Valenciana）所讲的瓦伦西亚语普遍被认为是加泰罗尼亚语的一种方言。1982年，西班牙国会（Cortes Generales）通过了《瓦伦西亚自治章程》（*Estatuto de Autonomía de la Comunidad Valenciana*），作为瓦伦西亚自治区的一部基本法，它规定：

> "瓦伦西亚自治区的两个官方语言是瓦伦西亚语和卡斯蒂利亚语，所有瓦伦西亚人有权掌握并使用这两门语言"。

1983年，《瓦伦西亚语使用及教育法》（*Ley de uso y enseñanza del valenciano*）重申此项规定：

> 瓦伦西亚语是瓦伦西亚自治区自己的语言，因此，瓦伦西亚公民有权掌握并使用这门语言，无论是口头还是书面形式，无论是私人还是公共场所。
>
> （Ley 4/1983, de 23 de noviembre, art. 2）

（二）政治

1. 佛朗哥时期的瓦伦西亚语

19世纪起，瓦伦西亚语即是瓦伦西亚地区的主流语言，尽管在此期间，由于政治和移民因素，瓦伦西亚语受到了一些影响，但这主要反映在书面语上。

佛朗哥内战胜利后开始独裁统治，跟加泰罗尼亚有关的一切都受到打压，被认为是加泰罗尼亚语分支的瓦伦西亚语自然也不例外。佛朗哥统治期间，加泰罗尼亚语被认为是野蛮的文化侵犯，仅被局限于家中使用，卡斯蒂利亚语成为教育、行政机关和媒体使用的唯一语言。一直到佛朗哥去世，西班牙的各方言才有了正常化发展的机会。

2. 瓦伦西亚语的正常化

1979年西班牙民主过渡时期颁布的皇家法令规定了教育体系中瓦伦西亚语的地位：

> 皇家法规2003/1979规定，瓦伦西亚语纳入瓦伦西亚地区教育体系。

人们对于瓦伦西亚语的了解自1982年后开始有了显著的增长，这一年瓦伦西亚自治区政府开始大力推广瓦伦西亚语教育，并提出一些用瓦伦西亚语进行学校教育的规定：自治区居民的瓦伦西亚语识字率由1982年的4%上升到2001年的38%。

20世纪80～90年代，瓦伦西亚地区的瓦伦西亚语和卡斯蒂利亚语的使用人数基本保持较为稳定的状态，但是近年来，卡斯蒂利亚语的使用者比例再次出现小幅度增长，此外，双语使用者也都有所增长，唯一下降的则是瓦伦西亚语使用者的人数，其主要原因是近年来外来人口的剧增，这些外来人口除了来自国内卡斯蒂利亚语区，还有来自西语美洲国家。

3. 瓦伦西亚语和卡斯蒂利亚语的碰撞

瓦伦西亚自治区两门使用广泛的语言——瓦伦西亚语和卡斯蒂利亚语，前者是瓦伦西亚地区自己的语言，而后者在日常生活及大众媒体使用，是人们更广泛的语言，两者都有深厚的文化和文学传统。此外，这两种语言在瓦伦西亚自治区内，各自有作为主流语言的官方区域，这两个语言区由《瓦伦西亚语使用和教育法》根据19世纪这两门语言分布地域进行划分。

卡斯蒂利亚语区主要集中在自治区中部、西部及南部，该区域占自治区面积的25%，人口的13%，该地区的居民对瓦伦西亚语知之甚少。瓦伦西亚语区主要集中在沿海及其周边，占自治区面积的75%，人口的87%。

卡斯蒂利亚语南部的阿里坎特城已逐步取代瓦伦西亚语，瓦伦西亚城尚处于演变当中，农村的变化尚不很明显。近年来，很多瓦伦西亚人都正逐渐成为双语言使用者，他们渐渐习惯了在非正式场合讲瓦伦西亚语，在正式场合讲卡斯蒂利亚语。

在如今的瓦伦西亚地区，各行各业在大多数情况下都会首选卡斯蒂利亚语，包括书面传播媒体（杂志、地方报等），口头传播媒体（收音机，但是一些地方台还会使用瓦伦西亚语），视听传播媒体（瓦伦西亚地区的公共台同时使用两种语言，地方台习惯使用瓦伦西亚语，但广告一般用卡斯蒂利亚语，电影一般用卡斯蒂利亚语）。卡斯蒂利亚语在正规行业中是主流语言，比如法律程序、政治家的演讲、谈话，正规表格和印刷文件、公证处、财产登记处、大学课堂、商品标签说明、广告、饭店菜单等均使用这门语言。

（三）瓦伦西亚语教学

为了让瓦伦西亚人均衡地掌握瓦伦西亚语和卡斯蒂利亚语这两门官方语言，瓦伦西亚教育部门颁布了以下三个针对义务教育阶段（即幼儿教育和中小学教育阶段）的语言教学方案：

瓦伦西亚语教学方案（Programa de enseñanza en valenciano/PEV）

此方案是针对居住在主导语言为瓦伦西亚语地区的讲瓦伦西亚语的学生。课堂上的教学语言为瓦伦西亚语，该方案在试图持续提升瓦伦西亚语在以此为母语的学生中的威信的同时，也不忽略卡斯蒂利亚语的教育，因此在中等及高等教育中逐步引入卡斯蒂利亚语。

浸入式语言教学方案（Programa de inmersión lingüística/PIL）

此教学方案是针对居住在瓦伦西亚语言区但是只说卡斯蒂利亚语的学生，但此类学生的家庭氛围也是倾向于学习瓦伦西亚语。根据此方案的设计者描述，其目的是通过学生家庭语言环境到学校语言环境的转变来达到教育目的。然而，此方案无法在初中教育中持续下去，这使得学生从小学教育阶段过渡到初中教育阶段的过程中碰到了不少语言问题。

渐进式的混合语言教学方案（Programa de incorporación progresiva/PIP）

在以上两种教学方案都不能推行的情况下，教育部门便强制推行渐进式的混合语言教学方案，此方案适用于历史上说瓦伦西亚语的地区。该方案规定教学主要用卡斯蒂利亚语进行，但瓦伦西亚语会在不同教学环境中以渐进的方式传授给学生。但是随着时代的变迁，瓦伦西亚语的教学环境也在不断调整中。

在瓦伦西亚自治区，渐进式的混合语言教学方案在各中小学中的使用率占有明显优势，几乎65%的瓦伦西亚自治区中小学生所接受的语言教育方案均为此方案。

（四）瓦伦西亚语对卡斯蒂利亚语词汇的贡献及二者用法差异

受瓦伦西亚语的影响，瓦伦西亚人在说卡斯蒂利亚语时，会用一些源自瓦伦西亚语的词语。比如，他们会称呼比较熟悉、亲密的朋友为"nano/na""tete/ta"；而"mocho"的词义"拖把"也源自瓦伦西亚语；"potroso"在卡斯蒂利亚语中是"幸运的"，而瓦伦西亚语则是"停止哭泣的小孩"；"patio"在卡斯蒂利亚语中大多数情况下是"院子"的意思，而它的另一个词义"门廊"则是受瓦伦西亚语的影响；卡斯蒂利亚语"arremángate el camal""挽起你的裤管"，但奇怪的是"camal"在卡斯蒂利亚语中是"缰绳"，而其"裤管"之义也是受到瓦伦西亚语的影响。

瓦伦西亚的海鲜饭举世闻名，于是"paella"（海鲜饭）这个词也顺势传入了卡斯蒂利亚语。除此之外，卡斯蒂利亚语和瓦伦西亚语中在表达食物时有一些差异，如在卡斯蒂利亚语中"aceituna"和"oliva"都有"油橄榄"的意思，但在瓦伦西亚，人们只用"aceituna"来表示"油橄榄"；在卡斯蒂利亚语区，"limonada"是"柠檬水"，然而在瓦伦西亚地区，"limonada"则是"带汽柠檬饮料"。

第八章 墨西哥的西班牙语

第一节 墨西哥概况及历史

一、概况

墨西哥合众国（Estados Unidos Mexicanos），简称墨西哥（México/Méjico），位于北美洲南部，是南美洲和北美洲陆路交通的必经之地，有"陆上桥梁"之称。北部隔格兰德河（Río Grande）与美国接壤，东南部则与危地马拉与伯利兹相邻，西临太平洋和加利福尼亚湾，东靠墨西哥湾和加勒比海。首都是墨西哥城（Ciudad de México）。

二、历史

（一）前殖民时期的墨西哥

墨西哥是美洲古老文明的国度。据考古发掘，约在21,000年前就已经有人类定居于墨西哥高原谷地，他们从事狩猎，制作石器，还会用火；公元前7000年，特瓦坎（Tehuacán）谷地有以狩猎和采集为生的居民；公元前5000年左右，土著居民开始从事原始农耕；公元前3500年时，人们掌握了玉米、豆类、南瓜和辣椒等农作物的种植。

公元前1000年前后，墨西哥进入原始公社的繁荣时期，居住在墨西哥湾沿岸和恰帕斯（Chiapas）地区的奥尔梅克人（los olmecos）创造了辉煌的文明，他们在拉本塔（La Venta）一带留下了巨石雕刻的头像、祭坛和石碑。公元前4世纪至公元10世纪，在尤卡坦半岛出现了玛雅文明的繁荣，玛雅人建立城邦社会，发展灌溉农业，创造象形文字。在中央谷地，托尔特克人（los toltecas）建起了著名的特奥蒂瓦坎城（Teotihuacán），城内有恢宏的宫殿、神庙，高耸的太阳金字塔和月亮金字塔，其繁荣鼎盛时期的人口估计有 20 万之众。①

11 世纪中叶，阿兹特克人由北向南迁移，于 13 世纪下半叶进入墨西哥高原谷地定居。1325 年，阿兹特克人开始在特斯科科湖（Lago de Texcoco）中的小岛上建立特诺奇蒂特兰城（Tenochititlán）。

定居特斯科科湖畔后，阿兹特克人继续向外扩张，此后百余年间，他们用武力逐渐征服其他部族。15 世纪上半叶，阿兹特克人与附近的特斯科科和特拉科潘两个部落结盟，建立起彼时中美洲最强大的部落联盟，国王蒙特祖玛一世（Montezuma I）被尊为蒙特祖玛大帝。蒙特祖玛二世在位时，其疆域东抵墨西哥湾，西达太平洋，南部扩大到危地马拉，达到了阿兹特克军事统治的顶峰，形成了一个强大的阿兹特克帝国。

（二）西班牙殖民时期

1. 西班牙人的到来

自 16 世纪初起，哥伦布在所到之处，均以西班牙国王的名义宣布其占领，加勒比海的岛屿最先沦为西班牙殖民地。随着地理探测和发现，西班牙殖民者迅速占领美洲广大地区，在征服西印度群岛的圣多明戈和古巴岛后，他们开始征服位于大陆的墨西哥。

1517 年，西班牙人在炮火威力的掩护下，试图强行在墨西哥尤卡坦的察姆坡登陆，但在印第安人的反击下未能成功，1518 年另一伙西班牙入侵者企图再次登陆，仍旧以失败告终。

1519 年，科尔特斯②率领一小支军队在墨西哥东岸登陆，11 月进入特诺奇蒂特兰城，开始殖民征服。他们肆意屠杀阿兹特克贵族和平民百姓，劫夺印第安人的金银财宝，并借口阿兹特克军队在韦拉克鲁斯（Veracruz）附近杀死西班牙人，抓住了蒙特祖玛二世，强迫他向西班牙国王宣誓效忠。慑于西班牙殖民者的淫威，蒙特祖玛二世妥协投降，沦为傀儡。

但是印第安人对西班牙人的侵略进行了不屈不挠的斗争，他们打败了科尔特斯，歼灭了半数以上的西班牙殖民军，并用石块击毙了国王蒙特祖玛二世。1520 年 6 月西班牙征服者被逐出特诺奇蒂特兰城。

1521 年西班牙侵略者卷土重来，重兵压境，围攻特诺奇蒂特兰城。印

---

① 《中国大百科全书（外国历史）》，北京：中国大百科全书出版社，1987 年。

② 埃尔南·科尔特斯（Hernán Cortés, 1485～1547），著名新大陆征服者，生于西班牙，听说墨西哥的一些城市黄金和珠宝遍地，遂于 1519 年带领一支探险队入侵墨西哥，征服阿兹特克人，并在墨西哥城传播天主教。

第安人在夸乌特莫克①的领导下，为保卫自己的首都进行了英勇战斗。抗战持续数月后，特诺奇蒂特兰城被西班牙殖民军攻破。夸乌特莫克被捕后，面对西班牙人的严刑拷问，要他说出金银埋藏之处，他始终沉默以对。最后这位印第安人领袖、墨西哥民族英雄被西班牙殖民强盗施以绞刑。8月特诺奇蒂特兰城陷落，西班牙人在原址废墟之上建立起墨西哥城。

2. 殖民统治

1535年西班牙人成立了新西班牙总督区，管辖范围包含今北美洲的墨西哥、巴拿马以外的中美洲国家、美国加利福尼亚州、内华达州、犹他州、科罗拉多州、亚利桑那州、新墨西哥州、得克萨斯州以及亚洲东南部的菲律宾，墨西哥城为其统治中心。

最初，新西班牙总督区由科尔特斯管辖，后来移交给了墨西哥皇家法院（Reales Audiencias de México），独立于卡斯蒂利亚王朝，便于对殖民地进行更有效的管理。

西班牙殖民者们统治期间，逐渐在墨西哥中部和北部地区发现了各种矿藏，新西班牙总督区在采矿，尤其是提取白银上占据了先机。矿藏开采促进其他领域的蓬勃发展，尤其是制造业与农业，巴西奥（Bajío）地区、墨西哥谷和普埃布拉（Puebla）谷遂成为农业和初级工港。

辖区的贸易主要通过两个港口进行，墨西哥湾的韦拉克鲁斯港和太平洋的阿卡普尔科（Acapulco）港。来自中国的大帆船，装载菲律宾的产品，通过阿卡普尔科港，运到总督辖区，然后再由此转运到宗主国西班牙。贸易又反过来促进了这些港口的繁荣，墨西哥城和这两个港口之间的地区也随之发展起来。不过值得一提的是，直到18世纪后期，波旁王朝进行改革之前，各总督区之间一直都是禁止直接贸易的。

总督区社会等级的划分严格遵循种族界限，甚至指定出一套肤色制度。最上层的是"半岛人"（los peninsulares），即直接来自西班牙的白人，他们占据了殖民地行政、军事和教会的高级职位，把持殖民地的工商业和对外贸易；位于第二等的是克里奥约人（los criollos），即殖民地出生的白人后裔，他们可以担任下级官吏和教士；第三等的是各式混血儿，带四分之一有色人种血统（los castizos / cuarterones）、印欧混血（los mestizos）、白黑混血（los mulatos）、印黑混血（los zambos）、印欧黑混血（los polvolas）等，他们多半是工匠、店员、小商人、小土地所有者和牧民；而处于社会

---

① 夸乌特莫克（Cuauhtemoc），阿兹特克古国第十一代国王，也是最后在位国王。他英勇抗击西班牙殖民者，被捕后坚贞不屈，英勇赴死，成为墨西哥反对侵略、捍卫独立的民族英雄，受到民众的崇敬和怀念。"夸乌特莫克"在纳瓦特尔语中的意思是"跌落的雄鹰"。

最底层的是印第安人及黑人奴隶。印第安人虽在法律上是自由人，但没有公民权，也不能担任公职。①

此外，大量印第安部落的公有土地被宣布为庄园主私有财产，分到小块土地耕种的印第安人成了佃户，他们需以实物和劳役缴纳地租。庄园主还利用放债，采用以工抵债的手段，迫使破产的印第安人充当雇工和雇农。委托监护制（encomienda）的依附关系为债务奴役制所代替；有的印第安人在牧场、矿场从事最艰苦、报酬最低的职业，或是被迫迁徙到贫瘠的保留地生活，因此他们长期处于落后贫困的状态。尽管西班牙王室颁布了许多看似保护印第安人的法令，但真正得到贯彻实施的却不多，这些法令没能真正保护印第安人的权益，也没能使其免遭殖民者的粗暴践踏。

在长达300年的殖民统治时期，墨西哥人民多次起义反抗西班牙的统治。19世纪初，殖民地的阶级矛盾和民族矛盾日益激化。

（三）独立战争

1810年9月16日，米格尔·伊达尔戈②神甫在多洛雷斯教区发动起义，提出"赶走西班牙人""打倒坏政府""夺回土地归还印第安人""美洲万岁"等口号，这就是著名的"多洛雷斯呼声"，后来，这一天被定为墨西哥独立日。1811年起义军战败，莫雷洛斯·伊·帕冯③继续领导独立战争。181年起义军召开国民议会，通过《独立宣言》。1815年，起义队伍被西班牙殖民军击败，独立运动暂时受挫。1820年，西班牙国内爆发反封建、反教会的资产阶级革命，墨西哥土生白人大地主、高级神职人员不愿再受西班牙的管制，提出独立要求。土生白人军官伊图尔维德④投身革命，提出实现墨西哥独立、保护天主教会、联合反对殖民政权的政治主张。西班牙殖民总督被迫承认墨西哥独立。1821年伊图尔维德率军进入墨西哥城，宣布墨西哥独立，1824年墨西哥颁布新宪法，确定墨西哥为联邦共和国。

墨西哥独立运动取得胜利后，中美地区也于1821年脱离西班牙殖民统治，宣布独立，并入独立后的墨西哥版图。1823年中美洲各国宣布脱离墨西哥，成立联邦共和国——中美联合省。1838年中美联合省分成危地马

---

① 郑厚全，何博：《浅析西班牙殖民统治下印第安人境遇的嬗变》，《黑龙江史志》，2009年第15期。

② 米格尔·伊达尔戈·伊·科斯蒂利亚（Miguel Hidalgo y Costilla, 1753～1811），墨西哥独立之父、民族英雄。今日墨西哥中部的伊达尔戈州便是以其名命名的。

③ 莫雷洛斯·伊·帕冯（Morelos y Pavón, 1765～1815），墨西哥独立战争领袖，民族英雄。

④ 奥古斯丁·德·伊图尔维德（Augustín de Iturbide, 1784～1824），墨西哥独立运动领导人，1822年宣布成立墨西哥帝国，成为墨西哥皇帝，称奥古斯丁一世。

拉、萨尔瓦多、洪都拉斯、尼加拉瓜和哥斯达黎加五个独立国家。

（四）独立后的墨西哥

1825 年，墨西哥统治集团分为保守派和自由派。保守派代表大地主和天主教上层利益，主张中央集权，建立君主制，维护教会利益；自由派代表自由派地主和资产阶级利益，主张代议制民主，建立权力分散的联邦制，教会服从国家领导，发展教育，自由经商。1833 年，桑塔·安纳[①]将军攫取政权，实行独裁统治，推行保守党主张。大地主和教会势力得到加强，土地更加集中在少数人手中，经济停滞不前。安纳执政期间，得克萨斯的美国移民叛乱，宣布得克萨斯脱离墨西哥。独立后的墨西哥政坛混乱不堪，一系列的军阀割据和军阀混战给墨西哥社会带来了深重的灾难。从独立战争后到国民革命党创建的一个多世纪里，墨西哥先后经历了一千多次军事动乱，政权更迭频繁，该国在联邦派和集权派的政治分歧和权力斗争中不断流血。长期的权力斗争与内乱使得墨西哥社会四分五裂，经济发展停滞甚至出现倒退。

墨西哥独立伊始的面积比现在大一倍有多，1846～1848 年，美国制造边境事件，发起侵墨战争。然而墨西哥中央政府领导不力，消极防御，民众武装斗争也得不到支持，中央和地方集团某些人甚至通敌卖国，最后墨西哥战败。战败后，墨西哥被迫签订《瓜达卢佩—伊达尔戈条约》（*Tratado de Guadalupe-Hidalgo*），将加利福尼亚等北方领土共 190 多万平方公里土地（占墨西哥国土面积近半数）割让给美国，包括之前投向美国的得克萨斯，墨西哥一共割让 230 万平方公里国土给美国。

1855 年，自由党人起义，推翻桑塔·安纳独裁政权。1861 年胡亚雷斯[②]就任总统，12 月英国、法国和西班牙借口讨还债务，对墨西哥进行武装干涉。1867 年，墨西哥人民在胡亚雷斯领导下取得抗法战争胜利，恢复共和政权。1876 年，迪亚斯[③]发动叛乱夺取政权，自任总统，其建立独裁统治长达 30 多年之久。1911 年迪亚斯独裁统治被推翻，政权落到以马德罗[④]为首的资产阶级自由派手中。1910～1917 年的墨西哥资产阶级民主革命沉

---

① 安东尼奥·洛佩斯·德·桑塔·安纳（Antonio López de Santa Anna, 1794～1876），19 世纪墨西哥将军和独裁者，1833～1855 年曾七次担任墨西哥总统。

② 贝尼托·胡亚雷斯（Benito Juárez, 1806～1872），墨西哥民族英雄，提出"尊重他人的权利就是和平"的著名口号。

③ 波菲利奥·迪亚斯（Porfirio Días, 1830～1915），墨西哥总统，独裁者，1876～1911 年在位。

④ 弗朗西斯科·马德罗（Francisco Ignacio Madero González, 1873～1913），墨西哥资产阶级民主革命的领导者之一，1911～1913 年担任墨西哥总统。

重打击了封建地主和帝国主义势力，为资本主义的进一步发展奠定了基础。1920 年起墨西哥进入和平时期。

第二节　墨西哥西语与其他语言的接触

一、土著语对墨西哥西语的影响

　　墨西哥历史上，西班牙语一直与当地土著语言有着密不可分的联系，且互相影响深远。尤卡坦半岛上的土著居民讲玛雅语，远离城市的一些地区，玛雅语一直是主要语言。在墨西哥东南部，西班牙语与多个土著语产生接触，比如萨波特克语（zapoteco）、米兹特克语（mixteco）、托托纳克语（totonaco）、瓦斯特克语（huasteca）等。墨西哥北部很大一片区域使用奥拓米语（otomí），墨西哥西北部则流通雅基语（yaqui），墨西哥城西部还能听到特拉斯卡诺语（terrascano）。

　　然而，对墨西哥西班牙语的发展贡献最大的当属纳瓦特尔语（nahault）。纳瓦特尔语正是当年阿兹特克人接待科尔特斯时使用的语言。尽管阿兹特克王国仅限于墨西哥中部的部分地区，但纳瓦特尔语的使用却延伸至太平洋沿海地区、中美洲，甚至哥斯达黎加。科尔特斯和其他殖民者发现纳瓦特尔语是与当地人交流最用得着的语言，于是在其他土著居民群体中推广纳瓦特尔语，如此一来，就可以减少对译员的需求和依赖。西班牙神职人员也把纳瓦特尔语作为传教和管理上的通用语言，因此逐渐将其制度化。西班牙殖民前就存在的一些书面材料，也对纳瓦特尔语的普及教育起了积极影响，殖民时期还出版了许多纳瓦特尔语的书籍和档案文件。

　　美洲独立运动结束后，西班牙语在墨西哥进一步扩张，西班牙语和土著语言，尤其与纳瓦特尔语并存的双语现象逐步消失。但土著习俗和西班牙风俗交融而来的文化，却以多种形式保留下来：土著语言在墨西哥西语留下了其痕迹，纳瓦特尔语更是如此。

　　尽管无法知道究竟有多少西班牙人学过纳瓦特尔语，但在墨西哥乡村，西班牙语从未完全取替过纳瓦特尔语，那里出现持久的双语并存情况，对墨西哥西语的影响至今仍是研究和讨论的热点。

二、非洲语言对墨西哥西语的影响

　　殖民早期的几个世纪里，成千上万的非洲人被船运到新西班牙开采矿藏。大部分非洲人首先抵达的地方是韦拉克鲁斯，因为当时这是唯一一个允许进行奴隶合法交易的港口。普埃布拉市是最主要的非洲人分布地，墨西哥城也有许多非洲奴隶。而自从与菲律宾通过阿卡普尔科——马尼拉航线开展贸易的不断繁荣，马尼拉的西班牙商人开始为葡萄牙或荷兰的黑人奴隶主从东非购入非洲奴隶。这些黑人从阿卡普尔科进入墨西哥，并与南海岸地区的黑人集合起来。种族同化和高死亡率，模糊了这些非洲——墨西哥人在这块大陆上留下的足迹，但依然能在一些诗词或歌谣中看到他们的身影。

这些作品揭示了墨西哥民族史鲜为人知的一面，但是由于非洲人来到美洲大陆后迅速被同化，他们的"洋泾浜式"西语并未对墨西哥西语产生什么影响。然而在沿海地区，非洲人滞留的时间更长些，因而还存留了一些语言遗迹，比如阿卡普尔科港口曾经有大量非洲居民，直到现在还留有一些依稀可辨的非洲——墨西哥人踪迹，一些音乐习惯和文化习俗表明这里曾经居住过非洲人。韦拉克鲁斯是西语美洲北部最主要的奴隶集散港口，尽管黑人的踪迹在很久以前就已经消失了，但是大量的音乐、民俗和某些词汇还能让人们看到当年非洲人在此逗留过的痕迹。

三、英语对墨西哥西语的影响

近代墨西哥西班牙语受到英语的影响非常大。墨西哥与美国相邻的边界总长超过 2500 公里，每年都有大量的美国和加拿大游客涌入，同时成千上万的墨西哥人也会去到北边的邻国工作。事实上，墨西哥是拥有最多美国境外公民的国家，人数超过一百万。诺贝尔文学奖获得者、墨西哥诗人奥克塔维奥·帕斯（Octavio Paz, 1914～1998）在其散文中提到墨西哥人对移民到美国的同胞的不同称呼：malinchista（崇洋者）、vendepatria（卖国者）、entregado（投怀送抱者）、coco（里白外褐者）、pocho（肤色漂白者[①]），如果不带偏见的话则称之为 chicano（等同于墨西哥人）或者 pachuco（20 世纪 20 年代身着奇装异服的墨裔美国年轻人）。英语在墨西哥是最多人学习的语言，并且是在西班牙语和土著语言之后的第三大语言。因此，英文单词并入西班牙语单词的现象，一直在持续增长中。许多英文单词如今在西语美洲国家乃至西班牙都被频繁使用，如 filmar（拍摄）、beisbol（棒球）、club（俱乐部）、cóctel（鸡尾酒）、líder（领导）、cheque（支票）、

[①] 皮肤漂白者，这里指那些移民美国，讲西班牙语时夹带英语词汇，对西班牙语知之不多，态度蔑视的墨西哥后裔。

sándwich（三明治）等，还有一些英文单词，仅在墨西哥会见到，比如 bye（再见）、ok（好的）、nice（漂亮）、cool（棒）、checar（检查）、fólder（文件夹）、overol（工装裤）、suéter（毛衣）、réferi（足球裁判）、lonchería（小吃店）、clóset（衣橱）、maple（枫树）、baby shower（宝宝派对），等等。

在墨西哥北部和美国南部地区，特别是边境各州，西班牙语结合英语单词的现象非常常见，比如 troca（英文 truck，卡车）、lonche（英文 lunch，中饭）、yonque（英文 junkyard，废物堆积场）。

墨西哥国立自治大学的西班牙语言学中心就拉丁美洲及伊比利亚半岛各大城市进行的一项调查结果显示，墨西哥城市地区使用的英语借词大约占其词汇的 4%，当然，这一数据包括了很久以前就已经渗入西班牙语里，且非墨西哥特有的英语单词，比如 nailon, dólar, ron, vagón，等等。

上述调查的结果总结如下：

英语借词大多以名词为主，最常用的有 O.K.（/oquéi/ 好的）、bye（/bai/ 再见）、rating（等级）、clic（点击）、basquetbol（篮球）、bat（球拍）、beisbol（棒球）、box 或 boxeo（拳击）、claxon（喇叭）、clip（卡子）、clóset（衣橱）、clutch（离合器）、cóctel（鸡尾酒）、champú 或 shampoo（沐浴露）、cheque（支票）、smoking 或 esmoquin（吸烟）、exprés（快车）、fútbol（足球）、gol（进球）、hit（一击）、jeep（吉普）、jet（喷气式飞机）、nocaut 或 knockout（出局）、líder（领导）、mitin（会议）、nailon 或 nylon（尼龙）、overol（工装裤）、panqué（甜饼）、pay（夹心饼）、pudín（布丁）、baby shower（宝宝派对）、reversa（背面）、rin（铃声）、raund 或 round（回合）、set（套）、strike 或 stráik 或 estráik（罢工）、suéter（毛衣）、pants（裤子）、tenis（网球）、supermercado（超市）、fólder（文件夹）、parking（停车）、güisqui 或 whisk(e)y（威士忌）。使用比较频繁的有：bar（酒吧）、bermudas（短裤）、bistec（牛排）、chequera（支票夹）、jockey（职业骑手）、DJ（流行音乐播音员）、short（短装）、show（表演）、sport（运动装）、switch（开关）。偶尔使用的有：barman（酒吧间接待员）、King/Queen Size（大床房）、grill（烤肉）、manager（经理）、penthouse（顶层复式公寓）、pullman（卧车）、strapless（无背带的）、ziper 或 zipper（拉链）等。

句法也有受到英语的影响，表现最明显的是，用与英语单词形态相似的西语单词模仿英语单词的用法。比如动词"aplicar"，人们会说"Apliqué a esa universidad."，对应的是"I applied to the university."，而在标准西班牙语中应该使用"postularse"，即"Me postulé a esa Universidad."（我申请了那所大学。)。再比如动词"asumir",人们会说"Asumo que sí va a ir a la fiesta.",对应英语中的"I assume he is going to the party.",而标准西语中则会使用"suponer",即"Supongo que sí va a ir a la fiesta."(我猜他会去派对。)。又比如动词"accesar",人们说"Accesa a nuestra página de internet.",模仿英语的"Access our web page.",而标准西语里应当是"acceder",即"Accede a nuestra página de internet."(请进入我们的网页。)。

第三节 墨西哥西语特点

一、语音特点

尽管墨西哥西语在不同地域会有各自不同的特点,但是它们还是有着一些共同的特征。

(一)塞擦音

墨西哥西语有一个其他国家或地区不存在或说不寻常的塞擦音辅音,是齿龈塞擦音tz,其发音为/ts/,在一些地名如Tzintzuntzan常见。

(二)r的发音

可能受到土著语言,尤其是纳瓦特尔语的影响,r在墨西哥不同地区的发音变化多端,除了标准的单颤音外,词尾、音节末尾或元音中间经常发浊擦音,原形动词后连着l时不发音,tr和dr发咝擦音和清音,词尾发成内爆破多种颤音,此外还有软腭音,多重齿龈音,等等。

(三)s化音

即术语所称的seseo现象,如同在西语美洲大陆、加那利群岛和安达卢西亚大部分地区的所有方言一样,s、z、c的发音没有任何区别,都发成为/s/。虽然也存在细微的差别,墨西哥西语中它是舌尖齿尖音,而在西班牙中部和北部是舌尖齿龈音,后者常让墨西哥人觉得像英语中的后腭音/sh/。

(四)y化音

即术语所称的yeísmo现象,在墨西哥,y和ll的发音没有区别,都发成标准西班牙语里字母y的音,这个现象如今在所有西语国家都极为普遍。

(五)字母x的发音

墨西哥西语中,x在不同单词中的发音变幻莫测,在地名上尤其突出。比如Xochimilco,应读成/sochimilco/;Xola,应读成/shola/;Necaxa却应读成/necaksa/,Tlaxacala应读成/tlaksacala/。当然还有最具代表性的,墨西哥国名无论写作 México 还是 Méjico，但都读成 /méjico/，类似的还有墨西哥瓦哈卡州，西语写作 Oaxaca，但发 /oajaca/；美国得克萨斯州，西语写作 Tejas 或 Texas，但都发 /tejas/。

二、句法特点

墨西哥的西班牙语在句法上鲜有与传统西班牙语不同之处。那些母语是当地语言，同时会一些西班牙语的土著民族或者在居住某些偏僻山区的土著居民，对于他们来说，土著语言对其西语句法上有着更深刻的影响。以下的例子可以说明这个问题：

在某些土著语和西班牙语通行的地区，尤其是在尤卡坦半岛和恰帕斯，会出现冗余的物主人称形容词。如"su papá de Pedro"（佩德罗的爸爸），传统西语应为"el papá de Pedro"，前者物主形容词 su 就是多余的。"Me dieron un golpe en mi cabeza."（我脑袋被砸了一下。），传统西语应该是"Me dieron un golpe en la cabeza."，第一句中的物主形容词 mi 多余。"Te cortaste tu dedo."（你切到手了。）传统西语应为"Te cortaste el dedo."，前面一句中的物主形容词 tu 多余。"Ponételo tu vestido."（你穿上裙子。），传统西语应为"Ponételo el vestido."，前一句中的物主形容词 tu 多余。

在尤卡坦半岛和恰帕斯，有时会出现不定冠词 + 物主人称形容词的情况。这种用法在危地马拉和萨尔瓦多更加常见，如"Tiene que darse un su gusto."传统西语应为"Tiene que darse gusto."（他应该很高兴。），其中"un su"就是该特殊用法；"Le da una su pena decírtelo."，传统西语应该为"Le da pena decírtelo."（他羞于告诉你这个。），其中"una su"就是该特殊用法；"¿No me empresta usté un su lugarcito?"（您不能借我个地儿用吗？），传统西语应该为"¿No me empresta usté un lugarcito?"，其中"un su"就是该特殊用法。

在墨西哥的某些地区，那些母语是土著语言但也说西班牙语的人们，常在句子里使用一个冗余的中性代词 lo。这个 lo 并不指代句子中某个特定宾语或用于重复指代某个特定宾语，而且还常常与句子中的宾语性数不一致。比如在尤卡坦半岛会出现以下用法："Ya me lo cayó el diablo."（我的台球杆架倒了。）传统西语应为"Ya me cayó el diablo."，此处的 lo 就不指代任何东西，是冗余的；"¿No te lo da vergüenza?"（你不觉得羞耻吗？）传统西语应为"¿No te da vergüenza?"，此处的 lo 也是冗余的，如果理解为 vergüenza 的复指，但阴阳性又不一致；"No te lo invito a sentarte porque ya es tarde."（很晚了，我就不请你坐了。）传统西语应为"No te invito a sentarte porque ya es tarde.",此处的 lo 就不指代任何东西,是冗余的。"¿Ya lo anunciaste la boda?"(宣布婚礼的消息了吗?)传统西语应为"¿Ya anunciaste la boda?",此处的 lo 可以理解为复指 la boda,但传统西班牙语极少复指直接宾语,且阴阳性不一致,这也是在墨西哥某些地区 lo 的特殊用法。有研究指出,这种 lo 冗余指代句子中的直接宾语,且不管阴阳性、单复数的情况是受墨西哥中部纳瓦特尔语的影响。这种用法其实并不是墨西哥西语的一个普遍特点,而是在某些土著语言影响大的地区,当地居民在学习西班牙语的过程中遗留下的一种用法。在社会语言学看来,纳瓦特尔语在墨西哥已经不再是一种重要的语言,不像尤卡坦半岛的玛雅语。这种纳瓦特尔语和西班牙语混杂的用法并没有扩散到墨西哥其他地区。

在那些冗余使用 lo 的地区,人们在回答一般疑问句时,不使用 sí 或 no,而是使用问句中关键的谓语,且常常不带任何宾语或宾语代词。如:

——¿Tenés hambre? —Tengo.

此处回答并没有用 sí 或者 La tengo,而直接用问句中关键的谓语,tener 的人称变位直接作答。

——¿Son baratas estas tus manzanías, vos? —Son.

此处同样没有用 sí 来回答,而直接用关键谓语 son 来回答,没有带任何宾语或者代词。

在墨西哥,常用的短语句型 no...hasta... 中的 no 常常会被省略,如"Será publicado hasta fines de año."(年底才出版。),传统西班牙语是"No será publicado hasta fines de año.";"Cierran hasta las nueve."(九点才关门。),规范西班牙语是"No cierran hasta las nueve.";"Hasta que tomé la pastilla se me quitó el dolor."(我吃了药后才不疼了。),传统西班牙语是"Hasta que tomé la pastilla no se me quitó el dolor."。

墨西哥日常会话,既保留了诸如"cada que"、"otro día"("mañana",明天)、重音位移等保守的古旧用法,又有类似"voy llegando ahorita"("Acabo de llegar."我刚到。),鼻音拉长,特殊词义,动词短语代替单一动词(如"echar una nadada","nadar",游泳)等的革新用法。

一些动词的时态(如简单将来时,虚拟式完成时,过去完成时等)在墨西哥日常会话中的消失,被认为受到外来语的影响,同时也是印欧语言共同的趋势。

三、用词特点

墨西哥西语中使用 tú 作为最常用的第二人称单数主格人称代词,然而在殖民时期属危地马拉总都督辖区的恰帕斯一些地方,有着与危地马拉西北部方言一样的特点,即用 vos 代替 tú,相应的动词变位也与危地马拉的这些方言区一致,也就是说,分别将词尾变成 -ás/-és/-ís,相应的虚拟式变位也是把重音放在最后。在哥斯达黎加的印欧非混血人口居住区,据语言学家记录,存在 vos 的变位,虽然几乎从不使用 vos 这个人称代词本身。现在,这里的一些年长居民依然会时不时使用这些变位,比如在家常闲聊时,流行诗词中,或即兴创作的歌曲里。

墨西哥西班牙语有一个非常突出的特点,就是用短语 "no más" 代替 "solo" 来表达 "仅仅",比如 "No más quisiera platicar contigo."(我只是想和你聊聊。);用 "mero" 代替 "el mismo",如 "Está en el mero centro."(他就在市中心。);用 "ya mero" 代替 "casi",比如 "Ya mero me caigo."(我差点儿就摔倒了。)。

在墨西哥的大部分地区,指小词最常用的词尾是 -ito/-ita,而在东南部一些地区,尤其是恰帕斯,更常用 -illo/-illa。

四、词汇特点

墨西哥西语包含了许多西班牙语古语,这些词汇在古西班牙语中十分常见,只有很少一部分词汇是墨西哥特有的。在向别人请求重复刚才说过的话时,墨西哥人最常用的是 "¿Mande?" 而不是用 "¿Cómo?" 或者 "¿Qué dice?",后面这两种用法在其他西语国家更为常用。在问数量时,墨西哥西语更倾向于用 "¿Qué tanto?" 而不用 "¿cuánto?"。在问程度时,使用 "¿Qué tan + 形容词?" 结构,如 "¿Qué tan grande es?"。口语中形容词最高级用 "mucho muy" 连用来表示,如 "mucho muy importante"。

其他一些比较常用的墨西哥西语词汇包括:

ándale:Vamos. 来吧! De acuerdo. 好吧!(或者代替 "De nada." 回答 "Gracias.")不客气!

bolillo:extranjero 外国人;caucasiano 高加索人

chamaco:niño pequeño 小孩子

charola:bandeja 漆盘

chinadera:objeto inespecificado 那个东西(俗称)

chingar:tener relaciones sexuales 发生性关系;estropear 损坏

escuincle:niño pequeño 小孩子;mocoso 小毛孩,鼻涕虫

gavacho:americano 美国佬(贬称)

güero:rubio, de tez clara 金发白肤的

bíjole/jíjole：用于表达惊喜或者疼痛

buerco：niño pequeño 小孩子（尤其在墨西哥北部）

naco：chillón 粗鲁的；de mal gusto 品位差的；pretencioso 自负的

órale：Vamos. Venga. 来啊，加油！

padre：muy bueno, estupendo 好极了

pinche：maldito 该死的，天杀的（原义"厨房伙计"，在墨西哥常用作形容词）

popote：pajita para sorber una bebida 吸管

úpale：提重物时用的感叹词

第九章　哥伦比亚的西班牙语

第一节　哥伦比亚概况及历史

一、概况

哥伦比亚共和国（República de Colombia），简称哥伦比亚（Colombia）。1502～1504年间哥伦布第四次航行到达南美洲北岸，发现了这块土地。为了纪念这位伟大的航海家，人们便用他的名字来命名这个国家。哥伦比亚地处南美洲西北部，北濒加勒比海，西临太平洋，是南美洲唯一拥有北太平洋海岸线和加勒比海海岸线的国家。它邻近中美洲地峡，素有"拉丁美洲门户"之称。首都是波哥大（Bogotá）。

二、历史

（一）前殖民时期的哥伦比亚

哥伦比亚是一个历史悠久的国家，两万年前安第斯山区已出现以狩猎为生的居民，他们基本上生活在岩洞里，偶尔也栖身于平原或河谷。公元前4000年，加勒比沿海开始出现定居的部落；公元前2000年，印第安人从沿海向内陆迁移，一些部落在河流或湖泊周围定居，另一些则选择在安第斯山区落脚。他们学习种植各种作物，如土豆、玉米等，逐步建立起以酋长为首的部族社会。

公元1世纪起，哥伦比亚居住着奇布查人（los chibchas）。奇布查人过着群居生活，从事农业生产，具有严密的政治组织和祭司组织，分为多个区，各区由世袭酋长统领。文化方面与玛雅人较为接近，文明发达，大多奇布查人居住在中部和北部的寒温带地区。在西班牙殖民者踏足前，奇布查人已经创造了灿烂的文化和语言，形成了独特的奇布查文化。除奇布查人以外，在哥伦比亚还居住着泰罗纳人（los taironas）、加勒比人（los caribes）和阿尔瓦克人（los arwacs）。泰罗纳人居住在圣马尔塔内华达山区，和奇布查人类似，他们也创造了自己独有的泰罗纳文化。加勒比人主要居住在大西洋沿岸，以捕鱼为生，文化水平并不发达，以动物崇拜为主。阿尔瓦克人主要从事农业、狩猎和捕鱼，其建筑艺术高于奇布查人。

（二）殖民统治时期

15世纪随着资本主义的不断发展及航海技术的进步，西班牙、葡萄牙等国在"黄金国"①的诱惑下积极向外探寻新航路。1492年，哥伦布发现美洲大陆后，西班牙王室便快马加鞭地对外开展殖民扩张，欲望的铁蹄从此踏上了原本风平浪静的哥伦比亚。哥伦布开辟美洲航线后，西班牙人在短期内就控制了加勒比沿岸一带。1509年，西班牙人第一次抵达哥伦比亚的土地，这次登陆是阿隆索·奥赫达②率领的从马拉开波湖（Lago Maracaibo）那头出发的远征部队的一部分。奥赫达到达了瓜希拉半岛（Península Guajira），那里的居民坚信自己是独立自由的生灵，把西班牙人拒之门外。奥赫达只得继续前行，并来到卡塔赫纳海湾（Bahía de Cartagena），尝试在加勒比沿岸建立一块殖民地。印第安人的强烈反对，加上其他不利因素，殖民地的建立困难重重，直到1525年，圣马尔塔（Santa Marta）殖民地才得以建立。建于1533年的印第安卡塔赫纳（Cartagena de Indias）不久即成为西班牙在南美洲北部沿海最重要的港口。起初，圣马尔塔承担了几乎全部殖民重任，但后来殖民地官员们因内讧，减少对殖民地的关注。值得一提的是，此时的西班牙也正处于航海大时代的关键时期，于是卡塔赫纳就这样沦为美洲殖民地与宗主国西班牙往来的中间站。

西班牙人在哥伦比亚的殖民行为几乎只有一个目的，那就是夺取金矿。虽然他们从未找到大型矿区，但北部冲积层和矿脉，弥补了他们为找寻金子而付出的努力。任何形式的采矿都是一项紧张的工作，于是西班牙实行"委托监护制"来管理殖民地，另外还对印第安土著居民进行奴隶制管理，通过以上手段来攫取财富。17世纪初，非洲奴隶曾一度沦为殖民地的主要劳力，乔戈（Chocó）、安蒂奥基亚（Antioquia）和波帕扬（Popayán）的

---

① 黄金国（El Dorado），传说在16世纪的新格拉纳达有一处储量丰富的金矿，当时的一个土著部落首领全身涂满金粉，在河中游泳以完成祭祀仪式。

② 阿隆索·奥赫达（Alonso Ojeda，1468～1515），西班牙航海家、征服者，第一个发现马拉开波湖的人。

矿区里有大量黑人，其他城市则为开矿提供粮食和物资储备。西班牙人大部分聚集在富庶的地区，乔戈是其禁地，那里的居民绝大多数都是黑人。

新格拉纳达，也就是被殖民的哥伦比亚，一开始属于圣多明戈的管辖范围，后来又隶属于利马，16世纪中在波哥大建立了特别自治区。1718年新格拉纳达成为了总督辖区，理论上和秘鲁、墨西哥有着相同的地位，可实际上重要性却远不及后二者。由于地处闭塞的安第斯山区，交通不便，新格拉纳达起初并未受到西班牙王室的重视，"委托监护制"也严重阻碍了生产力的发展，印第安人和黑人曾进行多次起义和斗争，反抗西班牙殖民当局的压迫和剥削。后来，新格拉纳达地位有所提升，在波哥大开始逐渐创立起大学以及其他文化和宗教中心，随之而来的是一批批西班牙教士、教师和管理者。从语言角度来看，这一举措有利于波哥大与卡斯蒂利亚王国精英们在语言上进行不断的交流，但是，哥伦比亚的几个主要港口城市间相隔较远，对哥伦比亚不同地区的西班牙语发展造成了影响：哥伦比亚高原地区的西班牙语和大西洋－加勒比地区的各方言有着显著差异，波哥大文雅的西班牙语在整个西语美洲备受尊崇，因其语音和正字法极其严谨和规范。

三、独立战争

18世纪起西班牙殖民统治进入了衰落期，宗主国与殖民地民众间的矛盾日渐加深。当时的新格拉纳达有来自两方面的不满情绪，一方面来自土生白人，即出生在殖民地的欧洲人，他们虽然掌握着一些经济权力，却在政治上没有实权，备受歧视，新格拉纳达总督区的建立又进一步激化了"半岛人"和土生白人之间的矛盾；另一方面，被残酷压迫和剥削的印第安人、黑人和混血种人对宗主国的怨恨也在不断加深，沉重的赋税迫使他们举起反抗的旗帜，为争取平等权利而斗争。大洋彼岸的美国和法国相继爆发的独立战争和大革命，对美洲殖民地无疑也产生了巨大而深刻的影响。

1808～1810年，拿破仑率军攻入西班牙，西班牙王室岌岌可危，抗法独立战争打响。这一消息传出后，新格拉纳达民众便开始了反对西班牙殖民统治的革命活动。1810年圣菲波哥大爆发了大规模反殖斗争，人们拥向总督府，驱逐总督，宣布独立，但是在建立中央集权政府还是联邦制问题上，人们产生重大分歧。联邦派成立了昆迪纳马卡州，次月颁布宪法，选举总统，但是主张中央集权制的安东尼奥·纳里尼奥[①]发动政变，推

---

① 安东尼奥·纳里尼奥（Antonio Nariño, 1765～1823），新格拉纳达政治家、军人，被视为哥伦比亚摆脱西班牙殖民统治早期最伟大的先驱者之一。

翻原总统，自命新一任总统，并呼吁各省共同建立中央集权政府。安蒂奥基亚、卡塔赫纳等省代表签署了《联邦法案》，宣布成立新格拉纳达联合省（Provincias Unidas Neogranadinas），卡米洛·托雷斯（Camilo Torres Tenorio, 1766～1816）担任联合省总统，昆迪纳马卡拒绝加入联合省，双方于1812年爆发战争。

1812年底，南美洲独立运动领导人西蒙·玻利瓦尔来到卡塔赫纳，率领新格拉纳达人民打退西班牙殖民者的军队。后来在玻利瓦尔的领导下，昆迪纳马卡并入联合省，圣菲波哥大成为新格拉纳达联合省议会和联邦政府驻地。1814年西班牙费尔南多七世登基，西班牙大举镇压美洲独立运动，独立运动转入低潮。

1819年12月，大哥伦比亚共和国宣告成立，由原新格拉纳达总督辖区的领地，即委内瑞拉、昆迪纳马卡和基多组成。1821年，在库库塔（Cúcuta）制宪会议上颁布了首部宪法，玻利瓦尔当选为大哥伦比亚共和国总统。1822年，在玻利瓦尔及其率领的将士的努力下，厄瓜多尔获得解放，加入大哥伦比亚共和国。1830年，委内瑞拉和厄瓜多尔相继独立。同年玻利瓦尔逝世，大哥伦比亚共和国解散。

四、独立后的哥伦比亚

大哥伦比亚共和国瓦解后，1831年新格拉纳达成为独立的国家，同年更名为新格拉纳达共和国。大哥伦比亚共和国解体后的1831～1903年间，巴拿马是哥伦比亚的一个省，美国政府开始插手巴拿马运河的修筑权，哥伦比亚政府没有重视此事，而是选择一味拖延，这一态度激怒了巴拿马省的上层人士，美国趁机与巴拿马省上层人士商议分裂计划，企图夺取巴拿马运河的开凿权。1903年，在美国的煽动下，巴拿马省宣布独立，成立巴拿马共和国。

五、"十年暴力"恐怖与"全国阵线"

"二战"后哥伦比亚内部的政治势力加速分化，保守党人向自由党人发动猛烈进攻。全国反法西斯战争的胜利，加强了工会和农民组织的凝聚力，共产党的力量有所发展，传统党派和各党派之间的矛盾日渐加深。1948年4月，自由党人组成的"全国革命左派联盟"的领袖豪尔赫·埃利塞尔·盖坦（Jorge Eliécer Gaitán Ayala, 1903～1948）惨遭毒杀，全国上下随即掀起反对保守党的浪潮。当天，圣菲波哥大爆发了大规模的人民起义。起义的群众焚烧建筑物，占领政府大厦，烧毁保守党领导人官邸，波哥大陷入一片混乱之中。从此，哥伦比亚进入"十年暴力"时期（1948～1957）。1957年，自由党人与保守党人签署协议，达成"全国阵线"的共识，协议规定，此后十二年里，总统一职由两党轮流担任。

"全国阵线"时期共四届政府，历届政府在促进经济发展，稳定民主制度上都做出了努力，并取得了一定成效。但随之产生的一些问题也不容忽视，如传统政党内部派系斗争加剧，工农和学生为争取民主权利而斗争，游击队活动日渐频繁。

六、"全国阵线"后的哥伦比亚

哥伦比亚经历了"全国阵线"时期后，政府在经济上主张稳定，遏制通货膨胀，积极维护国家主权，奉行"温和的民族主义政策"，扩大就业机会，减轻民众负担，实行和平的外交政策。

面对国内恐怖活动和贩毒走私的严峻形势，政府加大打击力度，派出治安部队对游击队进行镇压，同时以谈判方式为辅。20世纪80年代，针对贩毒集团的猖獗行径，全国上下共同开展了一场声势浩大的扫毒大战。

残暴骚乱之后几十年，归纳起来就是哥伦比亚更加现代化，人民的文化水平有所提高。然而，长期困扰哥伦比亚的两个社会毒瘤依然存在：经济成长的同时有四分之一的人口依然挣扎在绝对贫困线上，不断爆发的反政府游击队活动和非法毒品贸易，仍然是哥伦比亚最重大的政治和经济问题。

第二节 哥伦比亚西语与其他语言的接触

与其他国家和地区相比，西班牙语在哥伦比亚显示出了很大的差异和矛盾。从方言学的角度来看，哥伦比亚是西班牙语美洲最具有研究价值的国家之一，曾经出版了一本语言地图册（Atlas lingüístico），其中包括许多专门描绘地区性方言和社会记录的报刊文章和专题著作。此外，哥伦比亚部分地区因交通闭塞，至今还流传着"不为人知"的方言。与此同时，波哥大和其他一些内陆城市的文雅语言被称为"最纯正的西班牙语"，而这一美誉也得益于卡罗和克维佛研究机构[①]的设立。哥伦比亚同样有独一无二的克里奥约语，带有非洲－西班牙语美洲特点，是帕伦克·德·圣巴西利奥

---

① 卡罗和克维佛研究机构（Instituto Caro y Cuervo），哥伦比亚集西语文学、文献学及语言学研究于一体的综合性高级研究中心，致力于对外推广书籍中包含的文化。

（Palenque de San Brasilio）的语言，近几十年来才被外来研究者们所发现。从语音方面来看，哥伦比亚西班牙语具有多样性，这种多样性体现在：一方面，一些高原地区所使用的保守型方言拥有教科书般的发音特点，但另一方面则是到了沿海地区就有一种不和谐的感觉。

一、哥伦比亚西班牙语的历史和现在

新格拉纳达总督区属地从北边哥斯达黎加－巴拿马的边界延伸到南边纳里尼奥（Nariño），并从太平洋延伸到今委内瑞拉奥里诺科河河口。

印第安卡塔赫纳位于加勒比沿岸，是南美洲北部沿海最重要的港口，也是为数不多的接收非洲奴隶的授权地之一。绝大部分到达南美洲的奴隶和货物都会经过卡塔赫纳和波多贝罗①。西班牙船队在进入和离开加勒比海时，都会在抵达波多贝罗之前，经停两次卡塔赫纳。卡塔赫纳的居民频繁地接触来自加勒比和西班牙南部的语言新用法，直接导致了人们方言间的高度相似性。加勒比、卡塔赫纳和其他一些非洲人较多的地区，如古巴、巴拿马和委内瑞拉，在语言上有很大的相似性。

因战略位置重要，卡塔赫纳屡次被海盗们相中为掳掠的目标，多次受到海盗袭击和抢掠，最惨烈的一次发生在1586年，英国海盗弗朗西斯·德雷克②强占了该城，并手持利刃向所有人索要高昂赎金。

弗洛雷斯（Julio Flórez）认为哥伦比亚有七大方言区，这些方言区是根据语音特点来划分的，具体如下：沿海区（大西洋和太平洋）、安蒂奥基亚、纳里尼奥—考卡（Nariño-Cauca）、托利马（Tolima）、昆迪纳马卡/博亚卡（Cundimarca/Boyacá）、桑坦德（Santander）和亚内罗（Llanero）（亚马孙东部低地）。即使对方言区进行了精确分类，但是很少有哥伦比亚人能够区分三种或四种以上的方言。因此，尽管存在这样一条公认的分类标准，但民众对方言的划分，更看重发音和选择 tú/vos 还是 usted 上，而非词汇上的差异。

就如同将哥伦比亚人分为住在沿海地区的人（los costeños）和住在内陆高地的人（los cachacos）一般，学者将哥伦比亚分为两个"超级区"，即内陆和沿海（沿海包括加勒比海沿岸和太平洋沿岸），并以语音不同来作

---

① 波多贝罗（Portobelo），20世纪前一直属哥伦比亚。
② 弗朗西斯·德雷克（Francis Drake, 1540～1596），英国著名私掠船船长、探险家和航海家，据说他是继麦哲伦之后第二位完成环球航海的探险家。英国人视其为名留千古的英雄，西班牙人则把他看作十恶不赦的海盗。

为区分标准：即是否保留或弱化结尾的 s。同样，两大方言的区别也视乎 n，l 和 r 结尾的词如何发音。

中部高地从与委内瑞拉的交界处一直延伸到考卡谷地（Valle de Cauca），这是一片十分重要的方言区域，该地以其保守发音为主要特征，其词汇主要来源于西班牙语。另外有一个奇怪的现象，那就是当地居民除了对人称代词 usted 强烈偏好外，对 su mercé 和 vos 也推崇之至，这些尊称甚至在家人间也频繁使用。对于哥伦比亚亚马孙河流域（Amazonas）的很多居民来说，西班牙语只是其第二语言，于是这片区域被视为特殊方言区。东南端的纳里尼奥则显示出与其他地方截然不同的特点，在那里克丘亚语依然十分活跃。在哥伦比亚，首都波哥大的语言风格享有盛誉，影响深远。虽然沿海地区绝大部分居民的语言模式与波哥大的西语相去甚远，但是波哥大西语却是所有受过教育的哥伦比亚人追求的终极目标。操地区方言的人们则受到所谓下等语言的困扰，会十分注意措辞和新词的使用，因此可能于其本地区方言的发展是个不利因素。

二、西班牙语与哥伦比亚土著语

哥伦比亚存在的多种语言和方言使其被定义为一个多语国家。到目前为止共有七十二种土著语登记在册，两种起源于欧洲，分别是帕伦克·德·圣布拉西利奥的帕伦克语（palenquero）以及圣安德烈斯（San Andrés）的圣安德烈斯语（sanandresano），其他分布在不同地区的外语一般由外国移民带入。这些语言绝大部分都受到了研究人员的重视，但是有关西班牙语和它们之间关系的研究成果则少之又少。

印第安卡塔赫纳是殖民时期运输非洲奴隶的重要港口之一，成千上万的非洲奴隶到达哥伦比亚的加勒比海沿岸，随后被运往卡塔赫纳、里奥阿恰、圣马尔塔以及其他一些小城市。虽然很多奴隶被转运到新殖民地，但还是有大批非洲人留在哥伦比亚北部沿海地区，形成庞大的非洲居民区太平洋沿岸地区，尤其是乔戈，情况更是如此。卡塔赫纳的非洲裔人口曾一度达到75%，即便后来降至50%以下，非洲居民区依然形成了一股强大的语言和文化力量。如今，沿海乡村地区，非洲人口仍占据主导地位。哥伦比亚的非洲人主要讲帕伦克口音的克里奥约语（criollo palenquero），但是他们所使用的词汇却多来自非洲，在发音和句法上也受到了非洲口音的影响。

哥伦比亚的亚马孙河流域有相当数量的印第安部落依然保存其语言和文化，但是相对于哥伦比亚其他地区，其影响微乎其微，尤其在语言方面。

瓜希拉半岛的印第安土著居民在整个殖民时期都使用自己的语言，并一直沿用至今。瓜希拉人与政府签订协议，承诺终身从事放牧或捕鱼业，而政府则承诺不把瓜希拉人的语言同化为西班牙语，这也从侧面反映了瓜希拉人的语言基本和西班牙语没有接触。

曾经在哥伦比亚内陆地区占人口大部分的奇布查人，除了一些地名和几个单词以外，没有给后人留下什么。奇布查的人口分布一直很稀疏，并未在持续一段时间里，既说西班牙语，又说土著语。奇布查语除了在哥伦比亚有所分布外，在洪都拉斯、尼加拉瓜、哥斯达黎加、巴拿马及委内瑞拉等国都可以找到其痕迹。奇布查语约有24种子语言，8种已消失，其余的也濒临灭绝。这些方言之所以绝迹，很大一部分原因是讲这些土著方言的地区，恰恰是西班牙殖民者政治和经济活动中心。

哥伦比亚西南部与厄瓜多尔交界处，在西班牙人还未入侵前，是印加帝国北边疆界，在那里人们讲的是一种克丘亚语，现今克丘亚语的使用已经有所减少。

第三节　哥伦比亚西语特点

一、词形方面

在形态句法学上最显著的变量是关于家庭成员间人称代词的选择，及相应口语中的词形表现。中部地区的哥伦比亚人偏向于在很多语言环境中使用 usted，甚至用在夫妻、父母子女和好友之间，等等；东部地区几乎只用 usted，而 tú 几乎只出现在教科书中，实际上在该地区极少使用，仅限于乡村地区；据蒙特斯·希拉尔德（Montes Giraldo）研究，tú 只在卡塔赫纳和加勒比沿海一些地区使用，其他地区更倾向于结合着使用 usted 和 vos。不过值得一提的是，事实上 tú 在中部地区的使用频率还是相当高的。

中部一些地区的方言，尤其安第斯地区（如博亚卡、昆迪纳马卡等）会使用人称代词"su mercé"或"su merced"，这是古西班牙语的一种尊称，在其他一些西语国家，"su mercé"只会在一些特定语境下使用，比如向法官或者神甫进言。然而在哥伦比亚东部，"su mercé"的使用有不同的社会含义：家人之间，"su mercé"代表了一种亲切而紧密的关系，尤其是在父母子女间或者兄弟姊妹间；在商店里，通常卖家会用"su mercé"来称呼客人，试图给客人留下价格有保障、商品可信赖的印象，而买家则倾向于使用不带倾向的中立代词"usted";在波哥大,"su mercé"和"usted""tú""vos"交替使用;西部及沿海地区则鲜见"su mercé"的使用。

加勒比海沿海地区只使用 tú,虽然太平洋沿岸的居民使用更多的是 tú 的其他说法,在口语中还会出现"voseo"[①]和"tuteo"[②]的现象。vos 在西南部、考卡谷地以及纳里尼奥用得较多。

安提奥基亚、托利马、克拉达斯(Cladas)也使用 vos,在桑坦德及其北部会使用 vos 的不同形式,而在波哥大,由于当地居民结构的多样性,情况就显得更为复杂。伴随着 vos 的是不同形式的变位,-ás/-és/-ís。在纳里尼奥当地的语言中,会使用 -ís 作为第二规则变位动词的词尾。在哥伦比亚北部的少数几块飞地(大部分位于玻利瓦尔),还可以发现一些二重元音式的词尾,如 -áis 和 -éis,但可惜的是,这些形式的词尾正在逐渐消亡。

哥伦比亚的西班牙语对使用指小词词尾 -ico 有着特殊的偏好,尤其是在以辅音 t 或 d 结尾的词之后,例如:momento → momentico,maestro → maestrico,rato → ratico,等等。这一特征跟古巴、哥斯达黎加和西班牙语美洲其他一些地方是一致的,这是西班牙东北部(尤其是阿拉贡地区)的一种古老用法。

二、句法方面

比较常见的一种情况是,哥伦比亚很大一片地区惯使用 ser 来加强语气,比如:

Lo hice fue el verano.(我在夏天做了这件事。)

规范句型:Fue en el verano que lo hice.

Teníamos era que trabajar mucho.(我们不得不努力工作。)

规范句型:Trabajar mucho era lo que teníamos que hacer.

这种句型也可以在厄瓜多尔、巴拿马和委内瑞拉见到。在构建语句时,不是所有哥伦比亚人都这样做,但是相对而言,哥伦比亚人使用该结构的频率会比邻国高很多。

哥伦比亚人都习惯把主格人称代词置于原形动词之前,如:

antes de yo salir de mi país(在我离开国家之前)

规范句型:antes de salir de mi país

para él sacar mejores notas(为了让他获得更高的分数)

[①] voseo,即以 vos 代替 tú 的现象。

[②] tuteo,即以 tú(你)称呼对方。

规范句型：para que saque él mejores notas

有一种看法认为这个句子结构产生于加勒比地区，但是奇怪的是，内陆人也同样使用该结构。

用中性代词来复指直接宾语，比如"Lo veo el caballo."（我看到了马。），规范用法为"Veo el caballo."，这种情况出现在哥伦比亚最南端，但是在更南端的其他安第斯国家却不太常见。

在太平洋沿岸，尤其是在非洲—美洲乡村居民的会话当中常会遇到双重否定，在第二个 no 前面也没有停顿，如"No hablo inglés no."（我不会说英语。），规范句型为"No hablo inglés."。

在亚马孙地区，双语人士（这里指除了方言外，仅掌握基础西班牙语的人）会使用一些特殊结构，而这些结构很明显地将他们与只掌握西班牙语的人士区分开来。与巴西交界的地区，人们会将不标准的葡萄牙语带进西班牙语中。其中有一个例子可以证明这一点：在应当使用宾格代词的地方使用了主格人称代词，这种特征在巴西葡萄牙语中也可以看见。如：

Cuando él mira nosotras, eyos juega.（他看我们的时候，在玩儿。）

规范句型：Cuando él nos mira, él juega.

三、词汇方面

哥伦比亚高地的方言继承了西班牙语的传统词汇，而在其他地区，非洲或者印第安语言相对来说对词汇有较大影响，但事实上真正的"哥伦比亚"单词不多，如 amarrado（小气的）、argolla（订婚戒指）、biche（青的，未熟的）、bituta/bitute（食物）、cachaco（年轻漂亮、殷勤有礼的人）、cachifo/a（小伙子，小姑娘）、cafongo（一种将玉米奶酪包在叶子里的食物）、chanfa/chanfaina（工作）、cuelza（生日礼物）、fucú（霉运）、furuminga（一大群人）、guandoca（监狱）、joto（小包裹）、locho（金色的）、mamado（疲惫的）、mono（金黄的头发）、pite（小块）、verraquera（杰出或出众的某物）等。

四、语音方面

哥伦比亚的语言地图提供了很多地区发音特征的信息。许多学者对波哥大语音进行了广泛的研究，内陆地区也得到了一些学者的青睐。此外，一些专家学者对沿海地区的发音规则等也进行了专题性的研究。下面就以内陆高地、加勒比沿海地区、太平洋沿海地区、亚马孙地区的研究成果为例，对哥伦比亚各地的语音变化做初步的介绍。

（一）s 的发音

s 的发音在上述四个地区的发音表现迥异。在内陆高地，人们习惯保留音节末尾的 s 并发出咝音，尤其是波哥大西部地区的居民，将舌尖顶住齿龈发出 /s/ 音，与传统卡斯蒂利亚语十分类似。虽然居住在高地的哥伦比亚人喜于保留音节末尾的咝音，但有时在单词开头和中间将 s 发成送气音，比如把"nosotros"发成 /nojotros/ 在哥伦比亚中部地区就极为常见，甚至在一些教育水平较高的人群中也屡见不鲜。当 s 出现在词组中的后一个单词的词首时，也会发成送气音，如"una señora"会发成 /unaheñora/，此种现象并不常见，但是哥伦比亚中部地区是西班牙语世界中，唯一一个频繁地将词首而非词尾的 s 发成送气音的地区。在加勒比沿岸地区，词尾的 s 几乎都被发成送气音，但是在城市中还是可以听到不少教育水平较高之人将 s 发成咝音。在太平洋沿海地区，音节以及单词末尾的 s 被发成送气音或是不发音。但是和加勒比海沿岸地区相比，太平洋沿岸地区的末尾 s 及其他辅音的弱化现象并不突出。对于中产阶级，尤其是南部海岸的居民来说，这个结论是准确的。此外，乔戈的当地语言大大减少了辅音的发音次数，而加勒比沿海地区的方言则恰恰相反。在亚马孙地区，大部分情况下 s 在音节和单词末尾都会发咝音，但是如果在词法上是多余的，那么 s 便不发音，例如"los muchachos"。极少数情况下 s 也会弱化成送气音。

（二）n 的发音

在内陆高地，词尾的 n 常常是齿龈音。在加勒比沿岸地区，词尾的 n 则被发成软颚音，有一种发音是削弱 n 的鼻音，但是相应地加强 n 前元音的鼻音化。有趣的是，太平洋沿岸某些小地方，人们还会将 n 发成唇音 /m/。最后在亚马孙地区，n 有时发成软颚音，这是内陆高地所没有的发音特点，也可能在程度上受到邻国秘鲁的方言影响。

（三）r 的发音

在内陆高地，r 是一个弱擦音，r 处于单词的末尾时，一般会将其发成十分微弱的咝音。在加勒比沿海地区，词尾的 r 常常不发音，尤其是原形动词。

第十章 阿根廷的西班牙语

第一节 阿根廷概况及历史

一、概况

阿根廷共和国（República Argentina），简称阿根廷（Argentina），是南美洲南部的一个联邦共和制国家，与智利、玻利维亚、巴拉圭、巴西、乌拉圭等国接壤，东南面向大西洋。首都是布宜诺斯艾利斯（Buenos Aires）。阿根廷国土面积为 2,901,400 平方公里，在拉美各国中位居第二，仅次于巴西，全球排第八。

阿根廷国内有一条重要的河流，名为拉普拉塔河（Río de la Plata），是"白银之河"的意思，河流旁的土地被称为"白银之地"，其国名 Argentina 源自西班牙语 argén，而 argén 又源自拉丁语 argentum，意为"白银"。

二、历史

（一）前殖民时期的阿根廷

西班牙人来到美洲后的数年里，就一一征服了墨西哥的阿兹特克文明和秘鲁的印加文明，但却耗费了三百年殖民时期的大部分时间，才最终在阿根廷确立统治。1492 年哥伦布到达加勒比海时，阿根廷的土著人口为 90 万[1]，守着一方肥沃的土地，却因没有合适的生产工具，只能靠狩猎和采集为生，因此在西班牙人到达之时，这里并不存在足以维持大量欧洲人生存的物质基础。此外，这些早期居民没有形成统一的文化或部落，几十种不

---

[1] Denevan, W. D., 1992: *The Native Population of the Americas in 1492*, Univ. of Wisconsin Press, xxvii.

同的文化或部落讲着数种彼此间无法沟通的语言,这更加剧了政权的分散。在欧洲人到达阿根廷之时,这里不存在一个统一的帝国,西班牙人必须耗费大量精力,逐一击败各个部落,因此数个大部落在西班牙征服者的强攻之下,依然顽强抵抗了四百年。

1. 北部的农耕部落

迪亚吉塔人(los diaguitas):阿根廷西北部尤其是萨尔塔(Salta)和胡胡伊(Jujuy)地区的印第安人有着类似秘鲁印加人的安第斯文化。但在哥伦布到达前,他们没有如其他安第斯地区的印第安人那样,建造起大城市,也没有形成如印加帝国那样的世袭社会等级制度和社会分化。因为这片区域很晚才并入印加帝国版图,印加帝国对其影响不大。但是,迪亚吉塔部落的酋长们听得懂印加人的克丘亚语。在欧洲人到来之前,这里共存着丰富多样的文化,阿塔卡梅尼奥人(los atacameños)、乌玛瓦卡人(los humahuacas)、奇查人(los chichas)和卢莱人(los lules)共同生活在这片土地上,他们与迪亚吉塔人和平共处。

马普切人(los mapuches):居住在今天智利南部,受益于迪亚吉塔人在农业上的突破,由狩猎向农耕文明过渡。15世纪图帕克·印加[①]一直打到智利中央河谷时,马普切人依靠坚固的堡垒和英勇善战击退了敌人的进犯,之后他们积极维护自治,其对欧洲人的抗争一直持续到19世纪80年代。

瓜拉尼人(los guaranís):瓜拉尼人居住在今乌拉圭、巴西及阿根廷东北部亚热带丛林,沿森林和河流而居的瓜拉尼人形成了狩猎、捕鱼和刀耕火种的文明。这些农耕部落或多或少长期定居某地,容易成为沿河而居的其他部落或大查科地区游牧部族偷袭和掠夺的对象。这种充满危机的生活,正是瓜拉尼人在遇到似乎拥有神奇武器的西班牙人后,选择与其联手,抵御宿敌的原因。

2. 南部的游牧民族

从大查科开始,穿越科尔多瓦丘陵和潘帕斯平原,并一直延伸至巴塔哥尼亚高原的广大地区上,生活着众多游牧部落和采集部落,他们既不依附于印加人也不归顺于入侵的欧洲人。这些好战的游牧部落不能忍受西班牙殖民者的压迫,进行了三个多世纪的抗争。他们好战,往往以闪电速度袭击敌人。在这些数不清的小狩猎部落中,有几个在文化和语言上存在关联,但由于缺乏统一领导和组织,因此没有哪个部落得以推行统一的信仰和语言。这些以狩猎为生的印第安人独立自主,即使生活贫穷也要追求生

---

① 图帕克·印加(Túpaq Inka),印加帝国第十位君王。

命的辉煌和个人主义。

总的来说，当时南锥体①地区人口分散、政治不统一、物资匮乏，打乱了首批来到这里的西班牙冒险家的如意算盘。西班牙殖民者必须在几个世纪里慢慢推行殖民，用从欧洲带来的新技术和经验，在荒野上建立起城市和农场，使其成为新家园。但不容忽视的是，这些土著人几千年积累的传统，包括语言、两性关系、宗教信仰、部落的多样性和不同文化及物质贡献等，都在后来该地区历史进程中留下了深深的烙印。事实上，古阿根廷人的某些工具、食物、习惯、运输方式、宗教信仰和社会关系也改变了欧洲入侵者，毕竟传承千年的土著传统才是最适应当地环境的。

（二）西班牙殖民时期

1502年，航海家亚美利哥·韦斯普奇②一行成为首批抵达阿根廷的欧洲人。1536年，佩德罗·德·门多萨③在布宜诺斯艾利斯一带建立起小型定居点，但1541年在土著人的抵抗中被迫放弃。相比于玻利维亚和秘鲁的真金白银，阿根廷境内的经济潜力并不为西班牙殖民者看好，因此，在1776年以布宜诺斯艾利斯为首府的拉普拉塔总督辖区成立之前，阿根廷一直隶属秘鲁总督区。布宜诺斯艾利斯1806年和1807年两次击退英国入侵，彼时，启蒙思想和资产阶级革命对君主专制统治提出了质疑和批判，因而拿破仑入侵西班牙，让阿根廷乃至整个西属美洲独立运动者们看到了曙光。

三、殖民时期后的阿根廷

1810年阿根廷爆发反殖民统治的"五月革命"（Revolución de mayo），成立了第一个政府委员会。1812年民族英雄圣马丁④率领民众抗击西班牙殖民军，1816年宣布独立。独立运动阵营分为集权派和联邦派，它们间的争斗成为阿根廷独立初期的主题。1831年联邦派建立阿根廷邦联，1853年乌尔基萨（Justo José de Urquiza, 1801～1870）将军制定首部宪法，以宪

---

① 南锥体（Cono Sur），南美洲位于南回归线以南的地区，一般意义上的南锥体包括阿根廷、智利和乌拉圭三国，有时也包括巴拉圭和巴西的南里奥格兰德州、圣卡塔琳娜州、巴拉那州、圣保罗州，南锥体是南美洲经济最发达地区。

② 亚美利哥·韦斯普奇（Américo Vespucio, 1454～1512），意大利航海家，1500年发现南美东北海岸线，据此推测这是块新大陆。1507年，瓦尔德塞弥勒在其绘制的世界地图上将南美洲标为"亚美利加"。美洲即以其名字命名。

③ 佩德罗·德·门多萨（Pedro de Mendoza, 1501, 1502～1537），西班牙海军上将和征服者之一，首位拉普拉塔河总督，1536年月创建布宜诺斯艾利斯城。

④ 圣马丁（José Francisco de San Martín Matorras, 1778～1850），拉丁美洲独立战争的领袖之一、杰出的军事统帅，阿根廷民族英雄。

法确立自由主义和联邦制，建立联邦共和国，乌尔基萨成为阿根廷制宪后首任总统。1860年阿根廷改为共和国。

自1880年上任的胡利奥·阿根蒂诺·罗卡（Alejo Julio Argentino Roca Paz, 1843～1914）开始，阿根廷经济自由政策得到连续十届联邦政府的加强，在政策的激励下，欧洲移民潮重塑了阿根廷的政治、经济和文化的面貌。1908年阿根廷成为世界第七经济大国，人均收入比肩德国，布宜诺斯艾利斯也从"大农村"华丽转身，一跃而为国际化的"南美巴黎"。

20世纪30年代起阿根廷出现军、文人交替执政局面，庇隆将军（Juan Perón, 1895～1974）1946～1955和1973～1974三次出任总统。20世纪70年代中后期，军政府对左翼反对派人士进行残酷镇压。1982年同英国就马尔维纳斯群岛（福克兰群岛）主权争端爆发战争，战败后，军政府也随之倒台。1983年激进党阿方辛民选后上台，恢复并大力推进民主化进程，民主政体逐渐得到巩固。正义党领袖梅内姆（Carlos Saúl Menem, 1930～2021）自1989年起连续执政十年，大力推行新自由主义经济政策，阿根廷经济一度有较大发展，然而在其执政后期，阿经济转入衰退，社会问题日益尖锐。2001年，阿根廷爆发严重的政治、经济和社会危机，此后阿根廷国内形势动荡不安，曾经在十日之内数易总统。2003年正义党人基什内尔（Néstor Carlos Kirchner, 1950～2010）就任总统后，阿经济快速复苏，政局日趋稳定，民生不断改善，国际和地区影响力均大幅回升。

第二节　阿根廷西语与其他语言的接触

一、土著语对于阿根廷西语的影响

当西班牙人最初抵达拉普拉塔河时，这一平原地带的土著居民的确不多，但这为数不多的土著居民却英勇好斗，布宜诺斯艾利斯的建城计划迟迟难以实施。人们把这些锲而不舍摧毁西班牙人殖民据点的印第安人统称为潘帕斯人（los pampas），但准确地说，当时居住在布宜诺斯艾利斯附近的土著民叫作凯兰迪人（los querandíes）。在与西班牙战斗的过程中，凯兰迪人并没有留下多少语言印记，仅有一些地名，或者，比如有人认为高乔（gaucho）这个词源自潘帕斯人的语言，但这说法一直未得到证实。

阿根廷南部曾经居住着一些游牧民族，他们被称为巴塔哥尼亚人（los patagonianos），这些人当中有盖纳肯人（los guénakenes）、乔尼可人（los choniks/chonecas）；麦哲伦海峡（Estrecho de Magallanes）居住着卡诺埃罗人（los canoeros），亚麻那人（los yámanas）和阿拉卡路飞人（los alacalufes）。今天的阿根廷，还留有这些土著人的后代，他们并未融入西班牙语社会，属于边缘群体，游离在西语语言和文化之外。

阿根廷北部和西部依然留存着一些具体的土著语言的影响。阿根廷东北部的土著居民仍然讲瓜拉尼语，且向西语输入了一些词汇，对西语语音和语法也产生了一定影响。阿根廷西北部曾为印加人统治，随之而来的印加人的通用语克丘亚语顺势"攻陷"了当地的地方语言。该地区土著民臣服于西班牙人之后，西班牙语和瓜拉尼语、克丘亚语迅速交融，最终形成一些西语地方方言。最原始的土著语瓜拉尼语仅在地名的命名上留下痕迹，但阿根廷西北部克丘亚语的广泛使用，却深深影响了当地方言。

殖民初期，很多非洲黑奴被带到阿根廷，做劳工或仆人，在布宜诺斯艾利斯生活和工作的非洲人，按不同种族组建了多个教士会和教友会，比如在乌拉圭，众多阿根廷黑人参加了民族独立运动，他们成了高乔人（los gauchos），那些最优秀的即兴歌曲创作者或民间歌手中，就有一些非洲黑人。在《高乔人马丁·菲耶罗》（El gaucho Martín Fierro）或者《圣托斯·维加》（Santos Vega o los mellizos de la Flor）这些高乔文学作品中，都可以看到黑人高乔人的影子。在奴隶制被废除以及摆脱西班牙统治之时，非裔阿根廷人（los afro-argentinos）都组织了狂欢活动以及群众游行，将其语言与文化展示给阿根廷民众。在布宜诺斯艾利斯，很多黑人生活在社会边缘，他们是工人、流动小贩、佣人和马车夫，但是他们却遍布在整个布宜诺斯艾利斯，他们的语言和音乐也广为人知。

（一）高乔语

今天的阿根廷西语其实就是布宜诺斯艾利斯市区的西班牙语，但是在过去的阿根廷和乌拉圭，口语和文学作品使用的语言其实是潘帕斯草原牧民讲的高乔语。在埃斯塔尼斯劳·德尔·坎波（Estanislao del Campo, 1834～1880）的作品《浮士德》（Fausto），伊拉里奥·阿斯卡苏比（Hilario Ascasubi, 1807～1875）的《桑托斯·维加》，巴托洛梅·伊达尔戈（Bartolomé Hidalgo, 1788～1822）的《一位高乔人为歌颂麦普之役而创作的爱国的西埃利托》（Cielito patriótico que compuso un gaucho para cantar la acción de Maipú）以及何塞·埃南德斯（José Hernández, 1834～1886）的史诗《高乔人马丁·菲耶罗》等高乔文学作品中，都有那乡间守旧的高乔语的影子，可惜今天的高乔人已不能讲完整的高乔语了，而且今天阿根廷的高乔人就像美国西部牛仔一样稀少，即便是保留下来的高乔人当中，也鲜有人能即兴创作民歌了。值得庆幸的是，今天受过教育的阿根廷人仍然熟悉高乔语，在流行歌曲、电影和话剧中还能看到高乔语的影子。

高乔词汇包含了古风语言、乡村词汇及阿根廷方言等元素，还有不少来自土著语言。典型的高乔词汇有：yuyo（草，牧草），sobre el pucho（立刻、马上），chinchulines/chunchulines（羊羔或烤牛的肠子），等等。很多高乔词汇被现在的阿根廷西语所吸收，并且还推广到邻国。高乔语一般围绕乡村、土地的相关事物，其语言形式具有不规范性和仿古性。因此，在墨西哥、哥伦比亚、西班牙和加那利群岛的乡村中都可以找到类似的语言，但是，这种语言只有和充满魅力的高乔人的生活结合，才得以升华到一种文学和文化高度。

下面是高乔语在文学中的应用：

> Vos, porque sos ecetuao,
> ya te querés sulevar,
> no vinistes a votar
> cuando hubieron elecciones:
> no te valdrán eseciones,
> yo te voy a enderezar.
> ....

——"A otro", *Martín Fierro*

二、外来语对于阿根廷西语的影响

人们往往会形容阿根廷人是"身着法国时装，脚踏意大利皮鞋，喝着英式下午茶，讲着意大利口音西班牙语的自以为欧洲人的美洲人"。这是因为阿根廷人在历史上一直受到来自欧洲的移民的影响，阿根廷一直被认为是一个移民国家，根据2010年统计结果，阿根廷人当中有15.8%的人是美洲人种，4.15%是非洲人种，而欧洲人种则占到了78.9%。

阿根廷1810年脱离西班牙独立。独立伊始，即着手从欧洲招募移民，但效果不明显；直到19世纪50～60年代，欧洲居民才开始大规模向阿根廷迁徙；移民大潮滚滚而来，一年甚于一年，截至1930年，阿根廷全境已有60多万欧洲移民，成了欧洲移民落户最主要的国家。到1967年，印第安人和梅斯蒂索人只占全国总人口的2.9%；全国人口的97%是白种人，绝大多数是欧洲移民及其后代；其中又以意大利人和西班牙人占多数，据

1912年统计，整个阿根廷的移民中，50％是意大利人，30%为西班牙人，其余来自英、法、德、俄等欧洲国家；还有少数叙利亚人和黎巴嫩人。英国威尔士人当年移入并定居下来的地方，如今仍然讲威尔士语。[①] 郝名玮在《欧洲移民与阿根廷》[②]总结这场移民潮的主要原因有：

1. 19世纪中叶以后，欧洲各国人口增长过快，人们为了谋生，大量外流。

2. 19世纪中叶至20世纪初，欧洲各主要资本主义国家工业革命相继完成，工农业生产实现机械化，劳动力大量过剩，欧洲各国劳动力市场上充满了失业工人、破产小手工业者以及失去生产资料的农民。他们中的许多人迫于无奈，移居海外，以求生存。

3. 欧洲各主要资本主义国家通过工业革命成为当时世界上经济最发达的国家，但社会财富的创造者——无产阶级却生活在水深火热之中。无产阶级起而反对资产阶级的剥削和压迫，阶级斗争尖锐，1871年法国工人武装起义，夺取了政权，成立"巴黎公社"，将斗争推向最高潮。公社失败后，资产阶级政府疯狂迫害工人及其他劳动人民，许多人不得已离开法国，避难他乡。

4. 一些被压迫民族（如爱尔兰人、俄国境内的犹太人等）则由于不堪忍受统治民族资产阶级政府的贪婪、暴虐，愤而离乡，以示抗议。

5. 工业发展迅速的欧洲国家对原材料的需求，不论数量和种类都不断增加。由于海外农牧产品打入欧洲市场，与欧洲的农牧产品相竞争，欧洲农牧业生产越来越不景气，而受影响最大的是意大利、西班牙这些工业不发达、以农业生产为主的国家，特别是意大利，历史上长时期经受内乱、外侮，农业凋敝，工业落后，城市难以提供充分的就业机会，农民唯有远走异邦，落户谋生。

这些欧洲人为什么选择阿根廷作为其归宿地呢？首先，阿根廷地广人稀，但劳动力奇缺，当时的潘帕斯草原还是一个野草丛生、牛马漫游的半野性世界，阿根廷的气候也极适合欧洲人；其次，进入19世纪50～60年代后，阿根廷内战基本平息，疆界大致确立，国家趋于统一，政局逐渐稳定，人心思治，急欲富国强民。阿根廷地处温带，沃野千里，自然条件和地理条件均优越，极适宜种植谷物、亚麻，放牧牛羊。为满足彼时欧洲国家经济迅速发展的需要，阿根廷政府及时制定了发展计划，大力提倡生产粮食、肉类、皮、毛、亚麻等商品。在劳力奇缺、急需人手之际，阿根廷政府立即派人前去欧洲招募移民，于是大批欧洲居民应招而来。这些欧洲

---

① 刘远图：《沙皇俄国在日俄战争前的军事准备》，《世界历史》，1980年第6期。

② 郝名玮：《欧洲移民与阿根廷》，《世界历史》，1980年第6期。

移民大大地充实了阿根廷的劳力，而且他们还带来了先进的技术，阿根廷在 20 世纪初，一跃而为拉美经济最发达的国家之一。

除了带来经济上的发展，这些欧洲人还大大影响了当地的语言。欧洲移民当中以意大利人为主，他们为拉近意大利方言和西班牙语之间的距离，创造了一种接触语——可可利切语（cocoliche），随着移民后代慢慢把西班牙语作为自己的第一语言时，这个接触语便逐渐消逝。20 世纪初，布宜诺斯艾利斯地区超过一半的人口是意大利裔，因此，布宜诺斯艾利斯所特有的黑话（lunfardo）词汇中大部分源自意大利语。然而意大利语对当地西班牙语的影响却远不止贡献了几十个单词那么简单：意语对于拉普拉塔河流域西语的发音有着深刻的影响，比如，在布宜诺斯艾利斯日常口语中位于词尾的 s 往往被弱化或省略，因为在很多意思相近的意语和西语单词中，那些词尾有 s 的西语单词，往往在意语当中是没有 s 的，如西语中的 vos 在意大利语中是 voi；再者，西班牙语第一人称复数变位 -amos/-emos/-imos 在意大利语汇中是 -iamo；意大利语名词复数词尾多半为阴性 -e 阳性 -i，而西班牙语的复数结尾是 -s。意裔阿根廷人在发位于词尾的 s 时往往直接将其省略，而位于辅音之前的 s 还保持为咝音的 /s/，这种位于辅音之前的 s 在阿根廷西语中正常情况应该是送气的 /h/ 的音。由此可以看出，导致这种与阿根廷西语完全不同的 s 发音现象，主要是受到了意大利语的影响。

可可利切语

20 世纪初的几十年间，大批意大利人移入布宜诺斯艾利斯、蒙得维的亚（Montevideo）及拉普拉塔河流域其他几座大城市，这些意大利人给当地人口结构带来了巨大变化。在移民最高峰时期，布宜诺斯艾利斯城中大部分人是外国人，根据时期与地区不同，意大利人的比例从 25% 到 50% 不等。大部分意大利移民贫穷且目不识丁，只有很少一部分人可以讲标准的意大利语，其他人则操着一口不同语言及方言混杂的语言，因此很多意大利方言都被西班牙语融合吸收了。当时工人阶层的意大利人并没有放弃自己的语言来系统学习西班牙语，他们只是简单地将自己说的意大利方言做些许变动，好让别人最大限度地了解自己要表达的意思，而且他们的意大利方言受西班牙语的影响也越来越大。于是，在布宜诺斯艾利斯和蒙得维的亚便出现了一种语言接触[①]现象，也就是可可利切语，即第一代意大利移

[①] 语言接触（lengua de contacto），又称接触语言学，是语言学研究的现象，发生在不同语言系统互动或影响之时。当不同语言的说话者密切接触时，这种接触会影响至少一种语言，并带来语音、句法、语意等社会语言学形式的变化。

民所使用的"西班牙—意大利杂交语言"(habla híbrida ítalo-española)。这门语言最初是如何诞生的，并没有统一的说法，但是当时的戏剧家、诗人及记者很快接受了这门语言，并认为它是意大利人尝试说西班牙语的结果。

可可利切语与当时最底层社会密不可分，这一社会阶层的人们自然接受不到系统的西班牙语教育。在当时受过教育的布宜诺斯艾利斯人看来，可可利切语滑稽可笑，于是这门语言很快便成为一种文学元素，出现在喜剧作品、报刊文章、小说诗歌和戏剧作品中。随着移入阿根廷的意大利人数不断减少，出生在阿根廷、把西班牙语作为第一语言的意大利人不断增加，可可利切语逐渐消逝。如今，与其说它是一门曾经风靡于布宜诺斯艾利斯和蒙得维的亚的语言，倒不如说它是一种民间流行文化的结晶。

今天的阿根廷人和乌拉圭人可能会怀疑可可利切语是否真实存在过，但是他们仍然健在的意裔祖父母或曾祖父母却知道在他们记忆的最深处仍留有这门语言的痕迹。

第三节 阿根廷西语特点

一、阿根廷通用西班牙语特点

阿根廷是国土面积最大的西语国家，其西语是各个语言学研究的重点对象之一。尽管阿根廷有不同的区域方言和社会方言，但在其他西语国家看来，只有布宜诺斯艾利斯的西班牙语才是正宗的阿根廷西语。总的来说，阿根廷西语有以下特点：

（一）形态特点

当第三人称单数作为直接宾语时，无论是指有生命还是无生命的物体，大部分阿根廷人都严格地使用 lo 来作为宾格代词，而不是 le。然而，在东北地区，le 的使用略为普遍。在西北部的胡胡伊省，人们有时候甚至用 lo 来指代第三人称单数的间接宾语，如"Lo di mi palabra."（我向他保证过。）等同于规范用法中的"Le di mi palabra."。

在阿根廷西语中，第二人称单数作主语时不用 tú，而是用 vos，无论哪个社会阶层也不论哪种语言环境，无一例外。尽管有些人表示有必要更正这一用法，但阿根廷人在 vos 使用上的高度一致，表明他们对自己土生拉美人身份的认同。相反在乌拉圭，尽管人们也经常在虚拟式中使用 vos，但他们同时对此颇不以为然，觉得有点不齿。除了北部的几个城市，在阿根廷，人称加上 tú 的变位这种现象（vos eres）基本上不存在，同样，tú 人称加上 vos 动词变位的现象也不存在，在阿根廷根本就没有 tú 这个人称。vos 的陈述式现在时 -ar/-er/-ir 动词人称变位分别是 -ás/-és/ís。但是在西北部的一些乡村，由于受克丘亚语的影响，那些没有上过学的人往往用变位 -ís 来表达这个第二人称。此外，布宜诺斯艾利斯西语中否定命令式的第二人称单数跟复数的 -ar/-er/-ir 动词人称变位分别是 as/ás, es/és 和 is/ís。

实际上，在西语国家中，vos 的使用并非阿根廷的专利，其他一些美洲国家也会用到 vos，如巴拉圭、危地马拉、萨尔瓦多、尼加拉瓜、洪都拉斯、委内瑞拉西北部、哥伦比亚边境地区、马尔维纳斯群岛（福克兰群岛）、乌拉圭西部以及位于巴西和乌拉圭边境的南海岸少数地区。

同时使用 tú 和 vos 的国家有乌拉圭（以 tú 为主，动词变位采用 vos 的形式）、巴拉圭东南部、玻利维亚中南部地区、厄瓜多尔内地、智利、哥伦布亚、秘鲁北部和南部海岸末端、巴拿马南部、哥斯达黎加以及古巴中南沿海地区。

其余国家和地区则使用 tú：玻利维亚、秘鲁、厄瓜多尔沿海地区、委内瑞拉、哥伦比亚波哥大、哥伦比亚北部、巴拿马北部、古巴、多米尼加共和国、美国佛罗里达、墨西哥、西班牙及赤道几内亚。

（二）句法特点

如果直接宾语是某个具体的人的话，跟南锥体其他地区一样，阿根廷人也很喜欢用人称代词来复指，如 lo conozco a Juan；而在其他西语地区，这里的 lo 冗余且不被接受。受克丘亚语的影响，西北部很多没读过书的乡村人士在直接宾语非阳性单数名词的情况下，依然使用 lo，如 "Lo quiere mucho a su hijita."，"¿Me lo va a firmar la libreta?" 等。

阿根廷西语的时态并不总是遵循既定的语法规则，例如，他们指一个延续到现在的动作时，会用简单过去式代替现在完成时："Juan no llegó." 可以指 "Juan no ha llegado aún."；再比如，一个主句的动词是过去式或条件式时，从句中的动词却可以使虚拟式现在时："Juan me dijo que lo haga (hiciera) en seguida."。阿根廷很多地方甚至会用主语代词 yo 来代替与格的 mí："Yo (a mí) me parece que me voy."。在阿根廷北部，人们喜欢在表达命令式第一人称复数时，把人称代词 nos 放在变位动词前："Nos sentemos."（我们坐吧。），等同于规范用法的 "Sentémonos."。

（三）词汇特点

阿根廷西语词汇有很多方言特色，其中布宜诺斯艾利斯方言的影响尤为明显。阿根廷的西语词汇基本上可以分为三类：

1. 来自西班牙语的词汇

阿根廷的 che 这个称谓语一直为人们所熟知，甚至邻国的人们都直接用 che 来指所有的阿根廷人。尽管 che 这个词的起源尚有争论，但它是被加那利岛人带到阿根廷的事实却确凿无疑。加那利岛人主要在 19 世纪末、20 世纪初移入阿根廷，在今天的加那利群岛，人们依然用 che 来称呼阿根廷人。

2. 来自意大利语的词汇

意大利语对于阿根廷西语的影响主要是集中在日常口语当中，还有一部分则体现在黑话上，比如，源自意大利语 ciao（你好）的 chau，在阿根廷人的日常口语当中，表示"再见"。还有一些阿根廷人直接用 chau 表示"你好"，这种用法跟意大利语相同。

3. 杂交而来的黑话

黑话主要分布在布宜诺斯艾利斯最边缘的社会阶层。很多人认为这种黑话源自犯人之间的行话，就跟墨西哥人所说的 pachuco[①] 一样。这类行话的流通是为了替换人们所熟知的词汇，好让那些不了解内情的人摸不着头脑，阿根廷黑话就是用来指代某些犯罪行为及用语。尽管人们普遍认为，是一些犯罪分子将其据为己有，并"发扬光大"；但也有人认为，黑话的起源没有那么阴暗，在他们看来，这些黑话不过是发源于布宜诺斯艾利斯工人阶级的行话，就跟伦敦考克尼腔[②]的情况一样。很多受过教育的阿根廷人都接受这种定义，尽管有人质疑这种黑话，但大部分人认同它是拉美本土产生的语言现象，因此对其怀有一种区域优越感。

关于阿根廷黑话的起源众说纷纭。一说是源于意大利的伦巴第方言（lombardo）。毫无疑问，布宜诺斯艾利斯的意大利人对阿根廷俚语有着至关重要的影响，但事实上，很多阿根廷俚语词汇也源于西班牙语、葡萄牙语、法语甚至英语。时至今日，阿根廷俚语为了顺应时代，已经丢失了很多原来特有的民族语言元素，转而吸收了一些新的日常用语，比如年轻人、学生或体育运动的行话。本质上来说，行话指的是那些突出劳动阶级特性的词汇，而这些词汇往往具有自己独特的语音、语调，比如在布宜诺斯艾利斯，y 发的强化擦音，即 /λ/，以及彻底省略词尾 s 发音的情况。在阿根廷，有些人说标准阿根廷西语，但同时掺杂部分俚语；有人则说俚语，但同时掺杂标准

[①] pachuco 指的是 20 世纪 20 年代身着奇装异服的墨裔美国年轻人，这类人的衣着特征为：裤子宽大肥硕，上面挂着长长的链条作为装饰裤腰跟脚踝被勒紧；上衣的肩膀部用肩垫垫宽；帽子是意大利风格的，上面偶尔还插根羽毛；鞋子则是黑白相间的法式鞋子。

[②] 考克尼，指英国伦敦的工人阶级，特别指伦敦东区以及当地民众使用的考克尼方言（即伦敦方言）。这个词也可指在伦敦的工人阶级中非常常见的"考克尼口音"，即伦敦口音。

阿根廷西语的语音规则。很多黑话已逐渐成为布宜诺斯艾利斯当地方言的一部分，同时很多俚语也通过探戈曲目的歌词，进入中层阶级的日常生活中，有些俚语则已普遍使用于所有人的日常生活中：bacán（家伙），cana（警察；监狱），falluto（虚伪的），minga（一点儿也没），farabute（疯了的），menega（钱），manyar（理解），mina（女人），micho（穷人，被排斥的人），cafishio/cafisio（拉皮条的人），gil/otario（愚蠢的），sofaifa（男人），fiaca（懒惰的），morfar（吃），falopa（毒品），等等。

二、阿根廷的地区方言

阿根廷西语的词汇随着地区的不同有着明显的变化，有时候在不同的地区，还会存在显著的形态区别。在北部一些地区，双语并存也是一个很重要的因素。除了布宜诺斯艾利斯，阿根廷还有以下几种主要方言：

沿海地区：从布宜诺斯艾利斯、恩特雷里奥斯、圣菲省一直到阿根廷南端；

阿西部地区：主要在门多萨省和圣胡安省，这里的西语和智利西语有许多共同之处；

西北地区：受克丘亚语影响较大，即图库曼省、萨尔塔省、胡胡伊省及邻省部分地区；

东北部：该地区受瓜拉尼语影响，包括科连特斯省、米西奥内斯省和查科省和福尔摩沙省部分地区；

中部地区：科尔多瓦省，这是连接其他不同语言区域的过渡地带。

一些正在消逝的"小语种"飞地：主要是圣地亚哥德尔埃斯特罗省（Santiago del Estero）方言及与玻利维亚交界处的玻利维亚人。

尽管今天的阿根廷国土自1810年独立以来没有太大的变动，但殖民时期的一些辖区变动确实使得地区方言的状况变得更为复杂。阿根廷的殖民统治特点，意味着来自各方语言间的碰撞和接触及日后语言变革。布宜诺斯艾利斯城始建于1536年，然而数年后来自潘帕斯草原的印第安人征服了该城，城里的居民被驱赶到亚松森（Asunción）。1580年殖民者重建了布宜诺斯艾利斯城。1536年后，很多其他城市，诸如图库曼、圣塔菲、科尔多瓦、萨尔塔、科连特斯和胡胡伊，均依照布宜诺斯艾利斯的模式来建立，当时在布宜诺斯艾利斯和最盛产银矿的波托西之间出现了多个城市。两地间频繁的银矿贸易往来，直接导致当时阿根廷人口的激增。图库曼及邻近城市在当时成了波托西最重要的肉类和布料供应地。而阿根廷北部则没有多少矿产资源，有的是肥沃的土地，因此当时很多西班牙小农业户和小商贩移居至此，随之带去的是乡村西班牙语在当地的落地生根。

1617 年布宜诺斯艾利斯成为拉普拉塔河总督区首府，其重要性得到大大提升。当时的西班牙垄断贸易体制法规定，所有产品需经加勒比海运往波多韦罗，穿过陆地到达巴拿马城，在卡亚俄港装船后运往上秘鲁的安第斯飞地。其结果就是导致商品价格飞涨以及南美商品匮乏。而相比之下，从大西洋到布宜诺斯艾利斯的商道就短得多且商品价格便宜。因此，在整个殖民时期，这一带便形成了另一个市场，即所谓的"平行市场"，布宜诺斯艾利斯因此逐渐壮大，并成为西半球第二大城市及南美的社会及文化中心。

1726 年，布宜诺斯艾利斯的一批殖民者离开该城，前往建立蒙得维的亚城，因此这两座城市的居民讲的西语有许多相似之处。之后数十年间，南部潘帕斯一直处于布宜诺斯艾利斯的管辖之下，因此其语言也顺势蔓延至整个阿根廷南部，乃至巴塔哥尼亚地区。住在布宜诺斯艾利斯周边及潘帕斯草原上的土著居民尽管一直抵制西班牙人的入侵，但是其人数不多且不断减少，潘帕斯就这样被拱手让给了不断涌入的欧洲殖民者。大批黑奴被带进布宜诺斯艾利斯城区及周边乡村后，成为自由手工业者。还有一部分黑奴成了高乔人，在广袤的草原上找到了自由。在东北部，瓜拉尼人的影响不容忽略，因此这里的西班牙语和瓜拉尼语相互交融，共同发展，情况跟巴拉圭一样。

阿根廷西部地区曾经被智利统治，今天的门多萨、圣胡安、圣路易斯以前都是属于智利的库约省。该地区的主要城市建于 16 世纪末，并一直受智利管辖，直至拉普拉塔河总督区的设立，这片区域才划归图库曼管辖，因此此地的西语吸收了图库曼的一些语言特点。今天，阿根廷西部方言和智利中部方言有很多共同特点，曾经在此居住的土著部落地位重要，并由不同种族组成。他们跟西班牙人融合后，其种族特征逐渐消失，但是在一些当地词汇和地名中尚能发现些许痕迹。

阿根廷西北部曾被来自秘鲁和玻利维亚的土著人统治，因此该地一直居住着众多讲克丘亚语的人，现在还能在当地语言中找到这些痕迹。克丘亚语对于当地方言的发展有着相当大的影响，而且还为阿根廷通用西语贡献了很多词汇。

第十一章 秘鲁的西班牙语

第一节 秘鲁概况及历史

一、概况

秘鲁共和国（República del Perú），简称秘鲁（Perú），位于南美洲西部，北邻厄瓜多尔和哥伦比亚，东与巴西和玻利维亚接壤，南接智利，西濒太平洋。秘鲁是南美洲国家联盟成员国，首都是利马（Lima）。

二、历史

（一）印加帝国

印加先人大约在 1.1 万年前，从欧亚大陆越过白令海峡来到美洲大陆，他们来到后的数千年里，与其他美洲大陆居民接触甚少。在漫漫历史长河中，印第安人在南美洲逐渐创造了自己的文明。11 世纪印第安人以库斯科城为首府，在高原地区建立了印加帝国，农业和手工业高度发展。14 世纪时，安第斯山脉附近还共存着多个土著小国。

14 世纪末，印加帝国在帕查库特克（Pachacútec）的统治时期，开始了惊人的领土扩张。据西班牙人史料记载，帕查库特克时期，印加帝国获得其全盛期三分之二的领土，在当时运输和通信的有限条件下，这样的扩张速度十分迅猛。

领土扩张只是印加军队征服计划的附属品，印加军队的战役不断碾压邻国的顽强抵抗，取得一次又一次的胜利。需要一提的是，扩张而来的土地，并不都是直接通过军事行动获得的，一些领地的加入来自于帝国间的和平协议，另外一些加盟则是迫于印加帝国的威慑，害怕一旦拒绝结盟建议，将会招致更大的杀身之祸。

大约1470年，印加人打败了位于秘鲁北部沿岸的奇穆王国（Reino Chimú），奇穆王国富有且强大。到了印加国王图帕克·印卡·尤潘基（Túpac Inca Yupanqui）继位前，印加帝国的边界已经推进到了今厄瓜多尔北部边界，图帕克在位期间，印加人又征服了秘鲁南部沿岸、智利北部、阿根廷西北部大部分地区以及玻利维亚高原部分地区。

征服的代价高昂，战争不仅给交战双方都带来了巨大损耗，甚至导致某些小部落的整体灭亡，另外，战胜方还得面对之前臣服土地上不时发生的暴乱。

西班牙入侵前的最后几年，印加帝国还在北部大肆扩张。瓦伊纳·卡帕克，印加王朝最后一代帝王阿塔瓦尔帕的父亲1527年去世时，已经统治了现厄瓜多尔首都基多北部边沿地区。

（二）印加帝国的灭亡与西班牙的入侵

随着哥伦布发现新大陆，一批批欧洲殖民者带着宗教狂热和寻宝梦想，踏上了美洲大地，其中，最富戏剧性的当属西班牙殖民者皮萨罗率领169名士兵征服庞大的印加帝国的故事。

当时，美洲盛产黄金和白银的传闻，让贪婪的欧洲殖民者趋之若鹜。随着欧洲人的到来，美洲大陆原本没有的天花并开始大面积扩散。1526年，天花夺走了印加帝国国王瓦伊纳·卡帕克、许多大臣以及原王位继承人的性命，王位争夺又引发内战，印加军队四分五裂，这正中殖民者的下怀。1531年，在得到西班牙国王的允许后，弗朗西斯科·皮萨罗带了169号人马从西班牙港口起航，开始了征服拥有六百万人口的印加帝国的旅程。西班牙人1532年俘虏了当时的印加国王阿塔瓦尔帕，并许诺他，只要他用黄金堆满一间长22英尺、宽17英尺、高8英尺的房间，便可放他生路。但当从帝国各地源源不断运来的黄金堆满了西班牙人的宝库后，西班牙殖民者却背信弃义，杀死了阿塔瓦尔帕。

奇怪的是，阿塔瓦尔帕死前的几个月里，曾经强盛一时的印加帝国并都未对这区区169人的西班牙殖民者发起有效抵抗，手持火枪的西班牙骑兵，似乎认证了早前印加巫师的预言———一群自海上而来的神兵神将要攻打印加帝国。皮萨罗因此得以有足够的时间和精力，分兵一一征服印加帝国其他地区。阿塔瓦尔帕死后，印加人反抗西班牙人的战斗才真正打响，而此时皮萨罗已经从巴拿马调来援军，西班牙殖民军实力大大加强。皮萨罗在向印加帝国首都库斯科进军途中，借着火器和骑兵的优势，一路大败印加军队：作战的西班牙人往往虽然只有数十人，但每次作战击溃的印加军队数以万计。印加帝国王室虽然一直顽强抗击西班牙殖民者，但终究在1572年消灭。

（三）西班牙殖民和独立战争

1542年，西班牙在利马设总督府，建立秘鲁总督区，秘鲁总督区遂成为西班牙在南美殖民统治的中心：当时秘鲁商业发达，商人们操纵着南美大部分进出口贸易，西班牙人从南美掠夺的贵金属及其他物资均由秘鲁运出。西班牙殖民者在秘鲁大肆侵占土地，强制推行"米塔制"（mita），迫使印第安人到矿场从事奴役劳作，印第安人大量死亡。为反抗西班牙殖民统治，印第安人举行过多次起义，其中规模较大的有1535年的曼科起义、1742年的胡安·桑托斯起义和1780～1781年的图帕克·阿马鲁起义。

与此同时，美洲大陆上其他西属殖民地也频频爆发不满和起义，1810年拉普拉塔发起"五月革命"，拉美独立战争遂拉开序幕。1817年，圣马丁和奥希金斯①率安第斯军翻越安第斯山，挺进智利，解放圣地亚哥。1820年圣马丁以智利为基地，组建了一支约4500人的"解放秘鲁军"，包括一支拥有24艘舰船的智利海军，圣马丁任舰队总司令，8月，圣马丁率军从海上进军秘鲁，9月在皮斯科登陆，后又移师瓦乔，直指利马。1821年西班牙总督率殖民军逃往东部山区，圣马丁解放利马，7月28日秘鲁宣告独立。

（四）秘鲁近代大事年表

1835年玻利维亚和秘鲁正式合并，称秘鲁—玻利维亚邦联。

1839年邦联彻底瓦解。

1854年废除奴隶制。

1879～1883年，秘鲁联合玻利维亚同智利进行争夺硝石产地的"太平洋战争"，秘鲁战败后，智利获得世界最大硝石产地的塔拉帕卡省，并控制了秘鲁塔克纳及阿利卡两省。

1929年秘鲁和智利双方经过和平谈判，秘鲁收回塔克纳省。

1933年秘鲁和哥伦比亚发生边界冲突，秘鲁战败。

1963年人民行动党贝朗德·特里（Fernando Belaúnde Terry）当选总统。

1968年贝拉斯科（Juan Francisco Velasco Alvarado）陆军中将发动政变，出任总统。

1975年莫拉莱斯（Francisco Morales Bermudez）将军接管政权，两年后宣布"还政于民"。

1980年秘鲁举行民主选举，恢复文人政府。1990～2000年，"改革90"领导人藤森（Alberto Fujimori，日裔）两任总统，2000年辞职流亡日本。

---

① 奥希金斯（Bernardo O'Higgins Riquelme，1778～1842），智利政治家、军事家、民族独立运动领袖，智利独立后第一任最高执政长官。

2001～2006年,"秘鲁可行"党领导人托莱多（Alejandro Toledo）任总统。

2006～2011年,阿普拉党领袖加西亚（Alan Gabriel Ludwig García Pérez）任总统。

2011年,民族主义党主席乌马拉（Ollanta Humala）就任总统,任期5年。

第二节　秘鲁西语与其他语言的接触

一、土著语对秘鲁西语的影响

从西班牙对美洲殖民的一开始,秘鲁就因其丰富的矿藏而占据十分重要的地位。西班牙最好的技工和人力都被派往此地,建设防御工事,发展军事战略,以适应商业之路的需要。许多居住在其他殖民地上的西班牙人也千方百计移民到秘鲁。

西班牙人到来后,作为当时印加帝国官方语的克丘亚语被西班牙语取代。西班牙语有成熟的书面文字,显得更为正统和具有强制性,在只有口头语言文化传统的土著语面前显示出巨大优势,这就导致印加人本已消除的语言障碍再次出现,克丘亚语成为少数统治者的语言。被征服的广大民众意识到,语言统一必须以废除克丘亚语的合法地位为代价,他们便反复强调各自语言的差异性,很多印第安部落于是放弃克丘亚语,而开始在各种场合使用本部落语言。这样一来,随着西班牙殖民者的到来,印加人曾经试图消除的语言复杂性和多样性又再次出现,殖民者遇到的种种语言障碍,就只能通过翻译来解决。很多土著部落贵族及部分土著居民充当了翻译,西班牙殖民者借用这些人对通用语——克丘亚语的掌握,与母语为非克丘亚语的其他部落的贵族进行联系和交流,于是克丘亚语逐渐沦为西班牙殖民者建立殖民权威的工具。

另一方面,基督教各教派领袖相信,如果用印第安人自己的语言布道,那么皈依基督教的民众会更多；相反,使用西班牙语,印第安人未必肯接受基督教教义,也培养不出创造性的能力,他们只能是像鹦鹉学舌一样,死记硬背那些祈祷词。出于这些考虑,秘鲁当局和西班牙决策者决定有选择地推广某种或某几种印第安语。他们设置机构,选拔人员,开始大力推广印第安土著语,结果是西班牙同意在宗教事务中使用艾马拉语和克丘亚语。16世纪末，这两种印第安语言的使用人数不断增多，使用范围扩大到文字、宗教仪式和布道当中。

17世纪初，艾马拉语在宗教社区的传播受到冲击，使用艾马拉语传教的教士越来越少，克丘亚语取而代之，随后，修道士们用克丘亚文字材料传播基督教，但是，克丘亚语译本与原教义出入很大。1550年，西班牙国王卡洛斯五世写信给新大陆的代表，他认为即使是"最完善的印第安语"都不能令人满意地、原原本本地传达基督教义，因此他提议向印第安人传授西班牙语：为印第安人开办学校，配备师资，只要愿意，谁都可以进学校学习。在卡洛斯五世的感召下，多明我会修道士在安第斯高原为印第安人开设了60多所小学，但宗教领袖则坚持认为，土著语言才是西班牙人和印第安人日常沟通的主要工具，传教士应继续用印第安各土著语传授天主教教义，并着手解决土著语标准化的问题。

整个殖民时期，就教化印第安人皈依天主教、臣服殖民者的统治上，围绕用土著印第安人的语言还是完全采用西班牙语教学展开的争论，一直都相当激烈。1596年，西班牙国王费利佩二世以个人名义向各教会发出呼吁，认为如果传教士在小学就像灌输天主教教义那样教授西班牙语，那么印第安儿童就会在成长过程中自然而然地学会西班牙语。后来费利佩三世继续推行父亲费利佩二世对印第安儿童进行西语化的教育政策。费利佩四世时期，殖民地的语言政策发生了根本性变化。1634年，费利佩四世向各大主教和主教签发了一道强硬命令，要求传教士和印第安人教师向所有秘鲁总督区的印第安人讲授西班牙语。费利佩四世实施的这项西班牙语化的语言政策，不仅提高了印第安人学习和理解教义的机会，并且为统治印第安人，改变其信仰和文化习惯带来益处。之后的历任西班牙国王虽没有对克丘亚语或任何一种前秘鲁通用语提出正式制裁，但是17、18乃至19世纪初颁布的法令，都旨在推动印第安人学习西班牙语，而非他们自身的印第安语，至此，西班牙殖民者自踏足新大陆以来一直竭力主张西班牙语化的殖民语言政策，才最终得以全面实施。西班牙殖民者在新大陆强制推行的西班牙语化政策，对秘鲁印第安民族及其语言而言是摧毁性的打击。

西班牙语与克丘亚语超过四个世纪的接触，为秘鲁乃至整个美洲大陆的西班牙语贡献了不计其数的词汇；此外很有可能秘鲁地区的西语发音特征也受到土著语言的影响，比如发龈音的r，非重读元音的弱化等等。从形态学上讲，西班牙语掌握得不太好的双语居民所用的句子结构，大多基于克丘亚语或其他土著语言。至于欧洲殖民者后裔们使用的西班牙语，究竟受到土著语影响有多大，至今仍在研究当中。

如今，克丘亚语在秘鲁的使用人口大约为 13.2%，主要集中在安第斯地区，艾马拉语的使用人口大约为 1.8%，主要集中在的的喀喀湖（Lago Titicaca）地区。

二、非洲语言对秘鲁西语的影响

非洲奴隶是在秘鲁的西班牙殖民集团的重要组成部分。最初，奴隶用于开采矿藏，主要分布在库斯科到现玻利维亚境内的波托西地区，然而，他们在语言上留下的痕迹甚少，仅有一些歌曲被认为是代表了17世纪初的"洋泾浜"非洲西语。

后来非洲人主要在城市里劳作，在利马出现了人数众多且稳定的黑人群体，这个群体保持其少数民族的身份特征、风俗习惯及文化传统，一直到 19 世纪。

在秘鲁出生的黑人讲的西语并无特别之处，但出生在非洲的黑人所操的是一口勉强近似于西语的语言，其语言特点在 16 到 20 世纪曾在文学作品中被模仿，一直到 20 世纪初时一些年迈的秘鲁人还会讲这种语言。

许多黑人在奴隶制废除后，成为街头小贩，他们为吸引顾客而使用的叫卖语言，逐渐成为了利马文化的一部分。在秘鲁其余沿海地区，非洲人主要从事农业，尤其是甘蔗种植，如今沿海地区还分布着秘非人种，并保留着从前非洲人的文化点滴。

总体说来，秘非人口在语言上留下的影响是西语语音的减少，现在一些边沿地区，例如钦卡（Chincha）所保留的发音特征，就是很好的例子。比如辅音连缀在元音前的省略：trabajo>/tabajo/，hombre>/hombe/ 等；元音间的 r 发音向 /d/ 的转化：quiero>/quiedo/，或者反过来元音之间的 d 发音向 /r/ 转化：adentro>/arento/。再比如偶尔也会有元音之间的 r 发音向 /l/ 转化：ahora>/ahola/。

三、中文对秘鲁西语的影响

1849 年非洲奴隶制废除后，秘鲁急需廉价劳动力建设铁路和房屋，同年第一批中国人——75 个广东人来到秘鲁，与其雇主签订合同。渐渐地雇主开始强迫这些"苦力"（los coolies）从事强度和密度更大的劳作，其情形与当年非洲奴隶如出一辙。据统计，1854～1874 年间，超过十万中国人来到秘鲁，他们与雇主签订的合同一般在五六年左右，但大部分人由于债务问题无法按时脱身。后来一部分中国人逃到城市，做起小本生意，一般都与餐饮有关。美味的中国菜给利马人留下了深刻的印象，于是从共和国建立之初起，有钱人家的厨师中至少有一个中国人。

太平洋战争结束之后，在秘鲁的中国人开始渐渐向利马历史中心城区聚拢，逐渐在卡彭大街（calle Capón）建起了中国城（Barrio chino），也就是从这里开始出现了众多的中国餐馆，秘鲁西语将所有中国餐馆统称为 chifa，其实是粤语"食饭"的谐音。也就是在"食饭"方面，中文在秘鲁西语中留下了最深、最明显的印迹。比如：chaufa（炒饭）、wantán（云吞，馄饨）、sillao（豉油，酱油）、kion（姜）、men-si（面豉，豆豉）等，都是根据粤语发音创造出来的在秘鲁使用广泛的词，其中一些已被西班牙皇家语言学院的词典收录，如 wantán，kion 和前面介绍的 chifa。

第三节 秘鲁西语特点

一、语音特点

尽管秘鲁的西班牙语在不同地域会有不同的特点，但是它们还是有着一些共同的特征。主要体现在：

1. 语速缓慢，节奏独特（重音总是落在倒数第二个音节上）是其突出的特点。
2. rr 和 r 发齿擦音，咝咝声。
3. 内陆地区比沿海地区更用力发不送气的舌尖音 s，总的来说 s 与辅音一起比 s 与元音一起更为明显。
4. ll 的发音依然保留，有时甚至过分强调。
5. c 和 g 的发音逐渐演变成内爆破音 /j/。

二、形态学特点

秘鲁西语方言的一个重要问题，就是 vos 的存在以及其广泛使用。受过良好教育的秘鲁人可能根本没听过 vos，因而常常否认其在秘鲁的使用，然而，秘鲁土著居民中依然使用 vos。但是如今 vos 仅限于南部高原地区，从阿雷基帕（Arequipa）到北部沿海地区使用，通常集中在社会地位较低的社区。在土著居民中，较多使用 -ís 作为第二人称变位，然而沿海地区的居民则通常使用 -és。

在同时掌握土著语和有限西语的人群中，代词的使用常常与规范的西语不同。他们常常会在需要用与格代词的时候使用宾格代词，比如：* "Él los dio algunas instrucciones."("Él les dio algunas instrucciones."他给了他们一些指引)。同样，在土著的双语人群中，与格代词和宾格代词的乱用是很常见的。一般来说，lo 会广泛用在直接宾语和间接宾语中，而且会有很多种情况，比如：

*No lo vi a sus hermanitos.("No los vi a sus hermanitos.")

（我没看到他的兄弟们。）

*A María nosotros lo adoramos.("A María nosotros la adoramos.")

（我们都爱玛利亚。）

在很多双语人群中，也会出现主语和动词或主语和表语不搭配的情况，尤其是在第三人称单数中数的变化：

*Los informes fueron excelente.("Los informes fueron excelentes.")

（报告很棒。）

*Las otras chacras no tiene riego.("Las otras chacras no tienen riego.")

（其他的农场没有得到灌溉。）

在一些印第安高原地区，会出现强度副词 muy 和形容词最高级词尾 -ísimo 一起使用的情况：

*El niño juega muy poquísimo.("El niño juega muy poco." "El niño juega poquísimo.")

（这个孩子不怎么玩。）

三、句法特点

在秘鲁的西语中，甚至在很多正式场合，主句的过去时动词后面可以接一个现在时的虚拟式动词，比如：

*Él quería que lo hagamos.("Él quería que lo hiciéramos.")

（他希望我们这样做。）

秘鲁的西语倾向使用现在完成时代替一般过去时，尽管在上下文已经明确指出此事在过去已经结束，例如：

*He nacido en 1950.("Nací en 1950.")

（我是 1950 年出生的。）

克丘亚语和西语的双语使用者经常会在地点副词前加 en：

*Vivo en acá.("Vivo acá.")

（我住在这里。）

*En arriba sale agua.("Arriba sale agua.")

（上面有水流出来。）

受克丘亚语的影响，会出现省略冠词的情况：

Y cuando tocan [la] campana, se entran a su clase.

（当铃声响起的时候，他们就进去上课了。）

Trabajaba en [un] hospital.

（他在一家医院上班。）

在不流利的双语使用者中常用的一种句法就是 diciendo 代替 dice，尤其是在描述性的口语中：

Entonces sale una señora. Qué cosa, diciendo...

（于是一位女士出来了。"什么东西"，她说道……）

No sé dónde está mi marido, diciendo.

（我不知道我丈夫在哪儿，她说。）

安第斯地区的西班牙语会同时使用两种表示物主的方式：物主形容词以及 de 开头的形容词短语。在那些克丘亚语影响强大地区，de 开头的形容词短语会放在句首：

*Lava su pantalón del niño.（"Lava el pantalón del niño."）

（他洗孩子的裤子。）

*de mi perro su hocico（"el hocico de mi perro"）

（我狗狗的嘴）

*De mi mamá en su casa estoy yendo.（"Estoy yendo a casa de mi mamá."）

（我在去我妈妈家的路上。）

*de alguna señora sus perros（"los perros de alguna señora"）

（某位太太的狗）

类似的结构也会出现在秘鲁的亚马孙地区。

（一）直接宾语的缺失

这在秘鲁高原地区十分常见，但在沿海地区则没有，如：

Porque siempre nos Ø traía. A vez nos traía carne, así. Nos Ø traía siempre para vendernos así. O, a veces, de regalo, así, siempre nos traía.

（因为他经常给我们带东西，有时候带肉。他带东西给我们是为了卖给我们，有时候也当礼物送给我们。反正总是这样给我们带东西。）

A veces en la noche dejo su quacker ya preparado en la mañana Ø caliento y Ø toman.

（有时候我晚上把已经做好的早餐留给他们，早上我再热热，他们就能吃了。）

（二）代词的复指不出现在直接宾语前置的情况下。

Mi letra [la] conoce .

（他认得我的字迹。）

A mi señora [la] dejé allá casualmente para venir acá.

（我偶尔把妻子留在那儿，然后来这里。）

A la chica [la] he visto en misa.

（我在做弥撒时见过这个女孩。）

在秘鲁的印第安西语中，代词用法最常见的特点就是直接宾语代词的复指，不管宾语指人还是指物。在最不流利的西语使用者中，常使用 lo 代替所有类型的直接宾语，而不管性数如何；流利的西语使用者则规范很多。典型例子有：

*No lo encontró a su hijo.（"No encontró a su hijo."）

（他没找到他儿子。）

*Le pedí que lo calentara la plancha.（"Le pedí que calentara la plancha."）

（我请求他加热熨斗。）

*Este es el perro que lo mordió a mi hermano.（"Este es el perro que mordió a mi hermano."）

（这就是那只咬了我弟弟的狗。）

*Se lo llevó una caja.（"Se llevó una caja."）

（他带走了一个盒子。）

另一种宾格代词使用的独特方式是，在同一个句子中两次使用：

*Me está castigándome.（"Está castigándome."）

（他在惩罚我。）

*La voy a consultarla con mi prima.（"Voy a consultarla con mi prima."）

（我会和我表妹一起去咨询她。）

在印第安地区的双语使用者间，会出现诸多与其他西语地区有很大区别的句法现象。有一些只是在西语最不流利的那部分人群中使用，这些应该被视为是语言混合的现象，另外一部分句法则十分常见，甚至可以成为某些印第安地区的标志。很多西语不好的土著人群中出现的句法现象均源自克丘亚语或阿依马拉语。所以，就会出现例如宾语 + 动词（例如 comida tengo），这种句法以及副动词的不规范用法和其他一些动词的不规范用法。

*¿Qué diciendo nomás te has venido?（"¿Qué dice no más te has venido?"）

（你刚到时他说什么了？）

*A tu chiquito oveja véndeme.（"Véndeme tu pequeña oveja."）

（卖我你的小羊。）

*Después encima con las hierbas todo tapa bien bonito. ("Después todo tapa bien bonito con las hierbas encima.")

（上面放草就可以盖得很漂亮。）

*A cortar alfalfa mi mamá está yendo. ("Mi mamá está yendo a cortar alfalfa.")

（我妈妈正要去割苜蓿。）

*La puerta sin cerrar nomás me había dormido. ("Me había dormido nomás sin cerrar la puerta.")

（我只不过没关门就睡着了。）

*Mi santo de mí lo han celebrado. ("Mi santo lo han celebrado.")

（他们庆祝我的命名日。）

*En Ayacucho ya estábamos. ("Ya estábamos en Ayacucho.")

（那时我们已经在阿亚古乔州。）

这些源于克丘亚语的非规范句法，也常见于很多秘鲁的大众印刷物和当地文学作品中，但实际上这些句法只在西语最不流利的那部分人当中使用。

四、用词特点

秘鲁西语的用词地区性很强，这也反映了各个区域的人种分布，其中最重要的非西语词汇来源就是克丘亚语。秘鲁在西班牙殖民地中举足轻重，很多克丘亚语词汇后来融入到了整个拉美地区的西班牙语中，还有一些仅限于南美安第斯山脉的克丘亚语地区。最常出现的秘鲁当地用词举例如下：

ajiaco：plato hecho con ajo y patatas 用蒜和土豆做的一道菜

ancheta：una buena ganga 物美价廉的东西

anticucho：tipo de kebab 烤肉，烤串

cancha：palomita de maíz 爆玉米花

chacra：granja pequeña 小农场

choclo：mazorca 玉米棒

chompa：jersey 毛衣

chupe：tipo de guisado 一种炖菜

concho：sedimento del café o vino, etc. 咖啡或酒等的残渣

dormilonas：tipo de pendientes 一种耳环

escobilla：cepillo, cepillo de dientes 刷子，牙刷

jebe：goma 橡皮

jora：maíz fermentado para hacer chicha 用来做饮品的发酵玉米

pisco：brandy destilado de uvas 葡萄蒸馏白兰地

第十二章　委内瑞拉的西班牙语

第一节　委内瑞拉概况与历史

一、概况

委内瑞拉玻利瓦尔共和国（República Bolivariana de Venezuela），简称委内瑞拉（Venezuela），位于南美洲北部，全境属热带气候，北临加勒比海和大西洋，东与圭亚那为邻，南同巴西接壤，西与哥伦比亚交界，外海与阿鲁巴、荷属安的列斯以及特立尼达和多巴哥等岛屿相邻。首都是加拉加斯（Caracas）。

二、历史

（一）前殖民时期的委内瑞拉

大约三万年前，出现在今天被称为委内瑞拉土地上的人类，主要是居住在亚马孙河流域、安第斯山区和加勒比海地区的土著，最重要的部落有蒂莫托－奎卡斯、阿拉瓦克（los arahuacos）和加勒比土著等印第安人。蒂莫托－奎卡斯部落主要分布在安第斯山地区，跟奇布查文化有关，加勒比人则分布在委内瑞拉东部和中部地区。各部落间在领地争端后，加勒比人占领了南美洲北部沿岸，并扩散至安的列斯群岛，阿拉瓦克人定居在现在的亚马孙州部分地区，包括西、中西部和部分沿海地区。

因此，西班牙人到达时，委内瑞拉有许多种族部落，他们分别讲加勒比语、阿拉瓦克语、奇布查语和图皮瓜拉尼语（tupí-guaraní）。他们创造出丰富而非凡的神话故事和宇宙起源学，如马奎里塔雷人①创造的世界起源神

---

① 马奎里塔雷人（los maquiritare），加勒比土著之一，也称为 los yekuanas，在该部落创造的世界起源神话中，太阳之子瓦纳尼（Wannadi）是万物的创造者。

话，与《圣经》中的《创世记》有着惊人的相似之处。

（二）西班牙殖民时期

1. 西班牙人的到来

1498 年哥伦布在第三次新大陆航行中，首次发现了委内瑞拉。当时哥伦布经特立尼达岛（Isla Trinidad）来到奥里诺科河（Río Orinoco）河口。他的前两次旅海都只到达美洲加勒比海的岛屿，这是西班牙人首次接触美洲大陆。1499 年，阿隆索·德·奥赫达（Alonso de Ojeda）沿海岸进行了更深入广泛的探险，他经帕里亚湾、巴拉瓜纳半岛（Península de Paraguaná）和委内瑞拉湾（golfo de Venezuela）到达瓜希拉半岛（La Guajira）的卡波德拉贝拉（Cabo de la Vela），随即将此地命名为委内瑞拉，意思是"小威尼斯"。

2. 殖民统治

此后不久，西班牙在委内瑞拉建立临时政府科基巴索（Coquibacoa），搭建往来美洲大陆与西班牙城市间的贸易路线，开始对委内瑞拉进行殖民。西班牙先后设立玛格丽塔省、委内瑞拉省、特立尼达省、新安达卢西亚省、瓜亚纳省以及马拉开波省，在委内瑞拉分区域进行殖民统治。1528 年，国王卡洛斯一世颁布了《马德里协定》（Capitulación de Madrid），暂时将委内瑞拉省部分地区租给韦尔瑟家族[①]和富格尔家族[②]，他们在美洲设立了一个隶属德国的省份：克莱因·韦尼迪格（Klein-Venedig）。殖民秩序在 16 世纪末随着教士委员会和天主教教会的建立而最终得以确立。同时，各省间居民也进行了种族混杂，贸易、矿产和自然资源开采蓬勃发展，但各省份 1669 年同样面临诸如亨利·摩根[③]等海盗对马拉开波那样的袭击和抢掠。鉴于随后几年该地区走私活动猖獗，1728 年西班牙决定在加拉加斯建立皇家吉普斯夸公司（Real Compañía Guipuzcoana），实施商业垄断权。

1717 年，由圣多明各皇家法院（Real Audiencia de Santo Domingo）和圣菲波哥大皇家法院（Real Audiencia de Santa Fé de Bogotá）交替

---

① 韦尔瑟家族（Weslers），德意志的银行家族。原是德意志奥格斯堡的贵族家庭，凭借金融业成为豪门，他们还为欧洲的许多君主提供贷款，神圣罗马帝国皇帝兼西班牙国王查理五世也是其客户之一。

② 富格尔家族（Fuggers），15～17 世纪德意志商人贵族世家，经营意大利丝织品、印度香料和德意志呢绒等，投资采矿业，从事高利贷，成为巨富家族。曾贷款给神圣罗马帝国哈布斯堡王朝和罗马教廷，并资助查理五世当选神圣罗马帝国皇帝。

③ 亨利·摩根（Henry Morgan），出生于威尔士，威尔士海盗、17 世纪侵掠西属加勒比海殖民地最著名的海贼之一，晚年成为总督、富豪。1669 年，亨利成功袭击了委内瑞拉沿岸马拉开波湖周围富裕的西班牙居民区。

统治的省份，最终合并成立为新格拉纳达总督区（Virreinato de Nueva Granada），委内瑞拉成为隶属总督区的一个省。随后波旁王朝入主西班牙，国王卡洛斯三世于1777年成立委内瑞拉都督辖区（Capitanía General de Venezuela），在委内瑞拉形成单一自治体。这一新的政治联盟随后和1786年创建的加拉加斯皇家法院（Real Audiencia de Caracas）合并。

此外，殖民期间委内瑞拉地区也遭受了领土损失：1615年起，埃塞奎博河（río Esequibo）以西地区开始受到荷兰人的侵扰，1634～1636年的战争中荷兰人还占领了阿鲁巴、库拉索（Curazao）和博内尔岛（Bonaire）。1802年和法国签订《亚眠条约》（Tratado de Amiens），割让特立尼达和多巴哥群岛给法国，直至法国独立战争为止。

（三）独立时期

18世纪末，在启蒙运动、美国独立运动、法国大革命、拿破仑入侵西班牙等诸多因素的激发下，再加上委内瑞拉人对宗主国西班牙和政治经济集中制的反感，委内瑞拉第一次尝试独立。1748年，西班牙商人胡安·弗朗西斯科·德·莱昂（Juan Francisco de León）领导一场人民起义，一定程度上打击皇家吉普斯夸公司的商业垄断权。但真正意义上的第一次大规模武装起义，应该是1795年由桑博人何塞·莱昂纳多·奇里诺（José Leonardo Chirino）在西部科罗镇发动的起义。

1810年4月政变后，委内瑞拉脱离西班牙控制，标志委内瑞拉革命的开始。当时的委内瑞拉总督文森特·恩帕朗（Vicente Ignacio Antonio Ramón de Emparan y Orbe）被加拉加斯教士会废立，促成加拉加斯最高委员会的形成，朝自治政府迈出第一步。1811年3月举行了第一届全国代表大会成立，大会任命了由克里斯托瓦尔·门多萨（Cristóbal Mendoza），胡安·埃斯卡洛纳（Juan Escalona）和巴尔塔萨·帕德隆（Baltasar Padrón）组成的三人委员会。7月签署《独立宣言》，但独立战争并未因此而结束。经过了多年奋争，委内瑞拉终于在独立英雄西蒙·玻利瓦尔带领之下，于1821年正式得到西班牙承认而完全独立。一直到1830年，委内瑞拉和哥伦比亚、巴拿马以及厄瓜多尔等邻国一样，都是大哥伦比亚共和国的一部分，委内瑞拉1830年独立建国。

（四）现状

1830年，玻利瓦尔逝世后，掌握军政大权的何塞·派斯（José Antonio Páez Herrera）宣布委内瑞拉脱离大哥伦比亚独立建国。1831年派斯就任委内瑞拉国总统，实行独裁统治，后来派斯的统治被政变推翻。随即佩德罗·夸尔·埃斯坎东（Pedro Gual Escandón）作为临时总统上台，同时建立委内瑞拉共和国。委内瑞拉共和国虽然成立,但实际仍然是寡头政治,经济混乱、社会动荡。后在19世纪至20世纪中叶,政变频发,政权不断更迭。1952年时任国防部长的希梅内斯(Marcos Evangelista Pérez Jiménez)凭借军方力量自任临时总统,推翻当时的委内瑞拉合众国,建立了现在的政权。1958年,民主运动最终迫使军方停止干预国政。自那年起,由投票产生的民主政府取代了军事执政。

1998年乌戈·查维斯(Hugo Rafael Chávez Frías)第一次当选委内瑞拉总统,翌年就任总统后修宪,将总统任期由五年延长至六年,并可连任一次,后成立新的国民议会,国会由两院制改为一院制,并将国名改为"委内瑞拉玻利瓦尔共和国"。2000年乌戈·查维斯再次当选总统,2006年第三次当选总统。2009年查韦斯再次提出宪法修正案,取消民选官员的连任限制。在2012年第四次当选总统的五个月后,查维斯便因病去世,结束十四年统治。

2013年副总统尼古拉斯·马杜罗(Nicolás Maduro Moros)出任临时总统,2013年马杜罗当选委内瑞拉总统。2014年,反对派发起示威活动,要求马杜罗下台,政府下令军方镇压反对派,造成多人死伤,冲突至今仍未解决。2019年,反对派控制的委内瑞拉全国代表大会宣布任命议长胡安·瓜伊多(Juan Guaido)出任代总统,引发政治危机,再加上美国和一些国际组织对委进行制裁和内政干涉,委内瑞拉不仅国内政治危机重重,国际形势也很严峻。

第二节 委内瑞拉西语与其他语言的接触

一、土著语对委内瑞拉西语的影响

同其他拉美国家所讲的西班牙语一样,在其与当地语言融合的过程中,委内瑞拉西语也吸收了大量的土著语言词汇,并沿用至今,如加拉加斯、巴里纳斯(Barinas)、洛斯特克斯(Los Teques)等诸多城市名称都跟土著语言有关。此外,委内瑞拉西语词汇中,有来自土著语言的词汇,如源自加勒比方言的arepa(玉米饼)、budare(烙玉米饼用的铛)、cambur(香蕉);源自泰诺语的conuco(小果园)、casabe(木薯面饼);源自柴马语(chaima)的chinchorro(吊床)、totuma(加拉巴木果);源于塔马那科语(tamanaco)的onoto(胭脂树)以及源于阿拉瓦克语的ocumo(箭叶黄体芋）、auyama（疣瓜）等。

此外，委内瑞拉动植物、炊具的西语词汇最能体现土著语言的影响，这种情况在其邻国也常见，如植物：yuca（木薯）、cabuya（龙舌兰）、caoba（桃花心木）、bucare（龙牙花树）、caimito（单核金叶树）、anón（番荔枝）；如动物：jején（蚊子）、cocuyo（萤火虫）、guabina（鲈塘鳢）、carite（锯鳐）、caimán（鳄鱼）、tiburón（鲨鱼）、colibrí（蜂鸟）等。

二、意大利语对委内瑞拉西语的影响

随着欧洲移民潮的到来，欧洲外来语对委内瑞拉西语产生持续深远的影响，尤其是第二次世界大战中，意大利语逐渐发挥其影响，诸多委内瑞拉西语词汇来源于意大利语。但其中一些在书写上稍有变化，如 chao（再见）改自意大利语 ciao，这无疑是委内瑞拉西语以及世界许多语言中最常见的意大利语单词，chao 也同样在一些拉美西语国家使用；nono/ nona（祖父/祖母）改自 nonno/ nonna，阿根廷、乌拉圭、智利也使用此意大利语变体；pasticho（千层饼）改自 pasticcio，这个词只在委内瑞拉和阿根廷使用；mortadela（意式肉肠）改自 mortadella。

有些词汇并无发生变化，而是直接拿来使用，如 birra（啤酒），该词不仅在委内瑞拉常用，在阿根廷也同样常见；piano（慢慢地，逐渐地）；capo（头目），该词在委内瑞拉、阿根廷、西班牙（即流氓的意思）和其他西语国家常使用。除了词汇，在口头语和句子表达方面，也可见意大利语的影响，如："¡Qué pecao/pecado!"（罪过啊！），源自意大利语的表达"Che peccato!"；"¡École cuá!"是"exacto"（对）的另一个有趣表达方式，源自意大利语"eccoli qua!"，这些同样在智利和阿根廷使用。

三、法语对委内瑞拉西语的影响

委内瑞拉西班牙语中也能看到法语词汇的影子，如接电话时使用的 aló（喂）改自法语词汇 allô；petipuás（豌豆）改自 petits pois；argot（行话）；*boutique*（流行时装用品商店），其发音为 /butík/；*tour*（旅游）；bulevar（大街、大道）源自 boulevard；等等。此外，还有 coroto（破烂、破旧家具），该词起初为总统安东尼奥·古兹曼·布朗科（Antonio Guzmán Blanco）使用：每次当他和妻子搬到加拉加斯时，古兹曼·布兰科都会指示其员工谨慎照看妻子收藏的绘画，这些绘画皆为法国画家卡米耶·柯罗（Camille Corot）的作品，因此总统亲切地将之称为 corotos。

此外，许多与饮食相关的词汇也来自法语，如 *baguette*（法棍面包），

fondue（芝士火锅），cruasán（牛角面包），*mousse*（幕斯），*gourmet*（饮食考究的人）等。

四、英语对委内瑞拉西语的影响

作为全球通用语言，英语对世界上众多语言都产生了影响，一些英语词汇更是直接进入其他语言的词汇中，委内瑞拉西语也不例外。众所周知，英语主要分为英国英语和美国英语。其中，源于英国英语的词汇有 buseta（小巴士）改自 bus；chamo（密友）改自 chum；chor（短裤）改自 short；fino（精致的）改自 fine；¡Qué fino! 对应英语表述 How fine!；panqueca（薄烤饼）改自 pancake；pipa（烟斗）改自 pipe；teipe（胶带）源自 tape；chivo（老板）来自 chief；sánduche（三明治）来自 sandwich。

由于与美国的商业关系，以及美式英语媒体和全球化的影响，委内瑞拉西语中大量使用来自美国英语的日常用语、体育和技术词汇，如：okey 改自 ok；gasiol（柴油）改自 gas oil；guachimán（警卫）改自 watchman；cotufa（爆米花）改自 corn to fry；frízer（冰箱）改自 freezer；pana（伙伴）改自 partner 等。此外，在委内瑞拉，一些有相同含义的英语词汇和西语词汇同时使用，且使用频率几乎相同，如 boleto（票）和 ticket；completo（满的）和 full；foto del mismo（自拍照）和 selfie 共同。

五、非洲语言对委内瑞拉西班牙语的影响

殖民统治时期，非洲奴隶随欧洲殖民者来到美洲大陆，他们到达委内瑞拉后，其语言不可避免地与当地西语及土著语言发生碰撞。在委内瑞拉西语中，值得一提的是 chévere（酷）一词，该词意味着一切都很好，无论是心情、天气、食物、美丽的外表，还是令人愉快的待遇等。该词的使用在委内瑞拉非常普遍，遇到委内瑞拉人时，他们通常都会随口问道："¿Qué tal, todo chévere?"（怎么了，一切都很酷？）。实际上，这个词是源自非洲尼日利亚艾菲克语（efik），19 世纪初期由尼日利亚移民带入委内瑞拉。

第三节　委内瑞拉西语特点

16 世纪初，卡斯蒂利亚语随着西班牙殖民者来到了委内瑞拉。当时的征服者和垦殖者大多来自安达卢西亚、埃斯特雷马杜拉及加那利群岛等讲南部西班牙语变体的地区。西班牙语是拉美多国的官方语言，委内瑞拉西

语是指仅在委内瑞拉使用的西班牙语的一种变体，也是西班牙语加勒比方言的变体之一。众所周知，由于地理、历史和文化环境的不同，每个拉美国家所讲的西班牙语有所不同，委内瑞拉西语也同样具有其自身的特点。

同时，委内瑞拉不同的地区和地形，其西语也有自己相应的特点，委内瑞拉西语主要分为以下这几种方言：平原西语（llanero）、卡罗拉西语（caroreño）、马拉开波西语（marabino）、加拉加斯西语（caraqueño）、东部西语（oriental）等，按照地形大概分为高地西语（español de las tierras altas）和低地西语（español de las tierras bajas）。高地西语即安第斯山地区的西班牙语，低地西语即加拉加斯、平原地区、中部及海岸西班牙语。不过总体上来说，委内瑞拉西班牙语大体可以从语音、形态句法、语法、词汇等方面总结出自身特点。

一、语音特点

因16世纪初到委内瑞拉的垦殖者大多是来自西班牙南部地区，因此，在语音方面，委内瑞拉西班牙语保留了安达卢西亚方言的部分特点。

（一）二重元音

在委内瑞拉西班牙语中，元音系统跟卡斯蒂利亚语几乎一致。但当两个强元音组合时，第一强元音通常要变为弱元音，形成二重元音。如：real 发音为 /rial/；empleé 发音为 /emplié/；toalla 发音为 /tualla/。

委内瑞拉西班牙语语音与卡斯蒂利亚语不同的是，辅音系统的字母只有17个，分别是：一个边音 /λ/，两个颤音 /rr/ 和 /r/，三个鼻音 /m/、/n/ 和 /ñ/，四个擦音 /f/、/s/、/j/ 和 /h/，一个塞擦音 /c/，六个闭塞音 /b/、/p/、/t/、/d/、/k/ 和 /g/。

（二）字母 s

在口语中，委内瑞拉习惯将音节末尾的 s 发成送气音 /s/，如后面的单词首字母为辅音字母时，通常会发成 /h/，如将 adiós 发成 /adioj/；casas 发成 /casaj/，这种情况在低地西班牙语中常见。此外，还经常出现吞音情况，即 los niños 常发为 /lo niño/。

（三）字母 n 和 m

单词中辅音 n 后面未跟元音时，可发作 /m/ 音，如：campana 可发音为 /canpana/；在句子中亦是如此："Me gusta el pan con jamón."，发音为 /me gusta el pam com jamóm/。

（四）辅音组合 sc

辅音组合 sc 发作 /x/，如：escenario 发作 /excenario/，piscina 发作

/pixcina/，而不是 /escenario/ 和 /piscina/。

（五）字母 l 和 r

字母 l 和 r 在发音上经常发生混淆，如：单词 bolsa 误发为 /borsa/；puerta 误发音为 /puelta/。这种现象在低地西语中很是常见。

（六）辅音弱化或省略

在口语表达中，单词中两个元音字母间的 d 通常被弱化或省略，如：melado 发为 /melao/，pelado 省略为 /pelao/，pescado 发成 /pescao/，甚至词尾字母 d 也可省略不发音。根据这种辅音省略，后缀 -ado，-edo 和 -ido 相应变成 /ao/，/eo/ 和 /io/，这一语音特点在平原地区的西班牙语中尤为突出。

（七）seseo 现象

即字母 s, c 和 z 均按字母 s 发音，这也是拉美方言共有的特点，如：cocer（煮）和 coser（缝）都读成 /coser/。

（八）yeísmo 现象

在委内瑞拉西语中同样存在 yeísmo 现象，指的是字母组合 ll 与字母 y 作相同发音的现象。

二、形态句法

（一）前后缀

与哥伦比亚人、多米尼加人、古巴人及哥斯达黎加人一样，委内瑞拉人也使用后缀为 -ico/-ica 的指小词，但是仅在以 -to/-ta 结尾的词上使用，如 rato-ratico, momento-momentico, gato-gatico，但通常情况下还是与后缀 -ito/-ita 联合使用。此外，在使用和一般西班牙语一样的前后缀时，有特殊的情况，如：后缀 -ero/-era，可表示数量上的多，比如 muchachero（许多孩子），mujerera（许多女人）；后缀 -lón/-lona，突出和强调动词的动作，比如：comelón（贪吃的；贪吃者。动词原形为 comer 吃）；reilón（爱笑的；爱笑的人。动词原形为 reír 笑）。

（二）复数

在委内瑞拉西班牙语中，当主语是单数集体名词时，动词常用复数，如句子："La pareja **dicen** que va a ir a la cena."。此外，当某些语段作主语，表示某一部分时，如 la mitad de los alumnos，其后的谓语动词常用复数变位。

（三）tuteo 现象与 ustedeo 现象

第二人称单数代词使用 tú 的现象称为 tuteo，在低地西班牙语中即加拉加斯、平原和东部地区西语，委内瑞拉人在日常交流中常使用 tuteo，而 usted 一词仅在十分正式的场合或与年纪较大的人交谈时才会使用。相反，在安第斯山脉地区，ustedeo 的现象十分普遍，甚至家人及朋友间也经常使用 usted 和 vusted，生气时则常用 vos。

（四）voseo 现象

voseo 是在拉美某些西班牙语方言中，第二人称单数代词使用 vos 及相应的动词变位形式的现象 voseo 在苏利亚州和法尔孔州使用频繁。

（五）副词

委内瑞拉西语中，常用的五个地点副词是 aquí, acá, allí, ahí 和 allá。在这五个副词中，最常用的是 ahí。此外，副词 medio 常用作形容词的用法，即需要变性数，如句子"Estoy media derrumbada."，因此 media 也要跟着 derrumbada 变成阴性。

（六）más...que...

委内瑞拉人习惯用"más...que..."句式来表述打比方，且在某些情况下更为生动有趣，如："más peligroso que un mono con una hojilla"（比拿着刀片的猴子更危险）。

（七）口头语

在委内瑞拉西语口头表达中，最常用的有：este...；eh...；imagínate...；mm...；mira...；vale...；¿verdad?；okay；o sea...，等等。此外，各地区、各州之间的口头语也有不同，如：苏利亚州的"¡Qué molleja!"（表达惊叹、意料之外或强调某事）；拉腊州的"¡Una guará!"（面对好的或坏的事情时发出的激动表达）；安第斯地区的"¡Ah rigor!"（表达一致或抒发感情）。

（八）介词 de

在委内瑞拉西班牙语中，介词 de 的用法较为奇特，卡斯蒂利亚语语法上该用 de 的，在委西语中却不用，如："Puente Hierro"（铁桥），按照语法该为"Puente de Hierro"；"Plaza Bolívar"（玻利瓦尔广场），原为"Plaza de Bolívar"；不需要用时却用，如句子："Yo considero de que las declaraciones..."（我认为这些宣言……）

（九）缩合形式 del 和 al

委内瑞拉人认为缩合形式的使用不太考究，他们更愿用"Fui a el cine."（我去看过电影了。规范西语为"Fui al cine."）；"el padre de el alumno"（这个学生的父亲；规范西语为"el padre del alumno"）等形式。

三、词汇

委内瑞拉西语词汇方面的特点，除了上述提及的诸多词汇受土著语言、意大利语、英语、非洲语言等的影响外，委内瑞拉西语词汇在性数、语义上也有自身特点。

（一）性数方面

在委内瑞拉西班牙语词汇中，在性方面，存在一些词汇，原是阴性，冠词却用作 el，如：el sartén, el radio, el computadora 等；在数方面，有些词在语义上表示单数，但在书写时写作复数，如：tijera/s；aguacate/s；pantalón/es 等。

（二）语义改变

在委内瑞拉西语中，一些单词语义跟其他西语国家使用的不同，如"apurarse"，原义为"焦急、忧虑"，在委内瑞拉使用的意思为"darse prisa"（急忙、赶快）；"ser un limpio"，原意可为"爱干净的人"，在委内瑞拉使用的意思为"ser pobre"（一贫如洗的人）。

（三）其他一些委内瑞拉西语特色词汇

agite：persona ansiosa, angustiada, apurada, nerviosa 焦虑的人

aguarapado：verdoso 呈绿色的

agüevoneado：atontado, aletargado, persona con falta de ánimo, en baja forma... 傻的，没精神的人（Estoy agüevoneado. 我没精神。）

balurdo：ridículo, falto de gusto en su forma de ser, fuera de onda 荒谬的

bochinche：ruido, desorden, relajo 嘈杂、杂乱

bolsa：tonto, persona vacía y sin valor, individuo falto de inteligencia 辱骂他人傻、毫无用处

chimbo：malo, en mal estado, situación desagradable 坏，处境不好

date：término para incitar a alguien a hacer algo... 激励某人做某事（¡Date con furia! 你去做就是了！）

encanado：preso, persona privada de libertad... 被囚禁的人

intrépito：persona curiosa, que se mete donde no lo llaman 好奇的人

jamón：beso con lengua 舌吻

machuque：relación sexual furtiva y casual 偷情

muérgano：persona malvada, sin sentimientos 恶棍

yeyo：espasmo 目瞪口呆

第十三章　智利的西班牙语

第一节　智利概况与历史

一、概况

智利共和国（República de Chile），简称智利（Chile），位于南美洲西南部，西临太平洋，北同秘鲁、玻利维亚，东同阿根廷为邻；智利是世界上领土最狭长的国家，南北长达4330公里，东西宽仅90～401公里；国土面积756,626平方公里。由于地处美洲大陆最南端，与南极洲隔海相望，因此智利人称自己的国家为"天涯之国"。首都是圣地亚哥（Santiago de Chile）。

二、历史

（一）前殖民时期的智利

据考古发现，公元前一万年，首批北美与中美移民来到南美，拉开美洲文明序幕。这些游牧群体定居在安第斯山峡谷中南部平原、安第斯山区、智利南部、阿根廷和火地岛，后进入农业社会，出现更高级的社会组织形式。南美洲原住民文明大约源于公元前2300年的安第斯山中部，公元1000年前后，陆续出现了奇穆（Chimu）王国、蒂瓦纳库（Tiwanaku）王国和后来的印加帝国。

16世纪时的智利土著印第安人，正处于从母系氏族向父系社会过渡的阶段：北部的乌鲁人、孔萨人和中部的阿劳坎人主要从事农作，兼营渔业，有的已经可以制造金银铜器；南部的奥纳人、雅甘人等靠海猎为生；马普切是智利印第安人的另一个部族，早在哥伦布发现新大陆之前，他们就是这片土地的主人了。

（二）西班牙殖民时期西班牙人的到来

16世纪30年代，西班牙殖民者皮萨罗征服秘鲁后，1535年派手下阿尔马格罗（Diego de Almagro, 1475～1538）前去征服智利，西班牙远征队遭到阿劳坎人的顽强抵抗，远征智利以失败告终，1538年西班牙人逃回秘鲁。1540年，皮萨罗派瓦尔迪维亚（Pedro de Valdivia, 1498～1554）带队再次前往智利，西班牙人沿太平洋海岸一路南进，越过智利北部沿海沙漠，打败阿劳坎人，1541年在智利建成圣地亚哥，后又陆续建起了康塞普西翁和瓦尔迪维亚等城镇，智利也就沦为西班牙殖民地。此后，智利印第安人继续坚持抗争，阿劳坎人长期控制着比奥比奥河以南；智利北部在西班牙征服者到达之前，隶属印加帝国；自西班牙人开始征服智利之时，南方的马普切人就一直顽强抵抗，这里直到19世纪中才成为智利的领土。

（三）殖民统治

智利早期由秘鲁总督区管辖，1778年西班牙王室在智利设置都督府和检审庭，作为最高统治机构。殖民期间，智利经济以农业为主，作物有小麦、玉米；畜牧业也占有重要地位。西班牙殖民者大量侵占土地，推行"委托监护制"，强迫印第安人从事农业劳作和采掘贵金属，他们使尽各种手段搜刮财富，给当地土著民众造成深重的灾难。

1810年圣地亚哥的土生白人推翻殖民统治，成立独立政府，1814年秘鲁总督的军队前来恢复殖民统治。智利有志之士在奥希金斯领导下翻越安第斯山，与圣马丁的队伍会合。1817年，这支由圣马丁带领的军队挺进智利，在查卡布科大败西班牙殖民军，奥希金斯被推举为智利最高执政官。1818年奥希金斯宣布智利独立，并成立共和国。

（四）独立后的智利

智利独立后，政权为土生白人地主所掌握。奥希金斯政府采取了一系列措施改善民生，如取缔贵族头衔、开设公立学校、鼓励对外贸易等。此举触发了地主阶级的不满，社会阶层间的矛盾加剧。1823年奥希金斯被迫辞职，流亡秘鲁。此后，不同政治派别间的纷争，一度使国家陷于动荡不安之中。1831年保守党上台后，开始30年相对稳定的政治局面。

1891～1920年，地主阶级联合大进出口商，通过国会控制政府，开始了所谓"国会共和时期"。1920年，自由联盟的亚历山德里·帕尔马（Arturo Alessandri Palma, 1868～1950）当选总统。1925年社会劳工党改更名为共产党，并加入共产国际。1932年，帕尔马再次当选总统，反民主倾向日盛，法西斯势力日渐猖獗。1936年，激进党、共产党、社会党、民主党和劳工联盟组成人民阵线。1952年，伊瓦涅斯·德尔坎波（Carlos

Ibáñez del Campo, 1877～1960）当选总统后，继续对外追随美国、对内压迫人民。在美国资本的控制下，智利民族工业发展非常缓慢，人民生活日渐困顿，反帝反封建的民族民主革命运动蓬勃发展。1958 年，自由党和保守党支持亚历山德里·罗德里格斯（Jorge Alessandri Rodríguez, 1896～1986）当选总统。1964 年，基督教民主党领袖弗雷·蒙塔尔瓦（Eduardo Nicanor Frei Montalva, 1911～1982）当选总统后，迫于人民的压力，曾对美资铜矿公司实行"智利化"（即合营），同时没收地主的部分土地分给农民。

1970 年，左翼六党组成的人民团结阵线，支持社会党人阿连德（Salvador Allende, 1908～1973）当选总统，执政期间实行了一系列激进的经济和社会改革。1973 年智利军人发动政变，推翻阿连德政权，陆军司令奥古斯托·皮诺切特（Augusto Pinochet, 1915～2006）出任"军人执政委员会"主席，进行长达 16 年的军政府统治。1989 年智利举行差额总统大选，帕特里西奥·埃尔文（Patricio Aylwin, 1918～2016）胜出，次年接替皮诺切特出任总统。2006 年，米歇尔·巴切莱特（Verónica Michelle Bachelet Jeria）在选举中获胜，成为智利历史上首位女性总统。2010 年，"争取变革联盟"候选人塞巴斯蒂安·皮涅拉（Miguel Juan Sebastián Piñera Echenique）当选总统，成为智利 52 年来首位通过投票当选的右翼党派总统。2014 年，米歇尔·巴切莱特再次就任智利总统。

智利在新闻自由、人类发展指数、民主发展等方面的世界排名非常靠前，按此标准，智利可算作发达国家，其高度发达的教育得到发达国家的普遍认可；同时，智利拥有较高的竞争力和生活质量，国内政局稳定，经济环境实现全球化和自由化，腐败感知较低，贫困率相对较低，被世界银行评为高收入经济体，2010 年智利成为南美首个经济合作与发展组织（OECD）成员国。

第二节　智利西语与其他语言的接触

一、智利西班牙语与克丘亚语和艾马拉语的接触

安第斯土著语言包括了克丘亚语和艾马拉语。尽管许多专家声称克丘亚语和艾马拉语不属于同一个语言家族，但它们主要的词法和语音特征几乎相同，当然这也有可能是几个世纪共存的结果。除了各自的借词外，这

两种语言对安第斯西语的影响几乎相同。拉美的安第斯土著语言从哥伦比亚南部延伸到阿根廷的西北角，主要地区包括厄瓜多尔、秘鲁和玻利维亚的山区和智利北部。除了秘鲁南部，玻利维亚的部分地区以及智利北部外（艾马拉是其主要土著语言），其他地方说克丘亚语。根据2002年的人口普查，土著民众占智利人口的4.58%，其中约20,000人讲艾马拉语，约8200人说克丘亚语。

克丘亚语是拉丁美洲最重要的土著语言之一。历史学家认为，大约在1438年，印加帝国在不到一个世纪的时间里沿着安第斯山脉延伸四千多公里。被征服部落酋长的子女和亲属用克丘亚语接受教育，因此出现了长时间的双语制。后来西班牙殖民者继续使用克丘亚语传福音书，因此彼时其使用范围越过印加帝国边界，一直到达了阿根廷的圣地亚哥—德尔埃斯特，上亚马孙地区和哥伦比亚南部。今天在秘鲁、玻利维亚、厄瓜多尔，甚至哥伦比亚南部、阿根廷西北部以及智利北部，克丘亚语都很有活力。艾马拉语与克丘亚语关系密切，一些学者，例如塞隆·巴罗米诺（Cerrón Palomino）甚至认为艾马拉语就是克丘亚语。艾马拉语在西班牙人到来时已经衰落，但它的历史或许比克丘亚语更古老，今天艾马拉语在玻利维亚、秘鲁和智利北部高原地区使用。

安第斯山脉周边国家使用的西班牙语属于安第斯西班牙语，其范围包括玻利维亚、厄瓜多尔、秘鲁大部分地区以及哥伦比亚、智利和阿根廷等多地。事实上，在印加帝国和殖民时期，西班牙语就是主要土著人民生活的一部分；西班牙人认为，土著和混血人能够在社会上取得进步，与使用西班牙语是密不可分的。

"motosidad"现象是指在一些安第斯方言和西班牙语双语者中，元音i与e，u与o的混用，这种元音错误、无序的混杂，只出现在安第斯风俗文学中，不存在于口语中，几乎没有人以这种方式说话。例如：

    No poides, tata. Yo tener que regresar al tambo para coidar mis borritos. (Botelho Gonsálvez)

    Nara sempre mama, nara, sultera jay suy. (Barrera, 2000)

    Chau "ahuichito", y dipindi di vus para salvarti, e si nu puidis, mi lo salodas a dun San Pidru, é si pur casoalidad ti mandan dundi dun "SATA", me lu deces qui il pruximu añu voy bailar la deablada in so comparsa. (Barrera, 2001)

    Ti loy traydo un poquito di discados y requesón pa que comas ...

Juancho, istás meletar tris años, en tris años no has trabajadu. Por quí no te reteras y guelves a nuestro ayllu? (Botelho Gonsálvez)

在安第斯西语中，及物动词不带直接宾语的情况很常见：Hace tiempo que no recibo una carta tuya. Estoy extrañando [Ø] mucho. Al chofer [Ø] le di. 这个现象在其他国家或地区的西语中是不符合语法的；这个现象显然与克丘亚语和艾马拉语零直接补语有关。

安第斯西语的另一个特点是大量使用指小词。数字 cincuenta → cincuentita、指示词 esto → estito、副词 nomás → nomasito 和副动词 corriendo → corriendito 都可以有指小词形式。有时甚至在西语单词带上克丘亚语的指小后缀 y：hermanitay；corazoncitoy；¿Estás yendo y？；¿Te acuerdas y？；此外，西班牙语－艾马拉语的双语者通常还在句子结尾处加上 pero 来表示道歉或可惜的意思：no ha venido, pero。

安第斯西语从克丘亚语中得到许多借词，如 chacra（玉米地），llama（羊驼），coca（古柯），papa（土豆），mote（一种玉米），carpa（帐篷），pampa（草原），ñusta（公主），chasqui（邮件），china（女仆），ojota（凉鞋），pucho（烟头）等。西班牙语单词和克丘亚语单词的复合形式也很常见，这些词有时是把西班牙语和克丘亚语连在一起，如：misachico（宗教服务场所，misa + chi + ku）；sachavaca（一种类似牛的四足动物，sacha 是克丘亚语用来表示动物的前缀 + vaca）。

二、智利西班牙语与马普切语的接触

2002 年的人口普查显示，土著民众占智利人口的 4.58%，其中，大约估计有 10 万～ 20 万人说马普切语，马普切人绝大部分生活在南部山区，他们讲马普切语，也能讲西班牙语，但多数是文盲，智利天主教大学分别在 2016 和 2018 年进行的民意调查显示，越来越多的智利受访者认为自己是土著人。数据显示，认为自己是马普切人的人数增加了 23%。

马普切语对智利西班牙语的影响比较小，但有些词被广泛使用，大多数智利人会惊讶地发现它们不是西班牙语，而是马普切语。尽管来自马普切语的借词不多，但它们已经深入智利西班牙语之中，而且使用频率很高。以下是其中一些：

copihue：喇叭藤　　　　　　　cahuín：醉酒

charcha：质量不好　　　　　　chape：发辫

colo-colo：酋长　　　　　　　diuca：燕雀

funar：破坏

guata：腹部

maqui：智利酒果

malón：偷袭

nalca：跟乃拉

loica：一种鸟

laucha：老鼠

luche：跳房子

pellín：山毛榉

piñén：身体的污垢

pololo：男朋友

pequén：一种猛禽

quiltro：杂种狗

trapicarse：卡住

un pichintún：一点点

三、智利西班牙语与英语的接触

美式英语对现代智利卡西语词汇的影响很深，如与体育相关的词汇 golf, tenis, crack，服装词汇 jockey, jeans, blazer，经济学词汇 marketing, outsoursing, benchmarking，广告词汇 spot, comercial, rating 和计算机词汇 mouse, manual, software，等等。这些外来词最初只在某些特定领域使用，后来普及开来。

食品业的词汇有 sandwich, queque（来自英语的 pancake），budín（来自英语的 pudding），quáker, porridge, bistec（来自英语的 beefsteack），fuente de soda，等等。随着时间的流逝，一些英语词甚至出现多个书写和发音方式，例如，写 sandwich（三明治）一词时，许多人在"sanduich""sanduish""sánguche""sandwich"之间犹豫不定，甚至还有"sambuche""sambuchito""sandui"等写法。同样情形还有 beefsteack（牛肉），据说可以写成"bistec""bisté""bisteque""bistoco""bife"或"bifé"。还有一些借词的起源令人惊讶，例如，著名的"bistec a lo pobre"源于法语"boeuf au poivre"的错误发音，法语中的意思是"牛肉加胡椒"。

智利常见的美式西语有：¿Cómo te gustó la película?（"¿Qué te pareció la película?"，模仿英语句型"How did you like...?"）；tienes que aplicar para el trabajo（"solicitar el trabajo"，模仿英语句型"apply for the job"）；Juan está supuesto a venir.（"Se supone que venga."，模仿英语句型"is supposed to"）；no me hables para atrás（"No me respondas irrespetuosamente"，模仿英语句型"don't talk back to me"）；Te llamo para atrás.（"Te devuelvo la llamada."，模仿英语句型"I'll call you back."）。更奇怪的是模仿英语把介词换掉：soñar de（dream of），而不是地道的西班牙语动词与介词的固定搭配 soñar con。

四、智利西语与意大利语的接触

意大利人从 19 世纪后半叶到达阿根廷和乌拉圭。据估计，在这"旧移民"时期，近 350 万意大利人定居在拉普拉塔河畔，他们主要来自意大利农村。智利也有大量的意大利移民，虽然大多数意大利移民迅速融入当地生活，没有留下任何明显的语言和文化痕迹，但在一些农村地区，他们建立起了意大利移民的殖民地。随着时间的流逝，这些社区曾经使用的意大利方言逐渐消失，但在有些地方，意大利后裔世代相传的语言却有着顽强的生命力，例如，在语音上，r 和 rr 不作区分（/areglao/，而不是 /arreglado/）；在形态句法中，动词在句尾重复表达（Siento un miedo de locos, siento.）；口语中喜欢用双重否定（No lo tengo no.）；固定搭配的介词受意大利语而替换成别的介词（ir del médico，不用 ir al；a/al año noventa me dejaste，不用 en el año）；源自意大利语的借词有 afiatato（协调的），amareti（一种苦杏仁做的饼），apuntamento（约会），brodo（混乱），cartolina（明信片），corso（狂欢节游行），esbornia（醉酒），malgrado（然而），parlar（说话），yiro（回归），等等。

第三节　智利西语特点

西班牙语历经了无数演变，才发展为现代西班牙语，智利西语也不例外。每个西班牙语变异体都反映了其特定的文化和社会，且在特定的时空和区域使用，某些特征和差异反映了彼此间的不同。随着时间的推移，尤其在一些非正式口语和受教育程度不高的人群当中，这些差异变得越来越明显。智利使用的西班牙语与标准的卡斯蒂利亚语不大相同，而且，智利各地区，各社区使用的西班牙语也并不完全统一。

一、智利西班牙语的形成

智利西语为西班牙语在智利的变体，在发音、语法、词汇和俚语使用上区别于标准西班牙语。智利国土虽然狭长，但大多数地区人们使用的西班牙语无显著差别。有些学者认为，安达卢西亚，尤其是塞维利亚的语音对智利西班牙语的历史形成有较深影响。研究也称不同阶层所说语言有所差异。例如，在首都圣地亚哥至南部瓦尔迪维亚，农村地区的语音历史上受西班牙埃斯特雷马杜拉地区的西班牙语的影响，此外，位于最南端的麦哲伦－智利南极大区和靠近阿根廷边境的地区说库约西班牙语（español cuyano）；奇洛埃群岛西语（español chilote）受当地马普切语影响；最北端的阿里卡省，其语音通常与智利西语也有较大差别。

　　智利以及美洲其他地区的西班牙语都受到了西班牙各种方言的影响，其中以安达卢西亚语最具影响力。在社会人口学方面，根据彼得·博伊德·鲍曼（Peter Boyd-Bowman）的数据，1493～1508年间来到美洲的西班牙人中，有60%是安达卢西亚人；以性别划分，三分之二的女性来自塞维利亚。

　　随着西班牙人的到来，来自西班牙本土的卡斯蒂利亚语在智利持续使用了大约60年，然后，拉美地区的西班牙语开始区域化，它朝着不同的方言变体发展，与通用西班牙语渐行渐远。以智利为例，在区域化过程中，卡斯蒂利亚语因该地区特殊人口构成而获得特异性，最后形成该地区特有的变体。

二、智利西班牙语的语音特征

　　智利西班牙语的语速非常快。语调上智利西语偏向于在重读音节上"下沉"，有点类似阿根廷西语语调，但没阿根廷西语那么夸张。在圣地亚哥及其周边，其语调会不断上升和下降，这一点在西班牙语国家中广为人知。智利国北部的某些地方，语调变化可能不那么强烈，但南部地区就非常明显。语音上来讲，智利人吞音现象十分严重，主要有以下几种情况：

　　（一）s 的弱化

　　词尾 s 基本上不发音，在与下一个元音开始的词连读时则会变音，如 unos años 听起来像是 /unojaño/。

　　（二）d 的弱化

　　两个元音中间的 d 弱化甚至不发音，如 de donde 听起来像 /deonde/；nada 听起来像 /ná/。

　　（三）辅音连缀 dr 和 tr 的弱化

　　智利人大多把这两个音发得较为含混，听起来分别像是 zh 和 ch，这被视作不够文雅的表现，tr 尤其明显，如 droga 听起来像 /zhoga/；otro 听起来像 /ocho/。有语言学家认为这种现象受到了马普切语的影响，但是，也有人称这不是智利西语独有的，这个现象也普遍存在于巴拉圭西语，哥斯达黎加西语和墨西哥西语。

　　（四）r 和 l 发音对立的消失

　　cálculo 读作 /cárculo/，comer 读作 /comel/。

（五）元音 e 前加弱化的 i

许多智利人发 e 音时，会在前面加一个弱化的 i，听起来像 /ie/，如 jerga 听起来像是 /jierga/。

（六）seseo 现象

c, s 和 z 不加区别，都发成 /s/，这会产生一些同音异形词（例如 abrasar/abrazar, casa/caza, cima/sima, cocer/coser）。这种语言现象始于 16 和 17 世纪间。另外，当 s 在音节末尾时，会经常失音。

（七）yeísmo 现象

于是产生了一些同音异形词，如 baya/valla/vaya, calló/cayó, aya/halla/haya, holló/oyó。

（八）/v/

除了 /b/ 和 /β/，元音 b 还有一个响亮的唇齿擦音音位变体 /v/，标准西班牙语没有这种发音。

（九）把音素 /tʃ/ 发成 /ʃ/

通常发生在受教育程度较低的人口群体中以及农村地区，并且为人不齿。甚至正确发音为 /ʃ/ 时人们都避免发这个擦音，例如，许多人说 /suchi/（/sutʃi/）而不是 /suʃi/，这样他们就不会被归类为 /ʃ/ 的发音，从而避免受辱，而实际上效果适得其反。

三、智利西班牙语的语法及词汇

智利西语语法上最显著的特征，是动词的陈述式现在时第二人称单数变位。以 -ar 结尾的动词词尾变为 ai 而不是 as；以 -er 和 -ir 结尾的动词词尾变为 i 而不是 es，例如："¿Cómo estái?"相当于"¿Cómo estás?"，而"¿De dónde eri?"相当于"¿De dónde eres?"。

在智利口语中，根据社会阶层和地理区域不同，通过特殊的动词变位以及音素 s 的失音，第二人称单数形式在 tú 和 vos 之间波动。voseo 现象在智利非常普遍，独立运动时期，出生于委内瑞拉的智利大学校长安德烈斯·贝略就强烈反对其使用，号召推广 tuteo；从那时起，学校开始有意避用 voseo，千方百计消灭 voseo。然而，voseo 仍然存在于农村和非正式的场合或口语中，其使用遍及各个年龄段和各个社会阶层。

智利西班牙语将来时很少变位，而用动词短语"ir a + 动词原形"代替，例如，用这样的短语"Voy（a ir）al cine mañana."取代"Iré al cine mañana."（明天我去电影院。）。将来时变位仅用来表示怀疑或猜想，例如，"Me pregunto si traerá lo que le encargué."（我想知道他是否会带来我订购的东西）。

在口语中，少数动词的第二人称单数命令式与第三人称单数的现在时简单陈述式混用。poner 的第二人称单数命令式是 pon 或 pone；hacer 的是 haz 或 hace；salir 的为 sal 或 sale。还有一个特殊情况，在智利西语使用者中间很常见，即动词 ir 的命令式是 anda 而不是 ve。例如，"Ándate de aquí."（离开这里。）。

另一个值得一提的是，物主形容词 nuestro（a）的使用率低，通常被 nosotros 取代，例如，"Ándate a la casa de nosotros."，而不是"Ándate a nuestra casa."。

智利独有的词汇，智利人称之为 chilenismo，在智利有较高的使用频率。如：cachai（用作语气词时，类似于其他西语国家人常说的 ¿Oíste?，动词形式为 cachar，意思是"认识、理解"；"不经意遇上"）。po 是 Pues 的变体，是智利人的口头禅，很多人几乎每说一句话结尾都要加个 po，如"Sí, po./No, po./ Ya, po./Obvio, po."；al tiro（立即，马上）；pololo/polola（"男/女朋友"，动词形式 pololear，"谈恋爱"，而 novio/novia 在智利一般指"未婚夫/未婚妻"，关系比 pololo/polola 更正式）；patear（恋爱中的一方把另一方踹掉）；gallo/galla（分别指"男人"和"女人"，含戏谑之意，朋友间使用）；mina（年轻女子，略带轻薄或戏谑之意）；carrete（fiesta，节日，动词形式为 carretear）；taco（堵车）；paco 或 carabinero（警察，条子）；bacán（给力）；a pata/en doch patas（a pie，步行，诙谐的说法）；apechugar（面对）；fome 或 chato（无聊的）；pescar（理睬）；peludo/peluo（难的，复杂的）；tomar once（吃下午茶）；caleta（很多）；harto（多，可作形容词和副词，不含贬义，不同于在西班牙说 estar harto 表示"受够了"）；tener tuto（犯困，另外，鸡腿也叫 tuto）；luca/lucrecia（一千比索为一个 luca）。

还有一些日常词汇，和其他西语国家不同，如：

apechugar：面对
ampolleta：bombilla 灯泡
auto：coche/carro 轿车
bencina：gasolina 汽油
boleta：recibo 付款凭据
cañería：tubería 管道
carro：超市、机场的推车
corchete：grapa 订书钉
corchtera：grapadora 订书器

confort：厕纸（实际上是最常见的一个厕纸牌子，智利人常用来泛指所有厕纸）
colación：便餐
colita de chancho：波浪号（～）的俗称
chancho：猪
choclo：maíz 玉米
destacador：marcador 荧光笔

diente de dragón：豆芽
factura：报税凭据则称
furgón：面包车，厢式货车
frutilla：fresa 草莓
gato：almohadilla "#" 号的俗称
gásfiter：plomero 管道工
timbre：sello 图章
lomo de toro：减速坡
llave：grifo 水龙头
poroto：frijol 或 fríjol 菜豆
palta：aguacate 鳄梨

morrón：pimentón 胡椒粉
maravilla：girasol 向日葵
magister：master 或 maestría 硕士
maestro：师傅（一般技术工人也可以用，如木匠、瓦工、电工等）
nana：保姆
zapallo：calabaza 南瓜
zapallo italiano：calabacín 西葫芦

第十四章　危地马拉的西班牙语

第一节　危地马拉概况及历史

一、概况

危地马拉共和国（República de Guatemala），简称危地马拉（Guatemala），位于中美洲，西南望太平洋，东临加勒比海，北边及西边与墨西哥接壤，东北与伯利兹为邻，东南邻国是萨尔瓦多和洪都拉斯。2020 年，危地马拉人口约为 1726 万，是中美洲人口密度最大的国家。首都危地马拉城（Ciudad de Guatemala）位于该国中部高地，是危地马拉第一大城市，也是中美洲第一大城市。

二、历史

（一）殖民前时期

前哥伦布时期的危地马拉拥有灿烂而古老的文明，其中最具代表性的当属玛雅文明。位于危地马拉北部广阔的佩滕（Petén）低地是玛雅文明的腹地，直到 16 世纪初欧洲殖民者到来时，玛雅文明都一直在这片土地上占据统治地位。按照发展顺序，玛雅文明可以分为三个时期：前古典时期（公元前 2000～公元 300 年）、古典时期（公元 300～900 年）和后古典时期（公元 900～1521 年）。公元 9 世纪起，大量玛雅人放弃佩滕低地，向北迁往今墨西哥尤卡坦南部，玛雅文明的重心也转移到那里。玛雅文明的后古典时期晚期，今危地马拉地区居住的各土著民族纷纷建立起各自的城邦，除了基切人（los quichés）建立起库马尔卡赫（Q'umarkaj）外，卡克奇克尔人（los cakchiqueles）建成了伊西姆切（Iximché）、马姆人（los mames）也有自己的撒库鲁城（Zaculeu）等。

(二)殖民时期

1523年,西班牙殖民者从危地马拉西海岸登陆,次年,殖民者在卡克奇克尔人的城市伊西姆切附近设立首个居住点,将其命名为"危地马拉骑士的圣地亚哥城"(Santiago de los Caballeros de Guatemala),也就是后人熟悉的"安提瓜危地马拉"或"旧危地马拉"。西班牙对整个危地马拉的征服过程一直持续到了17世纪,其中最后被征服的地区正是曾经的玛雅文化腹地佩滕地区,直至17世纪末,佩滕才彻底归属西班牙帝国,自此危地马拉全部沦为西班牙殖民地,隶属于新西班牙总督区。

(三)独立及独立后

1821年,受墨西哥独立战争的影响,当时属于西班牙帝国的危地马拉省(今危地马拉、萨尔瓦多、洪都拉斯、尼加拉瓜、哥斯达黎加等国)发布了《中美洲独立宣言》(Acta de Independencia de Centroamérica),中美五省宣布脱离西班牙,并于1822年并入墨西哥第一帝国(Primer Imperio Mexicano)。1823年它们又脱离墨西哥,组成"中美洲联合省"(Provincias Unidas del Centro de América),后改名为"中美洲联邦共和国"(República Federal de Centroamérica)。但1838年前后,联邦陷入内战,支持分离的自由派打败了支持联合的保守派,包括危地马拉在内的联邦成员先后从中美洲联邦中独立出来。①

1839年,危地马拉保守派领袖拉法埃尔·卡雷拉(Rafael Carrrera y Turcios, 1814~1865)发动政变,随后危地马拉进入了长达30年的保守派统治。1847年危地马拉正式宣布独立,成立危地马拉共和国,危地马拉从此成为主权国家,获得与他国建立外交关系、进行商贸往来等权利。然而,在接下来的20年里,保守政府为了保护自身利益,试图保留殖民时期留下的社会等级制度,也不重视国家的经济发展和现代化,人民生活苦难不堪,国家发展停滞不前。

1871年,胡斯托·鲁菲诺·巴里奥斯·奥延(Justo Rufino Barrios Auyón, 1835~1885)领导的自由党政权开始执政;至1944年,危地马拉得到一定程度的现代化。但自由派政府未能捍卫危地马拉的主权。巴里奥斯政府允许德国农民在上维拉帕斯(Alta Verapaz)地区占据和分配土地,德国移民在该地区逐渐建立起统治,维拉帕斯地区新建的学校里教授起德语,在该地出生的殖民者后裔可以获得危地马拉和德国双重国籍。整个德

---

① 具体而言,1838年8月哥斯达黎加独立,11月洪都拉斯独立。1839年4月危地马拉脱离。1841年2月萨尔瓦多宣布独立,中美洲联邦共和国正式消亡。

国殖民阶段对危地马拉影响深刻，直到如今，在危国仍然存在大量拥有德国姓氏的人，他们都是德国殖民者的后裔或殖民者与基切人的混血后代。除德国外，美国通过"联合果品公司"等跨国公司，渐渐扩大自身在危地马拉的影响力，为其之后的政局动荡埋下伏笔。

1944年，危地马拉爆发民主革命，又称"危地马拉革命"（Revolución de Guatemala）或"十月革命"（Revolución de octubre）。革命推动了危地马拉的民主化和现代化，国家开展了第一次民主选举，阿本斯（Jacobo Arbenz Guzmán, 1913～1971）政府成立，工人阶级的权利得到保障。但由于阿本斯政府损害了美国"联合果品公司"的利益，且允许危地马拉共产党活动，美国与危国军队中的反对派合作，以反共的名义打击民主政府，并于1954年共同策划了政变。

1954年的政变推翻了阿本斯政权，新的独裁者开展统治。对阿本斯政权被推翻心生不满的农民，组织游击战，与政府军进行长达36年的内战（1960～1996）。直到1996年双方才签署和平条约，内战方告结束。内战期间，数百万民众流离失所，危地马拉军队大肆杀戮原住民，数十万玛雅人因此丧命。直到20世纪80年代，危地马拉政府才逐渐减少对原住民的迫害，重启民主化和现代化进程，1985年危地马拉通过现行宪法，宪法在总统、议员等职位的选举方式、任职年限等方面做出重要规定。

进入21世纪，危地马拉的政局逐渐稳定，民主化进程加快，经济得到发展。但由于之前的长期战争、政局动荡、政府贪腐，加上火山、地震等自然灾难频发，国家经济发展相对缓慢，如今的危地马拉贫困人数仍高居不下，贫富差距巨大。不过近几年，归因于旅游业的发展，危地马拉出口值快速增长，国内生产总值上涨提速。

第二节 危地马拉西语与其他语言的接触

一、危地马拉的语言情况总览

危地马拉是个典型的多语言国家，是世界上土著语言最多的西语国家之一。虽然官方语言只有西班牙语一种，但在全国范围内使用的语言数量超过二十种。

危地马拉的大部分土著语言都是玛雅方言。但玛雅各族居住分散，其使用的方言也差异显著，语言各自独立，几乎不能相互理解，整个危地马拉使用的玛雅方言有 21 种之多。此外，该国还存在两种使用人口较少的土著语：加里夫纳语（garífuna）和辛加语（xinca），这二者都不属于玛雅语系，使用者分别集中在东部的加勒比沿岸以及东北部与伯利兹接壤处。

以下介绍危地马拉一些重要语言的使用及分布情况：

（一）西班牙语

官方语言。2021 年，危地马拉全国将其作为母语使用的人口约有 1711 万，约占总人口的 78.3%。西班牙语虽为官方语言，但并非所有危地马拉人都能掌握，能将其作为第一或第二语言使用的人口仅占全国 86%；在基础设施薄弱、文化教育落后的偏远山区，一些土著居民的西语水平较低。

（二）基切语（quiche/k'iche'）

玛雅方言中使用者最多的一种，有超过 160 万人将其作为母语，约占全国总人数的十分之一。这些人主要分布在危地马拉中部的库丘马塔内斯山脉和西边的大西洋沿岸。玛雅人的著名文学作品《波波尔·乌》就由该语言写成。

（三）凯克其语（kekchí/q'eqchi'/quekchí）

使用者超过百万，主要分布在危地马拉北部的佩滕地区及其以南的上维拉帕斯。除了危地马拉，该语言也在墨西哥、伯利兹、萨尔瓦多等国使用。凯克其语属玛雅语系的基切语族，与基切语较为相似。

（四）卡克奇克尔语（cakchiquel/cachiquel/kaqchikel）

使用者近百万，主要分布在危地马拉中部和西部。卡克奇克尔语属玛雅语系的基切语族，与基切语较为相似。

（五）马姆语（mam）

使用者约 48 万，主要集中在危地马拉西北部与墨西哥接壤省份。在墨西哥也有土著人使用。

（六）楚图希尔语（tz'utujil）

使用者约十万，主要集中在中部和西南高地。楚图希尔语属玛雅语系的基切语族，与基切语较为相似。

（七）加里夫纳语

与其他大部分语言不同的是，加里夫纳语并不属于玛雅语系，而是属阿拉瓦克语系。在危地马拉，该语使用者数量约为 2 万，主要集中在加勒比海沿岸的伊萨瓦尔省，在洪都拉斯、伯利兹、尼加拉瓜等国也有使用者。

（八）辛加语

来自于美洲原住民，与玛雅方言并无联系，语系未知，古老而神秘。在危地马拉，辛加语的使用者主要集中在东南地区与萨尔瓦多接壤处。目前，全世界仅有 100～200 人能使用辛加语，它是全球最濒临灭绝的语言之一。

二、西班牙语在危地马拉的地位

西班牙语不仅是危地马拉官方语言，同时也扮演着不同民族原住民间的通用语角色。危地马拉土著居民约占全国人口的 40%，其中大部分人的母语并非西班牙语。他们使用着互不相通的民族语言，因此，自殖民时代起已被推广了数百年的西语，成为不同民族间沟通的语言。大部分土著居民是双语者，能使用母语和西语两种语言。他们又分为两类，第一类的西语、土著语掌握程度都很高，能熟练且准确地运用两种语言，他们通常接受过系统学校教育，拥有初级到中级甚至高级的文化水平，从事的工作也有较高的技能要求。相反，第二类人则仅能掌握极少的西语，大多是偏远山区的老人、妇女或从事农业的人，没有接受过正式教育，其西语仅能在极少数的特定场合使用，日常生活中则几乎不会用到。

自殖民期以来，危地马拉对土著语言就一直执行打压政策，即使是独立后，政府也一直排挤和歧视占据全国总人口近半的土著民众和他们的语言文化。直到 20 世纪末，该情况才得以缓解。2003 年，危国颁布了《民族语言法》（*Ley de idiomas nacionales*），该法指出"危地马拉的官方语言是西班牙语；但政府承认、推广和尊重各玛雅语言、辛加语和加里夫纳语"。尽管如此，危地马拉的重要高等学府兰迪瓦大学（Universidad Rafael Landívar）却在其学报中指出，对土著语言的推广和教育目前仅存在于"政治正确"层面，现实中并未像政府文件所说的那样得到执行和实施。

三、西班牙语与其他语言的接触

虽然经历了西班牙殖民者的文化强权，但土著语言对危地马拉的影响却渗透在方方面面。其中，由于使用者众多，玛雅语言对危地马拉西语的影响最大；此外，不属于玛雅语系的加里夫纳语也在和西班牙文化相接触后对西语造成了一定影响。而另一种不属玛雅语系的土著语言辛加语，由于使用人数极少，已处濒危状态，对西语的影响微乎其微。

（一）玛雅语言对西班牙语的影响

在危地马拉的全部人口中，土著居民占据约 40%，其中单玛雅人就超过 39%。由于人数众多，玛雅方言为如今危地马拉使用的西班牙语贡献了大量词汇。

玛雅语言对危地马拉西语的影响主要体现在词汇上，这类词汇被称为

"palabras chapinas"或"chapinismo",因为"chapín"在玛雅方言中正有"危地马拉的"之意。这些来自玛雅语言的西语词汇有个显著特点:许多都带有 ch、sh 或是 güi、güe。这些词汇中,有些已经根据西语的拼读和语法习惯调整了拼写,有的则保留了其原本的读音。例如:

shuco:sucio 肮脏的

chish:sucio 肮脏的

cholco:sin dientes 无牙的

chilero:bonito 美丽的,漂亮的

chipe:triste, deprimido 伤心的

chucho:perro 狗

chispado:listo 聪明的

chilazo:pronto, rápido, inmediatamente 立即,很快

chola:cabeza 头,脑袋

chafa:de ejército 军队的

güiro:niño 男孩

chamaco:persona pequeña, chico 小孩

sho:silencio 安静

casero:querido, amante 情人,爱人

chipichipi:llovizna 绵绵细雨,毛毛雨

chotear:mirar, dirigir la vista 向远处看,远眺

güirigüiri:conversación o discursos extensos e insustanciales 长且无用的对话或讲话

michelada:bebida que se prepara con cerveza y zumo de limón 一种啤酒柠檬汁饮料

除了词汇方面的贡献以外,玛雅语言也对危地马拉西语的语法产生了一定程度的影响,这些语法上的影响主要表现在介词的删减和混用、代词的混用、形容词和名词性数不一致等,具体表现将在后文详细解释。

(二)加里夫纳语对西班牙语的影响

加里夫纳语是一种与玛雅语并无联系的中美洲语言,使用者主要集中在加勒比海沿岸。该语言的构成复杂,有的学者将它看作一门"克里奥约语",即混合了多种不同语言的词汇或语法而形成的新语言,因其除土著语外,还包含多种来自欧洲语言的词汇。复杂的构成与其历史有关。约在殖民者抵达美洲前一个世纪,生活在南美洲北部的一支加勒比民族北迁至小安的列斯群岛(Antillas Menores),他们使用的加勒比语与当地阿拉瓦克人

的语言结合后,形成了现代加里夫纳语的雏形。一个世纪后,加勒比海沿岸成为欧洲殖民者争夺的对象,英国人、法国人、荷兰人、西班牙人的出现都为加里夫纳语注入了新的词汇;之后,贩卖非洲奴隶的船只抵达加勒比沿岸,加里夫纳语又受到了非洲语言的影响。由于其复杂的融合史,如今该语言的词汇中有约45%来自阿拉瓦克语,25%来自加勒比语,15%来自法语,10%来自英语,5%来自西班牙语。其中,大部分的语法和词汇由阿拉瓦克语提供,部分词汇来自加勒比语,但其句法结构又呈现出法语的特点,而与科技、医学等方面相关的词汇则主要来源于欧洲语言。

由于该语言自身的融合特点,因此,对"加里夫纳语和西班牙语的接触"的研究主要偏向于该语言受到的西班牙语的影响,而不是它对西语的影响。然而,由于危地马拉的加里夫纳语使用者几乎都是双语者,在使用西语时也会出现"语码转换"现象,将加里夫纳语中的词汇带入西语中,因此,两种语言的接触也可从加里夫纳语对西语词汇的贡献入手讨论。融入西语的加里夫纳语可分为两类。

(三)来自西方语言的借词,按照土著语言的发音习惯重新拼写构词。如:

abakunara:vacunar 接种疫苗,源自西班牙语

güripe:gripe 流感,源自西班牙语

konhuntiwitisi:conjuntivitis 结膜炎,源自西班牙语

operararü:operar 手术,源自西班牙语

abuleiseira:blesser 打伤,受伤,源自法语

diwéin:du vin 葡萄酒,源自法语

fuñei:poignet 手腕,源自法语

úmari:mari 丈夫,源自法语

surusia:chirurgien 外科医生,源自法语

lifidali:l'hôpital 医院,源自法语

wounu:wound 伤口,源自英语

míligi:milk 牛奶,源自英语

pili:pill 药片,源自英语

yómani:young man 年轻男性,源自英语

saisi:size 尺码,源自英语

ifingau:finger 手指,源自英语

(四)词根部分来源于欧洲语言,但在此基础上根据土著语言或其他欧洲语言的语法规则,通过添加前后缀、形容词等方式,衍生创造出的新词汇。如:

sandi：健康，来自法语的 santé

lisandi íhemeni：淋巴结炎，其中 íhemeni 表示"淋巴结的"

lisandi ubanaü：肝硬化，其中 ubanaü 表示"肝脏的"

burugua sandi：流行病，其中 burugua 表示"传播"

árani：药

lárani infeksion：抗生素，其中 infeksion 表示"感染"

lárani gáriti：止痛药，其中 gáriti 表示"疼痛"

lárani idiheri：镇静剂，其中 idiheri 表示"紧张""焦虑"

需要注意的是，以上列举的来自玛雅语、加里夫纳语的西语词汇并不都是已收入词典的正式词汇，其中诸多词语仅在日常交流和非正式场合中出现，夹杂在西班牙语中使用。

第三节　危地马拉西语特点

一、语音特点

危地马拉西语语音在许多方面和西班牙、拉丁美洲其他国家有一定相似性，但也存在诸多不同。

（一）元音

1. 元音的弱化

非重读元音出现在辅音后或停顿之后时，整个中美洲都存在一定程度将其弱化甚至吞音的现象，此现象在不同地区的程度各不相同。危地马拉是中美地区元音弱化程度最高的国家，在 30% 的情况下会弱读或吞掉元音，但更多情况下并不会弱化元音。

2. 元音的变化

危地马拉的一些人在发 o 时会发得不够饱满圆润，而是更加接近 /u/。但该现象并非在整个国家大范围地出现，而是仅仅出现在一些人身上。

（二）辅音

1. 字母 b, d, g 的发音

在大部分情况下危地马拉的很多人将 b, d, g 三个字母发成了塞浊辅音的 /b/、/d/ 和 /g/，仅在两个元音之间时发擦浊辅音 /β/、/ð/ 和 /γ/。

2. 两个元音之间的 d

位于两个元音之间 d，如 -ado 中的 d，会被弱化甚至吞音。

3. 位于词尾的 s

在危地马拉的大部分地方，人们把 s 发得很清晰，词尾的 s 也不会被吞掉；但在与萨尔瓦多和伯利兹接壤处，一些人会表现出省略掉词尾 s 的现象。

4. s 发成送气音

也有少数人将 s 发成送气音 /h/，如同英语字母 h 的发音一样。如 necesita-/nehe'sita/, salud-/ha'lud/, de Santa Ana-/dehan'tana/。

5. s 的浊化

s 出现在其他浊辅音前或两个元音之间时，把 s 浊化。

6. s 的 /θ/ 化音

或称"ceceo"现象。大部分情况下，危地马拉西语中的 s 和半岛西班牙语一样发 /s/，但少数情况下会发成咬舌的 /θ/，尤其是 s 出现在词首或两个元音之间时。

7. n 的发音变化

有的危地马拉人会将元音后面的 n 发成了 /ŋ/ 即 nge，如 también 读成 /tambienge/，将 pan 发成 /paŋ/。也有部分人会弱化，甚至吞掉元音后面的 n。

8. f 的发音

危地马拉有少数人将 f 发成 /h/，类似于西语中字母 j 的发音，尤其是当 f 出现在元音 u 前的时候。如 fue 读成 /jue/，afuera 读成 /ajuera/。但这种现象并不是普遍出现，而是只在偏远山区或文化程度较低的人身上出现。

9. r 的发音

危地马拉西语语音最有代表性的一个特点就是将 r 发成有咝擦音。

10. j 发音减弱

将字母 j 发得很弱，甚至吞音，如将 trabajo 读成 /tra'β ao/。

11. ll 的发音变轻

将 ll 发得类似于元音 i，如将 pastilla 读成 /pastía/，将 cuchillo 读成 /cuchío/。

12. y 化音

或称"yeísmo"。危地马拉西语会将 y 或 ll 发成 /ʃ/ 或 /dʒ/。

二、语法特点

受到土著语言影响，危地马拉的西班牙语在语法上也会有自己的特点。这些特点一开始或许只是土著语母语者在学习和使用西语时受到母语影响而犯的错误，然而，随着时代的演变和使用人数的增加，这些错误变成了新的规则，成为危地马拉西语的组成部分，并且除了被土著居民使用外，也被以西语为母语的危地马拉人广泛使用。

（一）介词的混用

1. 介词 a 与 en 的混用

危地马拉西语中，当介词 a 表示方位时，常常出现 a 与 en 混用的情况，如：

Cayeron a un charco.

标准西班牙语：Cayeron en un charco.

（他们摔倒水塘里去了。）

Entramos al edificio.

标准西班牙语：Entramos en el edificio.

（我们走进大楼。）

2. 介词 hasta 和 desde 的意思发生变化：

危地马拉西语习惯将 desde 理解成"在……之前"，将 hasta 解释成"在……之后"，如同 antes de 和 después de。如：

Juan llegó desde el martes.

标准西班牙语：Juan llegó antes del martes.

（胡安周二前就到了。）

El negocio abre hasta las 10 de la mañana.

标准西班牙语：El negocio abre después de las 10 de la mañana.

（早上十点开始营业。）

3. 用 entre 替换 dentro de：

Lo metió entre un cajón.

标准西班牙语：Lo metió dentro de un cajón.

（他把它塞进了箱子里。）

Está entre un armario.

标准西班牙语：Está dentro de un armario.

（这东西在衣柜里。）

4. 把表达时间的 por 替换成 en：

Mañana en la mañana vamos para el campo.

标准西班牙语：Mañana por la mañana vamos para el campo.

（明天上午我们去田里。）

Hoy en la noche no habrá concierto.

标准西班牙语：Hoy por la noche no habrá concierto.

（今天晚上没有音乐会。）

（二）介词 a 的省略

在许多情况下，危地马拉西语都会省略掉介词 a，这些情况有：

1. 省略"ir + a + 动词原形"短语里的 a，如：

¿Por qué no voy Ø sembrar mi milpa?

（为什么不去给我的玉米地撒种呢？）

Yo no voy Ø cambiar mi identidad.

（我是不会改变我的身份的。）

Yo no le voy Ø contar a usted.

（我是不会告诉您的。）

这种情况并非正式的危地马拉西语，而是只在偏远山区的一些人口中出现。很难判断这种情况是否是西语受到玛雅土著语影响的后果，然而在南美洲安第斯山脉地区，克丘亚人在使用该短语时也会有省略介词 a 的情况。

2. 省略间接宾语前的 a，如：

No lo hago en la casa porque no Ø todos les gusta.

（在家里我不这样做，因为并不是所有人都喜欢这样。）

Ya estamos contaminando el río Ø nuestros hijos.

（我们这是在污染我们子孙的河流。）

3. 省略表示方向地点的 a，如：

Voy Ø la costa.（我要去海滩边。）

（三）代词的使用

1. 用 le 替代宾格代词

危地马拉西语中，在正式场合人们倾向于 le 代替宾格代词，即"leísmo"。如：

Si quiere, le llamamos esta tarde.

（如果您愿意，我们下午就给您打电话。）

Sí, yo le conozco.（是的，我认识您。）

2. lo 的单复数变化：

受到复数间接补语的影响，直接补语的代词也用复数形式。如：

Se los diré a ustedes.（我会告诉大家的。）

No los quiero contarte.（我不想告诉你。）

3. 用 lo 指代一切直接宾语：

有时，无论所指的名词是阴性还是阳性、单数还是复数，都用代词 lo 来代指。如：

Entonces buscaba a su niño en la noche. Toda la gente oye un lamento en la noche. Ella empieza: "Miiijo, ay mi hiiijo". Muchos aseguran que **lo** han oído, otros que **lo** han visto, y **lo** ven como una mujer alta, elegante con una capa blanca.

（于是，她在夜晚寻找她的孩子，整晚上人们都能听见她的喊叫声。她叫道："儿子啊！我的儿子啊！"许多人都说听见了她的哭喊，有的人还看见了她。她是个高挑、优雅的女士，披着一件白披风。）

4. 复指直接宾语的代词 lo 出现在宾语之前。如：

Me fueron a dejar a la escuela, pero yo no **lo** quería soltar a mi mamá.

（他们要将我留在学校里，但我却不愿意松开我的妈妈。）

5. 在前文已有指明的情况下，省略第三人称的宾格代词。如：

La llorona, dicen que era una mujer muy desobediente, y un muchacho la embarazó, y el niño que tuvo no lo quería, ella prefirió ir a tirarØ en un río, Ø tiró ahí y en ese mismo momento murió el niño, y la señora se arrepintió después.

（据说，这位哭泣的女士曾经是个叛逆的女孩。一个男人搞大了她的肚子，而她不想要这个孩子，只想将他抛弃在河里。于是，她真的将孩子扔进了河里，孩子立即就死了，而她却又后悔了。）

（四）性数不一致

危地马拉西语中，有时也会出现形容词、冠词与所修饰的名词的性和/或数不一致的情况。该情况被认为是西语受到土著语言影响的结果，因为危地马拉的土著语并不强调单词的性数。这些例子有：

los indígena（印第安人们）

Los niño están acostado.（孩子们睡了。）

Nosotros somos paisano.（我们是同胞。）

（五）物主形容词的使用：

危地马拉西语中会出现"不定冠词 + 非重读物主形容词 + 名词"的结构。如：

una mi hermana（我的一个妹妹）

un su amigo（他的一个朋友）

三、用词特点

（一）vos 的使用

在危地马拉西语中，通常用 vos 来表示第二人称单数，即"voseo"，vos 的变位也相应发生变化。陈述式现在时变位的词尾变成 -ás/-és/-ís，如 cantás, comés, vivís；虚拟式现在时变位的词尾是 -és/-ás/-ás，如 cantés, comás, vivás；命令式的词尾是 -á/-é/-í，如 cantá, come, viví. 然而，近年来，危地马拉人在使用简单过去时的时候，第二人称单数上的变位则已与伊比利亚半岛西语，即西班牙西语趋同，即变成 -aste 和 -iste，如 cantaste, comiste, visiste.

（二）常用 usted 人称

与其他诸多美洲国家一样，危地马拉人也偏爱 usted 人称。

（三）tú, vos 和 usted 的区分

在危地马拉，这三种人称代词都会使用，且其使用范围界限模糊。一般来说，年纪较大的人习惯用 usted，年轻人更爱用 vos，而更加平等的关系如夫妻间则更多用 tú。词语的选择甚至还有性别规律：一般来说，男性更多使用 vos，女性更爱用 usted。

（四）指方位的词语

在指方位"这里""那里"时，更爱用 acá 和 allá，而不是 aquí 和 allí。

第十五章　厄瓜多尔的西班牙语

第一节　厄瓜多尔概况及历史

一、概况

厄瓜多尔共和国（República del Ecuador），简称厄瓜多尔（Ecuador），位于南美洲西北，北与哥伦比亚相邻，南接秘鲁，西临太平洋，与智利一样，同为没有和巴西接壤的南美国家。因位于陆地赤道线上，其领土跨南北两半球，除南美洲西北陆地领土及其沿岸岛屿，另辖有距厄瓜多尔本土1000公里的加拉帕戈斯群岛（Islas Galápagos）。首都为基多（Quito）。

二、历史

（一）前殖民时期的厄瓜多尔

厄瓜多尔土地上的原始居民，要追溯到一万五千年前至两万年前的普宁人种[①]，该人种属于远古的圣湖人种，是美洲最早的居民。西班牙人16世纪发现的那些分布在美洲大陆及岛屿的印第安人，经过漫长迁徙，从游牧转向定居。考古学、人类学和比较人种学支持这样一种推想：大概在两千到五千年前各迁徙部落陆续到达后，印第安土著人才得以最终在厄瓜多尔定居下来。

在这些持续不断进入厄瓜多尔的迁徙部落中，有一部分大概在公元前后分批或同时到来。来自安的列斯群岛和亚马孙河一带的加勒比人和阿拉瓦克人，来自哥伦比亚海岸或者安第斯山的奇布查人，来自中美洲的玛雅人和基切人和来自玻利维亚和秘鲁高原的科利亚－阿拉瓦克人以及克丘亚

---

① 普宁人种，古代厄瓜多尔居民，其名称来源于厄瓜多尔的钦博拉索省的普宁集镇。1923年曾在这个集镇附近的冰河层发现了具有巴西圣湖人特点的人类头盖骨化石。

人，构成了如今厄瓜多尔土著人的主要种族。随后这些居民的集体组织形式经历了从氏族到部落再到联盟的演变，印第安土著人逐渐发展出自己的文明。到十五世纪末，联盟和部落各自为政的局面有所改变，某些氏族通过不断吞并，试图建立对基多①所有部落的支配和统治，②但基多的各个联盟最终不敌来自印加的入侵，尚未来得及形成统一国家，1463 年即被印加征服，成为帝国的一部分。

（二）西班牙殖民时期

1532 年，西班牙殖民者皮萨罗俘虏印加帝国的皇帝阿塔瓦尔帕，此后厄瓜多尔沦为西班牙殖民地数百年。基多是西班牙人在厄瓜多尔的主要基地，他们从基多派出的远征队发现了亚马孙河并且逐步建立起厄瓜多尔其他城市。1739 年，厄瓜多尔从原来隶属的秘鲁总督区中剥离，与加拉加斯、巴拿马和波哥大一起并入新格拉纳达总督区，印第安人的权益受到布尔戈斯法律的保护，殖民者不能再无所顾忌地剥削印第安人。为弥补劳动力短缺，征服者们把目光转向了非洲黑人奴隶。黑人的大量引入加速了厄瓜多尔的种族融合，如今厄瓜多尔大部分黑人社区集中在埃斯梅拉达斯省（Esmeraldas）。值得一提的是，殖民时期的建筑、绘画和雕塑都得到了发展，期间兴起的"基多流派"直至今天依然受到追捧。

纳入西班牙帝国版图之后，厄瓜多尔被迫接受西班牙统治，宗主国的影响无处不在。西班牙语作为传教工具也开始向殖民地渗透。正如内夫里哈在其《卡斯蒂利亚语法》一书的序言中表示的那样："语言永远是帝国的伴侣。"知识与权力，语言与帝国相互保护。而为维护其殖民统治，西班牙君主首先要考虑的问题，就是在维护原住民语言文化和强制推行卡斯蒂利亚语之间做出选择。其实，在西班牙天主教双王颁布的早期法令中，已经出现要求向当地人教授西班牙语的规定，但同时也要求尊重土著人民的生活方式和风俗，前提是不违背天主教教义。这种让步实际上等同于放弃了强制推广西班牙语的做法。然而 1493 年教皇颁布的训谕，就西班牙君主在新大陆的统治权合法化，做出了规定："所有已经发现的和将要发现的"都属于天主教双王，条件是新大陆居民必须皈依天主教，如此一来，早期温和的语言政策立即受到强制传教规定的干扰。③这主要是由于当地土著语言中缺乏对应词

---

① 基多为厄瓜多尔古时名称，现为厄瓜多尔首都名。
② ［厄］奥·埃·雷耶斯：《厄瓜多尔简明通史》，北京：商务印书馆出版，1973 年。
③ Muñoz Machado, S., 2017: "Prólogo", *Hablamos la misma lengua: historia política del español en América, desde la conquista a las independencias*, Barcelona: Crítica.

汇准确地传达天主教教义，使用土著语言传教的折中做法招致了保守派的批评。强硬的传教政策明显推进了厄瓜多尔的"卡斯蒂利亚化"。

（三）独立战争

1809年，厄瓜多尔一群克里奥约人率先举起反对殖民统治的大旗，厄瓜多尔的史学家认为这一事件是吹响拉美独立的第一声号角，为拉美其他地区争取独立自由提供了范本，他们掀起的独立运动开启了拉美解放运动的进程。自此，独立的熊熊烈火很快席卷整个拉美，西班牙在美洲长达三百年的殖民统治逐渐走向分崩离析。

1822年，在基多保护军的帮助下，西蒙·玻利瓦尔和安东尼奥·何塞·德·苏克雷（Antonio José de Sucre, 1795～1830）在皮钦查战役大获全胜，将厄瓜多尔从西班牙的殖民统治中解放出来，与哥伦比亚、委内瑞拉以及巴拿马共同组成大哥伦比亚共和国。后厄瓜多尔脱离大哥伦比亚，成立共和国，但随后的五年里继续留作联邦国家，与其他四国保持政治和经济上的联系。

西班牙语在厄瓜多尔的发展却并未因西班牙殖民统治的结束而终止，相反，新生的共和国需要一门与其他拉美国家共通的语言促进其相互的交流和理解，宗主国的语言恰好为这种需求提供了方便的路径。

（四）独立后的厄瓜多尔

1830年大哥伦比亚解体后，厄瓜多尔共和国随即宣布成立，此后一直到20世纪初，厄瓜多尔两大政党——保守党和自由党互相争权夺利。1860～1875年，保守党人加西亚·莫雷诺（Gabriel García Moreno, 1821～1875）实行独裁统治，1869年颁布宪法，规定只准信奉天主教；自由党领袖艾罗伊·阿尔法罗（Eloy Alfaro, 1842～1912）执政期间（1895～1901年和1906～1911年），实行政教分离，没收教会财产，允许宗教信仰自由，并建成连接内地和沿海的基多——瓜亚基尔铁路，促进了经济发展。19世纪下半叶，英美资本相继渗入，逐步控制厄瓜多尔的经济命脉。1941年厄瓜多尔同秘鲁发生边界冲突，战败后丧失大片国土。2019年，总统莫雷诺（Lenín Boltaire Moreno Garcés）宣布，由于南美洲国家联盟已不具备推进地区一体化进程的能力，厄瓜多尔退出南美洲国家联盟。

第二节　厄瓜多尔西语与其他语言的接触

西班牙在美洲大陆的殖民统治持续了约三百年。就像罗马帝国在欧洲传播罗马文明一样，在这段时间里，西班牙把本国的制度与文化带给大半个新大陆，其中就包括语言。西班牙语作为西班牙殖民征服和统治的必要工具，成为宗主国留给殖民地的永久印记。拉美各国独立之后，出于政治与文化发展的考量，都默契地保留了原宗主国语言作为国家的官方语言，但是各国的西班牙语开始向不同方向演进。因地理环境多样性，印第安人占人口较高比重以及人口内外迁徙，厄瓜多尔西语变化较他国更为明显，产生了赤道西班牙语、安第斯西班牙语和亚马孙西班牙语的不同变种。由于赤道沿海地区和安第斯山区的人口更密集，前两种西语变体的影响力更大。这些西语变体在语音、词汇和句法等方面都呈现出与半岛西班牙语不同的特点，是地理、种族、文化等众多因素交织作用的结果，彰显出厄瓜多尔独特的民族个性及多样性。

一、厄瓜多尔西语与土著语言的接触

除西班牙语外，厄瓜多尔至少还存在十种土著语言，厄瓜多尔1998年宪法将厄瓜多尔定义为一个多文化多语言国家，要求尊重和鼓励境内所有语言的发展，确立了土著语言的合法地位。[1] 宪法第一章规定，国家尊重并鼓励厄瓜多尔人所有语言的发展；卡斯蒂利亚语是厄瓜多尔的官方语言，同时克丘亚语、舒阿语（shuar）以及其他土著语言是该法律规定的土著民众的正式用语。宪法第84条第1项进一步指出要在"在精神、文化、语言、社会、政治和经济领域维持、发展和加强其身份和传统"。

据2010年厄瓜多尔国家数据统计局的普查显示，厄瓜多尔人口中约有4.8%的人说土著语，其中克丘亚语约占85.6%，是使用最广泛的土著语言，其次是舒阿语，约占9%。[2] 最初，西班牙征服者们到达新大陆时，发现克丘亚语使用人数众多，他们便以为来到了一个政治、制度和语言都高度统一的帝国。但到了厄瓜多尔后，他们才意识到还存在其他土著语言。[3] 可以想见，在这些语言中，克丘亚语与西班牙语的接触时间最长，联系也更密切。两者共存的历史从殖民时期就已经开始，长达五个世纪的影响给西班牙语留下了不可磨灭的印记。尽管克丘亚语的普及程度还不能与卡斯蒂利亚语相提并论，但它对后者的影响证明了土著文化的重要性和强大的生命力及其对厄瓜多尔语言多样性的特殊贡献。

---

[1] Mejeant, L., 2001: "Culturas y lenguas indígenas del Ecuador", *Revista Yachaikuna*, 1, marzo de 2001.

[2] Instituto nacional de estadística y censos, 2010: *Estadísticas de etnicidad en censos, encuestas de hogares y registros administrativos*.

[3] Ortiz Arellano, P. G., 2001: *El quechua en el Ecuador*, Quito: Ediciones Abya-Yala.

厄瓜多尔西语的发音特点与土著语言有着密切关联，一些语音现象只能用克丘亚语和古西班牙语的融合才能解释，即使这些现象并不直接来自克丘亚语，也不能否认克丘亚语的发音系统具备催化这些现象的内在条件，例如元音 e 和 o 的减弱和省略。该现象常见于基多的偏远地区，e 和 o 作为非重读元音时常常被弱化或者省略，尤其是位于重读音节后时，比如 las vacaciones /lazbaka'sjons/。一些研究者认为，此种元音省略现象起源于殖民地时期的古西班牙语，但被克丘亚语强化，正是两种语言融合的实例。[①]
与变弱的元音不同，辅音的发音仍然清晰，且有夸大的倾向。辅音加强和元音减弱的起因都来自两种语言之间的接触。虽然大多数土著民众的西班牙语已经越来越偏向标准的卡斯蒂利亚语，但是人们使用了400多年的这种西班牙语已经在基多和整个安第斯山区留下了痕迹。

克丘亚语的影响在句法上表现为对代词系统的改变，如"leísmo"现象，宾语前置时对宾格代词的省略等。在词汇方面的影响也不容小觑，直到 20 世纪 70 年代，克丘亚语在厄瓜多尔高地西班牙语中的巨大影响一直有目共睹，不少受访者惊讶地发现西班牙语词典收录的一些常用词汇，例如 cancha（运动场），mote（一种玉米），mullo（圆形珠串），suco（金发的），ñaño（兄弟）等，都源于克丘亚语。

二、厄瓜多尔西语与英语的接触

厄瓜多尔虽然与美国的距离相对遥远，但同样受到这个超级大国语言的波及。首先在词汇方面，厄瓜多尔西班牙语存在普遍的英语借词现象。一些借词被认为是必要的，因为它们填补了词汇上的空白，特别是在诸如计算机（例如 chip 芯片，software 软件等）之类的技术领域；但是，也有一些借词已经取代了西班牙语中原本的词语，成为表达该含义更普遍的用词。例如 lunch（也称为 lonch）一词，在与学校和办公写字楼相邻的廉价餐馆区广泛使用。厄瓜多尔西班牙语中还包含了许多其他非必要的英语借词，并且在各种语音、词法、句法和语义演变过程中，这些借词已经形成自己的范式和体系。最常见的例子是"man"这个单词，移植到厄瓜多尔西班牙语后语义扩大，成为西语中"persona"的同义词，既可以指男人也可以指女人，例如"Esos manes que llegaron a conquistarnos se aprovecharon de la situación del Tahuantinsuyo."。1996 年进行的一项研究揭示了英语对厄瓜

---

① Haboud M. y de la Vega, E., 2008: "Capítulo 8: Castellano ecuatoriano, Palacios, A.", *El español en América*, pp. 161～187, Madrid: Ariel.

多尔西班牙语的广泛影响，例如简单词汇：bar, box chip, snack, show, ring, rap, bridge；复合型词汇：pickup, playoff（动词 + 介词），bypass, indoor fútbol, underground（介词 + 名词），time out（名词 + 介词），password（动词 + 名词），airbag, babyshower, coffee break, boyscout, network, videoclub（名词 + 名词组合）。2006 年在基多两所大学计算机系师生中进行的一项研究则表明，英语词汇、短语和缩写在该领域被大量使用，同时研究人员还发现，即使 80% 的受访者都未掌握英语，但他们仍倾向于使用英语的专业词汇。

在句法方面，英语是在厄瓜多尔社交媒体以及国际电视节目中经常使用的语言，英式西语的存在是必然的。对英语句法的模仿常常是直接使用西语中与英语字形相似，但用法、意思不同的词汇和用法，例如："Tienes que aplicar para el trabajo."（英语："… apply for the job"）或者直接把英语的句式套用西班牙语中，例如："¿Cómo te gustó la película?"（英语："How did you like the movie?"）。更为典型的一种情况是第一人称单复数主格人称代词的赘余，在谓语动词已经能够表明主语的情况下，年轻人表现出添加主格人称代词的倾向。例如："Perdón profe, pero (yo) quería decirle que no puedo venir el jueves, lo que pasa es que (yo) tengo una salida de campo.""(Yo) ya le pregunté al profe, o sea al otro profe, si puedo no ir y me dijo que no."。如今在中上阶层语言使用者中，这样的句式也变得越来越普遍。

第三节　厄瓜多尔西语特点

西班牙统治下的美洲，接受同一位君主，同属一个教会，共用一种语言，实际上形成了一个整体。但随着脱离西班牙的独立战争爆发，独立之后很快发生的政治变革催生了不同的政治实体，各自形成完全意义上的主权独立国家，语言的演进和分化由此开始，厄瓜多尔地理状况的复杂，种族多样性更加促进了这种结果。目前厄瓜多尔西班牙语内部呈现出明显的地域差别，分化出在沿海地区和加拉帕戈斯群岛中使用的赤道西班牙语，在山区使用的安第斯西班牙语，以及在亚马孙地区使用的亚马孙西班牙语。

一、赤道西班牙语（español ecuatorial）

赤道西班牙语的使用范围从哥伦比亚南部的太平洋海岸延伸至秘鲁的北部海岸，横穿厄瓜多尔海岸、安第斯山脉以西的毗邻平原以及加拉帕戈斯群岛。这一区域最有语言影响力的中心是港口城市瓜亚基尔。该城是厄瓜多尔经济最发达的城市之一，由于吸收了来自各地的移民，城内人口实现迅速增长，因此这里的西班牙语也因种族、社会阶层和受教育程度而有所区别。受教育程度较高的人群更追捧标准的卡斯蒂利亚语，积极吸收外来词汇，特别是英语词汇。而在其他人群中流传的西班牙语有更细的分支，例如在瓜亚斯和马那比省乡村地区通行的乡村方言蒙图维奥西班牙语（montubio），在与哥伦比亚交界的埃斯梅拉达斯省，黑人社区的存在使得该地区的口音带有非洲风味。

从语调方面看，赤道西语处于北部加勒比西语和南部的秘鲁沿岸西语之间的过渡阶段，因此与这两种西语变体有着一定的相似性，但与安第斯地区的西班牙语有着明显区别。在语音方面赤道西语主要有以下几个特点：s 在单词结尾处或者辅音之前处弱化、省略或者发成送气音，例如 costa 的发音为 /'coh.ta/，aspecto 发音为 /ah'pek.to/，这一点和很多其他低地的方言有着共通之处；同时和加勒比西语一样，字母 j, g 不发 /x/ 音，而是类似于英语中字母 h 的发音；f 主要发 /f/ 音，但在埃斯梅拉达斯地区发双唇清辅擦音 /ɸ/；该地区还存在普遍的 yeísmo 现象，即不对字母 y 和 ll 的发音加以区分。

在词汇方面，除了受到英语、加勒比和阿根廷词汇的影响之外，赤道西语还吸收了一部分土著语言，尤其是克丘亚语的词汇，尽管克丘亚语历史上在厄瓜多尔沿海地区并没有分布。这类词汇通常不独属于赤道西语，在厄瓜多尔全境人们都能理解和接受。例如源于克丘亚语的 canguil（爆米花）和 ñaño（兄弟）。

在句法方面，值得一提的是"双重否定"现象。例如："No hablo inglés no."，在句尾多加一个 no 来表示否定。但需要注意的是这种用法只在黑人社群中流传，并非该地区的普遍现象。

二、安第斯西班牙语（español andino）

安第斯西语使用范围从哥伦比亚南部延伸到阿根廷西北角，在智利北部则有一个小飞地，但主要地区包括厄瓜多尔、秘鲁和玻利维亚的山区。与赤道西语相比，在厄瓜多尔安第斯山区所通行的西班牙语受克丘亚语的影响更大，克丘亚语也是在这片区域分布最广的土著语言。安第斯地区的西语还可以细分为帕斯图索西语（pastuso）、安第斯中部西语（andino central）、莫拉科西语（morlaco）和罗哈诺西语（lojano）。

总体而言，安第斯西班牙语在语音上有以下这几个特征：与赤道西班牙语不同，s 在音节末尾时不会变成送气音，但在浊辅音之前会浊化成 /z/ 音。厄瓜多尔山地大部分地区还会将单词末尾、元音之前的 s 浊化，例如：los amigos /loz aˈmiɣos/。同样与赤道西班牙语相区别的一点是，x 不送气，而是发成软腭音 /x/。另外一点比较特别的发音变化是将多颤音 rr 转化成 /z̦/ 音，而且该地区还罕见地保留了字母 y 和 ll 的发音区别。

语法方面，"voseo" 现象盛行，尤其在非正式场合的对话当中，经常用使用 vos 替代原本的第二人称单数代词 tú。用与格代词 le 替换宾格代词 lo/la 的 leísmo 现象也相当普遍，即使在正式文本中都不鲜见。在委婉提出要求时会使用 botar/dejar/mandar/dar + 副动词的特殊结构以削弱命令语气，例如："Dame abriendo la puerta, por favor."。该地区还会用陈述式将来时来替代命令式以达到同样的目的，例如："Llamarasle."（llamarás + le）。

三、亚马孙西班牙语（español amazónico）

亚马孙西班牙语，也称丛林西班牙语，是西班牙语受到亚马孙一带土著语言的影响而产生的变体，辐射范围除了厄瓜多尔，还包括秘鲁、委内瑞拉和哥伦比亚。其语音方面的特点主要表现为：字母 j 的送气音被双唇辅音 /f/ 取代，例如把 "los fríos de San Juan" 发音成 /los fríos de San Fan/；某些情况下省略元音，例如，把 "Nos vemos el jueves." 读成 /nos vemos el feevs/；弱化辅音 gu 的发音，代之以更柔和的字母 w 的发音，如 guante -/waːnte/；延长元音的发音，而并不以此区分单词，即元音的延长对语义没有影响，例如把 de la selva 发音成 /dē la selva/，等等。值得一提的是，与赤道西语相反，亚马孙西语倾向于加强 y 的擦音，而非弱化 ll 发音，将其与 y 同化。

该区域西班牙语在句法上的特别之处表现为所属复指，即在同一个短语中既出现物主形容词，又出现 de + 名词的结构，例如 "de Antonio sus amigas" 这样的情况。

第十六章 玻利维亚的西班牙语

第一节 玻利维亚概况及历史

一、概况

多民族玻利维亚国（Estado Plurinacional de Bolivia），简称玻利维亚（Bolivia），国名为纪念拉丁美洲独立运动先驱西蒙·玻利瓦尔而设。玻利维亚位于南美洲中部，从北至东与巴西接壤，东南临巴拉圭，南接阿根廷，西北与西南分别是秘鲁和智利，是个内陆国家。拉巴斯（La Paz）是玻利维亚行政首都，是议会和政府所在地，但司法首都为苏克雷（Sucre），是宪法规定的首都，也是最高法院所在地。

二、历史

（一）前殖民时期的玻利维亚

位于玻利维亚西部的阿尔蒂普拉诺高原孕育了丰富的殖民前文化。早在公元前一万多年，今玻利维亚的土地上就有了人类活动的痕迹。西部高原的哥恰班巴省（Cochabamba）曾发掘出数量众多的石制品，多为磨尖的箭头，可推断当时的人们以狩猎为生。大约同一时期，还有一支依靠捕鱼为生的人类生活在的的喀喀湖畔，湖中曾发掘出他们用香蒲制作的船只遗迹。

公元前2500～1500年，安第斯地区的人类逐渐放弃狩猎生活，离开洞穴，建起房屋，组成村落，学会开发耕地、制作布料和陶器。他们创造出的文化被称为"万卡拉尼文化"（cultura wankarani）和"奇利巴文明"（cultura chiripa），前者发源于玻利维亚西南部的波波湖（Lago Poopó）畔，后者则生活在的的喀喀湖畔。

著名的蒂亚瓦纳科文明①是奇利巴文明的继承者，分为村落时期、城镇时期和帝国时期三个阶段。村落时期始于公元前1500年，彼时的社会已拥有宗教信仰和不同社会阶层，还开发出了简单的蓄水灌溉系统。公元1世纪起，蒂亚瓦纳科文明进入城镇时期，领土不断扩大，向南一直延伸至阿塔卡马沙漠和今天的阿根廷。然而，公元12世纪，由于长时间干旱和内战，蒂亚瓦纳科帝国走向灭亡。

蒂亚瓦纳科文化衰亡后，的的喀喀湖畔又成为了艾马拉人的家园。他们建立了大大小小十余个国家，其中最大的一个当属科利亚帝国（Reino Colla），其他还有卢巴卡帝国（Reino Lupaca）、帕卡赫斯帝国（Reino Pacajes）等。

15世纪中期，印加帝国入侵艾马拉人的家园，逐渐将整个阿尔蒂普拉诺高原纳入帝国版图。印加人把艾玛拉人建立的所有国家统称为"科利亚苏尤"（Collasuyu/Qullasuyu），并使其成为印加帝国四大行政区之一。印加帝国的统治一直持续到16世纪上半叶，直至被西班牙殖民者消灭。

除了西部阿尔蒂普拉诺高原上的土著文明外，玻利维亚还有发源于东北部莫霍平原上的莫霍文明（cultura mojeña）。该文明活跃于公元前14世纪至公元13世纪期间，由于存活时间长、建筑物遗址种类多样，因此也被认为是同一地区多个文化的总称。

（二）殖民时期

1520年，葡萄牙航海家阿莱赫·加西亚（Alejo García, ? ～1525）成为第一个踏上今玻利维亚领土的欧洲人。1538年，弗朗西斯科·皮萨罗派其兄弟从今秘鲁出发，前往科利亚苏尤，以征服今玻利维亚的西部高原；东部平原地区则是从今巴拉圭、拉普拉塔河地区入侵的。1538年，拉普拉塔城（La Plata）建立，也就是今天的苏克雷，1545年，波多西城（Potosí）建立，1548年，今玻利维亚首都拉巴斯建立。15世纪末，西班牙正式在今玻利维亚所在地建立统治。

西班牙殖民统治的前两个世纪里，今玻利维亚的领土被纳入查卡皇家法庭（Real Audiencia de Charcas）的管辖内，隶属于秘鲁总督辖区。在此期间，波多西城开采出了大量白银，逐渐发展成大型采矿中心，人口迅速上涨，1574年成为美洲人口最多的城市。整个查卡地区也随之发展成西班

---

① 蒂亚瓦纳科文化（cultura tiahuanaco/cultura tiwanaku），安第斯前哥伦布文明中最重要的文明之一，位于的的喀喀湖南岸，从公元前一千多年延续到公元12世纪，影响范围覆盖今日的玻利维亚、秘鲁和智利。

牙的美洲领土中最为繁荣的辖区之一。然而，18世纪末，由于矿脉逐渐枯竭、开采技术落后、贸易中心转移，白银开采陷入停滞，波多西城也最终走向衰落。1776年，查卡皇家法庭的管辖区被重新分入拉普拉塔总督辖区，此后该地区亦被称为"上秘鲁"（Alto Perú）。

（三）独立战争

18世纪末至19世纪初，因西班牙殖民者对土著居民征收高昂赋税、强制其参与苦役，土著居民多次发起反对殖民统治的起义，但均遭镇压。1810年，五月革命爆发后，上秘鲁地区发生了多场反对殖民统治、争取独立的战争。

1825年，统治拉普拉塔总督辖区的佩德罗·德·奥拉涅塔（Pedro de Olañeta, 1770～1525）去世，8月玻利维亚宣布独立，成立"玻利瓦尔共和国"（República de Bolívar），数月后更名为"玻利维亚共和国"（República de Bolivia）。西蒙·玻利瓦尔是共和国第一任总统，在任期间通过了该国第一部宪法。1826年，苏克雷（José Antonio de Sucre, 1795～1830）接替玻利瓦尔成为新任领导人。

（四）独立后及现状

新成立的玻利维亚共和国始终饱受内忧外患，政局不稳，战争频发。1825年，巴西帝国入侵玻利维亚东部，占领了奇基托斯省。1828年，由于受到玻利维亚境内的大哥伦比亚共和国势力的威胁，秘鲁将军奥古斯丁·加马拉（Agustín Gamarra, 1795～1841）带领军队入侵玻利维亚，6月，双方签订协议，苏克雷辞去总统职务，玻利维亚新政府不得再代表大哥伦比亚共和国向秘鲁施压。

1836年，玻利维亚与秘鲁成立了秘鲁—玻利维亚邦联（Confederación Perú-Boliviana），希望整合安第斯印第安文明，建立强大联盟。然而，由于受到多方威胁，联邦在三年后就宣告解散。

联邦解体后，玻利维亚陷入了无政府状态，国内外各势力相互斗争，政局不安，国力脆弱。1841年，成为秘鲁总统的奥古斯丁·加马拉再次入侵玻利维亚，企图将其吞并；11月，玻利维亚军队在因加维战役（Batalla de Ingavi）中反败为胜，继而攻入秘鲁；但又因军力不足而逐渐丢失占地、节节败退，再次面临被秘鲁入侵的危险。这一系列战争被称为"秘鲁—玻利维亚战争"。1842年，双方签署协议，战争结束，然而，协议并未彻底划清两国边境，为后来的争端留下隐患。

19世纪50年代，位于玻利维亚、秘鲁和智利三国交界处的阿塔卡马沙漠中发现了大量的鸟粪和硝石（前者是重要的有机肥料，后者被欧美军工厂用于制造火药），三国领土矛盾激化。1878 年，玻利维亚违反与智利的关税条约，擅自对在沙漠中开采硝石的智利矿业公司加征关税；作为报复，智利于次年 2 月入侵当时属于玻利维亚的安托法加斯塔（Antofagasta），硝石战争（Guerra del Salitre）爆发，该战又称"南美洲太平洋战争"（Guerra del Pacífico），玻利维亚联合秘鲁一同向智利开战。战争以智利胜利告终，玻利维亚在战争中丧失了安第斯山脉与太平洋沿岸之间的全部领土，成为了一个没有出海口的内陆国家。

硝石战争后，国土和资源丧失、民族矛盾显著等一系列问题使国家的发展举步维艰。1932 年玻利维亚又同巴拉圭爆发了查科战争（Guerra del Chaco），战争以玻利维亚的失败结束，玻利维亚再次被迫割让土地。

一系列战争的失败终于引发人们对国家政治的深刻反省。1952 年，由民族革命运动党（Movimiento Nacionalista Revolucionario）领导的大革命席卷全国。革命持续了 12 年，为玻利维亚带来了大规模的现代化，同时，土著居民权利、民族矛盾等一系列问题也终于得到解决。革命使得普遍选举权得到推行，女性、土著居民第一次拥有了选举权；矿产等自然资源国有化；土著居民分得了土地；乡村居民和印第安民族的受教育权得到保障。然而，激进的革命措施也导致了民族革命运动党的内部分裂。20 世纪 60～80 年代，社会再次陷入动荡，独裁、政变、军政府、过渡性政府交替出现。

直至 80 年代，玻利维亚才开始进入自由民主化阶段，国民经济也开始多样化。但随之而来的毒品经济虽客观上为国家经济发展做出一定贡献，却也加重了毒品犯罪问题。2005 年，来自艾玛拉族的埃沃·莫拉莱斯（Evo Morales）成为玻利维亚第一位原住民总统，也是该国首个左翼总统。莫拉莱斯高度关注印第安群体的权益，这使得该国一直存在的不平等问题得以缓解，也一定程度上消除了贫困；经济模式更加多样，旅游业发展显著；开展大规模基础设施建设；还加强了同中国的关系。2009 年通过的新宪法，是玻利维亚首部由全民公投通过的宪法。随后，玻利维亚将国名由"玻利维亚共和国"改为"多民族玻利维亚国"。

2019 年莫拉雷斯再次赢得胜选。但仅仅几天后，反对派对大选结果的质疑便引发了大规模街头骚乱，导致莫拉雷斯迫于压力辞职，反对派成立临时政府，组建新内阁。但这未能给国家带来稳定平息的政局，临时政府的高级官员离职、调换频率极高。除此之外，对土著居民的长期歧视带来的不平等、就业率低、教育基础薄弱、贫困等问题仍然困扰着这个国家，使其发展困难重重。

第二节 玻利维亚西语与其他语言的接触

一、玻利维亚民族和语言情况总览

玻利维亚的民族种类十分繁多。全国有三十多个受宪法承认的土著民族，还有一定数量的部族未在宪法中列出。许多居民虽然实为原住民与欧洲殖民者的混血后代，但在文化认同上却自我归属为某一特定的土著民族，这导致了对各族裔占比的统计可能由于不同机构采用的标准不同（有的以血统为标准，有的以文化认同为标准）而存在较大差异。

2012 年玻利维亚国家统计局开展的人口普查显示，全国 37% 的人口自我归属为某一民族的印第安人，63% 认为自己属于其他人种，其中混血占 59%，白人占 3%，非裔黑人占 1%。

虽然土著民族数量众多，但其中占据绝对数量优势的是艾马拉族和克丘亚族，分别占原住民总数的 45% 和 42%，集中分布在西部阿尔蒂普拉诺高原地区。其他土著民族还有瓜拉尼人、莫霍人（los mojeños）、奇基塔诺人（los chiquitanos）等，居住在东部、北部的平原以及中部山地。

多样的土著族裔意味着数量繁多的语言。莫拉雷斯执政以来，十分重视土著居民的语言文化，2009 年的宪法规定，除西班牙语外，玻利维亚拥有官方语言地位的还有 36 种土著语言。克丘亚语是全国使用人口最多的土著语言之一，使用者约 200 万。这是一种十分古老的语言，被认为是印加人的语言。如今，玻利维亚制定了克丘亚语的语言标准，以规范用克丘亚语书写的出版物。除了克丘亚语，艾马拉语也是使用人口最多的语言之一，使用者除了集中在玻利维亚西部外，也居住在秘鲁、智利等国。相较于前两种语言，瓜拉尼语的使用者在玻利维亚较少，却大量分布于巴拉圭、阿根廷、乌拉圭等国，该语也是南方共同市场的官方语言之一。此外，还有一些因使用人口太少或流动性太大而缺乏统计数据的语言，如莫霍语（mojeño）、奇基塔诺语（chiquitano/besiro）、查克沃语（chácobo）、阿约莱奥语（ayoreo）、阿拉奥纳语（araona）、马奇内里语（machineri）、莫雷语（moré）、约基语（yuqui）等，这些语言中，有的使用者已少于 200 人，属于极濒危的语言，还有一些语言及其部族甚至已几近消亡，如西利奥诺语（sirionó）、帕卡划拉语（pacahuara）、亚米那华语（yaminahua）、卡约巴巴语（cayubaba）、依托诺玛语（itonoma）等，使用者甚至不足 70 人，且大部分年龄在 60 岁以上。

二、西班牙语在玻利维亚的地位及使用情况

虽然 36 种土著语言同西班牙语享有同等的官方语言地位，但实际上，西班牙语仍占据主导地位，其他语言处于从属地位。

2009 年宪法规定，无论是国家、省级还是地方自治区政府，其工作语言需至少两种，其中一种是土著语言，可根据法律内容和各地民族特点自主选择，而另一种必须是西班牙语。这样的规定或许出于以下原因：一、长时间的殖民统治保证了西班牙语的使用基础；二、殖民期间和独立后的很长时间里，土著居民的文化不受重视，使得西班牙语保持了较高的社会地位；三、土著语言种类繁多，需要西语作为通用语言；四、土著语言的发展程度各不相同，一些语言缺少语法规范，无法清晰准确地书写法律条文；五、许多土著语言已处濒危状态，将其列为官方语言是为了更好地尊重和保护它们，但用之执行公务的实用意义不大。

塞万提斯学院调查数据显示，2021 年，83% 玻利维亚人将西班牙语作为母语，其中，有的人仅能使用西语一门语言，有的则是掌握西语和本族土著语的双语者。2001 年玻利维亚普查显示，土著语使用者占总人口的 47%，约三分之一的人口不仅使用土著语，也能熟练掌握西班牙语，只有 11.6% 的人不会西班牙语。由此可见，虽然玻利维亚的土著居民数量众多，但西班牙语也拥有较高的普及度。

三、西班牙语与其他语言的接触

自殖民时期以来，西班牙语在玻利维亚就一直与当地土著语言、黑奴带来的非洲语言和其他来自欧洲的语言长期共存、相互影响，形成了极具特色的玻利维亚西班牙语。西语的地位决定了它对其他语言具有压倒性的影响，因此，如今许多语言都已处于面临消失或已经消失的状态，但也有很多土著语和外来语将其自身融入西班牙语，以这样的方式保留下来。

（一）克丘亚语和艾马拉语对玻利维亚西班牙语的影响

克丘亚族和艾马拉族是玻利维亚最大的两支民族，人口占全部土著民族近九成，他们的语言对玻利维亚西语的贡献也最为显著。其他土著语言由于使用人口较少，对西语的影响也相对较弱。

克丘亚语和艾马拉语有许多相同的词汇，因此，一些学者认为它们属于同一语系。虽然这种划分方式存在争议，但二者之间的相似度却是不可否认的。因此，在研究克丘亚语和艾马拉语对西语词汇的贡献时，很少将这两种

语言分割开来，而是作为整体进行研究和分析。两种语言对西语词汇的贡献主要集中在具有浓厚安第斯特色、而伊比利亚西语中不存在的词语上，例如：

（二）食物类词汇

aca：由玉米或花生发酵而成的酒

acullico：安第斯地区置于口中咀嚼的古柯叶，常用于医疗或宗教仪式

chanca：带有较多汤汁的用鸡肉或兔肉制作的菜肴

chirimicuy：安第斯地区的前菜或凉菜

piri：由玉米淀粉制作的食物，口感极软，常给儿童或病人食用

pijcho：acullico 嚼成的古柯叶糊

llaucha：包有奶酪或洋葱的馅儿饼

sajta：由鸡肉、豆类、洋葱等制作的食物，常搭配土豆、鸡蛋一同食用

tirillo：用甘蔗酿成的酒和水或其他冷饮冲调而成的饮品

（三）服饰、艺术和生活用品词汇

ajso：安第斯地区传统女性服饰中的一片方形的装饰布料

auqui-auqui：一种舞蹈

carpa：帐篷

huancara：一种鼓

llajuera：黏土制成，用于盛装辣椒的小型器皿

manchancha：传统妇女服饰中用于内衬的半身裙，从腰间垂到小腿

pacochi：一种舞蹈

pinquillo：由芦苇制作的笛子

poro：由葫芦制成的饮水用的器具

（四）来自传统文化和神话传说的词汇

almacahua：通过解读古柯树叶叶脉来算命的人

anchancho：艾马拉族神话中的一种恶灵

apacheta：石砌的圣坛，用于祭拜土地女神

laica：巫师；拥有超自然力量的人

（五）用于称呼或形容人、人的身体部位的词汇

auqui：幼儿用于称呼父亲或年长的男性

bandola：身材矮小而有活力的人

calincha：有男性气概的女性

calluta：脸上有伤疤的人

cayo：脚

chango：小孩子

chiti：用于称呼儿童或小个子的人

corotona：有男性气概的女性

huacachara：腿很粗胖的女人

huairamaqui：花钱极为慷慨、讲究排场的人

hualaicho：游手好闲的年轻人

huarmi：成年女性，或成年男性的妻子

lahuapuraca：身材肥胖的人

mancagasto：闲散懒惰，靠别人养活的人

moco：三至八岁的小孩；身材矮小的人

peque：头

（六）其他词汇

achojcha：多年生草本植物，可食用和入药

cacharpa：价格低廉或因使用过多而破损的物件

calato：裸体的

camanchaca：厚厚的云层

copa：一种非常高的棕榈树

chaqui：宿醉

mallcu：一种秃鹰

受艾马拉语影响，拉帕斯地区的人们也会使用以 -ur 为词尾的动词。这些动词由于缺少变位规则，因此一般不单独使用，而是在动词短语（如 ir a + 原形动词）中使用。例如：

cachur：大口咬

cacur：搓，揉，蹭

chujur/chucur：摇晃手臂或摇篮以哄幼儿入睡

（七）其他土著语对玻利维亚西班牙语的影响

其他土著语言由于使用人口较少，对西班牙语的影响极为有限。瓜拉尼族、莫霍族、奇基塔诺族是其中人口相对较多的民族，他们的语言对西语词汇的贡献集中在地名、动植物名和土著民族特有的生活用品名词上。例如：

aba：居住在大查科平原西部的一支土著民族，主要分布在玻利维亚东部的圣克鲁斯省

cambetetú：聚集在一起的一群土著人

chori：瓜拉尼族的一个分支，主要居住在莫霍平原地区

baticú：一种金属制的小管，可用其向火焰吹气，以使其燃烧更旺

be：一种树

guacharaca：一种禽类，外形像火鸡，肉可食用

（八）其他欧洲语言对玻利维亚西班牙语的影响

玻利维亚并未受过西班牙以外的其他国家的殖民统治，因此，与受过多国殖民的西语国家不同，玻利维亚西语中包括的其他欧洲语言成分并不直接来源于殖民统治，而是分两种途径流入玻利维亚西语：19世纪法国文化影响巨大，一些法语词进入伊比利亚西班牙语，被自西班牙而来的移民带入玻利维亚；20世纪起，英美文化愈发强势，英语词汇进入玻利维亚西语。

来自欧洲语言的词汇有的保留了原语言的形式，有的采用了西语化的拼写，有的则将西语和原语言的语法、词汇结合起来，形成了更具特点的新词。这些来自欧洲语言的词汇主要集中在科技、经贸、体育运动、流行文化等领域。例如：

aftershéiv：aftershave 须后水，源自英语

¡aló!：hello 你好，在接听电话时使用，源自英语

amateurismo：amateurism 业余体育运动，源自英语

aparthotel：apartment hotel 公寓出租型酒店，源自英语

bancable：bankable 受银行担保的项目，源自英语

barman：bar man 酒保，源自英语

boxístico：boxing 拳击的，源自英语

blefear：bluff 虚张声势，源自英语

blefeador：bluff 虚张声势的人，源自英语

perro caliente：hot dog 热狗，源自英语

brassier：brassière 文胸，源自法语

brochure：brochure 小册子，源自法语

（九）非洲语言对玻利维亚西班牙语的影响

相比起来自土著语言和来自欧洲语言的影响，非洲语言因为使用者极少，因此对玻利维亚西语的影响长期受到忽视。玻利维亚非裔大多是殖民时期贩卖至此的黑奴的后人，如今聚居在拉帕斯省西北部。其语言流入西语的词汇也主要集中在具有民族特色的食物或水果等植物上，可推测，这或许与其先人长期在种植园中劳作有关。这些词汇如：

guineo：一种香蕉

guineal：香蕉的种植园

mondongo：由动物内脏、皮骨炖煮到黏滑的菜肴

quilombo：嘈杂混乱的场合

这些来源于土著语、英语、法语和非洲语言的词语已成为玻利维亚西语不可或缺的组成部分，这些词语，有的还停留在非正式的口头阶段，仅

在日常交流中作为西语的替代或补充出现，有的已被收入玻利维亚本土的西语词典，有的甚至已录入西班牙皇家语言学院编纂的词典中，为西班牙语在世界范围内的多样化做出了贡献。

第三节　玻利维亚西语特点

一、语音特点

玻利维亚西语语音受民族和地域的影响很大，与其他国家的西语相比，有许多十分显著的特点。

（一）元音

1. 非重读元音的弱化

在西部安第斯高原地区，大部分人会将非重读元音读得很轻，甚至完全吞音。如将 Potosí 读成 /potsí/，将 oficina 读成 /ofsína/，将 profesores 读成 /profsores/，将 artesanía 读成 /artsanía/。然而在东部地区，元音吞音现象并不普遍。

2. 二重元音的吞音

一些人在读二重元音时习惯仅发一个元音，如将 quiero 读成 /quero/，aprieto 读成 /apreto/，nieva 读成 /neva/，paciencia 读成 /pacencia/。

3. 元音 e、i、u 和 o 的弱化

东部平原地区受土著语影响，人们会将位于词尾的元音 e 发成 /i/，如将 chinche 说成 /chinchi/，metiche 说成 /metichi/；将 o 发成 /u/，如 título /títulu/，ñato /ñatu/。在西部地区，则存在将 i 读作 /e/ 的情况，如 alicate /alecate/，policía /polecía/。

4. 以 -ado/-ido 结尾的单词

把 -do 替换成 u。如 letrado 读成 /letrau/，prometido 读成 /prometiu/。

5. 两个强元音同时出现

此时，通常会将第二个强元音的读音弱化，如 e 读成 /i/：faena 读作 /faina/，traer 读作 /trair/，maestro 读作 /maistru/。

（二）辅音

1. seseo

大部分地区会出现 seseo 现象，即将咬舌的 /c/ 音发成不咬舌的 /s/ 音。

2. s 的发音

在玻利维亚的中部山地和东部低地平原，词尾或字母 f 前的 s 常会被吞音，其中以教育程度较低的人为主要代表。例如，将 satisfacción 读成 /satisacción/，esfera 读成 /efera/。再如：

La reunión e (s) a la (s) nueve de la noche.

（会议于晚上九点开始。）

No (s) vemo (s) la próxima semana.

（我们下周见。）。

3. s 发成送气音

在中部山区，尤其是乡村地区，会将 s 发成送气音，如同英语字母 h 的发音一样，如：

Yo no tengo /interéh/（interés）por ese auto.

（我对这辆车没兴趣。）

4. b 和 v 前的 s

中部山区，尤其是哥恰班巴省的乡村地区，会把字母 b 和 v 前的 s 发得像字母 /f/。如：

El suelo está muy /refaloso/（resbaloso）.

（地板很滑。）。

5. /ʎ/ 和 /j/

安第斯山地区居民能区分字母 ll 和字母 y 的读音，并不会把 /ʎ/ 读成 /j/，如 llama /ʎáma/，amarillo /amaríʎo/，calle /káʎe/；但东部平原低地的人们则把 /ʎ/ 读作 /j/，这或许是因为安第斯山区的居民艾马拉人和克丘亚人的土著语言中有 /ʎ/ 音，而东部瓜拉尼人的语言中没有。然而，目前越来越多西部人也将 ll 读成了 /j/，如 llave 读作 /yabe/。

6. 两个元音间的 y 的读音

当字母 y 位于两个元音字母之间时，一些人会吞掉 y 的音，尤其是在副动词里。如将 cayendo 读成 /caendo/，将 trayendo 读成 /traendo/。

7. 把 f 发成 j

玻利维亚南部的省份存在把字母 f 发成西语字母 j 的情况，类似于英文字母 h 的发音。如 fumar 读成 /jumar/，difunto 读成 /dijunto/，firmar 读成 /jirmar/。

8. 音节末的字母 n

音节末的 n 常被读成软腭音 /ŋ/，如把 canción 读成 /cancionge/，también 读成 /tambienge/。

（三）重音的变化

玻利维亚的少数居民会改变原单词的重音位置，这种情况在土著居民和教育程度较低的人身上更为明显，例如，将 caminas 读作 /caminás/，vives 读作 /vivís/，país 读作 /pais/，amábamos 读作 /amabamós/ 等。

二、句法特点

（一）动词短语

1. 用动词短语"ir + 副动词"表示临近的、即将要做的事。

等同于西班牙使用的"ir a + 原形动词"，表示立即要做的事情。但这种用法仅会在现在时和将来时中出现，不会在过去的时态里使用。例如：

Decidimos ir yendo al lugar donde se grabaría el debate, un restaurante al frente del patrio.

（我们决定去门廊外面的餐厅，在那里录下这段争执。）

2. 用动词短语"ir a + ir（原型）+ 副动词"来表述较远的将来要做的某事。

与上一短语不同的是，这个短语并不强调立即会发生的事，而是指在较远的未来将会发生的动作。例如：

Vamos a ir viendo poco a poco la próxima semana.

（我们下周走着瞧吧。）

3. 动词短语"haber de estar + 副动词"可用来表示不确定是否会在将来发生的一件事。如：

Mañana he de estar viniendo.

（明天我或许会过来。）

4. 用动词短语"saber + 原型动词"表示某件在过去经常发生的事。

该用法所表达的"经常发生"也可用"soler + 原型动词"的短语表述，但后者不能表达出前者包含的"在过去"的意思。在"saber + 原形动词"的用法中，"saber"可以现在时的形式出现，但表达的意思仍是"过去经常做某事"。例如：

Mi mamá sabe irse a trabajar bien temprano.

（我妈妈以前总是很早就去上班。）

Nosotros con mis hermanitos sabemos quedarnos en la casa.

（我们和弟弟以前经常待在家里。）

该短语还可替代过去未完成时，表达"过去经常做某事"的意思。如："Sabíamos/sabemos jugar en el parque."等于"Jugábamos en el parque."

（我们过去常在公园里玩。）

5. 动词短语"estar de + 名词"在拉帕斯地区可用来替代"tener + 名

词"中表示状态的一层意思。例如："estar de sed"等于"tener sed"。

（二）习惯使用自复动词

受艾马拉语的影响，vivir, mentir, comer, trabajar, comprar 等动词在玻利维亚都能使用其自复形式的用法。如：

Yo me vivo en la zona junto con mis hijos.

（我和我的孩子们一起住在这个片区。）

Mi hijo se trabaja de ayudante de albañil.

（我的儿子的工作是给泥瓦匠打下手。）

（三）动词的式和时态

1. 在动词的时态方面，玻利维亚西语习惯用现在完成时而不是简单过去时，来表述已经发生的动作。例如：

Su papá se ha muerto hace muchos años.

（他爸爸许多年前就去世了。）

2. haber 的虚拟式变位：

玻利维亚西语中，haber 的虚拟式现在时变位不再是 haya, hayas, haya, hayamos, hayáis, hayan，而是将词尾从 -ya 变为 -iga：haiga, haigas, haiga, haigamos, haigáis, haigan. 如：

Nada puede quedarse estático, la sociedad es un constante cambio diario y no es que dejamos de ser hospitalarios o nuestra idiosincracia haiga cambiado por motivo de hacer logros económicos.

（没有什么是永无改变的。社会的变化日新月异，我们既不是不再热情好客了，也不是为了获取经济利益而改变了优良热情的传统。）

3. ir 的命令式变化：

玻利维亚拉帕斯所使用的西语中，在使用动词 ir 的命令式变位时，尤其是在第二人称单数上，人们倾向于使用 andá（andar 的变位），而不是 ve（ir 的变位），如：

Andá pensando qué te vas a poner para la fiesta.

（你去想想你过节要穿什么。）

4. 用 -ri- 表达命令式：

该用法是受克丘亚语影响导致的。在克丘亚语中，ri 可用于表达请求，例如，tiya-ku-y 表示"你坐下"，tiya-ri-ku-y 则表示"请你坐下"。该用法影响了克丘亚土著居民使用的西班牙语，人们会用 darime 表示"请给我"，esperarime 表示"请等等我"，ayudarime 表示"请帮帮我。"

（四）副词和短语

1. 副词的位置：

受到艾马拉语的影响，拉帕斯地区的西班牙语习惯将副词放在动词的前面，例如：

Nunca siempre le va a hacer caso.

（这个人永远也不会睬他的。）

2. 用 más antes 代替 antes：

Ella se fue más antes que él.

（她比他走得更早。）

3. 用 más rato 替代 más tarde：

Me vas a esperar, más rato voy a venir.

（你等等我，我马上就到。）

4. 在句末使用 nomás 和 pues 表达强调语气：

Estoy bien nomás.

（我非常好。）

En La Paz estoy viviendo pues.

（我住在拉帕斯。）

（五）其他句法特点

1. 宾格代词的复指：

即使是当直接宾语位于动词之后时，玻利维亚西语也倾向于用宾格代词复指，如：

Lo he cuidado al niño todo el día.

（我已经照顾这孩子一整天了。）

2. 滥用物主形容词：

Lo estaban buscando a su hijito de la María.

（大家都在寻找玛利亚的儿子。）

A su casa de mi tía estoy yendo.

（我正在去我姨妈家的路上。）

3. 使用 vos 和 sos：

东部的圣克鲁斯省倾向于使用 vos 代替 tú，使用 sos 代替 eres，如：

Vos sos un buen policía y te felicito.

（你是个好警察，祝贺你。）

但在西部高原和中部地区，存在 vos eres 和 tú eres 并存的情况。

三、用词特点

玻利维亚西语中，既有直接来自土著语和其他外来语的词汇，也有受这些语言影响后形成的新的西班牙语词汇，还有并未受到其他语言影响、但在日常使用中逐渐形成新意义的西班牙语词汇。

（一）受土著语影响的带有字母 ch，符号 ' 或词缀 -iri[①] 的词，如：

challa：rito religioso 宗教仪式，源自艾马拉语 ch'alla

chulla：solo/impar 落单的，源自艾马拉语和克丘亚语 ch'ulla

ch'ejtar：desgarrar 撕开

chupiri：empinador 豪饮者，源自西语 chupar 和艾马拉语 -iri

k'allpir：resolver 解决，处理

jansintiri：rumboso 排场大的，豪华的，源自艾马拉语 jani（无）、-iri 和西语 sentir

（二）玻利维亚西班牙语在有时会在说单词或短语时发生"音位转换"，即两个相邻的音节在读音上交换位置，如：

redepente：原本是 de renpente，突然

polvadera：原本是 polvareda，尘土

vedera：原本是 vereda，人行道

redamar：原本是 derramar，洒出

mallugado：原本是 magullado，伤痕累累的

mallugadura：原本是 magulladura，挫伤

（三）也会出现给单词添加字母的现象，如：

abalear：原本是 balear，开枪射击

afusilar：原本是 fusilar，枪决

cuasi：原本是 casi，几乎

dentrar：原本是 entrar，进入

emprestar：原本是 prestar，出借

（四）在玻利维亚南部的塔里哈省（Tarija），人们会去掉一些词语的词尾部分，其他地方的人有时会省略词首的部分，如：

cumpa：原本是 compadre，教父

cuma：原本是 comadre，教母

barrial：原本是 barrizal，泥潭

[①] 来自艾马拉语，表示"……的人"。

pa：原本是 para，为了

toy：原本是 estoy，我在

chuda：原本是 conchuda，妓女

（五）用增加前后缀的方式将名词变为动词。这种构词法虽然普遍存在于西班牙语中，但此处列出的词语是伊比利亚西语中没有，但由玻利维亚西语独创的单词，如：

manacear：源自 mano，用手拍打

copliar：源自 copla，唱民谣

charquear：源自艾马拉语和克丘亚语词汇 ch'arkhi，腌制肉类

（六）添加 -ona 词尾：

mujerona：源自 mujer，女人

señorona：源自 señora，女士

（七）添加 -y 词尾以表亲切，通常用于呼语。该词尾来源于克丘亚语，意为"我的"。例如：

¡Palomitay!：源自 paloma，男性用于称呼自己的妻子

¡Viditay!：源自 vida，男性用于称呼自己的妻子

（八）词尾为 -ingo/-inga 的指小词和词尾为 -ongo/-anga 的指大词。如：

aquicingo：源自 aquí，这里

auringa：源自 ahora，现在

blandingo：源自 blando，心软的人

boninga：源自 buena，不错的

cerquinga：源自 cerca，邻近的

claringo：源自 claro，清晰的

feíngo：源自 feo，丑陋的

feónga：源自 feo，十分丑陋的

florsanga：源自 flor，大花朵

lluvianga：源自 lluvia，大雨

mujeranga：源自 mujer，高大的女人

puertanga：源自 puerta，大门

（九）为原本阴阳同形的名词创造出了阴性形式，如：

actora：源自 actor，同 actriz，女演员

generala：源自 general，霸道专横的女人

estudianta：源自 estudiante，女学生

第十七章　古巴的西班牙语

第一节　古巴概况及历史

一、概况

古巴共和国（República Cubana），简称古巴（Cuba），位于美洲加勒比海北部，处在墨西哥湾（Golfo de México）入口处，西与墨西哥隔尤卡坦海峡（Canal de Yucatán），东与海地隔向风海峡（Paso de los Vientos），东北方有巴哈马群岛，与美国隔佛罗里达海峡（Estrecho de Florida）相望。古巴岛是大安的列斯群岛中最大的岛屿，被誉为"墨西哥湾的钥匙"，此外，古巴岛酷似鳄鱼，又被称为"加勒比海的绿色鳄鱼"。首都是哈瓦那（La Habana）。

二、历史

（一）前殖民时期的古巴

哥伦布在第一次航行时，于1492年10月27日到达古巴岛东北部沿岸。当时古巴岛上居住着约10万印第安人，[1] 各部落间社会、文化发展水平大相径庭。哥伦布到达美洲之前的古巴居民信息主要来源于被称作"西印度群岛编年史家"（cronistas de las Indias）所撰写的故事及编年史，带有鲜明的个人色彩及浓厚的天主教气息。其中一位编年史家巴托洛梅·德拉斯·卡萨斯[2] 将当时生活在这片土地上的土著人分为三种文化群体，分别是瓜纳哈

---

[1] 参见 Breve Historia de Cuba, http://www.cubagob.cu/otras_info/historia/colonia.htm
[2] 巴托洛梅·德拉斯·卡萨斯（Bartolomé de las Casas, 1484～1566），西班牙编年史家，代表作《西印度毁灭述略》是揭示西班牙殖民者种种暴行的重要文献。

塔贝伊人（los guanahatebeyes）、西波涅人（los siboneyes/ sibuneyes）和泰诺人。另一个重要的信息来源是20世纪完成的考古学、人种学和形态学领域的研究，相关专家根据土著居民生产方式的差异，又将当时的古巴土著人群分为三组：贝壳文化（Edad de la concha）部落（对应瓜纳哈塔贝伊人）、石器文化（Edad de la piedra）部落（对应西波涅人）以及陶器文化（Edad de la alfarería）部落（对应泰诺人）。古巴一些权威历史学家认为，当时古巴印第安人主要来自现美国佛罗里达半岛、墨西哥尤卡坦半岛及南美洲委内瑞拉等地，而非土生土长。总的来说，哥伦布到来之前，古巴岛土著居民的文明还处于非常低的发展水平，生产方式也很落后，没有超出石器时代。

（二）西班牙殖民时期的古巴

1. 西班牙对古巴的征服

哥伦布在1492年和1494年的两次美洲航行中都到过古巴，但因在岛上没发现大量黄金，故此后鲜再有人踏足古巴。1508年（一说1509年），受拉伊斯帕尼奥拉（La Española）都督的派遣，塞巴斯蒂安·德·奥坎波①到古巴进行考察。在考察报告中，奥坎波描述了古巴岛肥沃的土地、美丽的海岸以及温顺的居民，激起了西班牙王室征服和殖民古巴岛的欲望。1510年中，迭戈·委拉斯凯兹·德·奎利亚尔②率领300多人到达古巴最东端的南海岸，开始了对古巴的征服。1513年西班牙殖民者在岛上的东部建立了第一个城镇——圣母亚松森·德巴拉科阿（Nuestra Señora de la Asunción de Baracoa），它成了古巴的第一个首都。而后西班牙殖民者在1513~1515年间又陆续建立起六座城市：巴亚莫（Bayamo）、圣特立尼达（La Santísima Trinidad）、圣蒂斯皮里图斯（Sancti Spíritus）、圣克里斯托瓦尔·德拉哈瓦那（San Cristóbal de La Habana）、太子港（Puerto Príncipe）以及圣地亚哥。随着征服者对古巴大部分地区的占领和上述七个城镇的建立，西班牙开始了对古巴的殖民。

2. 西班牙对古巴的殖民

在设立城镇的同时，殖民当局开始实行委托监护制，根据征服者和殖民者的级别和贡献，分给他们不同数量的土地和印第安人。为了找到黄金，

---

① 塞巴斯蒂安·德·奥坎波（Sebastián de Ocampo, 1460~1514），西班牙海员、探险家，环古巴岛航海一周第一人。

② 迭戈·委拉斯凯兹·德·奎利亚尔（Diego Velázquez de Cuéllar, 1465~1524），西班牙征服者，古巴首任总督。

殖民者对印第安人任意驱使、剥削，再加上欧洲人带来的疾病流行，印第安人大量死亡。西班牙人到达古巴时，岛上居住着约 10 万名印第安人，然而，到了 1542 年委托监护制被废除时，印第安人只剩下数千人。①

3. 黑人奴隶制

从 16 世纪初开始，西班牙征服者就把非洲黑奴经拉伊斯帕尼奥拉带到古巴。1513 年黑奴被允许合法输入古巴。16 世纪末输入古巴的黑奴人数大增。在长达三个半世纪的时间里，黑奴作为岛上主要劳动力，与此同时，黑人一直为自身的解放及后来古巴的独立，进行不懈斗争，古巴奴隶制一直到 1886 年才被完全废除。

4. 欧洲列强与西班牙对古巴的争夺

征服美洲后，西班牙开始垄断对美洲的贸易：所有西班牙语美洲殖民地的进出口贸易，只能同宗主国西班牙进行，而且只能经由西班牙的塞维利亚港进行。这种垄断进一步加深了欧洲列强同西班牙的矛盾和冲突。

早在 16 世纪 30 年代，英国、法国和荷兰就不断地袭击古巴，古巴岛上多个主要城市均遭受过海盗的抢掠。为此，西班牙当局采取了许多措施，如加强海岸戒备，组建大型船队，保护载货船只，建立城堡包围城市，如在哈瓦那周边修筑了拉富埃尔萨（Castillo de la Real Fuerza）、圣萨尔瓦多·德·拉蓬塔（Castillo de San Salvador de La Punta）和莫罗（Castillo del Morro）等城堡。

1761 年一支英国舰队进入并包围哈瓦那湾，后占领了哈瓦那及其周边地区。英军占领期间，西班牙对古巴贸易的垄断被打破，古巴同英国及英国在美洲殖民地之间的贸易量也大为增加。1763 年西班牙恢复对哈瓦那的统治。

（三）古巴独立战争

1. 第一次独立战争——十年战争（Guerra de los diez años, 1868～1878）

19 世纪 20 年代，在美洲大陆殖民统治已经土崩瓦解的西班牙，进一步加强对岛国古巴的控制和奴役，古巴民众不满情绪日渐高涨。1868 年西班牙本土爆发革命，女王伊莎贝拉二世被推翻，古巴人民遂乘机掀起独立运动，同年 10 月，以种植园主、律师卡洛斯·马努埃尔·德·塞斯佩德斯②为首的爱国志士，举行了史称"亚拉呼声"（Grito de Yara）的起义，宣

---

① 〔古巴〕何塞·坎东·纳瓦罗：《古巴历史——枷锁与星辰的挑战》，王玫 译，北京：当代世界出版社，1999 年，第 96 页。

② 卡洛斯·马努埃尔·德·塞斯佩德斯（Carlos Manuel de Céspedes, 1819～1874），古巴"勇士将军"，反抗西班牙殖民统治、争取古巴独立，被称为"古巴之父"。

布古巴独立。1874年，为摧毁西班牙殖民军占领区的经济与军事，多米尼加人马克西莫·戈麦斯（Máximo Gómez, 1836～1905）和黑人将军安东尼奥·马塞奥①带领起义军向西挺进，在拉斯瓜西马斯之战（Batalla de las Guásimas）中以1300人击败殖民军3000人。此后西班牙增兵，并推行分化政策，制造分裂。起义军反复受挫，被迫在1878年签订《桑洪条约》（Paz de Zanjón/ Pacto de Zanjón），第一次独立战争失败。

2. 第二次独立战争（1895～1898）

第一次独立战争结束后，西班牙殖民政府并没有履行《桑洪和约》所承允的改革诺言，反而加强经济掠夺，致使古巴人民生活继续恶化。1895年黑人爱国者在奥连特省②的巴亚雷首先起义，开始第二次独立战争。1898年起义军解放了全国近三分之二的土地，西班牙殖民统治土崩瓦解，同年4月，美国为攫取古巴人民的胜利果实，向西班牙宣战，西班牙战败。12月美、西两国在巴黎签订和约，西班牙承认古巴独立，并立即撤军。古巴第二次独立战争历时3年，抗击西班牙军20万人，最终推翻西班牙的殖民统治。1902年古巴正式独立。

（四）美国与古巴的关系

1. 美国对古巴的第一次军事占领

1898年美西战争爆发，以西班牙无条件投降告终。8月在没有古巴的参与下，美、西两国签订停战协议书，规定西班牙放弃对古巴主权和所有权的任何要求，撤出古巴、波多黎各等岛屿。12月美、西又在法国巴黎签订《巴黎和约》，根据和约，西班牙完全放弃古巴。1899年西班牙军队从古巴撤出，美国取而代之，对古巴进行第一次军事占领，此间，美国控制了古巴的财政和金融，并有权干涉古巴内政，古巴沦为美国的附庸。1901年，在美国的导演下，古巴举行了选举。次年，亲美的托马斯·埃斯特拉达·帕尔马（Tomás Estrada Palma, 1835～1908）就任古巴共和国首届总统，古巴共和国宣告成立。至此，美国在确保对古巴的控制后，结束其对古巴长达四年的军事占领，从古巴撤军，并承认古巴"独立"。

2. 美国对古巴的第二次军事占领

帕尔马任期内，古巴经济发展缓慢，农业荒芜，民众对国家依附美国的状态日趋不满，最终在1902～1906年间举行多次起义和罢工。帕尔马

---

① 安东尼奥·马塞奥（Antonio Maceo, 1848～1896），古巴将军，19世纪下半叶拉丁美洲最杰出独立运动领导人之一。

② 奥连特省（Provincia de Oriente），1976年前古巴六个省之一，同年被重新划分。

要求美国对古巴军事干涉，1906年，美国第二次军事占领古巴。美国统治下的二年多里，古巴政治风气腐败不堪，严加镇压工人罢工，美国巩固了其在政治、经济上对古巴的统治。1908年，古巴再次举行大选，自由党候选人何塞·米盖尔·戈麦斯（José Miguel Gómez，1858～1921）当选为总统，次年，戈麦斯就任总统，结束美国对古巴的第二次军事占领。

3. 美国的绝对统治

1909～1925年间，美国加紧对古巴的经济扩张，对古巴的投资急剧增加，1915年美国在古巴的投资超过了英国在古巴的投资，1927年75家美资糖厂的产量占古巴糖总产量的68.5%。至1925年，美国已经控制了古巴的经济命脉，除了蔗糖业，美国还控制了矿业、公共事业、银行，美国几乎绝对控制了古巴的发电、电话、动力，并控制了大部分铁路、水泥、烟草、罐头等产业。[①]

4. 美国对古巴的敌视政策

1953年古巴爆发了反对亲美独裁统治的民族民主革命战争，1959年革命取得胜利，在拉美建立了第一个摆脱帝国主义统治的社会主义国家。古巴革命胜利初期，美国同古巴仍维持正常关系，但随着古巴革命的不断深入，美国开始对古巴采取敌对态度。在外交方面，美国竭力通过美洲国家组织孤立古巴，企图进行"集体干涉"。1960年美国取消95%的古巴糖采购定额，年底更取消全部定额，并停止对古巴的所有援助，对古巴实行贸易禁运。1961年美国同古巴断交。2015年奥巴马政府宣布规定，放宽对古巴的旅行和贸易限制。在和古巴关系紧张超过50年后，美国开始努力缓和两国关系。

第二节　古巴西语与其他语言的接触

一、土著语言与古巴西班牙语的接触

哥伦布到达古巴之前，岛上已经居住着数量可观、文化发展程度不一的土著居民，如居住在古巴西部的瓜纳哈塔贝伊人，生活在古巴岛中部及临近岛屿的西波涅人和生活在古巴岛东部、生产力最发达、文化最先进的泰诺人。

如今，在保存下来的编年史文献、文学作品以及地名中，有大量土著

---

① 徐世澄，贺钦：《美洲国家 列国志（新版）古巴（第2版）》，北京：社会科学文献出版社，2018年。

语言词汇，语言学家通过对这些词汇的研究已经证实，当时古巴岛上的土著居民所讲的诸语言均属于阿拉瓦克语系。

据当时的编年史文献记载，西班牙人与古巴印第安人最初的交流是通过手势进行的，随着时间的流逝，双方不得不学习彼此的语言，便于更进一步的交流。然而，西班牙人对印第安人殖民和剥削，两者间不断通婚和融合，古巴印第安人作为一个种族、文化及语言实体最终消亡。文化及语言不断交融的结果是，强势的西班牙语最终取代古巴土著语言，并通过借用土著语言的词汇，使西班牙语在新地理、文化背景下，满足交流与描述的需求。

如今，古巴西语中仍保留许多土著语言的词汇，如：

河流名称：Agabáma、Arimao、Boma、Caonao、Jobabo、Mayabón、Onicajinax、Tayabacoa、Tinima、Yamagua；

港口及城镇名称：Banes（巴内斯）、Baracoa（巴拉科阿）、Bayamo（巴亚莫）、Jaruco（哈鲁科）、Jibara（希瓦拉）；

树木名称：abey（巴西蓝花楹）、arabo（古柯）、cuaba（胶香树；亮巴豆树）、dagame（白花亮皮茜）、guana（纤皮树）、jaimiqui（海米基枪弹木）、macagua（肥猪木波罗）、caoba（桃花心木）；

其他词汇：ají（喧嚣，吵闹）、areíto（阿雷托舞）、batata（甘薯）、barbacoa（烤肉）、bohío（茅屋，茅棚）、caimán（凯门鳄）、canoa（独木舟）、casabe（木薯面饼）、cocuyo（萤火虫）、hamaca（吊床）、huracán（飓风）、jaba（筐，篮）、maguey（龙舌兰）、maíz（玉米）、mamey（善解人意的人）、maní（花生；钱）、sabana（牧场）、seboruco（多孔礁岩）、tiburón（鲨）、yuca（木薯）等。

甚至古巴国名 Cuba 以及首都哈瓦那的名字 La Habana 也源自土著语言，关于其具体起源，目前存在多个说法，并没有一个确切的答案。其中一说，Cuba 是两个泰诺语单词的结合：coa（意为"地方"）以及 bana（意为"大的，广袤的"），coabana 也就是"肥沃之地""好地方"，Habana 则源自一位泰诺部落酋长的名字——Habaguanex，这是认可度最高的一个版本。

二、其他美洲土著语言与古巴西班牙语的接触

西班牙殖民者为古巴带来了战争、屠杀和疾病，使得古巴印第安人数量剧减。面对劳动力的匮乏，殖民当局不得不从邻近国家和地区引进新的劳动力。这批劳动力主要来自巴哈马（Bahama）、小安的列斯群岛、海湾群岛（Islas de la Bahía）以及委内瑞拉、尤卡坦半岛、墨西哥其他地区和佛罗里达海岸。这些美洲异域的土著人来到古巴后，西班牙语又得以和阿

拉瓦克语以外的美洲土著语言接触，如纳瓦特尔语、玛雅语、图皮瓜拉尼语、加勒比语、克丘亚语以及阿尔冈昆语（algonquina）。

如今，在古巴的西班牙语词汇中仍可以找到源于非阿拉瓦克语族的美洲土著语言词汇，如：

纳瓦特尔语：aguacate（鳄梨）、cacao（可可）、chapapote（柏油）、chicle（口香糖）、chile（辣椒）、chocolate（巧克力）、chuchumeca（滑稽有趣的人）、guacal（加拉巴木）、guacamole（鳄梨酱）、hule（橡胶）、jicara（加拉巴木果）、papalote（风筝）、petaca（皮箱）、petate（争吵）、pinol（玉米炒面）、sinsonte（傻瓜）、taco（鞋）、tamal（玉米粽子）、tiza（粉笔）、tomate（西红柿）、zapote（人心果）；

克丘亚语：carpa（帐篷）、chirimoya/ cherimoya（番荔枝）、guacarnaco（粗鲁的）、guano（棕榈）、papa（马铃薯，土豆）；

其他语言：canistel（蛋黄果树）、ipecacuana（南美吐根）、arepa（玉米饼）、mocasín（莫卡辛鞋）等。

三、英语与古巴西班牙语的接触

1898 年美西战争爆发之前，美国就已经是古巴重要的贸易伙伴，古巴的蔗糖和烟草被大量运往美国，在古巴，美国人的踪影随处可见。古巴独立之后，美国对古巴的影响力更为加深。数以百计的美国企业与古巴开展贸易，那些较为富裕的古巴人也频频走访美国，甚至去美国定居、学习。在古巴，上流社会人士也熟练使用英语。

赫拉尔多·马查多（Gerardo Machado, 1871 ~ 1939）政府作为古巴后殖民初期最重要的一届政府，奉行的是亲美政策，巴蒂斯塔（Fulgencio Batista y Zaldívar, 1901 ~ 1973）执掌的两届政府同样与美国保持十分亲密的关系。在这一时期，美国人来到哈瓦那做生意或观光，古巴一下子多了许多大型美国企业，因此受过教育的古巴商人或多或少懂一点英语。再加上古巴人对美国体育运动的痴迷，尤其是棒球和拳击，使得大量英语词汇进入到古巴西班牙语当中，尽管卡斯特罗执政后推行严格的反美政策，这些英语词汇仍然得以在古巴扎根并推广开来。

英语对古巴西班牙语的影响主要表现在以下几个方面：

（一）语义借词

这类词在西班牙语中可以找到完全相对应的词。但其使用频率之高，常常取代对应的西语单词，如 team（equipo, 组，队）、business（negocio, 生意，交易）、look（imagen, apariencia, 外貌）、homerun（cuadrangular,

本垒打）等。

（二）词汇复制

这类词通常在西班牙语中找不到相对应的词，于是就从英语中直接复制过来，这些词丰富了西班牙语的词汇。如 cake（果仁饼干），pullover/pulóver（套头衫，针织衫），cocktail/ coctel/ cóctel（鸡尾酒），short（短裤），out（球类比赛的出界）等。

（三）英式句法

1. 滥用被动语态：西班牙语有被动句的结构，但有其他语法手段来表示被动，被动句的使用频率不高；
2. 主语置于动词之前的结构使用频率过高，西班牙语中主语的位置灵活多变，并不局限于这一结构；
3. 省略名词前的冠词；
4. 误用介词或动词搭配，如说 "Espero por ti." 而不说 "Te espero."，说 "de acuerdo a" 而不说 "de acuerdo con"，说 "jugar un role" 而不说 "desempeñar un papel"，等等。

（四）词性转换

这类词是指在保持原有英语单词发音的基础上，按照西班牙语正字法将其转换成西班牙语单词，再派生出一系列不同词性的词。如从英语短语 home run（本垒打）衍生出来的 jonrón, jonronazo, jonronero；从英语动词 hit（击球）衍生出来的 jit, jiteador, jitear；从英语动词短语 punch out（扎破、刺破）衍生出来的 ponchado, ponchar, ponche, ponchador, ponchón，等等。

四、非洲语言与古巴西班牙语的接触

被西班牙殖民者带到古巴岛上的第一批非洲奴隶其实并非来自非洲，而是来自伊比利亚半岛。他们出生于伊比利亚半岛上的西班牙人家庭，已经完全西班牙化，最初以家奴身份被小批量带往古巴。1526 年西班牙颁布了一份敕令，禁止将这些家奴运往西印度群岛。

另一批黑奴从撒哈拉以南非洲被贩卖到古巴，然而，这批黑奴分属于撒哈拉以南非洲不同的民族语言群体，主要来自几内亚湾以及刚果和安哥拉地区，还有少部分来自莫桑比克沿海地区，他们为当时古巴的蔗糖加工业贡献良多。这些来自非洲但属于不同民族的黑奴在不断接触中，其各自所讲的撒哈拉以南的非洲语言得以结合；在与西班牙奴隶主接触中，这些黑奴又不得不开始学习西班牙语，这样，古巴西班牙语的语言构成渐趋复杂。

这些来自非洲的黑人所讲的西班牙语发生了很大的变化，如辅音体系

被简化，词素句法规则被精简，词汇句法结构也被简化，17世纪初出现了一种非常特别的西班牙语——波塞尔西班牙语①，然而这种主要混杂了西班牙语、刚果语以及葡萄牙语的语言在1850年左右便告消失。

1840年，古巴奴隶数量达到峰值——436,000名奴隶占岛上居民人口的50%以上。② 1886年古巴奴隶制被废除。

如今在古巴西班牙语词汇中还可以找寻到大量源自撒哈拉以南非洲语言的词汇，他们广泛出现在各个领域，如：

饮食：fufú（大蕉泥，薯蓣泥）、funche（黄油玉米糊）、gandul（木豆）、guineo（一种小香蕉）、malanga（海芋）、quimbombó（秋葵）、congrí（豆炒饭）；

音乐：bembé（班贝鼓）、conga（康加鼓）、mambo（曼博舞）、marimba（马林巴）、tango（探戈）、chachá（黑人用的鼓）；

宗教：abakuá（阿巴瓜）③、babalao（与非洲宗教有关的巫师）、lucumí（鲁库米教派）、ñáñigo（阿巴瓜的成员）、bilongo（巫师用目光蛊惑）；

其他：moropo（头）、ñinga（一点儿，少许）、quimbo（砍刀）、ñame（笨的）、cahimba（烟斗）、dengüe（登革热）。

五、汉语与古巴西班牙语的接触

19世纪中，随着非洲奴隶制的废除以及对劳动力的极度需求，大约10万名中国人来到古巴。20世纪上半叶，另一批中国移民潮涌向古巴。在这两批移民潮当中，绝大多数为男性，他们最终都与古巴女性组建了家庭。这就在古巴形成了一个身份界限明确的古巴中国群体，他们保留了中国的文化传统，讲中文，同时也讲西班牙语而融入古巴生活中。古巴革命之后，大部分中国人移居到了美国，在纽约及迈阿密形成了新的社会群体。

从语言角度讲，由于中文与西班牙语存在差异巨大，因而中文对古巴西班牙语的影响并不十分突出，这种影响主要体现在一些俗语上，词汇层面上的影响要相对小得多。如：

（一）俗语

Búscate un chino que te ponga un cuarto. = buscar una pareja（找对象）

---

① 波塞尔西班牙语（bozal），受葡萄牙语影响的西班牙语和刚果语混合体，该语言于17世纪起为波多黎各、古巴以及中南美洲其他地区的非奴使用。

② Ortiz, F.: *La abolición de la esclavitud en Cuba*, Cuba y América: La Habana 2da, Época 3, 1916.

③ 阿巴瓜，古巴的秘密宗教社团，只招纳男性会员。

No creo en velorio chino. = desconfianza（不信任）

ponérsela en China a alguien = plantearle una situación difícil（使人处境困难）

quedarse/estar en China = no entender lo que se dice o lo que ocurre a su alrededor（不懂，不明白；不食人间烟火）

mi china = expresión de cariño（表达亲切的情感）

tener hablando en chino a alguien = tenerlo preocupado o ofuscado（让人担心或迷惑）

tener un chino atrás = tener mala suerte（倒霉，不幸）

（二）词汇

charol（漆皮），caolín（高岭土），té（茶），chau-chau（松狮狗），pequinés（北京狗，又称京巴）。

在古巴还有一个俗语："¡A ése no lo salva ni el médico chino!"字面意为"这个人中国医生也救不了！"，也就是说病人已病入膏肓，离死期不远了。这句话在古巴代代相传，深深地印在了古巴人民的头脑中。相传19世纪末期，有一位名叫 Chang Pan Piong 的中国客家人随当时的移民潮来到古巴，他在中国曾学过医，便利用闲暇时间收集草药进行学习、研究，1870年以草药治病的本领成为当地最有名望的医生，从各地前来求医的人络绎不绝，许多岛上的病患更将他视作最后的救命稻草。逐渐他成为了岛上民众的一种信仰，一旦有病人无药可救时，人们都会说："A ése no lo salva ni el médico chino."。

第三节　古巴西语特点

一、语音特点

古巴西语与加勒比地区的其他方言在语音上具有很多相似之处。古巴西语语音特点如下：

（一）seseo 现象

古巴西语不区分齿间音 c/z 和咝音 s，将其统一发成 /s/ 的音，如 caza（猎物，野味）和 casa（家），都读成 /casa/。直到20世纪初才有一些古巴人能够标准地发出 cocer（缝）以及 abrazar（拥抱）中的齿间音 /c/ 和 /z/，因为这些古巴人或是出生在西班牙，或是第一代古巴籍西班牙人，抑或是出生在西班牙人的聚居区。时至今日，在古巴齿间音已被弃用，或许只有上了年纪的西班牙裔才会使用了。

（二）d 发音的消失

在以 -ado/-ada, -edo/-eda, -ido/-ida, -udo/-uda 等结尾的倒数第二个音节为重读音节的单词中，位于两个元音之间的 d 的发音常消失。如 pasado 读成 /pasao/，vestido 读成 /vestío/，puede 读成 /puée/，dedo 读成 /deo/，comida 读成 /comía/，peluda 读成 /pelúa/，melenudo 读成 /melenúo/，等等，这种发音方式和西班牙加纳利群岛地区的口语发音一致；当 d 位于词首时，其发音省略的情况也存在，如：dónde 读成 /ónde/；当 d 位于词尾，其发音或省略、或变音为 /t/，如 verdad 读成 /verdá/ 或 /verdat/，calidad 读成 /calidá/ 或 /calidat/ 等。

（三）s 音的省略

在古巴，尤其是东部省份，人们在日常口语中常省略位于元音后的 s 或位于词尾的 s，如 los tomates 读成 /lo tomate/，basta 读成 /bata/，aspirina 读成 /apirina/，espalda 读成 /epalda/ 等；在古巴西部，s 音也常常会被一个送气音所取代，或者在省略 s 音的同时再拉长前一个元音的音长，如 bosque 会被读成 /bohque/ 或 /bo:que/；在古巴非正式西语中，s 音的省略现象和圣多明戈及西班牙安达卢西亚地区的该现象一样常见。

（四）yeísmo 现象

古巴现如今已经完全 yeísmo 化了，也就是说古巴人完全不区分字母 ll 及 y 的发音，在古巴人口中，valla（广告牌）和 vaya（ir 的变位）、cayó（caer 的变位）和 calló（callar 的变位）的发音没有任何区别。

（五）r 音的同化

在古巴西部，尤其是在哈瓦那及马坦萨斯，r 音被位于其后的辅音同化的现象已经成为了该地区的语音特点之一，如 carbón 会被读成 /cab-bón/，ardentía 读成 /ad-dentía/，argolla 读成 /ag-golla/ 等。在多米尼加共和国以及哥伦比亚加勒比地区也存在这种辅音重复发音的语音现象，至于其产生的原因，通常被认为与现在加勒比地区的非洲底层居民语言习惯有关。

（六）m 和 b 等辅音的变化

在古巴中部，圣斯皮里图斯省（Sancti Spiritus）周边的某些地区，过去未完成时复数第一人称的变位中，m 的发音常会被 n 所取代，如将 íbamos 读成 /íbanos/，estábamos 读成 /estábanos/ 等。然而，这种语音变化仅局限在口语中，书面语并未有此改变。在另一些地区，b 还有可能消失，取而代之的是延长前一个元音的发音，如将 preguntábamos 读成

/preguntá:amos/，tiraban 读成 /tiráan/ 等。

（七）l 和 r 的混用

古巴西语还常常将内破裂音 l 和 r 互换，安的列斯群岛地区其他西语方言中也存在该语音现象，如，alma 会读成 /arma/，反之，arma 又被读成 /alma/；当 l 或 r 位于词尾时，二者间互换的频率更高，如 amor 读成 /amol/，calor 读成 /calol/，mujer 读成 /mujel/，trabajar 读成 /trabajal/，等；当 /r/ 位于单词中间时，也可能会被 /l/ 取代，如将 perdón 读成 /peldón/。有时还可以听到一种介乎于 r 和 l 间的发音，发音时会先发弱化了的 r，紧接着再发出 l。

（八）rr 的弱化

安的列斯群岛地区的西语还会将多级颤音 rr 发成哑音，发音时，先发出一个喉音 /h/，紧接着再发出多级颤音 /rr/，如 perro 读成 /pejrro/，río 读成 /jrrío/，此时的 /j/ 发音非常弱。然而这种发音现象并不十分普遍，在古巴东部较为常见。还有些古巴人会将 rr 的发音发成西班牙西语中较为强化的 /j/，或有点类似于法语中的 /r/，但在古巴这种现象并不像波多黎各西语那样普遍。

（九）tl 的发音

在古巴，辅音连缀 tl 会作为一个整体黏着发声，如 atleta 读成 /a-tle-ta/，Atlántico 读成 /A-tlán-ti-co/；而在西班牙大部分地区，这两个单词的读音为 /at-le-ta/，/At-lán-ti-co/。

二、词法特点

1. tuteo 现象，即以"你"来称呼对话方。根据传统西语语法规则，当人们想对对话方表示尊敬或保持距离时，应使用人称代词 usted，然而，现在古巴乃至西班牙，很多情况下人们都更倾向于使用 tú 而非 usted，以示与对方的平等，避免 usted 带给人的身份等级差异感。

2. 现如今，古巴西语中已不存在第二人称复数形式 vosotros/vosotras。

3. 古巴西班牙语和哥伦比亚、哥斯达黎加的西班牙语一样，偏爱 -ico 作为以 -to/-do 结尾的单词的指小词，如 ratico（rato），momentico（momento），chiquitico（chiquito）等。

4. 从地名衍生出来的单词的后缀统一使用 -ero，如 habanero（哈瓦那的，哈瓦那人，源自 Habana），santiaguero（古巴圣地亚哥的，古巴圣地亚哥人，源自 Santiago），guantanamero（关塔那摩的，源自 Guantánamo），matancero（马坦萨斯的，马坦萨斯人，源自 Matanzas）等。

三、句法特点

和多米尼加共和国以及波多黎各西语一样，古巴西班牙语也常在句子中加入主格人称代词，如"Susana dice que mañana **ella** no va a venir."（苏珊说明天她不来了。）。我们知道，古巴西语常省略词尾 s 的发音，西班牙语词尾的 s 在很多情况下承担词法、句法功能，如名词的复数形式、人称单词的词尾变化等，因此，古巴西语中加入这样的人称代词有助于避免句子产生歧义，如"¿Dónde tú trabaja (s)?""¿Dónde él trabaja (s)?"等。

在问句中，古巴西语也常将人称代词置于动词之前，如"¿Cómo **tú** está(s)?""¿Adónde **ella** va?"。在规范西语中，主格人称应该置于动词之后、句子倒装，即"¿Cómo estás (**tú**)?""¿Adónde va **ella**?"，但对于很多古巴人而言，将主格人称代词置于动词之后会使问题的语气具有攻击性。这种主格人称代词前置、不倒装的提问方式在西班牙加纳利群岛地区以及美洲安的列斯群岛地区也存在。

nunca más, nada más, nadie más 等词组到了古巴次序发生了逆转，más 常置于否定词之前，如 más nunca, más nada, más nadie。

非正式口语中，para 引导的目的状语从句使用动词原形，而不用虚拟式变位，如：

¿Qué tú me recomiendas para yo **entender** la lingüística?

标准用法应为："¿Qué me recomiendas tú para **que yo entienda** la lingüística?"（为了让我理解语言学，你有什么建议吗？）

四、词汇特点

古巴西班牙语的词汇，除第二节列举的从美洲土著语言、非洲语言、英语以及中文等外来语继承下来的词汇、短语外，还有一些被认为是古巴西语词汇所特有的，如：(arroz) congrí（黑豆炒饭）、babalao（带有非洲特色宗教仪式的巫师）、bitongo（傲娇的）、biyaya（非常聪明的）、de botella（免费的）、pedir botella（搭便车）、dar cañona（使坏；危险驾驶）、chucho（开关）、fajarse（攻击，战斗）、fotuto（汽车喇叭）、estar en la fuácata（非常贫穷的）、guajiro（农民，乡下人）、jimaguas（双胞胎）、juyuyo（林林总总）、lucirle a uno（看起来像……）、máquina（汽车）、ñángara（共产党的；共产党员）、picú (d) o（狂妄的；花哨的）、pisicorre（小型运货车），等等。

第十八章　多米尼加的西班牙语

第一节　多米尼加概况及历史

一、概况

多米尼加共和国（República Dominicana），简称多米尼加（Dominica），国名意为"星期天"或"休息日"，据说哥伦布在15世纪末的一个星期日来到，多米尼加便得名于此。作为中美洲的一部分，该国位于加勒比海伊斯帕尼奥拉岛东部，西接海地，南临加勒比海，北濒大西洋，东隔莫纳海峡同波多黎各相望。首都是圣多明各（Santo Domingo）。

二、历史

（一）前殖民时期的多米尼加

阿拉瓦克族历经多次迁徙，从南美洲的奥里诺科河口三角洲出发，逐渐向北迁徙，最终在加勒比的岛屿上定居下来。公元600年左右，随着受阿拉瓦克族文化影响的泰诺印第安人来到岛上，先前定居于此的居民被迫迁往他处。最后一批阿拉瓦克族移民，也称加勒比人，15世纪开始移居小安的列斯群岛，并在1492年西班牙人到达新大陆的同时，入侵位于岛上东海岸的泰诺人村庄。土著居民称该岛为基斯克亚（Quisqueya），意为"大地之母"，也有土著人则称之为海地（Haití），即"高山之地"的意思。

（二）西班牙殖民时期

1. 西班牙人的到来

1492年12月，克里斯托弗·哥伦布在其第一次新大陆航行中，抵达伊斯帕尼奥拉岛。岛上土著居民——泰诺人不但对突然出现的西班牙人毕恭毕敬，还倾其所有讨西班牙人欢心，西班牙殖民者因此认定这些土著人懦弱无能，开始对其部落展开惨无人道的掠夺和压迫。1493年，哥伦布第二次航行再次来到伊斯帕尼奥拉岛，建立起新大陆第一个西班牙殖民地——拉伊萨贝拉市（La Isabela）。1496年，哥伦布的弟弟巴托洛梅·哥伦布（Bartolomé Colón）在南海岸建立了圣多明各市，后来该市成为伊斯帕尼奥拉岛的首府。岛上40万左右的泰诺人被西班牙殖民者贬为奴隶，从事金矿挖掘，殖民者的压迫和大规模屠杀，以及饥饿、疾病等原因，到1508年，岛上仅剩5万泰诺人，1535年岛上只剩6000名泰诺人幸免于难。

期间岛上西班牙统治者多次易手。1502年，尼古拉斯·德·奥凡多（Nicolás de Ovando，1540～1518）成为该岛统治者，他制定了雄心勃勃的计划，以扩大西班牙对该地区的影响，对大部分泰诺人，他进行了最残酷的对待。

土著居民在其领袖恩利基罗（Enriquilo）的带领下，14年间多次袭击西班牙人。最后，西班牙人向恩利基罗提出和平条约，恩利基罗和其追随者遂建立起自己的城市，然而这座城市存世很短，在其建成数年后，叛乱的奴隶杀死了城中所有人，烧毁了整座城市。

2. 殖民时期（1493～1821）

1520～1560年之间，加勒比海地区遭受法国海盗的多次袭击。法国海盗不仅掠夺船只运载的货物——糖，还骚扰位于伊斯帕尼奥拉岛西岸的城镇，大部分当地民众被迫迁往内地。为了抵御海盗袭击，1541年西班牙批准建造圣多明各城墙，并决定限制运输队的海上航行。此外，古巴岛上的哈瓦那靠近墨西哥湾，战略位置更佳，哈瓦那被西班牙人选为商船的集中点，伊斯帕尼奥拉岛制糖业因此大受打击。

伊斯帕尼奥拉岛初期是西班牙人在新大陆设立的最主要的殖民地，然而在征服了阿兹特克帝国和印加帝国后，西班牙人的殖民重心开始放在美洲大陆，逐渐忽略了伊斯帕尼奥拉岛。岛内农业产量减少，不再引进新的奴隶，岛上无论白人、自由奴还是黑人，都生活困顿，这在一定程度上削弱了种族等级制度，使得西班牙人、非洲人和泰诺人相互融合和通婚，形成不同的混合人种。除了圣多明各市尚能维持一些合法出口外，多米尼加的其他港口只能依赖走私贸易，走私贸易和牲畜贩卖成为该岛居民仅有的生计来源。

17世纪初，英国、法国和荷兰籍海盗继续在伊斯帕尼奥拉岛西部活动，法国开始让其农民和商人在岛上西部地区开拓殖民地，由于伊斯帕尼奥拉岛上有山脉作为天然屏障，他们的活动并没有引起居住在岛上东部的西班牙人注意。

到了1677年，已有大约4000名法国人居住在伊斯帕尼奥拉岛西部的 11 个村庄里。1697 年，西班牙和法国根据大同盟战争的勒斯维克条约（Tratado de Rijswijk），将岛上西部地区让给法国，正式承认法国在伊斯帕尼奥拉岛西部海地的主权，该岛东部则称为东圣多明各。此后，法国在伊斯帕尼奥拉岛上大力发展农业，引进非洲奴隶进行耕作，18 世纪末海地人口已达到 50 多万人，10 个海地人中就有 9 个黑人，而彼时岛上东南边的西班牙殖民地圣多明各的人数仅为 15 万人，岛上东、西两地的人口比例相当悬殊。1700 年，西班牙国内政局变动，波旁王室入主西班牙，西班牙新王朝引进了一些经济改革，圣多明各的贸易也逐渐有了起色。1795 年，西班牙和法国签订《巴塞尔合约》（Tratado de Basilea），同意把伊斯帕尼奥拉岛的圣多明各区域让给法国。1801 年，海地黑人领袖杜桑·卢维杜尔（Toussaint Louverture）带领其他黑人奴隶反抗法国殖民统治，成功夺下法国才统治不久的圣多明各，进而统一了整个伊斯帕尼奥拉岛。

1802 年，拿破仑派兵控制之前参加起义的奴隶，在岛上统治了数月，同年 10 月，混血民众和黑人起义反抗法国统治，并在 1803 年击退法军。1804 年，反抗军宣布圣多明各独立，成立海地共和国，但一小部分被击退的法军依然占领岛上东边的圣多明各城。1808 年，法国侵略西班牙本土的同时，那些驻守在东部圣多明各地区的反抗军，得到当时与西班牙结盟的英国和海地的援助，击退法国军队，圣多明各地区遂再次成为西班牙殖民地。

（三）海地占领时期（1821～1844）

1821 年 12 月 1 日，前任圣多明各总督何塞·努涅斯·德·卡塞内斯将军（José Núñez de Cáceres, 1772～1846）宣告建国，将其命名为西班牙海地，并希望合并到大哥伦比亚国。九周后，海地总统让-皮埃尔·布瓦耶（Jean-Pierre Boyer）率军占领了西班牙海地，再次统一全岛。布瓦耶占领西班牙海地后，开始对民众采取高压政策，国上经济一度停滞，多米尼加民众，包括当初被解放的奴隶联合起来，在 1843 年推翻了布瓦耶政权。

（四）独立运动和独立以后的格局

1821 年西班牙在多米尼加的统治被推翻，随后卡塞内斯领导建立了独立政府，但卡塞内斯政府期望与"大哥伦比亚共和国"合并的消息，被海地总统布瓦耶截获，布瓦耶遂率领军队征服了东部，1844 年多米尼加并入海地共和国。1844 年，东部民众起来反抗海地统治，争取独立，起义军迅速占领了圣多明各城要塞，扣押海地政府重要人物。起义领袖梅利亚（Ramón Mella Matías, 1816～1864）和弗朗西斯科桑切斯（Francisco del Rosario Sánchez, 1817～1861）正式宣布独立，并升起了多米尼加共和国的旗帜。1844年，佩德罗·桑塔纳（Pedro Santana, 1801～1864）当选为共和国的首位总统。

1861年，西班牙利用多米尼加内争和桑塔纳的卖身投靠，再度占领多米尼加，并宣布多米尼加重新隶属西班牙王室。卷土重来的西班牙殖民者，还是和以前殖民时期一样，固执其一贯的种族偏见，视黑人血统的多米尼加人为下等人；同时，西班牙统治者对多米尼加人民课以重税，严厉控制其思想和宗教信仰，甚至还恢复宗教裁判所酷刑。多米尼加民众对其残酷统治感到非常愤恨，随即对西班牙统治者和桑塔纳的卖国行为采取各种反抗。1863年，多米尼加人民正式举行武装起义，成立革命临时政府。1865年，殖民军被迫撤回西班牙，多米尼加人民再次建立了独立的共和国（1869～1916）。这次独立，和第一次，都没能稳定政局。军阀独裁者巴埃斯（Ramón Buenaventura Báez, 1812～1884）就任总统后，为获得外国支持，在1869年与美国总统格兰特签订了多米尼加与美国"合并"的条约，该卖国条约因没有获得美国参议院的多数通过，而未成事实。多米尼加进一步陷入混乱的泥潭里。1882年，政权落到厄鲁（Ulises Heureaux, 1845～1899）手中，1882～1899年的17年间，多米尼加政局稳定，经济得到片刻喘息，但是，与此同时厄鲁对民众实行专横的恐怖统治。厄鲁于1899年被谋杀，多米尼加1902年后再度进入群雄割据的时代，各地草莽独霸一方，国库完全被掏空。此时，法国和其他欧洲债权国开始对多米尼加虎视眈眈，多米尼加政局再次动荡不已。漫长斗争过后，多米尼加于1996年迎来了民主，并持续到今。

（五）多米尼加的现状

多米尼加近年来经济增长迅速，据世界银行的数据，1993～2018年期间，其年平均增长率为5.3%，2014～2018年间，年平均增长率长为7%，是加勒比地区，甚至整个拉美增长最快的经济体。持续的经济增长有效地减少了多国的贫困和不平等现象，且有助于扩大中产阶级，即便如此，多米尼加国内仍存在许多问题。

第二节　多米尼加西语与其他语言的接触

一、土著语对多米尼加西语的影响

西班牙殖民者到来前，今多米尼加所在的伊斯帕尼奥拉岛是泰诺人世代居住之地，然而西班牙人来到后，土著泰诺人遭到大肆屠杀，16 世纪中期，岛上的泰诺人已几近灭绝，少数得以幸存下来的泰诺人则被迫学习征服者的语言——西班牙语，久而久之，泰诺语这一土著语言彻底在多米尼加民众的生活中消失。即便如此，至今仍能在多米尼加西班牙语中找寻到泰诺语的些许痕迹，它对其他西语国家的西班牙语词汇也产生了一定的影响。

拉美西语国家或多或少都受到哥伦布到来前的土著语的影响，如阿拉瓦克语、加勒比语、纳瓦特尔语、克丘亚语和瓜拉尼语，等等，多米尼加泰诺人所说的语言其实就是阿拉瓦克语。这一土著语言对现在多国西班牙语的影响主要体现在词汇上，尤其是在植被和动物的命名上。许多来源于土著语的单词，在多米尼加人的日常生活中广泛使用，如：ají（辣椒）、batata（番薯）、batey（建筑占地）、bohío（茅屋）、cabuya（龙舌兰）、cacique（酋长）、caoba（桃花心木）、cazabe（木薯面饼）、ciguapa（山榄果）、comején（白蚁）、conuco（小果园）、guanábano（山番荔枝）、hamaca（吊床）、jaiba（海蟹）、jíbara（农村人）、maíz（玉米）、maní（花生）、yuca（木薯）等。这些土著词汇多半在多米尼加西北部的圣地亚哥市使用，不论是中高阶层还是农村地区的民众都能理解这些用语，但一般来说，通常是教育水平偏低的人更习惯使用这些词汇。

二、非洲语言对多米尼加西语的影响

西班牙殖民者到来后，为了引入更多劳力，开始贩卖大批非洲人到多米尼加，非洲奴隶的到来带来了属于非洲的文化，并对整个西语美洲影响深远。多米尼加的非洲奴隶数量非常大，这就意味着他们与当地居民间的交流相当频繁且亲密，因此，非洲的文化和语言对该地区产生的影响巨大。

非洲语言对多米尼加西语的影响主要体现在三种变体语言上：

1. 博萨尔语（bozal）

非洲奴隶在来到西班牙殖民地之前所说的语言，也就是他们被西语化之前的语言。

2. 洋泾浜语（pidgin）

是一种为了满足不同语言间相互交流相互理解的需要，而生成的一种"应急语言"。非洲黑奴为了生存和交流，将主导语言，也就是多米尼加的西班牙语，与非洲用语相互杂糅，方便欧洲人听懂和理解，其语法结构和词汇用法都十分简便。

3. 克里奥约语（criollo）

它是将两种语言的词汇和句法结构混合在一起而形成的一种语言，也就是一种杂交语言，它来源于博萨尔语和洋泾浜语。为了讲更接近卡斯蒂利亚语的语言，辛苦劳作的非洲黑奴聚在一起发明了克里奥约语这门杂交语言。

土著语言和英语主要在词汇方面影响多米尼加的西班牙语，而非洲语言的贡献不仅体现在词汇上，更是在句法形态方面，具体表现为：

1. 问句不倒装

尽管在加那利群岛也存在这种现象，但加勒比海的克里奥约人使用问句从不倒装，比如："¿Cómo tú estás?"或"¿Qué tú quieres?"。

2. 代词的使用

多米尼加人喜欢重复赘述代词，如："Cuando tú llegues tú me llamas."。此外，多米尼加人习惯用物主人称代词来指代无生命的物体，如："Compré la piña, que ella está deliciosa."，这一现象是伊斯帕尼奥拉岛所特有的，其他西语国家都没有这种用法。

3. 主语和谓语以及名词和形容词之间缺乏一致性

这一特征与山美纳省（Samaná）的方言有关。此外，他们习惯性忽视单词的词性。

4. 习惯使用"介词 + 主格人称代词 + 动词原形"结构，如："antes de yo llegar"，"para nosotros tener"，等等。

词汇方面，许多来源于非洲语言的单词在多米尼加民众的日常生活中被广为使用，它们大多与食物、音乐和舞蹈有关，如：bachata（巴恰塔舞）、banana（香蕉）、batuque（吵闹）、bemba（大嘴）、cachimbo（烟斗）、candungué（一种乐器）、chévere（了不起的）、guarapo（甘蔗汁）、guineo（几内奥舞）、mandinga（魔鬼）、mangú（煮过的香蕉）、marimba（马林巴）、merengue（梅伦盖舞）、mofongo（平滑的）、ñame（吃）、vudú（伏都教）、yubá（聚会）等。这些词汇不仅在多米尼加非洲裔社区中使用，在该国其他地方也使用，不管是在如圣多明各和拉维加这样的大城市，还是在位于国家特区北部的多米尼加非洲裔农村社区，都会使用这些深受非洲语言影响的词汇。此外，山美纳半岛与海地非裔人以及多米尼加非裔人联系紧密，因此这个地区的语言也比较特别。

三、海地克里奥约语对多米尼加西语的影响

长期以来，多米尼加人与海地人接触频繁，海地语言也对伊斯帕尼奥拉岛的西语产生一定的影响，17 世纪末到 18 世纪初，海地克里奥约语一直影响着多米尼加的语言。进入 19 世纪后，多米尼加制糖业飞速发展，许多

海地人和非洲黑奴一起移民到多米尼加共和国，成千上万的海地人定居在多米尼加制糖厂周围的农村地区，两国间的文化融合进一步加深。

海地克里奥约语和非洲语有相似之处，尤其是在句法和形态方面，这是因为海地克里奥约语本身就是法语和博萨尔语混合而成的一种语言。但出于历史原因，多米尼加人仇视海地人，因此海地克里奥约在多米尼加的影响不像其他语言那么大，暂时并未对整个多米尼加造成广泛影响，只是在两国交界地区以及山美纳半岛留下了其印迹，因此这两个区域的语言和多米尼加其他地区的语言有很大差异。海地克里奥约语对多米尼加西语输出的词汇较少，在日常生活中也不常用，只限于在多米尼加人和海地人混居程度较高的农村地区使用，而且大部分的词汇与宗教仪式和文化经历有关，另外，多用于地道菜肴的命名以及对海地人的轻蔑称呼上，如：baché（便盆）、baquiní（尤指对孩子尸体的守灵）、carabiné（乡间舞蹈）、congrí（菜豆米饭）、mañé（海地人）、papá bocó（男巫）等。

四、航海术语对多米尼加西班牙语的影响

航海术语的使用历经数个世纪，同时也对多米尼加人的日常交流造成了一定的影响，而这一切都是有历史原因的。首先，殖民期间，多米尼加的海员大多来自西班牙安达卢西亚和加那利群岛，因此，海员们的语言不仅影响着多米尼加民众的口音，同时也影响其词汇。此外，殖民者和海员长期一起生活在岛上，多米尼加人也逐渐将海员的词汇纳入自己的语言中。在农村，他们会说"La peca ta mala."（"La pesca está mala."，情况糟糕。）或者"¿Cómo ta la peca?"（"¿Cómo está la pesca?"，情况如何？）在这些句子中，"pesca"除了"钓鱼"的本身含义之外，它还有"情况"和"事情"的意思。除了"pesca"之外，还有许多与航海有关的词，它们除了与航海有关的基本含义外，还被赋予了更贴近日常生活的其他含义。如：(alguien) amarrado（生病的；原意：船被拴住）、amarrar（捆绑；原意：系船）、aportar（自我介绍；原意：进港，靠岸）、atrincar（紧身衣；原意：拴住）、(alguien) boyante（有钱的；原意：漂浮的）、boyar（漂浮；原意：船离水后再次浮起）、crujía（生活拮据；原意：舷侧通道）、desbaratar（打破，弄碎；原意：弄乱，击退）、encaramar（上升，上来；原意：把某人或某物放在够不着的地方）、gaviar（攀登；原意：船的中帆）、picotear（话多；原意：碎碎念）等。农村地区居民或者社会等级较低的群体通常会使用这些词汇，且习惯给它们加上过时和粗俗的含义和用法。

五、英语对多米尼加西班牙语的影响

英语之所以对多米尼加西语影响大，主要是因为许多多米尼加人想要移民到美国，特别是移民到纽约这种大城市，在那里他们能得到更多就业机会和过上更好的生活，因此，为了生存，他们希望学好英语。另外，旅游业是多米尼加的支柱产业，说好英语也是这个行业必需的技能。除此之外，多米尼加年轻一代受美英文化的影响较大，英语国家的音乐、电影、社交网络等等，无一不充斥着他们的生活。因此，许多年轻人习惯使用"hello"来打招呼，用"OK"来表示赞同。

由此可见，英语对多米尼加西语的影响之大，而且会讲英语还被视作社会地位高的象征，因此，许多多米尼加人想用英语或者英式西语来彰显自己的社会地位。在多米尼加，受英语影响最大的地区是山美纳、国家特区（Distrito Nacional）和慈宝市（Cibao），因为这些地区外来移民较多，且有许多当地人移民去美国。

在多米尼加西语词汇中可以看见许多英语的复刻词，也就是在意思上和发音上都与英语相似，但是按照西语拼写规则书写的西语单词，如：boche（*bull shit*，谎言）、bola（*ball*，球）、carro（*car*，轿车）、clóset（*closet*，衣柜）、confléi（*corn flakes*，谷物）、guachimán（*watchman*，保安）、jonronero（*home run*，全垒打棒球员）、janguear（*hang out*，闲逛）、lonchera（*lunch box*，饭盒）、pamper（*Pampers*，尿布）、pantis（*panties*，内裤）、parqueo（*parking*，停车）、polo chel/ché（*polo shirt*，马球衫）、tichel/tiché（*t-shirt*，汗衫）、vaguada（*bad weather*，暴风雨）、vaporú（*Vicks VapoRub*，伤风膏）、yilé（*Gillete*，剃须刀）、yipeta/gipeta（*jeep*，越野车）、zafacón（*safety can*，垃圾桶）等。除语音上的复刻词之外，多米尼加西语语法也受到英语的影响，如：

"El señor Fulano está <u>corriendo para mayor</u>."（"candidato para alcalde"竞选市长的候选人），来源于英语"... is running for mayor"；

"¿<u>Cómo te gustó</u> la película?"（"¿Qué te pareció...?"你认为……怎么样？），来源于英语"How did you like?"；

"Tienes que <u>aplicar para el trabajo</u>."（"solicitar el trabajo"应聘工作），来源于"apply for the job"；

"Juan <u>está supuesto a</u> venir."（"se supone que venga"应该会来），来源于"is supposed to"。

此外，多米尼加人习惯替换介词的使用，或者用英语中的单词来代替另一个单词从而表达相同含义。比如，受英语影响，多米尼加人不说"soñar con"而说"soñar en"，说"coger una clase"而不说"tomar una clase"或"seguir una clase"，用"actualmente"代替"en realidad"或"en efecto"，等等。

第三节　多米尼加西语特点

一、语音特点

多米尼加西语大体上与整个加勒比地区的西班牙语相似，但也有一些独有的特征。

（一）两个元音中间的 d 一般不发音

这一现象在多米尼加西语中非常普遍，该岛所有地区和社会方言中都存在这种习惯，除了少部分非洲裔聚集的区域，他们会把 d 发成 /r/ 的音。当后面的音节是 ada, odo 和 ado 时，比如 granada, todo 和 lado，多米尼加人会习惯性读成 /graná/，/too/ 和 /lao/。此外，当在名词语段中，介词 de 位于元音之后时，他们会习惯性地吞掉 /d/ 的音，把"mano de trapo"和"dulce de leche"读成 /manoetrapo/ 和 /dulceleche/。

（二）习惯性省略音节后或单词后面的辅音 s、r 和 l

其中，省略 s 是一个更普遍的现象，社会各阶层的人都有这种习惯。在多米尼加人的日常生活中，我们不难听到"E(s)to (es)tá demasiado malo."、"Mira, e(s)ta e(s) la hora que yo no me he desayunado."或"Y e(s)te carro e(s) de ga(s)."等句子，句中词尾的 s 经常被省略。另外，在高阶层和文化人之中，还存在矫枉过正的现象，他们会在不需要 s 的单词中添加该辅音，比如把"hablar fino"说成"hablar fisno"。除了习惯省略 s 之外，他们还会省略单词后或者音节后的辅音 r 和 l，但这种现象一般在地区方言中出现得比较频繁。此外，辅音 r 比辅音 l 更容易受到影响。在国家特区，当 r 和 l 出现在一个辅音前面的时候，多米尼加人，特别是年轻一代，会习惯性地把这两个音发成 /l/。在东部，比如圣佩德罗·德马科里斯市（San Pedro de Macorís）和圣母省（La Altagracia），人们会习惯性地重读 r 和 l 前面的辅音，弱化甚至不读后面的 r 和 l。在慈宝市，人们会把这两个辅音转变成 /i/ 的音，比如，把 algo 读成 /aigo/，把 mujer 读成 /mujei/。这一特征的来源暂时无人知晓，有些专家认为受加那利群岛的发音影响，也有其他专家认为很可能是受非洲语言影响。

二、形态句法特点

多米尼加西语的形态特点比语音和词汇特点稳定和固定，因此形态句法方面与其他西语美洲国家的大体相似，只有个别现象是多米尼加所特有的。

（一）复数的形成

大部分西语美洲国家习惯在以重读元音结尾的单词后面加 -ses 使其变成复数，而不是加 -es 或 -s。在多米尼加的一些地方，也存在这种现象。而且多米尼加民众还习惯在以非重读元音和辅音结尾的单词后面加 ses 使其变成复数，因此，在多米尼加，casa 的复数是 cásase，而不是规范的 casas；mujer 的复数是 mujérese，而不是规范的 mujeres。

（二）动词形态

陈述式和虚拟式。在多米尼加内陆农村地区，特别是该国北部，人们会偶尔在主句中使用虚拟式来代替陈述式，而这一用法也只用于不规则动词的第一人称复数，他们会直接在第一人称单数后面加上 g，如：tengamos（tenemos）或 vengamos（venimos）。很多动词都可以使用这种简单的变法，但也只限于第一人称复数。

（三）双重否定

这一现象是多米尼加所特有的，其他西语国家很难见到这种用法。多米尼加人习惯在动词前后都加一个否定词，比如 "Por aquí casi nunca lo usan así no."。有专家表明，这种句法结构能有效区分否定句和肯定句，比如 "Nosotros nos vamos." 在口语中常被读成 /nosotro no vamo/，容易造成误解，但如果多米尼加人说 "Nosotro no vamo no."，在动词前后都加上否定词的双重否定，在一定程度上能避免误解和歧义。但主要是社会等级较低的人会这样使用。

三、通俗词汇

多米尼加人经常在日常生活中使用一些其独有的通俗词汇，这些词汇大多在非正式场合使用，如：allantoso（令人惊讶的）、bonche（娱乐、聚会）、bufear（嘲弄）、calimeté（吸管）、chévere（有趣的）、chin（一点点）、concho（巴士）、cuarto（钱）、figurear（炫耀）、fuñir（打扰）、motoconcho（摩托车）、tostón（油煎香蕉片）、vaina（事情）、yunyún（冰块）等。有时，多米尼加人为了让自己的西语听起来更规范，他们会刻意使用这些词的规范说法来进行表达，比如会用 poco 或 poquito 来代替

"chin",用 sorbete 来代替"calimeté",但过度的刻意有时会导致矫枉过正,而这也是多米尼加西语的一个特色。

  此外,多米尼加人在交流过程中常常会使用到一些古语,如 arandeles(装饰)、bastimento(蔬菜)、bravo(生气的)、bregar(工作)、dizque(据说)、frisa(毯子)、furnia(深渊)、mata(植物)、musaraña(嘲弄的表情)、pararse(站立)、pollera(裙子)、prieto(黑色的,深色的)、toparse(遇见)、zoquete(愚蠢的)等。几乎所有阶层,所有地区的人都会使用这些词汇,但个别词汇在社会等级较低的群体中使用的比较多,它们通常带有一丝粗俗的意味,比如 bastimento 或 toparse。

第十九章 洪都拉斯的西班牙语

第一节 洪都拉斯概况及历史

一、概况

洪都拉斯共和国（República de Honduras），简称洪都拉斯（Honduras），位于中美洲北部，西邻危地马拉，西南接萨尔瓦多，东南毗尼加拉瓜，东北滨加勒比海，南临太平洋洪塞加湾，卓越的地理位置和发达的交通条件使其成为沟通中美诸国的必经之路。除陆地领土之外，洪都拉斯还辖有加勒比海上的天鹅群岛、海湾群岛等。首都是特古西加尔巴（Tegucigalpa）。

二、历史

（一）史前文明

西班牙殖民者到来前，现在的洪都拉斯主要有两种不同的文明类型共存，一种以聚居和种植为基础，以玛雅为代表的农耕文明，另一种则是依靠狩猎和采集为生的游牧和半游牧文明。

公元3~9世纪，玛雅文明达到全盛时期，辐射范围从最初的危地马拉一带逐渐扩大到墨西哥和洪都拉斯，洪都拉斯的科潘成为玛雅文明最重要的中心之一。此时玛雅已经形成等级分明的社会体系，各个城邦之间保持着活跃的经贸和政治往来，但还未能形成统一的帝国。伦卡人（los lencas）和乔尔蒂人（los chortís）是洪都拉斯最主要的玛雅部族，大部分集中在洪都拉斯西北部。公元9世纪后，玛雅文明中心北移，原本的玛雅城市无可避免地走向衰落，西班牙人到来时，科潘的玛雅旧城已荒废达六个世纪之久。对于玛雅人为何会抛弃旧城，学术界有诸多猜测，有学者认为是因为土地地力耗尽，迫使玛雅人不得不迁往他处，也有说法表示是城邦间的战争导致了这场迁徙，还有人认为是由于人口过剩，城市饱和，需要寻找新居住地。尽管如此，玛雅文明在洪都拉斯并非完全消失了，还有许多玛雅遗民依然保留着祖先的风俗传统，与主流西班牙语文化分庭抗礼。

相较于北部的农耕文明，南部的游牧文明未发展出成熟的社会组织形式，仍旧停留在原始集体部族模式，主要有米斯基托人（los misquitos）、佩切人（los pechs）等。这些游牧民族依靠采集，狩猎和打鱼为生，但有趣的是，虽然他们未能发展出和北部玛雅人一样先进的文明，但是在商贸方面却同样发达，由此还催生出成熟的造船技术，用以运送货物，完成交易。

（二）西班牙征服时期

1502 年，哥伦布第四次航行时到达洪都拉斯的海湾群岛，为洪都拉斯与欧洲接触之始。洪都拉斯国名的来历也正与哥伦布有关：传说哥伦布在该地登陆时，发现水深浪急，无法靠岸，故将该地命名为"hondura"，在西班牙语中为"深邃"之意。

洪都拉斯位于当时殖民区特拉费尔梅[①]的中心地带，优越的战略位置引来垂涎不已的众多征服者。首先来到洪都拉斯的征服者是吉·冈萨雷斯·达维拉（Gil González Dávila, 1480～1526），1524 年他带领一支三百人的舰队从西班牙出发，航行至洪都拉斯和危地马拉的加勒比沿岸，在这片土地上建立起了第一座城镇。得知冈萨雷斯的征服行动后，巴拿马统治者佩德阿里亚斯·达维拉（Pedrarias Dávila, 1440?～1531）不甘落后，意图将整个中美洲纳入其管辖范围，于是占领了哥斯达黎加和尼加拉瓜部分地区，但对洪都拉斯的征服则以失败告终。与此同时，著名征服者埃尔南·科尔特斯被洪都拉斯物产丰饶的传闻打动，数次派出两支远征队，并于 1525 年在洪都拉斯建立了一座新城镇。此后洪都拉斯统治者几经更迭，但一直到 1536 年，长达十年，都没有一人能掌控局势，洪都拉斯一度陷入混乱中，西班牙统治者采取的僵化严苛的政策，也越来越引起土著居民的不满。为解决争端，危地马拉征服者佩德罗·阿尔瓦拉多（Pedro de Alvarado, 1485～1541）受邀前来，并最终在 1536 年稳定了洪都拉斯的局势。1539 年，阿尔瓦拉多和由西班牙王室任命的弗朗西斯科·蒙特霍（Francisco de Montejo, 1479～1553）就洪都拉斯统治问题产生巨大分歧，这场博弈以阿尔瓦拉多获胜、蒙特霍出走告终。同年，经西班牙王室批准，阿尔瓦拉多将洪都拉斯划归危地马拉都督区管辖。

[①] 特拉费尔梅（Tierra Firme），范围大致从瓜亚那（las Guayanas）到格拉西亚斯－阿迪奥斯角（Cabo Gracias a Dios）。

（三）殖民统治时期

1540 年，洪都拉斯的格拉西亚（Gracias）被设立为危地马拉都督区首府。格拉西亚有成熟的采矿业，是洪都拉斯最早的采矿中心，一直到 1538 年，格拉西亚还会出产数量可观的黄金。洪都拉斯其他矿藏地也相继被发现，为满足日益增大的开采需求，西班牙殖民者开始引入从非洲贩卖过来的黑奴。1560 年开始，洪都拉斯黄金产量开始减少，其对宗主国的重要性也随之下降，但 1569 年白银矿藏的发现使洪都拉斯的经济短暂回暖，首都特古西加尔巴就是在这时建立的。然而，金银开采并非易事，资金和人手缺乏，地形条件复杂，必要物资垄断，都成为开采的障碍，直到西班牙改朝换代，形势才有所改善。18 世纪波旁王朝成为西班牙新的统治者，为促进殖民地经济发展，王室采取了一系列改革措施，例如减少金银等贵重金属税赋，打破水银垄断等，洪都拉斯的采矿业从而又重新焕发生机。

波旁王朝一面复苏殖民地经济，一面着手收复被英国蚕食的加勒比地区的领土，打击洪都拉斯加勒比沿岸的海盗活动，1786 年西英双方签订协定，确立西班牙王室对加勒比沿岸领土的拥有权。

（四）独立后的洪都拉斯

在近三个世纪里，洪都拉斯一直是危地马拉都督府的一部分，因此，其独立运动与都督府其余行省的独立密切相关。法国人占领西班牙后，尼加拉瓜、萨尔瓦多和危地马拉率先举起了中美洲的独立大旗，但是洪都拉斯的独立事业却遭到西班牙人的竭力遏制。1821 年 2 月墨西哥宣布从西班牙彻底独立开来，该事件加速了中美洲独立进程，洪都拉斯也于同年 9 月宣布独立。

刚刚独立的中美洲政局不稳，经济脆弱。1822 年，在保守派倡议下，洪都拉斯和原属于危地马拉都督府的其他四个行省[①]加入了新成立的墨西哥第一帝国。1823 年，因不满皇帝奥古斯汀·伊图尔维德解散议会、独揽大权，墨西哥爆发起义，帝国被推翻，中美洲需要重新选择自己的出路。

1823 年，洪都拉斯和其余四省决定共同成立中美洲联合省，后改名为中美洲联邦，联邦内形成两股对立的政治派别，自由派和保守派。前者受法国大革命和美国独立运动影响，希望在政治经济等各方面完全摆脱宗主国干涉，施行自由主义经济体制，各个行省设立各自政府等等。自由派的主张受到除危地马拉之外的其余四省的拥护，危地马拉则试图维持殖民时期的领导地位，主张设立一个强有力的中央政府，保持殖民时期的社会结

---

① 此时中美洲各国还未成立独立的国家，此处沿用殖民时期行政单位名称。

构不变,借此巩固危地马拉原有的霸权地位。1830年自由派执政者弗朗西斯科·莫拉桑(José Francisco Morazán Quezada,1792 ~ 1842)上台后,采取了一系列宗教改革措施,大大动摇天主教会的根基,保守派趁机拉拢教会,壮大力量,并在1838年发动内战。1838 ~ 1840年,联邦陷入了两派争斗的混战中,中美洲联邦名存实亡,洪都拉斯和其他行省相继脱离出来,成立了独立的共和国。此后数十年间,中美洲各国曾几次试图重组联邦共和国,但这些尝试皆以失败告终。

自成立独立共和国以来,洪都拉斯一直政局动荡,内战频仍,民生凋敝。自由派和保守派明争暗斗,导致政权更迭频繁。1824 ~ 1900年的76年间,洪都拉斯换了98届政府,打了213场内战。经济发展止步不前,科教进步更是无从谈起。只有1876年发起的自由改革让洪都拉斯经济获得短暂发展。

进入20世纪后,洪都拉斯政权一直为两大党派(代表保守派的国民党和代表自由派的自由党)以及军阀所把持,不仅国内政局动荡一如既往,还不时与邻国发生摩擦。1907年在美国的主持下,中美洲五国共同签署《和平友好条约》,以期结束中美洲动荡局势,为投资带来良好环境。第一次世界大战后,美国加紧对洪都拉斯的政治控制和经济掠夺,多次出兵干涉洪都拉斯内政,扶植傀儡政权。1929年的资本主义经济危机重创洪都拉斯经济,并直接引发1932年洪都拉斯历史上最惨烈的内战,从此自由党和国民党的矛盾愈发不可调和,双方的争斗持续了整整一个世纪,最终,国民党领袖蒂武西奥·卡里亚斯·安迪诺(Tiburcio Carías Andino,1876 ~ 1969)在美国支持和策动下,1933年攫取政权,开始其长达十年的独裁统治。此后的四十余年中,独裁政权和民主政权交替出现,直到1982年后,洪都拉斯方完成民主进程,巩固民主政权,获得相对稳定的政治环境,从而集中精力,改善积贫积弱的国民经济,解决人口贫困问题,向现代化迈出坚实的脚步。

第二节 洪都拉斯西语与其他语言的接触

在西班牙统治的三百年间,西班牙语逐渐变成洪都拉斯使用最广泛的语言。独立战争胜利后,洪都拉斯保留西班牙语作为本国的官方语言。但作为一个多民族国家,洪都拉斯除了占人口绝对多数的西班牙人和印第安人的混血后代外,境内还生活着一群土著居民,如前面提及的伦卡人,乔尔蒂人和米斯基托人。他们使用的多种土著语自1994年起得到国家的官方承认，土著民众用母语进行初级教育的权利也得到保护。此外，洪都拉斯加勒比海岸还是中美洲主要的黑人群体聚居地之一，这里的语言状况十分复杂，人们讲着各类非洲语言的混合语。土著语、非洲语言和西班牙语共存时间长，但它们对西班牙语的影响并算大，而英语，虽然与洪都拉斯西语接触的时间无法和土著语相比，但它对西语的改变却要大得多。以西班牙语为主、多种语言交织融合的语言状况在洪都拉斯已经持续了几个世纪，还将继续下去。

一、土著语言与洪都拉斯西语的接触

洪都拉斯是一个多民族国家，2013年洪都拉斯第十七次人口普查数据显示，土著居民人口约占总人口的7.8%，其中以伦卡人、米斯基托人和加利弗纳人（los garífunas）人数最多，他们是洪都拉斯主要的土著民族。但是"多民族"国家的概念直到1994年才获得政府的官方承认，从1821年独立到1994年这一百多年间，洪都拉斯政府一直宣扬"民族统一"的概念，试图构筑一个土著、黑人和混血完全融合的国家，建立精英式价值规范。为此，原生土著民族进行了一场旷日持久的社会斗争，除了希望政府在诸如教育和卫生方面提供更多保障外，他们更热切要求洪都拉斯去掉"单一民族"这一标签，承认土著民众的民族身份。1994年洪都拉斯签署总统协议，首次宣示了洪都拉斯"多民族、多语言"的国家性质。

伦卡人是洪都拉斯第一大土著民族。2013人口普查显示伦卡人人数约达45万。这只古老的民族在前哥伦布时期就已经在这片土地上定居，经历漫长的种族融合之后，如今的伦卡人大多是和其他种族的混血后裔。尽管从殖民时期起，伦卡人的文化就不断遭受主流西班牙语文化的冲击，但他们仍然保留了许多习俗、信仰和礼仪，例如有些伦卡族群还沿用自殖民时期流传下来的等级制度和选举方式。正是这些习俗礼仪构成他们与其他民族相区别的本质特征，使伦卡人之间能够彼此认同。伦卡人的语言分为两支，一支是萨尔瓦多伦卡语，一支是洪都拉斯伦卡语，后者曾辉煌一时，在征服和殖民时期一度成为洪都拉斯南部的"通用语"，但在与其他语言的交锋中，它先是败给纳瓦特尔语，后又输给西班牙语，如今会伦卡语的民众已经少之又少，实际上这门语言已经到了濒危的境地。伦卡语对西班牙语的影响主要表现在语音方面，例如把元音发音拖长，把齿间音和齿龈音发成咝音，闭塞音尾音含混化，等等。

加利弗纳人是18世纪从小安的列斯群岛迁移而来的移民，1655年和 1675 年在安的列斯群岛附近发生两次海难，幸存的黑人奴隶在群岛上定居下来，和岛上土著居民共同生活，加利弗纳就是这两个群体的混血后裔。1797 年加利弗纳人在对抗英法殖民者的战争中失败，被驱逐到洪都拉斯的海湾群岛。如今他们主要分布在从伯利兹到尼加拉瓜的加勒比沿岸，其中洪都拉斯海岸集中了 70% 以上的加利弗纳人。考虑到加利弗纳人曲折的迁移史，他们的语言中带有法语、英语和西班牙语的印记也就不足为奇。

加利弗纳语中来自法语的词汇有：asíedu（asiette，盘子）、budigü（boutique，商店）、budún（bouton，纽扣）、fígedu（fourchette，叉子）、furedu（frêt，运费）、gabana（cabane，床）、gusina（cuisine，厨房）、lampu（lampe，台灯）、mariei（marié，婚姻）、minisi（ministre，部长）、weru（verre，杯子）；

来自英语的词汇有：grebí（gravy，汤）、burichi（bridge，桥）、pilisi（peace，和平）、súgara（sugar，糖）、tulu（tool，工具）、kopu（cup，茶杯）、kuantatí（quantity，数量）、béliti（belt，腰带）、wachi（watch，手表）、laini（line，线）、hiti（heat，热）、kiki（kick，踢）、yusu（use，使用）、fadígiei（fatigue，疲倦）、tripu（trip，旅途）、pasíñansi（patience，耐心）、nikinemu（nickname，绰号）。

当然，对加利弗纳语影响最大的还是西班牙语，西语贡献了许多动植物方面的词汇，例如：masaniya（manzanilla，母菊）、baleriánu（valeriana，缬草）、kanela（canela，肉桂）、singuela（ciruela，洋李）、mângu（mango，芒果）、higagu（hicaco，椰李）、mansana（manzana，苹果）、moringa（moringa，辣木）、uréganu（orégano，牛至）、culantro（culantro，香菜）、eucalipto（eucalipto，蓝桉）、mapachi（mapache，浣熊）、patu（pato，鸭子）、gabáyu（caballo，马）；加利弗纳人在论及与医学相关的专有名词时，也会使用西班牙语，因此也产生了一批相似的加利弗纳词汇：abakunara（vacunar，打疫苗）、güripe（gripe，流感）、operararü（operar，做外科手术），等等。

二、非洲语言与洪都拉斯西语的接触

洪都拉斯黑人主要聚居在加勒比沿岸，这片区域的语言状况十分复杂，这首先与其种族构成有关。他们的先辈既有殖民时期被贩卖到美洲的黑奴，也有 18～19 世纪英国人占领海湾群岛期间带去的黑奴，还有 20 世纪初来到洪都拉斯从事香蕉出口的黑人劳工。多年来各种语言交织融合，最终形成欧洲语言（西班牙语、法语或葡萄牙语）和原本非洲语言杂糅而成的各种混合语。在几个世纪交融共处的过程中，这些混合语呈现出一些共性，对西班牙语造成的影响也十分相似，例如在疑问句中主语不后置："¿Qué tú quieres?"（你想要什么？）又或者在主语明确的情况下不省略主格人称代词，这种主语赘余在许多拉美国家都很常见。此外还能观察到：动词通过添加小品词而非变位来表达不同的时和式；名词通过在词后添加第三人称复数人称代词 ellos 而非添加 -s 变成复数；名词和形容词的性数不一致；不区分人称代词的阴阳性，用同一个代词代指男女双方；介词短语后的动词原形加上主语，例如："antes de yo llegar"（我到达之前）或者"para nosotros tener"（为了使我们拥有……）。

三、英语与洪都拉斯西语的接触

和美洲大多数西语国家一样，洪都拉斯的西班牙语中也能窥见英语影响的痕迹，这与英国和美国在洪都拉斯的势力不无关系。自中美洲独立起，英美两国就展开了对中美洲归属权的争夺，两者都想要控制新生的中美洲诸国。英国对洪都拉斯海湾半岛的占领直至 1859 年方告结束，那里至今依然居住着大量白人后裔，以英语混合语为主要语言；美国则频繁派遣雇佣兵介入洪都拉斯内战，20 世纪后更是长期把持洪都拉斯对外贸易，利用跨国公司垄断香蕉出口和铁路建设，如今的洪都拉斯西语还保留着一些当时的特色词汇，例如用 búfalo（水牛）代指 10 分伦皮拉[①]，这是因为在香蕉出口贸易最鼎盛时期，10 分伦皮拉可以兑换 5 美分，于是人们就用 5 美分硬币上的水牛图案来指称它。美国强大的政治影响力，盘根错节的贸易网络和广泛传播的文化产品，都使得英语在这个中美洲国家的影响力逐渐提高，潜移默化地改变着洪都拉斯西语的面貌。

英语在洪都拉斯西语中最明显的体现就是频繁的借词，其中有的保留原本词形，如：bloomer（女士内裤）、switch（开关）、scotch（胶带），但更多的是按照西班牙语构词法将单词加以变化，例如改变词尾：apartment → apartamento（公寓）、condominium → condominio（共管区域）、tank → tanque（坦克）、reverse gear → reverso（倒车挡），或者按照发音方式改写单词，一般通过改变单词元音或者在单词上加上重音符号来实现：clutch → cloche（离合）、clóset（衣柜）、zíper（拉链），还有通过模仿英语构词法，把英语单词直译过来，例如 durmiente 就是来自英语的 sleeper（枕木）。

---

① 伦皮拉（lempira），洪都拉斯货币单位。

第三节　洪都拉斯西语特点

中美洲五国曾长期从属于一个殖民区：危地马拉都督府，独立后又数次组建联邦国家，这种深厚的历史渊源加上邻近的地理位置，使中美洲在文化上呈现出很大的相似性，这一点在语言文化上也得到充分体现，洪都拉斯的西班牙语和邻国萨尔瓦多、尼加拉瓜和危地马拉有着许多共同之处，因此在学术研究中，中美洲常被看作一个整体。与美洲其他国家的西班牙语研究相比，中美洲西语研究明显滞后，其中尤以洪都拉斯的西语研究最为迟缓。20世纪40年代，尼加拉瓜、萨尔瓦多和危地马拉就开始其当地西班牙语语音的研究，洪都拉斯却直到1983年才出现较为系统的西班牙语语言学。即使是今天，中美洲西语的研究落后其他美洲国家甚多，中美洲内部的研究还表现出明显的不平衡性，洪都拉斯和尼加拉瓜是西语研究最匮乏的地区。

一、语音特点

洪都拉斯的语音研究分成两个阶段，第一个阶段从1895年阿尔贝托·蒙布雷诺（Alberto Membreño）发布《洪都拉斯词典》（*Diccionario de Hondureñismos*）开始到1982年，这一阶段的语音研究集中在不规范语汇（barbarismo）上，并且指出洪都拉斯农村和首都特古西加尔巴城郊的一些语音特点：

（一）元音置换

1. 将非重读的元音 e 读作 /i/，如：

/intrínsico/（intrínseco，内在的）、/dispertar/（despertar，醒来）、/indilgar/（endilgar，匆忙完成）、/dishora/（deshora，不合时宜）、/dispensa/（despensa，食品店）、/manijar/（manejar，操控）、/miñique/（meñique，小指），有时也把连续元音中的 e 读 /i/，如：/acordión/（acordeón，手风琴）、/antiojos/（anteojos，望远镜）。

2. 将非重读的元音 i 读作 /e/，如：

/femenista/（feminista，女权主义者）、/desentería/（disentería，痢疾）、/meopía/（miopía，近视）、/menistro/（ministro，部长）、/escribir/（escribir，写）。

3. 把 a 读作 /e/，如：

/resurar/（rasurar，修面）、/especies/（especias，香料）、/frezada/

（frazada，毯子）、/estilla/（astilla，碎片）。

4. 把 o 读作 /e/，如：

/traste/（trasto，杂物）、/dector/（doctor，医生）、/fósfero/（fósforo，火柴）。

5. 把强元音置换成弱元音，使得原来的普通元音连续变成二重元音，如：

/almuhada/（almohada，枕头）、/maistro/（maestro）、/pueta/（poeta），元音被置换后的单词有时会获得新的语义，与原来的单词相区别，例如 maistro 是手工业者，maestro 是中小学教师，或优秀大学教授；poeta 是诗人，而 pueta 则是蹩脚的诗人。

（二）元音省略

在发二重元音时，经常会出现省略其中一个元音的情况，例如：

ie → /e/：/concencia/（conciencia，意识）、/repartimento/（repartimiento，分派）、/arrenden/（arrienden，出租）、/apreten/（aprieten，挤压）、/neva/（nieve，下雪）

io → /o/：/confesonario/（confesionario，忏悔）

ui → /i/：/gratito/（gratuito，免费的）

ue → /o/：/troque/（trueque，零钱）、/pañolito/（pañuelito，手帕）、/volque/（vuelque，打翻），等等。

（三）辅音置换

有相当一部分单词的辅音会被置换成其他辅音，或者对原本的读音进行一定的修改，如：

l → /r/：/arcancía/（alcancía）、/arquila/（alquila）、/gradiolo/（gladiolo）

r → /l/：/santulón/（santurón）

g → /c/：/rengo/（renco）

g → /b/：/burrión/（gurrión）

h → /j/：/juir/（huir）、/jonda/（honda）

n → /ñ/：/ñudo/（nudo）

d → r：/liriar/（lidiar）

h → /f/：/fundir/（hundir）、/fierro/（hierro）

（四）辅音添加

尤其是以 -ía 结尾的单词，常常会在两个字母中间加上 y，例如：/sandiya/（sandía）、/mariya/（María）。

（五）辅音省略

1. 两个辅音连写时，第一个辅音常常被省略，或者被元音 i, u 替代，如：

cc → /ic/：/aición/（acción）、/faición/（facción）

ct → /ut/：/perfeuto/（perfecto）、/autor/（actor）

2. 一些文化程度较高的群体中，位于词尾的塞音常常不发音，如：

/paré/（pared）、/usté/（usted）、/amistá/（amistad）、/soledá/（soledad）、/reló/（reloj）

洪都拉斯西班牙语研究第二阶段从 1983 年开始，以两部作品的问世为标志：约翰·利普斯基（John Lipski）的《洪都拉斯西班牙语中 /s/ 发音的弱化》（*Reducción de la /s/ en el español de Honduras*）以及洛佩兹·斯科特（López Scott）的《从社会语言学角度分析洪都拉斯西班牙语 /s/ 发音的变化》（*A sociolinguistic analysis of /s/ variation in Honduran Spanish*），此后涌现出一批优秀的研究成果，洪都拉斯的语音研究取得了长足发展。这一阶段的研究系统地揭示了洪都拉斯西班牙语一些典型特征。

（六）塞浊辅音的擦音化

1. 双唇塞浊辅音 b 的擦音化

在洪都拉斯的海湾群岛省、格拉西亚斯－阿迪奥斯省、伦皮拉省，人们倾向于将位于二重元音 ui 后的 b 发成擦音 /β/，例如 muy bueno /mui'β weno/，在海湾群岛和科潘省，位于舌尖齿龈边擦浊辅音 l 之后的 b 也有擦音化的倾向。

2. 舌尖齿背塞浊辅音 d 的擦音化

在洪都拉斯的海湾群岛省、阿特兰蒂达省、伦皮拉省、拉巴斯省和哥伦布省，二重元音 eu 后的塞浊辅音 d 会发成擦音 /ð/。

3. 舌后软腭塞浊辅音 g 的擦音化

在洪都拉斯的阿特兰蒂达省和哥伦布省，二重元音 ui 后的塞浊辅音 g 发音成擦音 /ɣ/。

（七）舌尖齿龈擦清辅音 s 的多种变化

清辅音 s 有多种发音方式：咝音、齿间音 /θ/、含混音 /s/、送气音 /h/ 或者直接省略不读。在洪都拉斯东部地区，例如奥兰乔省和埃尔帕拉伊索省，最常见的读法是发作齿间音 /θ/。在西语研究中，将发音 s 发成 /θ/ 的现象称作 ceceo。ceceo 现象从殖民时期就已经出现，如今遍及洪都拉斯的许多重要城市，例如哥伦布省的首府特鲁希略和首都特古西加尔巴。

（八）唇齿擦清辅音 /f/ 发成双唇擦清辅音 /ɸ/

在与萨尔瓦多交界处的因蒂布卡省以及伦皮拉省，当唇齿擦清辅音 f 位于 a 之前或者 e 之后时，人们常常会将它发成双唇擦清辅音 /ɸ/。

总体而言，根据洪都拉斯各地语音与半岛西班牙语语音的区别程度，洪都拉斯可以分为三大语音区：革新区、过渡区和保守区。

二、语法特点

与洪都拉斯西语相关的研究较少关注句法和词法，查尔斯·卡尼（Charles Kany）的著作《美洲西班牙语句法》（*Sintaxis hispanoamericana*）中指出了一些洪都拉斯西班牙语的特点，但是其所收集的例子主要集中在文学文本上，目前最全面的洪都拉斯语法研究当属《洪都拉斯语言：词法句法漫谈》（*Algunos aspectos morfológicos y sintácticos del habla hondureña*），该文全面分析了洪都拉斯西班牙语的冠词、介词、动词、固定短语和一些副词，为后来研究者提供了宝贵的参考资料。综合现有的其他文献，我们简单将洪都拉斯西班牙语的语法特点总结归纳如下：

（一）人称代词

1. voseo

voseo 可以说是洪都拉斯西语最明显的特点之一，指的是第二人称单数人称代词使用 vos，取代标准西语中的 tú。vos 有一套对应的动词变位，与传统西语中第二人称复数 vosotros 的变位十分相近，区别在于第一和第二变位动词会将词尾的元音 i 去掉（如下表所示）。

时态	andar	correr	partir
一般现在时	andás	corrés	partís

在洪都拉斯，voseo 现象虽然没有得到官方认可，但是越来越多的权威媒体开始大量使用 voseo，在街头布告栏和广告宣传中更是随处可见。voseo 的使用主要分成三种情况：

（1）主格人称代词 vos 搭配 vos 的动词变位：

No estaban tan pesados como aquí que vos comés chorizo y sentís aquello que uhhh no querés.

（2）主格人称代词 vos 搭配 tú 的动词变位：

Pero hay gente que se recuerda cuando—, es más, sí vos me preguntas a mí de cuando cuatro cinco años; yo no me acuerdo mucho.

（3）vos 的动词变位单独出现：

Perdimos la casa donde vivíamos. Y pero por suerte ya estaban construyendo la que ya conocés.

2. leísmo

大多数情况下，洪都拉斯遵照标准西语，用宾格代词代指直接宾语、与格代词代指间接宾语，但有时也会无差别地用与格代词代指所有宾语，我们把这种语法现象称为 leísmo：

La muchacha seguía con el mismo dolor que **le** atacaba.
（女孩的疼痛一直在延续。）

A todos los hombres **les** entiendo.
（我理解所有人。）

Sus maridos no **les** dejan descansar.
（她们的丈夫们不让她们休息。）

Yo **les** estimo mucho [a ustedes].
（我很钦佩诸位。）

3. lo

宾格代词 lo 作助词。在洪都拉斯的因蒂布卡省，人们会经常在句中添加宾格代词 lo：

Se **lo** fue de viaje.（他去旅游了。）

Me **lo** pagaste.（我已经付过钱了。）

Te **lo** fuiste de mí.（你已经离开我了。）

4. 受教育程度较低的民众会用主格人称代词取代夺格人称代词：

A **yo** me da lástima.（我很遗憾。）

¿Habrá carta para **yo**?（有我的信吗？）

（二）动词

在书面语当中，洪都拉斯西语的时态保留得相对完整，但是在口语中动词系统被大大简化。例如现在完成时被一般现在时或者简单过去时取代：

No **nace** todavía la mujer que va a ser mi esposa.
（能给我当老婆的女人还没出生呢。）

Esta tarde **pasé** por su casa.
（今天下午我是在他家度过的。）

过去完成时被简单过去时或者过去未完成时取代：

Luisa no se **vestía** cuando llamamos a la puerta de su cabina.
（我们敲了路易莎的门，她才起来穿衣服。）

Encontré el lápiz que **perdiste**.
（我找到了你丢的铅笔。）

简单过去时也会用动词短语 ir + 副动词来表达：

Ya dos ollas me **va quebrando**.（标准西语："Me quebró ya dos ollas."）
（我已经砸破两口锅了。）

将来未完成时被动词短语 ir + a + 动词原形、haber + a + 动词原形和

querer + 动词原形取代：

No te **vas a** arrepentir.（你不会后悔的。）

Te **has de** arrepentir.（你一定已经后悔了。）

Quiero contarles algo en privado.（我想私下跟诸位说点事。）

（三）物主形容词

与物主形容词相比，人们更倾向于用 de + 人称代词的形式来表达物品所属，这一点在第一人称复数和第三人称单数上体现得更明显：

los pueblos **de nosotros**（我们的村镇）

la voz **de ella**（她的声音）

La culpa no es **de nosotros**, sino **de ella**.

（这不是我们的错，是她的。）

在非正式表达中，会出现重读物主形容词和非重读物主形容词同时使用的情况：

mi casa **mía**

mis libros **míos**

（四）形容词用作副词或副词用作形容词

在洪都拉斯，形容词充当副词功能的现象非常普遍，例如：

Canta **bonito**.（他唱歌好听。）

Te voy a tratar **decente**.（我会体面地招待你。）

Habla el castellano **fluido**.（他的西语说得很溜。）

Se viste **elegante**.（她穿得很优雅。）

Lo hago **fácil**.（我做这个很容易。）

反之，也常常用副词充当形容词，例如：

unas frutas **medias** podridas（几个坏了一半的水果）

（五）定冠词缩略

在与元音开头的单词连用时，阳性定冠词 el 和阴性定冠词 la 常常缩略成 l'，如：l'amor（el amor）、l'arcalde（el alcalde）、l'anillo（el anillo）、l'encaje（el encaje）、l'hombre（el hombre）、l'habla（el habla）、l'hambre（el hambre）、l'amanecida（la amanecida）、l'entrada（la entrada）、l'hija（la hija）、l'iglesia（la iglesia），在与元音 o, u 连用时，中性定冠词 lo 也缩略成 l'，如：l'único。

三、词汇特点

美洲其他西班牙语国家都发展了出一批具有本国特色的词汇，洪都拉斯也不例外。这些词汇有的是新生词汇，有的是旧词赋新义，常用的有：

alero：amigo 朋友

acabado：sin dinero 没钱

birria：cerveza 啤酒

billullo：dinero 钱

cachuda：mucha hambre 极度饥饿

chepa：policía 警察

cheque：Que está bien. 还可以，不错（用来形容物品时，表示这个物品质量好）

chuña：andar descalzo 赤脚的

cipote：niño 小孩子

encanchimbado：enojado 生气的

filo：hambre 饥饿

hule：sin dinero 没钱

macanudo：excelente o bueno 好极了

masizo：Que está excelente. 非常棒的

mínimo：banana 香蕉[①]（原意"最小的"）

perra：mentira 谎言

pijín：borrachera 醉酒

pijinear：salir por la noche 晚上外出（玩乐）

sapo：una persona muy chismosa 爱讲闲话的人

---

① 该词词义源自美国联合果品公司，当香蕉未达到最低尺寸要求时，只能内销不能出口，因此就有了"香蕉"的意思。

第二十章　巴拉圭的西班牙语

第一节　巴拉圭概况及历史

一、概况

巴拉圭全称巴拉圭共和国（República del Paraguay），简称巴拉圭（Paraguay），位于南美洲中部地区，与阿根廷接壤，与玻利维亚和巴西为邻。首都是亚松森（Asunción）。

二、历史

（一）殖民者到来前的巴拉圭

在西班牙殖民者到来之前，巴拉圭居住着许多印第安部族，其中发展最为壮大的是瓜拉尼族人，他们大多居住在巴拉那河、巴拉圭河、乌拉圭河流域及查科北部。15世纪前后，来自北部和东部的瓜拉尼族人数众多，物质文化发达，得以生存并延续下去。瓜拉尼族中最先进的是卡里奥人，他们在农业方面拥有发达的生产技术，不但熟练掌握了木薯、玉米、花生等作物的生产，还研究出先进的耕种方法，并且熟悉棉纺织品加工和家具制作。这使得瓜拉尼民族得以世代流传，并日渐壮大。瓜拉尼人热情好客，对其他部落的居民或是首次来访的客人都给予优待，但对于俘虏而来的敌人，他们就非常残暴，会将其养肥后吃掉。

（二）征服时期的巴拉圭

1516年，西班牙人胡安·迪亚斯·德·索利斯（Juan Díaz de Solís）率领船舰到达拉普拉塔河，但被当地印第安人杀死。他死后，船队启程重返西班牙，但是其中一支在巴西沿岸发生意外，该船队一名幸存的船员阿来霍·加西亚（Alejo García）留了下来，并进行了一系列探险活动。在听到当地瓜拉尼人的许多传说后，他非常渴望寻访那富产黄金的地方。后来，加西亚从拉普拉塔河口向西进行探险，发现了伊瓜苏（Iguazú）瀑布。他又跨过巴拉那河，进入一片灿烂的花海和深红的大地，这就是巴拉圭。后来，加西亚带领两千多名瓜拉尼武士到达印加帝国的边界，并获取了数量可观的银器。可好景不长，加西亚后来被结盟的印第安人杀死，成为第一批死在南美洲的欧洲探险家之一。加西亚在印加帝国的奇遇也吸引了西班牙其他冒险家，两年后塞巴斯蒂安·卡沃特（Sebastián Caboto）抵达了巴拉圭河。

1535年，西班牙国王卡洛斯一世派佩德罗·德·门多萨远征巴拉圭。远征队于1536年登上拉普拉塔河南岸，即今天的布宜诺斯艾利斯。在即将断粮的危急时刻，由胡安·德·阿约拉斯（Juan de Ayolas）所率领的小分队到达今天的亚松森，与瓜拉尼人取得联系，并收到他们作为礼物送来的美女，双方缔结盟友。1537年，布宜诺斯艾利斯缺少食物，门多萨便逆流而上，寻找更有发展潜力的地方。到达巴拉圭河东岸后建立了一个木寨，作为基地。为纪念圣母玛利亚，他给这个木寨取名为"亚松森"，意为"圣母升天"。西班牙政府一开始委派阿尔瓦·努涅斯·卡贝萨·德·巴卡（Álvar Núñez Cabeza de Vaca）管理巴拉圭，可多明戈·马丁内斯·德·伊拉拉（Domingo Martínez de Irala）篡夺职位，并将其流放回西班牙。伊拉拉自1538年起，三度出任巴拉圭都统，任职时间长达15年。在其治理下，巴拉圭成为一个相对独立而巩固的殖民地，人口也有所增长。1556年伊拉拉离世，为巴拉圭留下三所教堂、三所修道院和两所学校，以及其一手创办的纺织业和畜牧业。

1555年，亚松森迎来了历史上第一位教士。1588年，另一批教士从巴西前往巴拉圭，他们首先在瓜拉尼人中间传教，东巴拉圭和巴拉那河上游的瓜拉尼人很快接受了教化。在后来西班牙完成殖民征服的200多年里，耶稣教会对巴拉圭经济和社会生活的影响逐步加深。

（三）巴拉圭的独立进程

一直以来，西班牙王室都不重视巴拉圭这块遥远而贫瘠的殖民地，也不愿意花费太多人力和物力去进行管理。西班牙王室和当地居民一直保持着很大的距离，因此巴拉圭人民相较于其他殖民地而言，有着更强的独立性。

西班牙王室与巴拉圭居民的紧张关系，需追溯到耶稣会与当地殖民者之间的矛盾。1610年，王室颁布命令，要求西班牙远征队不得再用武力征服印第安人，而是要用温和的传教方式将其臣服为西班牙的子民，于是，在巴拉圭传教的教士被赋予了更大的权力。殖民地开始逐步设立起传教区，印第安人在传教区里劳作，可以免去奴役，同时获得较高的生活质量。但是，这种做法却引起了殖民者们的普遍不满。1720年，管辖巴拉圭地区的秘鲁总督恢复了被当地殖民者废黜的首领的职务，而这名首领原本是由耶稣会委派的。该举动进一步激化了殖民者的不满情绪，由此触发的革命成为了1811年独立斗争的一次预演。

此后，法国大革命以及欧洲国家间无休止的战争，使得西班牙无法将无暇顾及美洲殖民地，于是巴拉圭人民在弗朗西亚的策划下，于1811年发动起义，大获成功。巴拉圭同年5月宣布独立。

（四）独裁统治下的巴拉圭与巴拉圭战争

何塞·加斯帕尔·罗德里格斯·德·弗朗西亚[①]是一位有声望的律师，在1811年的起义中扮演了重要角色。他当政以后，确实显示出卓越的管理才能。他对周围形势有着清醒的认识，认为巴西、阿根廷等邻国都对巴拉圭虎视眈眈。弗朗西亚奉行闭关锁国政策，提倡自给自足，这也中断了巴拉圭与其他国家的来往。在国内，弗朗西亚实行高压独裁统治，政府所有部门都没有决策权，一切大小事务都必须听命于他。弗朗西亚统治的近30年里，巴拉圭的共和政体名存实亡，但是与其他美洲国家相比，国内局势相对稳定。

1840年最高元首弗朗西亚去世，国家再度陷入混乱之中。1841年，卡洛斯·安东尼奥·洛佩斯（Carlos Antonio López）当选为首席执政官，成为巴拉圭第二位独裁者。在位期间，洛佩斯结束了巴拉圭闭关自守状态，采取积极措施，鼓励外国移民。洛佩斯把拉普拉塔河水系各河流向其他国家开放，缓和了其在国际上的孤立地位。然而，西北部领土纠纷及河流的航行自由问题，为巴拉圭和巴西间的关系埋下了隐患。

巴拉圭战争又称为三国同盟战争，巴西、阿根廷和乌拉圭组成同盟，共同对抗巴拉圭。战争伊始，双方整体实力就相差悬殊。在人口、自然资源、领土面积和武器装备等方面，巴拉圭都远远落后于三国盟军。持续了五年多的战争，为巴拉圭及其民众带来了不可磨灭的深重灾难。战后与巴西和阿根廷签订的屈辱条约，使得巴拉圭失去了大约40%的领土，国内由于战争造成男女比例严重失衡，疾病肆虐，社会经济遭到致命打击。

（五）查科战争

巴拉圭战争使巴拉圭不但失去了大片领土，还被巴西、阿根廷和乌拉

[①] 何塞·加斯帕尔·罗德里格斯·德·弗朗西亚（José Gaspar Rodríguez de Francia, 1766～1840），巴拉圭律师、政治家、最高元首。1814年成为最高独裁者，1816年改任为终身独裁者，独揽政治、经济、军事大权，对外积极维护国家独立，实行闭关锁国政策；对内鼓励工业、农业的发展，同时削弱教会的势力。在其统治期间，巴拉圭成为南美洲少有的自给自足的国家。

圭三国占领长达十年之久。在巴拉圭还在复苏之际，玻利维亚开始对两国边境的查科地区虎视眈眈，1932～1935 年两国为争夺该地，进行了持久的战争。北查科地区石油资源丰富，玻利维亚宣称其为自己的领土。于是，巴拉圭和玻利维亚间发生激烈争执，一些拉美国家和国际联盟介入调停，都没能阻止战争的爆发。虽然巴拉圭最后取得了胜利，但也为此付出了惨痛代价——巴拉圭战争后刚刚喘了口气的小国巴拉圭再次遭到重创。此战后，巴拉圭获得争议地区的 18 万平方公里土地，玻利维亚获得 8 万，但是玻利维亚得到了从巴拉圭河进入大西洋的航行权。然而，三年战争中，参战双方共计 40 万大军，仅仅战死就有 10 万人，受伤高达 20 万，两国军队几乎崩溃。

巴拉圭经过巴拉圭战争和查科战争后，国内国男女比率为 1∶3，很多地方男女比率甚至是 1∶10。

（六）"二战"后的巴拉圭

"二战"后，巴拉圭进入了阿尔弗雷多·斯特罗斯纳（Alfredo Stroessner）时代，他曾是查科战争中的英雄，然而，巴拉圭等来的是另一个残暴的独裁者。斯特罗斯纳用镇压和恐吓的手段来对付其反对者，禁止人们的新闻和结社自由。巴拉圭由亲美派控制，政府中充斥着美国的影子，巴拉圭人民敢怒不敢言。为了巩固斯特罗斯纳的统治地位，政府于 1967 年颁布新宪法，正式允许其连续担任两届总统。至此，新宪法不但保证了斯特罗斯纳的独裁，还为其披上了民主的外衣。斯特罗斯纳为了延续其独裁统治，不惜大费周折，但是全国不断地发出反对独裁的声音，游行示威此起彼伏。1989 年 2 月，安德烈斯·罗德里格斯（Andrés Rodríguez）将军发动政变，推翻斯特罗斯纳政府。1993 年，巴拉圭根据新宪法举行了第一次大选。从此，巴拉圭告别独裁时代，进入宪政新时期。

第二节　巴拉圭西语与其他语言的接触

西班牙人到达巴拉圭后，即开始对其进行殖民统治，巴拉圭直到 19 世纪才取得独立。巴拉圭是一个双语国家，是拉丁美洲唯一一个将印第安语言看得和西班牙语同等重要的民族。巴拉圭宪法确立其为一个多文化和双语国家，西班牙语和瓜拉尼语同为它的两种官方语言，后者约有 87% 的居民在使用。巴拉圭的语言状况引起了语言学界研究者的高度关注，尤其是对其双语并重的突出特点，许多专家学者进行了有针对性的研究。其中有人指出，巴拉圭人所操的西班牙语断断续续，带有大量瓜拉尼语词汇，并且很大程度上模仿了其他语言的句法，甚至有研究认为，巴拉圭几乎与阿根廷和智利所使用的西班牙语如出一辙。然而，实际情况要复杂得多。

一、巴拉圭语言的历史及双语现象

早在西班牙殖民者踏足瓜拉尼部族领地的那一刻起，就注定了西班牙语和瓜拉尼语难分难舍的命运。为了在巴拉那河流域附近扎根以获取金银财富，西班牙殖民者与当地的瓜拉尼居民结成同盟，击退布宜诺斯艾利斯的印第安人；有西班牙人作为坚实的后盾，瓜拉尼人便能更有效地抗击西部的查科部族。随着时间的推移，瓜拉尼人甚至将西班牙人奉为首领，这在很大程度上为西班牙殖民者提供动力，助其加速在巴拉圭的殖民进程。和布宜诺斯艾利斯大都市般的繁华喧闹不同，为数不多的欧洲殖民者们在巴拉圭逐渐安顿下来，过上了朴实无华的生活。于是瓜拉尼人与西班牙人之间的联系日趋紧密，最显著的特点就表现在其彼此间通婚，二者孕育的后代就是最初的双语使用者。如此一来，现今巴拉圭的双语现象就得到了解答，并且值得一提的是，巴拉圭人在两种语言之间更偏爱瓜拉尼语，将其视作"心的语言"。

在巴拉圭双语进程中，耶稣会教士扮演了重要角色。他们来到巴拉圭以及巴西、阿根廷等邻近地区传教，瓜拉尼人自然成为他们传教的主要对象。教士们将瓜拉尼人组织起来从事农业生产，包括纺织和茶叶生产和加工，而这茶叶是巴拉圭引以为豪的农产品，称为巴拉圭茶，也称马黛茶（mate），至今都是该国出产的主要农产品之一。耶稣会安排当地印第安人有组织地进行农业生产的举动，虽然当时饱受争议，但也不失为西班牙语美洲历史上一项颇有价值的尝试。1767年，耶稣会教士遭到驱逐，印第安人合作社性质的农业生产活动也被迫中断，可是耶稣会时期的语言模式却保留了下来，继续遭受争论和挑战。当时，教士们普遍使用瓜拉尼语作为传教的口头用语和书面用语，为瓜拉尼语以后在巴拉的传承和广泛使用奠定基础。

在接下来一段较短的时期里，亚松森得到了西班牙王室的重视，其得天独厚的地理位置成为运送金银珠宝绝好的转运点。然而，途经查科的线路充满艰难险阻，政治阴谋和诡计也使得殖民地不得安宁。1617年，亚松森正式从布宜诺斯艾利斯分离出去，自此便踏上了没落之路。因为和秘鲁总督区相距甚远，与利马缺乏联系，海运方面的作用也逐渐淡去。取得独立以后，巴拉圭便深陷弗朗西亚独裁的阴霾之中，几乎与外界失去了所有联系。在此期间，外国人遭到驱逐或是被迫和当地人断绝往来，巴拉圭语言不再从布宜诺斯艾利斯等地汲取活力，这严重阻滞了语言的发展进程，对语言创新尤为不利。直至今日，巴拉圭依旧拒绝接受布宜诺斯艾利斯式的说话风格和语调。

巴拉圭的双语共存现象在某种程度上也体现了语言在巴拉圭社会层面的一些特点，其中一个突出特征是瓜拉尼语与西班牙语有着迥异的地位，前者较多为土著居民所使用，地位较低；后者则更多地由统治阶层，或是特权阶层所掌握，地位较高。1967年颁布的宪法首次将瓜拉尼语列为官方语言之一，1992年颁布的宪法，再次强调瓜拉尼语是巴拉圭官方语言之一，也是国家文化遗产之一，与西班牙语享有同等待遇。这对于长久以来都只作为家庭内部用语的瓜拉尼语来说，是百年难遇的幸事。瓜拉尼语的地位上升到了前所未有的高度，并开始逐渐摆脱人们一直以来对其形成的根深蒂固的看法，即瓜拉尼语的重要性不及西班牙语。亚松森在众多双语城市中显得引人注目，许多语言学家将注意力投向了那里。人们发现当前巴拉圭的语言现状有以下这些特点：首先，讲瓜拉尼语的民众强烈的自豪感体现在对瓜拉尼语的特殊忠诚上，这种自豪感在说西班牙语的人群中也同样可以感受到，但前者发自内心，后者则更多出于实用性和社会性；其次，对语言的忠诚还体现在坚持语言的纯正性，许多人不愿意承认西班牙语和瓜拉尼语间互相影响的事实；最后，掌握双语的人们在一些社会领域对双语并存的态度也是较模糊的。虽然瓜拉尼语作为工具语纳入到教育体系中，但和西班牙语相比，依然没有得到足够重视，西班牙语仍然以绝对优势继续活跃在社会各个领域。此外，一些语言学家对瓜拉尼语的前景持悲观态度，他们甚至认为会讲瓜拉尼语，并非巴拉圭人的首要身份象征；瓜拉尼语会在不久的将来被西班牙语所取代，成为留存在人们记忆中的文化遗产。

然而，归根到底，巴拉圭西语和瓜拉尼语并不是一成不变的两种独立语言，从西班牙殖民者踏足瓜拉尼民族土地上的那一天起，二者就在互相排斥但同时又互相融合的过程中，发生着细微而深刻的变化。在巴拉圭，除了两种官方语言之外，还存在着多种语言变体，而这些变体随着岁月的推移依旧经历着不断的改变。

二、其他语言对巴拉圭西语的影响

从殖民时期开始，瓜拉尼语就对巴拉圭西语结构的形成做出了不可磨灭的贡献。巴拉圭西语的不少特点都可以归功于瓜拉尼语，而这在西班牙语美洲是一种十分独特的现象。人们通常认为，瓜拉尼语的广泛使用在一定程度上阻碍了语言的多样性，不少部落的语言被扼杀，或是被同化，形形色色的土著语言渐渐趋于一致，失去个性。不过，有一些印第安部落仍然坚持着自己的语言和文化，其中有的部落仅有数百人。

非洲的奴隶语言对巴拉圭的语言也产生过影响。18世纪初，非洲人口占巴拉圭总人口的10%，但是19世纪人口输入总量减少了很多，巴拉圭本地的非洲人口也在锐减。独立战争期间，数以千计的黑人士兵跟随乌拉圭领导者阿尔提加斯[①]来到巴拉圭，还有许多非洲与巴西混血的人种在巴拉圭定居。遗憾的是，非洲语言对巴拉圭当地语言的影响鲜有文字记载，这也在研究上加大了难度。

19世纪末至20世纪初，欧洲大批移民涌向巴拉圭，其中数量最多的当属德国人，当然也不乏意大利人、法国人和黎巴嫩人等等。渐渐地，巴拉圭西语中混入了意大利语的某些词汇；那些在巴拉圭定居下来的欧洲人也熟练掌握了巴拉圭的两大语言，在他们身上已然找寻不到其母语的痕迹；巴拉圭许多部落间的联系极为微弱，因此其自身独特的语言和风俗传统得以保存下来。

第三节　巴拉圭西语特点

一、词形方面

巴拉圭西班牙语中有使用voseo的情况，和拉普拉塔河流域使用的口语表达形式相一致。在受教育的人群中依然可以看到tú的使用，但是在巴拉圭很难找到只使用tuteo的"孤岛"。

二、句法方面

在巴拉圭，受教育程度高的人们使用的西班牙语和南美洲其他操西班牙语的国家差别甚微，但是一提到双语模式对语言的影响时，便不得不说到一些特别的句法结构。

公民教育水平高低直接影响其瓜拉尼语或西班牙语的流利程度，而教育水平又和社会、经济地位密不可分。那些移居国外的巴拉圭人，鲜有研究中

[①] 何塞·赫尔瓦西奥·阿尔提加斯（José Gervasio Artigas, 1764～1850），拉普拉塔河流域军人、政治活动家，乌拉圭最重要的显贵之一，为阿根廷独立战争和战后建设做出巨大贡献。

所列举的巴拉圭西语的特点；城市居民中的工人以及乡村居民受教育有限，其西班牙语涉及不规范的语法，和标准西班牙语相去甚远；受到瓜拉尼语影响而形成的西班牙语被称作"guarañol"，这种现象甚至让人猜想，在巴拉圭是否存在第三种语言？事实上，在巴拉圭至少存在三种不同的交流方式：第一种是西班牙语和瓜拉尼语的交错使用，也就是在这两种语言词汇的基础上，分别套用适合的句法框架，这是巴拉圭双语者典型的说话方式，尤其在城市更为常见，此种现象在巴拉圭，乃至其他双语国家都可以看到；其次，巴拉圭的双语者也操着一口受西班牙语影响颇深的瓜拉尼语，这种影响既有词汇方面的，也有句法方面的。"jopará"是瓜拉尼语词汇，字面意思即"混合"，通常用来表示瓜拉尼语持续地受到西班牙语影响，也就是说在两种语言间游刃有余，自由进出的同时，把西班牙语元素渗入瓜拉尼语中。最后，很多讲不好西班牙语的双语者在说西班牙语时经常犯语法错误，这情况和"guarañol"比较相似。他们在讲西班牙语时带有浓重的瓜拉尼语色彩，瓜拉尼语的句法和词形会影响到他们的西班牙语表达。

  曾经就当地人掌握语言的流利程度在巴拉圭不同地区和社会阶层开展了一项调查，尽管数据来源不是很可靠，但也在一定程度上反映了实际情况。在亚松森和其他较大城市，大约30%的居民倾向将西班牙语作为家庭用语，20%则偏爱瓜拉尼语，50%自由选择两种语言中的任意一种。然而，光在亚松森一个城市做出的统计结果则表明，超过40%的居民更喜欢西班牙语。而在乡村地区，仅有2%的人倾向于使用西班牙语，75%的人倾向于使用瓜拉尼语，仅有25%的人自由选择任何一种。这些数据显示了城市和乡村居民在语言选择上的显著差异，也解释了为何巴拉圭的西班牙语在举例时出现如此多的分歧。

  以下所举例子是西班牙语受到瓜拉尼语影响后，出现的部分句法结构：

  有时不定冠词会与物主形容词放在一起使用，如："un mi amigo"（规范西班牙语：un amigo mío），"otro mi hermano"（otro hermano mío）；当西班牙语中应为主动的情况，使用被动的 ser + 过去分词的结构，如："si él fuera venido ayer"（si le vendieran ayer）。

  在询问数量时会使用 qué tan, qué tanto 提问，这在乡村的一些地区较为常见，墨西哥和中美洲也可以见到，但在南美洲却是很罕见的情况。

  todo(ya) 用来指某件已经完成的事或刚刚做完的事，如：

  Ya trabajé todo yo.（"Ya he terminado de trabajar."我做完活儿了。）

  Mañana compraré todo para tu ropa.（"Mañana terminaré de comprar tu ropa."明天我就去给你买衣服。）

以上例子中 para 用来表示所属。

在巴拉圭，人们会使用 de + 人称代词来替代西班牙语中的利益与格，如：

Se murió de mí mi perrito.（"Se me murió el perrito." 我的狗狗死了。）

Se perdió de mí mi chequera.（"Se me perdió la chaqueta." 我的外套丢了。）

西班牙语掌握不扎实的双语使用者常常在同级比较句中将 tan 一词省略，如：

Mi hermano es [tan] alto como el de Juan.

（我哥哥和胡安一样高。）

瓜拉尼语掌握得极为熟练的巴拉圭人不能很好地区分 tú 和 usted，因为瓜拉尼语中表示第二人称的只有一个人称代词 ndé。

系动词 ser 可能在一些结构中省略，如：

Eso [es] lo que yo te pregunté.（这就是我问你的事。）

定冠词或定冠词的特定部分在一些情况下会省略，如：

El día de hoy es más caluroso que [el] de ayer.

（今天比昨天热多了。）

Los de[l] tercer grado son más cabezudos que los de[l] segundo.

（第三等的可比第二等的个头儿大多了。）

三、词汇方面

事实上，巴拉圭西班牙语中的词汇和南美洲，尤其是拉普拉塔河流域使用的词汇一致。瓜拉尼语词汇让巴拉圭的西班牙语变得与众不同。比如，ñandutí 指的是巴拉圭精美的花边装饰物，ñanduí 指的是类似鸵鸟的一种鸟，urubú 指兀鹫，yopará 指瓦罐或是葡萄藤。这其中很多词都是双语者使用的，为的是方便命名动植物、食物、服装等等。这样一来，他们用 mitaí 替代 niño/niña, karaí 等同于 señor。巴拉圭人用西班牙语和外地人对话时，若对方没有瓜拉尼语知识，便很难明白他们所言何物。

四、语音方面

巴拉圭西班牙语中还保留着硬腭边音 /ʎ/。这个音在巴拉圭并无消失的迹象，尽管在一些城市，这个发音已逐渐被 /y/ 音替代。有关 /ʎ/ 音保存至今的众多说法尚无法让人完全信服：有专家对此提出设想，认为西班牙语对于大部分巴拉圭人而言并非一种熟悉的语言，所以与西班牙语美洲绝大部分地区不同的是，巴拉圭人并没被迫接受语言方面的转变；另外有语言学家则将该假设延伸得更远，他们断定"当瓜拉尼语完全涵盖了难发的外来音，和 /y/ 音相区别开就产生了荣誉方面的问题"。也有专家认为瓜拉尼人是最近才开始渐渐接受 /ʎ/ 音，他们原先对这一发音非常抗拒。这些假设并不建立在任何语音改变的理论之上，和 /ʎ/ 音逐步被 /y/ 音取代的说法也背道而驰；另外还有专家举证说从西班牙北部巴斯克地区过来的移民，是以其 /ʎ/ 音著称的；此外历史上巴拉圭在地理、社会和政治长期遭受孤立，这或许也是 /ʎ/ 音得以保存下来的另一大原因。

rr 常常是齿龈多颤音，很少受到安第斯高原地区的典型擦颤音影响。

r 在词尾时通常发弱化的擦音，有时甚至不发音，但是在末尾发咝音则是很罕见的。在巴拉圭，词尾辅音不发音是非常普遍的现象。

s 在音节末尾或是在词尾时都要发送气音，但是完全不发音则很罕见的，除了在语段的末尾。在很多乡村居民和城市社会下层居民中，很容易听到完全省略 s 的情况。和智利、玻利维亚低地及加勒比地区相比，巴拉圭 /s/ 音的消失比例是很高的。值得一提的是，巴拉圭受教育程度较高的人群中，/s/ 音完好无损地保留了下来。

第二十一章 萨尔瓦多的西班牙语

第一节 萨尔瓦多概况及历史

一、概况

萨尔瓦多共和国（República de El Salvador），简称萨尔瓦多（El Salvador），位于中美洲北部，北和东北与洪都拉斯交界，东和东南邻近太平洋的丰塞卡湾，南濒太平洋，西和西北与危地马拉接壤，是中美洲唯一一个不靠大西洋的国家。首都是圣萨尔瓦多（San Salvador）。

二、历史

（一）前殖民时期的萨尔瓦多

在西班牙人到达前，萨尔瓦多居住着许多印第安土著，萨尔瓦多前殖民时期可分为四个阶段：公元前10000年～前1500年的古印第安时期、公元前1500～公元250年的前古典时期、公元250～900年的古典时期、公元900～1524年的后古典时期。

古印第安时期，许多狩猎采集者在末冰川时期（约公元前一万年）迁徙到中美洲这片土地上，他们是古印第安原住民。起初，古印第安原住民主要以狩猎大型动物为生，公元前8000年大型动物灭绝后，这些游牧的古印第安人开始采集，并定居下来发展农业。考古人员在丰塞卡湾发现了古人类长期生活的痕迹，如在佩里吉托岛发现的贝冢。随着古印第安人定居下来，发展农业，开始制造陶器，萨尔瓦多进入前古典时期，这一时期，玛雅人和伦卡人到达了萨尔瓦多，前者主要定居在西部，这些来自墨西哥的印第安玛雅人深受奥尔梅克文化①的影响。前古典早期，人们建立起村庄，制作陶器；前古典中期，农民数量大增，并开始种植更高产的玉米，萨尔瓦多中西部的人口也因此明显增多。在奥尔梅克文化影响下，萨尔瓦多土著居民常制作雕塑；前古典后期，萨尔瓦多土著与危地马拉高地地区开展文化和语言交流、雕塑技艺交往和商业往来。公元 260 年，这些繁荣发展被伊洛潘戈火山的喷发打断。

古典时期，居住在萨尔瓦多东部现今克雷帕市的伦卡人并没有受到伊洛潘戈火山的影响，仍然保持良好的发展，他们同中美洲南部和高地地区的居民也建立起友好关系。同时期，一个名为卡考佩拉的民族（los cacaoperas）定居在该国东部，说卡考佩拉语，此种语言属米苏马尔帕语系②，现已消亡。后古典时期，托尔特克人自墨西哥迁徙来到萨尔瓦多，他们也被称为皮皮尔人（los pipiles），说纳瓦特尔语，或叫皮皮尔语（pipil）。他们人数众多，占领了萨尔瓦多约四分之三的土地，主要集中在中西部地区。这一时期，人们还发展了工程建造、远距离贸易等活动。

公元 1200 年，即后古典后期，居住在萨尔瓦多的土著主要有：皮皮尔人（即纳瓦特尔人）、乔尔蒂玛雅人（los mayas chortís）、伦卡人、辛卡人（los xincas）、卡考佩拉人。居住在中西部的皮皮尔人建立了库斯卡特兰领地，类似于联邦；属于玛雅民族的乔尔蒂人居住在伦帕河北部以及查拉特南戈省中西部，说乔尔蒂语；伦卡人，关于其来源的争论尚未结束，他们或是玛雅人的后代，也可能是墨西哥奥尔梅克民族的后代。据研究，伦卡人的语言与克丘亚语同源，并且受纳瓦特尔语和玛雅语的影响较深；辛卡人则充满了神秘，他们居住在太平洋沿岸，讲辛卡语，该语言跟玛雅语和阿兹特克语毫无联系；卡考佩拉人分布在如今的圣米格尔、莫拉桑、拉乌尼翁省的北部，讲卡考佩拉语，西班牙人征服美洲时期，该语言开始逐渐消亡，到 1974 年则完全消失。

（二）西班牙殖民时期

1. 西班牙人的到来

1522 年，五艘西班牙船只从巴拿马出发，开始对太平洋海岸线的探索。船长安德烈斯·尼诺（Andrés Niño, 1484～1525）到达丰塞卡湾，并登陆该海湾的一个小岛，踏上了萨尔瓦多这片土地。1524 年，征服者佩德

---

① 奥尔梅克文化（Cultura olmeca）：是已知的最古老的美洲文明，有"印第安文明之母"之称。

② 米苏马尔帕语系（lenguas misumalpas）：是美洲众多古印第安语系之一。

罗·德·阿尔瓦拉多带领军队，从危地马拉出发，在印第安人的帮助下穿过帕斯河，开始征服萨尔瓦多土著居民。阿尔瓦拉多同当地的纳瓦特尔人展开激烈的战斗，试图征服库斯卡特兰领地，7月，因气候原因，阿尔瓦拉多返回危地马拉。

1524年末，阿尔瓦拉多派遣一支由其兄弟贡萨洛（Gonzalo de Alvarado, 1482～1542）领导的军队，继续攻打库斯卡特兰领地。1525年，贡萨洛和迭戈·德·霍尔金（Diego de Holguin, 1486～1556）建立了圣萨尔瓦多城，后者便是该城的首任市长。1526年，土著居民爆发起义，迫使西班牙人放弃圣萨尔瓦多城。1527年12月～1528年2月，佩德罗侄子迭戈（Diego de Alvarado,？～1540））被派去征服库斯卡特兰领地。之后，迭戈在如今的苏奇托托市（Suchitoto）南八公里处再次建立起圣萨尔瓦多城，后又继续征服萨尔瓦多其他地方。1529～1540年间，阿尔瓦拉多派遣军队的其他长官征服并完全占领了萨尔瓦多，1540年，西班牙人完全占领了萨尔瓦多，并对其进行殖民统治。

2. 殖民统治

1540年，西班牙人将新征服的萨尔瓦多划归危地马拉都督府管辖。征服后不久，西班牙人就把欧洲的农作物和动物引入萨尔瓦多，向当地居民灌输西班牙的宗教、文化，教授西班牙语，以达到教化目的。萨尔瓦多缺乏矿产资源，农业是其经济基础。1550～1600年，人们主要的经济活动是可可种植以及从沿海地区的香脂树中提取树脂。此外，殖民统治期间，土著、黑人、西班牙人之间相互通婚，后代为混血人种，独立运动时期，混血人种已经成为萨尔瓦多的主要族裔。西班牙统治下的萨尔瓦多还受到三次大规模的海盗入侵和进犯，海盗的入侵致使丰塞卡湾居民人口减少。

1700年，波旁王朝费利佩五世登上西班牙王位后，着手在殖民地推行一系列经济和行政改革。自1765年起，这些改革开始在危地马拉都督府管辖地区推行，改革后的税收制度得到改善，打压教会财产和特权的结果是降低了教会的权力。1785年，西班牙人设立圣萨尔瓦多行政区（Intendencia de San Salvador），包含萨尔瓦多绝大部分领土，行政区长官效忠于国王。

（三）独立时期

19世纪初，美洲各地不断发起反抗西班牙殖民统治的独立运动，萨尔瓦多自然在列。由土生白人和宗教人士组成的萨尔瓦多精英阶层，希望摆脱危地马拉贵族阶级的统治，实现自治。1811年，他们在圣萨尔瓦多发动起义，但起义没有得到其他城镇的支持，最终失败。1814年，圣萨尔瓦多再次爆发大规模起义，失败后众多独立人士被捕。

1821年9月，萨尔瓦多宣布独立。1822年，萨尔瓦多被强制并入新生的墨西哥帝国，但1823年墨西哥帝国被推翻，之后萨尔瓦多加入新成立的中美洲联合省，1824年中美洲联合省更名为中美洲联邦共和国。1841年，萨尔瓦多宣布脱离联邦共和国，成为独立的国家。

（四）独立后的萨尔瓦多

萨尔瓦多1841年宣布成立共和国，同年通过首部宪法，但萨尔瓦多政局并没有因此稳定下来，而是经历了巨大动荡。此后三十年间，保守派和自由派之间的矛盾愈演愈烈，萨尔瓦多频繁与邻国发生冲突，国内缺乏统一的民族身份认同，这些因素让刚独立的萨尔瓦多陷入无止境的混乱中。

拉美独立后，考迪罗主义在该地区许多国家盛行。在中美洲，主要的自由派考迪罗是洪都拉斯人弗朗西斯科·莫拉桑，保守派考迪罗是危地马拉人拉法埃尔·卡雷拉，两人在萨尔瓦多都有许多各自的追随者。因此，自由派考迪罗和保守派考迪罗不断更替上台统治这个国家。1871年，自由派战胜保守派。之后，圣地亚哥·贡萨雷斯（Santiago González Portillo，1818～1887）领导的自由政府颁布法令，宣布宗教自由，将墓葬世俗化，公证婚姻合法化，引入世俗教育并废除宗教秩序。

1876至1931年间，萨尔瓦多依然是自由派执掌政权，经济发展较稳定，靛蓝种植和咖啡产业成为经济支柱，这段时期的萨尔瓦多也被称为"咖啡共和国"（República Cafetalera）。20世纪30年代起，国际咖啡价格下跌，萨尔瓦多经济恶化，时任政府陷入危机。1931年，军人借机多次发动政变，推翻政府，并将权力交给副总统马丁内斯将军（Maximiliano Hernández Martínez，1882～1966），自此开始该国武装力量统治时期。1932年，因地方选举结果不被政府承认，萨尔瓦多共产党决定发起暴动，失败后，共产党领袖法拉本多·马蒂（Farabundo Martí，1893～1932）被逮捕，失去领袖的农民们依然如期发起暴动，但被镇压，政府军对农民展开报复，屠杀三万余人。

马丁内斯的独裁统治持续了13年，后来虽然被推翻下台，但这种军事独裁统治模式一直持续到1979年。1980年，萨尔瓦多国内正式爆发内战，内战双方分别是由美国支持的右翼政府和古巴支持的左翼游击队法拉本多·马蒂民族解放阵线[①]。1992年，该民族解放阵线与民族主义共和联盟（Alianza Republicana Nacionalista, ARENA）领导的政府签署停战协

---

① 法拉本多·马蒂民族解放阵线（Frente Farabundo Martí para la Liberación Nacional），由多个60年代开始活动的反政府武装组织于1980年组成的政治军事联盟。

议，改组为一个合法政党，由此结束12年内战。2009年，马蒂阵线候选人首次赢得大选并上台执政，2014年大选再度获胜。2019年，民族团结大联盟（Gran Alianza por la Unidad Nacional）候选人纳伊布·布克尔（Nayib Bukele）当选总统，打破了萨国政坛左右翼轮流执政的局面。

第二节　萨尔瓦多西语与其他语言的接触

一、尼加拉瓜语言情况总览

据联合国2018世界人口报告数据[①]，萨尔瓦多人口数量为6,420,746，其中印欧混血（主要是印第安人和西班牙人混血的后人）占总人口的86.3%，欧洲人后裔（土生白人）占12.7%，土著人占0.23%，非洲人占0.13%，其他占0.64%。自西班牙人到达萨尔瓦多后，这片土地就开始出现印欧混血人种。独立战争时期，混血人成为主要人种。欧洲人的后裔为土生白人，萨尔瓦多独立时，土生白人人数较少，约两万五千人，以西班牙人后代为主，之后逐渐包含有法国、意大利、德国和英国人的后代。"二战"时期，许多中欧人迁徙至萨尔瓦多，主要是来自捷克、德国、匈牙利、波兰和瑞士的难民。

此外，在西班牙人征服前，萨尔瓦多土著数量约50万人，随后因征服战争的残酷以及疾病的传播，土著人口急剧减少，幸存的印第安人被迫接受西班牙人的教化，信奉天主教，学习西班牙语。如今，占萨尔瓦多人口0.23%的原住民中，卡奥佩拉人占其中的0.07%，皮皮尔人占0.06%，伦卡人占0.04%，其他民族占0.06%。经过几个世纪的教化，仅极少印第安人仍保留原本的习俗和传统。在殖民及后殖民时期，西班牙人引入非洲奴隶，这些黑人社会地位最低，且没有权利接受教育，萨国独立后，奴隶制被取消，非洲人获得自由并逐渐成为萨尔瓦多人口的一部分。萨尔瓦多0.64%的其他人口主要是来自巴勒斯坦和黎巴嫩的阿拉伯人，还包括一小部分来自法国、摩洛哥和土耳其的犹太人。20世纪初，奥斯曼帝国趋于没落，许多中东人选择移民中美洲，其中，一部分人定居萨尔瓦多，改信天主教，

[①] "Overall total population – World Population Prospects: The 2019 Revision" (XSLX). population.un.org (custom data acquired via website). United Nations Department of Economic and Social Affairs, Population Division. Retrieved 9 November 2019.

现今该国很少的阿拉伯人继续信奉伊斯兰教。

在语言方面，萨尔瓦多以西班牙语为官方语言，同时受美国的影响，英语在日常生活中的使用频率越来越高，一半人口都会说英语，英语教育的普及程度较高，甚至某些领域要求英西双语人才；历史上，萨尔瓦多的土著民当属皮皮尔人最多，在教化过程中，西班牙语和他们所说的纳瓦特尔语也相互影响。如今，许多土著民以西班牙语为母语，纳瓦特尔语为第二语言，其他土著民族，如居住在伦帕河东边的伦卡人，虽然仍有几万人，但并不说伦卡语，这种语言被认为已消亡，此外，卡考佩拉语也已消亡，其他的巴勒斯坦人和黎巴嫩人讲阿拉伯语。

二、土著语对萨尔瓦多西语的影响

西班牙人到达美洲前，萨尔瓦多有许多土著部落，最大的两个土著民族是：来自墨西哥的皮皮尔人，占领中西部地区；伦卡人，占领东部和东北地区。西班牙征服者将西班牙语带到这片土地上，西语和当地的土著语不可避免地相互碰撞、互相影响。其中，皮皮尔人所讲的纳瓦特尔语对西语的影响最为明显，其他较小土著民族的语言在西语的强烈冲击下产生的影响并不显著，被认定已消亡的伦卡语在历史长河中也仅留下些许痕迹：萨尔瓦多东部的一些城镇名字就源自伦卡语，如莫拉桑省的佩尔金（Perquín）和瓜塔希亚瓜（Guatajiagua）。

纳瓦特尔语，也称皮皮尔语，对萨尔瓦多西语的影响是多方面的。首先，从语音方面来看，纳瓦特尔语的许多词汇经过发音上的处理后，变成西语单词在萨尔瓦多广泛使用。纳瓦特尔语中存在一些西语中并不常用的音素，例如 ts, sh, tl 和词尾 -t, -tl, -c，西班牙人将这些进行调整以适应西语发音习惯。比如，sh（类似于英语的 sh）发音为清软颚擦音 /x/，因此 sh 书写成 j，如：Acashutla 变为 Acajutla（阿卡胡特拉），eshut 变成 ejote（豆角儿），shilut 变为 jilote（嫩玉米穗）；ts 发音为浊齿龈擦音 /z/，如：tsaput 变为 zapote（人参果），tsupilot 变为 zopilote（一种秃鹫）。此外，词尾 -t, -tl, -c 都添加一个 e，便于西语发音，如：elot-e, jocot-e, tepequ-e。另外，s/z/c 三个字位的发音不加以区分，有时会发成清软腭擦音，类似于轻声 j，例如 nosotros /noxótros/，这点与尼加拉瓜西语相似。

其次，纳瓦特尔语是一种多复合词的语言，即单词相互组合，去掉一些音位，形成新的单词，这对萨尔瓦多西语尤其是口语的影响比较明显，具体表现在形态方面。例如：bapwé（vaya pues）、pwesí（pues sí）、bwabér（voy a ver）、bwir（voy a ir）、bwabenír（voy a venir）、idiái（y de ahí)、alóxte(ya no oíste)、énke(aunque)。

在语法方面，萨尔瓦多人直接在纳瓦特尔语的一些动词后添加词尾 -ar，使之变成西语动词并在日常生活中使用，但并不添加 -er 和 -ir 词尾。例如：tapisca → tapiscar（收获玉米）、shima → chimar（烦扰）、pepena → pepenar（拾，捡）、aguachina → aguachinar（浇水过多）。除此之外，纳瓦特尔语的特点之一是频繁使用前缀、中缀、后缀改变词性，利用词缀来区分名词和形容词，这使得萨尔瓦多西语可通过添加词缀来改变单词的词性。例如，前缀 a-、des-、en-、in- 等，可将名词和形容词动词化，如 **a**-montonar（堆积）、**en**-colar（用胶粘）、**en**-arenar（铺上沙子）、**des**-barrancar（使失去地位）、**des**-embuchar（和盘托出）；后缀 -ción 替代后缀 -miento，如 entreten**ción**（娱乐）、manuten**ción**（保养）、aburri**ción**（无聊）；后缀 -dera 将动词名词化，表达重复，如 bebe**dera**（不停地喝）、juga**dera**（不停地玩）、grita**dera**（不停地叫）、habla**dera**（不停地说）、llora**dera**（不停地哭）；-ero 表示职业或者爱好，如 reloj**ero**（钟表师）、algodon**ero**（棉商）、gall**ero**（斗鸡爱好者）、futbol**ero**（足球爱好者）；-ura 将形容词名词化，如 boni**tura**（漂亮）、fey**ura**（丑）、tris**tura**（悲伤）。

此外，还有指小词后缀 -ito/-ita 也是受到纳瓦特尔语的影响，萨尔瓦多人可将所有词性指小词化，如：adiosito（adiós）、hasta lueguito（hasta luego）、en seguidita（en seguida）、despuesito（después）；为了加强语气或强调表达内容，一般会重读或是重复该后缀，例如：他们不满足于说 chiquita（小女孩），而是说 chiquitía, chiquitiyita, chiquitistiyita；指小词的使用不仅表达强调，还表示敬意，如：mi madrecita、hermanita、viejita、la virgencita 等。

除了上述的影响外，萨尔瓦多西语中有许多纳瓦特尔语词汇，尤其是动植物方面，这可追溯到西班牙人到来之时。西班牙征服者来到此地时，看到许多不知名的动物、植物和其他物品，无法用西语表达，于是直接采用纳瓦特尔语命名，在食物方面更为明显，如：

tecomates：tacumat 葫芦，瓢　　　tata：tat 父亲
cheje：xéjxek 一种啄木鸟　　　　caites：kakti 凉鞋
tetelque：tetelquic 一种酸水果　　ishtultes：ishtuti 未熟的果子
zopilote：tsupilut 一种兀鹫　　　petate：petat 席子
tamales：tamali 玉米粽子

以前，纳瓦特尔人并不熟知西语词汇的语义，为了方便使用，在单词里加入一些新的含义。如今的萨尔瓦多西语中的许多词，尤其是动词，变

成一词多义，例如：

动词 agarrar 有以下诸多含义：

atacar 发作：Le agarró calentura.（他发怒了。）
capturar 逮住：Lo agarró la policía.（警察逮住了他。）
tomar 揪住：La agarró de las orejas.（他揪着她的耳朵。）
asir 抓住：Agarró bien el lazo.（他抓住那个结。）
sorprender 被撞到：Los agarraron besándose.（他们被人看到正在亲吻。）
iniciar 开始：Agarró la borrachera.（开始买醉。）
dar 给：Le agarraron ganas de orinar.（他想尿尿。）
habituar 习惯于：Agarró por ir a diario.（他习惯每天去。）
名词 volado=cualquier objeto（任何东西、任何对象）
hacer un volado=hacer un favor（帮一个忙）
estar feo el volado=estar mala la situación（状况）
echar un volado=tirar una moneda a cara（硬币）
ir a un volado=ir a un negocio o mandato（生意）
tener un volado=tener una novia o amante（爱人）

三、英语对萨尔瓦多西语的影响

1980 年内战后，大量萨尔瓦多人离开祖国，前往美国避难。1990 年，超过五十万的萨尔瓦多人移民国外，是 1980 年的三倍，其中 80% 以美国为目的地。据统计，截至 2014 年，约有三百万萨尔瓦多人居住在美国。近年来，有不少移民在外的萨尔瓦多人选择回国。据 2011～2015 年数据[①]，约有十万萨尔瓦多移民回国。移民现象展示的不仅是双方社会文化方面的交流，还有语言层面即英语和萨尔瓦多西语之间互相影响，再加之美国的巨大影响力，许多萨尔瓦多人也常说英语，双语教育越来越普及，培养出了更多的双语人。

因美国经济、政治和科技的影响，萨尔瓦多人常使用许多英语借词，如：líder（领导者），英语原是 leader，根据读音进行词形调整；mitin（会议），这个词在表达与政治相关的重要会议时使用；balancear（使平衡），来自英语 to balance，这个词在整个美洲都很常用；bloomer（女用短裤），在一些中美洲国家也使用 calzón；carro（汽车），该词在中美洲、加勒比地区以及哥伦比亚、委内瑞拉、厄瓜多尔使用，而南锥体各国则使用

---

① Dirección General de Migración y Extranjería de El Salvador (DGME).

auto；clóset（衣柜）；condominio（共管公寓），来自英语condominium；directorio telefónico（电话簿），来自英语telephone directory；durmiente（轨枕），英国英语为sleeper，受其影响，采用dormir一词的变体；fólder（文件夹）；kindergarten（幼儿园），在许多西语国家经常说kinder, kinder一词来自德语，后传入美国，继而影响美洲；panty（连裤袜），来自美国英语pantyhose；hora (s) pico（高峰期），来自英语pick hours；piyama（睡衣裤），最初该词为pajamas，十九世纪末被pyjamas取代，如今美国英语用payamas；pluma fuente（钢笔），来自英语fountain pen；receso（暂停活动），来自英语recess，指公共管理、法院活动的暂停；scotch tape（胶带），在美洲常简化地使用scotch；stúar（乘务员），该词仅在萨尔瓦多使用，来自英语steward；switch（开关）；cíper（拉上拉链），来自英语zipper；baner（横幅），来自英语banner。

四、阿拉伯语对萨尔瓦多西语的影响

在卡斯蒂利亚语中，有超过4000个词汇源自阿拉伯语。西班牙语随船队传入美洲，拉美各国发展了具有本国特色的西语变体，但西语中仍保留着阿拉伯语的影响。现今，萨尔瓦多有许多20世纪移民而来的阿拉伯人。值得一提的是，萨尔瓦多总统纳伊布·布克尔（Nayib Bukele）有阿拉伯血统。现在，不少萨尔瓦多人使用阿拉伯语姓氏，常见的如：Alabí, Abucharara, Avolevan, Abullarade, Afane, Archami, Bukele, Bichara, Bahaia, Dahbura, Saade, Canahuati, Hasfura, Zedan, Siman, Salomé, Salume, Jadue, Kafati, Dada, Marcos。

第三节 萨尔瓦多西语特点

萨尔瓦多西班牙语是指在萨尔瓦多使用的卡斯蒂利亚语变体，是中美洲西班牙语变体之一，该国的西班牙语与邻国洪都拉斯、尼加拉瓜有许多相似之处，但在发音和用法上也有一些不同。总体上来说，萨尔瓦多西语可以从语音、形态句法、语法、词汇等方面总结出自身特点。

一、语音特点

同大多数西班牙语变体一样，萨尔瓦多西语有五个元音a, e, i, o, u，其中i和e为前元音，a是中元音，o和u为后元音。当元音a, e, o与s搭配，

且该音节是重读音节,那么这三个元音应发音非常清楚且饱满。在该国东部至北部地区,当元音位于词尾时,发音为清声,在中西部地区则元音省略。

(一)强元音

当两个强元音组合在一起,或者句中前后强元音挨在一起,第一个强元音有时会发成弱元音,如 e + o,萨尔瓦多人会发成 io /jo/,de hoy /di'oj/(今天的);o + e,发成 ue /we/;o + a,发成 ua /wa/,toalla /twaja/(毛巾);Pero hay que ir a las ocho en punto de hoy. /per'u hay qu'ir a laj'och'uen punto di'hoy/(但是今天得八点去。)。

(二)元音连续

当元音 i 和 e,作为第一个元音,分别与强元音 a, o, e 组合时,尤其是 ia 和 ea,发音时,在元音之间会出现 y 的音,例如:María 发成 /mariya/;vea 发成 /veya/;lea 发成 /leya/;todavía 发成 /todaviya/;mío 发成 /miyo/。

(三)seseo 现象

是指不区分 z/c/s 三者的发音,均发为 s /s/ 的现象,该现象在其他拉美国家都很常见,主要因传入美洲的西语是安达卢西亚和加那利群岛的西班牙语变体。如:abrazar(拥抱)和 abrasar(烧焦)都读成 /abrasar/。

(四)塞音

在元音之间的浊双唇塞音 b、浊齿龈塞音 d 和浊软腭塞音 g 都保持较为饱满的发音,较少发成擦音。在单词中的闭塞音 p /p/ 会发成 c/k/,例如:aceptar /acectar/(接受),concepto /concecto/(概念);在萨尔瓦多农村地区,人们将塞音半元音化,或是接近后面紧跟的辅音的发音,例如清软颚塞音 c /k/ 发成 /i/,perfecto /perfeito/,但这种发音被认为土里土气。

(五)辅音 d

两个元音之间的辅音 d,例如词尾后缀 -ado/-edo/-ido,很少会发成 -ao/-eo/-io,这与邻国的西语不同。此外,当介词 de 位于两个单词之间构成短语时,de 不发音,例如:cara de loco /kaɾe'loko/。在萨尔瓦多农村地区,一些以 -ud, -ad 结尾的词发音时丢失 /d/,例如:unidad /uniˈða'/,latitud /latiˈtu'/。

(六)鼻音

齿龈鼻音 n /n/ 在绝对词尾时,或是后面不挨元音时,读作软腭鼻音 /ŋ/,这在整个萨尔瓦多都很普遍。

(七)颤音

单击颤音 r /ɾ/ 和多击颤音 rr /r/ 发音时都强烈颤动。

（八）擦音

清颚龈塞擦音 ch /tʃ/，有两种发音，一种是常用的塞擦音 /tʃ/，一种是擦音 /ʃ/，在该国的北部一带到拉乌尼翁港口常发后一种音，这种擦音在受纳瓦特尔语影响的词汇里比较多见。

（九）送气音

词尾的送气音 -s，发成清声门擦音 /h/；当送气音 f /f/ 在元音 u 之前时，发成 j /x/，例如：profundo 发成 /projundo/，这种发音现象仅在潘奇马尔科地区存在。

（十）yeísmo 现象

即不区分 y 和 ll 的发音，都发成标准西班牙语里字母 y 的音，这在整个美洲都很常见。例如：cayo（小岛）和 callo（老茧）都发成 /cayo/。

二、形态句法

（一）voseo 现象

指主格代词第二人称单数使用 vos 及相应的动词变位形式的现象。与 vos 对应的动词变位将词尾变成 -ás, -és, -ís，以此类推虚拟式变位。这种现象在拉美许多西班牙语变体中很常见，但与其他中美洲国家不同的是，萨尔瓦多西语也使用 tú 和 usted，但 vos 的使用频率更高。一般与家人和关系较好的人说话时或在其他非正式场合使用 vos，在正式场合更多地使用 usted，tú 也可在友谊关系之间使用，但不如 vos 亲密，或和外国人交流时使用能表达亲切友好态度。现今，在萨尔瓦多，vos 以文字书写形式出现在媒体、书本中。此外，萨尔瓦多人还在句尾加上 vos，有时也会加 usted，以强调对话者的参与感，这种用法在洪都拉斯、危地马拉也有，但较少见。例如："¿Te dolió, vos?"（你疼吗？）；"De veras, vos, ¡qué bonita!"（你可真漂亮！）；"Es que yo vivo aquí, ¡usté!"（因为我住在这儿啊！）。

（二）时态

萨尔瓦多动词的将来时已完全被陈述式现在时或"ir + a"结构取代，iré → vuir（voy a ir），vendré → vuavenir（voy a venir），saldré → vuasalir（voy a salir）。或者直接用一般现在时，如："Mañana voy a tu casa."（明天我要去你家。）；"Vengo la próxima semana."（我下周来。）；"Salgo de bachillerato el año entrante."（来年我中学毕业。）；"haber de + infinitivo"表示将来的可能性，如："Se lo he de agradecer mucho."（我必会很感谢他。）。

（三）并列结构

受纳瓦特尔语的影响，萨尔瓦多西语中不定冠词和非重读物主形容词可以并列使用，如：una mi amiga（我的一个女性朋友）；una mi tacita de café（我的一小杯咖啡）；una su herida（他的一个伤口）。甚至，有时会使用指示形容词与物主形容词的搭配，如：aquella su idea（他的那个想法）；estos mis dolores（我的这些痛苦）。

（四）口头禅 ¿va? 和 ya

¿va? 来自单词 ¿verdad?，作为口头禅在萨尔瓦多、洪都拉斯、危地马拉这些中美洲国家使用，说话者在句尾加上 ¿va?，有时并不需要得到对话者的回应，仅是一种说话习惯。例如："Eso nos daba como más ánimo, ¿va?"（那给了我们更大的鼓励，是吧？）。ya 是时间副词，除了原本的用法，这个词还成为萨尔瓦多人的口头禅，如："...así que vimos la situación formal ya ..." "que ya no nos perdonaban la vida..."。

（五）名字前的冠词

萨尔瓦多人，尤其是社会低阶层的人们会在名字前使用定冠词，特别是在女性的名字前。如："Voy a ver a la Meli."（我要去看望梅里。）；"Lo mataron ahí cerca de la casa de la Teresa."（他在特蕾莎家附近被杀了。）。

（六）比较级

在萨尔瓦多，人们使用比较级来加强肯定语气，但仍保持较为古老的用法，即一般不使用比较级 mejor/peor, mayor/menor，而使用类比词组，如：más bueno/más malo, más bien/más mal, más grande/más pequeño。

（七）动词

萨尔瓦多常用动词的重复来表达频率、突显动作的延长，如："grita y grita"（一直喊叫）；"llora y llora"（一直哭）；"brinca y brinca"（一直跳），因此，萨尔瓦多西语的一大特点是较重复、啰唆。此外，有时句子的主语是复数，但动词仍然使用单数变位，如："Le da(n) miedo los temblores."（震颤让他害怕。）。值得一提的是，萨尔瓦多西语动词只有五个常规变位，缺少第二人称复数 vosotros 的变位，语义上的"你们"则使用 ustedes，语法上也得按照第三人称复数来变位。

三、词汇

萨尔瓦多西语词汇最显著的特点就是有许多受纳瓦特尔语影响的词汇，无论是直接借用纳瓦特尔语，还是为适应西语发音进行调整并投入使用的纳瓦语词汇，或者受纳瓦语并列结构的影响，两个词合成新词，这都让萨尔瓦多西语更添特色。除了土著语的影响，该国西语词汇还有一些从古西班牙语继承而来的词以及航海词，这在整个中美洲西语变体里都很常见。

受纳瓦特尔语影响，在西语中有许多拟声词，萨尔瓦多人在日常谈话中会使用，以加强对话的趣味性或让其更具描述性。例如：

chachalaquear：charlar incesantemente 闲聊

güirigüiri：chismorrear 说闲话

chas：Le dio una pescozada. 给了他一拳。

pen, pen, pen：Le metió tres balazos. 朝他开了三枪。

traca, traca：Se empinó la botella. 豪饮。

ploch, ploch：caminaba por el lodazal 泥潭里走

cuju, cuju：Pasó la noche tosiendo. 整晚咳嗽。

pishshshsh：Se orinó. 小便。

在萨尔瓦多一些农村地区还在使用的古西班牙语：

cobijas：tipo de sábanas 床单

enfurruñarse：enfadarse 生气

bravo：enojado 生气

agora：ahora 现在

calentura：fiebre 发热

alumbrao：borracho 喝醉的

valija：maleta 手提箱

tapujo：mentira 谎言

utualito：ahora mismo 立即

tunda：paliza 殴打

asistimiento：ayuda 帮助

galera：camarote 舱房

desaforido：nervioso 紧张的

abarrotar：用小件货物填塞

除了上一节列举的纳瓦特尔语词汇，还有一些在萨尔瓦多日常使用的合成词：

yuestaba：o estaba

crequés：cree que es

lagua：el agua

paberle：para haberle

yestos：y estos

algotras：algunas otras

almendruerío：almendro de río

nuestan：no están

colegallo：cola de gallo

Hijueltigre：hijo del tigre

luesta：lo esta

其他一些具有地方特色的西语词汇包括：

puchica：puta 妓女

bajero：de baja calidad 劣质

salbeque：chantaje 恐吓、讹诈

bembo：tonto 傻的

aguaje：chubasco 暴雨

caché：elegante 优雅的

ajito：anciano 老人

chichi：bebé 婴儿

arcol：arcohol 酒

fogaz：calor 热

词义改变：

café：desayuno 早餐

interesante：embarazada 怀孕的

indicar：avisar 通知
federal：feo 丑的
llegar：gustar 喜欢
lorenzo：loco 疯的

matado：persona con enfermedades venéreas 有性病的人
palmar：morir 死

第二十二章 尼加拉瓜的西班牙语

第一节 尼加拉瓜概况及历史

一、概况

尼加拉瓜共和国（República de Nicaragua），简称尼加拉瓜（Nicaragua），位于中美洲中部，北连洪都拉斯，南接哥斯达黎加，东临加勒比海，西濒太平洋。首都是马那瓜（Managua）。

二、历史

（一）前殖民时期的尼加拉瓜

尼加拉瓜加勒比海沿岸地区人类生活的最早踪迹，可追溯到8000多年前。公元前6000年，尼加拉瓜太平洋沿海地区就有土著民定居。据考古发现，在马那瓜有世界独一无二的古人类遗迹——阿卡华林卡脚印，是6000多年前古印第安人留下的生活印迹，因岩浆凝固而完整地保存下来。之后据考证，早期的尼加拉瓜土著族群有十余种，他们大多依靠狩猎、捕鱼和采集为生。

尼加拉瓜早期土著民以乔罗特加人（los chorotegas）和尼加拉奥尔人（los nicaraos）为主。尼加拉奥人，也称纳瓦人（los nahuas），是来自墨西哥中部的印第安人，说纳瓦特尔语。在特奥蒂瓦坎文明衰败后，尼加拉奥人从北部开始迁徙，到达奥梅特佩岛后，随即定居下来。乔罗特加人也来自墨西哥中部，他们一路南迁，大约8世纪时到达了今日的尼加拉瓜。

在尼加拉瓜加勒比海沿岸居住着米斯基托人（los miskitos/los mosquitos）、拉玛人（los ramas）、苏莫人（los sumos），中北部高原地区居住着马塔加尔帕人（los matagalpas）、乔罗特加人和尼加拉奥人；

尼加拉瓜加勒比海沿岸生活着米斯基托人，以采集、游牧和捕鱼为生，有着多种信仰，崇拜自然，会制造日用器皿、狩猎工具和独木舟；苏莫人生活在尼加拉瓜东岸沿海平原，崇拜与自然有关的神灵，会巫术，并且有发达的口头文学，主要为神话和历史。拉玛人主要分布在尼加拉瓜东南部的布卢菲尔兹湾，较少与其他印第安人来往。据考证，米斯基托人、苏莫人和拉玛人族源相近。大约在6000多年前，墨西哥南部的几个部落一起南迁至尼加拉瓜大湖流域。公元前1世纪，因受一支由墨西哥南下的纳瓦特尔人的入侵，这几个部落一分为三，米斯基托人和苏莫人往东逃至加勒比海沿岸人迹罕至的热带雨林和沼泽地带，而拉玛人则继续南下。

（二）西班牙殖民时期

1. 西班牙人的到来

1502年9月，第四次航海的哥伦布抵达尼加拉瓜东海岸，开始探索大西洋的莫斯基托海岸（Costa de Mosquito），但没有发现任何土著居民。20年后，西班牙人再次来到尼加拉瓜，并从西南部登陆。1522年，西班牙征服者冈萨雷斯·达维拉和手下第一次尝试征服尼加拉瓜，当时探索的区域是如今的里瓦斯省（Rivas），在那里他们遇到了一支纳瓦特尔人部落，其酋长的名字被西班牙人误以为是尼加拉奥（Nicarao），再加之该酋长统治着尼加拉瓜西南部一大片区域，因此冈萨雷斯将这片土地称为尼加拉奥，如今人们普遍认为尼加拉瓜的国名源自此。西班牙征服者在肥沃的西部山谷中开采并收集到黄金后，遭受到乔罗特加人的袭击和驱赶，最后冈萨雷斯带领西班牙人离开并向南移，在尼科亚湾（golfo de Nicoya）重新登上船只，向巴拿马驶去。

2. 殖民统治

1524年，弗朗西斯科·埃尔南德斯·科尔多瓦（Francisco Hernández de Córdoba，1475～1526）征服了此地，并在尼加拉瓜湖西北边建立格拉纳达城（Granada）、在马那瓜湖西边建立莱昂城（León），自此尼加拉瓜沦为西班牙殖民地，划归危地马拉都督府管辖。后来，莱昂城逐渐发展成为政治和文化中心，格拉纳达则成为了商业和农业中心。1527年，莱昂城成为尼加拉瓜殖民地的首府，佩德罗·达维拉（Pedro Arias Dávila，1400?～1531）为其首任总督。在达维拉的统治下，西班牙人对印第安人进行残酷的剥削和奴役，导致土著人口急剧减少，矿山资源也遭疯狂开采。西班牙征服队伍中没有女性，西班牙人便抢夺纳瓦特尔女子和乔罗特加女性，由此出现的印第安人与欧洲人的混血儿逐渐成为尼加拉瓜西部的主要人种。

17世纪中叶，英国海盗、伐木者和商人在莫斯基托海岸活动频繁，甚至建立据点。1678年，英国殖民者在布卢菲尔兹建立保护地。1740年，莫斯基托国王与英国正式签署友好盟约。1749年，英国人帮助莫斯基托人在莫斯基托海岸设立保护国。1783年英国与西班牙签订和平决议，后英国人于1787年完全撤离海岸。英国尽管撤离了，但仍保持对莫斯基托王国行驶非正式保护，常帮助莫斯基托人抵御西班牙人的入侵。1803年，西班牙国王下令将莫斯基托海岸从危地马拉都督府的管辖中脱离出来，并将其划归到新格拉纳达总督辖区。

（三）独立时期

19世纪墨西哥独立运动如火如荼，在周边国家中引起了不小反响。1821年，尼加拉瓜宣布独立。之后为对抗西班牙，尼加拉瓜以及周边所有的中美洲国家决定加入新生的墨西哥帝国，但持续时间很短。墨西哥第一帝国1823年被推翻后，尼加拉瓜加入了新成立的中美洲联合省，中美洲联合省1824年通过宪法，更名为中美洲联邦共和国。1838年尼加拉瓜宣布脱离联邦共和国，正式成为独立的共和国。

（四）现状

尼加拉瓜1838年宣布成立共和国，之后的15年间，政治、社会混乱不堪，政权更迭不断，先后有20多位政客以"最高统治者"的名义统治过这个国家。1854年尼加拉瓜通过宪法，正式确立设定总统一职，第一位正式总统是弗鲁托·查莫罗（Fruto Chamorro, 1804～1855）。自1858年起，在保守派统治下，尼加拉瓜经济、社会开始正常运行，之后持续稳定发展的三十年被称为尼加拉瓜"保守的三十年"。随着尼加拉瓜经济、文化和社会的良好发展，再加之尼加拉瓜优越的地理位置，这个中美洲国家成为了英美两个超级大国的目标，也掀起了欧洲向尼加拉瓜的移民浪潮，欧洲移民主要来自德国和意大利。但是尼加拉瓜与萨尔瓦多、洪都拉斯以及危地马拉之间常发生武装冲突。

保守派政府长达35年的统治在1893年被"自由革命"推翻，继而上台执政的是自由派代表何塞·桑托斯·塞拉亚（José Santos Zelaya López, 1853～1919）。塞拉亚团结新生的克里奥约资产阶级，建立独裁政权，但与美国分歧较大、关系紧张。1909年，在美国的支持下尼加拉瓜保守派对抗塞拉亚的统治，作为对其帮助条件，1912年美国在尼加拉瓜建立军事基地。1927年，奥古斯托·塞萨尔·桑地诺（Augusto César Sandino, 1893～1934）领导尼加拉瓜人民开展反美游击战，迫使美军于1933年撤离。1934年，国民警卫队司令安纳斯塔西奥·索摩查·加西亚（Anastasio

Somoza García，1896～1956）在美国总统罗斯福的指使下暗杀桑地诺，并于1936年就任总统，从此开始尼加拉瓜长达40余年的亲美"考迪罗"①制的独裁统治，直至1979年结束。

1979年，桑地诺民族解放阵线（简称"桑解阵"）的部队向首都马那瓜发起全线进攻，推翻索摩查家族的独裁政权，同年7月，民族复兴政府成立，废除宪法，解散议会。新成立的军政府领导人丹尼尔·奥尔特加（Daniel Ortega），和苏联及古巴交好，与美国交恶，里根政府时期的美国援助反政府游击队，尼加拉瓜陷入十年内战。

2006年，尼加拉瓜举行总统和议会选举。桑解阵领导人丹尼尔·奥尔特加当选总统，结束了右翼17年的统治。2014年，国民议会通过一项宪法修正案，废除总统任期限制。2016年，现总统奥尔特加赢得总统大选，其妻子穆里略（Rosario Murillo）当选副总统，目前尼加拉瓜成为西半球唯一一个"夫妻共治"的国家。2018年，尼加拉瓜爆发游行示威，是自1990年尼加拉瓜革命结束以来该国最严重的国内冲突。近年来，尼加拉瓜在奥尔特加统治下深陷贫困的泥沼，失业率高，国内冲突不断，人民生活贫苦，文盲率居中美洲各国首位。

第二节 尼加拉瓜西语与其他语言的接触

一、尼加拉瓜语言情况总览

据联合国2019世界人口报告数据②，尼加拉瓜人口数量为6,465,501人，其中白人和印欧混血人占总人口的86%，非裔占9%，土著人占5%。据尼加拉瓜2005年第8次人口普查数据③，超过四百万的人口居住在尼加拉瓜太平洋沿岸和中北部地区，马那瓜是人口最多的城市，而大多数土著民和非

---

① 考迪罗（Caudillo）：也称考迪罗主义，是拉丁美洲特有的军阀、大地主和教会三位一体的本土化独裁制度。政治上依靠军人专政来维持统治，对外投靠外国势力，对内残酷镇压人民反抗。

② "World Population prospects – Population division". population.un.org. United Nations Department of Economic and Social Affairs, Population Division. Retrieved November 9, 2019.

③ "VIII Censo de Poblacion y IV de Vivienda" (PDF). Instituto Nacional de Estadística y Censos (in Spanish). October 2005. Archived from the original (PDF) on 2007-08-24. Retrieved 2007-07-07.

洲裔尼加拉瓜人居住在加勒比海沿岸。在语言方面，尼加拉瓜以西班牙语为官方语言，该国中部地区和太平洋沿岸的混血人和白人主要讲西班牙语，但加勒比海沿岸语言情况较为复杂，该地土著种类较多，再加之历史原因，人们除了说土著语，也常讲英语，西语相对少说。

西班牙殖民者来到这片土地后，征服的主要是多丘陵多平原的太平洋沿岸和多山的中部地区。这两大区域当时被纳瓦部落掌控，讲纳瓦特尔语，西班牙人来到后，借助纳瓦特尔人的翻译来教化土著民，教授西班牙语，学习西方文化。因此，随着历史的发展，如今这两大地区的人们日常使用的语言为西班牙语，但也常见纳瓦特尔语对西语的影响。

而在加勒比海沿岸地区，住在那儿的米斯基托人依靠人数多且拥有经验丰富的军队，再加上有英国人的帮助，较少受到西班牙殖民者的入侵，因此这片区域仍保留了许多原住民文化，各个土著民族也有自己的土著语。此外，这片区域历史上曾受到英国长达两个世纪的统治，而且17世纪时，英国引进了许多非洲奴隶来开发种植园，还有就是其他逃亡的黑奴也来到此地寻求避难，因此，尼加拉瓜加勒比海沿岸居住着全国大多数的土著民，如米斯基托人、拉玛人、苏莫人，以及非洲裔，他们除了说自己的土著语，日常生活中更常说克里奥约英语。1894年，加勒比海沿岸地区被总统塞拉亚利用军事力量归入尼加拉瓜，塞拉亚试图使沿岸居民西班牙化，强制他们学习西语，所以这些加勒比海沿岸的人们也会说西语，但与英语相比使用率低。

现今，在加勒比海沿岸的这些土著民中，米斯基托人占绝大部分，他们有自己的语言米斯基托语，但相当多的人讲克里奥约英语，且历史上与英国人频繁接触，许多人信基督教。其他占比较少的土著族群有苏莫人、拉玛人，他们的语言苏莫语和拉玛语如今濒临消亡，这两种语言对尼加拉瓜西语几乎没有影响。除此之外，人数较多的非洲裔，是17世纪被贩卖到新大陆的非洲奴隶和加勒比印第安人的后代，他们说加里福纳语、克里奥约英语和西班牙语，但还是以前两种语言为主。

二、土著语对尼加拉瓜西语的影响

在前哥伦布时期，尼加拉瓜居住着的土著部落大多来自墨西哥，其语言也跟墨西哥土著语有关，如乔罗特加人所讲的乔罗特加语，属欧托－曼格语系（lenguas otomangues），而尼加拉奥人所讲的纳瓦特尔语，属犹他－阿兹特克语系（lenguas utoaztecas）。西班牙船队将西班牙语带到这片土地上，西语和土著语不可避免地互相影响。

在尼加拉瓜加勒比海沿岸地区，人们接受西班牙语的教育较晚，且日常生活中西语的使用率与英语和土著语相比较低，再加上一些土著语言随着历史的发展濒临消亡，因而对西语的影响较小，有受米斯基托语影响的西语词汇如 pijibay（粽子）。除此之外，乔罗特加语现今已消亡，对尼加拉瓜西语影响也小，西语中仅有十余个受乔罗特加语影响的词汇，如 nambira（瓢），ñoca（裂缝），ñoño（古老的、过时的）。在太平洋低地区和中部高原山地都有分布的尼加拉奥人，他们所讲的纳瓦特尔语在历史上曾有着充当土著人和西班牙人沟通桥梁的重要作用，因此，纳瓦特尔语对尼加拉瓜西语的影响也最深。纳瓦特尔语不仅影响着西语的语音，还对一些句法产生影响，如西语的并列结构，甚至在词汇方面的影响也显而易见。此外，尼加拉瓜一些地名甚至这个国名都是源自纳瓦特尔语，如地名 Apoyeque, Asososca, Esquipulas, Masachapa, Masaya, Ochomogo, Somoto, Jinotepe。据统计，尼加拉瓜人日常使用约 600 个受纳瓦特尔语影响的词汇，如：

　　atol（atolli）：bebida o comida hecha de maíz 玉米面糊

　　caite（cactli）：zapato 粗糙的皮凉鞋

　　chibola（tzin）：bola, canica 小圆球

　　chingaste（tzintli）：asiento, semilla, residuo sobrante de una bebida como café 沉淀、咖啡残渣

　　huipil：especie de camisa 土著妇女穿的无袖衫

　　nana（nantli）：madre 妈妈；nodriza 奶妈

　　tata（tlatli）：padre 爸爸，老爹

　　zacate（zacatl）：hierba, pasto 牧草

　　apachar（pachoa）：aplastar 压垮；使惶恐

　　chimar（xima）：rasurar, afeitar, raspar 刮脸

　　pipe（pipilli）：niño 孩童

　　cachipil（ziquipilli）：muchos, gran número 许多，大量

　　chachalaca（chachalactli）：muy hablador 非常话多的

　　chichicaste（tzitzcastli）：persona fácilmente irritable 易怒的人

三、意大利语对尼加拉瓜西语的影响

19 世纪中叶，在保守派统治下，尼加拉瓜政治稳定、经济和社会发展较快，吸引欧洲移民至此，他们主要来自德国、意大利、法国、西班牙以及比利时，其中，意大利语对尼加拉瓜西语也产生了一些影响，具体表现在词汇方面，如：balear（开枪射击），是 bala（子弹）的派生词，而

bala 又是意大利语 palla（球）的变体；chinela（平底便鞋），来自意大利语 cianella，而 cianella 是意大利语 pianella 的方言变体，与西语 plano（平的）意思相近；bandidencias（盗、土匪），来自意大利语 bandito；fachento（自鸣得意的人），来自意大利语 faccenda。

四、法语对尼加拉瓜西语的影响

19世纪的欧洲移民浪潮，法国人也参与其中，他们主要移民到尼加拉瓜的太平洋沿岸和中部地区，而这两区域又以西语为主，这些外来的欧洲语言和西语相互碰撞、相互影响。在尼加拉瓜西语中，可以发现法语以及法国方言对西语词汇的影响，如：botar（扔、抛），来自法语 boter（击、打），如今这个词常和船搭配使用；enojarse（恼怒），来自奥克语[①]enojar；halar（恋爱），该词在中美洲方言中还有吸引某人的意思，是来自法语 haler（拉绳头），而这个法语词是来自加斯科方言[②]halon（吸引）；llanta（轮箍），来自法语 jante（轮缘）；mechudo（披头散发的），来自法语 mèche。

五、英语对尼加拉瓜西语的影响

作为全球使用范围最广的语言，英语对世界上许多语言都产生了影响。历史上，英国统治过尼加拉瓜加勒比海沿岸，当地居民深受英语影响，英语使用率堪比土著语；再者，美国和尼加拉瓜相距较近，其影响力也非常巨大，尼加拉瓜人日常交流中甚至直接使用一些英语词汇，或是英语词汇的变体，变体是为了适应他们的发音，例如：freezer（冰箱），blúmer（女用短裤），jeans（牛仔裤），short（短裤）。当然，这些英语词汇的变体在诸多拉美国家都很普遍。

这样的例子还有：aeróbicos（健美操），来自英语词汇 aerobics，在尼加拉瓜使用非常广泛；afro，来自英语 african look（非洲式样），是一种圆形蓬起的卷发发型；apartamento（公寓），来自英语 apartment，是房间少、面积小的公寓，这种用法在其他西语国家并不常用，除了多米尼加和委内瑞拉，这两个国家也使用 departamento（套间）；baby（婴儿、小孩），直接采用英语词汇 baby，除了原本的婴儿意思，还用来区分两个相同名字的

[①] 奥克语（idioma occitano）：印欧语系罗曼语族的一种，使用地区主要在西班牙加泰罗尼亚的阿兰山谷、法国南部普罗旺斯及卢瓦尔河以南、摩纳哥和意大利奥克山谷。

[②] 加斯科方言（gascón）：一般认为是奥克语方言，但有些人认为是独立的语言。使用者主要分布在法国南部的加斯科尼和贝阿恩地区，还有西班牙的阿兰山谷。

人，这两者一般为亲戚，较为年少者名字前面会加上 baby，以示他是晚辈，例如 Baby Bush（小布什），美国和其他拉美国家都很少有这种用法；*baby doll*，直接来自英语，原意是洋娃娃，但在尼加拉瓜，它是一种柔软且透明的情趣睡衣。它的西语变体 beibidol 在尼加拉瓜、洪都拉斯、古巴等国都比较少用。

第三节　尼加拉瓜西语特点

尼加拉瓜西班牙语是指在尼加拉瓜使用的卡斯蒂利亚语的变体，也是中美洲西班牙语（español centroamericano）变体之一，尼加拉瓜西班牙语常被叫作 nicañol。该国的西班牙语与邻国洪都拉斯、萨尔瓦多有着许多相似之处，但在发音和用法上也有一些明显的不同。总体上来说，尼加拉瓜西语可以从语音、形态句法、语法、词汇等方面总结出自身特点。

一、语音特点

尼加拉瓜西班牙语与卡斯蒂利亚语明显不同的一点在于，语音字母有30个，分别是 a, b, c, ch, d, e, f, g, h, i, j, k, l, ll, m, n, ñ, o, p, q, r, rr, s, t, u, v, w, x, y, z，与传统说法不同的是，该国西语将多击颤音 rr 算作单独的字母。

（一）seseo 现象

不区分音位清齿擦音 /θ/（写作 z、ce、ci）与清齿龈擦音 /s/（写作 s），均发为 /s/ 的现象，该现象是拉美诸多国家的西班牙语都共有的特点，主要受安达卢西亚和加那利群岛的西班牙语变体的影响。如：casar 和 cazar 都读成 /casar/。

（二）闭塞音

第一种为元音化，清软颚塞音如 c /k/，在尼加拉瓜农村地区常被元音化，如：perfecto 发音为 /perˈfeito/，c 发成 /i/；第二种是改变塞音，塞音 p /p/ 和 c /k/ 在发音时会发生对调，例如：aceptar 发音为 /aˈsektar/；insecto 发音为 /inˈsepto/；第三种是省略，塞音 p /p/ 和 c /k/ 在发音时会被吞掉，如：extraño 读作 /esˈtraɲo/；concepto 读作 /konˈseto/，p 的发音被省略了。

（三）擦音

清唇齿擦音 f /f/ 通常发音成清双唇擦音 /ɸ/，如：fue 发音成 /ɸwe/。清齿龈擦音 s /s/，当放在音节的最后时，发成清声门擦音 /h/，这种情况在圣胡安河（Rio San Juan）和里瓦斯省常见。清软颚擦音 j/x/ 或者是 ge 和 gi，发成清声门擦音 /h/，例如：gente 发音为 /'hente/；extranjero 发音为 /ehtraŋhero/。当单词第一个音节的发音为双重元音时，元音发作浊硬颚擦音 y/j/，hierro 发作 /'jero/。

（四）鼻音

当双唇鼻音 m/m/ 放在 n/n/ 和 g/g/ 的前面时，读作软腭鼻音 /ŋ/，例如：himno 发成 /'iŋno/，原本读音为 /'imno/；columna 发成 /ko'luŋna/，原本读音为 /ko'lumna/，这种情况在其他西班牙语变体中也常见。齿龈鼻音 n /n/ 在绝对词尾时弱化，例如：el volcán 发成 /el bol'kan/; cayeron 发成 /kajeron/。

（五）元音之间的辅音 d

两个元音之间的辅音 d 经常省去，例如词尾后缀 -ado/-edo/-ido 相应变成 /ao/，/eo/，/io/。

（六）词尾的清音

p/p/, t/t/ 放在绝对词尾的单词，一般是来自英语，在尼加拉瓜的一些地区，这些清音常发成 c/k/，例如：Internet 读作 /internec/；cenit 读作 /cenic/；laptop 读作 /lactoc/；robot 读作 /roboc/。

（七）初始音节

一些单词的初始音节在发音会被省去，/ñor/（señor），/ña/（doña），/tate/（estate）。

（八）辅音 s

在尼加拉瓜年轻人中，辅音 s 在单词中经常弱化，发成 j /x/ 的音，例如：sacar /sa'kar/ 发成 jacar/xa'kar/；nosotros /no'sotros/ 读作 nojotros /no'xotros/。

二、形态句法

（一）voseo 现象

voseo 是指在拉美一些西班牙语变体中，主格代词第二人称单数使用 vos 及相应动词变位形式的现象。在尼加拉瓜西班牙语中几乎不用第二人称单数 tú，人们会在非正式场合使用 vos，在正式场合使用 usted。此外，与 vos 相应的动词变位将词尾变成 -ás/-és/-ís，相应的虚拟式变位也是把重音放在后面，这与危地马拉西语一致。20 世纪 80 年代，桑地诺民族解放阵线领导的人民武装运动取得胜利后，voseo 用法在尼加拉瓜普及开来。近年来，vos 开始以文字形式在尼加拉瓜的报纸、杂志和所有形式的广告中出现。例如："Te vi a vos."（我看见你了。）；"Vos te callás."（你住口！）；"¡Que vos tomés!"（你吃吧！）。

（二）物主形容词

在尼加拉瓜不使用物主形容词，如 vuestro（你们的），nuestro（我们的），suyo（他的），而是使用 de 和主格人称的短语搭配，如 de nosotros（我们的），但不会用阴性形式 nosotras；de ellos（他们的）；de ustedes（诸位的）。

（三）介词

与动词搭配使用的介词 en 用 a 来替代，例如："Entró a la casa."（他进家了。），原句应该是 "Entró en la casa."。介词 hasta 和 desde 表示时间的用法，与传统西语不一样，hasta 表示某段时间后，而不是直到某段时间，例如："El negocio abre hasta las 8 am."（生意早上八点后才开始做。），这其中经常省略 no，原句该是 "El negocio no abre hasta las 8 am."，由于 no 的省略导致 hasta 的用法发生改变；desde 则表示某段时间前，而不是从某段时间起，例如："Juan vino desde el viernes."（胡安是周五之前到的。）。此外，尼加拉瓜西语中介词 entre 会替代 dentro 的用法，例如："Lo tiene entre un cajón."（他把它放在盒子里。），原句应是 "Lo tiene dentro de un cajón."。

（四）派生词

派生词尾 -azón 表示频率高或是强度大，如 apretazón（使劲揉搓）。-dera 表示重复的动作，如 habladera（不停地说），comedera（不停地吃）。-ero/-era 表示数量多，如：cucarachero（很多蟑螂），culebrero（很多蛇），zopilotera（很多兀鹫）。此外，在尼加拉瓜西语中指大词、指小词的使用十分普遍，即指小词的后缀 -ito/-ita，如单词 puertita（小门），fiestita（小聚会），pueblito（小村庄），ahorita（马上），此外，这个指小词的后缀还有变体 -itito/-itita，如 ahoritita；指大词后缀 -udo，如 peludo（多毛发），trompudo（厚嘴唇）。

（五）副词

一些常用的副词用法发生改变，如 ahora：hoy（durante el día）（今天）；ahorita：ahora（现在）；ahoritita：ya（立即）；correcto：¡De acuerdo!（同意）；enseguida：más tarde（后来）；hablar golpeado：hablar alto y deprisa（说得又快又大声）；¡Idiay!（源自 y de ahí）：¡y eso!（这样啊）；camina ligero：camina rápido（走得快）；un poco de basura：mucha basura（许多垃圾）；bien contento：muy contento（非常开心）；bien bueno：muy bueno 非常好。

（六）形容词

因受英语的影响，一些形容词会用作副词，如 apretar duro（fuerte，使劲按压）；hablar duro（alto，大声说）；correr duro（rápido，跑很快）；Está bueno（bien，好的）。

（七）连词 pues

尼加拉瓜人会在口语中不断重复 pues，这个词原本的连词功能丧失了，而被用作加强语气，如："—Bueno pues, —dijo, riéndose, —Díganme, pues."（"好的"，他笑着说道："诸位告诉我吧！"）；"Finalmente, queda pues, pendiente determinar."（终于，就差拍板了。）。

（八）动词的式和时之陈述式

陈述式简单过去时应用于任何过去发生的事情，如："Ya vine."（我已经来了。）；"Hoy comí tortilla."（今天我吃过玉米饼了。）。现在完成时则表示从过去开始到现在还在执行的动作，如："He estado enfermo desde el lunes."（我从周一之前就一直生着病。）。强调过去发生的动作，如："Venía distraído por el camino y me he tropezado con un caballo."（我沿着路心不在焉地走着，然后我遇到了一匹马。）。将来未完成时表示将来这一功能则被一般现在时和 ir a + 原形动词的短语替代，如："Mañana cierran la iglesia."（明天教堂关门。），"¿Qué vas a hacer el sábado?"（这个周六你打算做什么？）。而尼加拉瓜人一般使用将来未完成时来表示疑惑，如："¿Qué le pasará a Juan?"（胡安咋回事儿？）。

（九）动词的式和时之虚拟式

虚拟式过去未完成时采用 -ra，而不用 -se，条件句的主句和从句谓语动词都是如此，如："Si tuviera plata me comprara un carro."（要是我有钱，我就给自己买辆车。）

（十）代词 se

常与不及物动词并用，如 enfermarse（生病），tardarse（费时、耽搁）。

三、词汇

尼加拉瓜西语词汇非常丰富，且具有尼加拉瓜当地特色，区别于其他拉美地区的西班牙语变体。多个领域的词汇发生语义层面的改变，如饮料、食物、体育、水果。

在尼加拉瓜，一些常见的西语词汇其语义已经发生改变，如 tomar：beber（喝）；media：calcetín（短袜）；almuerzo：comida（食物）；

demorarse：tardar（耽搁）；conversar：hablar（讲、交谈）；pena：vergüenza（羞愧）；cocinar：cocer（煮）；moreno：negro（黑种人）；computador：ordenador（电脑）。

除此之外，还有许多从古西班牙语继承而来的词：

aeromoza：azafata 空姐

arruinar：estropear algo 损坏

baboso：bobo, tonto 傻瓜

carro：coche 汽车

cepillo：adulador 谄媚者

coche：carro de caballo 马车

copete：tipo de peinado 一种发型

corrompe-gente：que le gusta gastar bromas 爱开玩笑的人

echar un pelón：hacer la siesta 午睡

embolar：emborrachar 灌醉

encabarla：equivocarse, cometer un error 犯错

encaramarse：subirse 登高

enflatarse：perder la paciencia 失去耐心

enllavar：echar llave 上锁

fregar：hacer bromas 开玩笑

lampacear：pasar la fregona 擦洗

lampazo：fregona 拖把

molestar：hacer bromas 开玩笑

maceta：cabeza 头

pelota：grupo de amigos 一群朋友

tema：manía, obsesión 癖好

此外，roca 这个词，在标准西班牙语中的意思是"坚硬的石头"，但在尼加拉瓜，是一个呼喊母亲的俏皮称呼，如："Ahí viene mi roca."（来这儿，我的妈妈。）。

另外，跟其他拉美国家一样，尼加拉瓜的西语有许多航海词汇：

abajo：lado occidental de un lugar 一个地方的西侧

balde：cubo para agua 水桶

batea：lavadero portátil de madera 淘金木盆

barquinazo：caída violenta 颠簸

guindar：colgar 挂

其他一些具有地方特色的西语词汇包括：

pepenar：recoger algo del suelo uno por uno 一颗颗捡、拾

china：persona que chinea, tomar en brazos a un niño 奶妈

bollo：céntimo 一分钱

dundo：tonto 傻瓜

cruz：camisa 衬衫

blanca：muerte 死亡

billuyo：dinero 钱

afincar：besar 吻

domar：robar 偷

chicheros：músicos 音乐家

currutaca：diarrea 腹泻

payaso：televisor 电视机

pepa：ojo 眼睛

peineta：diente 牙齿

第二十三章　哥斯达黎加的西班牙语

第一节　哥斯达黎加概况及历史

一、概况

哥斯达黎加共和国（República de Costa Rica），简称哥斯达黎加（Costa Rica），意为"丰饶的海岸"，位于中美洲狭长地带，北邻尼加拉瓜，东南与巴拿马接壤，东临加勒比海，西靠太平洋。首都圣何塞（San José）。哥斯达黎加是现今世界上第一个撤销军队的国家。

二、历史

（一）前殖民时期的哥斯达黎加

哥斯达黎加是美洲古老文明的国家。据考古发掘，哥斯达黎加在12200年前就已经有人类居住，他们从事狩猎采集，制作石器，甚至懂制陶。早期农业出现在公元前5000年，最早记录陶器使用是公元前2000~3000年间。公元前300年到公元500年之间，原始部落逐渐过渡到酋长制小型社会，玉米成为一些地区的主要农作物。

公元800年至16世纪西班牙人到来之前，哥斯达黎加村庄规模和复杂性都有所增加，地区差异也日益突出。众多或简或繁的墓地，庞大的基础设施，奢侈品的多样化，金银器的发展，区域交流以及领地间在土地和资源上的冲突，是这一时期的特征。社会等级制度包括贵族阶层，如宗教领袖和神职人员，以及由工匠和平民组成的普罗大众，黄金成为特权阶层的象征。南部和大西洋地区生活着讲奇布查语的人。公元900至1000年间，随着乔罗特加人的到来，今瓜纳卡斯特省成为中美洲南部边界。前殖民时期，居住在哥斯达黎加的不同土著族裔充当美洲大陆南北文化交流的桥梁，金银器业和彩陶工艺品得到广泛的发展。

（二）西班牙殖民时期

1. 西班牙人的到来

哥伦布在第四次新大陆航海中，于1502年抵达哥斯达黎加大西洋沿岸。哥伦布在日记中描述哥斯达黎加遍地黄金，引来冒险家对其进行多番探索，殖民者对其垂涎不已。努涅斯·德·巴尔博亚（Vasco Núñez de Balboa, 1475～1519）1513年越过巴拿马地峡抵达太平洋，冈萨雷斯·达维拉沿哥斯达黎加太平洋沿岸，到达尼科亚后前往尼加拉瓜，受到酋长尼卡拉奥的殷勤款待。

1561年，胡安·德·卡瓦隆（Juan de Cavallón, 1524～1565）进入中央谷地，建立起该地区第一个城镇——卡斯蒂略·德·加西米诺思。卡瓦隆被认为是哥斯达黎加的第一个征服者，尽管他无法完全控制土著居民；为了争夺粮食，卡瓦隆还被迫卷入了与乌维塔酋长卡拉比托（Garabito）的争斗中。1562年，巴斯克斯·德·科罗纳多（Juan Vázquez de Coronado, 1523～1565）对哥斯达黎加进行了两次全方位的远征，他被认为是真正意义上的哥斯达黎加征服者，他对哥斯达黎加了如指掌，在土著各部落间充当调停人，获得其信任和拥护；他主张以对话代替暴力，试图在西班牙人和土著人之间建立友谊。其后任者佩拉范·德·里维拉（Perafán de Rivera, 1492～1577）统治土著人，并在西班牙征服者中间分配土地，从而开始了殖民时期。

2. 殖民时期（1573～1821）

自1574年起，哥斯达黎加一直是危地马拉都督辖区的最南端属地，部分地区则属新西班牙总督区，这种情形一直持续至其独立。危地马拉都督辖区地处偏远，政府官员和教堂神职人员少，农业落后，矿藏匮乏，长期被西班牙殖民者忽视，因此与中美洲其他省份相比，危地马拉都督辖区拥有更大自治权，为其之后的发展提供了条件。一些学者认为，哥斯达黎加的部分民族特质就是在这个殖民时期形成的：当时，该地区物质匮乏，土著和非洲劳力不足，上至省长下至农民、奴隶和美洲土著，都得为生计操劳；那时的哥斯达黎加社会更平等，阶级统治弱化。其他研究表明，从17世纪开始，哥斯达黎加殖民地开始社会分化，由商业和土地所有者组成的社会精英掌握和操控国内经济和政治。

为了集中分散居住的人口，政府和教会下令在中央谷地的几个重要居民点建立教堂、祈祷室和教区。1812年前后中央谷地引入咖啡种植，这对独立后国家的发展至关重要。

（三）独立运动和独立以后的发展

与其他中美洲国家一样，在 19 世纪 20 年代拉美革命运动高涨之际，哥斯达黎加于 1821 年宣布脱离西班牙独立，1823 年加入"中美洲联邦"，1830 年退出，自建独立的共和国。哥斯达黎加经过 1821 年和 1856 年两次战斗获得独立并确立为一个民族，在独立战斗中起了决定作用的不是武器，主要还是全国农民群众的觉醒。

哥斯达黎加独立初期，政局不稳，政变频繁；同时因其小农经济一直占优势，大地主家族依靠政权对整个国家的控制力与影响力反而较小。独立初期的哥斯达黎加的政变，相比发生在其他多数拉美国家的政变而言，无论在规模还是破坏上，都要小得多，流血也较小。同时，与中美洲其他四国相比，哥斯达黎加地理位置更偏僻，其执政者也无意卷入他国间的冲突中，因此，哥斯达黎加受到的战祸较少，社会也较安定。

（四）哥斯达黎加现状

21 世纪的哥斯达黎加，不管是其统治者还是人民百姓，都面临着巨大的挑战。政治上，它实行的两党制，深陷腐败等政治丑闻，国家治理能力一度遭到质疑。尤其是在环境、基础设施、人权、人民安全、健康、就业、住房、有组织犯罪率激增和财政危机等问题上，引起了广大哥斯达黎加人民的不满。2014 和 2015 年间，该国与欧洲加强了经济联系，并与德国达成了教育合作协定。2015 年，联合国数据显示，哥斯达黎加将饥饿率从减少 5% 到减少了一半，联合国粮食及农业组织还特此表彰了哥斯达黎加。

第二节　哥斯达黎加西语与其他语言的接触

一、土著语对哥斯达黎加西语的影响

哥斯达黎加本身是一个多语言的国家，在其历史上，西班牙语一直与当地土著语有着不可分的联系，且互相影响深远。众多土著语言中的一些因素，影响西语在该国的传播与发展。与此同时，西班牙语也对土著语的存在造成了一定的威胁。随着西语的普及，说当地语言的人数越来越少，一些土著语正面临灭绝的危险，而有些则早已被遗忘在历史长河中，再无人知晓。

（一）消失的土著语

1. 瓦塔尔语（huetar）

瓦塔尔语是中央山谷地区及其周边讲的奇布查语（chibchense）。西班

牙人认为在哥斯达黎加对瓦塔尔族人的征服是最重要的，而这征服也意味着其语言在 18 世纪左右已经灭绝。征服之初，瓦塔尔语被西班牙人当作通用语，与瓦塔尔人以及该地区其他土著民众进行交流，瓦塔尔语与西班牙语高度接触，哥斯达黎加西语中，许多地名、动植物是用瓦塔尔语命名的。目前，约有 1300 哥斯达黎加人认为自己是瓦塔尔人的后裔。

2. 乔罗特加语

乔罗特加语的特殊性在于它是哥斯达黎加土著语中唯一不属奇布查语系的，它属于欧托－曼格语系。该语系是一个包含多个美洲原住民语言的大语系。乔罗特加语主要在哥斯达黎加西北部的尼科亚半岛使用。尽管比瓦塔尔语的使用量要小，但许多源自乔罗特加语的单词进入了该地区西语词汇中。乔罗特加语也于 19 世纪中叶灭绝。

3. 波鲁卡语（boruca）

最后一位能说流利波鲁卡语的人 2003 年去世。但该地区仍有一些会讲部分波鲁卡语的人以及仍记得波鲁卡语的居民。因此，尽管波鲁卡语被认定为已灭绝，但它的状况比瓦塔尔语和乔罗特加语要稍微好些。波鲁卡语之所以消失，主要是因为初等教育的普及（这在很多情况下压制了当地语言的发展），年轻一代对语言的冷漠态度以及对手工艺和其他民俗活动的文化认同性降低等。

4. 特拉巴语（térraba）

特拉巴族主要生活在蓬塔雷纳斯的布宜诺斯艾利斯地区的特拉巴－波鲁卡土著人居留地。据人口普查数据表明，共有 1300 名与特拉巴族有亲缘关系的人。特拉巴语被认为是特里贝语（teribe）的一种方言。特里贝语是巴拿马的一种土著语言，且在巴拿马有强大的生命力，而特拉巴语则已灭绝。

（二）尚存的土著语

1. 马勒库语（malecu）

马勒库语，也叫瓜图索语（guatuso），是哥斯达黎北部唯一保留下来的土著语言。马勒库人长期处于孤立状态，保留了自己的习俗和语言，但 19 世纪下半叶与来自尼加拉瓜的非法橡胶工人进行的一系列争斗，使他们面临灭顶之灾，几近灭绝。另外，马勒库人被纳入国家教育体系，该地区丛林的消失以及政府和宗教团体的影响等，都是危及马勒库人文化和语言的因素，因此马勒库语被认为正在走向衰亡。目前，约有五百人自称马勒库人。

2. 布理布理语（bribri）

在塔拉曼卡山脉两侧的土著人都说布理布理语。他们远离西班牙人后裔居住的城市，外界也难以进入布理布理人的领地，布理布理人在一定程度上保留了自己的语言。但移民、土地丧失以及逐渐自治导致它和哥斯达黎加其他土著语言一样，逐渐被取代。

3. 卡贝卡尔语（cabécar）

根据第十次全国人口普查以及 2011 年第六次住房普查，卡贝卡尔语是哥斯达黎加使用最广泛的土著语言，卡贝卡尔人可能还是哥斯达黎加唯一使用单一语言的人群。但是，它也同样被认定为走向衰亡，卡贝卡尔语在大多数卡贝卡尔人家庭中仍然能代代相传，但传播力度渐弱。

4. 瓜伊米语（guaymí）

虽然自称为恩戈比（ngöbe）或恩加比（ngäbe）的瓜伊米人人口超过十万，但其中大多数人居住在巴拿马。目前，哥斯达黎加人口普查登记了 4000 多瓜伊米人。瓜伊米语仍保持着顽强的生命力，因为巴拿马还有大量说该语言的人。

5. 布格雷勒语（buglere）

布格雷人与瓜伊米人共同生活在巴拿马和哥斯达黎加，虽然大部分人居住在巴拿马，其语言仍保持着良好的活力。然而，在和瓜伊米人共存的地区，由于文化同化和双语单一化（布格雷人在和瓜伊米人通婚时会接受瓜伊米语，但瓜伊米人却不会学习布格雷勒语），布格雷勒语正面临消失的危险。

二、英语对哥斯达黎加西语的影响

根据第一国际教育学院数据，哥斯达黎加是对英语了解更多的拉美国家之一。英语是该国首选外语，几乎所有的大中小学都将英语列为必修科目，高中毕业考选择最高的外语，也是进入大学的必修科目。

此外，英语还得到中美洲最重要的盎格鲁－撒克逊人社区之一建立的数十个文化机构的支持和促进，这些机构由 20,000 多名美国人、10,000 名加拿大人、6000 名英国人及其居住在该国的子孙的组成。他们在日常生活中使用英语，且与西班牙语并行使用，因此哥斯达黎加西语也吸收了许多英语词汇。

（一）利蒙的克里奥约语

在该国的加勒比海地区也说利蒙的克里奥约语，这是英语在加勒比海地区的一种变体。通常，来自利蒙的克里奥约语被称为"黑话"（patois/patuá）或"mekatelyu"。而"mekatelyu"这个名字音译自"Meik I tell yu somtin?（May I tell you something?）"。尽管据说是利蒙人自己给这种英语变体起的名，但实际上是由 20 世纪 70 年代的语言学研究提出来的。据猜测，"May I tell you something?" 是一个用于讲玩笑或八卦的开场白，对于利蒙人来说有一点负面消极的意味，因此有一部分人对此说法表示反对。

在日常生活，利蒙克里奥约语在词汇上也对哥斯达黎加的西语产生了一定的影响。在珍妮特·艾索普（Jeannette Allsopp）的《动植物和食物英语、法语、法式克里奥约语和西班牙语多语词典》（*The Caribbean multilingual dictionary of flora, fauna and foods in English, French, French Creole, and Spanish*）一书中记载了一些在哥斯达黎加西语中使用的与植物和食物有关的利蒙的克里奥约词汇，如：calalú（美洲商陆）、cou-cou（颈部）、domplins（肉丸）、duckunoo（一种甜品）、Johnny cake（玉米饼）、jew-plum（三尖杉）、june-plum（六月梅花）、okra（秋葵）、sorrel（酢浆草）、plantintá（炸角）、raisanbín（葡萄干）和 rondón（海鲜杂鱼汤）。实际上，哥斯达黎加西语中的大多数借词都与美食有关，如：domplins（肉丸）、duckunoo（一种甜品）、Johnny cake（玉米饼）、plantintá（炸角）、raisanbín（葡萄干）、rondón（海鲜杂鱼汤）、yanikíek（炸面片）、pan bon（黑面包）、patí（馅儿饼）等。其次就是和植被（有些植物是某些食物的主要原料）有关，如：jew-plum（三尖杉）、june-plum（六月梅花）、okra（秋葵）、sorrel（酢浆草）、calalú（美洲商陆）、yuplón/yumplón（黄酸枣）等。

三、德语对哥斯达黎加西语的影响

哥斯达黎加是中美洲最大的"德国社区"之一，19～20 世纪，哥斯达黎加接纳了一大波德国移民，社会文化和经济得到了巨大的发展。此外，在该国北部还有一些由早期德国移民和门诺会信徒建立、殖民及居住的社区，其后人仍然使用德语或使用源自古德语的方言。由于人数众多的德国人及其后裔，哥斯达黎加的西语也难免会受到德语的影响，吸收其部分词汇丰富本国的西班牙语。

四、意大利语对哥斯达黎加西语的影响

哥斯达黎加拥有中美洲最大的意大利人社区，在该国生活的意大利人和瑞士人，与许多 19 世纪意大利移民后裔一起，建立起一个庞大的意大利语社区，有自己的文化机构和联盟，用以促进意大利语的教学。此外，在该国的意大利移民农业种植区，人们说意大利语，这些种植区得到政府的大力推广。目前，这些地区的意大利移民的后人还会讲一种受西语影响的方言。

五、其他语言对哥斯达黎加西语的影响

法语也是哥斯达黎加最受欢迎和最大力推广的外语之一。哥斯达黎加拥有中美洲最大的法语社区，是法语圈国际组织观察员中唯一一个中美洲国家。此外，19世纪中美洲最大的法国移民潮涌向哥斯达黎加，今天该国有众多法国移民的后裔，他们建立了多个文化机构和同盟，甚至建起一所推动法语在该国传播的学校。另一个对该国有影响力的语言是阿拉伯语，哥斯达黎加拥有中美洲最大的穆斯林社区之一，他们将阿拉伯语作为礼拜语言。希伯来语同样也被哥斯达黎加犹太人用作礼拜语言，哥斯达黎加拥有中美洲最大的犹太人社区之一。因此，法语、阿拉伯语和希伯来语都在不同程度上与哥斯达黎加西语相互融合和影响，吸收彼此的词汇和用法，丰富和完善自身的语言体系。

第三节　哥斯达黎加西语特点

一、语音特点

尽管哥斯达黎加西语在不同地域会有各自不同的特点，但是它们还是有着一些共同的特征。

rr 的发音不像大多数语地区那样是齿龈颤音，而是一个可能继承自西西里语和奇布查语的 /ɹ/ 发音。他们 /-r-/ 和 /-r/ 的发音就像一个内破裂的齿龈擦音 /ɹ/，是清辅音；tr 的发音则像塞擦音 /tʂ/，也像清辅音，虽然这个变体不常见，但可以和第一种发音互换。

在整个哥斯达黎加，内破裂音 s 的发音位置和其他中美洲国家相反：中美洲其他国家的人们习惯省略 s 的发音，而在哥斯达黎加，人们强化 s 的发音，这有可能是受西班牙北部移民的影响。

在阿拉胡埃拉省和其他农村地区，他们会省略词尾 d 的发音，但会重读倒数第一个元音，如：calidad-/calidá/、usted-/usté/。

二、词汇特点

哥斯达黎加作为一个多语言的国家，其词汇量相当丰富：
1. 来自土著语言的借词（主要是奇布查语和纳瓦特尔语，小部分来自克丘亚语和加勒比语）；

2. 源自非洲语言的词汇；
3. 中美洲战争的黑话和暗语；
4. 意大利词汇（源于意大利大批移民）；
5. 西班牙犹太人后裔使用的一些惯用语（因为大批西班牙犹太人移民）；
6. 中美洲其他国家的引入词汇；
7. 来自其他语言，特别是欧洲的法语和英语，这两种语言在不同历史时期对哥斯达黎加西语的影响较大；
8. 受加勒比地区克里奥约人的影响。

此外，值得一提的是，帕丘科语（pachuco）作为哥斯达黎加的一种黑话，是卡斯蒂利亚语在一个特定地区的变异语。它受土著语、意大利语、牙买加行话、哥斯达黎加暗语、利蒙克里奥约英语、传统卡斯蒂利亚语以及哥斯达黎加一些俚语和其他流行的表达方式的影响。

马勒斯宾暗语（código malespín）则是在19世纪中美洲内战中由弗朗西斯科·马勒斯宾（Francisco Malespín, 1806～1846）创造的，如今在哥斯达黎加很常用的 tuanis（muy bien）和 brete（trabajo），就源自马勒斯宾暗语，此外马勒斯宾暗语通常会用 e 代替 a, o 代替 i, t 代替 b, g 代替 f, m 代替 p；或者相反。

三、语调特点

与其他国家的西班牙语相比，哥斯达黎加西语的口音听起来更加柔和，有点像于波哥大口音，也有点像哥伦比亚的派萨和卡利的口音。这种差异可能是与殖民时期哥斯达黎加与世隔绝有关，也可能是之后吸收和融合了来自世界各地移民的口音，特别是西班牙和意大利移民。无论如何，历史和文化发展进程的不同，哥斯达黎加西语的独特语调与中美洲其他地方的口音有很大的区别。哥斯达黎加的口音，尤其是中部山区的口音，就是各种外来语言和当地土著语言派生出来的。20世纪之前，哥斯达黎加西语听起来更像塞维利亚的口音。墨西哥北部，如下加利福尼亚州，其口音就与哥斯达黎加中部山区的口音相似。

四、形态特征

在哥斯达黎加，第二人称代词有 usted 和 vos 两种形式。尽管自19世纪以来，巴拿马的奇里基人使用 tú，且在该国南部产生了些许影响，但现如今哥斯达黎加人基本不会用 tú 来做第二人称。

在哥斯达黎加，tuteo 几乎不存在，如果有人使用，还会遭受社会谴责。拉美国家大多都不习惯使用 tú，相反，与西班牙有密切接触的国家或地区，比如安的列斯群岛、墨西哥和秘鲁，依然会使用 tú，再加上大学在文化推广上不懈的努力，哥斯达黎加人对 tú 的用法没那么抗拒，但哥斯达黎加那些远离城市的偏远地区仍保留殖民初期使用的 vos。

哥斯达黎加是一个特例。殖民时期它与西班牙以及其他几个中心区域交往甚少，因此得以发展出一个相对平等民主的社会。哥斯达黎加既没有受到殖民者的过多侵扰，也没有占主导地位的土著群体和大庄园，人们使用尊称，并非迫于权势或强权，而是民众间团结的体现。在哥斯达黎加，don/doña 和其他称呼一样，可能与奴隶制或社会等级关系不大。但在墨西哥和中美洲北三角区，称呼是有等级之分的。

（一）usted 的使用

usted 是第二人称单数的人称代词，在哥斯达黎加它主要用于正式场合及对陌生人、权威人士、长辈等的称呼。即便在非正式的场合，有些哥斯达黎加人也更倾向使用 usted。usted 在农村的使用更普遍，尤其是胡埃拉省，人们习惯加重最后一个元音的发音，而把词尾 d 省略，如 usted → usté。在埃雷迪亚、圣何塞以及其他沿海省份，ustedeo 和 voseo 同时存在，人们会根据情况交替使用 usted 和 vos。

（二）vos 的使用

哥斯达黎加人在某些非正式场合中会使用另一个第二人称单数代词 vos，其使用更口语化，用以称呼家人、朋友、同事或其他有亲密关系的人。自殖民时期起，哥斯达黎加就被公认为拉美地区 voseo 现象最突出的国家。vos 的使用亲切随意，容易拉近彼此间的距离。在卡塔戈、圣何塞和瓜纳卡斯特省，vos 的使用占上风；而在阿拉胡埃拉和其他农村地区，usted 的使用占主导地位。在哥斯达黎加，vos 也是文雅的用法，主要用于广告、商业和其他即兴场合。

第二十四章 巴拿马的西班牙语

第一节 巴拿马概况及历史

一、概况

巴拿马共和国（República de Panamá），简称巴拿马（Panamá），位于中美洲南部巴拿马地峡，北临加勒比海，南濒太平洋，东连哥伦比亚，西接哥斯达黎加。首都是巴拿马城（Ciudad de Panamá）。作为跨大陆国家，巴拿马国土连接中美洲与南美洲，同时隔断大西洋与太平洋，境内的巴拿马运河（Canal de Panamá）承载全球6%的海上运输，成为沟通两大洋和五大洲经济的咽喉要道，素有"黄金水道""世界桥梁"之称。

二、历史

（一）前殖民时期的巴拿马

巴拿马地峡的首批土著居民要追溯到距今12,000～13,000年前，早在欧洲人到来前，大陆两端间的土著居民就已经开始了互通有无的贸易活动，巴拿马地峡就是人员往来的必由之地。有学者认为，美洲最早的居民通过白令海峡到达美洲后，就是经由巴拿马地峡向南部迁徙，逐渐在整个美洲分散开来，巴拿马土著居民墓穴中发现的玉器、绿宝石和陶器碎片佐证了这一观点。此外，在尤卡坦半岛和墨西哥中部发现的巴拿马古代首饰表明，移民不仅由北向南迁移，也会由南往北迁移。

目前较为主流的看法认为，巴拿马地峡最早的一批居民从南部安第斯山区迁徙而来，但由于数量过少，加之部落间彼此相隔甚远，在定居多年后，这批原始居民在更大的移民潮到来之前就几乎消失了大半。后来的巴拿马主要居住着纳瓦特尔人、玛雅人和加勒比人，前两者来自中美洲，后者来自安的列斯群岛和乌拉巴湾（el Golfo de Urabá）东部。加勒比人入侵地峡之时，安第斯人、纳瓦特尔人和玛雅人已经建立各自的领地，为争夺领土和建立霸权，加勒比人与安第斯人之间爆发了冲突，后者不仅被夺走了居住地，还失去了自己的语言和习俗。纳瓦特尔人和玛雅人对入侵者的强烈抵抗，阻止了加勒比人吞并整个巴拿马地峡的步伐。尽管加勒比人占领了几乎整个加勒比沿岸以及太平洋沿岸部分地区，但是其统一巴拿马的几次尝试都遭受了巨大而无法挽回的失败。

1502年哥伦布在第四次航行途中，发现了现巴拿马加勒比沿岸的大部分地区，彼时在巴拿马的土地上居住着各种以部族为单位的酋长国。虽然这些部落未能形成一个统一的政治集团，但不同部落使用的语言却都源自同一个语族：奇布查语族。当时巴拿马土著居民停留在部落散居的居住模式，尚未发展出城市中心，但这并不意味着他们就不具备优秀的文明，彼时的巴拿马原住民已经掌握了高超的金银器和陶器制作技术，在贵重物品，如象牙雕刻方面取得了令人惊叹的成就。

（二）西班牙殖民时期

1."发现"巴拿马

1501年，西班牙探险家罗德里戈·德·巴斯蒂达斯（Rodrigo de Bastidas, 1460～1526）率先发现了巴拿马，标志着征服地峡和殖民时代的开始。

1502年，哥伦布第四次也是最后一次前往新大陆时，发现了现属于巴拿马的加勒比沿岸的大片土地。航行末期，他到达了土著居民称之为维拉瓜①的地方。在他看来这片地区遍布金矿，在给国王的信件中，他极力描绘当地居民将黄金用于日常起居的情景，声称这里有"取之无尽的黄金"。他还提到，当地土著居民和其他相距遥远的部落有着活跃的贸易往来，从这里起航的船只满载着"华美的服饰"和"贵重的物品"。但是让哥伦布的后继者们大失所望的是，巴拿马的黄金矿藏并不丰富，加上热带疾病、土地荒凉和充满敌意的当地人，建立殖民地的尝试屡遭失败也就在情理之中了。

1513年，西班牙探险之旅捕捉住了极好的机会。瓦斯科·努涅斯·德·巴尔博亚听闻地峡山脉的另一边有一处盛产黄金之地，他几乎肯定地认为那就是秘鲁的印加帝国。在野心的驱使下，巴尔博亚组织了一个远征队，翻越丘库纳克河的沿岸山脉，于1513年9月发现太平洋，成为第一个见到太平洋的欧洲人。

---

① 维拉瓜（Veragua），指尼加拉瓜至巴拿马的加勒比沿岸地区。

1519年，佩德罗·阿里亚斯·达维拉被西班牙国王费尔南多任命为"黄金卡斯蒂利亚"①的统治者。佩德罗在自己的领地上建立起一座新城，命名为巴拿马城，成为这片殖民地上新的中心。

2. 西班牙殖民统治

巴拿马城的建立，最初是应西班牙国王费尔南多的要求，在新开辟的殖民地上建立起的城市，后来它逐渐演变成殖民者们用以向中美洲和秘鲁扩张的据点。征服者们最初意欲寻得一条连接两大洋的天然通道，数年多方寻找后，1526年他们才无奈地发现这条路并不存在，于是他们以巴拿马城为起点，开辟出两条人工通道，以方便殖民物资的运输和转移。16至17世纪期间，"皇家之路"（Camino Real）和"十字之路"（Camino de Cruces）一直是横跨巴拿马地峡、连接加勒比海和太平洋仅有的两条通道。从秘鲁及其附近殖民地开采出的贵金属（主要是黄金和白银）先是运到巴拿马城，再经陆路运至波托韦洛或经水路送达查格雷斯河，最后装上开往西班牙的船只。

1538年，巴拿马皇家督察区②成立。当时西班牙在拉美地区设置了四大总督管辖区，巴拿马皇家督察区先后分别隶属于危地马拉总督区、秘鲁总督区和新格拉纳达总督区。督察区自建立起就一直动荡不断，同时还是各国海盗频繁袭击和抢掠的目标，英国、美国以及荷兰等多国海盗曾多次光顾此地，劫夺装载金银财宝运往西班牙的船只，督察区最后在1751年被彻底撤销。

（三）巴拿马独立后

1808～1814年西班牙和法国之间旷日持久的半岛战争，造成西班牙政治动荡、社会骚乱和权力真空，同时也导致西班牙失去了大部分殖民地财产。随着各殖民地独立斗争的加剧，西班牙王室下令取消与南美的自由贸易，这一举动直接打击了巴拿马的经济活力，引发殖民地民众的强烈不满。加上宗主国西班牙因连年战争，在殖民地大肆征税和强制征兵，巴拿马地峡人民反抗殖民统治的思想开始萌芽。1821年，巴拿马爆发了争取独立的第一声呐喊，随后宣布独立，自此摆脱西班牙在巴拿马长达321年的殖民统治。

尽管巴拿马成功脱离西班牙殖民统治走向独立，但独立军力量薄弱，新生的巴拿马面临着随时被重新殖民的危险。为维护独立运动的成果，巴拿马加入了由西蒙·玻利瓦尔组建的大哥伦比亚共和国。好景不长，大哥

---

① 黄金卡斯蒂利亚（Castilla de Oro），16世纪西班牙殖民者对从乌拉圭湾到巴拿马和哥伦比亚交界处的殖民地的统称。

② 巴拿马皇家督察区（Real Audiencia de Panamá），分管从尼加拉瓜至麦哲伦海峡的领土。

伦比亚最终还是因内部政见的巨大分歧走向解体，巴拿马也从共和国中脱离出来。其后几经波折，巴拿马数度加入新联邦随后又脱离，最后巴拿马在 1886 年加入哥伦比亚共和国，成为共和国的一个省。

1903 年，巴拿马在美国的策动下宣布脱离哥伦比亚，成为独立的共和国。独立后的巴拿马与美国签订了《巴拿马运河条约》，给予美国在巴拿马开凿运河和"永久使用、占领及控制"运河的特权。哥伦比亚虽有心收复巴拿马，但派出的军队遭到美国政府的阻挠。直到 1921 年，哥伦比亚才与美国签订条约，承认巴拿马的独立，同时得到美国支付的两千五百万美元赔偿和使用巴拿马运河的权利。

运河开凿后，美国进一步加强对巴拿马的渗透和控制，垄断运河管理和收益，对巴拿马城和科隆区进行干涉，变相地将巴拿马变成其"保护国"。面对美国霸占运河的行径，巴拿马人民展开了持久的抗争。1936 年和 1955 年，迫于巴拿马民众的压力，美国不得不两次修订美巴条约，但均未彻底改变 1903 年条约中的霸王条款。1964 年巴拿马发起收复运河主权的斗争，宣布与美国断交，废除运河条约。1977 年美国总统卡特与巴拿马签订了新的运河公约，规定自 1999 年 12 月 31 日起，运河管理权交还巴拿马政府。

第二节 巴拿马西语与其他语言的接触

一、英语对巴拿马西语的影响

与其他伊比利亚美洲国家一样，巴拿马西语也不可避免地受到英语的辐射和影响。英语作为商业用语，其影响不仅波及整个拉美地区，更是扩展到全世界，而美国与巴拿马之前频繁的贸易往来，更加重了英语对巴拿马西语的影响，同时两国在文化方面的频繁接触也给英语和西班牙语间的交流和融合提供了土壤，例如巴拿马日渐普及的双语学校、去美国高等学府深造的热潮以及积极引入的英语媒体节目，等等。相对于其他拉美国家，巴拿马与美国的渊源更是绕不开巴拿马运河。从 1914 年运河竣工到 1999 年巴拿马收复运河主权为止，美国把持运河管理权长达 85 年，美国在运河区的长期驻扎也足以使英语在这片"国中之国"落地生根，开花结果。

在巴拿马西班牙语的日常使用中，经常能够看到英语的影响痕迹。在构词方面，有巴拿马西语对英语单词或短语的直接模仿，例如：把"calendar day"直接翻译成"día calendario"，标准西班牙语中

"calendario"并无形容词词性，即使这种表达已经尽力贴合西班牙语习惯，即将定语后置，但是准确的表达应当是"día civil"；与之类似的例子还有：abanico eléctrico（英语 electric fan，电扇）、perrito caliente（英语 hot dog，热狗）、record policivo（英语 police record，警方记录）、prity-boy（英语 pretty boy，小白脸）等。这些英文单词或短语已经成了人们日常表达的一部分，有时是直接使用，不改变其本身形式，例如：bus（公共汽车）、club（俱乐部）、hot pans（热裤）；也有的情况是根据西班牙语作相应调整，例如把双写字母改成单写：gallon → galon、lobby → loby，或者在原来单词上加上后缀 -ito 变为指小词：busito（bus），又或者加上后缀 -ero/-era 将其变为形容词：softbol → softbolero，还可以加上动词词尾使其变为动词：implementar（英语 implement，实行），替换字母也很常见，如 basketball → basquetbol；其他常用的英语词汇还有：closes（衣柜）、cooler（便携冰箱）、freezer（冷冻柜）、investigativo（研究员）、king size（豪华型）、look（相貌）、membresaría（会员资格），等等。

句法方面，最引人注意的是将副动词与英语中的现在分词等同起来的现象，这时副动词承担在标准西班牙语中不具备的语法功能：作定语。例如在词组"refrigeradora enfriando"（制冷冰箱）中，副动词"enfriando"就是受英语影响作定语使用。此外，在巴拿马西语中似乎出现了一种在表达时间，以介词 en 替代 a 的倾向。例如，"Regresó en horas de la madrugada."（他凌晨时分回来。），在传统西班牙语中，这里应当使用的介词是 a 而不是 en，这种用法应该与英语的影响有关，比如，英语短语"in the small hours"，巴拿马西语将介词 en 作为 in 的同义词，照搬到相似结构中。由于这种替代方式在哥伦比亚的首都波哥大十分突出，考虑到巴拿马和哥伦比亚两国复杂深厚的历史渊源，有学者指出巴拿马西语中的这种介词替代现象正是从哥伦比亚借鉴而来。

二、法语对巴拿马西语的影响

巴拿马西语中还可以见到法语的影子，当然其影响力无法与英语相提并论，而且更多出现在巴拿马的报纸杂志等正式书面语中。与英语不同的是，法语并非近代才开始逐渐吸收进巴拿马西班牙语，而是要追溯到数个世纪之前。这种情况不仅发生在巴拿马，在其他西语美洲国家也同样如此。法语对巴拿马西班牙语的影响主要停留在词汇方面，如：afiche（法语 affiche，广告）、contralor（法语 contrôleur，查账员）、contraloría（法语 contrôler，检查账目）、gendarmería（法语 gendarmerie，宪兵队）、

matinée(法语 matinée,下午场)、rol(法语 rôle,角色)、rosticero(法语 rôtisserie,烤肉架)等。

三、非洲语言对巴拿马西语的影响

巴拿马非裔人口主要分为两类群体,彼此在文化上互相区别。一类被称为"殖民黑人",他们是殖民时期从非洲贩运到巴拿马的黑人奴隶的后裔,而"安的列斯黑人"的祖先则是那些当时被赶往安的列斯群岛的黑奴,自1820年起,这些非裔才从安的列斯群岛陆续移居到巴拿马。正因如此,安的列斯黑人的文化中带有英国或者法国的印记,与带有非洲文化色彩的殖民黑人迥然相异。可见,巴拿马现存的非洲语言主要在前者当中流传,其中影响力最大的非洲语言是刚果语(congo),这主要是由于刚果是16~17世纪黑人奴隶主要输出国之一,当时这些奴隶首先在哥伦比亚的卡塔赫纳登陆,随后经由巴拿马去往其他殖民地。这里的刚果语本质上是以西班牙语为基础、带有非洲语言特点的方言。

非洲语言对巴拿马西班牙语的影响是无可争辩的,然而过去几个世纪以来,对巴拿马乃至整个拉美非洲语言的研究都面临着重重困难:缺乏可靠数据,现存的文献模棱两可以及对文献的解释不能统一,等等,都构成了学术研究的重重障碍。尽管历史文献已经证实曾经的非洲裔奴隶之间存在着明显的非洲西语形式(这些语言形式处于卡斯蒂利亚语的轻微变异和真正的克里奥约语之间),但如今,除了频繁的文学模仿之外,几乎没有留下过往时代的非洲化语言的文献资料。因此,过去对非洲裔西班牙人语言的研究遇到了严重的方法论难题。对巴拿马非洲化西班牙语的探索,正是突破这个研究瓶颈的宝贵尝试,对研究西班牙语和非洲语言的接触至关重要。

刚果西语主要在加勒比沿岸的非洲裔巴拿马人中间流通,值得注意的是,这些居民日常交流所使用的西班牙语与巴拿马其他地区的几乎别无二致,刚果西班牙语与其说是一种西班牙语的区域性变体,不如说是一门用于"加密交流"的行话。大多数巴拿马人都认为刚果方言的主要特点就是"反着说西班牙语",也就是说,把单词的语义倒置,事实上也确实如此,例如 vivi(muerto),llene(vacío)。除此之外,刚果方言最显著的特征还有语音的更改、构词的多变和句法的简化,这些现象结合在一起,产生了一种对于初学者来说几乎无法理解的语言模态。

刚果西语主要的语音修改为:元音之间或者词首的辅音 l、r 和 d 发音同化,这种语音现象在其他的西班牙语方言中都难觅踪迹,可以说是刚果西语独有的发音。其中 l 和 r 位于词中时也会出现同化现象。如:clavo-

/cravo/、diablo-/diabria/、cumplemento-/cumprimento/、flaquito-/fraquito/、hablar-/jubriá/、problema-/probriema /。b、d 和 g 在所有情况下都发成闭塞音，这一点与常见的西班牙语方言变化正好相反。

在构词方面刚果西语呈现出相当大的不稳定性，尤其是元音常常可以随意置换，这在口语中表现得十分突出。常见的例子有：también-/tumbién/、los indios-/dos india/、ahora mismo-/ahoda mima/、garganta-/guguntu/，等等。

句法简化也是刚果西语的典型特征，具体表现为省略介词："Yo te venia buhcu."（规范西语："Yo te venía a buscar."我来找你。）；"¿Qué vamo sé?"（规范西语："¿Qué vamos a hacer?"我们要做什么？）；"Tú te tá metrío probriema."（规范西语："Tú te has metido en un problema."或"Estás metido en un problema."你有麻烦了。）。又比如会取消名词阴阳性的区别，以中性名词取而代之。

四、土著语对西班牙语的影响

2010 年巴拿马人口普查显示，土著人口约占巴拿马总人口的 5%，[①] 因此除西班牙语外，巴拿马境内还存在种类繁多的土著语，同年巴拿马政府颁布法令，正式承认七种土著语：库纳语（kuna）、恩加布勒语（ngäbere）、布格雷语（buglé）、恩贝拉语（emberá）、沃内安语（wounaan）、纳索语（naso）和布里布里语（bri bri）的地位，这被认为是巴拿马土著居民平权史上的里程碑事件，从此自治区的土著居民能够自由地使用自己的语言进行交流和教育。在这些土著语言中，恩加布勒语使用人数最多、影响力最大，仅次于西班牙语。

巴拿马土著语与西班牙语的沟通和融合从殖民时期便已经开始，当时的征服者们从土著语中借用了大量词汇用以描述这片新发现的土地，如：ochí（老虎）、saco（酋长）、cabra（船长）、tequina（医生）、tiba（先生）、ira（女性）。如今许多从土著语中借鉴而来的词已经渐渐不再使用，或者改变了其原有含义，例如地名 Veraguas（维拉瓜），原本在土著语中是"黄金河"的意思，如今通行的解释是"ver aguas"，即"看见水"，恰好与维拉瓜多雨的气候相吻合。在语音方面，受土著语，主要是布里布里语的影响，一些巴拿马人会把鼻浊辅音之后的元音发成鼻音，但标准西班牙语中并不存在鼻音元音。语法方面，布里布里语中不存在和西班牙语中完全对等的系表动词"ser"，这一点反映到巴拿马西语中，表现为"ser"的省略。例如：

---

① 数据来源：el Instituto Nacional de Estadística y Censo（INEC）。

把"Esa es mi nieta."（那是我的孙女。）说成"Esa mi nieta.",或者"Hoy es domingo."（今天是星期天。）说成"Hoy domingo."。布里布里语中也没有冠词，所以也能够解释为什么会说这门土著语的巴拿马人在说西班牙语时偶尔会缺失冠词，例如，会说"Es cama de mi hermana."（那是我妹妹的床。）而不是"Es la cama de mi hermana."；以此类推，同样由于土著语中没有性数一致、动词变位的概念，导致在转换成西班牙语的时候出现不一致的情况，如："Las manos duele."（双手疼痛。），而不是"Las manos duelen."；"Ya se pasó las cosechas."（已经收割完了。），而不是"Ya pasaron las cosechas."；"Nosotros lo hace."（我们做完它。），而不是"Nosotros lo hacemos."。

第三节　巴拿马西语特点

一、语音特点

（一）元音

在巴拿马西班牙语中可以观察到元音的不稳定性，即在有些单词中把某个元音替换成其他元音，例如：inteligente-/entelegente/、interesado-/enteresado/、rasurarse-/resurarse/。在辅音连缀之间增加元音的现象也很常见，例如：trampa-/tarampa/、brama-/barama/、claro-/kalara/，等等。连续两个元音出现在单词中，其中一个元音常常被省略或者调换位置，例如：geometría-/hometría/、le hiz-/liso/、te ocurrió-/tokurjó/ 或 ciudad-/swidá/。

（二）辅音

相比元音，巴拿马西语中辅音的变化更五花八门：

1. 清辅音的浊化

当 p, t 和 k 位于元音中间时，分别倾向于发成 /b/、/d/ 和 /g/，例如：zapatos-/sabatos/、locos-/logos/、capa-/gapa/、pata-/pada/。

2. b 的省略

当 b 位于两个元音之间时，常常会省略不读，例如把 taburete 发音成 /taurete/，有时还会被替换成元音，例如：tabla-/taula/。

3. d 的省略

当 d 位于两个元音之间时也会出现被省略的情况，最典型的便是词尾 -ado，省略 d 读作 /ao/ 的情况相当普遍。

4. 音位 f 的发音

音位 f 的发音有着明显的城乡差异，在受教育水平更高的城区，人们习惯 /f/ 发作 /f/ 清唇齿擦音，而在较为偏远的乡村地区，清双唇擦音 /ɸ/ 则更为常见，也有的受访者会将这个音位发作 /h/ 或者 /x/，尤其是当 f 位于 u 之前时，例如：fútbol-/hutˊbol/ 或者 /xhtˊbol/、fuego-/hwego/，等等。

5. 音位 s 的弱化

一些情况下，巴拿马人会把 s 的读音发成 /h/，例如：¿Cómo estás?-/como ehtah/。此时的 s 因为过于轻微常常不被察觉，给听者一种省略不读的错觉。也正是因为对 s 的弱化，导致在口语当中名词和形容词的复数形式表现得不够明显。为了解决在对话过程中可能引起的歧义，出现了用 -se 代替 -s 作为复数词尾的现象，但是仅限于以重读元音结尾的单词，例如：café → cafese。

6. j 发音的多样性

在中西部地区，浊硬腭塞擦音 /dʒ/ 是主要的发音方式，最西部倾向于采取原本的发音浊硬腭擦音 /j/，而中部居民则会弱化这个音位，发近腭音 /j/。

7. 音位 /tʃ/ 的发音

音位 /tʃ/ 最常见的发音就是清颚龈塞擦音 /tʃ/，但在巴拿马把该音位发音成清颚龈擦音 /ʃ/ 的现象并不鲜见，该发音是丢失了闭塞音元素，只余擦音。研究人员就曾指出，巴拿马 /tʃ/ 可能会完全被 /ʃ/ 所取代。

二、句法特点

在句法方面，巴拿马西班牙语也和标准西班牙语有着明显区别。一些句法特点是与其他西语美洲国家共有的，例如与格代词单数 le 替代复数 les 的用法。这种句法现象几乎在整个西语美洲都被广泛使用，不管是在书面语还是口语当中：

Son las fiestas que **le** hacemos **a los chiquitos**.

（这是我们给孩子们举办的聚会。）

No se **le** ve solución **a estas tragedias**.

（这些难题没有应对之策。）

Es lo que yo **le** trato de decir **a mis estudiantes**.

（这就是我想和我的学生说的。）

No puede dar**le** condiciones de alimentación **a sus hijos**.

（他没法让孩子们吃饱。）

以上例子中用来复指间接宾语的与格代词使用的是都单数 le 而不是复

数 les。

与之相反的语法现象是宾格代词复数 los 替代单数 lo 的情况。当宾格代词 lo 和与格代词的变体 se 连用时，如果 se 所指代的间接宾语是复数，lo 也会相应地变成复数，不管本身所指代的宾语是否为复数：

Di **el libro** a tus padres. → Se **los** di.
（把这本书交给你父母。）

主格人称代词在疑问句中的位置也和标准西班牙语不同，没有置于句子末尾，而是放在疑问词之后：

¿Qué tú quieres?
（你想要什么？）

¿Qué usted hace con los dólares?
（您想要用这些美元做什么？）

¿De dónde tú sacas eso?
（你从哪拿的那个东西？）

另外一个与主格人称代词相关的句法现象是代词的冗余。在标准西班牙语中，因为动词变位本身已经传达了人称，如非特殊情况，本不需要再加上主格人称代词。但是在巴拿马西班牙语中，代词的添加已经成了常态：

Pues **yo** siempre he querido ser como mi mamá. Que además que **ella** enseña francés. Yo siempre me he fijado en ella y **yo, yo** me he preguntado...
（我总想成为像我母亲那样的人，她还教法语。我总是注视着她，问自己……）

"双重所属"结构是巴拿马加勒比沿岸的一种语法现象，指的是在表示所属的时候，非重读物主形容词和"de + 所属人"结构同时出现："**su casa de él**"（他家）；介词 de 后面既可以接人称代词也可以加名词："**su hermano de mi papá**"（我爸爸的哥哥）；这种用法一般指用在第三人称上："Como que si estuvieran en **su casa de ellos**."（就好像在他们自己家一样），目的是减少交流中可能出现的歧义。第二人称礼貌式 usted 也不适用这个结构。

在巴拿马还可以观察到用简单过去时替代过去完成时的现象：

De manera que eran casi unas veinte personas disparando preguntas en italiano sobre la tesis de grado [...] preguntando temas distintos de los que **se vieron** en...

在传统西班牙语中，从句中的时态应该是过去完成时，但是这里用简单过去时的时值替代了过去完成时，表达在一个动作之前就已经发生的动作。

最后，动词 ser 冗余。在巴拿马西班牙语中，动词 ser 常常出现在有谓语、结构完整的句子中，本身不充当任何句法功能，仅仅起强调作用："Lo hice **fue** en el verano."（我在夏天做的。）；"Lo vi **fue** en la casa."（我在家里看的。）这两句话的本身语法结构都是完整的，fue 就是额外的冗余成分，在句中的功能是语义上而非语法上的，即强调后面的状语成分。

三、词汇特点

除了语音和句法之外，巴拿马西班牙语的词汇也发展出了和半岛西班牙语不尽相同的用法。从土著语以及非洲语言中吸收而来的词汇丰富了巴拿马西语的表达，而半岛系西班牙语里就存在的词汇在巴拿马也引申出不同的含义。

No más（nomás）是美洲西语一个非常典型的副词。它的意思主要有：

1. 强调语气，无实义：Vamos nomás.（我们就去一下。）

2. 仅仅（古西语用法）：Les faltan nomás algunas cosas.（他们就差一些东西了。）

entre 会被用来表达一个时间范围，意思类似于 dentro de："Entre un mes volveré."（我一个月之内回来。），虽然这种用法被学术界认为是不正确的，还是不影响它的广泛使用。

其他一些常用词汇包括：

fren：amigo 朋友

tripear：disfrutar de algo profundamente 沉醉，享受

ahuevado：idiota, imbécil o tonto 傻瓜（可以表达攻击性含义，也可以用来表达亲密）

cocobolo：hombre calvo 没有头发的人，秃头

chambón：una persona que no tiene muchas habilidades para desempeñarse en alguna actividad 弱鸡，菜鸟

inchi pinchi：amigos inseparables 形影不离的好朋友

此外，在巴拿马简写单词的情况非常普遍：

donde → onde,

adelante → alante,

profesor → prof/profe,

microondas → micro,

bicicleta → bici,

computadora/ordenador → compu,

adonde → aonde,

para → pa,

refrigeradora/frigorífico → refri,

televisión → tele,

discoteca → disco,

la universidad → la u。

第二十五章　乌拉圭的西班牙语

第一节　乌拉圭概况及历史

一、概况

乌拉圭东岸共和国（República Oriental del Uruguay），简称乌拉圭（Uruguay），位于南美洲东南部，乌拉圭河与拉普拉塔河的东岸，北临巴西，西接阿根廷，东南濒大西洋。首都是蒙得维的亚（Montevideo）。

二、历史

（一）前殖民时期的乌拉圭

现乌拉圭发现的最早人类出现在 14000 年前，那时人们已经种植玉米、菜豆和南瓜等农作物，且建立了 3000 多个被称为"印第安人小土丘"的古老建筑。西班牙人到来前，乌拉圭的土著民众主要是游牧民族，以查鲁亚印第安人（los charrúas）为主，他们多居住在乌拉圭河东岸，此外，其他印第安游牧部落，如查娜人（los chanás）、亚罗人（los yaros）、博安人（los bohanes）、塔贝人（los tapés）、圭诺亚人（los güenoas）和阿拉禅人（los arachanes）也生活在这片土地上，直到 1516 年初被西班牙探险队发现。与此同时，来自耶稣会地区的瓜拉尼人也逃亡到了乌拉圭地区，他们不但给乌拉圭带去了自身的美洲土著文化，也给乌拉圭人民带来了从传教会欧洲人那里学到的知识，如动物驯养、美食和其他一些风俗习惯。

（二）殖民时期的乌拉圭

早在 1512～1513 年，葡萄牙人就探索到今乌拉圭地区。1516 年初西班牙探险家胡安·迪亚斯·德·索利斯也来到了此地，但他在拉普拉塔河北岸登陆后被印第安人杀死。1527 年初，塞巴斯蒂安·贾伯托（Sebastián

Gaboto，1484～1557）在拉普拉塔河以北的东岸建立了第一个欧洲人定居点圣拉撒罗（San Lázaro）。

1680年葡萄牙人违反与西班牙签署的划分美洲殖民地的《托尔德西里亚斯条约》，占领了南美洲东岸的南部地区，1724年，来自布宜诺斯艾利斯的西班牙人将其驱逐。驱逐葡萄牙人后，西班牙长官布鲁诺·毛里西奥·德·扎巴拉（Bruno Mauricio de Zabala，1682～1736）于1726年正式建成蒙得维的亚，乌拉圭沦为西班牙的殖民地。蒙得维的亚的设立出于军事和商贸的目的，它是18世纪南部西班牙殖民统治的重要军事场所，也是拉普拉塔河河口的主要港口。蒙得维的亚作为拉普拉塔河总督府港口，因其重要性多次与总督府首府布宜诺斯艾利斯发生冲突。

1749年，西班牙国王任命何塞·华金·德·维亚纳（José Joaquín de Viana，1718～1773）为蒙得维的亚首任总督。随后，拉普拉塔河辖区首任总督佩德罗·德·塞瓦罗斯（Pedro de Cevallos，1715～1778）重新收服蒙得维的亚。1777年，塞瓦罗斯本人被任命为新成立的拉普拉塔河总督，并在同一年签署了《圣伊尔德丰索条约》（*Tratado de San Ildefonso*），该条约规定西班牙与葡萄牙的殖民范围以内格罗河为界，并确立了西班牙成为今乌拉圭南部一半领土的统治地位。因此，自1777年起，西班牙只拥有东岸区南部领土的统治权，而东岸区北部以及南格兰德河、圣卡塔琳娜州和巴拉那都归葡萄牙所有。

西班牙统治蒙得维的亚仅32年，统治今乌拉圭南部地区也仅30年（1777～1807）。19世纪上半叶，西班牙和葡萄牙为夺取该地区的统治地位，进行了持续不懈的斗争。此外，1810年，布宜诺斯艾利斯爆发"五月革命"（Revolución de mayo），何塞·格瓦西奥·阿蒂加斯（José Gervasio Artigas，1764～1850）加入革命队伍，并领导了东岸地区。1815年，蒙得维的亚是阿蒂加斯和奥尔托格（Fernando Ortorgues，1774～1831）指挥下的东省（Provincia Oriental）的领土，但1816～1824年，葡萄牙－巴西－阿尔加维联合王国（Reino Unido de Portugal, Brasil y Algarve）入侵该地，因此，开始它是葡萄牙王国的一部分，1824～1827年又从属巴西。

（三）独立运动和独立后的格局

1811年，乌拉圭爱国民众发起反抗西班牙殖民者的起义，同年4月，民族英雄何塞·格瓦西奥·阿蒂加斯从阿根廷回到乌拉圭，领导独立战争，1815年，阿蒂加斯的部队攻克蒙得维的亚，并控制乌拉圭全境，成立议会和政府。此后，阿蒂加斯继续与企图吞并乌拉圭的巴西和阿根廷作战，1820年战败后，退到巴拉圭。1821年葡萄牙把乌拉圭并入巴西，并改其名为西斯巴拉丁省。1825年,在阿根廷逃亡的33名乌拉圭爱国者在胡安·安东尼奥·拉瓦列哈(Juan Antonio Lavalleja,1778~1853)率领下回到乌拉圭,发动武装起义,同年8月25日,起义军收复蒙得维的亚,宣布乌拉圭独立,并把这一天定为国庆日。10月起义军赶走巴西军队,宣布乌拉圭并入拉普拉塔联合省(Provincia Oriental del Río de la Plata),巴西于是向阿根廷宣战。在英国干预下,1828年巴西和阿根廷签订和约,承认乌拉圭为独立国家。

独立后的乌拉圭在1830年颁布首部宪法,把新成立的国家命名为"乌拉圭东岸共和国"。同年10月,弗鲁克图奥索·里韦拉(Fructuoso Rivera,1789~1854)当选首任总统。1835年形成红党(Partido Colorado)和白党(Partido Blanco)两大政治集团。此后至1903年,红白两党争权夺利,政府更迭频繁,但其间大部分时间由红党执政。1839年,阿根廷独裁者胡安·曼努埃尔·德·罗萨斯(Juan Manuel de Rosas,1793~1877)在白党支持下入侵乌拉圭,第二次乌拉圭战争爆发。1843~1851年,乌拉圭人民进行了长期的蒙得维的亚保卫战,粉碎了罗萨斯兼并乌拉圭的企图。1865年,乌拉圭又同阿根廷、巴西结盟,卷入反对巴拉圭的战争。

19世纪70年代后,欧洲市场对谷物和肉类的需要量增加,乌拉圭畜牧业和农业迅速发展,屠宰业也随之发展起来。在这前后,西班牙和意大利等国移民大量涌入,也促进了乌拉圭经济的发展。红党领袖何塞·巴特列·伊·奥多涅斯(José Pablo Torcuato Batlle y Ordóñez,1856~1929)分别在1903~1907年和1911~1915年两次出任总统,期间推行司法、行政、经济、社会和教育改革,除了大力发展民族经济外,还限制外国资本的进入,因此迎来了乌拉圭政局相对稳定和经济文化发展。受1929年资本主义世界经济危机的影响,乌拉圭出口大减,生产下降,人民生活不断恶化,政局动荡不已。1933年加布里埃尔·特拉(Gabriel Terra,1873~1942)发动政变,上台后他废除国家行政委员会,解散国会,进行军事独裁统治,直到1938年巴尔多米尔(Alfredo Baldomier,1884~1948)将军当选总统后,其军事独裁统治才告终。

"二战"初期,乌拉圭保持中立,1945年乌拉圭向轴心国宣战。"二战"期间,美国资本频频向乌拉圭加大渗透,进而取代英国,控制乌拉圭重要经济部门。战后,乌拉圭民族经济,包括农牧业发展迅速,到1954年,乌拉圭从大米和小麦进口国成为出口国。1951年乌拉圭公民投票修宪,总统制改为国务会议制。1954年后,乌拉圭经济转向恶化,1958年的大选,结束执政长达93年的红党的统治,白党领袖埃切戈延(Martín R. Echegoyen,

1891～1974）当选总统。1959～1967 年执政的白党颁布镇压进步活动的《安全法》（Medidas Prontas de Seguridad），修改宪法，废除国务会议制，恢复总统制。1973 年，陆军和空军相继发起政变，军人以国家安全委员会为名参政，此后，军人操纵政权，实行独裁统治。1981 年，军政府同红党和白党就修宪和拟订政党法达成一致，同年 9 月，国家委员会任命前陆军司令阿尔瓦雷斯（Gregorio Álvarez, 1925～2016）为总统，组成向"全面恢复民主"准备条件的过渡政府。1982 年颁布的《政党组织法》准许红党、白党和公民联盟恢复政治活动。1983 年军政府宣布暂时禁止这三个政党公开活动。1984 年 1 月，爆发了全国大罢工，7 月军政府恢复政党活动。同年 11 月红党候选人胡里奥·玛利亚·桑吉内蒂（Julio María Sanguinetti, 1936～ ）当选总统，乌拉圭恢复民主宪制，桑吉内蒂政府在国内实行"巩固民主、振兴经济"政策，包括全面开放民主以及强调全国和解与团结，在外交上则奉行"和平与开放"政策。

自 20 世纪 80 年代中期结束军人独裁统治后，乌拉圭民主政体不断巩固。2005～2020 年，乌拉圭中左翼政党联盟"广泛阵线"先后三次赢得大选，连续执政 15 年。其间，"广泛阵线"政府致力于深化体制改革，组建高效节约型政府，政治上力促团结，主动加强与反对派的合作；经济上严格控制财政支出，加大金融监管力度，优化债务结构；在社会领域，则高度关注民生，以优化财富分配、打击贩毒、整饬治安、消除贫困为施政重点，提高教育和医疗覆盖面，优先帮扶妇幼、贫困人口等弱势群体。

第二节　乌拉圭西语与其他语言的接触

一、土著语对乌拉圭西语的影响

相比其他拉美国家，乌拉圭西语受土著语言的影响较小。殖民后期，乌拉圭领土上仍存在着多种土著人民的语言，他们大多来自查鲁亚人、米努安人（los minuanes）、查娜人、博安人、圭诺亚人和瓜拉尼人。但是，随着时间的推移，这些语言几乎消失得无影无踪，如今的乌拉圭西语中只保留了极少数用土著语命名的地名和当地植被的名字，如：Aiguá（艾瓜：乌拉圭城镇）、Arapey（阿拉佩）、Aceguá（阿塞瓜）、Río Queguay（圭瓜河）、Bacacay（巴卡凯市）、Uruguay（乌拉圭）、Tacuarembó（塔夸伦博市）、ñandú（美洲鸵鸟）、ananá（菠萝）、arazá（番石榴树）、aguaí（香果榄)、aguará(一种狐)、aguaribay(加州胡椒树)、apereá(一种豚鼠)、bacaray(剖腹产牛犊)、batarás(黑白条花的鸡)、biguá(一种寒鸦)、burucuyá(西番莲)、caburé(一种鸺鹠)、cambará(白叶树)、camoatí(一种蜂)、caracara(一种猛禽)、caraguatá(铁兰)、cuatí(浣熊)、guabiyú(黑果番樱桃)、guaycurú(瓜伊古鲁人)、ingá(秘鲁合欢)、macá(鸊鷉)、jacarandá(蓝花楹)、mandiosa(木薯)、ombú(树商路)、yatay(灰叶椰)、yacaré(鳄鱼)等。此外,由于曾经和内陆国家交往密切,乌拉圭西语还在一定程度上受到了克丘亚语的影响,乌拉圭民众会在日常生活中使用到以下词语,它们均源自克丘亚语:charque(腊肉;水果干)、cancha(平坦宽敞的地方)、zapallo(加拉巴木;运气)、guasca(鞭子;固执)、mate(巴拉圭茶)、poroto(菜豆)、yapa(套索端;水银)、yuyo(杂草)、tambo(客栈)、guacho(失去父母的;雏鸟)、quincha(苇箔)、pupo(肚脐)、pucho(些微,少量)等。

二、非洲语言对乌拉圭西语的影响

18世纪第一批运送非洲黑奴的船只到达蒙得维的亚,至1791年之时,蒙得维的亚的黑奴数量占乌拉圭总人口的30.3%。19世纪初乌拉圭宣告独立之前,大量奴隶被运往拉普拉塔总督区。独立时期的19世纪20、30年代,大部分黑奴又被送往乌拉圭东部地区,1819年和1829年的黑奴数量已经分别降至总人口的25.4%和15.1%。[1] 这些黑奴来自非洲不同民族,其语言也不尽相同,相互之间沟通存在极大障碍,久而久之,非洲黑奴的语言逐渐消失,西班牙语成为了他们之间的通用语。虽然非洲人的母语消失了,但这些语言仍在相互交融过程中对乌拉圭西语产生一定影响。文学方面,黑人语言对黄金时代的西班牙语和葡萄牙语语言文学留下了悠久的影响,在民间戏剧方面影响较大。在19世纪下半叶许多匿名文学作品以及当时的作家的著作中,可以看到用来自拉普拉塔河流域的黑人的语言进行的创作。词汇方面,乌拉圭西语中收录了许多源自非洲语言的单词,且乌拉圭人在日常生活中也会使用这些词语,比如bombo(大鼓)、batuque(叫嚷)、bujía(蜡烛)、cachimbo(烟斗)、cachumba(菲律宾红花)、cachimba(水烟壶;泉眼)、congos(一种舞蹈)、conga(孔加舞)、catanga(神圣金龟子)、carcunda(保守的)、carimbo(打烙印的工具)、catinga(汗臭,狐

---

[1] Bertolotti V. y Coll, M., 2014: *Retrato lingüístico del Uruguay: un enfoque histórico*, Uruguay: Universidad de la República Uruguay.

臭）、cafre（东南非洲的黑人；野蛮的）、cafúa（监狱）、candombe（坎东贝舞；腐败）、candombero（腐败的，混乱的）、candonga（圈套，奉承话）、canga（枷；铁矿土）、capiango（医兽）、dengue（娇态；登革热）、fulo（狂怒的）、Minas（米纳斯市）、mandinga（曼丁哥人；顽皮孩子；魔术）、marimba（非洲鼓）、matungo（瘦弱的）、malambo（马兰博舞）、mondongo（内脏）、mangangá（一种蜂）、milonga（米隆加舞）、mozambique（一种鸟）、mucama（女佣）、ondú（翁杜舞）、quibebe（烧笋瓜）、quilombo（妓院）、quitanda（对新兵开的玩笑）等。

三、葡萄牙语对乌拉圭西语的影响

西班牙和葡萄牙历史上就乌拉圭与巴西边境领土问题，进行了长达数个世纪的争斗，此外，乌拉圭和巴西两国人民交流频繁，久而久之在乌拉圭形成了一种葡语和西语混合语（portuñol riverense），这一语言变体的概念 1955 年首次由罗纳教授（José Pedro Rona）提出，并称之为"边境方言"。1981 年，艾利沙辛（Elizaincín）和贝哈雷斯（Behares）将其命名为"乌拉圭的葡萄牙语方言"。这一方言主要存在于乌拉圭与巴西接壤的地区，如：阿蒂加斯市、里维拉市和塞罗拉尔戈市。乌拉圭政府承认这一方言的存在，因此上述地区的民众将其视作自己的母语，一方面出现双语并存现象：此方言和西班牙语在乌拉圭与巴西交界处共同存在，地位一致；另一方面呈现双层语言现象：作为权威语的西班牙语主要用于行政、司法、教育以及其他公共场合，而威望相对较低的方言则多用于日常的私人场合。

这一语言变体是西语和葡语交流融合的产物，同时具备两种语言的特性。从语音层面看，该方言受葡语影响，习惯把元音 e 发成 /i/；把 o 发成 /u/，比如：

Voy a casa de un tíu.

（我要去一个叔叔的家里。）

Tengu muchas preocupacione.

（我非常担心。）

Me gusta ver las pilículas de vaqueros.

（我喜欢看牛仔电影。）

除此之外，该方言中的元音鼻音化较严重，他们习惯用鼻腔发西语的元音 a，比如，/cãmpo/、/ãncho/。辅音方面，他们习惯把西语的双唇浊辅音 b 发成唇齿浊辅音 /v/，比如把 vivir 读成 /vivir/，把 víbora 读成 /vívora/。另外，受葡语影响，该边境方言习惯省略词尾 s 的发音，特别是复数单词，比如会把"Mis padres son brasileños."读成/mi padre son brasileño/。同时，习惯把词中的清辅音 s 读成浊辅音的 /z/，比如 casa，标准西语读成 /casa/，受葡语影响，读成 /caza/。

句法形态特征方面，在该方言中，葡语（o/a, os/as）和西语（el/la, los/las）的定冠词系统同时存在，但在日常生活中更倾向于省略定冠词，比如，"Ella barre la casa."会说成"Ella barre casa."；"Nos hicimos el arco y llevamos la pelota."会说成"Nos hicimo arco y llevamo a pelota."。此外，在冠词与介词的缩合结构中，比起使用西班牙语的规则（de + el → del; en + el → nel），该方言更倾向于使用葡语体系（en + el → nu/no; de + el → du/do），如："Vamos en la casa de ella."说成"Vamu **na** casa **dela**."；"Tengo una moneda en el bolso."说成"Tengu uma moeda nel bolso."。其次，表移动的动词所搭配的介词也受葡语影响，比如在西语中，ir 一般加介词 a 来表方向或动作，而该方言会受葡语介词 em 的影响，如：

Voy **a** Porto Alegre.（西班牙语）

Vou **em** Porto Alegre.（葡萄牙语）

Mañana voy **en** Artigas.（边境方言）

此外，表示动作完成的方式，西语习惯用介词 en，而葡语习惯用 de，因此该方言也会倾向用 de，所以我们就能看到以下的例子：

Nunca anduve **en** metro.（西班牙语）

Nunca andei **de** metro.（葡萄牙语）

Mañana voy **en** Artigas **de** ómnibus.（边境方言）

词汇方面，该方言不仅收录了许多西语词汇，同时也采纳了许多葡语词汇，但由于有些西语单词和葡语单词在外形上一模一样，所以当这些地区的居民使用这些同音异义词的时候，可能会闹出笑话或造成误解，比如单词 rato 在西语中表示一小段时间，而在葡语中表示啮齿动物。除此之外，该方言还存在造词现象，也就是把西语单词一部分与葡语单词一部分结合起来，从而创造出一个新词，如 feita 就是将西语单词 fecha 和葡语单词 data 结合得来的。

然而，葡萄牙语对乌拉圭西班牙语的影响，不仅体现在两国交界处的边境方言上，也体现在乌拉圭其他地区的西班牙语中，当地人日常生活中使用的部分单词来自葡萄牙语，如：atrabancar（急忙地做；超越）、bosta（牛粪）、cambado（罗圈腿的）、chamizo（茅草屋；未烧透的劈柴）、derrengar（使疲惫不堪；打伤）、fogaje（闷热；皮疹）、machona（男人气的女人）、magua（失望）、raspón（苛责）、tanque（车或船上的油罐）、

tupir/tupido（使密实；密实的）、zafado（脸皮厚的）、billarda（打杂杂；捕蜥器）、casal（动物的成双成对）、correr（驱逐）、chambón（不善赌但手气好的；侥幸的；举止粗俗的）、maciega（野草）、petiso/petizo（矮小的）、fariña（木薯粉）、bombero（侦察兵）、pirón（肉汤泡木薯饼）、facón（大尖刀）、vintén（铜钱）、ticholo（小砖；番石榴糖）等。

四、其他语言对乌拉圭西语的影响

乌拉圭西语还受意大利语及其方言的影响，蒙得维的亚和派桑杜居住着数量众多的意大利人；此外，乌拉圭靠近阿根廷，而阿根廷的意大利人数量极多，特别是在首都布宜诺斯艾利斯，因此布宜诺斯艾利斯的方言和当地的黑话对乌拉圭西语产生一定程度的影响。乌拉圭西语收录了一些意大利语词汇：nona（傍晚；午后裤）、fainá（一种面食）等，此外，还有一些从意大利语派生而来的词语：pibe（小孩）等。

除意大利语之外，乌拉圭西语中还能发现法语的踪迹。19世纪的法国移民潮给乌拉圭人民带来了一些法语词汇，现在仍继续为人们使用，如：liceo（学校，中学）、bulevar（大街，大道）、chófer（汽车司机）等。

第三节 乌拉圭西语特点

一、语音特点

乌拉圭西语和阿根廷布宜诺斯艾利斯的西语，都有一个特别显著的特征，那就是由于频繁省略二重元音的发音，而导致没有强烈的音调节奏变化。此外，受意大利语影响，乌拉圭人每句话的句尾语调都会上扬，因此乌拉圭西班牙语的肯定句语调与半岛西班牙语的不同。其次，在乌拉圭西语中还存在 seseo 现象以及 yeísmo 现象，把字母 c 和 z 所发的齿间摩擦清辅音 /θ/ 发成字母 s 的齿龈摩擦清辅音 /s/，比如把 caza 读成 /casa/，有时会在交流中造成误解。此外，说到 yeísmo，习惯把舌边腭音 ll 发成腭音 /y/，蒙得维的亚的年轻人甚至倾向于把 ll 发成清辅音 /ʃ/，这个现象也叫作 sheísmo，类似于英语 sh 的发音。

二、语法特点

在乌拉圭西语中，还存在 voseo 现象。在蒙得维的亚南部及周边地区，人们所使用的语言是被称为拉普拉塔西班牙语（español rioplatense），该语言的一大特征就是 voseo 现象，也就是将第二人称单数的 tú 全用 vos 来代替，相应的动词变位也会随之发生改变，比如"tú tienes"说成"tú tenés"或者"vos tenés"；"tú amas"说成"vos amás"；"tú comes"说成"tú comés"等。但是，在与巴西接壤的罗恰省、马尔多纳多省以及拉瓦耶哈省又存在 tuteo 现象，可能是因为当地原居民多来自西班牙，受半岛西语影响较大，更倾向使用 tú。此外，也有另一种说法，可能该地区受南格兰德河流域的巴西葡语变体影响，该语言比较古老，习惯使用 tuteo，而 voseo 是现代巴西葡语的规则之一，因此该边境地区也习惯使用 tuteo。

除此之外，乌拉圭西语的另一语法特点就是命令式。随着时间的推移，乌拉圭西语中的第二人称复数命令式逐渐摒弃了末尾的 -d，也就是把 cantad 说 cantá；comed 说成 comé；vivid 说成 viví。另外，与半岛西语不同的是，乌拉圭甚至是整个拉美地区都习惯使用简单过去时来表达过去发生的事或才发生不久的事，而不是现在完成时，比如，说"Yo canté en la sala un rato antes."，而不是"Yo he cantado en la sala un rato antes."。其次，人们习惯使用"ir a + 动词原形"的动词短语来表将来，而不是用将来未完成时，比如用"voy a ir"来代替"iré"；用"voy a comer"来代替"comeré"等。

三、词汇特点

乌拉圭西语受到如土著语、巴西葡萄牙语、意大利语、法语和英语的诸多语言的影响，此外，在与巴西接壤的边境地区，民众还讲着一种被称为西式葡语/葡式西语（portuñol）的杂交语言。因此，乌拉圭西语词汇相当丰富，除了一部分单词和西班牙的半岛西语单词能够互通、互相理解外，还有一部分词是属于乌拉圭的特殊用法，和半岛西语指称不同，需要注意，如表 25-1[①]：

表 25-1 半岛西语与乌拉圭西语

词义	半岛西语	乌拉圭西语
花开的	abierto	florecido
开瓶器	abridor; abrebotellas	destapabotella; destapador
大衣，外套	abrigo	tapado

---

① 参考，补充并改正自 Zenkovich, A. L.: "Particularidades del idioma español en Uruguay", *ВЫПУСК* 4(22)2018.

（续表）

词义	半岛西语	乌拉圭西语
男子大衣	abrigo de caballero	sobretodo
人行道	acera	vereda
上床睡觉	acostarse	encamarse
再见	¡Adiós!	¡Salute!; ¡Chiau!（源自意大利语）
海关人员	aduanero; agente de la aduana	despachante de aduana
牛油果	aguacate	palta
烧酒	aguardiente	grapa
杏，杏树	albaricoque	damasco
望远镜	anteojos; catalejo	largavistas
学年	año escolar	año lectivo
停车场	aparcamiento	cochera; estacionamiento
停车	aparcar	estacionar
邮政信箱	apartado de correos	casilla de correo
开胃菜	aperitivo	copetín
衣柜	armario	empotrado; placard（源自法语）
座位	asiento	butaca
养老院	residencia de ancianos	casa de salud residencial
女佣	asistenta	doméstica
棺材	ataúd	cajón
教室	aula	salón de clase
公共汽车	autobús	colectivo
高中	bachillerato	liceo; secundaria
篮球	baloncesto	basketball; basket（源自英语）
手球	balonmano	handball（源自英语）
游泳衣	bañador	malla entera; short de baño
浴缸	bañera	bañadera
酒吧	bar	boliche
下巴	barbilla; mentón	pera
婴儿奶瓶	biberón	mamadera
比基尼	bikini	dos piezas
酒窖	bodega	vinería
耳光	bofetada	bife; cachetada; cachetazo
圆珠笔	bolígrafo	birome
女士内裤	braga	ombacha
足球鞋	bota de fútbol	botín de fútbol
酒鬼	borrachín	chupador

（续表）

词义	半岛西语	乌拉圭西语
花生	cacahuete	maní
到期的	caducado	vencido
南瓜	calabaza	zapallo
袜子	calcetín	media corta
男服务员	camarero	mozo
女服务生	camarera	mucama
轻型货车	camioneta	pick-up
汗衫	camiseta	camisilla; musculosa
好家伙！	¡Caramba!	¡Mama mía!（源自意大利语）
大肚瓶	castaña	pirulo
猪	cerdo; cochino	chancho
火柴	cerilla	fósforo
拖鞋	chancleta; zapatilla	hawaiana; romanita
休闲套装	chándal	jogging（源自英语）
外衣，夹克	chaqueta	saco
烟囱	chimenea	estufa a leña
笑话	chiste	cuento
排骨，肉条	chuleta	bife
电影，电影院	cinematógrafo; cine	biógrafo
酸的	cítrico	citrus
胆小的	cobarde	flojo
椰子	coco	balero; bochom cuco; marote
蜂鸟	colibrí	picaflor
产婆	comadrona	partera
饮食清淡	comer ligero	comer liviano
同胞	compatriota; paisano	connacional
冰柜	congelador	freezer（源自英语）
奶油	crema	Pomade
拉链	cremallera	cierre relámpago
薄煎饼	crepe	panqueque
水桶	cubo	balde; maza
围裙	delantal	túnica
油罐车	depósito de gasolina; cisterna de gasolina	tanque de nafta
失业的	desempleado; parado	desocupado
失业	desempleo; parao	desocupación

（续表）

词义	半岛西语	乌拉圭西语
迷路的	desorientado	desubicado
办公室	despacho	escritorio
洗衣粉	detergente	jabón en polvo
巨款	dineral	platal
空军	ejército del aire	aeronáutica
选举的	electoral	eleccionario
广播电台	emisora	televisora
发射	emitir	irradiar
填充物	empaste	emplomadura
委托	encargo	encargue
生气的	enfadado	enojado
组合音响	equipo de música	combinado; equipo de audio
足球队	equipo de fútbol	cuadro de fútbol
橱窗	escaparate	vidriera
（议会中议员的）座位	escaño (del parlamento)	banca
加油站	estación de servicio	bomba de nafta
裙子	falda	pollera
游艺会，集市	feria	parque de diversiones
铁路的	ferroviario	ferrocarrilero
节日的，休息的	festivo	feriado
裹面包的肉排	filete empanado	milanesa（源自英语）
草莓	fresa	frutilla
足球运动员	futbolista	player
殡仪馆	funeraria	empresa de pompas fúnebres
眼镜	gafas	anteojos; lentes
母鸡	gallina	maula
斗鸡	gallo de pelea	gallo de riña
便宜货	ganga	pichincha
鹅	ganso	grandulón
车库	garaje	cochera; garage
栀子花	gardenia	jazmín del cabo
汽油	gasolina	nafta
加油站	gasolinera	bomba de nafta
天竺葵	geranio	malvón
巡演，巡访	gira	recorrida

（续表）

词义	半岛西语	乌拉圭西语
水龙头	grifo	canilla
薄布短衫	guayabera	camisaco
剧本	guión	libretto
编剧	guionista	libretista
煮，炖	guisar	cocinar
房间	habitación; domitorio; cuarto	ambiente
沸腾	hervir	cocinar
客人	huésped; invitado	pasajero
收视率	índice de audiencia	rating（源自英语）
雨衣	impermeable	pilot
美洲虎	jaguar	tigre
老板，上司	jefe	maestro
国家首脑	jefe de estado	primer magistrado
菜豆	judía	porota
法官	juez	referee（源自英语）
判决	juicio	juzgamiento
千瓦	kilovatio	kilowatt
台灯	lámpara de mesa	portátil
蝗虫	langosta	tucura
洗衣机	lavadora	lavarropa
洗衣店	lavandería; tintorería	lavadero automático
洗碗机	lavavajillas; lavaplatos	lavacopas
开业许可证	licencia de apertura	habilitación municipal
果汁机	licuadora	juguera; sacajugos
擦鞋匠	limpiabotas	lustrabotas; lustrador
表格	lista; formulario	listado
上下铺（床）	litera	cucheta
诉讼	litigio; pleito	diferendo
钥匙链	llavero	portallaves
早起	madrugar	tempranear
行李箱	maleta	valija
爱讲粗话的	malhablado	bocasuci
柑橘	mandarina	tangerina
修指甲	manicure	manícura
毯子	manta	frazada
奶油，猪油，脂肪	manteca	grasa

（续表）

词义	半岛西语	乌拉圭西语
黄油	mantequilla	manteca; mantequita
车牌	matrícula（del automóvil）	chapa; placa
注册	matricularse	anotarse
桃	melocotón	durazno
甜瓜	melón	abombado; alberja; belloto
乞丐	mendigo	limosnero
肤色黝黑的	moreno	morocho; qumado
萝卜	nabo	chota; garcha
奶油	nata	crema de leche
轮胎	neumático	goma
冰箱	nevera; frigorífico	heladera
公证人	notario	escribano
电脑	ordenador	computadora
棍击，殴打	paliza	golpiza
棕榈	palmera	palmita
小面包	panecillo	pancito
车站	parada	atajada
散步	paseo	costaneda
土豆	patata	papa
菠萝	piña	ananá
游泳池	piscina	pileta de natación
公寓	piso	apartamento; departamento
香烟盒	pitilla	cigarrera
香蕉	plátano; banana	banano
封面	portada	carátula
发言人	portavoz	vocero
守门员	portero	arquero; golero; goalkeeper; meta
海报	poster	afiche
宣传	propaganda	reclame（源自法语）
小费	propina	mensualidad
美洲豹，美洲狮	puma	león americano
门厅	recibidor	recepción
清点	recuento	conteo
减少	reducción	rebaje
河岸	ribera	costa
轮胎	rueda	ronda

（续表）

词义	半岛西语	乌拉圭西语
备用轮胎	rueda de repuesto	auxiliar
圣周	semana santa	semana de turismo
蕈状物，蘑菇	seta	hongo
大檐帽	sombrero	gacho
毛衣	suéter; jersey	buzo; pulóver
内衣	sujetador	corpiño; soutien（源自法语）
钻床	taladradora	perforadora
也许，或许	tal vez	capáz
工作室	taller	atelier（源自法语）
售票处	taquilla	boletería
蛋糕	tarta	gateau; torta
的士	taxi	taxímetro
便池	taza	inodoro
电视剧	telenovela; teleserie	teleteatro
帐篷	tienda de campaña	carpa
创可贴	tirita	curita
毛巾	toalla	tela esponja
留声机	tocadiscos	giradiscos; pasadisco
交通	tráfico	tránsito
排气管	tubo de escape	caño de escape
假期	vacaciones	licencia
守灵	velatorio	velorio
录像带	videocasete	videotape（源自英语）
果汁	zumo	jugo

乌拉圭西语中还有部分来自土著语的词汇，如：tabaco（烟草）、cohiba（一种雪茄）、maíz（玉米）、hamaca（吊床）、batata（番薯）、papa（土豆）、huracán（飓风）、caníbal（吃人肉的；野蛮的）、caimán（鳄鱼）、colibrí（蜂鸟）、canoa（小艇）、ananás（菠萝）、tapir（貘）、jaguar（美洲豹）、ñandu（美洲鸵鸟）、cacao（可可豆）、cóndor（安第斯神鹰）、pampa（大草原）、llama（羊驼）、coca（古柯）、puma（美洲豹）、cocaína（可卡因）、quina（金鸡纳）、guano（海鸟粪）、cacahuete（花生）、guagua（婴儿）、jícara（加拉巴木）、chicha（奇恰酒）、chicarrón（油渣；献媚的）、hule（橡胶）、chicle（口香糖）、tocayo（同名的人）、chancho（肮脏的；卑鄙的；猪）等。

第二十六章 波多黎各的西班牙语

第一节 波多黎各概况及历史

一、概况

波多黎各自由邦（Estado Libre Asociado de Puerto Rico），简称波多黎各（Puerto Rico），位于加勒比海的大安的列斯群岛（Antillas Mayores）东部，是群岛四个大岛[①]中面积最小的一个岛。波多黎各北临大西洋，南濒加勒比海，东与美属、英属维尔京群岛（Islas Vírgenes）隔水相望，西隔莫纳（Mona）海峡同多米尼加共和国为邻。波多黎各首府是圣胡安（San Juan）。

二、历史

（一）前殖民时期的波多黎各

人们对哥伦布到来前的波多黎各历史知之甚少。距今约4000年前，即公元前3000～前2000年间，来自南美洲奥里诺科的奥拖瑞德人（los ostoinoides/ortoiroides）开始定居于今波多黎各所在的加勒比地区，从此开启波多黎各的历史。公元前430～前250年，同样来自奥里诺科的萨拉多伊德人（los saladoides）来到了波多黎各岛，从而结束了奥拖瑞德人的时代。

泰诺人或泰诺文化，被一些权威机构划归为阿拉瓦克人的一支，因为他们是同一语族的后裔。通常认为，阿拉瓦克人于公元前7～前6世纪间来到岛上定居。这期间，泰诺文化得以发展，并在公元前1000年左右成为主导文化。

哥伦布到达美洲之前，波多黎各被当地印第安人称为玻瑞肯岛（Isla Boriken），意为"勇敢、尊贵之主的属地"。当时，岛上约居住着

[①] 安的列斯四个大岛分别为古巴、伊斯帕尼奥拉、波多黎各和牙买加。

30,000～60,000名泰诺人，他们以小村落的形式聚居在一起，有统领民众的酋长，并以打猎、捕鱼、采集木薯和水果为生。

1493年西班牙人到来之时，泰诺人正在抵抗试图从加勒比地区向安的列斯群岛进犯的入侵者。随着西班牙人的到来，泰诺人对波多黎各的统治也走到了尽头，泰诺族也由此开始走向消亡。然而，泰诺文化却在当代波多黎各文化中留下了深深的印记，如maraca（沙锤）、güiro（奎罗）、hamaca（吊床）、mayagüez（马亚圭斯）、arecibo（阿雷西沃）、iguana（鬣蜥）、huracán（飓风）等单词都是泰诺人留下的遗产。

（二）西班牙殖民时期

1. 西班牙人的到来

1493年9月，哥伦布开启第二次美洲航行。在航行中，他发现了波多黎各并将其命名为"圣·胡安·包蒂斯塔"（San Juan Bautista），以此向卡斯蒂利亚王国天主教双王之子、胡安王储致敬。1511年，圣赫尔曼（San Germán）在波多黎各岛的西南部建成。随着时间的推移以及波多黎各岛上天然港口的使用，16世纪20年代时，该港口便成为人们今天所熟悉的首府圣胡安，而波多黎各则正式成为整座岛屿的名称。

西班牙王室在美洲进行殖民活动时，实行了一套委托监护制来管理和统治印第安人。当西班牙殖民者1493年到达波多黎各群岛时，当地主要的印第安文化为泰诺文化。殖民者将泰诺人贬为奴隶，给他们提供军事庇护，同时奴役他们劳作。1512年，阿拉贡国王费尔南多二世颁布了《布尔戈斯法》（*Leyes de Burgos*），对委托监护制进行了修改，结束对土著居民的剥削和奴役，并进一步用西班牙王室后来推行的分派劳役制（sistema de repartimientos）加以取替。

16世纪下半叶，泰诺人由于无法抵抗西班牙人带来的疾病而大量死亡，同时，面对殖民者的残暴奴役，大批泰诺人选择自杀，再加上连年战乱不断，泰诺文化最终消亡了。

为了能在波多黎各岛上传教，教皇胡里奥二世于1511年下令在新大陆设立了三个主教区，其中一个就位于波多黎各，另外两个位于拉伊斯帕尼奥拉岛，这三个主教区的主教都听命于西班牙塞维利亚大主教。1512年阿隆索·曼索（Alonso Manso, 1560～1539）主教在到达波多黎各岛后，便着手在岛上开设第一所高等教育学校。1513年，阿隆索·曼索主教开始掌管波多黎各主教区，成为第一位到达美洲的主教，波多黎各也因此成为教皇莱昂十世任期内，新大陆的第一个教会中心。

从1513年开始，非洲奴隶陆续来到波多黎各岛。由于泰诺人口的减少，越来越多的奴隶被贩卖到波多黎各。然而，与邻近岛屿相比，波多黎各的奴隶数量相对较少。西班牙在岛上的统治日渐稳固，一群加勒比海盗1514年和1521年两次对西班牙位于达瓜玛考（Dagua Macao）河岸的城市发起攻击，然而都被西班牙殖民者强大的火力击退了。

2. 来自欧洲各国的威胁

自西班牙发现新大陆以来，欧洲各国便对这块宝地垂涎不已，他们多次试图削弱西班牙在波多黎各岛的影响，然而，他们对该岛长期控制的所有企图均以失败告终。

1528年，法国人洗劫并烧毁了圣赫尔曼市，摧毁了许多西班牙建筑，但最后都遭到了西班牙军队的奋力抵抗。后来许多城市遭到破坏，唯一安然无恙的是首都圣胡安。

为防止波多黎各再度受到欧洲其他侵略者的进犯，西班牙人花费数年时间修筑了多处要塞，如福塔莱萨（Fortaleza）、圣费利佩·德尔·莫罗城堡要塞（Castillo San Felipe del Morro）和圣克里斯托瓦尔城堡（Castillo de San Cristóbal）要塞。

1595年，英国海盗弗朗西斯·德雷克向圣胡安出发，企图抢掠该城。在城内西班牙强大军事防御面前，英国海盗的进攻徒劳无功。1598年，乔治·克利福德[①]率领英国皇家海军在桑图尔塞东部登陆，再次试图进攻圣胡安。在克利福德率英军准备跨过直通圣胡安岛的圣安东尼奥大桥时，遭到了西班牙军队的顽强抵抗。后来，荷兰人也曾试图攻占圣胡安岛，于是，1643年西班牙国王费利佩四世下令在圣胡安市四周修筑城墙，连接六座堡垒，并加固圣克里斯托瓦尔要塞。1702年，英国人侵扰波多黎各北部的阿雷西沃市，但无功而返。1797年，法国人和西班牙人联合向大英帝国宣战。起因是英国派拉尔夫·阿伯克龙比将军带领舰队对圣胡安发动攻击，企图占领该岛，然而，西班牙最终将其击退。

3. 19世纪波多黎各社会、经济变化

1814年，第六次反法同盟[②]打败拿破仑军队，半岛战争[③]宣告结束。西

---

① 乔治·克利福德（George Clifford, 1558～1605），英国贵族、大臣、探险家、航海家、海盗。

② 第六次反法同盟，由匈牙利、普鲁士、俄罗斯、瑞典、大不列颠与爱尔兰联合王国及莱茵联邦的某些邦国组成。

③ 半岛战争（Guerra de la Independencia Española,1808～1814），西班牙称之为"独立战争"，是拿破仑战争中最主要的一场战役，发生在伊比利亚半岛，交战方分别是西班牙、葡萄牙、英国和拿破仑的法兰西第一帝国。

班牙新任国王费尔南多七世决定通过一系列经济改革，巩固西班牙在波多黎各的统治。此外，海地革命的胜利也给西班牙殖民者敲起了警钟，对奴隶反叛的担忧也促使他们致力于维持各种族间的平衡。1815年，费尔南多七世敕令波多黎各开放与其他国家的商业往来，经济得到发展的同时，波多黎各的人口构成也由此发生变化，数以万计的意大利人、爱尔兰人以及来自海地、路易斯安那州、瓜达卢佩（Guadalupe）和马提尼克（Martinica）的法国人，带着他们的奴隶来到波多黎各岛；许多非洲奴隶也通过自由贩卖交易来到波多黎各。19世纪中期，新一轮移民潮又从法国科西嘉岛（Córcega）、西班牙马略卡岛（Mallorca）以及加泰罗尼亚地区涌来，以避开当时欧洲恶劣的经济大环境。

与其他国家通商之后，波多黎各的甘蔗、咖啡以及烟草等主要农产品输出量巨大，产量也随之迅速增长。和加勒比地区其他国家一样，为满足甘蔗种植所需要的大量劳动力，波多黎各的非洲奴隶贸易也日渐繁荣。然而，奴隶贸易仍然有其局限性，当购买奴隶的速度无法满足日益增长的劳动力需求时，地主便将目光投到了岛上自由的民众身上，其数量要远多过黑人奴隶。这些地主说服政府设立制度，强迫那些占人口大多数的没有土地的农民，以临工身份工作。这些临工随身携带几个本子，以便雇主登记其工作表现。这一制度被称为簿册登记制（régimen de la Libreta），自1849年起一直沿用至1873年。

19世纪下半叶，波多黎各被深深地烙上了争取民族独立的印记。1860年的人口普查显示，波多黎各的总人口为583,308人，其中51.5%为欧洲人，48.5%为有色人种（非洲奴隶、穆拉托人以及梅斯蒂索人的后裔）。当时，83.7%的波多黎各人不识字，生活困顿。作为岛上主要经济来源的农业也因为交通运输不发达而发展受阻。加上飓风、洪水等天灾不断，波多黎各的经济遭遇严重损失，面对西班牙政府的高额税收，波多黎各人民不堪重负，许多有识之士踏上寻求改革之路，然而却遭到西班牙当局的镇压，一些杰出人物被流放或监禁。

在波多黎各独立运动领导人拉蒙·埃梅特里奥·贝坦塞斯（Ramón Emeterio Betances，1827～1898）以及塞贡多·鲁伊斯·贝尔维斯（Segundo Ruiz Belvis，1829～1867）的策动下，波多黎各人民于1869年9月在拉雷斯城举行起义，反抗西班牙殖民统治，争取波多黎各独立，并宣布成立"波多黎各共和国"，史称"拉雷斯呼声"（Grito de Lares）。起义虽然遭到西班牙殖民军的镇压，但波多黎各也迫使西班牙让其享有更大的自治权。相比之下，废奴运动则取得了相对良好的成效。1873年3月，西班牙国会正式宣布废除奴隶制。

（三）美国殖民时期

1. 波多黎各成为美国殖民地

19世纪末美国进入了帝国主义时期，但当它准备向海外扩张时，世界已被老牌殖民大国瓜分完毕，美国想重新瓜分世界，但彼时力量有限，尚无法与英、法等国抗衡，因此美国瞄向了日渐老朽的西班牙帝国。彼时西班牙已日薄西山，昔日庞大的帝国仅剩下古巴、波多黎各及菲律宾不多的几个殖民地。美国遂决定先拿西班牙开刀，夺取这几个西班牙殖民地，控制中美洲及加勒比地区，作为其向远东和亚洲扩张的基地。1898年美国派往古巴的护侨军舰"缅因"号在哈瓦那港爆炸，美国以此为借口，向西班牙宣战。美西战争（Guerra hispano-estadounidense）最终以西班牙战败告终，同年12月两国在法国巴黎签订《巴黎和约》（Tratado de París），西班牙正式将波多黎各割让给美国，此后，波多黎各总督由美国总统指派。

2. 美国统治下的波多黎各

美国接收波多黎各后，波多黎各的名字也被改为"Porto Rico"，直到1932年才又恢复为今天的"Puerto Rico"。此外，波多黎各原有货币波多黎各比索也被美元取代。

20世纪最初30年，美国一直努力把波多黎各人美国化，英语成为了公立学校的必修课。然而，面对波多黎各人的抵制，这个企图通过语言对一个民族进行同化的战略并没有奏效，时至今日，波多黎各讲英语的人口数量仍不到30%。[1]

在美国的统治下，波多黎各在许多方面都取得了发展：1903年，波多黎各成立了第一所公立大学——波多黎各大学，交通运输及医疗卫生等方面的条件也得到了改善。然而，美国三家公司在波多黎各大规模的蔗糖种植，导致岛上越来越多的无产者失去土地，这大大激发了波多黎各民众的反美情绪。

3. 20世纪波多黎各大事年表

1917年，美国国会通过琼斯法案，把"美国公民籍"强加给波多黎各民众。

1952年美国给予波多黎各"自由联邦"地位，波多黎各实行自治，但其外交、国防、关税等重要机能继续由美国控制。

---

[1] Acosta, I.: "Breve historia de Puerto Rico", http://www.enciclopediapr.org/esp/print_version.cfm?ref=06100604

1967年波多黎各举行第一次公投,在"独立""邦联""成为美国的一个州"这三个选项中,"邦联"获得超过60%民众的支持。

1977年美国总统福特向国会提交《1977年波多黎各立州法》,主张波多黎各成为美国第五十一个州。

1982年美国总统里根发表声明,支持波多黎各成为美国的一个州。

1993年,波多黎各再次就与美国的关系举行全民公决,结果是多数人主张维持波多黎各美国自由联邦的地位。

1998年波多黎各举行的第三次全民公投,否决波多黎各作为美国第五十一个州加入美国联邦的议案。

2012年波多黎各总统进行了第四次公投。此次公投由两轮投票组成。在第一轮投票中,波多黎各人就"与美国关系上是否改变现状"进行投票。180万人有投票资格,其中6.5万人放弃了该轮投票;在参加投票的人当中,54%的人支持改变关系。随后,波多黎各人就"如何做出改变"进行选择,有"成为美国的一个州""扩大自治权"和"完全独立"三个选项。在此轮投票中,只有130万人投了票,其中61%的民众支持成为美国第51州,约33%希望扩大自治权,而仅有5%的人赞成完全独立。[①]

2017年,波多黎各岛举行第五次民公投,公投结果赞成向美国国会申请"成为美国的第五十一个州"。然而此结果须得到美国国会确认,美国方面目前显然对公投采取冷处理方式。

第二节 波多黎各西语与其他语言的接触

一、泰诺语对波多黎各语的影响

西班牙人16世纪开始对波多黎各岛实行殖民统治,之前岛上居住着成千上万的泰诺人,然而,西班牙殖民者来到新大陆后不到半个世纪,即导致泰诺人人口剧减。1544年,卡洛斯一世下令清点波多黎各印第安人口数量,当时岛上估计就只剩大约150个印第安人了。究其人口数量骤减的原因,可归结为以下几点:

1. 泰诺人不适应殖民者奴役他们的劳动强度;
2. 对殖民者从欧洲大陆带来的疾病没有抵抗力;

---

① 周佳:《波多黎各自导自演美国"51州运动"》,《第一财经日报》,2017年1月26日。

3. 一个无法理解的异域文明的入侵以及原本生活方式的丧失产生的巨大压力；

4. 混血导致印第安血统不纯；

5. 许多岛上印第安居民逃往加勒比地区其他岛屿。

18世纪时岛上仍然居住着一定数量的印第安人，因此，印第安人对波多黎各种族、文化的影响不容小觑。而且，与其他美洲土著语言相比，泰诺语对美洲西语的影响也是最深的，曾经有人做过一个泰诺语－西班牙语词源、历史和人种地理的词汇表。

今天尽管泰诺文化及泰诺人已不复存在，但波多黎各人的日常生活中仍可以找到许多泰诺人的痕迹。他们用过的日常用品被西班牙人、黑人采用，经过时间的洗礼，得以流传至今，如印第安人休息用的吊床，如今在波多黎各人的家中随处可见。

波多黎各西班牙语中保留了大量源于泰诺文化的词汇，这些词汇在殖民者当中就已经广泛使用，并逐渐并入卡斯蒂利亚语词汇当中。据统计，如今波多黎各西班牙语中含有大量波多黎各城镇、山河的印第安名字，热带水果、飞禽走兽、生活用品、地方菜品及调料的名称。如：

乐器：güiro（圭罗）、maraca（沙锤）等；

水果：caimito（星苹果）、guanábana（刺果番荔枝）、guayaba（番石榴）、mamey（曼密苹果）、papaya（番木瓜）等；

生活用品：barbacoa（烤肉架，烧烤架）、hamaca（吊床）、macana（石刃木斧）、piragua（独木舟）等；

动植物：caimán（凯门鳄）、carey/caray（玳瑁）、comején（白蚁）、coquí（一种小爬虫）、iguana（鬣蜥）、tiburón（鲨鱼）；achote（胭脂树）、batata（甘薯）、bejuco（藤本植物）、caoba（桃花心木）、ceiba（木棉）、guásima（肥猪树）、jobo（槟榔青）、maguey（龙舌兰）、maíz（玉米）、tabaco（烟草）等；

城镇名：有些现代城市的名称源自印第安地名或酋长之名，如：Arecibo（阿雷西沃）、Bayamón（贝雅蒙）、Caguas（卡瓜斯）、Camuy（卡穆伊）、Canóvanas（卡诺瓦诺斯）、Guánica（瓜尼卡）、Guaynabo（瓜伊纳沃）、Humacao（乌马考）、Jayuya（哈尤亚）、Manatí（马纳蒂）、Mayagüez（马亚圭斯）、Orocovis（奥罗科维斯）、Yauco（尧科）、Yabucoa（雅布科港）等；

其他：cacique（酋长）、batey（院子）、bohío（茅棚）、boricua（puertorriqueño 波多黎各的）、huracán（飓风）等。

二、非洲语言对波多黎各西语的影响

哥伦布第二次美洲航行把甘蔗根从西班牙南部带到美洲大陆，三个世纪后整个美洲大陆成为了为欧洲市场提供蔗糖的大种植园。第一批非洲奴隶16世纪被带到波多黎各，18世纪末，随着岛上甘蔗种植规模的扩大，殖民者从非洲买了更多的奴隶，源源不断地向蔗糖国王波多黎各输送大量无偿劳力，波多黎各岛上的非洲人口数量在这一时期达到了顶峰。尽管史料记载波多黎各有过31个不同的非洲部落，但公认来自中非刚果的部落对波多黎各西班牙语影响最大。

19世纪下半叶，奴隶制被废除，昔日的奴隶及其后人克服重重障碍，对波多黎各贡献良多，从而赢得了人们的认可；许多昔日的非奴纷纷移居到城市，他们的说话方式潜移默化地影响到社会下层人士，最终改变了加勒比地区西班牙语的发音，丰富了其词汇。他们对波多黎各的贡献以及影响之大，时至今日，在波多黎各音乐、饮食、方言以及宗教信仰方面都可窥一斑。

尽管一些非洲词汇融入今天波多黎各西班牙语词汇当中，但真正经常被使用的只是其中很少一部分，如：

水果：banana（芭蕉）、congo/fotoco/guineo/mafafo（不同品种的香蕉）等。

饮食：calalú（一种食物）、bombotó（用面粉和黑糖制成的甜饼）、funche（黄油玉米糊）、guarapo（甘蔗酒）、mamplé（劣质甘蔗酒）、gandul/guandul（一种青豆）、malanga（海芋）、mofongo（一种用炸制或烤制的绿香蕉做成的克里奥约食品）、mondongo（猪杂汤）、ñame（山药）、tostón（一种绿香蕉油炸食品）等。

音乐舞蹈：conga（孔加舞）、bongó（黑人用的鼓）、bomba（一种木制的羊皮鼓）、mambo（曼博舞）、samba（桑巴舞）等。

其他名词：bembe（厚嘴唇）、bembón（嘴唇大的人）、burundanga（素炒菜）、fufú（巫术）、macuto（背包）、mandinga（曼丁哥奴隶）、mambí（古巴独立战争中的起义者）等。

形容词：chévere（很棒的，了不起的）、matungo（瘦弱的，无力的）等。

动词：ñangotarse（蹲下）等。

西班牙语言学家拉法埃尔·拉贝萨认为，尽管非洲语言对波多黎各西班牙语有多方面的影响，但其对西班牙语贡献最大的还是词汇。

三、西班牙各地西语对波多黎各西语的影响

（一）安达卢西亚地区西语对波多黎各西语的影响

哥伦布发现新大陆后，所有从伊比利亚半岛开往加勒比地区的船只，都必须从西班牙南部的塞维利亚出发，有时还需要在塞维利亚停留多时；此外，15～18 世纪去到波多黎各的西班牙殖民者中，大部分来自安达卢西亚地区；有研究表明，美洲诸国中，波多黎各是受安达卢西亚影响最深的国家，波多黎各历史上曾有超过 80 万的安达卢西亚人移民至此，今天波多黎各 90% 以上的人口是来自安达卢西亚和加那利群岛移民的后裔。[①] 因此，安达卢西亚的西班牙语对加勒比地区乃至整个美洲的西班牙语影响颇深，波多黎各西语更是以安达卢西亚的西班牙语为基础。

安达卢西亚的西语对波多黎各西语语音上的影响主要表现为：

在波多黎各和塞维利亚，人们经常省略词尾 -ado/-edo/-ido 中间的辅音 d，将其发成 /ao/, /eo/, /ío/，如：hablado 读成 /hablao/；dedo 读成 /deo/；vendido 读成 /vendío/ 等。

受安达卢西亚西语发音的影响，包括波多黎各在内的几乎所有拉美地区，都不区分辅音字母 s 以及 c/z 的发音，将其统一发成 /s/ 音，如：cocer（煮）和 coser（缝），均读作 /coser/；abrazar（拥抱）和 abrasar（烧焦），读作 /abrasar/；vez（次数，回）和 ves（你看），读作 /ves/ 等。

第三个特点是两个地区的西班牙语都将元音后的辅音，尤其是 s 弱化，如：los dos 读做 /lo do/；buscar 读做 /bujcá/；los españoles 则读成 /loj ejpañolej/ 等。

位于辅音前或词尾的字母 r 发成 /l/，如 cortar 读成 /coltal/。

第二人称单数代词 tú 的复数形式用 ustedes，而不用 vosotros。

yeísmo 现象。西班牙安达卢西亚以及波多黎各都不区分 ll 和 y 的发音，因此受 yeísmo 的影响，西班牙语中出现了大量同音异形词，如 haya（haber 第一和第三人称单数的虚拟式现在时变位）和 halla（hallar 第三人称单数的陈述式现在时变位）；cayó（caer 第三人称单数的陈述式简单过去时变位）和 calló（callar 第三人称单数的陈述式简单过去时变位）；hoya（大坑）和 olla（锅）；baya（浆果）和 vaya（ir 第一和第三人称单数的虚拟式现在时变位）以及 valla（篱笆）。

前鼻音后鼻音化是加勒比海地区和安达卢西亚地道方言的发音现象，

---

① 程煜琦：《语言接触理论视域下外来语对波多黎各西班牙语的影响》，《文化学刊》第 10 期，2017 年，第 160—163 页。

例如，在波多黎各 comen（comer 的现在陈述时第三人称复数）发成 /comen(g)/；en（介词，在）发成 /en(g)/。

（二）加那利群岛西语对波多黎各西语的影响

前往加勒比的西班牙船只在离开塞维利亚后，一般都会先航行到加那利群岛，于是成千上万的加那利人搭上西去的船只，加入移民大军，带着发美洲财的梦想，踏上波多黎各这片热土。

1685年，西班牙人胡安·费尔南德斯·弗兰科·德·梅迪纳（Juan Fernández Franco de Medina, 1646~1698）被任命为波多黎各圣胡安市的总督。1697年，梅迪纳下令把20个来自加那利群岛的家庭送往波多黎各岛，让他们在里约皮埃德拉斯（Río Piedras）定居，从此开启加那利群岛向波多黎各移民的历史。1720~1730年，大约有882人从加那利群岛漂洋过海到波多黎各，从而彻底改变了波多黎各的人口结构。1714~1797年间，在波多黎各总共建起了28个新城镇，其中19个城镇由加那利群岛的移民聚居而成。由于加那利群体人口的持续增长，1745年设立下托阿（Toa Baja）市，随后的1751年设立上托阿（Toa Alta）市。①

通过波多黎各的加那利移民群体的规模，不难推测，加那利群岛西语对波多黎各西语产生很大的影响。如今，波多黎各西语词汇中，依然可见加那利群岛留给波多黎各的财产，如：cachete（mejilla，脸颊）、cuarto（dormitorio，卧室）、cocotazo（golpe en la cabeza，击打头部）、ensoparse/enchumbarse（mojarse，湿透）、fósforo（cerilla，火柴）、trapiche/guarapo（制糖业），等等，这些源自加那利群岛的词汇如今依然在波多黎各口语中广泛使用。

加那利群岛西语和波多黎各西语一样，都深受安达卢西亚地区西班牙语的影响，具有很多相似的地方。居住在波多黎各中部山区的居民所讲的语言中，加那利群岛西语的痕迹尤为明显。加那利群岛西语和波多黎各西语发音非常相似，具体来说就是元音的发音都相当长，因此，两地的西班牙语实际上非常相近。

（三）西班牙其他地区西语对波多黎各西语的影响

19世纪西班牙的加泰罗尼亚、巴利阿里群岛、阿斯图里亚斯以及加利西亚等地的民众也开始移居波多黎各，这些地区的西语与波多黎各西语融合，前者对后者也产生了一定程度的影响。

---

① 程煜琦：《语言接触理论视域下外来语对波多黎各西班牙语的影响》，《文化学刊》第10期，2017年，第160—163页。

此外，波多黎各是西语世界唯一一个把 rr 发成软腭音 /g/ 的国家，如 carro 读成 /cago/，类似法语的发音。

四、美国英语对波多黎各西语的影响

美国接管波多黎各后，曾试图在岛上推行英语。1902～1948 年间，波多黎各所有的公立学校，除西班牙语课程用西语授课外，其他所有课程均用英语授课。在这段双语共存期，许多的美式英语词汇融入波多黎各的西班牙语词汇当中。

1915 年至 20 世纪 80 年代末，波多黎各曾出台数部法案，宣布西班牙语为官方语言及唯一教学用语，然而均未奏效。1991 年 4 月，拉法埃尔·埃尔南德斯·哥伦布（Rafael Hernández Colón）总督签署了第 417 号议院法案，废除 1902 年的语言法，宣布西班牙语为波多黎各的官方语言，波多黎各自由邦所有司法行政机关、政府部门以及下属单位均需使用西班牙语。此外，还通过教育部组织法，规定使用西班牙语授课，英语只作为第二语言教授。

因此，尽管英语作为波多黎各岛上的第二官方语言，即便在今天，大部分的波多黎各人在家都不讲英语，西班牙语依然是波多黎各人的母语。美国语言学家约翰·列普斯基[①]曾表示：

> 尽管波多黎各在政治上归属于美国，波多黎各的西班牙语却没有被大规模英语化或被美国文化转化。

因此，许多波多黎各人的西班牙语与其加勒比地区其他邻国的西班牙语有着相同的语法结构。

波多黎各有相当一部分人移居在美国，特别是纽约，因此美国对波多黎各语言及文化的影响不容忽视。2010 年美国人口普查局进行的第 23 次人口普查显示，波多黎各裔作为美国第二大西班牙语群体，其人数已经达到 460 万，较上一次人口普查（2000 年）上升了 36%（2000 年时为 340 万）[②]，而波多黎各自由邦本土的人口则为 372.2 万（2010 年数据）。许多现在生活在美国的第三、第四代波多黎各人在讲话时，都会不经意地在西班牙语中

---

① 约翰·列普斯基（John Lipski, 1950～ ），美国著名语言学家，主要研究西班牙语及葡萄牙语方言学及语言变体。他的研究方向还涉及西班牙语语音、双语、语码转换、非洲语言对西葡语的影响、混合语言以及克里奥约语。

② 美国人口普查局数据：http://www.census.gov/prod/cen2010/briefs/c2010br-04.pdf

掺杂英语单词或短语，这种现象叫"语码转换"（cambio de código），就是人们所熟知的"英式西语"（spanglish）①。波多黎各作家吉安妮娜·布拉斯齐（Giannina Braschi）1998年出版了第一部用英式西语写成的小说《Yo-yo boing!》，书中展现了居住在美国的拉丁移民所讲的英式西语的语言风格。然而，有语言学者认为，这种英式西语只是西班牙语和英语非正式的混合体，它既不是一门独立语，也不是一种方言，而且它既不具备西班牙语的基本特点，又没有波多黎各文化特征，因此它只是一群英语和西班牙语都掌握不好的在美国居住的波多黎各人，不经意间创造的两种语言共存的形式。

最典型的语码转换就是使用英语单词 so（因此，所以），如："Estoy tarde, so me voy."，正确的西班牙语说法应该用 porque（所以），再把语序调整为："Me voy porque estoy tarde."（我走了，要迟到了。）。

再举一个英式西语的例子："Me voy a comel un jambelguel."，标准的西班牙语应该是"Me voy a comer una hamburguesa."（我要去吃个汉堡。），英式西语把英语的 hamburger 按照波多黎各西语的发音改写后，成了 jambelguel。

然而，这些生活在美国、讲着英式西语的波多黎各人，并没有得到生活在波多黎各自由邦、讲相对标准的西班牙语的老乡的认同，波多黎各岛上真正讲英式西语的人也只占岛上居民的一小部分，其英式西语并没有对波多黎各西语语言结构产生严重的影响。

那么美式英语对波多黎各西语的影响主要体现在哪里呢？答案是西班牙语中的英语词汇。有人曾在圣胡安市做过一份问卷调查②，得出了以下结论：

> 随机挑选的 7304 个单词中，有 480 个单词属于英语词汇，占比 6.5%。在马德里和墨西哥所做的同样的一个问卷调查中，马德里人使用的英语词汇只占 1.73%，墨西哥人使用的英语词汇还不到 1%。③

在传媒、体育方面，英语词汇出现的频率更高，其次是服饰和交通运输，相反宗教、农业以及动植物几乎难觅英语词汇的踪迹。

有些英语词汇几乎所有的波多黎各人都在使用，相反在其他西语国家

---

① 程煜琦：《语言接触理论视域下外来语对波多黎各西班牙语的影响》，《文化学刊》第 10 期，2017 年，第 160—163 页。

② Vaquero de Ramírez, M., 2001: *El español de Puerto Rico historia y presente*, San Juan: Instituto de Cultura Puertorriqueña.

③ 程煜琦：《语言接触理论视域下外来语对波多黎各西班牙语的影响》，《文化学刊》第 10 期，2017 年，第 160—163 页。

和地区则不常见，或者至少不像在波多黎各那样频繁使用，这些词有：bate（球棒）、box（邮筒）、brassiere（胸罩）、brown（棕色的）、closet（壁橱）、club（俱乐部）、convención（大会）、dry cleaning（干洗）、emergencia（紧急情况）、folder（文件夹）、home run（全垒打）、matress（床垫）、one way（单行线）、out（出局）、panty（内裤）、pie（馅儿饼）、ponchar（刺破）等。

一部分来自英语的词汇，波多黎各人都知道，因此许多人会用这些英语词汇替换意义相同的西班牙语词或词组，如：bacon 替换 tocineta（培根肉），break 替换 descanso（休息），counter 替换 mostrador（柜台），lobby 替换 vestíbulo（大堂，门厅），part time 替换 tiempo parcial（兼职），等等。

还有大量的英语词汇不仅在波多黎各使用，在其他西语国家也通用，如：bikini（比基尼）、cheque（支票）、champú（洗发水）、clip（夹子）、cóctel（鸡尾酒）、jeep（吉普车）、jet（喷气式飞机）、mitin（会议）、set（套）、show（演出）、whisky（威士忌酒）等。

第三节 波多黎各西语特点

今天的波多黎各西语是现代西班牙语的一种形式，是西班牙语互相间影响的众多方言或变体中的其中一个。

西班牙语的变体包括：安达卢西亚地区及加那利群岛地区的西班牙语；美洲西班牙语，美洲西语又细分为美洲大陆西语和安的列斯群岛西语（安的列斯群岛属加勒比地区）。今天的波多黎各西语是属于安的列斯群岛西语三种方言的其中之一，其他两种方言分别是古巴西语及多米尼加西语。

一、语音特点

波多黎各西语语音呈现以下特点：

（一）被吃掉的 d

位于两个元音间的 d 常被弱化或省略，如 pegado → /pegao/，picuda → /picua/，asopado → /asopao/，metido → /metío/ 等。古巴语言学家洛佩斯·莫拉莱斯曾研究过波多黎各圣胡安市的西班牙语中 d 的社会语言学分布情况。他指出，位于两个元音之间的 d 的省略常发生在词尾 -ado/-edo/-ido 中，人们会将其说成 /ao/，/eo/ 和 /ío/，如：hablado 读成 /hablao/dedo 读成 /deo/，vendido 读成 /vendío/ 等；这一现象在社会阶层偏低的人群当中，尤其是农村地区出现的频率更高；长者间也很普遍，但年轻一代情况略有不同；在圣胡安市，d 的省略只在女性群体中较为常见。

（二）seseo

受安达卢西亚西语发音的影响，包括波多黎各在内的几乎所有拉美洲地区，都不区分辅音字母 s 以及 c 和 z 的发音，将其统一发成 /s/ 的音。如：cocer（煮）和 coser（缝）都读成 /coser/；abrazar（拥抱）和 abrasar（烧焦）都读成 /abrasar/；vez（次，回）和 ves（你看）都读成 /ves/；cien 读成 /sien/；pozo 读成 /poso/，等等。

（三）s 的弱化和省略

将位于音节末位或单词末位的辅音 s 弱读成送气音 /h/ 或者直接省略。如 los dos 读成 /lo do/；buscar 读成 /bujcá/；los españoles 读成 /loj ejñolej / 等。这一现象在各社会阶层、各年龄层都会出现，但研究表明，s 的省略应该起源于首都圣胡安，继而向周边扩散。

（四）r 和 l 的混用

将位于辅音前或词尾的字 r 发成 /l/。如：cortar 读成 /coltal/，puertorriqueño 读作 /pueltogiqueño/，或者发成 /h/，如 carne 读成 /cahne/，pierna 读成 /piehna/。

（五）将多击颤音 rr 发成软腭音

类似于法语中 r 的发音或西班牙语中 j 的发音。这也被视为最具波多黎各特色的发音方法。有时，波多黎各人会开玩笑说 Ramón 和 jamón 已经变成同音异义词了。关于这一现象产生的原因，语言学家们向来争论不休：有人认为是受法语的影响，因为 19 世纪初，海地革命结束后，曾有大批法国种植工人来到波多黎各。也有人则认为是受非洲语言的影响。然而，被软腭化的 rr 在非洲西部诸语言中并不存在，更重要的是，即便在波多黎各非洲化程度最深的地区，如洛伊萨镇，也找不到被软腭化的 rr 的踪迹。反而在西班牙血统纯正的山区农村，这种现象却非常普遍。有研究倾向于认为这一现象是受泰诺语的影响。

无论这一语音现象产生的原因为何，可以肯定的是，它大致出现于 19 世纪中。如今这一语音特点已遍及全国，在内陆高地及波多黎各岛西部，rr 软腭化的现象更为明显。尽管许多波多黎各人自己也认为这一发音不标准，应尽量避免，但还是有很多人将其视作最有波多黎各特色的发音，甚至在较为正式的场合他们也会如此发音。社会语言学研究还指出这种软腭化的 rr 更受社会阶层偏低群体、来自农村的人们以及男性的偏爱。

（六）yeísmo

即不区分字母 ll 和 y 的发音。由于受 yeísmo 的影响，在西班牙语中出现了很多同音异形词，如：haya（haber 的虚拟式现在时第一和第三人称单数）和 halla（hallar 的陈述式现在时第三人称单数）；cayó（caer 的陈述式简单过去时第三人称单数）和 calló（callar 的陈述式简单过去时第三人称单数）；hoya（大坑）和 olla（锅）；baya（浆果）和 vaya（ir 的虚拟式现在时第一和第三人称单数）以及 valla（篱笆）；波多黎各人还会将 llave 说成 /yave/，llover 说成 /yover/，llanto 说成 /yanto/ 等。

（七）元音变化多端

西班牙语中的五个元音在波多黎各富于各种变化，即可能被发成开元音、闭元音、标准发音或口腔音，也可能被鼻音化，其音长也可长可短。这就意味着即便是同一个人，也会出于不同原因，如交谈情景或发音不连贯等，表现出上述各种发音。虽然波多黎各的语音富于变化，但有研究表明，这并没有破坏波多黎各西语的音位体系，其元音依然是 a, e, i, o, 和 u，变化只体现在语音上，并不是音韵上的变化，并没有改变语言本身的音素。如：perro 的尾音 o，波多黎各人在读这个单词时，o 的发音开口可大可小，但是不管其发音怎样变化，我们获取到的信息仍然是同一种动物——狗，并且是单数形式的单词。

二、句法特点

波多黎各西语保留了主格人称代词，尤其是 yo, tú 以及 usted，如："**Yo** quiero que **tú** vengas para **yo** hacer mejor el trabajo."（我希望你来，这样我能更好地工作。）。我们知道，西班牙语是屈折语，动词丰富的语尾变化足以表达清楚主语所指何人，因此标准的西班牙语用法常常省略主格人称代词。波多黎各这种保留主格人称代词的用法被视作是受英语的影响，而且该用法在安的列斯群岛的其他地区也存在，也可能是出于表述的准确性以及强调等方面的考虑吧。同时，像"¿Qué tú quieres?"以及"¿De dónde él viene?"这种主格人称代词前置、不倒装的提问方式也是波多黎各以及安的列斯群岛地区所特有的，甚至主语是名词时也如此。

波多黎各的西班牙语经常在原形动词前加上主格人称代词，如："al yo venir"，"al **tú** decirme eso" 等。正常的西班牙语语序应该是将代词后置的："al venir **yo**"，"al decirme **tú** eso"。

当人作直接宾语时，越来越多的波多黎各人用与格代词 le 来做直接宾语，这种现象称为指代人的 leísmo。指代人的 leísmo 用法已经为标准西班牙语所接受，在波多黎各，这种用法已经延伸至书面语及其他场合，包括在书信、文件中都会出现类似"Le saluda（a Juana）."的用法。但是在波多黎各也不存在指代物的 leísmo 的用法（如 * "El libro **le** dejé allí." 是错误的），也没有 laísmo 或 loísmo① 现象。然而，用单数与格代词 le 指代单数及复数的情况也越来越普遍，如："**Le** entregué los papales **a los empleados**."，口语中用复数代词指代单数概念也很常见，如："Se **los** di（di **el libro** a ellos）."。

下列代词式动词的变位形式虽未被官方接受，但在民间却广泛使用：

Siéntensen.（"Siéntense."）及 Siéntesen.（"Siéntese."）；

Súbansen.（"Súbanse."）及 Súbasen.（"Súbase."）；

Delen.（"Dele."）；Demen.（"Deme."），等等。

受英语影响，波多黎各西班牙语口语中还出现了如下的句法现象：

动词短语被拆散，如：

Está su corazón **latiendo** bien.

（他的心脏跳动得很好。）

将副动词用作形容词或名词，如：

Quería saber quiénes eran mis compañeros **sabiendo** español.

（我想知道同伴中谁会说西班牙语。）

Lo que hace es **comparando** muestras.

（他所做的，就是比对样本。）

在目的状语从句中使用动词原形，而不用虚拟式，如：

Lo hice **para ella aprender**.

（标准用法应为："Lo hice **para que ella aprendiera**."）

（我这样做是为了让她能学会。）

No veía la hora **de nosotros regresar** a Puerto Rico.

（标准用法应为："No veía la hora **de que nosotros regresáramos** a Puerto Rico."）

（不知道我们什么时候能回波多黎各。）

虚拟式的消失，连带着与虚拟式相关的所有句法形式也随之消失。

对动词过去分词的偏爱，如：

Están siendo buscados por la policía.

（正确说法应为："La policía los busca." 或者 "La policía los está buscando."）

（警察正在寻找他们。）

这种用法在波多黎各西班牙语口语中越来越普遍。

---

① Laísmo 或 loísmo，即用 la 或 lo 指代间接宾语 le，如："**La** envié una carta a Juana."。

三、词汇特点

波多黎各西班牙语的词汇，除第二部分列举的从泰诺语、非洲语言以及英语等外来语继承下来的词汇外，还有一些被认为是典型的波多黎各词汇，如：

A：abochornao（羞愧的）、abombao（需要清洗的有难闻气味的东西）、achaques（肌肉痛）、afrentao（自私的人）、afuego（大或好的东西）、agallarse（费心费力）、agitao（生气的）、ajorar（急需）、ajumao（醉酒的）、albur（谎言）、arao（傻瓜）、atorrante（流浪的）

B：bendito（友善的；悲伤的）、bizcocho（蛋糕）、brutal（令人惊骇的）、bruto（无知的）

C：caco（穿着打扮独特的人）、cafre（平民，普通人）、capear（购买非法毒品）、cel, celu 或 celular（移动电话）、coquí（一种小爬虫）、cráneo（聪明人）、cuneta（排水渠）、charro（滑稽的，搞笑的）、chin（数量少）、china（甜橙）、chocho（痛苦的老人）、chota（胆小怯懦的人）

D：deo（手指）

E：enchisma o enchismao（烦人的人）、eñangotarse（弯腰）、estufón（勤奋的）

F：farandulero/a（粉丝）、fiebrú（发烧友）、friquitín（卖油炸食品的小店）

G：gistro（丁字裤）、guagua（公交车）、gufia/gufiao（有趣的事）、guillú/guillúa（骄傲的人）、guineo（香蕉）

J：jeringar（过度活跃）、jeringue（多动的）、jevos（情侣）、jienda（喝醉）、juruntungo（远方）、juyir（逃跑）

M：maceta（吝啬的人）、mahones（牛仔裤）、mai/mami（妈妈）、metrosexual（花样美男）

N：nene/nena（小男孩/小女孩）

O：ojalá（但愿）

P：pai o papi（爸爸）、palmao（没钱）、pana（亲近的朋友）、pantallas（耳环）、parkin（停车场）、pataleta（愤怒的表示）、pelao（没钱的）、pendejo/pendeja（愚蠢的）、prender（点燃）

R：raitrú（源自英语 right true，真的，对的）

S：sínsoras（远方）

T：tráfala（街头小混混）

Z：zafacón（垃圾桶）

第二十七章 赤道几内亚的西班牙语

第一节 赤道几内亚概况与历史

一、概况

赤道几内亚共和国（República de Guinea Ecuatorial），简称赤道几内亚（Guinea Ecuatorial），位于非洲中部，北与喀麦隆接壤，东南与加蓬相邻，西临大西洋几内亚湾。首都是马拉博（Malabo）。

二、历史

（一）殖民前时期

赤道几内亚大陆部分的原始居民为俾格米人。公元前2000年至公元前5世纪，班图人（非洲最大的民族）从尼日利亚东南部和喀麦隆西北部迁移至此。此后，他们建立了几个原始王国：奥约王国、刚果王国、本加王国和布比王国，聚居此地的还有以村落模式生活的芳族，其中，本加人居住在曼吉岛，也就是今天的科里斯科岛，布比王国所在地是今天的比奥科岛，芳族人则聚居在大陆地区。这几个王国构成了今天赤道几内亚版图的大致轮廓。此外，有学者认为，公元前5世纪末到公元前4世纪初，迦太基航海家、探险家汉诺（Hannón el Viejo）曾带领船队环绕非洲海岸，途中到访过几内亚湾。

（二）葡萄牙殖民统治

1471年，葡萄牙航海家费尔南多·波（Fernando Poo）首先登上比奥科岛，并将其命名为"福萨摩岛"（Formosa），后来改名为费尔南多·波岛。1472年，葡萄牙船队抵达安诺本岛，尔后又发现了几内亚湾的另外几个小岛。至1494年，比奥科、安诺本和科里斯科岛都成为了葡萄牙殖民地和重要的奴隶贩卖港口。

（三）西班牙殖民统治

1777～1778年间，西班牙和葡萄牙缔结条约，葡萄牙把今天赤道几内亚海岛和大陆地区的领土让给西班牙。自此，赤道几内亚成为西班牙殖民地，隶属拉普拉塔河总督区。1926年，西班牙将赤道几内亚岛屿地区和陆地地区整合起来，统称为"西属几内亚"（Guinea Española）；1956年，变更为西班牙的"几内亚湾省"（Provincia del Golfo de Guinea）；1959年又调整为"西班牙海外行省"（provincias españolas ultramarinas），其中大陆地区部分称为"木尼河省"，海岛部分为"费尔南多波省"。

（四）独立及独立后

20世纪60年代起，在全球去殖民化浪潮的推动下，赤道几内亚涌现了多个争取独立的运动。西班牙当局1963年在赤道几内亚举行全民公投，公投结果促使"内部自制"法规的通过，两个行省从次年起获得自治权，并更名合称为"赤道几内亚"。1968年，通过全民公投，赤道几内亚正式宣布独立，定国名为赤道几内亚共和国，马西埃·恩圭马（Macías Nguema）担任首届总统。

马西埃执政后，在政治上实行高压政策，经济上实行极左"社会主义"政策，推行全盘国有化，驱赶了大量西班牙庄园主和外籍劳工，致使熟练技术人员流失，经济大幅下降，文化教育事业发展滞后。1979年，奥比昂（Obiang）中校发动军事政变，推翻马西埃政权，成立以其为首的最高军事委员会；1982年，公民投票通过新宪法，同年8月，奥比昂正式担任总统，并于1996年、2001年和2009年成功连任，担任赤道几内亚总统至今。

三、种族及分布情况

在赤道几内亚，非洲原住民班图人占到总人口的绝大部分。其中，芳族人约占全国总人数的72%，主要聚居在大陆地区；布比族约占总人数15%，主要居住在比奥科岛；安诺本岛的土著为安诺本人。除此之外，还有少数的尼日利亚人、喀麦隆人和欧洲殖民者后裔，以及各人种通婚产生的混血人种。

第二节　赤道几内亚的语言情况总览

由于其漫长的殖民背景、丰富的民族构成以及独立后复杂的政治经济政策，赤道几内亚的语言状况较为复杂。目前，该国由宪法规定的官方语言为西班牙语、法语和葡萄牙语，但大量使用的同样有多个土著语言；官方语言仅在教育、商务等正式场合使用，日常生活中使用的却是土著语，土著语言在赤道几内亚人的生活中占据十分重要的地位。

赤几的语言一般分为三大类：1）欧洲语言，如作为官方语使用的西语、法语和葡语；2）源于欧洲，但经过了长时间、大规模本土化后产生的混合语言－克里奥约语；3）完全源于非洲的土著语言。

一、欧洲语言——西班牙语

最早获得官方语言地位的是西班牙语。赤道几内亚自1778年起即是西班牙殖民地，但直到19世纪后半期，西班牙才开始对赤几实施有效的殖民统治，西班牙语1844年就被确立为官方语，一直持续到该国取得独立。独立后的十余年间，西班牙语在马西埃总统的统治下被视为"舶来语"而被禁止使用，国内也无使用西语进行教学的学校，然而，在法律制定和外交等场合，该国却延续了西班牙语的使用，因为当地的土著语言缺乏规范的文字和语法系统。1979年，随着马西埃统治的结束和现任总统奥比昂执政的开始，西班牙语又重新获得了官方语言的地位，并在此后得到了赤几政府的大力推广，成为教育系统中使用的语言。

二、其他欧洲语言

法语在1998年被确立为官方语言，最重要的原因是赤几当年加入中非经济与货币共同体。然而，法语在该国的使用范围非常小，普及程度低；赤几将其设为官方语言的目的是加入法语国家组织，更好地与法语邻国及组织内其他法语国家发展贸易。

葡萄牙语直到2007年7月才成为赤道几内亚的官方语言，目的是成为葡萄牙语国家共同体的正式成员。赤几也希望能够通过加入该组织，获得其他八个成员国在本国葡语教学上的帮助，让国民更好地学习葡语。

此外，20世纪90年代在赤道几内亚发现石油资源后，大量北美石油企业的到来，英语学习者在赤道几内亚国民中的数量也不断上升，如今，英语在该国商业领域、互联网使用语言中占据重要地位。

三、赤道几内亚的本土语言

根据1991年宪法，赤几的土著语言是"民族文化的重要构成部分"。赤道几内亚的本土语言分成两类：1）完全发源于非洲本土的土著语言，如芳族语、布比族语等，这些土著语言都同属于非洲班图语系；2）原本的欧洲语言经过长时间本土化后形成的新的混合语－克里奥约语，如皮钦语就是一种源自英语，但和非洲土著语长期大规模结合后形成的语言。

（一）发源于非洲的土著语言

赤道几内亚有多达七种发源于非洲本土的土著语言，全都属于班图语系，其中，使用人口最多的是芳族语，约30万人将它作为母语使用，且使用者主要聚集在大陆地区，其次是布比族语，其使用者主要居住在比奥科岛。此外，还有伊博族语、多威语等语言被作为母语使用。

（二）欧洲语言本土化后的混合语－克里奥约语

在赤道几内亚，来源于欧洲但已本土化的语言有两种：安诺本语和皮钦语。安诺本语由葡萄牙语和来自安哥拉的班图语混合后形成，其使用者主要居住在安诺本岛；皮钦语则是英语与土著语言融合而成，使用者聚集在比奥科岛，是首都马拉博的重要通用语。

第三节　赤道几内亚西语特点

一、西班牙语在赤道几内亚的使用情况

赤道几内亚虽然是以西班牙语为官方语言的国家，但由于土著语通用、西语教育基础差等多种原因，国民的西语使用率和运用水平均远低于其他西语国家，这是西班牙语在赤道几内亚最显著的特点之一。

由于马西埃时期对西班牙语的排斥和对教育文化领域的忽视，西班牙语较晚才在独立后的赤道几内亚重新获得教育语言的地位。因此，西语在赤道几内亚的普及度虽不低，但其民众掌握的水平却不理想。塞万提斯学院在2005年进行的"世界西班牙语情况"调查显示，赤几民众按照其西语水平可分为三类：

第一类使用者拥有最高的西语水平，约占全国人口的14%。他们中大部分的年龄大于40岁，他们接受的教育来自独立前的西班牙政府，将西语作为母语习得，因此拥有准确和较高的西班牙语理解和表达能力。这些人是社会精英阶层和知识分子，如高校教师、法官、医生等。

第二类为在奥比昂执政后接受西班牙语教育的民众，约占全国西语人口的74%。由于马西埃时期的十年西语断层，以及独立后土著语言在本国地位的提升，这个群体的西语使用者大多以土著语言为母语，在入学以后

才习得西班牙语，西语水平远不如第一类人。在赤几国内，这类西语使用者大多是政府公职人员。

剩下的第三类占全国人口的12%。他们由于从未接受或仅接受过极少的正规教育，西语水平极低，使用者主要是农业、畜牧业劳动者等。

也就是说，全国约88%的人口能够使用西班牙语，但拥有高水平理解和使用能力的人群仅占10%～15%。

赤道几内亚国民西语水平相对低下的原因是多方面的。首先，与其他西语国家不同，赤几将土著语言作为母语的人口比例极高，西班牙语仅在入学后作为第二语言习得；其次，由于教育发展相对落后，国民接受学前教育的比例低，学生在开始学习西语时已形成较为完善和固定的母语表达能力和思维模式，这加大了西语学习的难度；第三，虽然学校的教学语言为西班牙语，但大部分儿童在校外以及与家人沟通却主要使用母语，如芳族语、布比族语、皮钦语等；再次，教学人员的西语水平有限、公共教育系统不健全、教育普及率有待提高等，都成为赤道几内亚的西班牙语水平有限的重要原因。

奥比昂总统很重视西班牙语在赤道几内亚的教育和推广。2013年西班牙皇家语言学院宣布由奥比昂创立的赤道几内亚西班牙语学院（Academia Ecuatoguineana de la Lengua Española）正式成立；皇家语言学院将收录来自赤道几内亚西班牙语的词汇释义。2014年，奥比昂受邀到布鲁塞尔的塞万提斯学院发表演讲，对西班牙语在非洲的使用情况进行了介绍。

然而，尽管奥比昂总统一再大力推广和加强西班牙语的教育，但由于英语、法语、葡语地位的上升，西班牙语依然面临影响力减弱的风险。

二、赤道几内亚的西班牙语的特点

西班牙语在赤道几内亚的使用有以下三个特点：1）作为官方语言，在正式场合使用，但日常生活的语言则以各地土著语或地区通用语为主；2）尚未与土著语言发生大规模融合，没有形成新的混合语——克里奥约语；3）在语音、词汇等方面，在一定程度上与本土语言相互影响。

（一）西班牙语仅在正式场合使用

作为一个语言复杂多样的国家，赤道几内亚的语言使用情况呈现出双层语言（diglosia）甚至三层语言（triglosia）现象。例如，在比奥科岛的大部分地区以及大陆大区沿海地区，人们用芳族语或布比族语与族内人沟通，将皮钦语作为通用语与外族沟通，而西班牙语则仅用于正式场合，如政府事务、公共管理、文化教育等领域。

（二）没有与土著语言形成新的混合语

西语之所以没有和土著语言大规模结合，产生新的混合语言，其原因也是多方面的。其一，西班牙语的官方语言地位并未削弱土著语的使用，也未能提升西语自身在居民日常交流中的使用。也就是说，由于"双层语言""三层语言"现象的存在，西语和其他土著语言的使用场合分工明确，从而避免了与其他语言大量同时使用，不同语言间难以混合；其二，赤几的不同语言民族之间沟通难度低、交流频繁，无需借助西班牙语作为通用语大量使用；其三，西班牙对赤几的有效殖民统治开始较晚，且该国教育基础薄弱，因此西班牙语未能发展成与当地土著语深入融合的语言。

（三）本土语言对西班牙语产生的影响

虽然未能高度融合、形成新语言，但本土语言仍然与西班牙语互补、融合，相互间产生了一定程度的影响。本土语言对西班牙语的语音和词汇方面都产生了影响，而西语对本土语言的影响则体现在词汇的显著扩充上。

三、受到多种语言影响的赤几西班牙语

（一）赤几的土著语言对赤几西语语音方面的影响

1. 语调变化

非洲土著语言对殖民语言产生影响的显著特征之一，是让殖民语言在语调上发生变化。赤道几内亚的土著语言班图语是一门语调语言，存在高低声调，因此赤几人在说西班牙语时也会带上这样的口音：声调高低不一，甚至每个音节间的音调都不相同；发音强烈而短促、音节中间略有停顿。

2. 语速

赤道几内亚人在说西班牙语时，单词之间的停顿明显，语速较慢，这是音节间的间隔扩大到单词间的体现。

3. b, d, g 发音的变化

由于音节间的停顿频繁，辅音字母的发音变得干脆而不黏浊。所有情况下，字母 b, d, g 都发成塞音。

4. /θ/ 与 /s/ 并存

一些地区的 z 和 ce/ci 咬舌，一些地区则不咬舌。各地区的母语不同，其对西班牙语发音的影响也不相同。安诺本岛的人母语为安诺本语（葡语与土著语言融合产生的混合语言），在遇到 c 和 z 时不咬舌。

5. s 的发音

音节末尾的 s 几乎都会被省略掉，不发音，而不像西班牙一些地方发送气音。

6. r 与 rr 的发音

大部分赤几人都将 r 发成 /rr/。

7. r 在布比族人中的发音

受到土著语言影响，布比族人将 r 发得与法语的 r 相似。

8. l 与 r 的发音

赤道几内亚西语的发音在一定程度上受到加勒比海地区西语的影响，所以人们一般认为，赤道几内亚的西语会带有一些和加勒比西语相同的特征，如将音节末尾的 l 和 r 发音相混淆。但实际上，在赤几西语中，音节末尾的 l 与 r 区别清晰，并不会被混淆使用。

9. n 的发音

同样，音节末尾的 n 也不会像加勒比海地西语一样被发成软腭音 /ŋ/，尽管赤道几内亚的土著语言中存在大量词尾发 /ŋ/ 音的情况。

（二）赤几的土著语言对赤几西语语法方面的影响

1. 习惯省略冠词。

2. 受土著语言影响，在西语句子中爱使用叠词来加强语气。

3. 在赤几西语中，介词 en 不仅具有自身的用法，同时兼具介词 a 的用法，所以有时会以 en 取代 a，尤其是在表示行动的动词后面。如：

Voy **en** Bata.（我去巴塔。）

Si un padre quiere, su hijo va **en** la escuela.

（父亲愿意的话，孩子就可以去上学。）

4. 第二人称和第三人称混合使用：赤几西语中有时会把第二人称的主格代词 tú 和 vosotros 与第三人称的主格代词 usted 和 ustedes 混合使用。例如，在指代同一个群体时，说话者可能有时用 usted 和 ustedes，有时用 tú 和 vosotros，甚至把第二人称代词和第三人称的动词变位（或第三人称代词和第二人称的动词变位）搭配起来使用，如"ustedes tenéis"或"vosotros tienen"。

（三）赤道几内亚西班牙语的词汇特点

1. 受到美洲西语的影响

尽管远离美洲，但赤道几内亚的西语词汇中却有不少和美洲西语相似的地方。这一方面是因为西班牙对赤几进行有效殖民时，诸多美洲词汇已进入半岛西班牙语；另一方面是因为 19 世纪下半叶从古巴移入赤道几内亚的移民。

2. 一些词直接来自于美洲西语词汇，或是对其进行简单改变或添加新的含义：

limosnero：半岛西语为 mendigo

manejar un coche：半岛西语为 conducir un coche

ñato：半岛西语用 chato

tomar alcohol：半岛西语为 beber alcohol

3. 一些词在半岛西语里已经渐渐被淘汰，但在美洲西语里还广泛使用，在赤几西语里亦然：

enojo：enfadado 气愤的

pararse：estar de pie 站着

4. 一些直接来自有美洲特色的词汇，如：

cacao, chocolate, cacahuete, papaya, aguacate, enagua, cayuco。

（四）来自土著语言的影响

作为人口数量最大的两个民族的芳族和布比族，其土著语言为赤道几内亚西班牙语提供了数量最多的词语。这类词语主要集中在动植物、农作物方面，或者与民族、语言、习俗、传统文化相关。如：

1. 动植物、农作物方面：

calabó：一种树木，树干可成为房屋墙壁的建筑材料

bikiki：一种香蕉

bitíkitiki：一种香蕉

tiktík：一种香蕉

chanchú：一种可食用的蔬菜

atanga：一种十分高大的树木

bikoro：森林被自然或人为因素毁灭后重新生长出的次生林

bilolá：一种蜗牛

fritambo：一种羚羊

motu-motu：一种蚊虫

tola：一种树，树叶捣碎可用作红色涂料和香精，在重要仪式前涂抹在女性身上

2. 与本族文化和生活相关：

bubi：布比族、布比语

mininga：土著妇女

benga：一种土著语语言

kombe：一个土著民族

abaá, abahá：芳族人居住的特色房子

balele：一种传统舞蹈

mekóm：一种舞蹈

nkué：一种当地妇女用于运输农产品的大篮子

timiní：当地妇女的一种发型

3. 其他方面：

chiolá：孤儿

akkibba：谢谢

kay-kay：一种当地人喜爱的酒精饮料

malamba：一种由甘蔗酿制的酒精饮料

kato：可可丰收节

morimó：灵魂

ntangan：白人男性

tope：棕榈酒

（五）来自"混合语"的影响

赤道几内亚的混合语有两种：安诺本语和皮钦语，前者是源自葡语的混合语，后者为英语和土著语的变体。但由于葡语和西语十分接近，很难判断该国的西语中哪些词是受安诺本语影响而来，哪些又来自西语自身。因此，"受混合语影响的西语"主要讨论其受到皮钦语的影响。由于皮钦语使用人口众多，是比奥科岛最大通用语，且源于英语，因此皮钦语对几内亚西语词汇的影响主要表现在英语词汇对西语词汇的影响。如：

batamán：Bata man; hombre de la ciudad de Bata 来自巴塔的男人

boy：boy; criado del servicio 家政男孩

contrimán：contry man; paisano 同胞

finis：finish; acabar 结束

moni：money; dinero 钱

misi：miss; señora o señorita blanca 白人女性

koktail：cocktail; cóctel 鸡尾酒

anti：aunt; tía 阿姨

cuik：quick; con rapidez 快

muf：move; vete 走开

nati, natin：nothing; nada 什么也没有

rembur, rembut：rain boot; botas de goma 雨靴

pepe：pepper; pimiento 胡椒

barmán：bar man, ban tender; el que vende bebidas en un bar 酒保

（六）来自其他欧洲语言的影响

除了以上影响外，赤道几内亚的西班牙语也受到了其他欧洲语言的影

响。由于法语和葡萄牙语同为该国官方语言,但葡语与西语的相似度使其对西语的影响难以察觉,因此,来自法语的词汇更具代表性。如:

chándal:chandail; prenda deportiva 运动衫

estilo:stylo; pluma estilográfica 自来水笔

gendarmería:gendarmerie; comisaría de policía 警察局

haricot:haricot; judía 菜豆

marca:remarquer; darse cuenta 注意,察觉

page:page; página 页码

timbre:timbre; sello 印章,邮票

valable:valable; válido 有效的

vilano:villain; habitante de un pueblo 农民,乡下人

(七)"借词"现象

赤道几内亚多种语言同时使用,人们在说西班牙语时,有时会夹带来自另一语言的词汇。在赤几,甚至产生了一种叫"espaguifranglés"的非正式语言,这其实是指一种以西语为主,夹杂着英语、法语、混合语和多种土著语的语言现象。如:

Un mes después de nacer yo, mis padres se fueron al pueblo para cosas tradicionales con mi "bohuláhúlla"("bendición" 祝福)。

También apareció la entrañable silueta de la mamá fang con su tradicional "nkué"(cesta 篮子)en la espalda, camino del mercado.

"Akkiba"("gracias" 谢谢), acompañada de otras frases para mí ininteligibles.

Nada más verme aparecer con mi cartera, mi pantalón corto, mi camisa ajustada y mis sandalias de plástico, los que se creían los jefes de la sala me bautizaron con el seudónimo de "ribúkku"("libro" 书籍)。

在赤道几内亚,这种语言现象出现的频率很高且不受场合限制,无论是在教育、商业、新闻媒体等正式场合还是在日常口语交流等非正式场合都会出现。

第三编
世界其他地区的西班牙语

除了分布美洲、欧洲和非洲的二十一个西班牙语国家外，世界其他地区由于地理、历史和社会等诸多因素，也分布着数量众多的西班牙语使用者，其中包括母语使用者和有一定西语能力使用者。塞万提斯学院 2021 年发布的报告《西班牙语：鲜活的语言》显示，除了二十一个西语国家外，世界其他地区的西语母语使用者总数为 45,012,061，有一定西语能力使用者总数为 49,231,746，其中美国的西语使用者占了绝大多数，其余排前二至十位的其他地区和国家依次为：除西班牙以外的欧盟国家，摩洛哥，加拿大、巴西、澳大利亚、菲律宾、阿尔及利亚、伯利兹和以色列，其具体情况如下：

一、美国

2017 年美国西语母语使用者人数为 41,017,620，其中 93.7% 为在家讲西语的拉丁裔，其余 6.3% 为在家讲西语的非拉丁裔。根据美国 2018 年人口普查的预测，截至 2019 年 1 月，美国总人口为 328,231,337，17.8% 自称拉丁裔，拉丁裔中的 71.6% 在家讲西语；美国有一定西语能力的西使用者人数为 15,800,000，包括有一定西语能力的非母语拉丁裔以及水平不一的西语人士，但不包括来自墨西哥、中美及南美和加勒比地区的 8,400,000 名非法移民。

二、欧盟

西班牙以外的欧盟国家的西语母语使用者人数为 1,400,000，有一定西语能力使用者人数为 30,975,000。据 Eurostat 2012 年的数据，欧盟 7% 的民众以西班牙语为外语，不包括目前欧盟超过 500 万的西语在校生。

三、摩洛哥

摩洛哥的西语母语使用者人数和有一定西语能力使用者人数分别为 6,586 和 1,664,823。

四、加拿大

加拿大 2011 年人口普查数据显示，其西语母语使用者人数为 439,110，有一定西语能力使用者人数为 293,000。

五、巴西

巴西 2011 年人口普查数据显示，其西语母语使用者人数和有一定西语能力使用者人数分别为 460,018 和 96,000。

六、澳大利亚

澳大利亚 2011 年人口普查数据显示，其西语母语使用者人数为 117,498；根据 2006～2014 年澳大利亚人口增加趋势获得的最新数字，澳大利亚有一定西语能力使用者人数为 374,571。

七、菲律宾

菲律宾西语母语使用者人数为 3,325，根据 2010 年菲律宾人口普查，有一定西语能力使用者人数为 461,689，包括查瓦卡诺语使用者，不包括 1986 年西语尚是菲律宾学校必修课之前，超过 170 万的学生在大学学习西语。

八、阿尔及利亚

阿尔及利亚的西语母语使用者人数和有一定西语能力使用者人数分别为 175,000 和 48,000，其中母语使用者多为在阿尔及利亚的撒哈拉难民。

九、伯利兹

2010 年人口普查数据显示，伯利兹西语母语使用者人数和有一定西语能力使用者人数分别为 165,339 和 36,000。伯利兹原住民是玛雅人，16 世纪初伯利兹沦为西班牙殖民地，而 1821 年独立的危地马拉没能继承西班牙对伯利兹的主权。1862 年英国正式宣布伯利兹为其殖民地，并定名为英属洪都拉斯，1981 年伯利兹宣布独立，为英联邦成员国。伯利兹是中美洲唯一以英语为官方语言的国家，但其近半数居民会说西班牙语或克里奥约语。

十、以色列

2010 年人口普查数据显示，以色列西语母语使用者人数为 130,000，有一定西语能力使用者人数为 45,000，不包括犹太西语使用者。

下面将具体介绍在地理、历史、社会和现状等诸多方面与西班牙语关系密切的美国、巴西、菲律宾、摩洛哥以及犹太人。

第二十八章 美国的西班牙语

第一节 北美殖民和领土扩张

一、无敌舰队和海上霸主的更替

自1492年哥伦布发现新大陆后,西班牙为保障其海上交通线及其海外利益,于16世纪建立了当时最庞大的海上舰队,鼎盛时期拥有的舰船数目过千,总排水量超过了现在美军的单支航母编队。[①] 西班牙人把这支游弋于地中海和大西洋之间的舰队称为"无敌舰队"。

据统计,1545～1560年间,西班牙海军从海外运回5500公斤黄金以及24.6万公斤白银。到16世纪末,世界贵金属开采中的83%为西班牙所得。[②] 通过在美洲殖民地的强取豪夺,西班牙成为欧洲最富有的海上帝国。

当时西班牙国王费利佩二世统治下的疆域包括西班牙、尼德兰(Neerlandia,即今荷兰)、西西里与那不勒斯、弗朗什孔泰(法国中东部)、米兰及全部西属美洲和非洲殖民地,而梦想建立庞大天主教帝国的费利佩二世,却不得不面对帝国此起彼伏的起义和独立运动,即使有美洲源源不断的输血,都无法支持其长年四处征战的庞大军费开销,更不用说发展工业了,于是西班牙逐渐被英国赶超。

彼时的英国正处于资本主义萌芽阶段,轻工业的发展迫使它急于寻找海外商业市场;而舰船制造和航海技术的革新也燃起了英国与老牌殖民帝国,如西班牙,争夺殖民地的勃勃野心。英国尚无力正面挑战西班牙海上力量,于是大肆颁发私掠许可证,鼓励民间船只攻击西班牙商船甚至军舰,

---

[①] 数据来自360百科。
[②] 数据来自360百科。

西班牙人痛斥其为海盗行为；此外，英国还通过海盗开辟贩运黑奴的"三角贸易"，经济活动渗入西属中美洲，被西班牙人认定为走私。

西班牙自然不能对此坐视不理，英国海上的抢劫以及对中美洲的掠夺已严重威胁到它对殖民地的垄断地位，引起了费利佩二世的仇视。起初他并不想对英国大动干戈，而是谋求扶持其第二任妻子、同样信奉天主教的苏格兰女王玛丽一世登上英国王位，但玛丽一世很快被其信奉新教的妹妹伊丽莎白一世推翻。费利佩二世决定攻打英国。1588～1601年西班牙无敌舰队五次远征英国，均无功而返，而英国当时在其四次远征和九年战争后也大伤元气。1639年西班牙为镇压尼德兰反叛，与葡萄牙联手，在英吉利海峡唐斯与荷兰开战，并谋求夺取英吉利海峡控制权。战事以西葡联军战败告终，同时标志着这两个老牌殖民帝国海上霸权的结束。自此，英国和荷兰崛起，成为新一代海上霸主。

二、北美早期移民史和美墨战争

北美洲原住民为印第安人。16～18世纪，正在进行原始资本积累的西欧各国相继入侵北美洲，法国人建起了新法兰西（包括圣劳伦斯流域下游大湖区，密西西比河流域等处），西班牙人建立了新西班牙（包括墨西哥和美国西南部广大地区）。16世纪末至17世纪初，北美许多大西洋沿海地区经由英国船队率先发现后，成为英国新领土，1607年英国在北美大陆开拓了第一块殖民地，名为"弗吉尼亚"。1620年，"五月花号"载着包括男女及儿童在内的102名船员和乘客由英国出发，驶往北美洲。这并非从英国搭乘移民前往北美的第一艘船只，但因运载分离派清教徒去北美建立普利茅斯殖民地，并在船上制定了《五月花号公约》，而成为改变世界的标志性事件。

到了18世纪中期，北美大西洋沿岸共建立了十三块殖民地，殖民地的经济、文化和政治日趋成熟。英国对北美地区采取的高压政策引起了当地居民的强烈不满，殖民地与英国之间逐渐产生了裂痕，1776～1783年，北美十三州在华盛顿领导下取得独立战争胜利，美国正式诞生，并先后制定一系列民主政治的法令，逐步成为一个完全独立的民族主权国家。美国独立后继续推行领土扩张，其国土逐渐从大西洋沿岸扩展至太平洋沿岸，经济也随之发生变化：北部和南部的经济朝着不同方向发展，南北分歧和矛盾日渐紧张和严重。持续了四年的南北战争，又称美国内战，1865年以北方领导的资产阶级获胜，并统一美国全境。

1810年邻国墨西哥的独立运动也进行得如火如荼，墨西哥人民先后在伊达尔戈和莫雷洛斯·伊·帕冯的领导下，发起反抗殖民统治者，要求民族独立的大规模起义，1821 年获得独立并在 1824 年确定为联邦共和国。

先后取得独立的美国和墨西哥，1846～1848 年爆发了领土控制权之争，战败的墨西哥被迫签订《瓜达卢佩—伊达尔戈条约》，把占其土面积一半以上，且是最肥沃 230 万平方公里土地的得克萨斯、新墨西哥、亚利桑那和佛罗里达贱卖给美国；美国则通过这场战争，豪取大片土地，一跃成为跨大西洋和太平洋的大国，从此取得美洲的主宰权和霸主地位。

美国和墨西哥，乃至西班牙都很有渊源，19 世纪中墨西哥北部一半国土被迫割让给美国，居住在那里的原为西班牙臣民的墨西哥人便成了美国人。美国有许多地名是西班牙语，下面就介绍其中最负盛名的地方。

Arizona（亚利桑那，源自西班牙语 árida zona "不毛之地"；另一种说法认为这个词源于巴斯克地区的一个西班牙语单词，意为"茁壮的栎树"。）

California（加利福尼亚，源于 16 世纪初西班牙著名骑士小说《高卢的阿玛迪斯》系列第五部《艾斯普兰迪安历险记》中一个虚构的岛名，有 caliente fornalia "热火炉"之意。）

Colorado（科罗拉多，西班牙语 colorado，"红色的"）

Florida（佛罗里达，西班牙语 florido，"鲜花盛开的""华丽的"。佛罗里达州由西班牙探险家胡安·庞塞·德莱昂发现，当天正是天主教最重要的节日之一复活节，也称 Pascua Florida "花的复活节"，它是美国现存最古老的欧洲地名。）

  Montana（蒙大拿，源自西班牙语 montaña，"山"）

  Nevada（内华达，西班牙语 nevado，"白雪皑皑的"，源自西班牙南部格拉纳达的内华达山的名字 Sierra Nevada "雪山"。）

  New Mexico（新墨西哥，西班牙语 Nuevo México）

  Texas（得克萨斯，西班牙语 Tejas，"朋友""欧洲红豆杉"）

  Utah（犹他，源自纳瓦特尔语的西班牙语单词 yuta，西班牙人对当地土著居民的称呼，该地最初被 Gerónimo Salmerón 修士称作 Yuta 或 Uta。）

  Puerto Rico（波多黎各，"富庶的港口"，美国自由邦）

  La Paz（拉巴斯，亚利桑那州一城市，"和平"）

  Los Angeles（洛杉矶，美国第二大城市，位于加利福尼亚州，"天使们"。洛杉矶的原名是 El Pueblo de Nuestra Señora la Reina de los Angeles de Porciuncula "波尔西温库拉的天使们女王圣母之村"。）

  Las Vegas（拉斯维加斯，"低洼有水的地方"，世界著名赌城）

San Francisco（旧金山，三藩市，"圣弗朗西斯科"）

还有 Palo Alto（帕罗奥图，"高树"），Chico（奇科，"小伙子"），Salinas（萨利纳斯，"盐场"），Soledad（索莱达，"寂寞"），Modesto（莫德斯托，"谦虚的"），Costa Mesa（科斯塔梅萨：costa "海岸"；mesa "桌子""高原"），El Paso（埃尔帕索城，"通道，过道"），以及许许多多"圣城"：Santa Ana（圣安娜），San José（圣荷西），San Antonio（圣安东尼奥），Santa Monica（圣莫尼卡），Santa Barbara（圣巴巴拉），San Diego（圣迭戈），San Bernardino（圣贝纳迪诺），San Fernando Valley（圣费尔南多谷），San Gabriel（圣加夫列尔），Santa Cruz（圣克鲁兹）等等，所有带 San 或 Santa 开头的名字，是"圣人"或"圣女"的意思，后面的单词就是圣人或圣女的名字。

三、美帝国主义扩张和美西战争

19世纪末的西班牙已是穷途末路，海外殖民地也所剩无几，此时美国进入帝国主义时期，想重新瓜分世界殖民地，但因力量有限，无力同英法等国抗衡，只有向日薄西山的西班牙下手，1898年发动的夺取西班牙属地古巴、波多黎各和菲律宾的美西战争，是西方列强重新瓜分殖民地的第一次帝国主义战争。美国拿西班牙开刀，夺取这几个西班牙殖民地，目的是控制中美洲和加勒比地区，并取得向远东和亚洲扩张的基地。西班牙战败后，同年12月在巴黎与美国签订和约，放弃古巴并承认其独立，将关岛和波多黎各割让给美国，并以2000万美元转让菲律宾群岛主权给美国。

美西战争后，菲律宾和古巴虽然脱离西班牙殖民统治，但实际上又处于美国的占领和控制之下。1946年美国同意菲律宾独立，西班牙语作为菲律宾官方语一直持续到1973年，1987年从学生必修课中除去，2007年总统阿罗约曾提议恢复西班牙语官方语言地位，但目前其官方语为菲律宾语和英语。

美国接管波多黎各后，将其改名为"Porto Rico"，1932年才恢复其原来的西班牙语名字"Puerto Rico"；1917年，美国国会通过琼斯法案，将"美国公民籍"强加给波多黎各人民；1952年美国给予波多黎各自由邦地位。20世纪头三十年，美国一直努力把波多黎各人美国化，英语成为了公立学校的必修课。然而，面对波多黎各人的抵制，这个企图通过语言对一个民族进行同化的战略并没有奏效，时至今日，波多黎各讲英语的人口数量仍不到30%。因此，尽管英语作为波多黎各岛上的第二官方语言，即便在今天，大部分的波多黎各人在家都不讲英语，西班牙语依然是波多黎各人的母语。

但是,波多黎各有相当一部分人定居在美国,尤其是纽约,因此美国对波多黎各语言及文化的影响不容忽视。2010年,美国人口普查局进行了历史上第23次人口普查,普查数据显示,波多黎各裔作为美国第二大西班牙语群体,其人数已经达到460万,[①]这一数字已经超过了波多黎各自由邦本身的人口372.2万。许多现在生活在美国的第三、第四代波多黎各人在讲话时都会在西班牙语中掺杂英语单词或短语,就是人们所熟知的"英式西语"。波多黎各作家吉安妮娜·布拉斯齐1998年出版了第一部用英式西语写成的小说《Yo-yo boing!》,展现了居住在美国的拉丁裔移民所讲的英式西语的语言风格。

第二节 美国和西式英语(英式西语)

一、西式英语(英式西语)

英语和西班牙语同为当今世界上最通用的语言之一,以这两种语言为母语的人数都接近五亿,以这两种语言为官方语言的国家分别超过七十个和二十个。在美国,西班牙语和英语同为新墨西哥州和波多黎各的通用语言,有些州和城市,尤其是与墨西哥接壤的美国南部诸州和城市,由于拉丁移民人数的不断增长,英语和西语从开始的接触到后来的相互碰撞和抵触,发展到今天的相互交融和渗透,形成了你中有我,我中有你的局面,其间走过了一个多世纪。

spanglish(或espanglés;西班牙语和英语在西班牙语中分别是español和inglés,在英语中分别是Spanish和English,因此spangish或espanglés就是西班牙语和英语混合之意),正如它的名字那样,是西班牙语和英语混合的产物。20世纪50年代初,幽默作家萨尔瓦多·迪奥(Salvador Tió)在波多黎各首创了这个词。西式英语(英式西语)在其发展的不同阶段和地区以及移民来源国不同,有过不同的名称,如Tex Mex(19世纪末得克萨斯墨西哥式英语。1848年墨西哥战争结束后,墨西哥把得克萨斯、新墨西哥、亚利桑那和佛罗里达贱卖给美国,于是当地居民从墨西哥人成为了美国人),Pocho(20世纪40年代墨西哥移民讲的西式英语),Mix-im-up(西

---

① 美国人口普查局数据 http://www.census.gov/prod/cen2010/briefs/c2010br-04.pdf.

语和英语杂交语），Cubonics（古巴式英语），Dominicanish（多米尼加式英语），一直到今天的迈阿密英语。① 美国人对西班牙语的态度也发生了变化：最早强迫墨西哥人改学英语；20世纪70～80年代，随着拉丁裔人口的剧增，美国担心西班牙语会对美国语言以致政治形势造成变数，发起了"只讲英语"的运动，试图对西班牙语边缘化，但是正是从那时起，西班牙语以不可阻挡之势，在美国迅速普及开来。如今，西班牙语是美国第一大外语，在大中小学以及其他学校学习西班牙语的美国民众超过800万。②

研究西式英语（英式西语）的美国墨西哥裔专家伊兰·斯塔万斯（Ilán Stavans）认为，美国拉丁裔移民由于历史、人口以及原住国靠近美国等因素，"正改变着被英语同化的模式，这意味着，他们同样不可避免地被英语及其文化所同化，但是他们以自己的方式完成这一过程"。③ 西式英语（英式西语）就是千千万万拉丁移民融入美国社会，同时保留自己拉丁身份的文化工具。

拉丁裔移民在三四代之后，依然坚守着西班牙语或者操西式英语（英式西语），有几方面的原因。其一，西班牙语作为抵制被英语文化完全同化，并保留自己文化和身份的工具，无论是在早期被排挤的年代，还是今天拉丁文化大行其道之时。其次，拉丁移民潮几乎没有中断过，而且还在源源不断地涌入，改变了美国的人口结构：自1969年起，在先后四次古巴移民潮中，古巴10%的民众去到佛罗里达州，占美国总人口的4.7%；④ 2001年拉丁裔人口首次超过黑人，成为美国第一大少数族裔；⑤ 2012年人口普查显示，美国拉丁裔人口超过5300万，占美国总人口的17%。⑥ 再者，

---

① Blas Arroyo, J. L., 2005: *Sociolingüística del español, desarrollos y persectivas en el estudio de la lengua española en contexto social*, Madrid: Ediciones Cátedra, P. 422; Cortés Koloffon, A., Sunday, 07/10/2007: "El spanglish: la frontera del idioma", *La jornada semanal*, Num: 657; Núñez, E., 20/09/ 2013: "Nace un nuevo dialecto en EE UU.: el inglés miamense", *BBC Mundo*.

② Instituto Cervantes, *El español: una lengua viva, Informe 2019*.

③ Obiols, I., 15/05 /2002: "El spanglish nace de la necesidad, Ilán Stavans catedrático de splanglish", *El País*.

④ López Morales, H., 2013: "Nuevos caminos en la enseñanza del español para fines específicos: el caso EE. UU.", *Estudios sobre el español de América*, Valencia: Aduana Vieja Editorial, p. 98.

⑤ "Censo de los Estados Unidos de 2000", http://es.wikipedia.org/wiki/Censo_de_los_Estados_Unidos_de_2000

⑥ Radio la Primerisima, 11 Aug. 2013: "Más de 53 millones de hispanos residen en EEUU", *La Gente*, Washington. http://www.radiolaprimerisima.com/noticias/146787/mas-de-53-millones-de-hispanos-residen-en-eeuu

美国其他族裔移民的原住国远在万里之外，而拉丁移民的原住国靠近美国，迁徙路途短，而且不断涌入的新鲜移民，使拉丁裔总能和西班牙语保持联系。塞万提斯学院 2019 年发布的报告《西班牙语：鲜活的语言》显示：在美国，西班牙语到达母语水平的人数为 41,017,620，掌握一定西语的人也有 15,800,000 之多。

2000 年，美国马萨诸塞州艾姆赫斯特学院开设了全球第一个西式英语（英式西语）讲堂，其目的就是把这种杂交语看作是正在形成的方言。主讲老师伊兰·斯塔万斯认为，西式英语（英式西语）是西班牙语在美国强大生命力的象征，同时也是其在美国顽强生存下来所付出的代价。[①]

对于西式英语（英式西语），正统的语言学家把它看作是英语对西语的入侵。他们认为，讲这种语言的人，掺杂了大量的英语词汇，更有甚者，改变了西班牙语原有的句法和语法，对西班牙语文化是极大的危害；对于拉丁移民而言，也阻碍他们在美国主流社会的发展。语言学家认为西式英语（英式西语）是拉丁移民中穷人的语言，他们既不精通西语，也不精通英语，因此在日常会话中随意加入英语单词和词组。但西式英语（英式西语）也有其坚定的支持者，其中就包括伊兰·斯塔万斯。他认为西式英语（英式西语）之所以正在成为一种语言，是因为有人数众多的拉丁移民在使用它，而且，他相信，在美国，西式英语（英式西语）要比西班牙语更有前景。[②] 在他看来，英语和西班牙语在美国极有可能演变成一种新的语言，就像古拉丁语和欧洲各地土著语言结合，产生了今天的西班牙语、葡萄牙语、意大利语、法语，等等。伊兰·斯塔万斯还出版了一本西式英语（英式西语）词典，收录了他在歌曲、诗词、小说、故事，还有街头和网上收集到的 6000 多个单词和短语。[③]

有专家认为与其说是语言现象，西式英语（英式西语）更多的是一种社会现象。他们认为，西式英语（英式西语）给了使用它的人一个同时用两种语言交流的机会，同时也让他们觉得自己属于两种文化，并且随着西式英语（英式西语）不断壮大，它已不再被看作是对西班牙语的颠覆，而是忠实地反映两种文化合并的状况。

[①] Valenzuela, J., 15 /04/1997: "El cóctel de español e inglés invade las calles de Nueva York por boca de su población hispana", *El País*.

[②] Valenzuela, J., 15 /04/1997: "El cóctel de español e inglés invade las calles de Nueva York por boca de su población hispana", *El País*.

[③] Obiols, I., 15/05 /2002: "El spanglish nace de la necesidad, Ilán Stavans catedrático de splanglish", *El País*.

西式英语（英式西语）在美国的拉丁移民中广泛使用，并且出现在大众媒体上，但是却没人能够准确地对这语言现象进行归纳和总结。除了那些广为人知的单词、短语以及固定句型外，很多情况下，西式英语（英式西语）表现出惊人的灵活性、随意性和即兴性，原因在于拉丁裔移民来自多个国家，他们本身的西班牙语就不尽相同；每个说话者英语掌握程度不同；对话者对西班牙语熟知程度不同；等等。拉丁移民是西式英语（英式西语）的主要使用者，但是随着拉丁移民人数和影响力不断增加，甚至一些非拉丁裔的美国人也加入了这场语言大狂欢中。

Voy a tomar un break.（"我要休息一下。"西语主体，穿插英语名词 break）

Te llamo par'atrás.（I call you back.）（"我给你回电。"英语句型西语直译）

correr para presidente（run for president）（"竞选总统"，英语句型西语直译）

vacunar la carpeta（"给地毯吸尘"，西语句型，vacunar 是近似 vacuum 写法的西语动词，原意"打预防针"；carpeta 是近似 carpet 写法的西语名词，原意"文件夹"）

Yo soy el Army.（"我是军人。"美国军队招募拉丁青年参军口号。西语主体，穿插英语单词 army）

When do you need un abogado?（"你什么时候需要一名律师？"英语主体，穿插西语不定冠词 un "一个" 和名词 abogado "律师"）

Hola! Newo Yorko! El stormo grande es mucho dangeroso.（"你好，纽约人，大台风很危险。"纽约市长彭博 2011 年 8 月 27 日在推特网呼吁居住在该城的 200 万拉丁民众密切关注艾琳超级飓风。[①] 西语句型，想当然地把英语名词 New York 和 storm、形容词 dangerous 西语化。）

西式英语（英式西语）从早期夹杂英语单词和短语，对西班牙语进行改造，到今天在某些地方发展为掺杂西班牙语单词和短语，对英语进行改头换面，进而形成了诸如迈阿密英语的方言，这个结果早在十几年前，当西式英语（英式西语）开始盛行之时就有人预测到了。这跟美国拉丁移民人口的变化密不可分，尤其是在迈阿密这种拉丁人口稠密的城市。2013 年

---

① Celis, B., 30/08/2011: "Miguel Bloombito: luchando contra Irene en splanglish, una cuenta de twitter parodiando el español de Michael Bloomberg se convierte en la inesperada estrella nacida del huracán Irene", *El País*.

9月20日英国广播公司BBC做了题为《在美国诞生了一种新方言：迈阿密英语》的报道。文中说到，迈阿密二十来岁的年轻人讲的是一种掺杂大量西语单词的英语，这些年轻人中包括在迈阿密土生土长的拉丁裔及非拉丁裔。[1]

西式英语（英式西语）是早期拉丁裔移民为方便交流而产生的街头语言，随之走向大众文化、在流行音乐、电视、电影、时尚、美食以及大众媒体，如电台、电视台、报纸、杂志，甚至互联网上大行其道。

二、美国墨西哥裔奇卡诺文学

如果说大众传媒对原本随意性和即兴性很强的西式英语（英式西语）起到了一定规范化和标准化作用，那么，文学则对其进一步"抛光"和完善，剔除那些变质或有缺陷的部分，因此文学把这种英西杂交语提升到了新的高度，使其获得了前所未有的社会、经济和文化地位。[2]

20世纪60年代，美国经历了争取民权、妇女解放和反越战等运动，同时也兴起了"奇卡诺"（chicano，美国墨西哥裔）运动。奇卡诺作家认为，美国墨西哥移民生活在墨美边界，从历史、经济、思想和文化上和墨西哥有割舍不断的关系，因此他们的文化既非完全美国的，亦非完全墨西哥的。他们发起的奇卡诺运动，旨在通过社会和政治手段，对美国墨西哥裔重新定位，唤醒其民族自豪感和自信心，并提醒墨西哥裔这个占美国拉丁裔人口65%的庞大族群牢记自己的种族和文化，防止被盎格鲁—撒克逊文化所同化。奇卡诺运动认清了一个真理，那就是：一个人只有靠近自己的族群，才能真正存在；美国墨西哥裔既不是美国人，也不是墨西哥人，他们是奇卡诺人；[3] 西式英语（英式西语）是他们除了英语和西班牙语外，讲的第三种语言。

奇卡诺文学通过不同文学形式控诉美国墨西哥裔面临的种种问题和他们在语言和文化混合面前的无助与彷徨。奇卡诺文学的主要特点是：经常提及墨西哥历史和神话；评判盎格鲁—撒克逊人一直对奇卡诺文化所持的敌对态度；魔幻现实主义是其主要文学创作手法；使用的西班牙语中掺杂

---

[1] Núñez, E., 20/09/2013: "Nace un nuevo dialecto en EE.uu.: el inglés miamense", *BBC Mundo*.

[2] Prieto Osorno, A., 2004: "Literatura y spanglish", *Centro virtual Cervantes*. http://cvc.cervantes.es/el_rinconete/anteriores/mayo_04/13052004_01.htm

[3] 1969年阿兹特兰奇卡诺学生运动在圣巴巴拉计划中提出的口号。

来自其他语言的词汇，比如英语和美洲印第安土著语言。①此外，奇卡诺作家的语言策略有在整个英语环境中穿插西语句子，也有只使用西班牙语，当然还有如双语口语演讲那样，在西语和英语中自由穿插和跳跃，如西式英语（英式西语）。②

奇卡诺文学关注的话题非常广泛，从来自美国主流社会的各种压迫，到墨西哥殖民前的神话故事和人物、墨西哥战争、民族身份、种族、宗教、移民问题、性别歧视、语言，再到社会阶层、家庭生活、边境问题，都有涉及，他们就这些共同的话题阐述各自的观点和看法，把神话和边境看作是有象征意义的空间。对于他们而言，写作就是一个可以在多个有象征意义边界进行穿越的空间，是他们经历过或向往的双文化、双语的理想空间。

三、纽约波多黎各裔作家

如果说早期的奇卡诺作家用西式英语（英式西语）创作还是处于摸索阶段，那么真正把这种杂交语言带入文学的则是一群名为"纽约波多黎各裔作家"（Nuyorican Writers: Nuyorican, New York 和 Puerto Rican 结合而成的词，专门指 20 世纪 70 年代聚集在纽约的一群波多黎各裔诗人和剧作家）。他们在纽约生活，用英语和西班牙语会话和写作。1973 年，他们在纽约下曼哈顿区成立了"纽约波多黎各裔诗人咖啡室"（Nuyorican Poets Café：西班牙语 Café，"咖啡室"），这个咖啡室很快就成了西式英语（英式西语）新文学的"加油站"。"纽约波多黎各裔诗人咖啡室"的创始人之一、诗人兼演员米格尔·比涅罗（Miguel Piñero）因其生平被搬上大银幕而名噪一时。他的诗作穿插西班牙语和英语，社会及政治意图非常明确，即通过街头语言记录城市生活。

在这个咖啡室里，每天都有西班牙语和英语作家朗读自己的作品，他们的听众主要来自工人阶层。有诗人甚至尝试把诗歌、音乐、戏剧和独白结合起来，表演单人秀，来描述在美国谋生的波多黎各移民的骄傲。纽约波多黎诗人的作品总是围绕一些特定的话题：生存法则、性爱、发现自我。不同文化、语言和作家的汇合很快引起了评论界的关注，同时吸引了当时知名美国文坛人士，如"垮掉一代"作家威廉·巴勒斯以及诗人艾伦·金

---

① Taylor, P., 1999: "Bronzing the Face of American English: The Double Tongue of Chicano Literature", T. Hoenselaars and M. Buning (eds.), *English Literature and the Other Languages*, Rodopi, pp. 255～268.

② Blas Arroyo, J. L., op. Cit., P. 359.

斯伯格,一时间"纽约波多黎各裔诗人咖啡室"成了纽约大都市的文化中心之一。

"纽约波多黎各裔诗人咖啡室"呵护美国拉丁裔作家的文学创作,捍卫西式英语(英式西语)以及双文化身份的努力,对年轻的拉丁裔作家以及美国拉丁文化的影响广泛而深远。① 时至今日,"纽约波多黎各裔诗人咖啡室"依然引导着美国文学以及新拉丁文学创作的走向,纽约波多黎各诗人更是主导了美国诗歌创作的潮流。

正是在这种活跃的文化氛围中,波多黎各裔女作家安娜·丽迪雅·维加(Ana Lydia Vega)1977年发表了社会讽刺短文《小鸡,小鸡》(*Pollito chicken* 西语pollito,"小鸡")。整篇短文语调诙谐幽默,语言机智俏皮,用的就是典型的西式英语(英式西语)。《小鸡,小鸡》全文不过一千五百字,却被看作是西式英语(英式西语)文学的关键之作。

四、最新拉丁文学动向

2008年度普利策小说奖颁给了多米尼加裔作家朱诺特·迪亚兹的《奥斯卡·沃精彩小传》。这一方面是对美国多米尼加移民人数不断增加以及其对美国文化贡献的肯定,另一方面也是对美国众多拉丁族群使用的西式英语(英式西语)背后的语言和文化现象的重视。西班牙语在美国的影响随着拉丁移民人数的剧增而大大提高,越来越多的美国非拉丁裔也懂得一些西班牙语词语,并在日常生活中使用。迪亚兹以英语进行文学创作,加入西班牙语词汇,英语读者可以借助情景猜测其中西语词语的含义,因此作品不但赢得了更多的英语读者,而且也得到了评论界的青睐。迪亚兹的这种混合着西语的叙述有其特定含义,它忠实地反映了美国多米尼加移民家庭的语言状况。尤其当迪亚兹刻画人物内心深处时,他通常会用西式英语(英式西语),在他看来,这个内心深处恰恰反映了人物身上的文化冲突。

西式英语(英式西语)在迪亚兹的书中并非随意的,或者仅出于纯粹美学或文学的考虑,而是有其清晰的表达和交流目的:通过多米尼加族群反映了美国拉丁移民普遍的双语现实,同时反映了多米尼加族群独特性和价值观。在描述家庭、宗教、食物时,那些无法翻译成英语的西班牙语名称也有其特殊的含义,一方面,这就是多米尼加文化及其独特的世界观,另一方面带有强烈的感情色彩和浓浓的乡愁,杂志《纽约人》更把他评为

---

① A. Prieto Osorno, "Spanglish, una nación de iguales".

21世纪美国最重要的二十位作家之一。

2004年伊兰·斯塔万斯用西式英语（英式西语）翻译了西班牙名著《堂吉诃德》的部分章节，[1] 此举立即引起了正统语言学者的极大不满。对此，伊兰·斯塔万斯乐观地认为，如果西式英语（英式西语）的语法和句法能够标准化，那么它将成为一门新的语言。伊兰·斯塔万斯提到了在哥伦布发现新大陆的同一年，即1492年出版的《卡斯蒂利亚语语法》。[2]

据美国人口普查办公室2008年的预测，到2050年，美国拉丁裔人口将达一亿三千二百八十万，占美国总人口的30%，[3] 这意味着，届时，每十个美国人中，就有三个是拉丁裔，拉丁裔也将从现在的人数最多的少数族裔成为美国人数最多的族裔。如今，越来越多的美国年轻一代正在流行音乐、电视、电影、互联网和日常生活当中接触到西式英语（英式西语），并掌握了一些西班牙语单词和句型，为西班牙语以及西式英语（英式西语）在美国的普及创造了条件。

西式英语（英式西语）文学经过拉丁裔作家的不懈努力，已经得到了美国非拉丁裔读者的认同。他们在向世人介绍其独特文化的同时，也推广和普及了西班牙语以及西式英语（英式西语）。相对于最初口语使用上的随意性和不规范性，拉丁裔作家在作品中对西式英语（英式西语）进行了"提纯"：尽管是英语和西班牙语的杂交语，但是从语言角度来看，西式英语（英式西语）既遵循英语语法，又符合西班牙语语法，用美国语言学家里皮斯基教授的话来说，是"在同一个对话或文学作品中，西班牙语和英语之间流畅和经常的穿插"。[4] 西式英语（英式西语）还在不断更新中，用伊兰·斯塔万斯的话来说，是"一种使来自拉美不同地区的移民能够相互交流的通用语言，就像阿拉米语、拉丁语和英语在它们各自统治的时代那样"。[5]

没有文学作为载体，语言难以取得更大的扩张，文学使其更稳固，在

---

[1] 《堂吉诃德》第一章片段 西班牙语：En un lugar de la Mancha, de cuyo nombre no quiero acordarme, no ha mucho tiempo que vivía un hidalgo de los de lanza en astillero, adarga antigua, rocín flaco y galgo corredor... 西式英语（英式西语）：In un placete de la Mancha of which nombre no quiero remembrearme, vivía, not so long, uno de esos gentlemen who always tienen un lanza in the rack, una buckler antigua, a skinny caballo y un gray-hound para el chase...

[2] Cortés Koloffon. A., ibid.

[3] Lipski, J. M., 15/08/2008: "Latinos, serán minoría dominante en EU en 2050", *Proceso*.

[4] Lipski, J. M., 2004: "Variación del español", *Serie Cultura Hispánica*, num. 10, Centro de Estudios Hispánicos Universidad Sofía.

[5] Cortés Koloffon, A., ibid.

时空中变得更坚不可摧。西班牙 16～17 世纪的作家为西班牙语在全世界的扩张迈出了坚实的一步。① 今天，美国拉丁裔作家正做着跟他们前辈一样的工作，那就是通过文学形式，在美国推广西班牙语以及西式英语（英式西语）。目前预言西式英语（英式西语）将成为一门独立的新式语言可能为时尚早，但是文学加大了这种可能性。

第三节 美国拉丁裔人口变化及西班牙语的使用情况

塞万提斯学院的研究表明，根据世界上使用人数最多的五种语言，汉语、英语、西班牙语、印度语和阿拉伯语在 1950～2050 年间的人口变化，讲汉语和英语的人口比例将下降，相反，讲西班牙语和印度语的人口比例将持续且温和上升，讲阿拉伯语的人口比例增长最为明显。西班牙语人口增长不但体现在以西语为官方语言的国家，2060 年美国将成为继墨西哥后的第二大西语国家。2000 年美国拉丁裔人口为 3500 万，占美国总人口的 12.5%；2012 年人口普查显示，美国拉丁裔人口超过 5300 万，占美国总人口的 17%。美国人口普查办公室 2017 年预测，2060 年美国拉丁裔人口将达到 1 亿 1900 万，占美国总人口的 28.6%，也就是说，介时，每三个美国居民中，就有一个拉丁裔。② 但是，如今在美国出生的拉丁裔人数已经超过了美国以外出生的拉丁裔，而且大多数美国土生拉丁裔认为，讲西班牙语不再是其拉丁身份的必要条件。美国南部，以加利福尼亚州为例，拉丁裔占其总人口的 32.4%，总人数近 1100 万，该州拉丁民众讲西班牙语的占了 73.9%。③ 自 1969 年起，在先后四次古巴移民潮中，古巴 10% 的民众去到佛罗里达州，占美国总人口的 4.7%；④ 目前大约有 1230 万拉丁裔使用互联网，浏览网页和网站，有宽带的拉丁家庭超过 1500 万户。⑤

截至 2019 年，美国拉丁裔生产总值超过西班牙和墨西哥的国内生产

---

① del Moral, R., 2009: *Historia de las lenguas hispánicas, contada para incrédulos*, Barcelona: EDB NO FICCION. p. 281.

② 美国人口普查办公室 2017 年数据。

③ López Morales, H., 2013: "Presente y futuro del español en California", *Estudios sobre el español de América*, Valencia: Aduana Vieja Editorial, p. 286.

④ López Morales, H., 2013: "Nuevos caminos en la enseñanza del español para fines específicos: el caso EE. UU.", *Estudios sobre el español de América*, Valencia: Aduana Vieja Editorial, p.98.

⑤ López Morales, H., 2013: "Presente y futuro del español en California", op.cit., p.222.

总值,① 美国拉丁裔购买力的地域性比其他族裔更强,加利福尼亚州集中了美国拉丁裔购买力的 26%,其他拉丁裔购买力集中的州府包括得克萨斯州、佛罗里达州、纽约和伊利诺伊州,这里也集中了大部分拉丁裔开办的企业。②

---

① 世界银行 2019 年数据。
② 美国人口普查办公室 2017 年数据。

第二十九章　巴西与西班牙语

第一节　巴西概况与历史

一、概况

巴西联邦共和国（República Federativa de Brasil），简称巴西（Brasil），是南美洲最大的国家，其国土总面积为851.49万平方公里，位居世界第五，总人口为2.01亿。巴西与七个西语国家阿根廷、巴拉圭、玻利维亚、秘鲁、哥伦比亚、乌拉圭、委内瑞拉以及圭亚那、苏里南和法属圭亚那接壤。首都是巴西利亚（Brasilia）。

二、历史

（一）欧洲人到达之前的巴西

当欧洲人到达后来被称为巴西的这片土地时，遇到了分布在沿海一带和巴拉那河－巴拉圭河流域的美洲居民，这些美洲居民之间的文化、语言十分类似。在葡萄牙人征服的年代，生活在巴西的印第安人有数百万人，而今天仅剩下30～35万人。

（二）殖民地时期的巴西（1500～1822）

葡萄牙人早在13～14世纪的远洋贸易中积累了丰富的航海经验，15世纪初开始的海外扩张，是葡萄牙社会各个阶级、社会集团和组织的利益所在。葡萄牙与另一个海上强国西班牙为瓜分美洲殖民地，于1494年签订了《托尔德西里亚斯条约》，划定各自的势力范围。条约规定在佛得角群岛以西370里瓜处划界，以东的土地归葡萄牙，以西归西班牙。

1499年瓦斯科·达伽马（Vasco da Gama, 1460～1524）的回程船队的第一艘轮船抵达葡萄牙，在国内掀起了一个巨大热潮，1500年，佩德罗·阿尔瓦雷斯·卡布拉尔（Pedro Álvares Cabral, 1467/1468～1520）率领的一支船队，从里斯本启程，绕过佛得角群岛后向西方开去，4月21日船队远远望见那片后来被称为巴西的土地。根据《托尔德西里亚斯条约》的划分，这一地区属于葡萄牙。

巴西刚发现之初，葡萄牙人并没有意识到其价值，认为那只是一个大岛屿而已。人们首先被其异域情调吸引住，当时的葡萄牙国王马努埃尔一世喜欢称它为维拉·克鲁斯，后来又称为圣克鲁斯，即"圣十字架之地"。巴西这个名字，最初出现在1503年，与初期巴西主要财富来源——巴西红木（braza）有关，这种树树干颜色深红，被用作染料，又因其木质十分坚硬，常被用来制作家具和建造轮船。

随后的三百年里，葡萄牙人逐渐定居于此。1580年，西班牙费利佩二世继承葡萄牙王位，两国签署协定，规定当时葡萄牙实际上从属于西班牙。伊比利亚联盟使得西葡两国民众可以在拉美殖民地之间相互流动。1624～1654年，荷兰人一度占领巴西，1654年葡萄牙在第一次英荷战争后，重新夺取巴西。1640～1648年间，西班牙和葡萄牙之间发生冲突。西葡两国爆发战争，1648年葡萄牙脱离西班牙获得完全独立。1808年拿破仑入侵葡萄牙，葡萄牙女王玛利亚一世携王室贵族和政府迁往巴西，1821年返回葡萄牙，这一期间巴西开始对英国开放贸易港口，并成为葡萄牙王国的一部分。

（三）独立后的巴西

1822～1889年间为巴西帝国时期，由葡萄牙亲王佩德罗一世及其子佩德罗二世统治。1889年佩德罗二世被废黜，德奥多罗·达·丰塞卡（Manuel Deodoro da Fonseca, 1827～1892）建立的第一共和国取而代之，巴西帝国宣告灭亡。第一共和国时期从1889年丰塞卡将军发动的政变开始，直至1930年。在1930年代的世界经济大恐慌下，巴西"咖啡经济"遭受沉痛打击，随之而来的是政治上的混乱。1964～1985年为军事独裁时期。1985年，巴西开始了自由民主的道路。

（四）巴西与周围西语国家的冲突

1. 拉普拉塔之战（1851～1864）

阿根廷军事独裁者罗萨斯武力统一阿根廷后，在乌拉圭问题上支持当时的白党，试图推翻受到巴西支持的执政党红党，1851年乌拉圭内部矛盾直接演变成为阿根廷和巴西间的利益冲突，巴西武力量同阿根廷反罗萨斯的武装力量联合起来，共同反对乌拉圭白党，在其强大攻势下，白党投降。巴西和乌拉圭又联合支持乌尔基萨领导的阿根廷反对派，企图联手推翻统治达23年之久的罗萨斯政府。1852年罗萨斯军队战败，阿根廷和乌拉圭新政府遂同意巴西船只在巴拉那河和乌拉圭河流域通航。数年后乌拉圭白党重新执政，其领导人上台后继续支持旧盟友，于是，阿根廷和巴西又联合红党，向乌拉圭发动进攻，白党再次战败，这场战争巩固了巴西在拉普拉塔河流域的地位。

2. 巴拉圭战争（1865～1870）

由于巴西在拉普拉塔河战争中的行为，巴拉圭将其视为一大威胁。1864年，巴拉圭军队扣押了巴西商船。1865年，巴拉圭军队占领了阿根廷的奥连特省。同年，阿根廷、巴西和乌拉圭三国建立共同对付巴拉圭的三国联盟。1866年，巴拉圭军队向盟军发起进攻，双方展开了南美地区有史以来最为激烈的战斗，最终盟军取得胜利。1868年，盟军攻占巴拉圭首都亚松森，1870年，巴拉圭独裁者被击毙，战争结束。巴拉圭战争是19世纪南美洲持续时间最长、最残酷的战争，战后，巴拉圭人口减少一半，国家遭受严重破坏，陷入瘫痪，巴西也因战争耗尽财力，负债累累。

3. 与阿根廷在帕尔玛斯的边界问题

帕尔玛斯（Palmas）位于巴西南部与阿根廷的交界处。巴西主张以河流为界，但未能得到阿方同意，后巴阿同意将边界问题交由国际仲裁。1895年冲突地区划归巴西，两国边界问题遂得到解决。

4. 与玻利维亚在阿克里地区的边界冲突

1867年巴西和玻利维亚签订协定，巴西将阿克里（Acre）地区让给了玻利维亚。然而随着该地橡胶业的发展，巴西采胶人和商人与玻利维亚人间的冲突不断发生。后经过协商，于1903年巴西、玻利维亚和秘鲁三国签订协议，巴西用200万英镑买下原属于玻利维亚和秘鲁的阿克里地区，后更名为阿克里州。

（五）巴西同拉美国家的和平外交

除了厄瓜多尔和智利以外，巴西同南美其他国家都接壤，此外，由于巴西与周边国家在国土面积和语言存在差异，巴西历来与周边西语国家间互不信任，直至20世纪90年代，巴西才开始将其与阿根廷及南美其他国家的战略合作作为自己的外交重点之一。拉普拉塔战争和巴拉圭战争后，巴西一直奉行温和、稳健的外交政策，同南美其他国家基本保持良好关系，发展同拉美国家的外交和经贸关系是这一时期巴西外交政策的重点之一。1991年建立了包括巴西、阿根廷、巴拉圭和乌拉圭在内的南方共同市场，1995年设立自由贸易区，巴西与其他拉美国家的关系得到进一步发展和改善。南共市成员国内90%以上的商品已实现自由进出口。

巴西是阿根廷的第一大贸易伙伴。2001年阿根廷爆发经济和金融危机，波及巴西的经济发展。为了减轻这种负面影响，巴西在国际上为阿根廷获得贷款而奔走，同时改善同阿根廷的外交和经济关系。此外，巴西还努力发展同南美洲其他国家的关系，特别是同安第斯共同体[①]的关系，通过南共市与安第斯共同体签订自由贸易协定，发展同周边委内瑞拉、哥伦比亚、玻利维亚、厄瓜多尔等国的关系。为团结南美国家，2002年巴西组织召开了第二次南美洲国家首脑会议，加强南美洲国家间的政治团结，发展经贸关系。巴西的出口产品有20%都是去往南美其他国家，尤其是制成品，最近几年，巴西对于在南美其他国家企业的投资也是一直呈现增长趋势，南美其他国家同巴西之间的移民往来也是日益增多，20世纪90年代开始的区域一体化政策的必要性也日益增长。

2000～2011年间，巴西国内生产总值（Producto Interno Bruto, PIB）增长了47%。据国际货币基金组织（Fundo Monetario Internacional, FMI）统计，2012年，巴西的国内生产总值达到25,000亿美元，是拉丁美洲最大的经济体，同时也是整个美洲第二大经济体，仅次于美国，在世界各国排名第六位。据国际货币基金组织、南方银行和世界银行的统计数据，在未来十年内，巴西同中国、美国、印度和墨西哥一样是最具经济潜力的国家。

第二节　巴西的西班牙人和西班牙语

一、概况

巴西的官方语言是葡萄牙语，但是越来越多的巴西人意识到学习西班牙语的重要性，除了巴西在地理上被西语国家包围之外，还有其他多种原因：首先，近年来巴西跟其他三个南方市场国家间贸易往来日益频繁；在文化方面，跟一个讲西班牙语的国家打交道比跟其他语言国家打交道要容易得多，因为西班牙语跟葡萄牙语在语音和结构方面有很多相似之处；此外，在巴西还生活着一些西班牙犹太人后人——塞法尔迪人，他们及来自其他拉美国家的移民也都把西班牙语当作自己的母语。

---

① 安第斯共同体（Comunidad Andina de Naciones, CAN），1969年由哥伦比亚、秘鲁、智利、玻利维亚和厄瓜多尔南美洲五国成立。

二、在巴西的西班牙人

想要知道西班牙语何时出现在巴西，需追溯到 1494～1495 年间哥伦布在南美洲海岸进行的探险之航，其目的是了解托尔德西里亚斯条约划分的辖区，以便为西班牙国王出谋策划。此外，1580～1640 年间葡萄牙为西班牙兼并，因此巴西也就顺势归属西班牙王室。

但是，也有人认为西班牙和巴西相互影响最密切的是出现大量移民的 19 世纪末至 20 世纪。19 世纪中期西班牙深受经济危机影响，其中受影响最严重的地区是工业不发达、贫穷落后的加利西亚和安达卢西亚地区，而此时巴西逐渐放弃奴隶，转向选用廉价劳动力来进行劳作，咖啡种植园需要大量劳工。西班牙移民中大部分人前往与其他西语国家相邻的巴西南部及东南地区，于是西班牙语在这些地方便自然而然地流行开来，并最终在巴西南部演化成一种类似葡萄牙语的语言。据统计，1888～1930 年间有 400 多万的外国移民涌入巴西，其中西班牙人占 12%，这些西班牙人中大部分人来到了南部及东南部以及圣保罗州。据西班牙国家统计局 2014 年数据统计，居住在巴西的西班牙籍人为 117,523 人，2013 年的数据为 110,422 人，一年间增长了 6.43%。

三、西班牙语在巴西的现状

在南美洲大陆上，平均每 10 个人中就有 9 个人说西语，而巴西是西班牙语使用者增长最快的国家之一。约有 1100 万的巴西人正在学习西班牙语，巴西政府仍在努力使西班牙语的潜在学习者达到 5000 万。2005 年巴西政府规定巴西的中学（针对 14～17 岁学生的教育阶段）将西班牙语设为选修课，并有意在将来设为必修课，于是 1200 万的学生便有了学习这门语言的机会；同时，教师职业中也掀起了为传授这门语言而做准备的热潮。当时巴西总统卢拉就规定将西班牙语教育扩展至小学，用网络授课的方式进行线上教学。这种教学方式直接涉及 5000 万之多的学生和成千上万的老师，西班牙语俨然成为巴西对外交流的第二大语言，并且成了巴西的一大潜力语言，因为巴西在地理上就处于西班牙语国家的包围之中。

塞万提斯学院在巴西拥有九个分校，这对西班牙和巴西来说意味着双赢，但准确地说是更有利于西班牙语的发展，因为它大大促进了西班牙语在巴西的传播。为了推动这门依法成为全国高中必修课的语言的进一步发展，塞万提斯学院在 2009 年提出了一项跟巴西教育局合作的计划，拟将西班牙语正式纳入巴西教育体系，将西语设为小学的选修课。这直接导致新增 4500 万的潜在西语使用者。

塞万提斯学院很好地见证了巴西人在近几年对于西班牙语兴趣的增长。巴西第一所塞万提斯学院 1998 年创建于圣保罗，其最初的目的仅是进行西语教师培训。2001 年在里约热内卢建立的塞万提斯学院就已经是一个文化中心了，从那时起塞万提斯学院在巴西不断扩张。早期的塞万提斯学院培养了 10,000 名教师，而如今，随着新的塞万提斯学院在巴西的不断落成，这个数字有望翻一番。此外，如今巴西已经成为世界上拥有塞万提斯学院最多的国家，总统卢拉也曾说过如果巴西想要融入伊比利亚美洲的话，就必须会说西班牙语。

占世界人口总数 10% 的英语国家贡献了全球国内生产总值的 40%，西语国家的人口占到世界人口总数的 7%，国内生产总值占到了世界总数的 9.4%；人口占到 21% 的中国国内生产总值只占到世界总数的 4%，由此可见西语国家的经济潜力不容小觑。

四、原因

为什么在短短十年间，巴西那么多家公立和私立学校相继开设了西班牙语课程，并且呈增长趋势？原因无非是经济、社会和文化方面的：1991 年南方共同市场的创立，1996 年后西班牙外资企业的不断进驻，与西班牙日益频繁的商贸往来，以及随之而来的西班牙文化的冲击；此外西班牙语教育工作者以及巴西当地老师为传播西班牙语和西语文化做出了不懈努力，从而为西班牙语在巴西的传播奠定基础，再加上社会、经济和文化大环境，西班牙语在巴西蓬勃发展。

经济方面原因：在当今全球经济一体化的大趋势下，南方共同市场展现出了巨大的经济和社会潜力，为了方便与西语美洲各国经贸和文化交流，建立一个统一的拉丁美洲团体，一门统一的语言有着至关重要的作用。其实这种想法在巴西人的思维中早已根深蒂固，尤其是在南部跟东南部各州。巴西人对于周边国家都在使用的西班牙语十分好奇，这也进一步促进了普及西班牙语的具体法律法规的颁布。在南方共同市场的影响下，西班牙语从业人员需求量大幅增加。

另外一个促进西班牙语在巴西增长的原因是西班牙大公司在巴西设立分公司。这些企业在为巴西提供大量就业机会的同时，也提高了西班牙在巴西的影响力，从而大大激发了当地人学习西语的热情。1996 年，西班牙电信公司（Telefónica）和西班牙国际银行有限公司（也称作 Banco Santander，桑坦德银行）进驻巴西。20 世纪 90 年代末至 21 世纪初，巴西与西班牙的贸易往来日益密切，于是西语教学班的需求量大大增长。以前经常会有巴西人在填写履历时，在语言一栏写上西班牙语达到基本合格水准，因为他们完全能看懂西班牙语，尽管不会说也不会写。

西班牙语与葡萄牙语相似，让巴西人觉得西语文化与葡语文化有相似之处，因此对西班牙语文化感觉亲近。即使在葡萄牙，民众觉得没有必要学习和使用西班牙语，但当他们必须选择学习一门外语时，他们会选择自己认为更有用的西班牙语，而非其他外语。经常会有巴西人因为发音或者词汇上的使用，被人误认为是西语国家的人，这种信任以及互相间更容易理解，促进了西班牙语和葡萄牙语在巴西的混杂和缠绕，从而产生了西式葡语/葡式西语。

第三节　西班牙语和葡萄牙语的杂交

一、西式葡语

在最大的葡语国家——巴西与其周边西语国家的交界处，存在着两种不同的语言——西班牙语和葡萄牙语，因而形成了这两种语言混杂而成的多种语言变体，此外，这些方言中偶尔还夹杂着一些诸如瓜拉尼语的土著语言，于是在诸如巴拉圭和巴西的交界处，便产生了一种被称为边疆语（fronterizo）、西式葡语（葡式西语）、卡里巴欧语（carimbáo）或巴亚诺语（bayano）的接触语言，这些语言的主要使用人群是农村的中层阶级。西式葡语是为了方便口语交流而产生而流行的，即兴的语言，语言学家又称之它为乌拉圭葡萄牙语方言（dialectos portugueses del Uruguay, DPU）。一些调查者从 20 世纪 70 年代就开始对这些方言进行研究，负责研究乌拉圭和巴西交界处的葡西接触语的学者认为，西式葡语是一门建立在葡语基础上并深受西语影响的中间语言，尽管如此，它也有着自己的特点。

此外，由于受到南方共同体市场的影响，除了这些国家的交界地带，西语国家和葡语国家间的相互理解也深入到各个国家内部，尤其是南方共同市场成员国。这种相互理解同样也导致了语言间的相互影响——一系列以西式葡语创作而成的"流行"音乐和文学应运而生。比如巴西人道格拉斯·迭戈斯（Douglas Diegues）创作的《裸体行走于这片丛林的趣味》（*Da gusto andar desnudo por estas selvas-sonetos salvajes*），这是第一部用西式葡语完成的诗集；西式葡语音乐作品有磁乐队（Os Magnéticos）的《马努·超》(*Manu Chao*)。

甚至在说西式葡语的地方，一些造型艺术家们的作品中也融入了葡语和西语的因素，从这点来看，西式葡语已然不仅仅是一个杂交语言，而是阿根廷、巴拉圭、乌拉圭和巴西文化交融的产物。跟巴拉圭的葡萄牙语方言不同的是，这些地方新出现的西式葡语，涉及的地域融合性更加广泛。由此可见，西式葡语有着其忠实的拥护者们，每年10月13日甚至被他们定为"国际西式葡语日"。

二、西式葡语文学

从现实生活中的西式葡语口语发展到文学作品需要一个先决条件：把文学语言当作是现实语言的转换。这种转换偶尔才会忠于现实，大部分情况下作者在创造文学语言时，都是选择有独特特征的语言，也就是说根据角色不同的社会阶级、职业背景和方言等选择不同的语言风格。最正宗的西式葡语作家主要产生于巴西和乌拉圭的交界处。

乌拉圭和巴西交界处的西式葡语方言经常会受到一些语言规划政策的威胁，以及葡语和西语母语者的抵触，他们认为正规的西班牙语和葡萄牙语是才有威望的语言。但同时，人们也不得不承认西式葡语地区其实是一个令人惊奇的、充满文化活力的地方。西式葡语是边界文化最具代表性的产物，一些南美作家将这个"产物"融入到了文学作品中，精确地描述了边界民众的生活和历史。不同的作者在其文学作品中对这门语言的运用也是有所差异的，这里仅举两个最具代表性的例子：乌拉圭作家萨乌·伊巴尔戈因（Saúl Ibargoyen, 1930～2019）和巴西作家威尔森·布宜诺（Wilson Bueno, 1949～2010）。

萨乌·伊巴尔戈因出生在乌拉圭和巴西边境，是20世纪70年代的诗人和小说家，属后文学大爆炸时代。在他的第一篇小说《霍阿金高炉那的边疆》(*Fronteras de Joaquim Coluna*)中，他以两国交界处的乡村生活为原型，创作出一个独特的文学小世界。在小说《地球》(*Toda la tierra*)中，基于同样的素材，他创作了何塞·坤达（José Cunda）这一人物形象和他的家庭。小说中的场景其实就是现实生活中这样一个没有国界区分的乡村，这里充满了双重文化和双语言色彩。萨乌为了文学叙述，将这源于现实的元素进行了文字化处理，在刻画人物形象时，对现实进行文学再创造，把居住在边界处的居民现实生活中的语言进行了文学上的再处理。

不少语言学家都对出现在萨乌文学创作中的西式葡语，从语言学角度进行了研究。其中就包括玛格达莱娜·高尔（Magdalena Coll）的研究，她分析了萨乌的一篇短篇小说中正字法的选择，尽管书写上是按照西班牙语规则，却让读者看到了一个不一样的第三种语言，因为这种语言融合了边界地区人民所讲的西班牙语和葡萄牙语的混合形式，比如词汇：berso、diñero、farina、paisiño 和 filio 等，这些都反映了这门语言的杂交特性。

我们接下来的一段节选自《地球》的片段中，可以明显感受到这种语言混杂的特性：

"Aquí les estoy presentando a meu sobrino, Juanito Bautista. Es él de Cangu.ueiro, mesmamente que yo. Largo camino tiene hecho el coitado, pasando por Puerto Polvo... Lo mandé buscar, como vosés saben, nos hizo el favor de allegarse hasta Siete árboles." "Beinvindo, bienvenido a sus casas de usté, don Juanito. Boa visita es la suya para nos..." "Placer tengo en conocerlo, sí..." "Mais, cansado debe de estar, viaje complicado seguramente tuvo, con tales caminos...Si el señor querer, pos ya le endilgamos su recámara. Depois de trocar ropas, podemos cenar." "Voy a agradecer, do.a Juana Mangarí. Es lo que la soñora disponga." "Gué, veo que están en buen entendimiento. Y a ti, Almendorina, miña filia, béin bonita te apreciamos esta noche."

（Capítulo XX, *Toda la tierra*）

除了一些诸如 benvindo, coidado 等葡语词汇的摄入以及一些诸如 bein 或 filia 等发音更偏向于葡语而非西语的音节，在这个片段中葡语物主词汇的使用以及 vocês 和 nós 使用也相当突出，以及在将来从句中条件句或副动词的使用也喜欢用葡语的句法结构（si el señor querer; estoy presentando），这些都是巴西葡萄牙语的特征。萨乌在这部小说以及其他小说中运用的这种语言杂交手段，不仅是一个"表达边界身份"的工具，同时，正如他自己说的，也是质疑后现代主义"推崇文雅语言"的主张。

巴西作家威尔森·布埃诺是一名多产小说家，从 20 世纪 80 年代开始创作生涯，迄今已发表十本小说。1992 年出版的《巴拉圭海》（*Mar paraguayo*）是一名放荡妓女的独白，从一个保护她的老人的去世开始讲述，主人公试图通过证明老人不是她谋杀的。

作者为小说中的巴拉圭主人公创造了一种语言，它融合了西班牙语，葡萄牙语和瓜拉尼语。通过这样一个来自瓜拉杜瓦乡村地区的角色所讲的语言，表达这种国界相交之处的风土人情，而非通过对现实生活中某种语言变体的文学再创造来表达。所以《巴拉圭海》中的西式葡语，是作者自己的文学化设想，于是产生了一门仅属于他的个人语言。在这门语言中我们可以看到极具个人色彩的诗歌魅力。这部小说一开始就提醒读者注意这种"离经叛道的语言杂交"。

> Un aviso: el guarani es tan esencial en nesto relato quanto el vuelo del párraro, lo cisco en la ventana, los arrullos del português. Los derramados nerudas en cascata num solo só suicidio de palabras anchas. Una el error dela outra. Queriendo-me tal vez acabe aspirando, en neste zoo de signos, a la urdidura esencial del afecto que se vá en la cola del escorpión. Isto: yo desearía alcan.ar todo que vibre e tine abaixo, mucho abaixo de la línea del silêncio. No hay idiomas aí. Solo la vertigen de la linguagem. Deja-me que exista. E por esto cantarê de oido por las playas de Guaratuba mi canción marafa, la defendida del viejo, arrastrando-se por la casa como uno ser pálido y sin estufas, sofriendo elviejo hecho así un mal necessário –sin nunca matarlo no obstante los esfuerzos de alcanñar vence a noches y dias de pura sevicia en la obsesión macabra de eganar-lhe la carne pisada del pescoño. No, cream-me, hablo honesto y fundo: yo no matê a el viejo.

读者在这段节选中可以轻易看到几种语言的交融，因其不是不同语言语音、词汇和句法的交替使用，从而达到了一种多语言完全交融的状态，其"杂交"程度也远胜上面提到的萨乌的小说中的语言。这种语言对于以西语或葡语为母语的人来说乍一看来颇为陌生，但却无须翻译即能读懂。可以看出威尔森·布埃诺的创作已不再是简单地将现实进行再加工，而是创作出自己独特的文学语言，这种建立在多语言杂交基础上的文学语言，也是现实中南美洲语言杂交特征的产物。除了小说创作，戏剧作品中也有用西式葡语进行创作的。西式葡语已不再是边境方言的变异体，而是面向未来的产物，尤其对南共市而言。尽管目前只有一些零星的文艺作品，但创作者在作品中反复强调多文化间的碰撞，实际上就是要求把边境作为其身份特征。仅此一点即可预测南共市将给西式葡语提供多么广阔的舞台。

三、其他葡西语杂交语言

除了西式葡语／葡式西语外，巴西亚马孙地区还讲着另一种西班牙方言，叫作亚马孙西班牙语（español amazónico）。这个方言被认为是卡斯蒂利亚语和多种亚马孙语混合的语言。这个方言跟卡斯蒂利亚语的主要区别在于发音方面。比如，单词中的 j 发音为 /f/，Juan 读成 /fan/；另外一个区别是句法方面，专有名词前加冠词，句子中的单词顺序也有所改变，比如 de Antonio sus amïgas（las amigas de Antonio）。但是这个方言从来没有被整理汇编过，通常被认为是一门方言而非一种语言。

第三十章　历史和现在的西班牙语

第一节　犹太人和西班牙语

一、犹太民族及塞法尔迪犹太人

（一）犹太民族及分支

根据其各自特征，可以把世界各地的犹太人分为多个族群。犹太人起源于生活在迦南地区的古希伯来人，在数千年流亡中，犹太人与各地民族相融合，产生了多个分支。此外，犹太各个族群的居住地相隔甚远，且在相当长时间里独自平行发展，因此他们在体貌、语言、宗教、风俗、文化等方面产生了极其明显的差异。

公元前1世纪以色列和巴勒斯坦地区（犹太人发祥地）成为罗马帝国一部分，公元2世纪时，犹太人不断发动起义，反抗罗马帝国的统治，公元137年最后一次犹太人起义被镇压，数十万犹太人遭到罗马军团屠杀后，幸存下来的向罗马帝国境内外四处逃散。

根据其居住地，分散世界各地的犹太人被分成三类，即阿什肯纳兹犹太人、塞法尔迪犹太人和米兹拉希犹太人。阿什肯纳兹犹太人（又称"德国系犹太人"，"阿什肯纳兹"在希伯来语中意为"德国"）是中世纪居住在今德国的犹太人群体的后裔，后来欧洲主要的犹太人群体基本上是这个族群，包括东欧犹太人群体；塞法尔迪犹太人又称西语犹太人（"塞法尔迪"在希伯来语中意为"西班牙"或"伊比利亚半岛"），15世纪被驱逐出西班牙之前，一直生活在伊比利亚半岛并遵守西班牙裔犹太人生活习俗，现多居于南欧、中东、拉美等地；米兹拉希犹太人（又称"东方系犹太人"，"米兹拉希"在希伯来语中意为"东方"）主要包括中东和北非犹太人。除上述主要分支外，犹太人中还有一些人数较少的群体，如印度犹太人、希腊犹太人、意大利犹太人、也门和阿曼地区的犹太人、非洲犹太人（以埃塞俄比亚的贝塔以色列人为代表）以及中国犹太人（尤以开封犹太人为代表），等等。

（二）塞法尔迪犹太人及其历史

中世纪的西班牙犹太人在许多方面和欧洲其他地方的犹太人不一样，他们传承了悠久文化。西班牙犹太人在被基督教征服之前，带有独特的阿拉伯色彩，在中世纪晚期，随着西班牙文化和身份意识逐渐成形，他们和基督徒一起融入西班牙。出于对自身独特性的自觉和自豪，他们自称塞法尔迪犹太人，来自希伯来语中表示西班牙的"Sepharad"一词。1391年犹太人在西班牙遭受各种迫害后，前往今阿尔及利亚定居。15世纪90年代，西班牙基督徒把伊斯兰教政权驱赶回非洲。在西班牙人的收复失地运动和包括宗教裁判所在内的各种迫害中，愈20万犹太人皈依了天主教，4～10万人被逐出西班牙（1492年）及葡萄牙（1497年）。1949年以色列独立战争后，近85万名塞法尔迪犹太人从阿拉伯国家逃离或被驱逐，其中约有60万人迁移至以色列，其他人则移民欧洲和美国。①

（三）1492年前的西班牙犹太人

自远古时代伊比利亚半岛就有犹太居民的存在，如在伊维萨岛发现了两个1世纪刻有希伯来符号的双耳瓶，在加的斯发现了古希伯来语铭文。布匿战争（公元前218～前202年）期间，伊比利亚半岛上的希伯来人口有所增加。西哥特人把基督教定为国教后，在雷卡雷德一世②统治时期（587年）开始对半岛犹太人进行迫害，由此开始孤立犹太人的时代。

西哥特基督教统治期间受尽迫害的犹太人把穆斯林征服者视作救星。公元711年，来自中东及北非的穆斯林打败西哥特王国，开启对伊比利亚半岛长达八个世纪的统治。伊比利亚半岛上的大多数穆斯林政权在宗教事务上态度宽容，对犹太人和基督徒采取与穆斯林相同的税收制度，伊比利亚半岛上的犹太人有了更好的生存环境，无论数量还是规模都有所增加。许多犹太人从欧洲各地及阿拉伯国家来到安达卢斯，融入当地社区。在安达卢斯，他们讲阿拉伯语，担任政府公职，或从事商业和金融活动，极大地促进犹太人融入伊斯兰文化，犹太人社会地位不断提高，并积累了大量财富。自禁止穆斯林从事金融活动的伊斯兰教禁令颁布后，

---

① https://baike.so.com/doc/9689329-10035589.html
② 雷卡雷德一世（Recaredo I）：西哥特王国西班牙统治者，分别于586年、587～589年和590～601年三次在位。

伊比利亚半岛上的犹太人几乎全盘接手了收税员、财务主管、贷款人和货币兑换商的职业。

在伊斯兰教统治下，半岛犹太希伯来文化达到顶峰，犹太人在艺术、科学、医学、天文学和数学方面表现出色，此外，他们在宗教研究和哲学上也做出了巨大贡献。科尔多瓦出生的犹太宗教领袖迈蒙尼德（Moshéibn Maimón，也被称为 Maimónides, 1135～1204）对医学和哲学贡献良多，至今仍是最有影响的犹太哲学家，著有《困惑者指南》（*Guía de perplejos*）和《密西拿律法书评述》（*Comentarios a la Teshuvot*）等，理性与信仰的统一在其哲学里得到很好体现。在数学领域，犹太人为西欧引入了阿拉伯数字，塞维利亚的犹太数学家亚兹拉尔（Azraquel, 1029～1087）对古希腊亚历山大的丢番图方程式进行了全面研究；数学家阿邦内兹腊（Abenezra, 1092～1167）研究了数字 1～9 的特性，并制作了天文表。在基督徒收复失地前，塞维利亚的皈依者约翰（Juan Sánchez de Sevilla, 1370～1421）从阿拉伯语翻译了花拉子密[①]的著作。建于 1314 年的科尔多瓦犹太教堂（Sinagoga de Córdoba）以安达卢西亚风格建造，是当时犹太建筑的最高代表。

虽然犹太人在阿拉伯人统治的西班牙的生活环境大体不错，但后来他们还是遭到统治者的迫害和屠杀，特别是 1066 年格拉纳达大屠杀，整个犹太社区几乎被摧毁，只有少数犹太人逃出后，前往刚获收复的基督教领土，主要是托莱多王国。

（四）天主教双王驱逐令

1492 年前，西班牙和葡萄牙各地生活着大量犹太人，里斯本、托莱多、科尔多瓦、塞维利亚、马拉加和格拉纳达等城市有数量庞大的犹太人社区。1492 年 3 月，天主教双王对拒绝皈依天主教的卡斯蒂利亚的犹太人下驱逐令，7 月发布法令驱逐阿拉贡的犹太人，没收其财产和土地。其实，早在 1391 年的宗教迫害和大屠杀中，西班牙一半以上的犹太人已皈依天主教，那些拒绝皈依的犹太人则被驱逐出境。

据估计，1492 年间离开西班牙的犹太人人数为 16～18 万。他们离开西班牙后，主要前往三个地区。葡萄牙接受来自卡斯蒂利亚的犹太难民，为他们提供庇护以换取他们手上的金钱。在葡萄牙拒绝接受洗礼的犹太人，

---

① 花拉子密，又译"花拉子米"，全名穆罕默德·本·穆萨·花拉子密（约 780～850，Muhammad ibn Musa al-Khwarizmi），早期伊斯兰世界著名数学家、天文学家、地理学家，是代数与算术的整理者，被誉为"代数之父"。

五年后不得不再次逃往英国、法国和荷兰等地。在葡萄牙定居下来的皈依者，后被流放到巴西（其中许多人后来搬到布宜诺斯艾利斯），他们的罪名是秘密行犹太宗教仪式。那些住在加泰罗尼亚和阿拉贡的犹太人乘船前往意大利，那不勒斯王国受西班牙统治时期，他们被迫离开，一路向东，去到巴尔干半岛、奥斯曼帝国和巴勒斯坦。在西班牙被驱逐的犹太人的最后一个目的地是北非，那些在加的斯和卡塔赫纳登陆的人到达了摩洛哥港口城市。

（五）奥斯曼帝国时期

在北非，那些前往摩洛哥菲斯王国的人遭受了各种虐待和掠夺，包括长期居住在那里的犹太人，因此许多人选择折返西班牙，接受洗礼皈依天主教。最幸运的要数那些定居在奥斯曼帝国的犹太人了。苏丹巴亚凯特二世张开双臂欢迎他们，并对西班牙卡洛斯一世的来使表示，他很惊讶西班牙人居然把犹太人赶出卡斯蒂利亚，这简直是"肥水流入外人田"。

塞法尔迪人很少与奥斯曼帝国的当地民众混居，且他们大多受过教育，因此得以保留在西班牙居住时的传统，特别是语言。在近五个世纪里，塞法尔迪人一直讲他们从西班牙带来的古卡斯蒂利亚语，也就是犹太西班牙语。塞法尔迪人在商业、金融和商务方面天赋异禀，大多数人都能过上较好的生活，他们甚至在奥斯曼帝国法院享有特权。伊斯坦布尔的希伯来社区一直与奥斯曼政府和苏丹本人有商业往来，城中一些最著名的塞法尔迪家族甚至资助奥斯曼军队打仗，家族成员中多人当上了帝国的高级军官。塞法尔迪人在奥斯曼帝国平静地生活了四个多世纪，直到两次世界大战的爆发，奥斯曼帝国土崩瓦解。

塞法尔迪犹太人在奥斯曼帝国形成的四个社区，远远大于西班牙时的任何一个社区，其中最大的两个是塞萨洛尼基和伊斯坦布尔，当然，塞法尔迪犹太人遍布帝国的每个主要城市，比如，今土耳其的阿德里安诺波利斯和士麦那、雅典的塞萨洛尼基和罗得岛、保加利亚的索非亚、塞尔维亚的比托利亚、波黑的萨拉热窝、罗马尼亚的布加勒斯特和马其顿的斯科普里。

根据遗传学研究显示，目前西班牙和葡萄牙人中，19.8% 有塞法尔迪犹太人血统，10.6% 有北非穆斯林血统，犹太血统比例最高的是阿斯图里亚斯，几乎占其人口的 40%。[①]

（六）塞萨洛尼基

位于巴尔干半岛的塞萨洛尼基，是今希腊第二大城市及北部最大港口

---

① 信息来源：https://es.wikipedia.org/wiki/Sefardí

城市。塞萨洛尼基曾是古马其顿王国的首都,后又被古罗马帝国和拜占庭帝国统治,1430年奥斯曼帝国攻占塞萨洛尼基,随后大批穆斯林和犹太人涌入塞萨洛尼基。1478年的塞萨洛尼基有4320名穆斯林和6094名希腊东正教徒,以及少量天主教徒,但还没有犹太人。1500年其人口结构发生了变化,有3770名犹太人,7986名希腊东正教徒和8575名穆斯林,尤以穆斯林人数为众。塞萨洛尼基城里的犹太人就是那些从西班牙被驱逐出来的塞法尔迪犹太人,奥斯曼帝国为防范东正教徒人数占上风,接收了这些犹太人。到了1519年,塞萨洛尼基的犹太人已经达到15,715人,占总人口的54%,此后的四百年间,塞法尔迪犹太人、穆斯林和希腊东正教徒一直是塞萨洛尼基的三大群体。[①]

1912年第一次巴尔干战争,统治塞萨洛尼基的奥斯曼军队向希腊投降。作为古马其顿的象征,塞萨洛尼基对希腊人的重要性毋庸置疑,被视作马其顿希腊化的摇篮。希腊人爆发了反犹太主义的暴力示威活动,希腊东正教会领导人或民族主义政党成员发动和领导这些示威活动。当时的一本宣传册子说:"腐烂的希伯来尸体已在马其顿希腊化的纯净身体中得到净化。"许多塞法尔迪犹太人开始流亡他国。

"一战"期间,塞萨洛尼基城的大部分被法国驻军引起的一场火灾所毁,72,000人无家可归(当时全市人口为271,157人),大火摧毁了该城近一半犹太人的家园和生计,他们被迫出国,许多人去了巴勒斯坦,部分人前往巴黎,还有一些人远赴美国。

塞萨洛尼基有以西班牙地名命名的犹太社区和犹太教堂,如:Kal de Kastiya(卡斯蒂利亚),Kal Aragon(阿拉贡)。这表明塞法尔迪犹太人从未忘记他们的过去和他们的伊比利亚起源。塞萨洛尼基犹太社区曾经是世界上最大的犹太人聚集地,被犹太复国主义者称"以色列的母亲",然而今天其犹太社区几乎没有留下什么,因为近80%的居民在"二战"中惨遭杀戮,其余人移民至美国、法国以及后来的以色列。

相比之下,伊斯坦布尔和伊兹密尔(土耳其第三大城市)的犹太人的情况没有发生重大变化。"土耳其之父"凯末尔建立共和国时,他们依然是受保护的土耳其公民,土耳其犹太人几乎在整个20世纪一直处于安全状态。

(七)20世纪以来的塞法尔迪犹太人

"二战"以来,世界各地的塞法尔迪犹太人人数急剧下降,幸运者移民

---

① https://baike.baidu.com/item/%E5%A1%9E%E8%90%A8%E6%B4%9B%E5%B0%BC%E5%9F%BA/5410037?fr=aladdin

到了美洲的阿根廷、巴西、委内瑞拉、墨西哥、巴拉圭或智利等国家,更多人不幸成为"二战"大屠杀的受害者。

今天,以色列的塞法尔迪社区规模很大,很多拉比担任社区领袖。美国和以色列试图保护犹太西语,组织有关科学和文化活动。以色列成立了拉迪诺国家管理局,这是一个负责研究、保护和保存犹太西班牙语的机构,该机构定期出版的杂志《这里是耶路撒冷》(Aki Yerushalayim),完全使用犹太西班牙文。马德里的一所研究所也出版了一本类似性质的杂志,名为《西班牙》(Sefarad)。在美国,促进塞法尔迪犹太文化研究基金会(Foundation for the Advancement of Sephardic Studies and Culture, FASAAC)也脱颖而出。

为了保护塞法尔迪犹太文化,科尔以色列广播电台(Kol Israel)和西班牙对外广播电台(Radio Exterior de España)用犹太语和西班牙语播放节目,并将大量时间用于宣传文化活动。最近,伊斯坦布尔塞万提斯学院与本地社区合作,定期开设犹太西班牙语课程。位于西班牙米兰达埃布罗市的弗朗西斯科·坎特拉·布尔戈斯(Francisco Cantera Burgos)基金会拥有欧洲最大的犹太西语和希伯来语图书馆,也是世界上最大的图书馆之一。

1982年西班牙政府开始承认当年被驱逐的西班牙犹太人后裔的西班牙公民身份。普通外国人需在西班牙合法居住满十年后,方有权申请加入西班牙国籍,而西班牙犹太人的后裔只要合法居住满两年即可入籍,与原籍拉美国家、安道尔、菲律宾、赤道几内亚、葡萄牙的居民享受同等待遇。

2015年西班牙新任国王费利佩六世颁布法令,取消之前塞法尔迪人必须在西班牙居住满两年方可申请西班牙国籍的规定,因此,每个塞法尔迪人都可以自由申请西班牙国籍,并且保留双重国籍。欢迎西班牙裔犹太人回归的法案于同年10月正式生效,有效期3年,在2018年该法案又延期至2019年。据估计,有超过9万西班牙裔犹太人提交了申请,目前已有超过6000人拿到了西班牙国籍。

二、塞法尔迪犹太人的语言

(一)犹太人的语言

长期以来,移居世界各地的犹太人大多改用了当地语言,但同时他们又发展出一些特别的方言或语言支系,比如散居在中欧的阿什肯纳兹犹太人使用的意第绪语,就综合了德语和犹太语言的元素;伊比利亚半岛的塞法尔迪犹太人使用的犹太西语,亦称拉迪诺语(el ladino),受西班牙语的影响。经历了"二战"犹太人大屠杀、犹太人撤离阿拉伯地区以及全球犹太人社群大融合后，一些本来使用人口就很少的犹太语支系更是雪上加霜，难以为继，如犹太－格鲁吉亚语，犹太－阿拉伯语、犹太－柏柏尔语、犹太－克里米亚鞑靼语、犹太－马拉雅拉姆语等。目前在全球犹太人口中使用最多的三种语言分别为：英语、现代希伯来语和俄语，法语和西班牙语也在犹太人群中有着较高的使用率。

（二）犹太西班牙语语言史

目前，塞法尔迪犹太人大概有 200 万人，大多数居住在以色列、法国、美国、阿根廷和加拿大，其他地方尚有土耳其、巴西、墨西哥、智利、哥伦比亚、摩洛哥、秘鲁、突尼斯、荷兰和意大利等。

除宗教信仰外，塞法尔迪犹太人还保留了许多其先人的习俗，直到今天他们仍然使用犹太西班牙语，当然这种语言不完全是 15 世纪时的西班牙语。像所有活着的语言一样，犹太西班牙语随着时间的推移而发展，经历了显著变化，但其结构和特征与中世纪晚期卡斯蒂利亚语基本一致。塞法尔迪犹太人一直对祖先的故土怀有异样的感情：一方面对 1492 年的驱逐心生怨恨，另一方面，随着时间的推移，对失去的故土越加思念。

早在古罗马时代，犹太人就居住在伊比利亚半岛上，特别是在贝蒂卡省（Bética），今西班牙南部安达卢西亚地区，其他犹太民族在 8 世纪随穆斯林人的入侵，一起抵达半岛。11 世纪末、12 世纪初，许多犹太人逃离半岛北部基督教王国的宗教迫害，托莱多、里斯本和瓦伦西亚逐渐成为其移民的主要中心。1212 年，随着基督教重新光复安达卢西亚北部和西部，科尔多瓦和塞维利亚重新建立犹太社区，自 13 世纪起，受过教育的犹太人把阿拉伯和希腊文本翻译成罗曼斯语言。

1492 年 3 月，天主教双王下令驱逐拒绝皈依天主教的犹太人。虽然 15 世纪末，半岛的语言还没有真正统一，但卡斯蒂利亚语已经普及；被驱逐的犹太人来自不同的地区，但所有人都会讲在半岛上占主导地位的卡斯蒂利亚语。因此，驱逐前后西班牙犹太人所说的语言并无实质性差别。

抵达奥斯曼帝国的犹太人，作为西方先进文明的代表受到欢迎和尊重。土耳其人没有强迫犹太人接受他们的语言或宗教，因此塞法尔迪犹太人并没有弃用自己的语言。塞法尔迪犹太移民有很高的社会和经济地位，很快就在土耳其乃至欧洲各重要城市建立了大型塞法尔迪犹太人社区。16 世纪，在奥斯曼帝国旅行的西班牙人认为，犹太人讲的是与他们无异的西班牙语。但是到了 17 世纪初，西班牙语和奥斯曼犹太人讲的西语之间出现了显著差异，后者开始被称为"犹太人的西班牙语"。

在奥斯曼帝国定居的塞法尔迪犹太人发展资本主义，控制了金银矿、贸易和海关。16 世纪初他们在希腊的塞萨洛尼基建立了塞法尔迪王国的第一所大学，盛况持续了一个多世纪，直到地理大发现，包括塞萨洛尼基和君士坦丁堡在内的地中海港口地位不保，各国民族资产阶级的兴起，犹太人在经济和文化各领域也失去了重要地位。

尽管塞法尔迪犹太人的社会地位发生了变化，但犹太西语在 18 世纪进入黄金时代，使用者数量增加，文学创作空前盛大。犹太西语的发展持续了近两个世纪，每天出版 300 多份报纸，发表高质量文学作品，尤其是小说和诗歌，还建立起塞法尔迪剧院；此外，塞法尔迪犹太人还从希伯来语和其他语言翻译了大量文学、历史、宗教和地理著作。

犹太西班牙语衰落始于 19 世纪中叶，那时奥斯曼帝国开始欧化，社会和文化处于变革中，开始开办外国学校，尤其是以色列大学联盟和意大利学校，其办学目的是通过在犹太人居住的城市开设学校，消灭他们认为的"恶化的语言"，即犹太西班牙语。幸而犹太西班牙语并没有被其他民族的语言如加利西亚语和意大利语所摧毁，但几乎只能在家使用。

另一个重要原因是奥斯曼帝国的垮台和新兴国家的建立。塞法尔迪犹太人被迫使用当地的民族语言，如 1912 年塞萨洛尼基居住的希腊人口少于塞法尔迪人，然而，塞法尔迪犹太人被迫使用希腊语，塞萨洛尼基的塞法尔迪犹太人的案例是犹太西语衰落的象征。此后，犹太人大量移民到西欧和美洲国家。"二战"爆发和纳粹统治消灭了欧洲的犹太社区，希腊、南斯拉夫和罗马尼亚被德国军队占领，短短五年里，犹太西语失去了 90% 的使用者，大多数塞法尔迪犹太人惨死在达豪、特雷布林卡和奥斯威辛－比克瑙集中营。1945 年，塞萨洛尼基只剩下 1240 名塞法尔迪犹太人，仅是四年前的 2.2%。[①]

（三）犹太西班牙语特征

犹太西班牙语（el judeoespañol），又称拉迪诺语，阿奇蒂亚语[②]，sefardí, dzhudezmo/judezmo（奥斯曼帝国时期的犹太西班牙语东方变体）以及 spanyolit（该词源自希伯来语），属于罗曼斯语族，源自中世纪西班牙语。一直以来是西班牙犹太人后裔使用的语言。犹太西语融合了希伯来语和亚拉姆语，还受到阿拉伯语、土耳其语和少部分希腊语等语言的影响，盖因

---

① Nieweglowska, M.,: "El Dialecto Judeoespañol : Una Historia Del Exilio", 2010 https://lateinamerika.phil-fak.uni-koeln.de/fileadmin/sites/aspla/bilder/ip_2010/m.nieweglowska_trabajo.pdf

② 阿奇蒂亚语（el haquitía），亦称犹太西班牙语的西方变体，该词源自阿拉伯语，是定居摩洛哥的伊比利亚血统犹太人特有的方言，由古西班牙语构成，并结合了阿拉伯语和希伯来语，与今天东方犹太人所说的方言截然不同。

奥图曼帝国时期塞法尔迪犹太人流亡经过这些地方。

如同其他犹太语言，犹太西语也处于濒危边缘，如今能流利使用犹太西语的母语者大多为长者，他们许多人20世纪回流以色列定居，但他们没能把这门语言传给子女们。近年塞法尔迪社群间兴起一些小型语言复兴运动，特别在音乐方面，拉美等地的孤立犹太人社群中，犹太西语近来有逐渐融入当地西班牙语而被同化的趋势。

犹太西班牙语有两种口头和书面形式，口语分为东方变体（judezmo）和西方变体（haquitía）。曾居住在葡萄牙、荷兰、意大利、巴尔干半岛和奥斯曼帝国的犹太人使用东方变体，目前仍在以色列、土耳其和一些巴尔干国家使用，西方变体主要在摩洛哥使用。书面形式即拉迪诺语，或者更确切地说是从希伯来语翻译的神圣文本。

摩洛哥犹太西语结合了古卡斯蒂利亚语，希伯来语和阿拉伯语的语言特征。1948年，讲阿奇蒂亚语的人有26万多人，但随着现代西班牙语的引入，2003年，讲阿奇蒂亚语的只剩下5500人。在被西班牙语同化的过程中，阿奇蒂亚语其大部分特征已经消失。学校里所有班级里每天都会阅读西班牙语书籍，历史、地理等学科都是用西班牙语授课。

犹太西语毕竟不是中世纪卡斯蒂利亚语的活化石，在与西班牙分离的五个世纪里，讲犹太西语的人创新了词汇和语音，也发展出独特的语法，比如以 muestro 替代 nuestro。下面简要介绍东方变体的特征。

1. 语音

犹太西班牙语东方变体的大多元音及发音与现代西班牙语几乎无异，但在双元音方面存在些许差异：元音 o 读成 /ue/，如把 podía 读成 /puedia/，bondad 读成 /buendad/；双元音 ie 的缺失，如把 quiere 读成 /kere/，griego 读成 /grego/，甚至一些动词变位时也没有变成相应的双元音形式，如 contar, dormir, mostrar, pensar, querer, rogar, temblar 等。

辅音保留着上颚音 /ʃ/ 和 /ʒ/，这两个音在现代西班牙语中都已变成 /x/；与古西班牙语不同的是，犹太西语接受了希伯来语音素 /x/；保留古西班牙语的上颚摩擦清辅音 /š/，如把 dejar 读成 /deshar/；在第二人称复数动词形式保留 /š/，如 tenéis 读成 /tenesh/，estéis 读成 /estesh/；保留 s 和 z 的发音区别，留下了 /z/ 这个舌尖齿龈摩擦音，比如会把 resultado 读成 /rezultado/；yeísmo 现象很常见，甚至腭元音前的辅音也消失了，比如把 aquella, familia, maravilla 读成 /aquea/，/famía/，/maravía/；音位转化现象在音素 rd 中很常见，比如把 cuerda, tarde, orden 变成 /cuedra/，/tadre/，/odren/，在其他辅音群中也有出现把 fiebres, lengua 读成 /fierbes/

和 /luenga/；鼻音消失，如 ganancia, sentencia 变成 /ganasia/ 和 /setensiá/。

2. 语法

犹太西班牙语东方变体自 17 世纪开始，其动词变位特征之一是简单过去时第一人称单数以 -í 结尾，如 amé 变成 amí, conté 变成 kontí。19 世纪出现的新变化是：简单过去时第二人称单复数词尾的变化，如 amaste 变成 amates, trajiste 变成 trushites。

人称代词 mos 和 mozotros 非常普遍；在另一个人称代词前，mos 可以简化成 mo（"que **mo** la cante" 我为她歌唱）；cual 和 tal 分别成为 cualo 和 tala；副词 onde 与 ande 并存。数字 veinte 和 treinta 变成 vente 和 trenta, seis 和 sesenta 变成 ses 和 sešentos，序数第三至第九分别是 tresero, cuarteno, quinteno, sezeno, seteno, ochavo 和 noveno。前缀 a- 和后缀 -ico 使用频繁，如 abušcar, aresponder, asentensiar, asperar, asigún, güevezico, guzanico, corcovadica, cucharica, mañanica。ser 的副动词 siendo 表示因果关系（"**siendo** que el tiempo es tadre" 因为时间太迟了）；dito 具有指示功能（"los provechos que salen de **dita** ovra" 这项工程的好处）。

规范西班牙语词尾不变的形容词有阴阳两种属性，犹太西班牙语东方变体给加上阴性形式，如 joven → jovena，这种现象不仅出现在形容词上，还出现其他词性上，如相对于规范西班牙语关系代词 cual，犹太西班牙语东方变体不仅有阳性 kualo，还有阴性 kuala。

3. 词汇

犹太西语接近中世纪卡斯蒂利亚语，或者更确切地说是前古典西班牙语，因此其拟古词非常多，举例如下：

副词：agora（ahora，现在）、ansina（así，这样）、ainda（todavía，仍然）

动词：trokar（cambiar，改变）、topar（encontrar，找）、kaler（ser necesario，必要）、cuzir（coser，缝纫）

名词：lonso（oso，熊）、luvya（lluvia，雨）、mego（brujo，巫师）、güezmo（aroma，香）、mansevo（muchacho，男孩）

犹太西语除了中世纪音素和某些形态句法特征外，还有现代西语没有的中世纪词汇和来自其他地区的词汇，如加泰罗尼亚语、阿拉贡语、加利西亚语和葡萄牙语。由于与多种语言接触，犹太西语借词数量众多，大量借词让学者们陷入犹太西语是西班牙语方言还是另一种语言的讨论当中。

许多借词把外语后缀（主要是希伯来语和土耳其语）和西班牙语前缀结合起来。最明显例子是 delantier（前面）这个词，它把西班牙语前缀和法语结尾 -ier 相结合。与宗教、习俗和传统以及日常生活有关的词语大多来自希伯来语，土耳其语借词大多出现在工作、商业和政治领域。以下是部分外来词：

源自希伯来语：mazal（suerte/ fortuna 幸运）、uma（pueblo 村镇）、hutspa（atrevimiento 大胆）、abastado（omnipotente 万能的）、alabasión（alabanza 赞美）、barragán（valiente 勇敢的）、enveluntar（desear 希望）

源自土耳其语：paras（dinero 钱）、carar（grado, cantidad 程度，规模）、chalic（estúpido 傻的）、charší（mercado 市场）、chibuc（pipa 烟斗）、colay（fácil 容易的）、cutí（caja 盒子）、samán（paja 稻草）

源自意大利语：lavorar（trabajar 工作）、capachitá（capacidad 容量）、caro（querido 亲爱的）、comunità（comunidad 社区）、conseguenza（consecuencia 后果）、cuartier（barrio 街区）、cuantunque（aunque 虽然）、escopo（objetivo 目的）、espiegar（explicar 解释）、influensa（influencia 影响）、lungo（largo 长的）

源自加利西亚语：anaršista（anarquista 无政府主义者）、avantaje（ventaja 优势）、budgeto（presupuesto 预算）、condanasión（condena 谴责）、convenivle（conveniente 便利的）、dezvelopamiento（desarrollo 发展）、entrepriza（empresa 公司）

源自法语：eksprimir（法语：exprimer 表达）、defendido（法语：défendu 禁止的）

源自英语：英语借词与技术发展，互联网，流行文化等有关，如 Puská（英语：pushcart 小推车）

还有一些词汇来源于巴尔干各语言，如保加利亚语，塞尔维亚－克罗地亚语和罗马尼亚语。

犹太西班牙语是西班牙犹太人后裔使用的古老语言，迄今世界上大约还有20多万人在使用，但目前仅有特拉维夫个别电台还在继续播送这种已濒于消亡的语言。通过它，人们还可以领略到中世纪到前哥伦布时代卡斯蒂利亚语的风貌。由于没有受到现代西班牙语的影响，犹太西语保存了现代西语中已不存在的音素、词汇和形态结构，特别在词汇上它还得到丰富的非西班牙语元素。借词数量多一方面体现了语言的创新性，另一方面也反映了语言本身特质不可避免的磨损。另外，犹太西语还保留了流行于15世纪的西班牙谣曲、成语、民间故事、药方、食谱等极为珍贵的语言文化材料，对研究中世纪的西班牙及西班牙语具有无法估量的珍贵价值。在如此广泛的地域范围里，犹太西语这种中世纪古老语言历经漫长岁月得以保存下来，本身就是十分特殊的社会现象。

第二节　菲律宾和西班牙语

一、菲律宾概况

菲律宾共和国（República de Filipinas），简称菲律宾（Filipinas），是位于西太平洋的东南亚群岛国家，北隔吕宋海峡与中国台湾相望，南隔西里伯斯海与印度尼西亚相守，西隔南中国海与越南对峙，东边是菲律宾海。菲律宾分为吕宋岛、米沙鄢群岛和棉兰老岛三大岛群，其中最大的是吕宋岛。首都是马尼拉（Manila）。

菲律宾群岛的族群繁多，史前的尼格利陀人可能是菲律宾最早的居民，随后南岛民族的迁徙带来了马来文化，带动了贸易发展，之后陆续给北、中、南岛屿带去了印度文化、华夏文化和伊斯兰文化。3世纪左右，菲律宾同中国友好往来。1521年麦哲伦探险队航海抵达此地，随后西班牙人于1565～1571年间陆续登陆菲律宾群岛，开始长达300多年的殖民统治，西班牙殖民时期的菲律宾由远在美洲的新西班牙总督区管辖。19世纪末菲律宾经历了对西班牙革命和美西战争后，1898年宣告独立，成立历史上首个共和国。美菲战争后，菲律宾沦为美国殖民地，"二战"期间被日本殖民，战后1946年正式独立。

（一）西班牙殖民前的菲律宾

数十万年前的旧石器时代，今菲律宾已有人类活动。约一万年前，现代菲律宾民众的先祖定居菲律宾。菲律宾的考古挖掘找到了3世纪的中国瓷器，据中国史料记载，226年（东吴黄武五年），东吴官员宣化从事朱应和中郎康泰浮海巡抚，都曾到过今菲律宾境内的臣延、耽兰和杜薄等地。唐宋时期汉人与菲律宾各地都有贸易往来。1390年，来自苏门答腊的米南加保人在菲律宾创建苏禄苏丹国。1405年（明永乐三年），郑和下西洋，巡莅菲律宾群岛，奉明永乐皇帝诏书，封旅菲侨领许柴佬为吕宋总督，许柴佬统揽该地财、军、文大权达二十年之久。1417年，即明永乐十五年，苏禄王亲率使臣前来中国觐见明成祖，回程路上病死于山东德州。另外，中国古籍中提到的麻逸、古麻剌朗等国皆位于今菲律宾境内。

（二）殖民时期

1521年，麦哲伦率领西班牙探险队作首次环球航海时，就抵达菲律宾。1542年，西班牙人以费利佩王子之名，将群岛命名为"Las Filipinas"，意为"费利佩诸岛",即现在菲律宾的国名。1565年,西班牙人强占宿务岛;1571年,占吕宋岛,并建起马尼拉城;1594年,西班牙人宣布马尼拉为菲律宾首府,开启其对菲律宾的统治。

16~19世纪,马尼拉大帆船(galeón de Manila)将马尼拉和阿卡普尔科(Acapulco)连接起来,这条航道东起墨西哥西岸,西至菲律宾,被称为马尼拉大帆船贸易。马尼拉大帆船也称为中国船(nao de China),由西班牙人雇佣中国工匠在马尼拉建造,载重300吨左右,是当时世界上最先进的船只。大帆船贸易始于1565年,终于1815年,每两年往返一次,主要是用美洲的金银换取亚洲尤其是中国的产品,大帆船载着亚洲的货物到达墨西哥阿卡普尔科后,用大轮车运往美洲其他地方,一些货物甚至转运到危地马拉、厄瓜多尔、秘鲁、智利和阿根廷;回程时,大帆船运回美洲产的银圆、银锭、羊毛等土特产以及玉米、番薯、番茄、土豆、花生、向日葵、烟草、可可等多种农作物。1813年,西班牙王室下令废止大帆船贸易,历时250年的大帆船贸易方告结束。[①]

19世纪后期,随着菲律宾港口国际贸易的发展,菲律宾社会也发生了变化,许多菲律宾土生西班牙人(克里奥约人)和混血人积聚了大量财富,开始担任政府公职,而此前只能由出生在伊比利亚半岛的西班牙人担任。克里奥约人的不满在菲律宾各地引发一连串起义。1898年,西班牙在为中、北美洲殖民地与美国开战,着眼东亚布局的美国找到菲律宾起义领袖阿吉纳多(Emilio Aguinaldo, 1869~1964),资助其组织武装对抗西班牙。美国在工业革命后迅速崛起,企图打破旧世界殖民秩序,而彼时的西班牙已江河日下,无力回天。西美双方在巴黎开始停战和谈,最终以同意签署巴黎和约结束美西战争。领土问题是巴黎和约条款中最有争议的部分,根据西班牙1876年宪法,就殖民地这一项,如国王要转让或放弃部分领土,须通过国家特别法案。当时的西班牙国王阿方索十三世尚未成年,由其母玛利亚·克里斯蒂娜摄政。尽管西班牙朝野上下一致反对王室违反宪法,放弃菲律宾等领土,但玛利亚·克里斯蒂娜还是接受了美国的条件,以两千万美元把菲律宾群岛出让给美国。1898年6月菲律宾宣告脱离西班牙独立,创建第一共和国。美国统治时期,菲律宾沦为美国殖民地,是其在亚太地区的军事补给基地。1942~1945年第二次世界大战期间,日本殖民菲律宾,扶植傀儡政权,成立第二共和国,把菲律宾汉语国名改为日译名"比律宾"。1946年,菲律宾第三共和国成立,并取得国家的完全独立,但美

---

① 唐晋:《大国崛起》,北京:人民出版社,2006年。

国仍在菲律宾保留军事基地。

二、菲律宾的语言

菲律宾是一个语言多样化的国家，依据不同分类方法，菲律宾有 120～175 种语言和方言，几乎都属于南岛语系马来－波利尼西亚语族，仅有个别例外，如查瓦卡诺语（criollo chabacano）是西班牙语的克里奥约语，主要分布在南部棉兰老岛西部港口三宝颜市，使用人数在两百万到三百万之间。1987 年宪法宣布菲律宾语和英语为菲律宾官方语，此外，截至 2017 年，菲律宾有 19 种官方辅助语言（地区语言）。[①]

菲律宾语（filipino）是菲律宾的国语，也就是他加禄语（tagalo），为首都及附近区域他加禄族的母语，约有 1.2 亿使用者，用于所有官方领域，如政府、教育、媒体、商业、政治、书籍等。他加禄语被确立为菲律宾国语前，并非菲律宾使用人数最多的语言，1935 年他加禄语成为菲律宾临时国语，并沿用至今。

菲律宾一直以来保持与外部文化的交流，因此菲律宾语有相当数量的外来词语，它们来自英语、拉丁语、希腊语、西班牙语、希伯来语、阿拉伯语、波斯语、梵语、泰米尔语、马来语、汉语、日语，甚至纳瓦特尔语（阿兹特克语）等语言。菲律宾学习人数最多的外语是西班牙语、法语、德语、阿拉伯语、中文、日语、印地语和韩语。

1898～1946 年美国统治时期英语在菲律宾广泛传播，用于所有官方领域。许多电视频道都以英语播出，一些报纸也以英语刊出。然而，菲律宾民众的英语口语水平并不理想。

如今，菲律宾本土文字，如库利坦字母、塔格巴努瓦字母的使用很少；受西班牙和美国殖民影响，菲律宾语今天大多使用拉丁字母；然而，菲律宾最著名的本土文字，仍存在于一些官方文件中，如，菲律宾钞票上"菲律宾"一词就是用的贝贝因字母。1987 年宪法规定，应在自愿和可选择的基础上促进西班牙语，尽管西班牙语已不再像过去那样广泛使用。在政府的推动下，西班牙语在菲律宾有复兴迹象。

三、菲律宾的西班牙语

西班牙的殖民史给菲律宾社会打上深深的烙印，菲律宾国名、天主教信仰、西班牙姓氏、无处不在的混血儿、欧化生活方式以及语言中大量的

---

① 信息来源：https://en.wiktionary.org/wiki/chabacano/Criollo_chabacano

西班牙语词汇，无不表明西班牙语言和文化曾经在菲律宾盛极一时。

20世纪前，菲律宾殖民史文献的很大一部分用西班牙语写成，许多地契、合同、报纸和文学作品，甚至专有名词和姓氏都用西班牙语写就。目前有465,000名菲律宾人还能使用西班牙语，当然绝大多数作为第二语言。

菲律宾在殖民时期由新西班牙总督区管辖，其西班牙语更多受到墨西哥西语的影响，然而新一代菲律宾西班牙语使用者，正在向欧洲西班牙语的语法、语音和词汇看齐。

（一）菲律宾的西班牙语历史

1565年，随着西班牙人来到菲律宾，卡斯蒂利亚语被殖民政府大力推广，在菲律宾获得重要地位。16～17世纪，菲律宾最古老的学校由西班牙宗教团体创办，为普及西班牙语发挥至关重要的作用。殖民时期，西班牙传教士和殖民官员努力学习土著语言的同时，菲律宾当地精英也在学习西班牙语，并用其进行交流，城市居民争相模仿。18世纪，菲律宾所有小学强制使用西班牙语作为授课语言，会说西班牙语成为受教育和有教养的标志，是菲律宾上层人士的语言。这一时期，用西班牙语编写了大量法律和行政文件、历史、语言和文学著作，包括菲律宾文学史上首部重要作品以及第一部宪法。菲律宾民族英雄扶西·黎刹（José Rizal, 1861～1896）用西班牙语写成其大部分作品，19世纪的大多数作家和思想家也是如此，甚至菲律宾的革命思想也用西班牙语进行传播。美西战争后，1899年成立的菲律宾第一共和国确立西班牙语为官方语言。

20世纪中叶起，美国便有意识地实施去西班牙化政策，在菲美战争以及"二战"期间，袭击轰炸马尼拉讲西班牙语的菲律宾人，因而以西班牙语为母语的人数数量有所下降。在美国占领和统治下，英语开始在菲律宾的学校教授，1935年宪法正式确立英语和西班牙语的官方语言地位。

美国统治期间，从某种意义上说，西班牙语是实现菲律宾国家统一，增强民族意识的语言。20世纪上半叶，西班牙语在菲律宾大城市广泛使用，是菲律宾媒体、文化、商业用语，在某种程度上还是其政治语言。当时他加禄语尚未得到重视，而菲律宾每个地区都有自己的语言和文化，他们没有把菲律宾看作一个国家。西班牙殖民统治结束后，大多数媒体，如新闻、广播、政府法令以及学校教育，仍然使用西班牙语，西班牙语的声望和地位一直维持到20世纪末。当时的研究人员声称，英语需要很多年才能超过西班牙语，主要原因是菲律宾人学习英语困难，而当时掌握西班牙语是社会地位的象征。美国殖民企图消除菲律宾群岛的西班牙文化痕迹，美国军方严厉镇压本土主义和西班牙裔的抵抗。1908年，菲律宾教育部长巴洛斯

（David P. Barros）在年度报告中，对西班牙语评论如下：

> ……本国成年人，包括年龄较大、具有社会影响力的人，将西班牙语作为他们的语言，因此西班牙语仍然是所有商业、政治和新闻界使用的最重要的语言。

这与后来律师卢西亚诺·德·拉·罗萨（Luciano de la Rosa）的数据吻合，即 20 世纪前四十年西班牙语是菲律宾 60% 人口的第二语言。[①]

西班牙语作为菲律宾官方语言的地位，到 1973 年修宪被废除。1987 年，时任总统阿基诺夫人推行新宪法，废除西班牙语，以英语和由他加禄语进化而来的菲律宾语作为官方语言。此后，西班牙语仅在菲律宾的一些学校和研究所作为选修语言教授。2010 年，在第五届西班牙菲律宾论坛上，菲律宾教育部与西班牙教育部，塞万提斯学院和西班牙国际开发合作署（Agencia Española de Cooperación Internacional para el Desarrollo, AECID）达成了协议，计划把教授西班牙语的学校从 25 所逐步增加到数万所，不过，目前合作资金削减，计划受阻。

今天，西班牙语仍然是菲律宾学校的选修语言，西菲混血儿社区的成员仍然在家中使用西班牙语，他们中的许多人，即使移民到了国外，依然继续使用西班牙语。此外，还有一个新的趋势：新一代西班牙人后裔，尽管不再以西班牙语为母语，但仍以西班牙语教育他们的后代。

（二）西班牙语与菲律宾语的双向影响

他加禄语和其他当地语言中保存了数千个西班牙语单词，他加禄语中约有 8000 个西班牙语词汇，比沙雅语（bisayas）和其他菲律宾方言中约有 6000 个。菲律宾人仍在使用西班牙语的序数词、日历和时间系统。

下面的表 30-1 是菲律宾语中常见的西班牙语词汇：

表 30-1　菲律宾语中常见的西班牙语词汇

菲律宾语	西班牙语	含义
trabaho	trabajo	工作
silya	silla	椅子
oras	horas	小时
derecho	derecho	直行
atras	atrás	后退

[①] 信息来源：https://es.wikipedia.org/wiki/Idioma_español_en_Filipinas

（续表）

菲律宾语	西班牙语	含义
kumusta	cómo está	你好吗
diyos	dios	上帝
eskwela	escuela	学校
gwapo	guapo	帅气
kalye	calle	街道
kabayo	caballo	马
kwento	cuento	故事
pamilya	familia	家庭
sapato	zapato	鞋子
bintana	ventana	窗户

菲律宾所有使用的方言中有超过 10,000 个古西班牙语单词。最有趣的是存在"假朋友"（falsos amigos）现象，即菲律宾语使用的单词，可能与西班牙语单词混淆，但实际上是完全不同的含义，具体请见表 30-2：

表 30-2　菲律宾语中的"假朋友"

菲律宾语	西班牙语	实际含义
siguro	seguro	quizás
syempre	siempre	por supuesto
basta	basta	siempre que
kubeta	cubeta	lavabo
baho	bajo	maloliente
kasí, kasé	casi	porque
soplado	soplado	presumido
luto	luto	cocinar
lupa	lupa	suelo, tierra
puto	puto	torta de arroz
mammon	mamón	pan mullido
pera	pera	perra, dinero
lamierda, lamyerda	la mierda	salir de juerga
barkada	barcada	pandilla
sabi	sabe	decir
maske, maski	más que	aún o sin embargo
lamierda, lamyerda	la mierda	salir de juerga
silbí	servir	propósito
barkada	barcada	pandilla

同样，西班牙语中也有菲律宾词汇（filipinismos）。从词汇上看，菲律宾语言对西班牙语的影响比较小，只限于一些特殊人名和特有动植物名，以下单词可以在西班牙皇家语言学院的词典中找到：carabao（水牛），barangay（划桨船），yo-yo（悠悠球），abacá（麻蕉），cogón（白茅），sampaguita（茉莉花），baguio（飓风），paipay（芭蕉扇），bolo（大刀，长刃，用作武器，用于切割树枝或用作耕作工具），dalaga（少女）。还有一些词由他加禄语词根和西语后缀组成，如：babaero/babayero（登徒子），babae来自他加禄语，表示女人，后缀则来自西班牙语 mujeriego（好色之徒）。

（三）菲律宾的西语教学、文学和媒体

1. 西班牙语作为外语教学

西班牙语在菲律宾语中具有重要的词汇基础，菲律宾语约20%的词汇来自西班牙语，因此西语在菲律宾被认为是一种易于学习的语言。

塞万提斯学院2019年发布的报告《西班牙语：鲜活的语言》显示，菲律宾至少有41,000人学习西班牙语，其中13,500名为中学生，16,000名为大学生，塞万提斯学院约有3000学员，私人机构有11,500人。① 目前在马尼拉设有一个塞万提斯学院，未来将在三宝颜、马卡蒂和宿务开设三个塞万提斯学院，加强菲律宾的西班牙语教学。

尽管1987年西班牙语不再是菲律宾公立学校的必修科目，但在马尼拉塞万提斯学院、西班牙驻马尼拉大使馆以及各种西班牙裔团体多方努力下，菲律宾西班牙语的学习得到了大大推动。菲律宾前总统格阿罗约曾推出学西班牙语运动，希望西班牙语回归义务教育，甚至恢复其官方语言地位，阿罗约因而获得2009年国际堂吉诃德奖。

2. 菲律宾的西语文学

西班牙殖民时期，一些著名西语作家脱颖而出，特别是菲律宾国父黎刹，1887年他用西班牙文写成了《社会毒瘤》(*Noli me tangere*，又译《不许犯我》) 一书，书中揭露西班牙殖民者对菲律宾民众的残酷统治，因而轰动一时，之后他又推出力作《贪婪的统治》(*Filibusterismo*)，号召民众发动革命推翻暴政。

西班牙-菲律宾文学的重要作家有：José Rizal, Pedro Paterno, Graciano López Jaena, Jesús Balmori, Antonio M. Abad, Manuel Bernabé, Adelina Gurrea, Guillermo Gómez Windham, Claro M. Recto 等。此外，在20世纪下半叶，还有 Evangelina Guerrero, Federico Espino Licsi,《菲律宾杂

---

① Instituto Cervantes, El español: *Una Lengua Viva, Informe 2019.*

志》(*Revista Filipina*) 编辑 Edmundo Farolán Romero 和 Guillermo Gómez Rivera, 后者在 21 世纪初仍然活跃。

1920～2000 年期间，菲律宾设有佐贝尔奖（Premio Zobel），奖励用西班牙语写作的菲律宾作家。佐贝尔奖成立于 1920 年，是菲律宾最古老的文学奖，2000 年颁发"西班牙世界奖"（Premio de Hispanidad）后停办。菲律宾扶西·黎刹文学奖（Premio José Rizal de las Letras Filipinas），由胡安·安德烈斯比较与全球化研究所（Instituto Juan Andrés de Comparatística y Globalización）年创立于 2015。为鼓励菲律宾学生用西语进行文学创作，菲律宾大学和《菲律宾杂志》于 2019 年创立了拉法埃尔帕尔马奖（Premio Rafael Palma）。

3. 菲律宾的西语媒体

21 世纪头十年，菲律宾国家广播电台 BBS 播放了一个名为"菲律宾"的广播节目，自 2007 年起，周一至周五在当地 6 个广播电台每天播放 1 小时西班牙语节目，马尼拉的"拉丁风味广播电台"（Sabor Latino）用西班牙语向全国进行 24 小时播放，棉兰老岛的当地广播电台以查瓦卡诺语播出。

菲律宾西班牙语杂志有《菲律宾杂志》、在线杂志《菲律宾日》(*La Jornada Filipina*) 等，另外三本杂志《独立报》(*The Independent*)、《菲律宾自由报》(*Philippine Free Press*) 和《菲律宾评论》(*Philippine Review*) 则以英文和西班牙文双语出版。

第一份西班牙语报纸创立于 1593 年，目前，菲律宾西班牙语报纸尚有《文艺复兴报》(*El Renacimiento*)、《民主报》(*La Democracia*)、《先锋报》(*La Vanguardia*)、《争论报》(*El Debate*)、《伊洛伊洛人民报》(*El Pueblo de Iloilo*)、《时间报》(*El Tiempo*) 和《马尼拉之声》(*La Voz de Manila*) 等。

四、查瓦卡诺语

（一）克里奥约语查瓦卡诺语

查瓦卡诺语，也被称为三宝颜语，是以西班牙语为基础的克里奥约语，其使用人数在菲律宾排第七。查瓦卡诺语在三宝颜市最有活力，其他讲查瓦卡诺语的地区包括南三宝颜、北三宝颜、巴西兰、棉兰老岛、甲米地、特尔纳特、哥打巴托、北拉瑙、南拉瑙等地区。

"Chabacano"一词在西班牙语中，意为"粗俗的，普通的"。西班牙殖民时期，查瓦卡诺语被讲西班牙语的人称为"街头语言"，以区别于伊比利亚半岛或菲律宾上层人士讲的西语。西班牙殖民时期，查瓦卡诺语早期使用者背景不同，有西班牙或西语美洲的士兵和平民，以及各国移民。三宝颜市是菲律宾最古老的城市之一，是菲律宾甚至整个亚洲唯一一个大多数人讲查瓦卡诺语的城市。

查瓦卡诺语一度被菲律宾人误以为是古西班牙语，实际上来自被荷兰人驱逐出印度尼西亚摩鹿加群岛的葡萄牙人，葡萄牙1662年签署巴黎条约，几乎失去其全部亚洲领地，西班牙耶稣会传教士到达摩鹿加群岛后，他们接触了这种已经混合葡萄牙语和当地土著语的语言。

查瓦卡诺语的词汇组成很有趣，西班牙语占比40%，西班牙语-葡萄牙语的混合语占32%，他加禄语占20%，纯葡萄牙语仅占7%，英语占比不到1%。① 语法受葡萄牙语和其他菲律宾语（他加禄语和宿务语）的影响较深。

（二）语音

- 菲律宾其他语言的语音系统非常简单，他加禄语和宿务语有三个元音 i, a, u，只有在数字借词中引入了西语元音 e 和 o；查瓦卡诺语有五个元音 i, e, a, o, u，和17个辅音 p, t, k, b, d, g, m, n, ng /ŋ/, s, h, ch /č/, r-rr /r/, l, j, w 和 q，辅音 ll 和 ñ 变成了 ly 和 ny。
- 强元音 a, e 和 o 趋于减少，现在时和虚拟式的区别消失，导致 hablan 和 hablen 发音相同。
- 保留葡语闭塞音 /v/，而不是发西班牙 /b/：vos 不发 /bos/；不发西语的摩擦齿音 z / θ /；音素 ch /č/ 虽然在葡语中不存在，但它在菲律宾语言中很常见。
- 闭塞音 /d/ 经常和 /r/ 混淆，/d/ 在元音之间不发音，但在 -ado 中和词尾要发音。
- 有时候，西语音素 j /x/ 发 /h/ 或 /s/，如 gent → /hente/，jabón → /sabón/，reloj → relos。
- 由于安达卢西亚人在最后一批移民到菲律宾的西班牙人中占的比例很大，较少发摩擦音 /s/；
- 虽然能发出唇齿摩擦音音素 /f/，但和其他土著语一样，容易发成 /p/，如把 filipino 发成 /pilipino/。
- h 在菲律宾各语言在查瓦卡诺语发音不同。如果它来自拉丁语正字法，仅表示词源，它不会发西语或葡语中的 hora /ora/；如果它来自拉丁词汇，带了字母 f，它发双唇摩擦音 / β /，软腭音或喉音 /h/。
- 音素 y 发音颚部不摩擦，和墨西哥以及中美洲很多地区的方言一样，

---

① Caudmont, J. 2009: "El destino del español filipino", *Moenia: Revista lucense de lingüistica & literatura*, 15, pp.109～130.

音素 y 可以和 i 和 e 连用。

- 查瓦卡诺语发音的一个典型特征是喜欢在词首发喉部闭塞音 /q/，el hombre 就变成了 /el-quom-bre/；在强元音中也喜欢发 /q/，如 maís 发成 /ma-qís/。

（三）词汇

查瓦卡诺语词汇有很多来源于美洲西语的成分，尤其是墨西哥西语，如：zacate, petate, mecate, changue (tiangue), chili, camote, chongo (chango), palengue, sayote (chayote) 等。表示不理解对方话语请求重复时，用 ¿mande?；一日三餐的表达方式也来自墨西哥西语：desayuno, comida 和 cena；来自墨西哥西语的詈语有很多，如：chingar, chingón, chingador；但来自半岛西语的很少，只有 coño 和 puñeta；用 Chu 而不是 Jesús 来指代耶稣；用 pararse 表示站立，而不是 ponerse de pie；用 hincarse 表示跪，而不是 arrodillarse；但奇怪的是，"花生"用的是半岛西语 maní，而不是墨西哥西语的 cacahuete。

（四）语法

- 查瓦卡诺语语法与马六甲和澳门的葡萄牙语克里奥约语的语法相似，只保留定冠词 el 和不定冠词 un，名词不分阴阳性，如：el libro, el casa；un libro, un casa；un muchacho, un muchacha。葡萄牙语克里奥约语只有一个不定冠词 unga，和西语不定冠词 un 类似；

- 语法顺序是动词－主语－宾语（VSO），而不是西语中的主语－动词－宾语（SVO）：

（1）Ya-mira sila sine.（"Vieron una película."他们看了一部电影。）

（2）Ya-mira yo manga iru.（"Vi algunos perros."我看到几只狗。）

（3）Tyene yo myedo na bisikleta.（"Tengo miedo a la bicicleta."我害怕自行车。）

- 受当地语言的影响，主语（代词或名词）通常放在动词后面：Ya-hablá yo.（"Yo he hablado."我说过。）；Aandá-ya yo.（"Ya me he ido."我已经走了。）

- 主格人称代词也是放在动词之后；Caviteño yo.（"Soy de Cavite."我来自 Cavite。）。主格人称代词的复数形式分包含式和排除式，如下所示：

第一人称单数：yo

第二人称单数：vos /bos, bo (tú), usté

第三人称单数：ele/éli, ey, le/la

第一人称复数包含式：nisós

第二人称复数包含式：vosós/busós, usté

第三人称复数包含式：ilos (ustedes)

第一人称复数排除式：mihotro (mi otro)，kita

第二人称复数排除式：buhotro (bo (s) otro)，camo

第三人称复数排除式：lohotro (lo otro)，sila

- 复数通常由菲律宾语言的前缀进行标记，m (a)ga 来自他加禄语和比萨亚语：mga-libro (libros), mga-casa (casas)；只有很少的词以西语复数形式 (e)s 出现，如 dos pesos。

- 形容词性数保持不变，如：un libro viejo, un casa alto。少数有以 -a 来表示阴性，如："Ya-mirá yo un mujer **guapa** na mercado."（"Vi una mujer guapa en el mercado." 我在市场上看到一个漂亮的女人。）；"Ya-cumprá tres gallina gorda."（"Compró tres gallinas gordas." 他买了三只肥母鸡。）；"este mga-casa alto"（"estas casas altas" 这些高大的房子）；"el mga-guapa di todo ilós"（"las más guapas de todas ellas" 最美丽的那些）。形容词也没有对应 -mente 的副词形式，如：claro 没有 claramente 的形式，但形容词兼有副词功能，如 "Nistós maestro claro ixplicá."（"Nuestro maestro explica claramente." 我们的老师解释得很清楚。）。

- 重复的形容词或动词加上后缀 -ng 表示改词的强化，来自他加禄语和比萨亚语：gordo-ng gordo（很胖很胖的），quiere-ng quiere（发音为 /keˈreŋ keˈre/，表示特别想要）；重复的动词表示动作的继续，如：corré-corré（"correr continuamente" 不停地跑），Blanco-blanco el pelo di Talio.（"Crecen pelos blancos en el pelo de Talio." 达里奥头上不停地长白发。）。

- 不变的指示形容词或指示代词有：este, ese 和 aquel，它们可以与复数形式的名词一起使用：este mga-libro（"estos libros" 这些书）。

- 除了极少数例外，如 puede, tyene (tene) 等动词，动词原形词根没有用来强调最后一个元音的 -r，这一点和葡萄牙语的克里奥约语一样。动词变位不仅仅表示时，而且可以表示态。陈述时现在式，现在进行时和完成态是一样的陈述时现在式以 na 为标识，如："Éli trabajá na Manila."（"Él trabaja habitualmemte en Manila." 他通常在马尼拉工作。），现在进行时的标识是 ta，如："Yo ta-viví na Filipinas."（"Estoy viviendo en las Filipinas." 我现在住在菲律宾。）；完成态的标志是 ya："Ya-comprá eli este libro."（Ha comprado este libro. 他买了这本书。）；"Ya pidí sila pabor cun su papang."（"Nosotros ya le hemos pedido un favor a su padre."我们已经请求他父亲帮忙了。）；"Ele ya andá na escuela."（"Él/Ella fue a la escuela." 他/她已经去学校了。）；"Mario ya dormí na casa."（"Mario ya durmió en la casa."马里奥已经在家睡了。）。只有以 di, ey 或 el 为标识的虚拟态是不同的，如："Ele di-compra este libro mañana."（"Comprará probablemente este libro mañana."他明天可能会买这本书。）；"Ey-viní ilós aquí mañana."（"Ellos vendrán aquí posiblemente mañana."他们明天可能会来这里。）。

- 宾格和与格代词的功能用介词 con 实现，如 con vós, con nisós, con ilós 等："Eli ta-llamá con vos."（"Él te está llamando."他在给你打电话。）；"Yo ta-iscribí un carta con eli."（"Le estoy escribiendo una carta."我正在给你写一封信。）。也有用短语 conmigo 和 contigo 的例外情况，如："Que hora ya contigo?"（"¿Qué hora tienes?"几点了？）；"Eli quiere conmigo."（"Él me quiere."他爱我。）。

- 查瓦卡诺语的介词和西语大致相同，但有一个特殊的 na，可以表示西语的 a, en 和 de，如："Di-andá yo na Manila mañana."（"Iré a Manila mañana."我明天要去马尼拉。）；"Éli ta-bene na bus."（"Viene con/en el bus."他坐车来。）。

- 表示程度很深的语素 gayot 来自比萨亚语，在棉兰老岛和巴西兰岛使用广泛，如："¡Chavacano byén fásil lang gayot!"（"¡El chabacano es realmente muy fácil!"查瓦卡诺语真的很容易！）；"Bien quiere gayot yo contigo, Pilar!"（"¡Te quiero muchísimo, Pilar!"我非常爱你，皮拉尔！）；"Mas bonita gayot ele que con Juana."（"Ella es verdaderamente más bonita que Juana."她真的比胡安娜更漂亮）。

- 语素 si 通常在一长串名字或姓氏之前使用，如："si Jesús"（耶稣）；"yo si Pedro."（我是佩德罗。）。

下面是一段查瓦卡诺语文字和西班牙语文字的对比：

查瓦卡诺语

Trenta y cuatro kilómetro desde el pueblo de Zamboanga, Bunguiao un diutay barrio, estaba como un desierto. No hay gente quien ta quedá. Abundante en particular de magá animal como puerco, gatorgalla, venao y otro pa. Magá pajariador lang ta puede visitá con este lugar.

西班牙语

A treinta y cuatro kilómetros de la ciudad de Zamboanga, Bunguiao, un barrio pequeño, era una vez un desierto. Ninguna gente vivió aquí. El lugar abundó con los animales salvajes como puercos, gatos monteses, venados, y aún otros. El lugar fue visitado solamente por los cazadores de aves.

译文

距离三宝颜市三十四公里处的棚桥小镇曾经是一片沙漠。没有人住在这里。那个地方到处都是猪、山猫、鹿等野生动物。只有猎鸟人到过那儿。

第三节　摩洛哥和西班牙语

一、摩洛哥概况

摩洛哥王国（Marruecos），位于非洲西北端，东及东南与阿尔及利亚接壤，南部邻西撒哈拉，西濒大西洋，北与西班牙、葡萄牙隔海相望，扼地中海入大西洋门户。首都是拉巴特（Rabat）。

摩洛哥最早的居民是柏柏尔人。公元前10世纪腓尼基人在北非建立迦太基王国，开始殖民摩洛哥，2世纪中叶罗马帝国入主摩洛哥，6世纪拜占庭统治摩洛哥北方，公元788年，摩洛哥建立历史上首个穆斯林阿拉伯王朝，史称"伊德里斯王朝"，此后摩洛哥迅速伊斯兰化，1664年阿拉维王朝建立，此后交替出现数个阿拉伯王朝，并延续至今天的穆罕默德六世国王。

公元前的摩洛哥即古代的柏柏尔王国，和北非王国迦太基一起称霸北非和地中海。后罗马帝国崛起，开始和迦太基争夺地中海统治权，三次布匿战争后，罗马取得地中海西部的霸权。在这长达一百多年的战争中，柏柏尔人一直帮助罗马人，但等到罗马人战胜迦太基人后，罗马军队倒戈打败柏柏尔王国，建立毛里塔尼亚王国。400年后罗马帝国衰退，柏柏尔人重新建立起诸多小王国。公元683年阿拉伯人进入摩洛哥，征服柏柏尔人，和柏柏尔人联手横渡直布罗陀海峡，占领了西班牙。

15世纪起，西方列强入侵摩洛哥，葡、西、英、法先后染指摩洛哥，葡萄牙占领了休达（Ceuta）、丹吉尔（Tánger）和阿尔西拉（Asilah），西班牙占领梅利利亚（Melilla），但都没有影响到摩洛哥地中海核心地区。16世纪初，欧洲列强几乎控制了摩洛哥整个大西洋沿岸，并欲向其内陆挺进，1525年苏斯河流域的阿拉伯－萨阿德人掀起了反异教徒的"圣战"，反对欧洲殖民者，建立了萨阿德王朝。后阿拉维王朝击退欧洲列强的入侵，收复了除休达、梅利亚港口及少数小岛外的大西洋沿海失地，摩洛哥强盛一时。后欧洲列强趁摩洛哥国内分裂和纷争之际，再度入侵摩洛哥。1767年法国和西班牙，1805年奥地利，1836年美国，1858年英国都先后与摩洛哥签订不平等条约，获得摩洛哥领事裁判权和贸易特权。西班牙在1859～1860年对摩洛哥发起战事后，获得摩洛哥大量赔款以及伊夫尼渔业基地，1860年西班牙侵占得土安（Tetuán）。

法国1903年对摩洛哥的强烈兴趣，引起了德国的不满，法、德摩洛哥之争引发第一次摩洛哥危机。1905～1906年的第一次摩洛哥危机得到解决，法国的特殊地位得到确立，摩洛哥的治安托管权则交给法国和西班牙。第二次摩洛哥危机由德国引起，并加剧了欧洲列强间的紧张局面。1912年法国强迫摩洛哥签订了法国对其实行保护制度的非斯条约，摩洛哥五分之四以上的领土纳入法国保护区，同年11月法国又和西班牙缔结了分割摩洛哥的协定，西班牙获得了摩洛哥北部的里夫地区和西南端德拉河以南的沙漠地带（这部分被称为西属南摩洛哥，并入西属撒哈拉），具有重要战略地位的丹吉尔则被定为特别区。1942年美国军队占领法属摩洛哥，1945年，美国、法国、英国和苏联签订协议，规定丹吉尔为国际共管。

1953年，法国驱逐苏丹穆罕默德五世，另立其叔阿拉法为苏丹，激起摩洛哥民众的反抗。1955年法国被迫同意穆罕默德五世复位，次年开始摩洛哥独立和谈。1956年法国承认摩洛哥独立，1957年其国名改为摩洛哥王国，从法国控制下重获政治独立。1958年摩洛哥收回西班牙占领的南部保护地，1969年收回了伊夫尼，但是西班牙还占着休达和梅利亚地区。1979年摩洛哥占领西撒哈拉，其在西撒哈拉的权利一直未被国际上任何一个国家认可，但阿拉伯国家联盟明确承认西撒哈拉是其领土。

二、摩洛哥的语言

阿拉伯语是摩洛哥的国语，通用语包括柏柏尔语、法语、西班牙语和哈桑尼亚语。因历史和地理原因，摩洛哥语言分布极为独特，北部和西撒哈拉曾为西班牙殖民地，且靠近西班牙，讲西班牙语，中部曾为法国保护国的区域说法语，撒哈拉沙漠腹地的沙哈拉威人和柏柏尔人讲哈桑尼亚语和柏柏尔语。

尽管摩洛哥宪法承认标准阿拉伯语和柏柏尔语同为官方语言，但大多数人日常使用的却是摩洛哥阿拉伯土语，又称达里贾语（darija/dāriya，方言），达里贾语是阿拉伯语变体马格里布阿拉伯语的一支，和在正式场合使用的标准阿拉伯语有很大不同，历经千年考验仍生机勃勃，达里贾语在一定程度上可与阿尔及利亚阿拉伯语互通，也可与突尼斯阿拉伯语互通，但其互通程度较阿尔及利亚阿拉伯语小。达里贾语是一种混合了阿拉伯语、柏柏尔语各方言以及法语和西班牙语的摩洛哥本土语言，摩洛哥政府公文和书面媒体大多使用现代标准阿拉伯语，但除了偏远山区的少数民族外，大多数摩洛哥民众都熟练掌握达里贾语，并主要作为口语语言为摩洛哥人所使用，亦常见于电视娱乐节目、电影和商业广告，是摩洛哥50%～75%人口的母语。然而达里贾语并不被官方和社会精英群体认同，原因是多种多样的：首先，达里贾语虽以标准阿拉伯语为基础，但是没有什么语法规则，且不同地区的达里贾语在发音甚至用词上也有较大区别；其次，这种语言是一种口头语，无文字载体，但是近十几年随着互联网的发展，摩洛哥青少年开始用法语和西班牙语字母拼写达里贾语的发音，实现了其文字化。

柏柏尔语主要在山区和农村使用。讲阿拉伯语的统治阶层数百年来蔑视柏柏尔语，但柏柏尔语最终还是得到了国家的承认，当地各种电台和电视台中在使用，学校里也在教授。柏柏尔语在地理上差异较大，分为不同的方言，摩洛哥宪法没有区分不同种类的柏柏尔语。

20世纪上半叶法国在摩洛哥建立保护国，自那时起，摩洛哥开始使用法语。21世纪初，法语成为行政管理的语言，也是摩洛哥精英阶层的语言。时至今日，法语在商业领域和统治阶层中广泛使用。

西班牙语并非摩洛哥大多数人使用的语言，但在西属摩洛哥和西撒哈拉，还能听到人们讲西语。摩洛哥2012年人口普查显示，虽然只有6586名摩洛哥人以西班牙语为母语，但有一定西语能力的人数达到了惊人的1,664,823。[①]

三、摩洛哥的西班牙语

（一）摩洛哥的西班牙语史

1609年，摩里斯科人（los moriscos）被驱逐出西班牙，随后他们来

---

① Instituto Cervantes, *El español: Una Lengua Viva, Informe 2021.*

到摩洛哥，并带去西班牙语；后来塞法尔迪犹太人也带来了犹太西班牙语的东方变体，即阿奇蒂亚语。随着西班牙保护国和摩洛哥西班牙殖民地的建立，阿奇蒂亚语语自身特征逐渐消失，现代西班牙语得到强化，尤以摩洛哥北方的两个西班牙自治城市休达和梅利利亚最为典型。摩洛哥一直是西班牙各类移民和定居者的目的地。据估计，在西班牙保护国的鼎盛时期，仅丹吉尔市就有超过三万名西班牙人。西班牙内战结束后，西班牙人开始涌入摩洛哥。西班牙保护国末期，居住在那里的许多西班牙人返回西班牙，有些人则留下等退休或完成学业后，回西班牙定居。移民对西班牙语在摩洛哥的传播有不可估量的影响，他们中有早年抵达摩洛哥并定居下来的西班牙人，移民到西班牙的摩洛哥人以及回到原籍国的摩洛哥人。

摩里斯科人是一支改宗基督教的西班牙穆斯林，穆斯林统治伊比利亚半岛期间，居住在半岛北部非穆斯林区的穆斯林，在天主教的光复运动中被迫皈依基督教，以免遭到天主教统治者的迫害。格拉纳达光复后不久，已有摩里斯科人选择前往摩洛哥避难。1609 年西班牙下达皇家法令，直接驱逐摩里斯科人。此后的五年间，约有 30 万摩里斯科人被驱赶到了今阿尔及利亚、突尼斯和摩洛哥。到达摩洛哥后，他们大多前往非斯、得土安和拉巴特，他们不但带去西班牙的习俗，而且他们中的安达卢西亚工匠，改进了当地的磨坊、皮革和陶器行业，这些摩洛哥城市，至今仍令人联想到中世纪安达卢西亚格拉纳达的风貌；在得土安，西班牙裔摩里斯科人社会地位优越，他们更像达官贵人，把控城中最重要的职位；这些摩里斯科人还将西班牙行政文献引入摩洛哥官僚机构；定居摩洛哥的摩里斯科人讲西班牙语，也讲当地的阿拉伯语，在拉巴特形成的方言，虽然语言结构是阿拉伯语，但词汇更接近西班牙语。

塞法尔迪犹太人是中世纪晚期被驱逐出伊比利亚半岛的犹太人的后裔，超过 10 万人被驱逐出境，他们主要前往意大利和葡萄牙，以及当时是奥斯曼帝国的摩洛哥王国和地中海东部。1492 年阿尔罕布拉宫法令颁布后，犹太人被驱逐出西班牙王国和葡萄牙王国，很多人来到摩洛哥生活。他们经由摩洛哥北部来到卡萨布兰卡，今天仍有大约 5000 名塞法尔迪犹太人居住在摩洛哥。[①]

1913 年，在被迫接受法国和西班牙公约后，摩洛哥成立了西班牙和法国保护国。根据协议，摩洛哥领土被分成两部分，北部是西班牙保护国的

---

① Martínez Jiménez, C., 2015: "El español en Marruecos: su influencia en el desarrollo sociocultural del país", Madrid: Universidad Pontificia de Comillas.

一部分，包括休达和梅利利亚，以及当时非常重要的丹吉尔市。在西班牙保护国里，西班牙语成为殖民者在行政和机构中的第一语言，同时西班牙语在学校教育中得到大力推行；摩洛哥人也需要建立和改善与西班牙人的社会和商业关系，通过与西班牙人的接触和语言学习，西班牙语逐渐成为摩洛哥当地人使用的第二语言。

摩洛哥领土上的法国和西班牙保护国于1956年结束，摩洛哥开始去殖民化，成为独立国家，教育国有化，摩洛哥政府开始掌握曾在殖民国家控制下的所有部门，西班牙语受到法语精英们的排挤，在教育和行政领域占主导地位的是阿拉伯语，其次是法语，西班牙语逐渐衰落，使用者越来越少。

1976年摩洛哥发起"绿色进军"①，大批西班牙人逃离摩洛哥。1991年，负责传播西班牙语言和文化的塞万提斯学院成立，与西班牙驻拉巴特大使馆的教育委员会，共同开展新的合作进程，从那时起，西班牙语重新出现在摩洛哥教育体系中。

（二）摩洛哥西班牙人的西班牙语

19和20世纪之间，大量西班牙移民涌入摩洛哥北部，20世纪50年代西班牙移民甚至占丹吉尔人口的四分之一。摩洛哥北部城市依照西班牙规章制度，建设公共机构和服务设施，1956年后，一些西班牙人决定返回西班牙，还有一些人在完成学业后也返回西班牙。今天，丹吉尔和得土安仍有一些出生在摩洛哥的西班牙人，他们中大多数人已垂垂老矣，年轻人则大都前去西班牙接受大学教育。虽然他们都自认是西班牙人，保持西班牙国籍、语言和宗教，但事实上许多人没有与西班牙的直接联系，甚至从未去过西班牙，他们对阿拉伯语的了解通常因个人历史而异，但很少有双语者，尽管如此，在西班牙语和阿拉伯语之间还是存在少量的语码转换，后者是嵌入式语言，前者是主体语言。如：

[el —arbi del ihna masi il] classique, lo que hablan aquí.

El árabe de aquí no el clásico, lo que hablan aquí.

（他们在这里说的阿拉伯语不是古典式的。）

---

① 早在1956年摩洛哥独立后，提出了对西撒拥有主权的要求。1975年，摩洛哥国王哈桑二世与邻国毛里塔尼亚达成瓜分西属撒哈拉的协议，11月6日，摩洛哥平民响应他的号召，悍然越过西撒边界，史称"绿色进军"（Marcha Verde）。西撒哈拉战争也是西撒哈拉人民争取民族解放的战争，至1991年停火。

[irxis galuli Tama el mhal], no muy caro tu loues une maison c'est mieux trente [waila] quarante mille francs.

Es barato me han dicho allí, no muy caro tú alquilas una casa es mejor, treinta o cuarenta mil francos.

（他们说这儿便宜，三四万法郎租个房子不贵，多好啊。）

这个群体讲的西班牙语在各方面都与安达卢西亚东部的西班牙语非常相似，因为许多移民来自那里。在语音上，省略尾音 s，送气音很少，这与安达卢西亚东部的情况相同。另外，音素 x 要送气，塞擦音不闭塞，发 /tʃ/ 而不是 /ʃ/，没有边音音素。

在词汇方面，西班牙语几乎没有受到阿拉伯语的直接影响。摩洛哥西班牙人使用的一些阿拉伯语单词是临时借用词，即在主体语言的基础上借用另一种语言来表达，且借用的这另一种语言成分在主体语言里没有可替代词语，非主体语言词汇在主体语言中不存在，而不是借词，即一种语言的词直接进入到另一种语言，借词不需要说的人或者听众懂阿拉伯语，非主体语言词汇在主体语言中已经存在。这种类型的词语包括"walu"（"nada"无），"safi"（"de acuerdo"同意）或"shuf"（"mira"看）之类的词，它们充当插入语或话语标记。唯一一个借词是"bakkal"（"tienda de comestibles"杂货店）。

在语法方面，摩洛哥西班牙人使用的西语与半岛西语没有区别。因为摩洛哥的西语老师大多来自伊比利亚半岛，西语媒体的广泛传播，休达和梅利利亚与西班牙间的频繁接触，以及与阿拉伯语的不兼容，这一切有效地阻止摩洛哥西班牙语被同化。

（三）作为第二语言的西班牙语

尽管法语是摩洛哥第二官方语言，但西班牙语可以被认为是摩洛哥北部当地人的第二语言。首先，他们的西班牙语是以非正式的形式获得，即在课堂之外有很浓厚的语言学习氛围；其次，摩洛哥人无论对西班牙语的了解程度如何，都在被动地使用它，如观看西班牙电视，或积极与仍然居住在那里的西班牙人或西班牙游客互动，因此摩洛哥虽然只有 6586 名西班牙语母语者，但有一定西语能力的人数达到了 1,664,823。在商贸领域，摩洛哥北部的西班牙公司普遍使用西班牙语。

摩洛哥人对西班牙语的了解程度差别很大。有些使用者对该语言有深入的了解，例如，摩洛哥北部西班牙中小学的学生，这些学生表现出与他们这个年龄段的年轻西班牙人非常相似的语言能力，不仅在语音，而且在词汇和语用方面，他们可以轻松地说出如下很地道的句子："gente que se enrolla""Aquí se chivan a tus viejos.""¡Claro, tío!"。但许多人讲西语时有许多典型错误，表明他们并非通过正规学习，例如：简化口头用语"¿Qué va a llevar si no llevar zapatos?"，而不是说"¿Qué voy a llevar si no llevo los zapatos?"（如果我不穿鞋子应该穿什么？）。

　　语音方面，摩洛哥人学习西班牙语表现各异。首先在语段上，虽然他们在双唇闭塞浊辅音没有问题，但他们在发 /ŋ/ 和 /r/ 音时往往出现更多的变化。颚鼻音有时会分解成两个音，一般是齿龈鼻音而不是颚部滑音 /nj/。另一方面，单颤和多振很容易混淆，把"Marruecos"发成 /ma.rue.kos/。一般来说，摩洛哥人发塞擦音时并不会省略闭塞音，这与当地人一样，在所有语境下保留软腭摩擦音 /x/。元音在舌位高度上通常会发生变化，混淆中高元音，如 demasiado 变成 /dimasiadu/，lujo 变成 /loxo/，primero 变成 /premero/。语段间，摩洛哥西班牙语在词首和词中缩短元音，重音后移，经常在最后一个音节，而很少在倒数第二个音节，这是摩洛哥阿拉伯语发音特点，如：películas /peliculás/；lenguas /lenguás/；árabe /arabé/。

　　词汇和语法不如语音那般统一，而是随说话者能力水平而变。有些人无法区分 ser/estar（如："Así que él también **era** en la misma situación."所以他也处于同样的情况。），在动词时态上，滥用完成时（如："El año pasado, en diciembre yo **he dicho** bueno."去年12月我说了行的。）；虚拟式使用不规范（如："Espero que él **viene** para decirme las cosas."我希望他来告诉我情况。）。介词的使用也经常出错，甚至最熟练的说话者也会犯错（如："Esto puede ayudarme **de** hacer muchas cosas."这可以帮助我做很多事情。）。

　　摩洛哥北部阿拉伯语有许多西班牙语借词，如：

　　经贸：prïstâmo（préstamo 借贷）、dïnïro（dinero 钱）；

　　食品：btãta（patata 土豆）、gãrru（cigarro 香烟）、kãwkãw（cacahuete 花生）、pailla（paella 海鲜饭）、garbanzo（garbanzos 鹰嘴豆）、píkalto（pescadito 小杂鱼）；

　　科技：ordïnâdor（ordenador 电脑）、mãsina（máquina 机器）、vidïo（vídeo 视频）；

　　教育：fãkultad（facultad 院系）、ëxâmen（examen 考试）；

　　军事：mëlïtar（militar 军事的）、kuartel（cuartel 军营）、bandiva（bandera 旗帜）、lïgionario（legionario 军团）；

　　日常用语：sbltãr（hospital 医院）、bsntar（pintar 画画）、bãslyu（paseo 散

步）、bãstu（basto 便宜货）、planea（plancha 熨斗）、bümbíyya（bombilla 灯泡）、mühíka（muñeca 玩具）。其中一些词在适应阿拉伯语的过程中发生了更大的变化，如 comira（面包片，源自 comida"食物"）、pítro（裁判员，源自 árbitro）、sansur（电梯，源自 ascensor），但大部分词语通常保持其原始含义或词形，发音改变不大：farona（路灯，源自 farola）、skwila（学校，源自 escuela）、tiburun（鲨鱼，源自 tiburón）。

摩洛哥人民坚持着阿拉伯民族的保守和伊斯兰的传统，兼具欧洲人的开放浪漫和非洲人的纯真质朴。在这里，阿拉伯人、欧洲人、柏柏尔人、犹太人、黑人和谐共居，没有人会因为民族或信仰受到任何歧视或排挤；阿拉伯语、柏柏尔语、法语、西班牙语同时并存，外语学习氛围好，国民多为双语或三语使用者。尽管西班牙在摩洛哥拥有深厚的历史根源，但西班牙语并没有成为摩洛哥人的母语和官方语言。事实上，在整个北非，殖民语言并没有取代阿拉伯语和柏柏尔语成为民众的母语，尽管它们的使用仍然很普遍。今天，西班牙语并没有从摩洛哥北部消失，西班牙语仍在使用中，成千上万的摩洛哥人将其作为第二语言。西班牙公司的存在以及摩洛哥人移民到西班牙的愿望，继续推动着摩洛哥民众保持学习西班牙语的兴趣，除了文化价值和历史遗产外，更重要的是经济价值。

第三十一章　全球西班牙语传播、教学及使用

毫无疑问，英语是当今全球范围内第一外语学习人数最多的语言，西班牙语和法语以及汉语则竞争成为第二外语学习人数的第一位；在主要英语国家，西班牙语被认为是最重要的外语之一；就美国而言，西班牙语在其教育体系的各个阶段，都是当之无愧的学习人数最多的语言；在英国，西班牙语被视作未来最重要的外语，即便是脱欧后，未来十年里英国学习西班牙语的人数将超过法语；欧盟各国中小学阶段的西班牙语学生比例在最近几年，呈持续增长之势，而法语和德语学生比例已出现下降；欧盟28国中的19国民众表示，他们最希望学习的第一外语是西班牙语；欧盟国家中，西班牙语是法国、瑞典和意大利中学阶段学习人数最多的外语。

从全球范围来看，90%的西班牙语学生集中在美国、巴西和欧盟，除此以外，在撒哈拉以南的非洲国家，尤其是那些以法语为官方语言的国家，西班牙语的学习尤为重要。尽管没有详尽且精确的数据，但一般估计，西班牙语是世界上学习人数居第四位的外语，排在英语、法语和汉语之后。

欧盟各个机构推行的多语政策推动了外语在欧盟各国的学习，而法语和德语是欧盟委员会的工作语言，更有助于其在欧盟国家的学习。英语依然是欧盟各国的首选外语，西班牙语和德语竞争成为继法语后的第三外语，2013～2016年，欧盟各国中小学阶段，西班牙语的学习出现轻微增长，而法语和德语则逐渐下降。

在英语国家中，除美国和英国外，西班牙语的学习，在加拿大、爱尔兰、澳大利亚和新西兰的需求越来越大。实际上，全球40%的西班牙语学生来自英语国家。以美国为例，在其大中小学学习阶段，西班牙语完胜其他语言，中小学注册西班牙语学习的人数是其他语言学生总和的三倍，2014～2015学年大约一千一百万注册学习外语的美国中小学生中，超过七百万人选择西班牙语。[①] 在大学教育阶段，注册西班牙语的美国学生人数

---

① 美国国际教育委员会2017数据。

超过其他语言的总和，预计未来三十年里，将有逾五百万美国大学生学习西班牙语。

塞万提斯学院数据表明，目前中国（包含港澳台地区）学习西班牙语的人数具体为：中小学和职业培训学生 8874 人，大学生 34,823 人，其他教育机构的学生 8866 人，2017～2018 学年中国塞万提斯学院学员 3253 人，因此学习西班牙语的总人数为 55,816 人。①

塞万提斯学院自 2010 年起，连续十数年发表名为《西班牙语：鲜活的语言》的年度报告。2010 年的第一份报告指出，2009 年全世界西班牙语母语人口为 3.29 亿（其中，美国西语母语人口超过 3600 万，讲西语人数为 4670 万；同年美国英语母语人口为 3.28 亿），全球范围内讲西语的总人数（包括母语人口、具备一定西语能力的民众以及西语学习者）超过 4.5 亿（预测 2050 年此数字将达 5.5 亿）。报告还指出，2050 年美国将成为第一大西语国：据美国人口普查办公室预测，到 2050 年，美国拉丁裔人口将达 1.328 亿，比 2009 年翻近三倍，将占美国总人口的 30%，也就是每三个美国人中间就有一个拉丁裔。② 另外，根据 2005 年贝尔特立兹（Bertliz）第一份全球西语学习报告显示，全世界外语学生中，学习英语的比例占 69%，法语 7%，西班牙语 6%，德语 5%，汉语 2%，意大利语 2%，西班牙语学生人数约为 1400 万。

2012 年报告指出，全球西语母语人口为 3.92 亿，讲西语的总人数（包括母语人口，具备一定西语能力的民众以及西语学习者）超过 4.5 亿，全球西语学生人数约为 1400 万；2007 年塞万提斯学院注册学生 172,182 人，登记 DELE③ 考试人数为 45,095 人。

2013 年报告指出，全球西语母语人口接近 4.57 亿（其中，美国西语母语人口超过 4670 万，另外 1500 万美国人有一定西语能力），全球讲西语的总人数（包括母语人口，具备一定西语能力的民众以及西语学习者）超过 5.28 亿，全球西语学生人数约为 2000 万。报告特别收录了美国人口普查数据：美国拉丁裔人口超过 5200 万人，超过 73% 的拉丁裔家庭在家用西班牙语交流；美国大学注册西语的学生人数超过其他语种的总和。报告还指出，西班牙语是联合国第三大及欧盟第四大工作语言。报告

---

① Instituto Cervantes, *El español: Una Lengua Viva, Informe 2021*.
② http://www.census.gov/Press-release/www/
③ DELE，全称 Diploma de español como lengua extranjera，意为"作为外语的西班牙语水平证书"。

同时显示，2011～2012 年，塞万提斯学院注册学生人数增长了 7%，达到 243,085 人，DELE 考试遍布世界 110 个国家，2011～2012 年新设 700 个考点，登记 DELE 考试人数为 65,535 人。另外，根据大英百科全书世界数据（Britannica World Data）预测，到 2030 年，西语人口将占世界总人口的 7.5%，俄语人口为 2.2%，法语人口 1.4%，德语人口 1.2%。

2014 年报告指出，全球西语母语人口近 4.7 亿（美国拉丁裔人口为 5200 万人，其中西语母语人口为 3700 万，1500 万美国人具备一定西语能力，此外美国还有 970 万非法拉丁裔移民，因此，美国实际拉丁裔人口应该接近 6200 万人），全球讲西语的总人数（包括母语人口，具备一定西语能力的民众以及西语学习者）超过 5.48 亿，学生人数约为 2000 万。报告还指出，2014 年，西语人口占世界总人口的 6.7%，俄语人口为 2.2%，法语人口 1.1%，德语人口 1.1%。报告引用巴西政府的数据，预计在未来十年里，巴西将有 3000 万人把西语作为第二外语使用。报告还指出，2014 年国际重要语言权重依次为：英语 0.428，西语 0.333，汉语 0.325。

2015 年报告指出，全球西语母语人口为 4.7 亿（美国拉丁裔人口接近 5300 万，西语母语人口超过 4130 万，1160 万美国人有一定西语能力，此外美国还有 970 万非法拉丁裔移民，因此，美国实际拉丁裔人口应该接近 6200 万人），讲西班牙语的总人数（包括母语人口，具备一定西语能力的民众以及西语学习者）超过 5.59 亿，学生人数超过 2100 万（中国学生总人数为 31,154 人，排第 31 位）。报告还指出，2013～2014 年塞万提斯学院注册学生人数为 222,810，登记 DELE 考试人数为 61,950 人。此外，报告根据语言使用人数、人文发展指数、使用国家、出口、翻译和其官方性在内的权重分析，西班牙语是世界上除英语以外第二大重要语言；此外在网络份额上，英语占 27.6%，汉语 22.1%，西语 7.9%。继 2013 年报告后，2015 年报告再次专题报道美国拉丁裔状况：拉丁裔群体庞大，直接影响传媒节目内容的制定。此外，塞万提斯学院和美国哈佛大学 2013 年创建美国西班牙语及拉美文化观察站，为全球研究、分析和诊断美国西班牙语状况提供参考。

2016 年报告指出，全球西语母语人口为 4.72 亿（美国西语母语人口超过 4256 万，近 1500 万美国人有一定西语能力），全球讲西语的总人数（包括母语人口、具备一定西语能力的民众和西语学习者）超过 5.67 亿，西语母语人口和讲西语总人数均排世界第二，仅次于汉语；2016 年世界人口 7.8% 讲西语，全球西语学生人数超过 2100 万；2014～2015 年塞万提斯学院注册学生人数 200,295，登记 DELE 考试人数为 67,657 人。

2017年报告指出，全球西语母语人口为4.77亿（美国西语母语人口近4300万，愈1500万美国人有一定西语能力），全球讲西语的总人数（包括母语人口，具备一定西语能力的民众以及西语学习者）超过5.72亿，全球西语学生人数超过2100万。报告还指出，西语、法语和汉语争夺世界第二外语学习次席的位置；美、英两个英语国家对西语学习尤为感兴趣；西语在美国所有学习阶段都是最热门的外语；在英国，西语被视作未来最重要的语言；欧盟国家中，法国、瑞士和丹麦对西语学习最感兴趣。此外，2015～2016年塞万提斯学院注册学生人数为142,794，登记DELE考试人数为89,154人。

2018年报告指出，全球西语母语人口超过4.8亿（美国西语母语人口超过4200万，超过1600万美国人有一定西语能力），全球讲西语的总人数（包括母语人口，具备一定西语能力的民众以及西语学习者）超过5.77亿，全球西语学生人数接近2200万；2018年世界总人口的7.6%讲西班牙语。此外，2017年联合国预测，2018年西语和英语母语人口分别为4.8亿和3.99亿，2050年分别为6.21亿和4.42亿，2100年则分别是6.03亿和4.98亿。

2019年报告指出，全球西语母语人口超过4.83亿（美国西语母语人口超过4100万，近1600万美国人有一定西语能力），全球讲西语的总人数（包括母语人口，具备一定西语能力的民众和西语学习者）超过5.8亿，全球西语学生人数近2200万（中国学生总人数为55,816人，排第22位）；2019年世界总人口的7.6%讲西班牙语；预计到2060年，美国将成为第二大西语国，仅次于墨西哥，且每三个美国人中就有一个拉丁裔；全球90%的西语学生集中在美国、巴西和欧盟，其人数在英语、法语和汉语学生人数后居第四位；2016年语言权力指数依次为：英语0.89，汉语0.41，法语0.34，西语0.33；2019年联合国官方语言国家的国内生产总值占全世界的百分比：55个英语国家，占32.4%；2个德语国家和地区，占18.2%；21个西语国家，占6.9%；23个阿拉伯语国家，占5.6%；29个法语国家，占5.1%；5个俄语国家，占3.6%。

2020年报告指出，全球西语母语人口超过4.89亿（拉丁裔占美国总人口18.7%，人数6200万，美国西语母语人口超过4146万，1490万美国人有一定西语能力），全球讲西语的总人数（包括母语人口，具备一定西语能力的民众以及西语学习者）超过5.85亿，西语母语人口和讲西语人数分别排世界第二和第三，全球西语学生人数超过2200万（中国学生总人数为55,285人，排第22位）。报告还指出，西语是科技文献第二大用语，72%西语科技文献集中在三大领域：社会、医学和人文科学。继2013年和2015

年后，2020年再次专题报道美国西语状况：占美国总人口18.7%，6230万美国人（2020年7月美国人口普查）是拉丁裔，非裔和亚裔比例分别为13.4%和6%；71%的拉丁裔在家讲西语；近94%讲西语的人认同自己的拉丁裔身份；西语是美国所有学习阶段最重要的外语；2020年美国总统大选，拉丁裔首次形成人数最多少数族裔，占13.3%，非裔为12.5%；一半的美国拉丁裔喜欢在工作场合使用纯正的西语，但也有62%的人认为，用英式西语/西式英语代表了两种文化，在非正式及轻松的交流上更有效。

2021年报告指出，全球西语母语人口接近4.93亿（美国西语母语人口超过4151万，此外，1500万美国人有一定西语能力），全球讲西语的总人数（包括母语人口，具备一定西语能力的民众以及西语学习者）超过5.91亿，全球西语学生人数超过2400万（中国学生总人数为54,499人，排第23位）。

2022年报告指出，全球西语母语人口超过4.96亿，占世界人口的6.3%（美国西语母语人口超过4175万，此外，1500万美国人有一定西语能力），全球讲西语的总人数（包括母语人口，具备一定西语能力的民众以及西语学习者）超过5.96亿，全球西语学生人数超过2400万（中国学生总人数为54,326人，排第23位）。

塞万提斯学院自1995年设立以来，目前已遍布全球111国家，且学生人数不断增加。塞万提斯学院《西班牙语：鲜活的语言》的年度报告显示的数据是：

2007年塞万提斯学院注册学生172,182人，登记DELE考试人数为45,095人；

2011～2012年塞万提斯学院注册学生人数增长了7%，达到243,085，西班牙语水平考试DELE遍布世界110国家，2011～2012年新设700个考点，登记DELE考试人数为65,535人；

2013～2014年塞万提斯学院注册学生人数222,810，登记DELE考试人数为61,950人；

2014～2015年塞万提斯学院注册学生人数200,295，登记DELE考试人数为67,657人；

2015～2016年塞万提斯学院注册学生人数142,794，登记DELE考试人数为89,154人。

图31-1是2009～2021年西班牙语母语人数、说西语人数及西语学生人数的对比，直观地反映了西班牙语在这三个重要指数上的上升趋势。

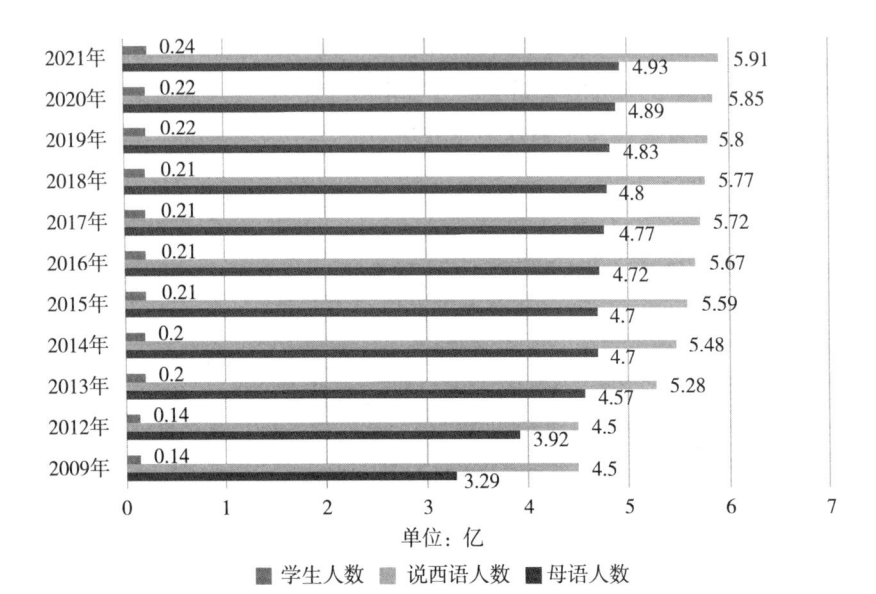

图 31-1　2009～2021 年西班牙母语人数、说西语人数及西语学生人数对比图

数据来源：2009～2021 年塞万提斯学院《西班牙语：鲜活的语言》年度报告

第三十二章　西班牙语的多样性与统一性

第一节　西班牙语的多样性

与世界上其他语言一样，西班牙语也存在很多不同的变体。在本节中，我们将分析其多样性的成因，并试图对其表现进行概括性总结。

一、多样性的成因

语言处在复杂的自然与社会环境中，其发展有历史渊源，同时又不断地与人类的社会活动交换作用，就像《当代社会语言学》中所言：

> 自然语言从本质上就是变异性的。使用自然语言的交际一般是不精确的。被使用的语言形式的准确含义往往是从具体的语言环境中获得的，对于语言信息的理解往往需要相当程度的非语言的文化背景以及足够类似的交际经验。[①]

因此语言多样性的原因也是多种多样的，但地理和社会文化通常被认为是其两大主要成因，西班牙语多样性的情况也不例外。

世界上有 21 个国家以西班牙语为官方语言，此外，在美国、菲律宾、摩洛哥、巴西等地，西班牙语也享有重要，甚至举足轻重的地位。其覆盖区域如此辽阔，且由于历史、政治、经济等诸多原因，尤其在和不同语言接触过程中受到的影响，各地西班牙语发生了分化和变异，并逐渐形成各地区语言相对独立发展的局面，语言的完全一致性自然难以维持，由此产生的变体被称为"地域变体"（variante geográfica/variante diatópica）。在

[①] 徐大明：《当代社会语言学》，北京：中国社会科学出版社，1997 年，第 15 页。

西班牙语世界中，地域变体就有西班牙西班牙语、阿根廷西班牙语、哥伦比亚西班牙语等等，甚至包括美国西班牙语。即使在同一个国家的不同区域也可能存在不同的地域变体，比如西班牙南部安达卢西亚的西班牙语。因此，严格上来说，人们普遍把西班牙语分为西班牙的西班牙语和拉丁美洲的西班牙语，是不准确的。在前面的章节里，我们已经介绍了21个西语国家以及数个过去、现在以及将来与西语关系密切的国家和族群的西班牙语的主要差异和特点，其中有些是多个地区共有的，有些则是某个特定地区所特有的。

从社会语言学的角度来看，西班牙语在其发展过程中，与其他语言的接触和碰撞，是造成其地区差异的最重要原因之一。土著语言在美洲西语国家的分布和生存状况不同，玛雅语在危地马拉依然相当活跃，克丘亚语和艾玛拉语在厄瓜多尔、秘鲁，尤其是玻利维亚顽强地延续至今；危地马拉大约35%的民众以某种土著语为其单一语言，巴拿马的这一比例是22%，秘鲁是15%，而墨西哥则不到1.8%，[①]自然也造就了各地区西班牙语的不同。

20世纪初，社会语言学的诞生给语言多样性的研究揭开序幕，社会语言学家们发现很多社会，文化因素会影响语言的发展与变异，语言与其使用者的年龄、性别、阶层、文化背景等有着密切关系。比如，对于同性恋者，年长者可能倾向于用"homosexual"，但年轻人则更愿意使用英语借词"gay"。

此外，以韩礼德为代表的语言学家认为语言会随着其功能的变化而变化，并用"语域"（registro）的概念来表示语言使用的场合或情景。该概念主要包括语场（campo）、语旨（modo）、语式（tenor）三个方面，每个方面都会影响语言的选择，这也是导致语言多样性的一个重要原因。比如，语场指的是话语使用的场合或领域，不同语场对语言专业性的要求不同。说到"教"，大部分情况下首先想到"enseñanza"，但教学研讨等场合会使用更专业的词"didáctica"；"治疗"，普通人会首先想到"tratamiento"，但业界人士会用"terapia"。和这一点类似的还有所谓的"行话"（jerga），行话指一些特定领域或专业人士之间的用语，或是由于专业性表达的需要，或为了方便行内人的交流，或是为了对行外人隐瞒某种真实意义，因

---

① López Morales, H., 2013: "La unidad lingüística de Hispanoamérica: de las ideas decimonónicas a la lexicoestadística actual", *Estudios sobre el español de América*, Valencia: Aduana Vieja Editorial, pp.294～295.

此对于"行外"的人，有时候这种语言变体是很难理解的。语旨决定了语言的正式程度，比如"dar"和"conceder"两个词都有"给予"之意，但"conceder"就显得正式很多，类似中文的"授予"，因此多用于庄重的场合，而"dar"在正式场合中就稍显不妥；再比如，中国学生在教材上学到的句型"Me gustaría..."，用以礼貌或委婉地提出请求，但在日常交流中使用，就显得过于严肃，有强装高雅之嫌。

此外，其他因素也会造成语言的多样性，比如时间，语言随着时间不断演变，古代西班牙语和如今的西班牙语在发音、拼写、词汇和句法上都发生了变化。

二、多样性的体现

西班牙语的多样性体现在语言的各个层面，语法相对而言变异不大，其次是语音，词汇的差异最为明显。

（一）语音

西班牙语覆盖的区域如此广阔，各地发音的特殊性不尽相同，难以一一总结，此处我们仅对重要的几点进行概述：

1. ce 和 ci 的发音

除西班牙外，其他西班牙语区，甚至西班牙本土的安达卢西亚地区和加那利群岛，几乎都把 ce 和 ci 发成了 /se/ 和 /si/ 的音，也就是 seseo 现象。

2. s 的发音

在西班牙南部的安达卢西亚、加那利群岛及美洲的西班牙语国家，当辅音 s 出现在音节结尾时，s 会弱化或直接缺失。但值得一提的是，不同地区对该现象的接受程度不尽相同。

3. ll 的发音

除了西班牙卡斯蒂利亚北部以及巴拉圭、玻利维亚、哥伦比亚、委内瑞拉、厄瓜多尔和秘鲁小部分地区还保留 ll 和 y 两个辅音发音的区别，其他地区基本上把 ll 的发音与 y 同化，这就是 yeísmo 现象。

4. -ado/-ada, -ido/-ida

在西班牙南部以及拉美大部分西班牙语区，-ado, -ido 中的辅音 d 在发音时经常被省略，比如 comprado 变成 /com-pra-o/，partido 变成 /par-ti-o/。

5. 阿根廷 ll 和 y 的发音

前面提到的几种特殊语音现象是多个区域共有的，但 ll 和 y 的特殊发音（类似于 /sh/ 的音）可以说是阿根廷特有的现象。

除了语音差别外，不同国家或地区的人们在语调上也有区别，比如西班牙南部的安达卢西亚地区，美洲的墨西哥、哥伦比亚、阿根廷等国就具有鲜明的地域特色。

（二）词汇

语音、词汇和句法是语言的三个主要组成部分，词汇是语言中最敏感且最容易受到外部因素影响的部分。地域变体在词汇方面有很多体现。西班牙和美洲西语国家对同一对象有不同的命名，如"轿车"一词，"auto/automóvil"在哥斯达黎加、巴拿马、多米尼加、波多黎各、秘鲁、玻利维亚、巴拉圭、乌拉圭、智利和阿根廷使用，"carro"在墨西哥、危地马拉、哥斯达黎加、巴拿马、古巴、多米尼加、波多黎各、哥伦比亚、委内瑞拉和秘鲁使用，"coche"在西班牙、墨西哥、巴拉圭和阿根廷使用，"máquina"则在古巴和多米尼加使用。其中，"carro"和"coche"在含义上有冲突，在美洲"coche"一般指马车，而在西班牙"carro"指的是动物拉的车，"máquina"在上述几个指"轿车"的西语单词中使用范围最小。"carro""coche"和"máquina"都不属于普通西语词汇，只有"auto/automóvil"是普通西语词汇，尽管其西语母语使用人口仅为36.5%，相反"coche"则高达60.2%，但所有西语母语者都能准确无误地理解"auto/automóvil"的含义。① "方向盘"一词在西语国家的使用更为复杂，而且没有一个各国民众都能理解的普通词汇：墨西哥常用的是"dirección"，"guía"在多米尼加和哥斯达黎加使用，"manubrio"在委内瑞拉、智利和阿根廷使用，"timón"在危地马拉、萨尔瓦多、巴拿马、古巴、多米尼加、哥伦比亚和秘鲁使用，"volante"在西班牙、墨西哥、多米尼加、波多黎各、厄瓜多尔、委内瑞拉、秘鲁、玻利维亚、巴拉圭、乌拉圭、智利和阿根廷使用，虽然"volante"为79.8%的西语母语人口使用，但其他西语民众在非特定场合下，难以准确知道其含义。② 再比如，"mujer/esposa/señora"这三个词都有"妻子"的意思，但其使用带有明显的区域差别：在西班牙，尤其是传统的西班牙语区，即今天的卡斯蒂利亚－莱昂大区以及卡斯蒂利亚和拉曼查大区，人们优先使用"mujer"，选择其他两个词的比例不能与之相提并论，因此"mujer"作为"妻子"的意思，在现代半岛西班牙语中是非特殊标识的用法，而在其他西班牙语国家，"esposa"和"señora"才是人们优先选择作为"妻子"的称呼语；由于"mujer"在半岛

---

① López Morales, H., 2013: "Presente y futuro del español", *Estudios sobre el español de América*, Valencia: Aduana Vieja Editorial, pp. 220～221.

② Ibid., p. 221.

西班牙语中的中性含义，其在西班牙媒体语言中使用最为广泛，而另外两个词"esposa"和"señora"因含有附加的尊敬之意，在西班牙是与长者谈话或指该年龄段女士时的优先选项。[①]

2003年出版的一本名为《西班牙的西班牙语和美洲的西班牙语》[②]小册子，列出了在住房（80个）、做饭（60个）、食品（72个）、蔬果（49个）、鞋服（54个）、服饰（36个）、儿童世界（22个）、贸易（39个）、咖啡馆（20个）、交通工具（21个）、汽车（48个）、行车（35个）、金钱（33个）、劳动界（17个）、职业（40个）、办公室（51个）、政策和官方文件（15个）、医疗卫生（23个）、教育（21个）、体育（16个）、信息和电信（30个）、动植物（32个）、如何，何时和哪里（18个）、短语（21个）以及注意事项（18个）二十五个板块里，西班牙、阿根廷、智利、墨西哥、乌拉圭和委内瑞拉六国在用词和表达上的不同。其中，除了后面三个版块，前面的大多是物品名称，而注意事项基本是美洲禁用的"带色"动词"coger"的用法，"coger"在美洲国家，尤其是墨西哥和阿根廷属于禁忌语，多数情况下被另一个动词"tomar"取代，而巴拿马则多用"agarrar"。

在表32-1中，我们每个板块举一个例子进行比较：

表32-1　六国西语比较

	西班牙	阿根廷	智利	墨西哥	乌拉圭	委内瑞拉
公寓	piso	departamento	departamento	departamento	apartamento	apartamento
冰箱	frigorífico	heladera	refrigerador	refrigerador	heladera	nevera
热狗	perrito caliente	pancho	hot dog	hot dog	pancho, franckfurters	perro caliente
香蕉	plátano	banana	plátano	plátano	banana	cambur
牛仔裤	vaquero	jean	bluyins, blue jeans, pantalón de merzclilla	jeans, pantalón de merzclilla	jeans, vaquero	jeans, blue jeans
眼镜	gafas	anteojos, lentes	lentes, anteojos	lentes, anteojos	lentes	lentes

---

[①] Rodríguez González, F., y Rochet, B. L., 1999: "Variación sociolingüística en el léxico: mujer, esposa y señora en el español contemporáneo", *Analecta malacitana*, Vol. 22, Nº1, pp. 159～178.

[②] Molero, A., 2003: *El español de España y el español de América, vocabulario comparado*, Madrid: Ediciones SM.

（续表）

	西班牙	阿根廷	智利	墨西哥	乌拉圭	委内瑞拉
吸管	pajita, cañita	pajita	pajita	popote	pajita	pitillo
滑板车	patinete	monopatín	monopatín	patín del diablo	monopatín	monopatín
集市	mercadillo	mercadito, feria	feria	tianguis	feria	mercado
饭馆，饭店	restaurante, mesón	restorán, restaurant, restaurante	restorán	restorán, restaurant, restaurante	restorán, restaurant, restaurante	restaurante
房车	caravana	casa rodante	casa rodante	remolque	casa rodante	casa rodante
搭顺风车	hacer auto-stop	hacer dedo	hacer dedo	pedir un aventón, pedir un raid	hacer dedo	pedir cola
分期	a plazos	en cuotas	en cuotas, a plazos	a plazos, en abonos	en cuotas, a créditos	a créditos, en cuotas
零活儿	trabajo temporal	changa, changuita, laburito	pololo, pololito	trabajo transitorio, tempora	changa, trabajito, trabajo contratado	trabajo temporal, rebusque, tigre
流动商贩	vendedor ambulante	puestero, feriante	vendedor ambulante	vendedor ambulante	vendedor ambulante	buhonero
圆珠笔	bolígrafo	birome	lápiz de pasta	pluma (atómica)	bolígrafo, lapicera, birome	bolígrafo, lapicero
市长	alcalde	jefe de gobierno, intendente	alcalde	presidente municipal, alcalde, edil	intendente	alcaldía
口罩	mascarilla	barbijo	mascarilla	cubrebocas, tapabocas	tapabocas	tapabocas
（学生作弊）纸条	chuleta	machete	torpedo	acordeón	trencito	chuleta
（足球）守门员	portero	arquero	arquero, guardameta	portero, arquero, guardameta	golero, arquero, guardameta	arquero, portero
电脑	ordenador	computadora	computador	computadora	computadora	computadora
瓢虫	mariquita	bichito de san Antonio	chinita	catarina	san Antonio	mariquita

（续表）

	西班牙	阿根廷	智利	墨西哥	乌拉圭	委内瑞拉
漂亮	bonito, hermoso, chulo, guay	lindo, hermoso, precioso, copado	lindo, bonito	lindo, bonito	lindo, bonito, divino	lindo, bonito, bello, hermoso
玩得开心	pasár(se)lo bien	pasarla bien	pasarlo bien	pasár(se)la bien	pasarla bien	pasarla bien
休假	coger vacaciones	pedir vacaciones	tomar vacaciones	tomar/disfrutar vacaciones	tomarse licencia	tomar vacaciones

此外，跟西班牙相比，美洲西班牙语国家使用指小词的频率要高很多，比如在第九章中提到的哥伦比亚西班牙语对使用指小词词尾 -ico 有着特殊的偏好，墨西哥和秘鲁对指小词的喜好尤为突出，甚至用在副词"ahora"（现在）上，出现了"ahorita"和"ahoritita"的形式。

由于美洲西班牙语词汇跟西班牙所使用的词汇表现出如此不容小觑的差别，相关学者认为有必要出版一部词典，专门收录美洲特有的西班牙语词汇。2010年，在各国西班牙语语言学院的通力合作下，《美洲词汇词典》（*Diccionario de Americanismo*）面世。该词典旨在收录所有美洲西班牙语特有的词汇，并最大限度地详细说明每个含义的地理、社会及文化信息。该词典一共包含了 70,000 个词汇、短语和句子，共 120,000 多个释义，这一体量充分反映了地域变体在词汇上的差异。

但需要强调的是，尽管美洲西班牙语有如此多的特有词汇，但对来自不同国家的人们用其共同语言——西班牙语进行交流影响有限，毕竟相同词汇和释义占了绝大部分，也就是说，绝大部分情况下，人们还是使用同一词汇来表达同样的意思的。

（三）语法

跟语音和词汇相比，语法就显得非常稳定。语法方面比较突出的变异主要有两个。首先是人称代词：跟西班牙相比，即使是在亲密的家人关系中，拉美很多国家更常使用"usted"（您），而在西班牙文化中"usted"一般只用来称呼长者或用于正式场合；其次，在美洲，特别是阿根廷的西班牙语中，人称代词"tú"（你）被"vos"代替，相应的动词变位也发生变化，这就是"voseo"现象；第二人称复数"vosotros, as"（你们）在美洲很多地方完全被第三人称复数"ustedes"（诸位）所取代。时态方面，当表示在一段还没有结束的时间内已经发生的或者刚刚发生的事情，西班牙习惯用现在完成时，而拉美倾向于用简单过去时。比如"今年我们赚了很多钱。"这句话，西班牙会说"Este año hemos ganado mucho dinero."，而拉美国家会说"Este año ganamos mucho dinero."。

虽然西班牙语的这些变体的使用频率或范围不同，但是它们间并无优劣和对错之分，只是特定场合或地区的使用偏好。相反，西班牙语正是得益于这种多样性及一直以来兼收并蓄，与时俱进，在新时代面前显示出强大的生命力。

第二节 西班牙语的统一性

任何语言都会因地域、社会、文化等因素产生差别或变体，但这并不妨碍其成为独立的个体，因为在差异出现的同时，一系列措施也在维护和保障其总体的统一性。

一、历史机遇

西班牙语诞生于伊比利亚半岛内陆的卡斯蒂利亚，1492年实现了"三级跳"：随着天主教双王收复伊比利亚半岛，卡斯蒂利亚一跃而成半岛霸主，其语言推广到半岛各地；同年内夫里哈撰写了《卡斯蒂利亚语语法》，确立了卡斯蒂利亚语有别于拉丁语的独特词法形态和句法结构，内夫里哈在序言中指出，希望《语法》维持语言的统一和稳定，并坚信"语言一向是帝国的伴侣"，在帝国开疆拓土的同时，向被降服者普及胜利者的法律和语言，《语法》正是其认识卡斯蒂利亚语最好的教程；《语法》问世的两个月后，哥伦布在天主教双王资助下，到达新大陆，把具有完整和独立语法的卡斯蒂利亚语带到了更广阔的美洲大陆。16～17世纪，随着西班牙成为欧洲最强帝国，西班牙语也成为欧洲人，尤其是上层人士争相学习和使用的语言，西班牙语语法、语音、正字法研究，词典编纂和教学蓬勃发展，在普及语言的同时，也规范和统一了语言。美洲殖民期间，西班牙人与当地人的共居生活，尤其是通婚和混血，成功在土著语言众多的新大陆扎根并传播开来。

1713年成立的西班牙皇家语言学院提出了"净化，定型并增添光彩"的口号，先后出版了《权威词典》《正字法》《语法书》等工具书，现代西班牙语自此固定下来。在随后的三百年里，西班牙皇家语言学院致力于保证语音与词汇的正确、优雅与纯正，同时关注语言变化，不断调整以适应其使用者的多样性，从而保证其在西语世界范围内的统一性。

现代西班牙语定型一百年后，即19世纪初，西班牙美洲殖民地掀起了民族解放运动，除了古巴和波多黎各外，各殖民地均获得了独立，并基本形成了今天拉美各国的政治格局。独立后的美洲国家，自觉并自愿拥护西班牙语成为其官方语言，一来是其使用人数众多，二来有助于加强拉美各国间的团结。贝略的《语法》对西班牙语尤其在美洲大陆的统一以及防止与西班牙的西班牙语的决裂，做出了巨大的贡献。独立后的拉丁美洲，从普通民众到有识之士，都把西班牙语看作殖民者留给他们的最珍贵的财富，自觉地维护其统一性，保留其历史和文化价值。当然，语言的统一也有利于拉美国家间的贸易往来，由阿根廷、巴西、乌拉圭、巴拉圭等国组成的南方共同市场，旨在加强经济互补，促进成员国科技进步，最终实现经济政治一体化，成员国除巴西外，其他均为西班牙语国家。如今美洲各国间的西班牙语甚至比西班牙本土的还要统一，这要归功于19世纪美洲推行的政治建设、扫盲运动和教育普及，这些举措不但推动美洲西班牙语的统一，而且书面形式一直与西班牙本土保持高度的一致。

二、语言优势和文学

西班牙语在扩张的过程中，没有经历很大的变异和动荡，除了天时地利人和外，其语言优势功不可没。西班牙学者马努埃尔·穆尼奥斯认为，西班牙语的优点，为其向外拓展创造了有利条件：

语音和音位系统比罗曼斯语族的其他语言更简单，法语有32个音素，意大利语和葡萄牙语都是25个，而西班牙语只有18个；元音和辅音的出现比例为2：3，元音发音准确，不存在模棱两可的现象；音标简单，发音规则容易掌握；语调富有变化，韵律优美，是一种生动美妙的语言；音和字具有高度的适切性；具有规则的、符合逻辑的词汇派生系统；词汇简单；词法及句法规则不太复杂，容易掌握。

简而言之，就是：西班牙语发音规则简单、划一，无需音标；除极个别情况，发音和书写基本一一对应；词汇简单，派生系统规则；语法在罗曼斯各语中最为简单。

此外，在与各个语言接触过程中，兼收并蓄了许多外来词，并形成了一些过渡语、杂交语，如中世纪的犹太西班牙语，美洲殖民早期生成的多个克里奥约语，西班牙加泰罗尼亚和阿拉贡交界的加式西语（西式加语），巴西与周边西语国家交界处的西式葡语（葡式西语），美国南部拉丁裔中间流行的西式英语（英式西语），但都没有从根本上动摇其基础，除人数优势外，其语言优势也不容小觑。

卡斯蒂利亚语自1492年独立于拉丁语并形成自己的语法后不久，便迎来了百年辉煌的文学"黄金世纪",出现了比肩莎士比亚的文学巨擘塞万提斯,文学创作种类繁多,影响深远;在西班牙语定型的18世纪,西班牙文学再次迎来小高潮;1898年美西战争后,西班牙全面衰败,但文学却出现了与"黄金世纪"相提并论的"白银时代",知识分子在反思国家复兴之路的同时,给西班牙现代文学带来全面的改革。大洋彼岸的美洲各国独立后,进行了各自独特的文学创作,其中19世纪初的高乔文学、20世纪初的"拉美新小说"蜚声世界文坛。截至目前,西班牙语国家有五名西班牙作家和六名拉美作家,共计十一人获得诺贝尔文学奖。

语言和文学相辅相成,语言为文学创作提供了基础,而文学反过来规范了语言,尤其是书面语。各地西班牙语在日常用语上存在差异,但其书面语却高度一致,得益于官方语言机构维护语言纯正和正确的不懈努力,也得益于其巨大的文学成就。

如今二十一个以西班牙语为官方语言的国家都设立了西班牙语语言学院,虽然西班牙语不是美国和菲律宾的官方语言,但由于西班牙语在这两个国家的普及,这两国也设立了西班牙语语言学院,这二十三个学院共同组成了西班牙语学院协会。在各国西语语言学院的共同努力下,西班牙语学院协会致力于编写权威且与语言使用规范相关的重要著作,为西班牙语语法、正字法以及维护西班牙语的纯洁性做出了卓越的贡献,并通过收录不同地域和社会环境中变化多样的西班牙语,来展现语言的丰富性并维护其整体性。《泛西语国家答疑词典》(*Diccionario panhispánico de dudas*, DPD)、《新西班牙语语法》(*Nueva gramática de la lengua española*, NGLE)以及《西班牙语正字法》(*Ortografía de la lengua española*)便是西班牙语学院协会近年来累累硕果的一部分。

尽管西班牙语存在多种变体,但是所有变体的书写都是一样的,这为西班牙语的统一性奠定了基础;其次,西班牙语从起源至今,已经发展出一套严密、规范的发音、词汇、正字、语法、句法体系,各地学校也严格按照这一套规范来教授学生,更有力地保证了西班牙语的统一。正如卡门·阿吉勒(Carmen Aguirre)所言:

> 各个教育中心所教授的西班牙语是一样的,各地的语法几乎是一致的,我们各个国家词汇的丰富以及表达的多样使得西班牙更加伟大。[1]

---

[1] Aguirre, C., "Las variedades del español, un idioma de 500 millones de personas", https://hablacultura.com/cultura-textos-aprender-espanol/las-variedades-del-espanol/

尽管西班牙语在其扩张过程中面对不同的挑战，如与多个语言不断接触和碰撞，西班牙和拉美国家相距遥远，语言变异和差异在所难免，尤其是词汇，有学者在近年各地吸收外来词混乱的情形下，甚至悲观地提议直接"拿来"英语词语，以免造成语言上的分裂；美国出现的西式英语/英式西语也让学者们忧心忡忡，担心西班牙语的纯正性在英语强势进攻下会受到损害，但近年，尤其是未来十年里，在美拉丁裔人口的变化，英语和西班牙语在美国的角逐恐怕才刚开始，美国西班牙语的命运也许没有人们预测的那么悲观。

附录：西属美洲殖民区域划分

在不同时期，西班牙在美洲殖民区采取不同的殖民制度，对殖民区命名大致可以分为以下几种：

◇ 新西班牙总督区（Virreinato de Nueva España）

主要包括今墨西哥，美国加利福尼亚州、亚利桑那州、得克萨斯州、内华达州、佛罗里达州、犹他州和科罗拉多州、怀俄明州、堪萨斯州、俄克拉荷马州部分地区，亚洲的菲律宾。西班牙对这些地区的控制从1519年持续到1821年。

◇ 危地马拉都督辖区（Capitanía General de Guatemala）

主要涵盖今危地马拉、萨尔瓦多、尼加拉瓜、洪都拉斯、哥斯达黎加和美国的新墨西哥州。

◇ 路易斯安那州（Luisana）

包括今天的美国路易斯安那州、阿肯色州、俄克拉荷马州、堪萨斯州、内布拉斯加州、南达科他州、北达科他州、怀俄明州、蒙大拿州、爱达荷州、明尼苏达州、密苏里州和艾奥瓦州。法国割让而来，西班牙在该地的统治非常短，从1762至1801年。实际上西班牙从未有效地控制过这些地区中的大部分，它们依然听命于自己原来的统治者。

◇ 委内瑞拉都督辖区（Capitanía General de Venezuela）

包括今委内瑞拉、圭亚那、特立尼达和多巴哥以及哥伦比亚部分地区。

◇ 新格拉纳达总督区（Virreinato de Nueva Granada）

包括今巴拿马、哥伦比亚和厄瓜多尔。

◇ 秘鲁总督区（Virreinato de Perú）

涵盖今秘鲁、厄瓜多尔、哥伦比亚、智利和巴西。

◇ 拉普拉塔河总督区（Virreinato del Río de la Plata）

包括今阿根廷、巴拉圭、乌拉圭以及玻利维亚部分地区。西班牙从未完全控制过潘帕斯草原、大查科和巴塔哥尼亚等今天阿根廷广阔内陆地区，它们一直处于原住民的掌握之中。

✧ 智利都督辖区（Capitanía General de Chile）

也称作智利王国（Reino de Chile），与阿根廷情况相似，西班牙人从未真正控制智利南部地区或巴塔哥尼亚地区。

✧ 岛屿领土（Territorios Insulares）

包括今古巴、波多黎各、多米尼加共和国、巴哈马、安提瓜和巴布达、特立尼达和多巴哥、牙买加、圣基茨和尼维斯、巴巴多斯、圣卢西亚等。

西属美洲独立战争后，上述总督区和其他行政区划分不复存在，但却深刻地影响了美洲独立后的各国间边界及其各国行政区划分。

参考书目

外文文献

Acosta, M., 1996: *La influencia croslingüística entre el inglés y el español. Análisis de la adopción léxica*, Quito, Pontificia Universidad Católica.

Aguilar Paz, J. (comp.), 1990: *El español hablado en Honduras*, Tegucigalpa: Editorial Guaymuras.

Alaza Izquierdo, M. y Enguita Utrilla, J. M. et al, 2010: *La lengua española en América: normas y usos actuales*, Universidad de Valencia.

Alba, O., 1995: *El léxico disponible en la República Dominicana*, Santiago, República Dominicana: Editora Imprenta Teófilo.

____, 2004: *Cómo hablamos los dominicanos: un enfoque sociolingüístico*, Universidad de Texas: Grupo León Jimenes.

____, 2007. "Integración fonética y morfológica de los préstamos: datos del léxico dominicano del baseball", *RLA Revista de lingüística teórica y aplicada*, 45 (2).

Aleza, M., Fuster, M. y Lépinette, B. (eds.), 1999: *Quaderns de Filologia. Estudis lingüístics IV: El contacto lingüístico en el desarrollo de las lenguas occidentales*, Valencia: Universitat de València, pp. 223 ~ 238.

Aleza Izquierdo M. y Enguita Utrilla, J. M. (coords.), 2010: *La lengua española en América: normas y usos actuales*. Universitat de València.

Alkmim, T., Borba, L. y Coll, M., 2012: "Léxico de origen africano en el portugués de Brasil y en el español del Uruguay: historias de encuentros y desencuentros", eds. de L. Álvarez López y M. Coll: *Una historia sin fronteras: léxico de origen africano en Uruguay y Brasil*, Estocolmo: Stockholm University. Acta Universitatis Stockholmiensis, Romanica Stockholmiensia 30, pp. 71 ~ 97.

Alonso, A., 1951: "Introducción a los estudios gramaticales de Andrés Bello", Andrés Bello: *Prólogo a Gramática de la Lengua Castellana destinada al uso de los americanos* (Obras Completas de Andrés Bello, Vol. IV.), Caracas: Ministerio de Educación.

____, 1996: "Las correspondencias arábigo-españolas en los sistemas de sibilantes", *Revista de Filología Hispánica*, VII, 1964, pp. 12 ~ 76.

Alvar, M. (dir.), 1966: *Manual de dialectología hispánica, El español de España*,

Barcelona: Ariel, p. 83.

Álvarez López, L. y Coll, M. (comps.), 2012: "Una historia sin fronteras: léxico de origen africano en Uruguay y Brasil", *Acta Universitatis Stockholmiensis, Romanica Stockholmiensia 30*, Estocolomo: Stockholm University.

Amaya, J. A., y Varela, G., 1996: *Historia de Honduras*, Tegucigalpa: EDUNITEC.

Arauz, C. A. y Pizzurno, P., 1991: *El Panamá Hispano, 1508 ~ 1821*, Panamá: Diario La Prensa, pp. 13 ~ 15.

Argenal, F., 2010: *Variabilidad climática y cambio climático en Honduras*, Tegucigalpa: PNUD.

Ariza, M., 1990: *Manual de fonología histórica del español*, Madrid: Síntesis.

____, 1994: *Sobre fonética histórica del español*, Madrid: Arcos /Libros.

Asociación de Academias de la Lengua Española, 2010: *Diccionario de americanismos*, Madrid: Santillana.

Azcúnaga López, R. E., 2010: "Fonética del español salvadoreño", ed. de M. Á. Quesada Pacheco: *El español hablado en América Central. Nivel fonético. Lingüística Iberoamericana* (39), Madrid/ Fráncfort del Meno: Iberoamericana Vervuert.

Aznar Martínez, E., 2011: *El euskera en La Rioja. Primeros testimonios*, pamplona/Iruña: Pamiela Argitaletxea

Babin, M. T., 1986: *La Cultura de Puerto Rico*, San Juan, P.R.: Instituto de Cultura Puertorriqueña.

Balboa Boneke, J., y Nguema Esono, F., 1996: *La transición de Guinea Ecuatorial: historia de un fracaso*, Madrid: Labrys 54.

Balcácer, J. D., 08/08/2012: "12 de julio de 1924, una fecha relegada al olvido", *Diario Libre*.

Barrera Gutiérrez, J., 2000: *Cuidado con las gemelas*, La Paz: Editorial Juventud.

____, 2001: *Rupertita la emperatriz*, La Paz: Editorial Juventud.

Bello, A, y Cuervo, R., 1954 [1847]: "Prólogo". *Gramática de la Lengua Castellana,* ed. de N. Alcalá de Zamora, Buenos Aires: Sopena.

Benardete, M. J., 1953: *Hispanic Character and Culture of the Sephardic Jews*, New York: Hispanic Institute in the United States.

Benbassa, E. y Rodrigue, A., 2004: *Historia de los judíos sefardes. De Toledo a Salónica*, trad. de J. L. Sánchez-Silva, Madrid: Abada Editores.

Bentancur, A., Borucki, A. y Frega, A. (comps.), 2004: "Estudios sobre la cultura afrorrioplatense. Historia y presente", *Actas del Seminario realizado en la Facultad de Humanidades y Ciencias de la Educación*, Montevideo: Facultad de Humanidades y Ciencias de la Educación, Universidad de la República.

Benyaya, Z., 2006: "La enseñanza del español en la secundaria marroquí: aspectos fónicos, gramaticales y léxicos", *Materiales didácticos*, Granada: Universidad de Granada.

Bertolotti V. y Coll, M., 2014: *Retrato Lingüístico del Uruguay: un Enfoque Histórico*,

Uruguay: Universidad de la República Uruguay.

Bertolotti, V., Coll, M. y Polakof, A. C., 2010: "Documentos para la historia del español en el Uruguay", *Vol. 1. Cartas personales y documentos oficiales y privados del siglo xviii*, Montevideo: Facultad de Humanidades y Ciencias de la Educación, Universidad de la República.

Beuchot, M., 1992: *La querella de la conquista. Una polémica del siglo XVI*, Madrid: Siglo XXI.

Blas Arroyo, J. L., 2002: "The languages of the Valencian educational system: the results of two decades of language policy", *International Journal of Bilingual Education and Bilingualism*, Volume 5, Issue 6, pp. 318～338.

____, 2005: *Sociolingüística del español, desarrollos y persectivas en el estudio de la lengua española en contexto social*, Madrid: Ediciones Cátedra.

Bolaños-Fabres, P., 2015: "Expresiones populares y el contacto de lenguas: Ecuador", *Paremia*, N° 24, pp. 137～144.

Botelho Gonsálvez, R., 1965: *El descastado*, La Paz: Editorial "Los Amigos del Libro".

Boletín del Instituto Caro y Cuervo, 1967: "La -r final del español mexicano y el sustrato nahua", Boletín del Instituto Caro y Cuervo Tomo XXII, enero-abril 1967, Número 1.

Bracco, D., 2004: *Charrúas, guenoas y guaraníes. Interacción y destrucción: indígenas en el Río de la Plata*, Montevideo: Linardi y Risso.

Bracco, D. y López Mazz, J., 2006: *La insurrección de 1686. Charrúas, pampas y serranos, chanáes y guaraníes*, Montevideo: Linardi y Risso.

Bravo, M. A. (del), 2001: *Sefarad: los judíos de España,* Madrid: Sílex.

Brown, J. C., 2003: *A Brief History of Argentina*, New York: Facts On File, Inc.

Caballero González, M., 2013: *Los helenismos en español*, Múnich: Ludwig-Maximilians-Universität.

Callisaya Apaza, G., 2012: *El español de Bolivia. Contribución a la dialectología y a la lexicografía hispanoamericanas*, Salamanca: Universidad de Salamanca.

Cano Aguilar, R., 1999: *El español a través de los tiempos*, Madrid: Arco/Libros.

____ (coord.), 2004: *Historia de la lengua española*, Barcelona: Ariel.

____, 2013: *Historia de la Lengua Española*, Barcelona: Editorial Planeta, S. A.

Carías, M., 2009: "Revisión del vocabulario español-garífuna sobre salud", *Letras*, Tegucigalpa: Editorial Universitaria, pp. 69～87.

Carsten Sinner y Andreas Wesch (eds.), 2008: *El castellano en las tierras de habla catalana*, Madrid: Iberoamericana/Frankfurt am Main: Vervuert.

Cassan, D., 2014: "¿Qué español enseñar y cómo? Variedades del español y su enseñanza", *FIAPE. V Congreso internacional*, Cuenca.

Caudmont, J. 2009: "El destino del español filipino", *Moenia: Revista lucense de lingüística & literatura,* 15, pp. 109～130.

Caviglia, S., Bertolotti, V. y Coll, M., 2008: "La frontera Uruguay-Brasil. Análisis lingüístico de un corpus del siglo xix", *Spanish in Context*, 5 (1), pp. 20 ~ 39.

Celis, B., 30/08/2011: "Miguel Bloombito: luchando contra Irene en splangish, una cuenta de twitter parodiando el español de Michael Bloomberg se convierte en la inesperada estrella nacida del huracán Irene", *El País*.

Cerrón-Palomino, R., 2003: *Castellano andino: aspectos sociolingüísticos, pedagógicos y gramaticales*, Lima: Pontificia Universidad Católica del Perú.

Chaunu, P., 1984: *Conquista y explotación de los nuevos mundos (S.XVI)*, Barcelona: Ed. Labor.

Cherem Laniado, V., 2007: "Notas acerca del lenguaje, el idioma hebreo y las lenguas judías", *Maguén Escudo*, nº 143, pp. 36 ~ 45.

Coll, M., 2009: "Bilingüismo sin diglosia: el portugués y el español en el norte del Uruguay en el siglo xix", comp. de A. M. Carvalho: *Portugués em Contato*, Madrid/ Fráncfort: iberoamericana-Vervuert, pp 237 ~ 257.

Comella, B., 2004: *La inquisición española*, Madrid: Rialp.

Constenla Umaña, A., 1998: *Gramática de la lengua guatusa*, San José: Editorial de la Universidad de Costa Rica.

____, 2013: "La diversidad lingüística de Costa Rica: Las lenguas indígenas", *Revista de Filología y Lingüística de la Universidad de Costa Rica*, Vol. 37 Núm. 2.

Constenla Umaña, A., Elizondo Figueroa, F., y Pereira Mora, F., 1998: *Curso básico de bribri*, San José: Editorial de la Universidad de Costa Rica.

Cooke R. y Sánchez Herrera, L. A., 2004: "Capítulo I: Panamá Prehispánico", ed. de A. Castillero

Corominas, J., y Pascual, J. A., 1980: *Diccionario crítico etimológico castellano e hispánico*, Madrid: Gredos, 6 vols.

Corriente Córdoba, F., 1977: *A Grammatical Sketch of the Spanish Arabic Dialect Bundle*, Madrid: Instituto híspano-árabe de cultura, Dirección general de relaciones culturales.

____, 1999: *Diccionario de arabismos y voces afines*, Madrid: Gredos.

Cortés Koloffon, A., 07/10/2007: "El spanglish: la frontera del idioma", *La jornada semanal*, Num: 657.

Davies, N., 1996: *Europe: A History*, Oxford: Oxford University Press.

Denevan, W. D., 1992: *The Native Population of the Americas in 1492*, Univ. of Wisconsin Press, xxvii.

Díaz del Castillo, B., 2007: *Historia verdadera de la conquista de la Nueva España*, introducción ynotas J. Ramírez Cabañas, México: colección "Sepan cuantos" de Porrúa.

Echenique Elizondo, M. T. y Martínez Alcalde, M. J., 2011: *Diacronía y Gramática Histórica de la Lengua Española*, Valencia: Guada Impresores, S.L.

Elsie Alvarado, R., 1980: "El español en contacto con el inglés", *Boletín de Filología* 31.1, pp. 375 ~ 387.

Elizaincín, A., 1973: *Algunos aspectos de la sociolingüística del dialecto fronterizo*,

Montevideo: Universidad de la República.

———, 1979: *Algunas precisiones sobre los dialectos portugueses en el Uruguay*, Montevideo: Universidad de la República.

———, 1981: *Sobre tuteo, voceo en el español montevideano*, Montevideo: Universidad de la República.

———, 1992: "El español actual en el Uruguay", ed. de C. Hernández Alonso: *Historia y Presente del Español de América*, Valladolid: Junta de Castilla y León, pp. 759 ～ 774.

Enguita Utrilla, J. M. y Navarro Gala, R., 2010: *Variedades de Contacto*, Universidad de Zaragoza.

Epalza, M. (de), 2011: *Los moriscos antes y después de la expulsión*, Alicante: Biblioteca Virtual Miguel de Cervantes.

Estrada Andino, M., 2016: "El Tú no es de Nosotros, es de otros Países: Usos del Voseo y Actitudes hacia Él en el Castellano Hondureño", tesina de máster, Louisiana State University and Agricultural and Mechanical College.

Estudios Lingüísticos, 2008: *La Situación del Euskera en la Comunidad Foral de Navarra*, Gobierno de Navarra, Departamento de Educación: Eurcara Bidea.

Fasla Fernández, D., "El español hablado en Cuba: préstamos vigentes, lexicogénesis y variación lingüística", Universidad de La Rioja.

Fernández García, M. J., 2007/2008: "Portuñol y literatura", *Cuad. Invest. Filol.*, 33 ～ 34 (2007 ～ 2008), pp. 73 ～ 96, Universidad de Extremadura.

Ferrando, A. y Nicolás, M., 2005: *Història de la llengua catalana* (en catalán), Barcelona: Ed. Pòrtic.

Fernández Vítores, D. y Benlabbah, F., 2014: *La lengua española en Marruecos*, Rabat: Embajada de España, AECID.

Frago Gracia, J. A. y Franco Figueroa, M., 2001: *El español de América*, Cádiz: Servicio de Publicaciones de la Universidad de Cádiz.

Galmés de Fuentes, A., 1983: *Dialectología Mozárabe*, Madrid: Editorial Gredos.

Garatea Grau, C., 2010: "Español de América: No una sino varias normas", *Tras una lengua de Papel. El español del Perú*, p. 281, Lima: Fondo Editorial Pontificia Universidad Católica del Perú.

García Llorca, E., 2017: *Investigación del español en Nicaragua a través de un análisis lexicográfico y sociolingüístico de la literatura de Fernando Silva Espinosa*, Madrid: Universidad Pontificia Comillas.

García Martínez, B., 2009: "La creación de Nueva España", D. Cosío Villegas et al: *Historia general de México*, México D. C.: El Colegio de México, pp. 235 ～ 306.

García Tesoro, A. I., 2005: "Español en contacto con lenguas mayas en Guatemala", *Variedades lingüísticas y lenguas en contacto en el mundo de habla hispana*, pp. 25 ～ 34, Bloomington: Auther House.

———, 2006: "Contacto de lenguas en Guatemala: cambios en el sistema pronominal átono del español por contacto con la lengua maya tzutujil", *Tópicos del Seminario*, pp. 11 ～ 71, Puebla: Benemérita Universidad Autónoma de Puebla.

Gargallo, F., 2000: "Los garífuna de Centroamérica", *Política y cultura* 14, pp. 89 ～ 107.

Garibay, Á. M., 1997: *En torno al español hablado en México*, México: UNAM.

Geoffroy Rivas, P., 1975: *El español que hablamos en El Salvador*, San Salvador: Ministerio de Educación.

Giralt Latorre, J., 1991: "Algunos préstamos en el español de Panamá", *ELUA. Estudios de Lingüística*, N. 7, pp. 137 ～ 158.

Gómez Torrego, L., 1991: *Manual del español correcto. Tomos I y II*, Madrid: Editorial Arco Libros.

Gómez, R. G., 04/08/2009: "La hora del "portuñol" -El Instituto Cervantes amplía en Brasil el programa de enseñanza del español", *El País*.

Gordon, A. M., 2016: *Notas sobre la fonética del castellano en Bolivia*, Alicante: Biblioteca Virtual Miguel de Cervantes.

Goyzueta,V., 16/07/2007: "Brasil, pasión por el español", *ABC*.

Grijelmo, Á., 2006: *Defensa apasionada del idioma español*, Madrid: Puntos de lectura, SL.

Haensch, G., 2005: "Anglicismos en el español de América", *ELUA. Estudios de Lingüística*, N. 19, Universidad de Alicante.

Gretenkort, T., 2015: "El voseo histórico en Guatemala", *Revista de Estudios Interculturales*, pp. 50 ～ 61, Ciudad de Guatemala: Centro Editorial Vile.

Gúteva, I., "El mexicano y su lengua", *Actas XLII (AEPE),* Centro virtual Cervantes.

Guthrie, M., 1948: *The classification of the Bantu languages*, London: Oxford University Press.

Gutiérrez Araus, Mª L. et al, 2006: *Introducción a la langua española*, Madrid: Editorial universitaria Ramón Areces.

Haboud M. y Vega, E. (de la), 2008: "Capítulo 8: Castellano ecuatoriano", Palacios, A.: *El español en América*, pp. 161 ～ 187, Madrid: Ariel.

Henríquez, J., 2001: "*Observaciones generales del español salvadoreño*", San Salvador, El Salvador: Ediciones Maquilishuat.

Herlihy, P. H., 1995: "La revolución silenciosa de Panamá: las tierras de comarca y los derechos indígenas", *Mesoamerica* 16.29, pp. 77 ～ 93.

Hernández Mercado, R. M. et. al: 2013: *Análisis fonético de los principales fenómenos consonánticos realizados por los hablantes del departamento de Masaya, durante el 2013: perspectiva sociolingüística*, Managua: Universidad Nacional Autónoma de Nicaragua.

Hernández Torres, R. A., 2012: "Atlas lingüístico pluridimensional de Honduras (ALPH) Nivel fonético", *Bergen Language and Linguistics Studies* 2.

Herranz, A., 1987: "El lenca de Honduras: una lengua moribunda", *Mesoamérica* 8.14, pp.

429～466.

———, 1990: "El español de Honduras a través de su bibliografía", *Nueva revista de filología hispánica* 38.1, pp 15～61.

Herrera Morera, G., 2015: "El infinitivo personal de las oraciones adverbiales en el español de Centroamérica (The Personal Infinitive in Adverbial Clauses in Central American Spanish) ", *Letras*, 2.58, pp. 13～27.

Hugh, T., 1971: *Cuba: the Pursuit of Freedom*, New York: Harper & Row.

———, 1997: *The Slave Trade: The Story of the Atlantic Slave Trade, 1440～1870*, New York, NY: Simon & Schuster.

Iglesias, F., 19/10/2001: "Discrepancias de expertos sobre el potencial económico del español", *ABC*.

Instituto Cervantes, *El español: una lengua viva, Informe 2019, 2020, 2021 y 2022*.

Instituto Caro y Cuervo, 1993: *Nuevo Diccionario de Uruguayismos*, Santa Fe de Bogotá: Instituto Caro y Cuervo.

Instituto Nacional de Estadística y Censos de Panamá, 2010: *Estadísticas de etnicidad en censos, encuestas de hogares y registros administrativos: censo 2010*.

———, 2010: *Distribución territorial y migración interna en panamá: censo 2010*.

Irigoyen, A., 1990: *Etimología del nombre vasco del vascuence y y las vocales nasales vascas descritas por Garibay,* Fontes linguae vasconum: Studia et documenta.

Iyanga Pendi, A., 1996: *Bibliografía de las lenguas de Guinea Ecuatorial y africanas*, Valencia: Nau Llibres.

Jamieson, M., 1992: "Africanismos en el español de Panamá", *Anuario de Lingüística Hispánica* 8, pp. 149～170.

Jara Murillo, C. V., 2018: *Gramática de la lengua bribri*, San José: E-Digital ED.

Justavino de López, N. E., 2008: "Los dialectos de inglés en panamá: un enfoque histórico, social y lingüístico", *Revista de Ciencias Sociales y Humanísticas Universidad de Panamá* 10.2, pp. 7～29.

Kamen, H., 1999: *La Inquisición: una revisión histórica*, traducción de M. Borrás, Barcelona: Crítica.

Kinloch Tijerino, F., 2006: *Historia de Nicaragua (2ª edición)*, Managua: Instituto de Historia de Nicaragua y Universidad Centroamericana.

Kluger, L., 2013: "El Español Sefardí Y Sus Hablantes En Los Estados Unidos", *Revista de la Academia Norteamericana de la Lengua Española*, pp.173～186.

Lapesa, Rafael, 2011: *Historia de la lengua española*, Madrid: Editorial Gredos, S. A.

León Guzman, M., 2003: "Etnicidad y exclusión en ecuador: una mirada a partir del censo de población de 2001", *Iconos. Revista de Ciencias Sociales*, N° 17, p. 118.

Limón, G., 2001: "El impacto del español sobre el inglés en la literatura chicana", *El español en la Sociedad de la Información of El II Congreso Internacional de la Lengua Española*, Valladollid.

Lipski, J. M., 1983: "Reducción De /s/ En El Español De Honduras", *Nueva Revista De Filología Hispánica*, vol. 32, no. 2, pp. 272～288.

____, 1986: "El lenguaje de los negros congos de Panamá: estudio linguístico", *Lexis* 10.1: pp. 53～76.

____, 1987: "Breves Notas Sobre El Español Filipino", *Anuario de Letras*,Vol. 25, pp. 209～219.

____, 1996: *El español de América*, Madrid: Ediciones Cátedra, S.A.

____, 1996: "Contactos de criollos en el Caribe hispánico: contribuciones al español bozal", *América negra*, 11, pp. 31～60.

____, 2000: "El español que se habla en El Salvador y su importancia para la dialectología hispanoamericana", *Revista Científica*, Soyapango: Universidad Don Bosco.

____, 2000: *El español que se habla en El Salvador y su importancia para la dialectología hispanoamericana*, Cuscatlán: Editorial Universidad Don Bosco.

____, 2002: "El perfil de Panamá en el entorno de los contactos lingüísticos afrohispánicos", *Conferencia Afro Latin American Research Association (ALARA)*.

____, 2003: *El español de América en contacto con otras lenguas,* Pennsylvania: Universidad del Estado de Pennsylvania.

____, 2004: "El español de América: los contactos bilingües", *Historia de la lengua española*, Barcelona: Ariel.

____, 2004: "Las lenguas criollas de base hispana", *Lexis*, 28 (1～2), pp. 461～508.

____, 2004: "Variación del español", *Serie Cultura Hispánica*, num. 10, Centro de Estudios Hispánicos Universidad Sofía.

____, 2005: "El español en el mundo: frutos del último siglo de contactos lingüísticos", *Contactos y contextos lingüísticos: el español en los Estados Unidos y en contacto con otras lenguas*, pp. 29～53.

____, 2006: *El español de América (*3ª edición), Madrid: Cátedra.

____, 2007: "El español de América en contacto con otras lenguas", *Lingüística aplicada del español*, pp. 309～345.

____, 15/08/2008: "Latinos, serán minoría dominante en EU en 2050", *Proceso*.

____, "El español de América en contacto con otras lenguas", Universidad Estatal de Pennsylvania.

____, 2009: *El español de Guinea Ecuatorial: piedra angular de los programas para afrodescendientes,* New York: Hofstra University.

Lizcano Fernández, F., 1993: "La población negra en el istmo centroamericano", cood. de L. M. Martínez Montiel: *Presencia africana en Centroamérica*, México D. C.: Consejo Nacional Para la Cultura y las Artes.

Lleal, C., 1990: *La formación de las lenguas romances peninsulares*, Barcelona: Barcanova.

Lope Blanch, J. M., 1990: *Investigaciones sobre dialectología mexicana*, México: UNAM.

____, 1990: *Estudios de historia lingüística hispánica*, Madrid: Arcos/ Libros, p. 6.

López García, Á., 2009: *La lengua común en la España plurilingüe*, Madrid: Iberoamericana.

López Morales, H., 1970: *Estudios sobre el español de Cuba*, Nueva York: Editorial Las Américas, p. 188.

____, 2006: *La globalización del léxico hispánico*, Madrid: Espasa Calpe, S. A.

____, H., 2013: *Estudios sobre el español de América*, Valencia: Aduana Vieja Editorial.

López Torres, C. M., 2018: "Análisis del Atlas Lingüístico Pluridimensional de Honduras", *Ianua. Revista Philologica Romanica* 18, 15.

Mántica, C. 1994: *El habla nicaragüense y otros ensayos*, San José: Libro Libre.

Margery Peña, E., 1989: *Diccionario cabécar-español, español-cabécar*, San José: Editorial Universidad de Costa Rica.

Mariñas Otero, L., 1987: *Honduras*, Alicante: Biblioteca Virtual Miguel de Cervantes.

Marimón Llorca, C., 2006: *El español en América: de la conquista a la Época Colonial*, Alicante: Biblioteca Virtual Miguel de Cervantes.

Mártinez Egido, J. J., 2007: *Historia de la Lengua Española*, Alicante: Universidad de Alicante.

Martínez-Fornés, A., 25/02/2005: "Don Felipe insta a los brasileños a compartir su progreso con toda la sociedad", *ABC*.

Martínez, J. J. y Martínez, E. L., 2018: "Categorías léxicas en medios digitales de Honduras de 2009 ～ 2016", *Memorias de Congresos UTP*.

Martínez Jiménez, C., 2015: "El español en Marruecos: su influencia en el desarrollo sociocultural del país", Madrid: Universidad Pontificia de Comillas.

Martínez Montiel: *Presencia africana en Centroamérica*, México, D.F.: Consejo Nacional para la Cultura y las Artes.

Matus Lazo, R., 2002: *Estudios sobre el español nicaragüense*, Managua: Matus Lazo Ediciones.

Medina López, J., 1999: *Historia de la lengua española I: Español medieval.Cuadernos de Lengua española*, Madrid: Arcos/Libros.

Mejeant L., 2001: "Culturas y lenguas indígenas del Ecuador", *Revista Yachaikuna*, 1, marzo de 2001.

Menéndez Pidal, R., 1973: *El idioma español en sus primeros tiempos* (8ª ed.), Madrid: Espasa-Calpe.

____, 1976: *Orígenes del español. Estado lingüístico de la Península Ibérica hasta el siglo XI*, vol. VIII (8ª ed.), Madrid: Espasa-Calpe.

____, 2005: *Historia de la Lengua Española* (2 Vols.), Madrid: Fundación Ramón Menéndez Pidal.

Miranda Esquerre, L., 1998: *La entrada del español en el Perú*, Lima: Juan Brito/ Editor.

Miren, M. y Aizpurua. X., 2002: "Estudios sociolingüísticos de la Viceconsejería de

Política Lingüística del Gobierno Vasco", *Noves SL. Revista de Sociolingüística*, San Sebastián: Sociolingüística internacional.

Mohamadou, A., 2008: "Acercamiento al 'espaguifranglés': el español funcional de Guinea Ecutorial", *Revista Internacional de Filología, Comunicación y sus Didácticas*, pp. 213 ~ 230, Sevilla: Editorial Universidad de Sevilla.

Molero, A., 2003: *El español de España y el español de América, vocabulario comparado*, Madrid: Ediciones SM.

Molina Martos, I., 2006: *El español en Guinea Ecuatorial: aspectos sociolingüísticos*, Madrid: Liceus, Servicios de Gestió.

Moral Aguilera, R. (del), 2009: *Historia de las lenguas hispánicas, contada para incrédulos*, Barcelona: Ediciones B.

Morales Pardón, F., 1981: *Historia del descubrimiento y conquista de América*, Madrid: Editora Nacional.

Moreno de Alba, J. G., 1988: *El español en América*, México: Fondo de Cultura Económica, S.A.

____, 1994: *La pronunciación del español en México*, México: El Colegio de México COLMEX.

Morris, C., 1962: *Signos, lenguaje y conducta*, Buenos Aires: Losada.

Muñoz Cortés, M., 1996: "El español lengua internacional", cood., por F. Gutiérrez Díez: *El español, lengua internacional (1492 ~ 1992)*, Granada: AESLA, p. 22.

Muñoz Machado, S., 2017: *Prólogo de hablamos la misma lengua: historia política del español en América, desde la conquista a las independencias*, Barcelona: Editorial Crítica. .

Navarro Gala, R., 2010: "Cambio lingüístico y contacto de lenguas en el castellano andino: estudio de un caso", *Revista Internacional de Lingüística Iberoamericana*, Vol. 8, No. 1 (15), pp. 107 ~ 118, Madrid/Fráncfort: Iberoamericana Editorial Vervuert.

Nieweglowska, M., 2010: "El Dialecto Judeoespañol: Una Historia Del Exilio", Universidad Jaguelónica de Cracovia, Facultad de Filología.

Núñez, E., 20/09/ 2013: "Nace un nuevo dialecto en EE UU.: el inglés miamense", *BBC Mundo*.

Obiols, I., 15/05/2002: "El spanglish nace de la necesidad, Ilán Stavans catedrático de splangish", *El País*.

Ortiz, F., 1916: *La abolición de la esclavitud en Cuba*, Cuba y América: La Habana 2da, Época 3.

Ortiz Arellano, P. G., 2001: *El quechua en el Ecuador*, Quito: Ediciones Abya-Yala.

Ortiz López, L. A., 2000: "La herencia arfrhispánica en Cuba: el léxico de origen africano en el español (afro) cubano de hoy", *Papia: revista de crioulos de Base Ibérica*, Universidad de Brasilia núm.10, pp. 78 ~ 99.

Oviedo, J. M., 2007: *Historia de la literatura hispanoamericana*, Madrid: Alianza

Editorial SA.

Palomero, J., 2005: "Valenciano y castellano en la Comunidad Valenciana", *Rosario: III Congreso Internacional de la Lengua Española: Identidad y Globalización*.

Pérez, F. J., 2010: "Léxico del español e independencia americana: la continuidad de una ruptura", *V Congreso Internacional de la lengua española «América en la lengua española»*.

Pérez Bouza, J.A., 1994: "Influencias Nahuas en el español de El Salvador. Algunas importantes ausencias en el DRAE", *Sintagma* 6 (1994), pp. 77 ~ 97.

Pérez Brignoli, H., 1990: *Breve historia de Centroamérica*, Madrid: Alianza Editorial.

Pérez Murill, M. D., 2003: *Introducción a la Historia de América: altas culturas y bases de la colonización española*, Cádiz: Universidad de Cádiz.

Pérez Sala, P., 1973: *Interferencia lingüística del inglés en el español hablado en Puerto Rico*, Cambridge University Press.

Pérez-Cerdá Maldonado, C., 2017: *la Influencia Extrahispánica en el Español Dominicano*, Madrid: Universidad Pontificia Comillas.

Portilla, M., 1996: "Préstamos ingleses en misquito", *Revista de filología y lingüística de la Universidad de Costa Rica* 22.1, pp. 93 ~ 118.

Prieto Osorno, A., 01/07/2005: "Spanglish, una nación de iguales", *Ómnibus*, N°. 4.

Quesada, J. D., 2002: "Adiós boruca: Sibú ki ba wí? ra moréng", *Estudios de lingüística chibcha*, San José: Universidad de Costa Rica, n. 20-21, pp. 55 ~ 64.

―――, 2012: *Gramática del buglere*, Quito: Abya-Yala

―――, 2012: "Las lenguas indígenas de la Costa Rica actual", *Wani*, 62, pp. 19 ~ 24.

―――, 2012: "Las lenguas chibchas y sus hablantes: resistencia, obsolescencia e indiferencia", ed. de A. Palmisano: *Identità delle comunità indigene del Centro America, Messico e Caraibi: aspetti culturali e antropologici* (Roma: IILA, 2008), pp.183 ~ 194.

Quesada Pacheco, M. Á., 2000: *El español de América*, Cartago: Editorial Tecnológica.

―――, 2008: "El español de América Central ayer, hoy y mañana", *Boletín de Filología* 43.1 p.145.

―――, 2008: *Gramática de la lengua guaymí (ngäbe)*, München: Lincom Publishers.

―――, 2013: *El español hablado en América Central: nivel morfosintáctico*, Madrid: Iberoamericana Vervuert.

―――, 2013: *Situación del español en América Central*, Oslo: Universidad de Bergen.

Quilis, A. y Graell Stanziola, M., 1992: "La lengua española en Panamá", *Revista de Filología Española*, 72.3/4, pp. 583 ~ 638.

Quilis Morales, A., 2003: *Introducción a la historia de la lengua española*, Madrid: UNED.

Rabanales, A., 1992: *El español de Chile: situación actual, Historia y presente del español de América*, Valladolid: Junta de Castilla y León.

Ramírez Luengo, J. L., 2010: "El español del occidente de Bolivia en la época de las independencias: notas fonético-fonológicas", *Boletín de Filología*, vol.45, n.1, pp.159～174.

―――, 2012: *El léxico en los procesos de dialectalización del español americano: el caso de la bolivia andina*, Alcalá: Universidad de Alcalá.

Real Academia Española, 2013: "Bartolomé de las Casas. Brevísima relación de la destrucción de las Indias", ed. de J. M. Martínez Torrejón: *Biblioteca Clásica de la Real Academia Española 28*, Madrid: Real Academia Española.

―――, 2001: *Diccionario de la lengua española*, Madrid: Real Academia Española.

Rivadeneira Prada, R., 2008: *Extranjerismo en Bolivia. Anglicismos-Galicismos-Otros*, La Paz: Instituto boliviano de lexicografía.

Rivas Hidalgo, J. D., 2016: *Análisis sociolingüístico del contacto entre el español salvadoreño con el inglés estadounidense, en el español hablado de los migrantes salvadoreños del área metropolitana de San Salvador*, San Salvador: Universidad de El Salvador.

Rivera Mills, S., 2011: "Use of Voseo and Latino Identity: An Intergenerational Study of Hondurans and Salvadorans in the Western Region of the U.S.", ed. de L. A. Ortiz López: *Selected Proceedings of the 13th Hispanic Linguistics Symposium*, Somerville, MA: Cascadilla Proceedings Project, pp. 94～106.

Rodao, F.,1996: "La lengua española en Filipinas durante la primera mitad del siglo XX", *Estudios de Asia y África*, Vol. 31, No. 1 (99) (Jan. – Apr., 1996), pp. 157～175.

Rodríguez González, F., y Rochet, B. L., 1999: "Variación sociolingüística en el léxico: mujer, esposa y señora en el español contemporáneo", *Analecta malacitana*, Vol. 22, Nº1, pp.159～178.

Rodríguez, Z., 1875: *Diccionario de chilenismos*, Santiago: Imprenta de El Independiente.

Roldan, J. M. y Santos Yangua, J., 1999: *Historia de España*, Madrid: Espasa Calpe.

Rosales, C., 1944-1946: "Cien años de señorío de la Gramática de Andrés Bello", *Boletín del Instituto de Filología de la Universidad de Chile IV*, pp. 247～259.

Río Martín, J. (del) (coord.), 1998: *Los mozárabes: Una minoría olvidada*, España: Fundación El Monte.

Sáez Godoy, L., 2000: *El español de Chile. La creatividad lingüística de los chilenos*, Santiago de Chile: Instituto de Estudios Avanzados de la Universidad de Santiago de Chile.

Sánchez Avendaño, C., 2009: "Situación sociolingüística de las lenguas minoritarias de Costa Rica y censos nacionales de población 1927～2000: vitalidad, desplazamiento y autoafiliación etnolingüística", *Revista de Filología y Lingüística de la Universidad de Costa Rica*, Vol. 35 Núm. Sánchez Avendaño, C., 2013: "Lenguas en peligro en Costa Rica: Vitalidad, documentación y descripción", *Káñina, Rev. Artes y Letras*, XXXVII (1), pp. 219～250.

Sánchez Pineda, M. T., 2018: "Estudio léxico del garífuna: Sinonimia y préstamos léxicos", *Boletín de la Academia Peruana de la Lengua,* 63, pp.185 ~ 204.

Sanchís Guarner, M., 1960: "El mozárabe peninsular", *ELH,* I, pp. 293 ~ 342.

Sanguino Arias, L. (dir.), 2002: *Historia de España, desde Atapuerca hasta la transición democrática,* Madrid: Ediciones Dolmen, vols. 6, 7 y 9, pp. 239 ~ 346, pp. 807 ~ 1032 y pp.1141 ~ 1174.

Sanz, G., 05/08/2009: "Brasil empieza a hablar portuñol", *ABC.*

Sauer, C., 1984: *Descubrimiento y dominación española del caribe,* México: FCE.

Sayahi, L., 2005: "El español en el norte de Marruecos: historia y análisis", *Hispanic Research Journal,* 6 (3), pp.195 ~ 207.

Sedano, M., 2001: "Normas regionales y socioculturales del español de Venezuela", *II Congreso Internacional de la Lengua Española,* Valladolid.

Simonet, F. J., 2018: *Historia de los mozárabes de España,* Madrid: Editorial Almuzara.

Simpson, L.B., 1970: *Los conquistadores y el indio americano,* Barcelona: Ed. Península.

Solà-Solé, J. M., 1973: *Corpus de poesía mozárabe: las harǧa-s andalusies,* Barcelona: Ediciones Hispam.

Solano, J. y Villalobos, R., 2020: "Regiones y subregiones climáticas de Costa Rica", *Instituto Meteorológico Nacional* (IMN).

Sosa J. B. y Arce.E. J. 1911/2003: *Compendio de historia de Panamá (*edición corregida), Panamá: Smithsonian Libraries.

Spolsky, B., 2014: *The Languages of the Jews: A Sociolinguistic History,* New York: Cambridge University Press.

Suazo, S., 2002: *Conversemos en garífuna: Gramática y manual de conversación,* Tegucigalpa: Editorial Guaymuras.

Sueiro Justel, J., 2002: *La política lingüística española en América y Filipinas (siglos XVI ~ XIX),* Lugo: Tris Tram.

____, 2003: *Historia de la lingüística española en Filipinas (1580 ~ 1898),* Lugo: Axac, 20072.

Süeselbeck, K., Mühlschlegel, U. y Masson, P., 2008: *Lengua, Nación e Identidad: La regulación del plurilingüismo en España y América Latina,* Berlín: Publicaciones del Instituto Ibero-Americano.

Taylor, P., 1999: "Bronzing the Face of American English: The Double Tongue of Chicano Literature", trad. de Hoenselaars y eds. de M. Buning: *English Literature and the Other Languages,* Rodopi, pp. 255 ~ 268.

Tejera, M. J., 1993: *Diccionario de Venezolanismos,* Caracas: Instituto de Filología Andrés Bello. Universidad Central de Venezuela.

Tello, J., 1972: *Algunas peculiaridades del castellano en Venezuela,* Caracas: Centro Virtual Cervantes.

Urrutia, H.,1967: "Concepción de la normatividad en la obra de Andrés Bello", *Estudios*

Filológicos 3, pp. 126 ~ 157.

Utgård, K., 2006: *Fonética del español de Guatemala: Análisis geolingüístico pluridimensional*, Bergen: Universidad de Bergen.

____, 2011: *La pronunciación del español guatemalteco. Atlas lingüístico ~ etnográfico de Guatemala. Nivel fonético segmental. Análisis geolingüístico pluridimensional*, Bergen: Universidad de Bergen.

Valbuena, A. y Saz, A. (del), 1951: *Historia de la literatura española e hispanoamericana*, Barcelona: Editorial Juventud.

Valdés, J. (de), 1978: *Diálogo de la lengua* (ed. de J. M. Lope Blanch), Madrid: Castalia, p.148.

Valdés Bernal, S., 1916: "Panorámica histórica de las lenguas en contacto en Cuba", F. Ortiz: *La abolición de la esclavitud en Cuba*, Cuba y América La Habana 2ª Época 3, pp. 95 ~ 100.

Valenzuela, J., 03/ 09/2000: "Una universidad de Massachusetts crea la primera cátedra mundial del 'spanglish' ", *El País*.

____, 15 /04/1997: "El cóctel de español e inglés invade las calles de Nueva York por boca de su población hispana", *El País*.

ValienteLópez, A. (comp.), 2002: *Derechos de los pueblos indígenas de Panamá*, Organización Internacional del Trabajo, Proyecto Fortalecimiento de la Capacidad de Defensa Legal de los Pueblos Indígenas en América Central.

Van der Gulden, C., 1995: *Vocabulario nicaragüense* (ed. UCA, Col.), Managua: Alternativa, Serie Habla Nicaragüense nº1.

Van Wijk, H. L., 1969: "Algunos aspectos morfológicos y sintácticos del habla hondureña", *Boletín de Filología* 20, pp. 3 ~ 16.

Vaquero de Ramírez, M., 2001: *El español de Puerto Rico historia y presente*, San Juan: Instituto de Cultura Puertorriqueña.

Vivero, E. Y., 2018: "Algunas características léxicas del habla del panameño", tesina de máster, Universidad de Panamá.

Wagner, C., 1991: "Las lenguas indígenas de América (lenguas amerindias) ", *Documentos Lingüísticos y Literarios*, No. 17, pp. 30 ~ 37.

Wagner, C., 2001-2002: "La lengua de la enseñanza y la enseñanza de la lengua", *Documentos Lingüísticos y Literarios* 24 ~ 25, pp. 71 ~ 81.

Wright, R., 1982: *Late Latin and Early Romance in Spain and Carolingian France*, Liverpool: Francis Cairns (Publications) Ltd.

Zamora Úbeda, Z. C., 2016: "Una mirada hacia el español que hablamos: Las actitudes lingüísticas en Nicaragua", *Revista Lengua y Literatura*, Vol. 2, núm.1, pp. 1 ~ 12.

____, 2000: *La variedad nicaragüense del español*, Barcelona: Universidad de Barcelona.

____, 2016: *Variedades de Nuestro Léxico Nicaragüense*, Managua: MONIBEO.

Zamuria González, B., 2015: "Anglicismo léxico en la sección de moda y belleza del suplemento-Ellas", *El Nuevo Diario en el período de 2014*, Managua: Universidad Nacional Autónoma de Nicaragua.

Zenkovich, A. L., 2018: "Particularidades del idioma español en Uruguay", *ВЫПУСК* 4 (22), Moscú: Universidad MGIMO.

中文文献

毕井凌:《浅谈西班牙语中的英语外来词》,《外国语言文学研究》,2011年4月,第222—223页。

陈泉:《拉美西班牙语的形成与特点》,《外国语:上海外国语大学学报》,1994年第1期,第60—64页。

程煜琦:《语言接触理论视域下外来语对波多黎各西班牙语的影响》,《文化学刊》第十期,2017年,第160—163页。

陈振尧:《法国文学史》,北京:外语教育与研究出版社,1989年。

陈众议:《西班牙文学:黄金世纪研究》,南京:译林出版社,2007年。

陈众议,王留栓:《西班牙文学简史》,上海:上海外语教育出版社,2006年。

董燕生:《西班牙文学》,北京:外语教育与研究出版社,1998年。

郝名玮:《欧洲移民与阿根廷》,《世界历史》,1980年第6期。

郝名玮 徐世澄:《拉丁美洲文明》,北京:中国社会科学出版社,2004年.

刘娟娟:《委内瑞拉西班牙语的形成及其特点分析》,《开封教育学院学报》,2017年第37(04)期,第81—82页。

刘硕良:《诺贝尔文学奖授奖词和获奖演说》,桂林:漓江出版社,2013年。

刘永信等:《西班牙文学选集》,北京:外语教学与研究出版社,1997年。

刘远图:《沙皇俄国在日俄战争前的军事准备》,《世界历史》,1980年第6期。

卢晓为:《〈唐吉诃德〉发表四百周年纪念》,《外国文学动态》,2005年第5期上(总第203期),2005年10月。

——:《社会转型时期的"五四运动"和"九八年代"——20世纪初中国和西班牙文学改革比较》,《广东外语外贸大学学报》,2015年3月。

——:《西式英语(英式西语)和文学》,《广东外语外贸大学学报》,2017年7月。

马联昌:《西班牙语与西班牙文化》,衡阳,湖南教育出版社,1999年。

孟广林:《世界中世纪史》,北京:中国人民大学出版社,2010年,第18—20页。

潘光,陈超南,余建华:《犹太文明》,福州:福建教育出版社,2008年。

沈石岩:《西班牙文学史》,北京:北京大学出版社,2006年。

宋兆霖:《诺贝尔文学奖全集》,北京:北京燕山出版社,2013年。

唐晋:《大国崛起》,北京:人民出版社,2006年12月。

汤小棣:《尼加拉瓜的民族和民族自治》,《拉丁美洲研究》,1998年第03期,第3—5页。

魏晋慧,张振山:《美洲西班牙语中voseo现象的社会文化语言学分析》,《四川外语学院学报》,2007年第3期,第62—66页。

魏晋慧:《试论美洲西班牙语特点及其社会语言学意义》,《外语教学》,2006年第2期,第26—29页。

文综:《智利的语言研究》,《语言学资料》,1965年5月。

肖宪:《圣殿长存:古犹太文明探秘》,昆明:云南人民出版社,2001年。

谢丰斋:《世界中古史:公元5~15世纪的古代世界》,北京:世界知识出版社,2009年。

徐宝华:《哥伦比亚》,北京,社会科学文献出版社,2010年。

徐大明:《当代社会语言学》,北京:中国社会科学出版社,1997年,第15页。

徐大明,谢天蔚,陶红印:《当代社会语言学》,北京:中国社会科学出版社,1987年。

徐鹤森:《18世纪法国启蒙运动在欧洲各国的影响》,《江西社会科学》,2004年第2期,第133页。

徐世澄 贺钦:《美洲国家 列国志(新版)古巴(第2版)》,北京:社会科学文献出版社,2018年。

许昌财:《西班牙通史》,北京:世界知识出版社,2009年。

杨建民:《巴拉圭》,北京:社会科学文献出版社,2005年。

叶梦理:《欧洲文明的源头》,北京:华夏出版社,2000年。

袁灿兴:《"运河之国"巴拿马的百年风云》,《文史天地》,2017年第8期,第73—78页。

赵重阳,范蕾:《列国志·海地 多米尼加》,北京:社会科学文献出版社,2009年。

赵德明,赵振江,孙成敖:《拉丁美洲文学史》,北京,北京大学出版社,1989年。

张慧:《分析美洲西班牙语的语言特点及其社会语言学意义》,《时代文学》,2014年第6期。

郑书九,常世儒:《拉丁美洲文学选集》,北京:外语教学与研究出版社,2011年。

周春霞:《浅议当下古巴通俗西班牙语中的非洲词汇》,《长春理工大学学报》(社会科学版)第25卷第12期,2012年12月,第172—173页。

周佳:《波多黎各自导自演美国"51州运动"》,《第一财经日报》,2017年1月26日。

朱凯:《西班牙-拉美文化概况》,北京:北京大学出版社,2010年。

《中国大百科全书(外国历史)》,北京,中国大百科全书出版社,1987年。

〔德〕汉斯·约阿西姆·施杜里希:《世界语言简史》,吕叔君,官青译,济南:山东画报出版社,2009年。

〔厄〕奥·埃·雷耶斯:《厄瓜多尔简明通史》,钟豫译,北京:商务印书馆,1973年。

〔法〕让·德卡拉著:《西班牙史》,管震湖译,北京:商务印书馆,2003年。

〔古巴〕何塞·坎东·纳瓦罗:《古巴历史——枷锁与星辰的挑战》,王玫译,北京:当代世界出版社,1999年。

〔美〕乔纳森·C.布朗:《阿根廷史》,左晓园译,上海:中国出版集团东方出版中心,2009年。

〔美〕赫盾·韦伯斯特:《拉丁美洲史》,夏晓敏译,北京:华文出版社,2019年。

〔西〕萨尔瓦多·德·马达里亚加:《西班牙现代史论》,朱伦译,北京:中国社会科学出版社,1998年。

〔英〕尼古拉斯·奥斯特勒:《语言帝国:世界语言史》,章璐等译,上海:上海人民出版社,2011年。

〔英〕雷蒙德·卡尔:《西班牙史》,潘诚译,上海:东方出版中心,2009年。

网络资源

Acosta, I.: "Breve historia de Puerto Rico", en http://www.enciclopediapr.org/esp/rint_ersion.fm?ref=06100604

Adalberto, J. (s.f.) . *Diccionario de dominicanismos*, en https://sites.google.com/site/josel libre2/diccionariodominicanismos

Aguirre, C., "Las variedades del español, un idioma de 500 millones de personas", en https://habla cultura.com/cultura-textos-aprender-espanol/las-variedades-del-espanol/

Alvar, M., 2006: *La influencia del inglés en la República Dominicana. Valoración de una encuesta oral*, en http://www.cervantesvirtual.com/nd/ark:/59851/bmc8p6d2

Arrieta, D., "El Spanglish en la obra de Junot Díaz: instrucciones de uso", en http://eprints.ucm.es/20598/1/Arrieta_Junot.pdf

Barrán, J. P., 1995: "El Uruguay indígena y español", en http://www.rau.edu.uy/uruguay/historia/ Uy.hist1.htm

Cava Guirao, V., *El español de Venezuela*, en http://www.contraclave.es/lengua/espanol%20 venezuela.pdf.

Corvalán, G., 1992: "La lengua española. Sociedad y enseñanza. El español en contacto con otras lenguas", *Congreso de la lengua española,* Sevilla, en http://cvc.cervantes.es/obref/congresos/ sevilla/sociedad/mesaredon_gcorvalan.htMl

Diccionario Libre, 2016: *Diccionario Libre*, en http://diccionariolibre.com/pais/Republica-Dominicana/A/3

Elvira, J., *Orígenes de las lenguas romances peninsulares: del latín al castellano, el catalán y el gallego*, Universidad Autónoma de Madrid, en http://www.uam.es/personal_pdi/filoyletras/javel/ romances.pdf

Fernández López, Justo, "El español de América", en http://culturitalia.uibk.ac.at/hispanoteca/ Kulturkunde-LA/El%20espa%F1ol%20americano.htm

González Luna, A. M., "La política lingüística en México entre Independencia y Revolución (1810 ~ 1910)", en https://cvc.cervantes.es/literatura/aih/pdf/17/aih_17_8_012.pdf

Herranz, A., 2001: "Formación histórica y zonas dialectales del español en Honduras", en http://cvc.cervantes.es/obref/congresos/valladolid/ponencias/unidad_diversidad_del_espanol/2_el_espanol_de_america/herranz_a.htm>

Lastra de Suárez, Y., "Lengua española y lenguas indígenas de América", en http://cvc.cervantes.es/ lengua/anuario/anuario_10 ~ 11/lastra/p02.htm

Moreno Fernández, F., 2000: "El español en Brasil", en http://cvc.cervantes.es/lengua/anuario/anuario_00/moreno/p05.htm

Prieto Osorno, A., 2004: "Literatura y spanglish", *Centro virtual Cervantes*, en http://cvc.cervantes.es/el_rinconete/anteriores/ mayo_04/13052004_01.htm

Radio la Primerisima, 11/08/2013: "Más de 53 millones de hispanos residen en EEUU", *La Gente,* Washington, en http://www.radioprimerisima.com/noticias/146787/mas-de-

53-millones-de-hispanos-residen-en-eeuu

Smith Llanes, K. y Hernández Rivera, G., "Poca influencia del idioma chino en el español de Cuba", en http://librinsula.bnjm.cu/secciones/311/puntilla/311_puntilla_2.html

Marco, V., 19/05/2015: "El 'curioso' castellano de los valencianos", en http://www.vicentmarco.com/2015/05/19/modismos-que-delantan-a-los-valencianos/

"Aborígenes cubanos", en http://es.wikipedia.org/wiki/Abor%C3%ADgenes_cubanos

"800 años de literatura catalana", en http://www20.gencat.cat/portal/site/culturacatalana/menuitem.be2bc4cc4c5aec88f94a9710b0c0e1a0/?vgnextoid=b619d5e5d74d6210VgnVCM1000000b0c1e0aRCRD&vgnextchannel=b619d5e5d74d6210VgnVCM1000000b0c1e0aRCRD&vgnextfmt=detall2&contenido=4727110e279d7210VgnVCM1000008d0c1e0aRCRD&newLang=es_ES

"Breve historia Nuestro país", en https://web.archive.org/web/20100305194237/http://www.bolivia.gov.bo/BOLIVIA/paginas/historia2.htm

"Bolivia", en https://es.wikipedia.org/wiki/Bolivia

"Caracteristicas de chilenismo", en https://sites.google.com/site/lenguachilena/introduccion/caracteristicas

"Censo de los Estados Unidos de 2000", en http://es.wikipedia.org/wiki/Censo_de_los_Estados_Unidos_de_2000

"Costa Rica", en https://es.wikipedia.org/wiki/Costa_Rica

"Costa Rica: Historia de Costa Rica", en http://www.americas-fr.com/es/historia/costa-rica.html

"¿Cuáles son los tres idiomas oficiales de Perú?", en https://www.ngenespanol.com/dato-dia/cual-es-el-idioma-oficial-de-peru/

"Del griego al español", en https://www.sm-ele.com "El caso del español en Guinea Ecuatorial", en https://cvc.cervantes.es/lengua/anuario/anuario_06-07/pdf/paises_08.pdf

"El catalán antiguo. Los inicios del catalán (s. VIII d. C.-s. X d. C.)", en http://www20.gencat.cat/portal/site/culturacatalana/menuitem.be2bc4cc4c5aec88f94a9710b0c0e1a0/?vgnextoid=77595c43da896210VgnVCM1000000b0c1e0aRCRD&vgnextchannel=77595c43da896210VgnVCM1000000b0c1e0aRCRD&vgnextfmt=detall2&contenido=9db4edfc49ed7210VgnVCM1000008d0c1e0aRCRD&newLang=es_ES

"Español chileno", en https://www.sm-ele.com

Español cubano", en http://es.wikipedia.org/wiki/Espa%C3%B1ol_cubano

"Español ecuatoriano", en https://es.wikipedia.org/wiki/Espa%C3%B1ol_ecuatoriano.

"Español ecuatoguineano", en https://es.wikipedia.org/wiki/Espa%C3%B1ol_ecuatoguineano#Bibliograf%C3%ADa

"Español guatemalteco", en https://es.wikipedia.org/wiki/Espa%C3%B1ol_guatemalteco

"Español de Costa Rica", en https://es.wikipedia.org/wiki/Espa%C3%B1ol_de_Costa_Rica

"Español uruguayo", en https://es.wikipedia.org/wiki/Espa%C3%B1ol_uruguayo

"Ethnologue-Spanish", en https://zh.m.wikipedia.org/wiki/

"Franquismo en Cataluña", en http://es.wikipedia.org/wiki/Franquismo_en_Catalu%C3%B1a

"Geografía de Costa Rica", en https://es.wikipedia.org/wiki/Geograf%C3%ADa_de_Costa_Rica

"Guatemala", en https://es.wikipedia.org/wiki/Guatemala

"Historia de la República Dominicana", en https://es.wikipedia.org/wiki/Historia_de_la_Rep%C3%BAblica_Dominicana#cite_note-5

"Historia del idioma catalán", en http://es.wikipedia.org/wiki/Historia_del_idioma_catal%C3%A1n#cite_note-textosencatala-5

"Historia del idioma catalán", en http://es.wikipedia.org/wiki/Historia_del_idioma_catal%C3%A1n#La_dictadura_franquista

"Historia de Uruguay" en https://es.m.wikipedia.org/wiki/Historia_de_Uruguay

Influencias de otras lenguas: germánico, mozárabe, hebreo (s. V d. C.-s. IX d. C.), en http://www20.gencat.cat/portal/site/culturacatalana/menuitem.be2bc4cc4c5aec88f94a9710b0c0e1a0/?vgnextoid=23885c43da896210VgnVCM1000000b0c1e0aRCRD&vgnextchannel=23885c43da896210VgnVCM1000000b0c1e0aRCRD&vgnextfmt=detall2&contentid=1174edfc49ed7210VgnVCM1000008d0c1e0aRCRD

"Idiomas de Chile", en https://www.historiadelasinfonia.es/naciones/la-sinfonia-en-chile/generalidades/las~lenguas-de-chile/

"Idiomas de Chile", en https://www.familysearch.org/wiki/es/Idiomas_de_Chile

"Idioma español en Estados Unidos", en http://es.wikipedia.org/wiki/Idioma_espa%C3%B1ol_en_Estados_Unidos

"Idioma español en Cataluña", en http://es.wikipedia.org/wiki/Idioma_espa%C3%B1ol_en_Catalu%C3%B1a#Transici.C3.B3n_y_democracia

"Influencia del Mapudungun en el Castellano de Chile", en http://www.ucm.es/info/especulo/numero17/mapuche.html

"Informe sobre l'audiovisual a Catalunya 2012-2013", en http://www.cac.cat/web/recerca/publicacions/llistat.jsp?NDY%3D&Mg%3D%3D&L3dlYi9yZWNlcmNhL3B1YmxpY2FjaW9ucy9sbGlzdGF0

"Instituto Nacional de Estadística y Censos. (2011). X Censo Nacional de Población y VI de Vivienda 2011", en https://www.cipacdh.org/pdf/Resultados_Generales_Censo_2011.pdf

"Latinos, serán minoría dominante en EU en 2050", en http://www.proceso.com.mx/?p=200908

"Lengua-chilena", en https://www.ethnologue.com/country/CL/languages in Chile

"Lenguas de Bolivia", en https://es.wikipedia.org/wiki/Lenguas_de_Bolivia

"Lenguas de Costa Rica", en https://es.wikipedia.org/wiki/Lenguas_de_Costa_

Rica#Lenguas_ind%C3%ADgenas

"Lenguas de Guinea Ecuatorial", en https://es.wikipedia.org/wiki/Lenguas_de_Guinea_Ecuatorial#Referencias

"Lenguas Indígenas de Costa Rica", en https://inil.ucr.ac.cr/linguistica/lenguas-indigenas-costa-rica/

"Lenguas de Guatemala", en https://es.wikipedia.org/wiki/Lenguas_de_Guatemala

"literatura en catalán", en http://es.wikipedia.org/wiki/Literatura_en_catal%C3%A1n

"Más de 53 millones de hispanos residen en EEUU", Washington: en *La Gente, Radio la Primerisima*, 11/08/2013, en http://www.radiolaprimerisima.com/noticias/146787/mas-de-53-millones-de-hispanos-residen-en-eeuu

"Minorización del idioma catalán", en http://es.wikipedia.org/wiki/Minorizaci%C3%B3n_el_dioma_catal%C3%A1n

"Orígenes y evolución del castellano", en http://www.aytotarifa.com/ula%20abierta/engua%0Castellana/origenesevoilu.pdf

"Overall total population – World Population Prospects: The 2019 Revision" en http://population.un.org

"Població segons llengua inicial", en http://www.idescat.cat/territ/BasicTerr?TC=5&V0=3&V1=3&V3=3162&V4=3566&ALLINFO=TRUE&PARENT=25&CTX=B

"Població de 2 anys i més segons coneixement del català", en http://www.culturandalucia.com/AL-ANDALUS/La_aljamia_o_el_mestizaje_linguistico_en_al_Andalus.htm

"República dominicana", en https://es.wikipedia.org/wiki/Rep%C3%BAblica_Dominicana

"República Dominicana: panorama general", en https://www.bancomundial.org/es/country/dominicanrepublic/overview

"Situación del español en América Central", en https://cvc.cervantes.es/lengua/anuario/anuario_13/quesada/p01.htm

"Uruguay", en https://es.wikipedia.org/wiki/Uruguay#Regi%C3%B3n_hidrogr%C3%A1fica_del_r%C3%ADo_Uruguay

"Usos lingüísticos de la población. 2013Población de 15 años y más. Por conocimiento de lenguas", en http://www.idescat.cat/pub/?id=aec&n=1013&lang=es

http://zh.wikipedia.org/wiki/%E5%B7%B4%E6%96%AF%E5%85%8B%E8%AA%9E

http://wenku.baidu.com/link?url=-ZF_SnNPfLyZ5YMSdoGYoviMa-Oz4W2jyUIlte2o98jiM4x0eeaoA6cTdvnO0tct5W1vG-B57tVLpYEKlFF2oUQ1jmGKX3xEzyUwbKVGD2u

http://es.wikipedia.org/wiki/Antonio_de_Nebrija#Obras

http://www.antoniodenebrija.org/biografia.html.

http://www.mcnbiografias.com/app-bio/do/show?key=nebrija-elio-antonio-de

http://www.cervantesvirtual.com/obra-visor/sonetos-canciones-y-otros-poemas-en-arte-mayor-0/html/fee6a3de-82b1-11df-acc7-002185ce6064_1.htm#I_11_

http://www.cervantesvirtual.com/obra-visor/antologia-poetica-39/html/ffa6b3fe-82b1-11df-acc7-002185ce6064_1.html#I_12_

参考书目

http://www.rae.es

http://www.asale.org

http://networkedblogs.com/Dyhw1

http://es.wikipedia.org/wiki/Galicismo

http://dialectos.wikispaces.com/Introducci%C3%B3n + sobre + la + influencia + del + ingl%C3%A9s

www.nobelprize.org

es.wikipedia.org

http://es.wikipedia.org/wiki/M%C3%A9xico#Bibliograf.C3.ADa

http://es.wikipedia.org/wiki/Espa%C3%B1ol_mexicano#Bibliograf.C3.ADa

http://www.guajataca.net/g-tainos.htm

http://puertorico.univision.com/ultima-hora/puerto-rico/video/2014-07-01/influencia-taina-buen-espanol

http://historiadelespanol-w10.wikispaces.com/La + influencia + africana + en + el + dialecto + y + la + cultura + de + Puerto + Rico

http://es.wikipedia.org/wiki/Espa%C3%B1ol_puertorrique%C3%B1o

http://es.wikipedia.org/wiki/Historia_de_Puerto_Rico

http://www.britannica.com/EBchecked/topic/482879/Puerto-Rico/54547/Spanish-colonial-rule#ref515896

http://www.enciclopediapr.org/esp/print_version.cfm?ref=06100604

http://es.wikipedia.org/wiki/Voseo

http://es.wikipedia.org/wiki/Demograf%C3%ADa_de_Argentina#Composici.C3.B3n_.C3.A9tnica

http://es.wikipedia.org/wiki/Composici%C3%B3n_%C3%A9tnica_de_Argentina

http://zh.wikipedia.org/wiki/Argentina

http://es.wikipedia.org/wiki/Argentina

http://books.google.com.hk/books?id=jRUJEzh-vyQC&pg=PA223&lpg=PA223&dq=CONTACTOS + LING%C3%9C%C3%8DSTICOS + Cuba&source=bl&ots=H1oIqeIazv&sig=bAhrdcYWoGiBVYtUVbpN3N1blr8&hl=zh-CN&sa=X&ei=MEpMVOK-HKbImAXmmYHYAw&ved=0CFsQ6AEwCA#v=onepage&q&f=false

http://www.one.cu/aec2011/datos/2.2.xls

http://www.one.cu/sitioone2006.asp

http://www.cubagob.cu/

http://www.lavanguardia.com/cultura/20150309/54428852106/xunta-congrega-al-millar-alumnos-que-estudian-gallego-en-el-bierzo-y-sanabria.html.

http://www.idiomavalenciano.com

http://www.spanish-in-the-world.net/Spain/brasil.php

http://en.wikipedia.org/wiki/Portunhol

https://es.wikipedia.org/wiki/Idioma_judeoespañol

https://es.wikipedia.org/wiki/Sefardí

http://lingua2.cc.sophia.ac.jp/diksionario-LK/index.php

http://www.sephardicstudies.org/komunita.html

http://lad.wikipedia.org/wiki/Kacha

https://ms.wikipedia.org/wiki/Filipina

https://www.wikipedia.org/wiki/es:Español_de_las_Filipinas

https://cbk-zam.wikipedia.org/wiki/Filipino_（lenguaje）

https://es.wikipedia.org/wiki

https://es.wikipedia.org/wiki/Idioma_español_en_Filipinas

https://en.wiktionary.org/wiki/chabacano/Criollo_chabacano

http://www.360doc.com/content/17/0522/15/8250148_656169452.shtml

https://baike.so.com/doc/9093438-9425381.html

https://es.wikipedia.org/wiki/Lenguas_de_Marruecos

https://es.wikipedia.org/wiki/Marruecos

https://www.turismomarruecos.net/cultura/idiomas

https://baike.so.com/doc/9689329-10035589.html

https://es.wikipedia.org/wiki/Sefardí

https://baike.baidu.com/item/%E5%A1%9E%E8%90%A8%E6%B4%9B%E5%B0%BC%E5%9F%BA/5410037?fr=aladdin

https://en.wiktionary.org/wiki/chabacano/Criollo_chabacano

https://es.wikipedia.org/wiki/Idioma_español_en_Filipinas

http://www.census.gov/Press-release/www/

el Instituto Nacional de Estadística y Censo（INEC）

http://www.ine.es/jaxi/menu.do?type=pcaxis&file=pcaxis&path=%2Ft12%2Fp401%2F%2Fa2013

http://www.census.gov/prod/cen2010/briefs/c2010br-04.pdf

百问中文. 乌拉圭历史 [DB/OL]

http://www.baiven.com/baike/224/299497.html

利红讲历史. 拉丁美洲史：多米尼加——独立以后的政局 [DB/OL]

https://baijiahao.baidu.com/s?id=1615833841420424498&wfr=spider&for=pc

全球通. 哥斯达黎加民族独立的历史过程介绍 [DB/OL]

http://gesidanijia.qqdaili.com/tid～10703/

史敏历史解读. 拉丁美洲史：多米尼加——独立运动 [DB/OL]

https://baijiahao.baidu.com/s?id=1615833235386025511&wfr=spider&for=pc

秀目号. 带你了解在南美洲鼎足而立的乌拉圭 [DB/OL] http://www.xiumu.cn/ts/2018/0707/4170983_2.html

昱芳读历史. 拉丁美洲史：哥斯达黎加——独立运动和独立以后的发展 [DB/OL]

https://baijiahao.baidu.com/s?id=1615728555017879795&wfr=spider&for=pc

中国领事服务网. 乌拉圭国家概况 [DB/OL]
http://cs.mfa.gov.cn/zggmcg/ljmdd/nmz_657827/wlg_658511/gqjj_658519/t9593.shtml
360 百科

其他资源

Constitución Española de 1978

Instrumento de ratificación del Reino de España de la Carta Europa de Lenguas Regionales o Minoritarias

Ley 10/1982, de 24 de noviembre, Básica de normalización del uso del Euskera